PONS

Bildwörterbuch

Spanisch
Deutsch

von

Jean-Claude Corbeil
Ariane Archambault

PONS GmbH, Stuttgart

DANKSAGUNGEN (QA INTERNATIONAL)

Unser besonderer Dank gilt folgenden Personen, Organisationen und Firmen, die uns bei der Erstellung des neuen *Bildwörterbuches* die aktuellsten technischen Informationen zur Verfügung gestellt haben.

Arcand, Denys (réalisateur); Association Internationale de Signalisation Maritime; Association canadienne des paiements (Charlie Clarke); Association des banquiers canadiens (Lise Provost); Automobiles Citroën; Automobiles Peugeot; Banque du Canada (Lyse Brousseau); Banque Royale du Canada (Raymond Chouinard, Francine Morel, Carole Trottier); Barrett Xplore inc.; Bazarin, Christine;Bibliothèque du Parlement canadien (Service de renseignements); Bibliothèque nationale du Québec (Jean-François Palomino); Bluechip Kennels (Olga Gagne); Bombardier Aéronautique; Bridgestone-Firestone; Brother (Canada); Canadien National; Casavant Frères ltée; C.O.J.O. ATHENES 2004 (Bureau des Médias Internationaux); Centre Eaton de Montréal; Centre national du Costume (Recherche et de Diffusion); Cetacean Society International (William R. Rossiter); Chagnon, Daniel (architecte D.E.S. – M.E.Q.); Cohen et Rubin Architectes (Maggy Cohen); Commission Scolaire de Montréal (École St-Henri); Compagnie de la Baie d'Hudson (Nunzia Iavarone, Ron Oyama); Corporation d'hébergement du Québec (Céline Drolet); École nationale de théâtre du Canada (Bibliothèque); Élevage Le Grand Saphir (Stéphane Ayotte); Énergie atomique du Canada ltée; Eurocopter; Famous Players; Fédération bancaire française (Védi Hékiman); Fontaine, PierreHenry (biologiste); Future Shop; Garaga; Groupe Jean Coutu; Hôpital du Sacré-Cœur de Montréal; Hôtel Inter-Continental; Hydro-Québec; I.P.I.Q. (Serge Bouchard); IGA Barcelo; International Entomological Society (Dr. Michael Geisthardt); Irisbus; Jérôme, Danielle (O.D.); La Poste (Colette Gouts); Le Groupe Canam Manac inc.; Lévesque, Georges (urgentologue); Lévesque, Robert (chef machiniste); Manutan; Marriot Spring Hill suites; MATRA S.A.; Métro inc.; ministère canadien de la Défense nationale (Affaires publiques); ministère de la Défense, République Française; ministère de la Justice du Québec (Service de la gestion immobilière – Carol Sirois); ministère de l'Éducation du Québec (Direction de l'équipement scolaire-Daniel Chagnon); Muse Productions (Annick Barbery); National Aeronautics and Space Administration; National Oceanic and Atmospheric Administration; Nikon Canada inc.; Normand, Denis (consultant en télécommunications); Office de la langue française du Québec (Chantal Robinson); Paul Demers & Fils inc.; Phillips (France); Pratt & Whitney Canada inc.; Prévost Car inc.; Radio Shack Canada ltée; Réno-Dépôt inc.; Robitaille, Jean-François (Département de biologie, Université Laurentienne); Rocking T Ranch and Poultry Farm (Pete and Justine Theer); RONA inc.; Sears Canada inc.; Secrétariat d'État du Canada : Bureau de la traduction ; Service correctionnel du Canada; Société d'Entomologie Africaine (Alain Drumont); Société des musées québécois (Michel Perron); Société Radio-Canada; Sony du Canada ltée; Sûreté du Québec; Théâtre du Nouveau Monde; Transports Canada (Julie Poirier); Urgences-Santé (Éric Berry); Ville de Longueuil (Direction de la Police); Ville de Montréal (Service de la prévention des incendies); Vimont Lexus Toyota; Volvo Bus Corporation; Yamaha Motor Canada Ltd.

The Visual Bilingual Dictionary wurde von
QA International, einem Unternehmen der
Les Éditions Québec Amérique inc. entwickelt und hergestellt
329, rue de la Commune Ouest, 3e étage
Montréal (Québec) H2Y 2E1 Canada
T 514.499.3000 F 514.499.3010

ISBN: 978-3-12-517834-2

Gedruckt in Singapur.
www.qa-international.com
11 10 9 8 7 6 5 4 3 2 12 11 10 09
Auflage 3.5

QA International

REDAKTION

Verleger: Jacques Fortin
Autoren: Jean-Claude Corbeil et Ariane Archambault
Redaktionsleiter: François Fortin
Leitender Redakteur: Serge D'Amico
Grafik Design: Anne Tremblay

HERSTELLUNG

Nathalie Fréchette
Cynthia Morneau

TERMINOLOGIE

Jean Beaumont
Catherine Briand
Nathalie Guillo
Anne Rouleau

ILLUSTRATIONEN

Art Direction: Jocelyn Gardner, Anouk Noël
Jean-Yves Ahern
Rielle Lévesque
Alain Lemire
Mélanie Boivin
Yan Bohler
Claude Thivierge
Pascal Bilodeau
Michel Rouleau
Carl Pelletier
Raymond Martin

LAYOUT

Pascal Goyette
Janou-Ève LeGuerrier
Véronique Boisvert
Karine Raymond
Geneviève Théroux Béliveau

DOKUMENTATION

Gilles Vézina
Kathleen Wynd
Stéphane Batigne
Sylvain Robichaud
Jessie Daigle

DATENVERARBEITUNG

Programmierer : Éric Gagnon, Daniel Beaulieu

REVISION

Marie-Nicole Cimon
Liliane Michaud
Véronica Schami

PREPRESS

Karine Lévesque
François Hénault
Julien Brisebois
Patrick Mercure

MITARBEIT

QA International möchte folgenden Personen für ihre Mitarbeit am *Bildwörterbuch* danken:

Jean-Louis Martin, Marc Lalumière, Jacques Perrault, Stéphane Roy, Alice Comtois, Michel Blais, Christiane Beauregard, Mamadou Togola, Annie Maurice, Charles Campeau, Mivil Deschênes, Jonathan Jacques, Martin Lortie, Frédérick Simard, Yan Tremblay, Mathieu Blouin, Sébastien Dallaire, Hoang Khanh Le, Martin Desrosiers, Nicolas Oroc, François Escalmel, Danièle Lemay, Pierre Savoie, Benoit Bourdeau, Marie-Andrée Lemieux, Caroline Soucy, Yves Chabot, Anne-Marie Ouellette, Anne-Marie Villeneuve, Anne-Marie Brault, Nancy Lepage, Daniel Provost, François Vézina, Brad Wilson, Michael Worek, Lionel Koffler, Maraya Raduha, Dave Harvey, Mike Parkes, George Walker, Anna Simmons, Sophie Pellerin, Kien Tang, Guylaine Houle, Tony O'Riley.

Einführung in das *Bildwörterbuch*

Mit über 3.600 Abbildungen in Verbindung mit Tausenden von allgemeinen und fachlichen Begriffen, bietet das *Bildwörterbuch* ein reichhaltiges Wissen, das klar und leicht zu erschließen ist.

INTENTION DES BUCHES

Das *Bildwörterbuch* ist eine Art Bestandsaufnahme aus dem Lebensumfeld des Menschen in der heutigen technisierten Welt, in der alltäglich viele spezielle Begriffe aus den verschiedensten Gebieten Verwendung finden. Speziell entwickelt für den Laien, der aus privaten oder beruflichen Gründen nach der genauen und korrekten Bedeutung von Begriffen sucht, oder anhand der Abbildungen überhaupt erst einen Begriff finden will, verfolgt es das Ziel, viele Fachausdrücke aus den verschiedensten Bereichen, die unsere tägliche Erfahrung ausmachen, in einem Band zu vereinen.

AUFBAU DES *BILDWÖRTERBUCHS*

Das Buch besteht aus drei Teilen: Aus der Einführung zusammen mit dem Inhaltsverzeichnis und der Liste der Kapitel, aus dem eigentlichen Bild- und Textteil sowie aus dem Register.
Die Darstellung schreitet vom Allgemeinen zum immer Spezielleren fort: Kapitel, Thema, Titel, Untertitel, Abbildung, Terminologie.
Der Inhalt des *Bildwörterbuchs* ist, von Astronomie bis Sport, in 17 Kapitel gegliedert. Komplexe Kapitel sind weiter in Unterthemen aufgeteilt.
Das Kapitel Erde ist z.B. unterteilt in die Themen Geografie, Geologie, Meteorologie und Umwelt.
Die Titel haben verschiedene Bedeutung: Sie benennen die Abbildung eines einzelnen Objekts von dem die wesentlichen Teile erklärt sind (z.B. *Gletscher*, *Fenster*), oder sie bezeichnen die Gesamtheit von Abbildungen, die zur selben Begriffssphäre gehören obwohl sie verschiedenen Objekten angehören (z.B. *Sonnensystem*, *Blattgemüse*).
Gelegentlich werden nur die wichtigsten Vertreter einer Gattung gezeigt.
Die Abbildungen zeigen in realistischer Darstellung Gegenstände, Vorgänge oder Phänomene mit ihren wichtigsten Einzelheiten. Sie dienen als anschauliche Definitionen der angegebenen Begriffe.

TERMINOLOGIE

Jeder Begriff im *Bildwörterbuch* wurde unter Verwendung authentischer Quellen sorgfältig auf dem jeweils angemessenen Niveau ausgewählt.
In den Fällen, in denen mehrere verschiedene Begriffe den selben Gegenstand bezeichnen können, wurde der von den angesehensten Autoren am häufigsten verwendete Begriff gewählt.
Das *Bildwörterbuch* enthält 13.750 Registereinträge, bzw. über 20.000 Begriffe in jeder Sprache.
Das Register listet alle Begriffe des *Bildwörterbuches* in alphabetischer Reihenfolge auf.

BENUTZUNGSVARIANTEN

Auf das *Bildwörterbuch* kann in ganz verschiedener Weise zugegriffen werden: Ausgehend von der Liste der Kapitel am Ende des Einführungsteils.
Mit Hilfe des Registers kann der Benutzer, direkt von einem Begriff ausgehend, dessen Bedeutung nachschlagen oder seine genauere Bedeutung anhand der Abbildung überprüfen.
Die Besonderheit des *Bildwörterbuches* besteht darin, dass die Abbildungen es ermöglichen, einen Begriff zu finden, auch wenn man nur eine ungefähre Vorstellung davon hat. Außerdem erkennt der Benutzer auf einen Blick viele weitere Begriffe, die zu dem gesuchten Begriff gehören.

FARBREGISTER

Am Rand jeder Seite ist jedem Kapitel eine bestimmte Farbe zugeordnet, so dass ein schneller Zugriff auf den entsprechenden Abschnitt im Buch möglich ist.

TITEL

Der Titel wird auf Deutsch angegeben und darunter, in kleinerer Schrift, folgt der Titel auf Spanisch.

UNTERTHEMA

Die meisten Kapitel sind in Unterthemen eingeteilt. Sie werden auf Deutsch und Spanisch angegeben.

LINIE

Sie verbindet den Begriff mit dem dazugehörigen Teil der Abbildung. Wo zu viele Linien unübersichtlich wären, treten an ihre Stelle farbige Codes mit einer Legende oder Nummern.

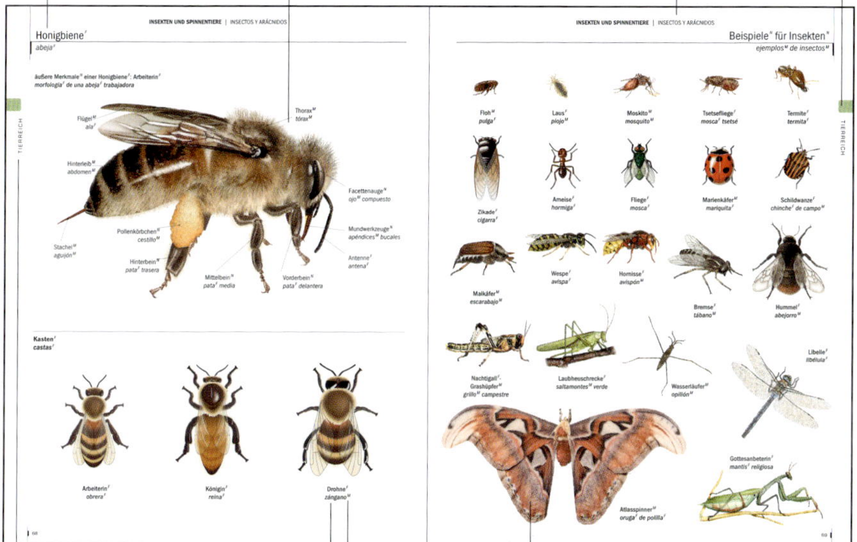

KAPITEL

Die Kapitel werden immer auf Deutsch angegeben.

ABBILDUNG

Sie dient als anschauliche Definition der Begriffe.

ANGABE DES GESCHLECHTS

Das Geschlecht jedes Substantivs wird angegeben.
F: Femininum; M: Maskulinum; N: Neutrum

BEGRIFF

Jeder Begriff erscheint im Register mit der Angabe der Seite auf der er steht. Er wird auch auf Spanisch angegeben.

Inhaltsverzeichnis

ASTRONOMIE 2

Himmelskörper 2
Beobachtung des Weltraums 7
Raumfahrt 10

ERDE 14

Geographie 14
Geologie 26
Meteorologie 37
Umwelt 44

PFLANZENREICH 50

TIERREICH 66

Einfache Organismen und Echinodermen 66
Insekten und Spinnentiere 67
Krebse 71
Weichtiere 72
Fische 74
Amphibien 75
Reptilien 76
Vögel 78
Nagetiere und Hasentiere 82
Huftiere 83
Raubtiere 86
Meeressäugetiere 90
Primaten 91

MENSCH 92

Menschlicher Körper 92
Anatomie 96
Sinnesorgane 114

NAHRUNGSMITTEL UND KÜCHE 120

Nahrungsmittel 120
Küche 162

HAUS 182

Anlage 182
Teile eines Hauses 185
Konstruktion eines Hauses 187
Heizung 192
Sanitärinstallation 194
Elektrizität 198
Hauseinrichtung 200

HEIMWERKEN UND GARTENARBEIT 216

Heimwerken 216
Gartenarbeit 230

KLEIDUNG 238

PERSÖNLICHE AUSSTATTUNG 264

Schmuck und Schönheitspflege 264
Persönliche Artikel 271

KUNST UND ARCHITEKTUR 278

Architektur 278
Darstellende Künste 290
Musik 295

KOMMUNIKATION UND BÜROTECHNIK 312

Kommunikation 312
Bürotechnik 329

TRANSPORT UND FAHRZEUGE 342

Straßenverkehr 342
Schienenverkehr 374
Schifffahrt 381
Luftverkehr 388
Handhabung 396
Schwermaschinen 398

ENERGIE 402

Geothermische und fossile Energie 402
Elektrizität aus Wasserkraft 406
Kernenergie 408
Sonnenenergie 410
Windenergie 412

WISSENSCHAFT 414

Chemie 414
Physik: Elektrizität und Magnetismus 416
Physik: Optik 418
Messinstrumente 422
Wissenschaftliche Symbole 426

GESELLSCHAFT 430

Stadt 430
Justiz 440
Wirtschaft und Finanzwesen 441
Bildung 444
Religion 446
Politik 448
Sicherheit 454
Gesundheit 460

SPORT UND SPIELE 468

Spiele 468
Leichtathletik 472
Ballsportarten 474
Spiele mit Schlägern 490
Kunstturnen 496
Kampfsportarten 498
Kraftsport 500
Präzisionssport 502
Wintersport 506
Wassersport 516
Radsport 522
Motorsport 523
Rollsport 526
Freizeit in der Natur 528

REGISTER 539

Kapitelregister

2 **ASTRONOMIE**

14 **ERDE**

50 **PFLANZENREICH**

66 **TIERREICH**

92 **MENSCH**

120 **NAHRUNGSMITTEL UND KÜCHE**

182 **HAUS**

216 **HEIMWERKEN UND GARTENARBEIT**

238 **KLEIDUNG**

264 **PERSÖNLICHE AUSSTATTUNG**

278 **KUNST UND ARCHITEKTUR**

312 **KOMMUNIKATION UND BÜROTECHNIK**

342 **TRANSPORT UND FAHRZEUGE**

402 **ENERGIE**

414 **WISSENSCHAFT**

430 **GESELLSCHAFT**

468 **SPORT UND SPIELE**

539 **REGISTER**

Sonnensystem^{N}
sistema^{M} solar

äußere Planeten^{M}
planetas^{M} externos

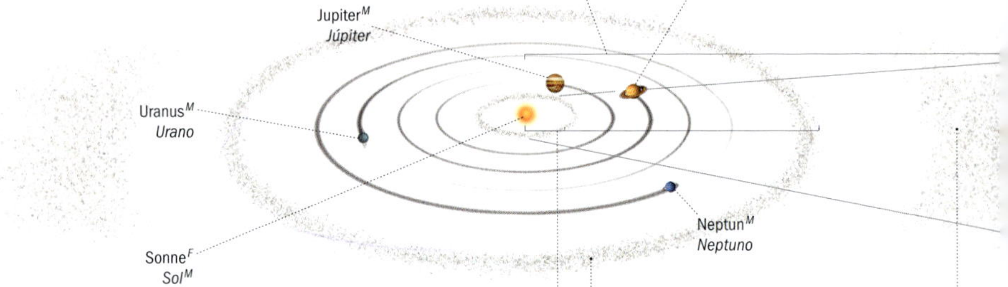

Planeten^{M} und Monde^{M}
planetas^{M} y satélites^{M}

Sonnensystem[N]

innere Planeten[M]
planetas[M] internos

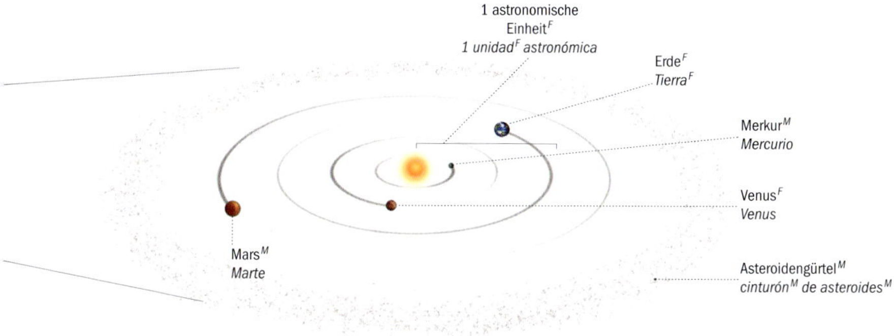

Planeten[M] und Monde[M]

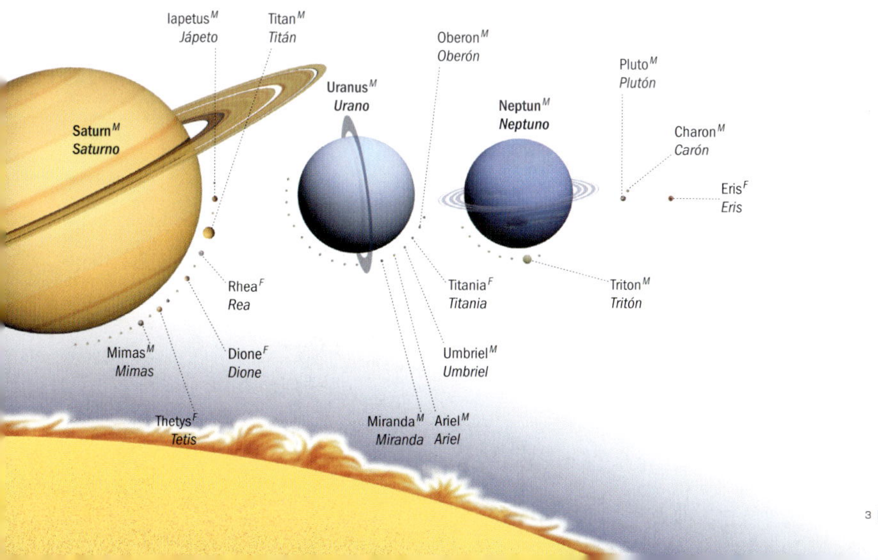

Sonne[F]

Sol[M]

Aufbau[M] der Sonne[F]
estructura[F] del Sol[M]

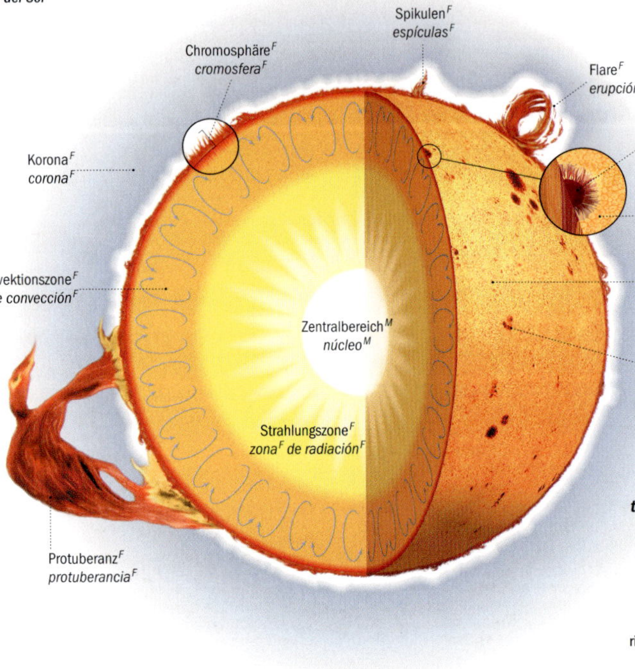

Finsternisarten[F]
tipos[M] de eclipses[M]

ringförmige Finsternis[F]
eclipse[M] anular

partielle Finsternis[F]
eclipse[M] parcial

totale Finsternis[F]
eclipse[M] total

Sonnenfinsternis[F]
eclipse[M] solar

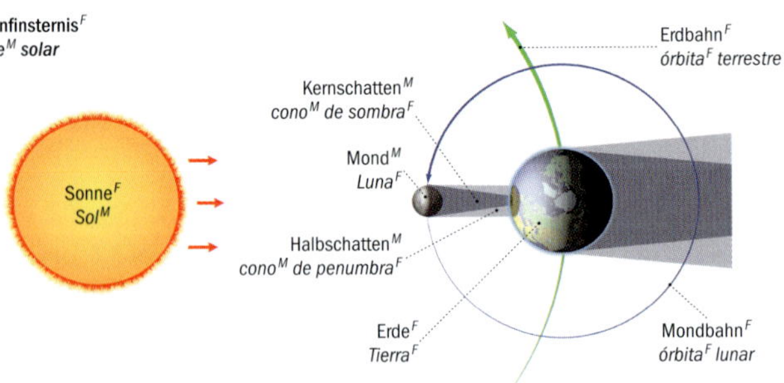

Mond^{M}
Luna^{F}

Finsternisarten^{F}
tipos^{M} de eclipses^{M}

partielle Finsternis^{F}
eclipse^{M} parcial

totale Finsternis^{F}
eclipse^{M} total

Oberflächenformationen^{F} des Mondes^{M}
superficie^{F} lunar

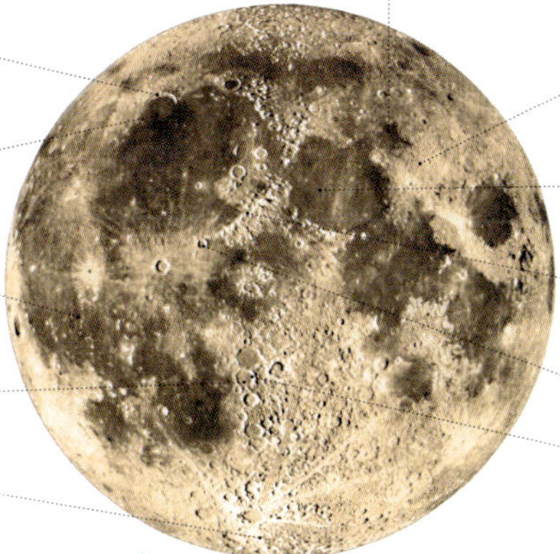

Mondfinsternis^{F}
eclipse^{M} de Luna^{F}

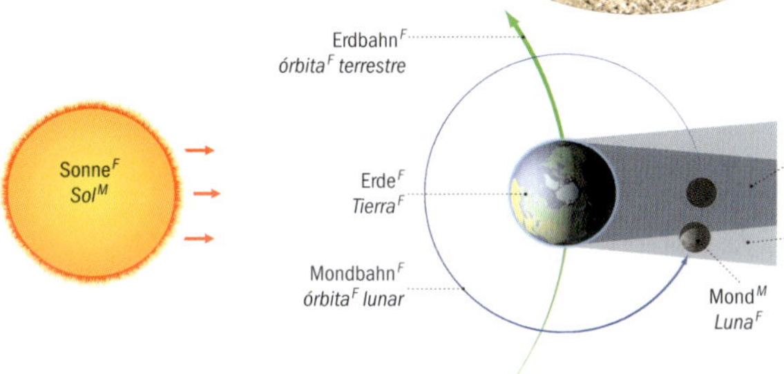

Mondphasen^{F}
fases^{F} de la Luna^{F}

Neumond^{M}
Luna^{F} nueva

Mondsichel^{F} (zunehmender Mond^{M})
Luna^{F} creciente

Halbmond^{M} (erstes Viertel^{N})
cuarto^{M} creciente

zunehmender Mond^{M}
quinto octante^{M}

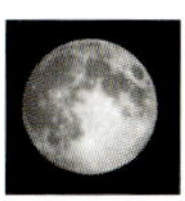

Vollmond^{M}
Luna^{F} llena

abnehmender Mond^{M}
tercer octante^{M}

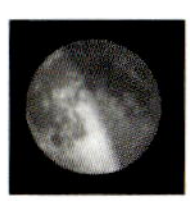

Halbmond^{M} (letztes Viertel^{N})
cuarto^{M} menguante

Mondsichel^{F} (abnehmender Mond^{M})
Luna^{F} menguante

Galaxie^F

galaxia^F

Milchstraße^F
Vía^F Láctea

Milchstraße^F (Ansicht^F von oben)
Vía^F Láctea (vista^F desde arriba)

Milchstraße^F (Seitenansicht^F)
Vía^F Láctea (vista^F lateral)

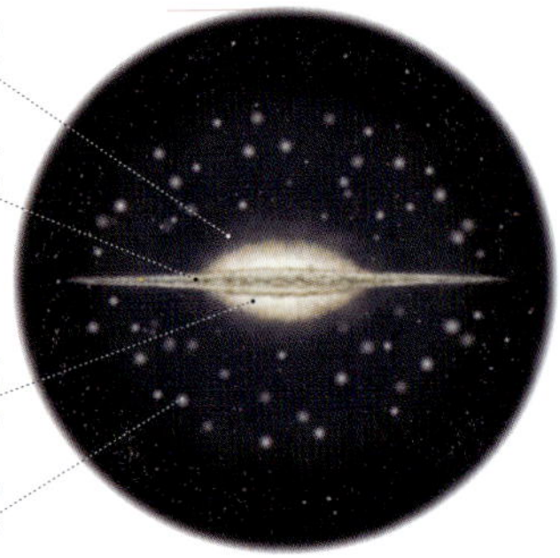

Komet^M

cometa^M

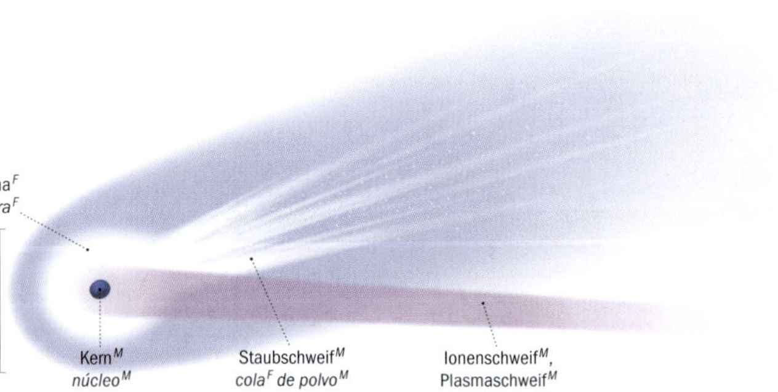

Hubble-Weltraumteleskop^{N}
telescopio^{M} espacial Hubble

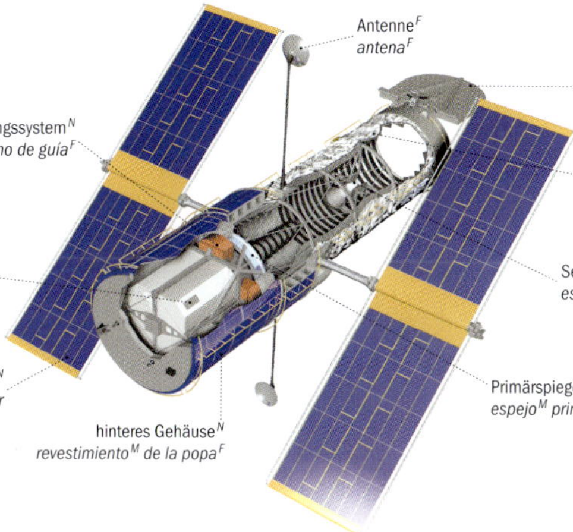

Sternwarte^{F}
observatorio^{M} astronómico

Querschnitt^{M} durch eine Sternwarte^{F}
sección^{F} transversal de un observatorio^{M} astronómico

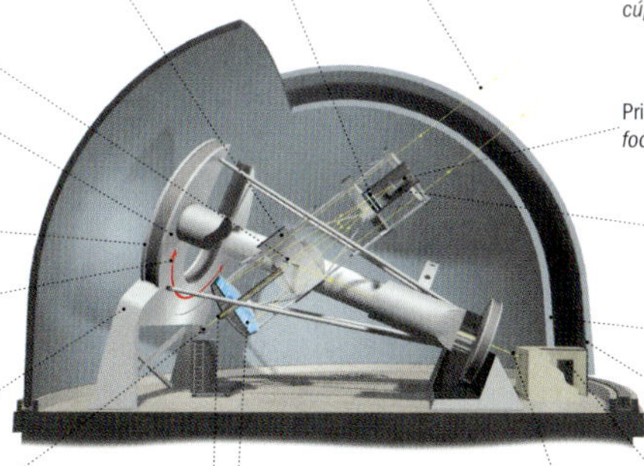

Sternwarte^{F}
observatorio^{M}

Linsenfernrohr^{N}

telescopio^{M} refractor

Linsenfernrohr^{N} im Querschnitt^{M}
sección^{F} transversal de un telescopio^{M} refractor

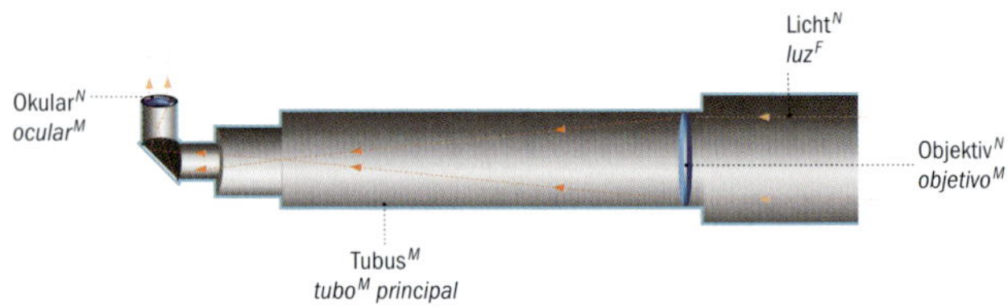

Spiegelteleskop[N]

telescopio[M] reflector

Spiegelteleskop[N] im Querschnitt[M]
sección[F] transversal de un telescopio[M] reflector

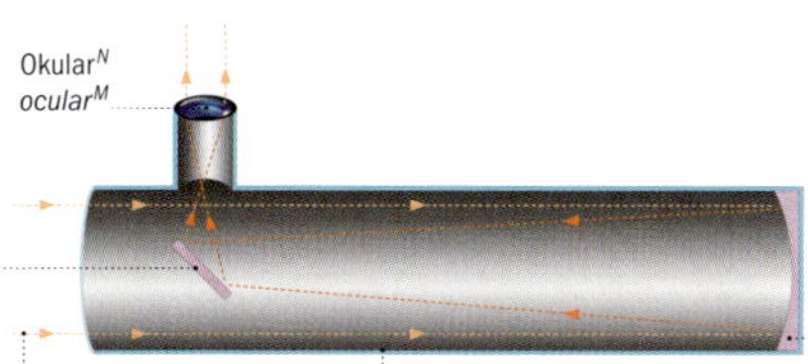

Raumanzug[M]

traje[M] espacial

internationale Raumstation^F

estación^F espacial internacional

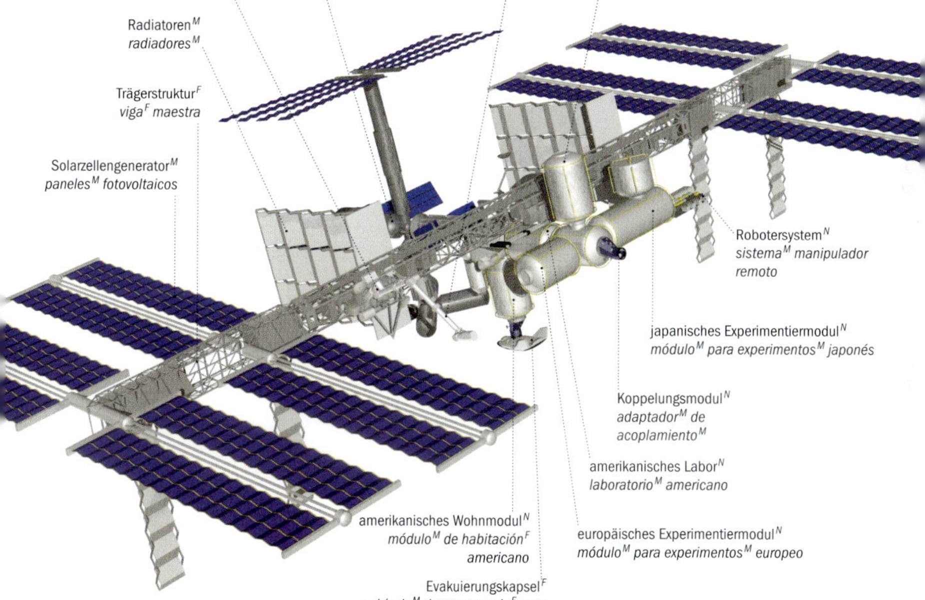

Raumfähre[F]

transbordador[M] espacial

Raumfähre[F] beim Start[M]
transbordador[M] espacial en posición[F] de lanzamiento[M]

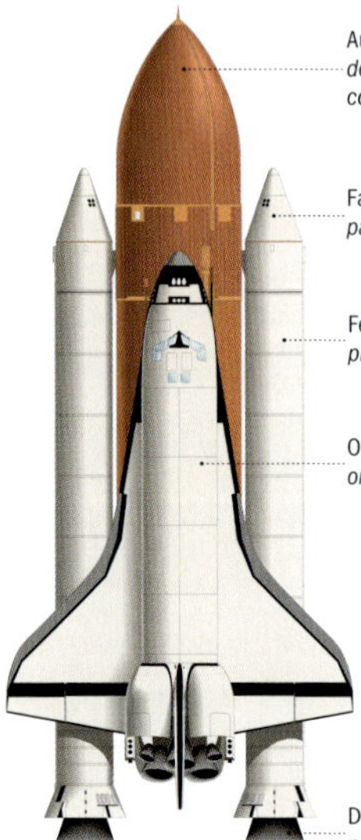

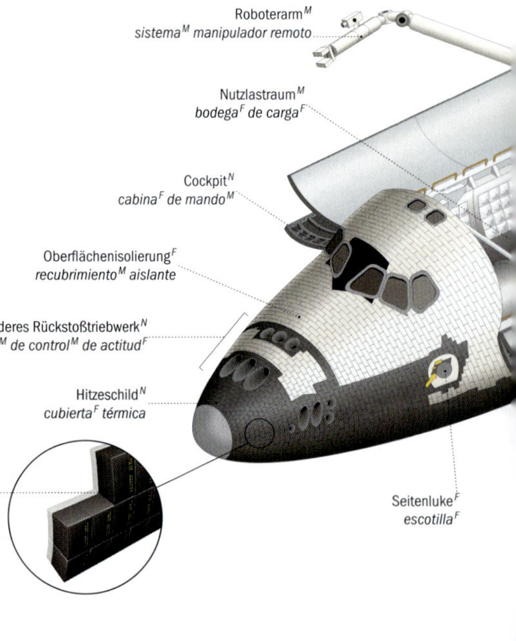

Orbiter[M]
orbitador[M]

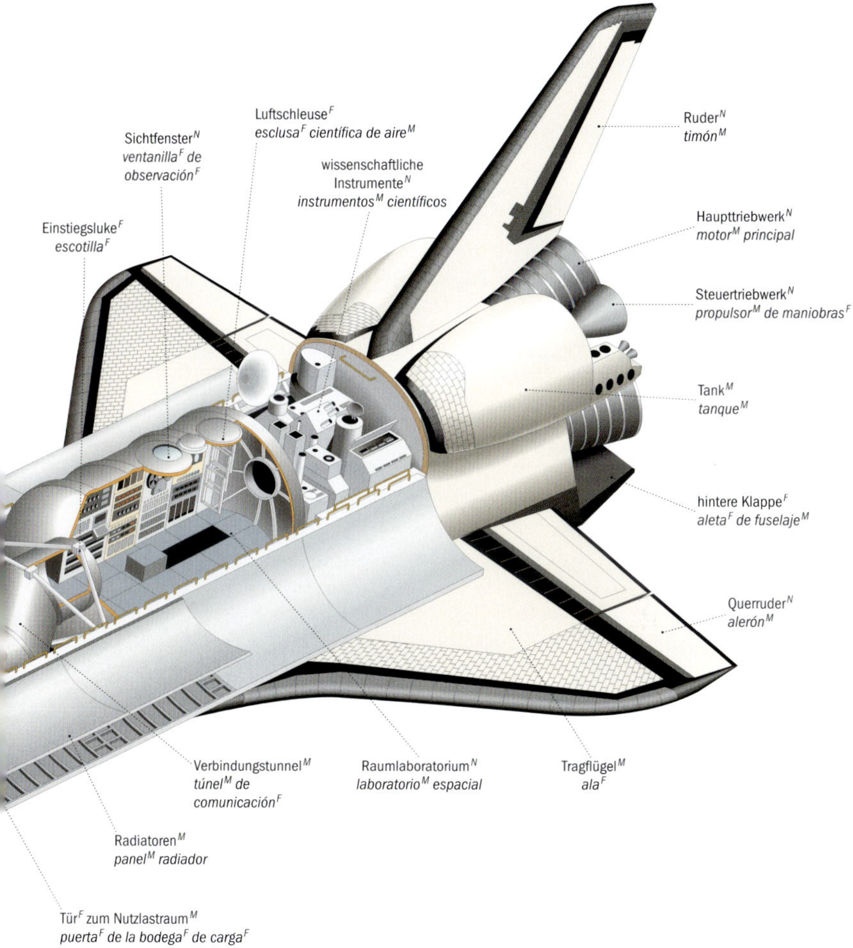

Lage^{F} der Kontinente^{M}

configuración^{F} de los continentes^{M}

Erdoberfläche^{F}
planisferio^{M}

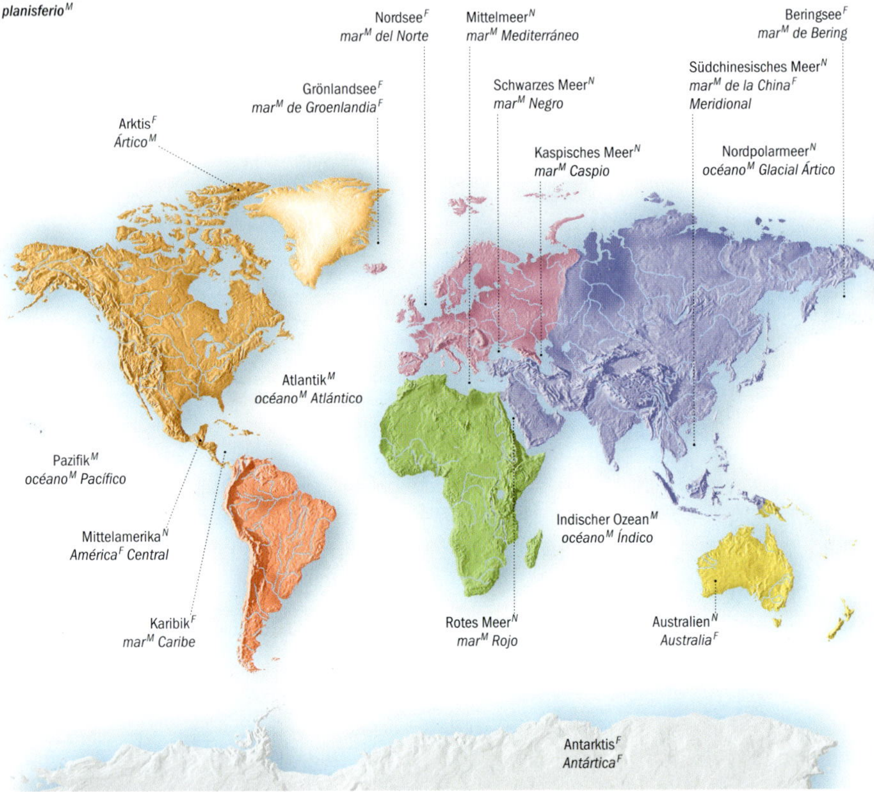

Nordamerika^{N}
América^{F} del Norte

Europa^{N}
Europa^{F}

Südamerika^{N}
América^{F} del Sur

Asien^{N}
Asia^{F}

Ozeanien^{N}
Oceanía^{F}

Afrika^{N}
África^{F}

Eurasien^{N}
Eurasia^{F}

Antarktis^F
Antártica^F

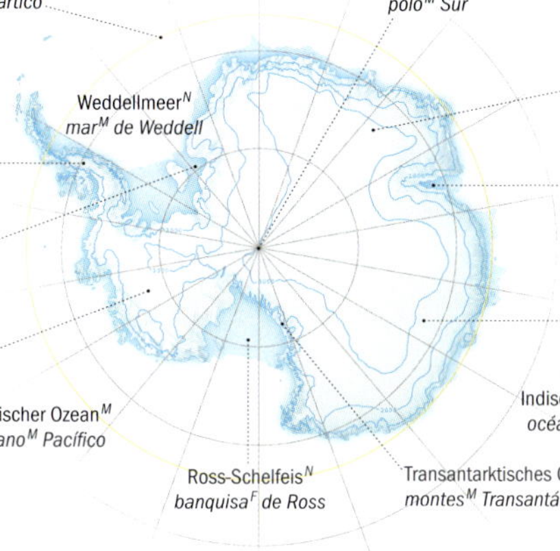

Ozeanien^N
Oceanía^F

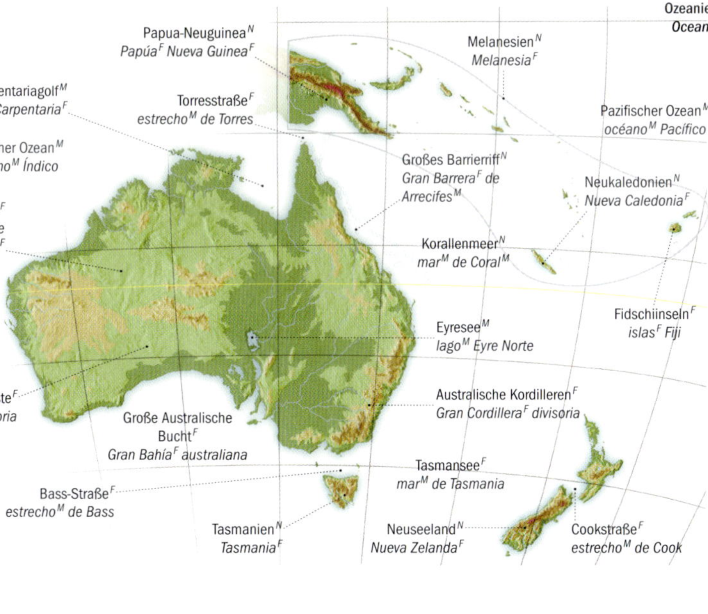

Nordamerika[N]
América[F] del Norte

SüdamerikaN
AméricaF del Sur

Europa^{N}
Europa^{F}

Asien^{N}
Asia^{F}

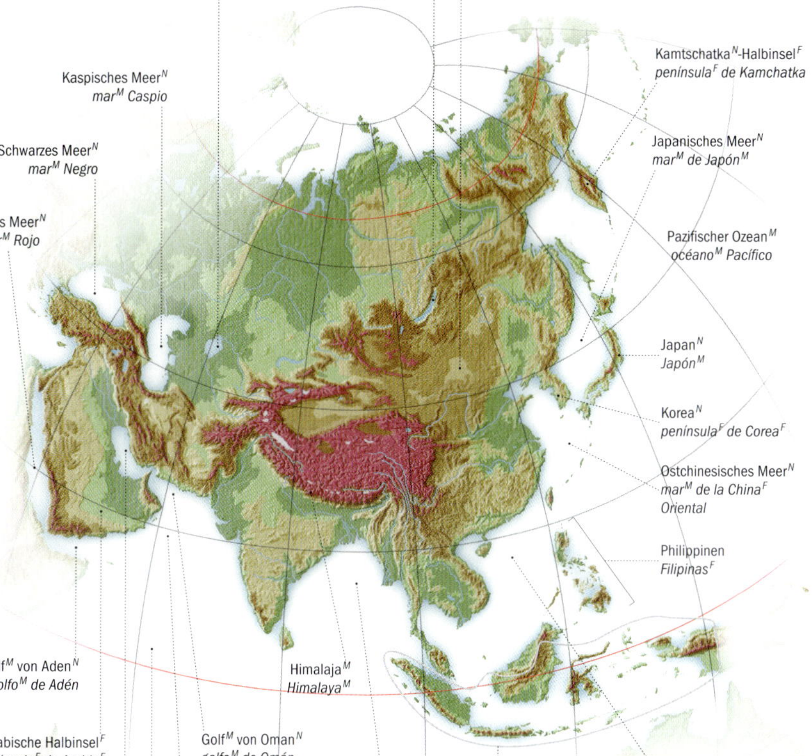

Afrika^N
África^F

Kartographie^{F}
cartografía^{F}

Koordinatensystem^{N} der Erdkugel^{F}
sistema^{M} de coordenadas^{F} terrestres

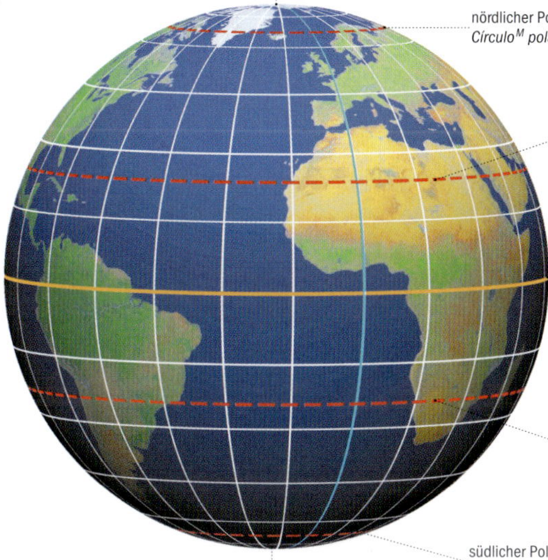

Hemisphären^{F}
hemisferios^{M}

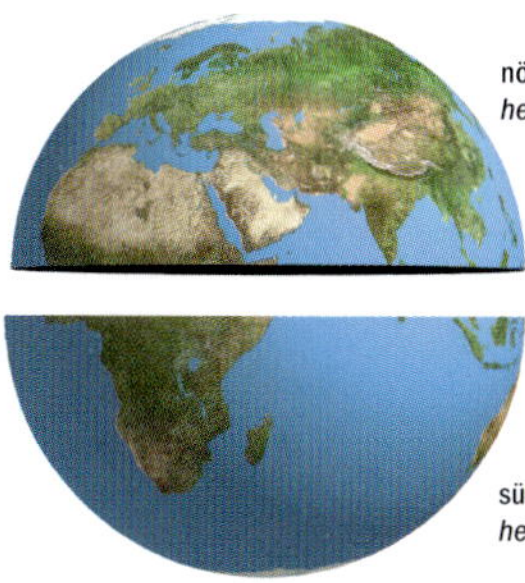

Gradnetz^N
sistema^M de retícula^F

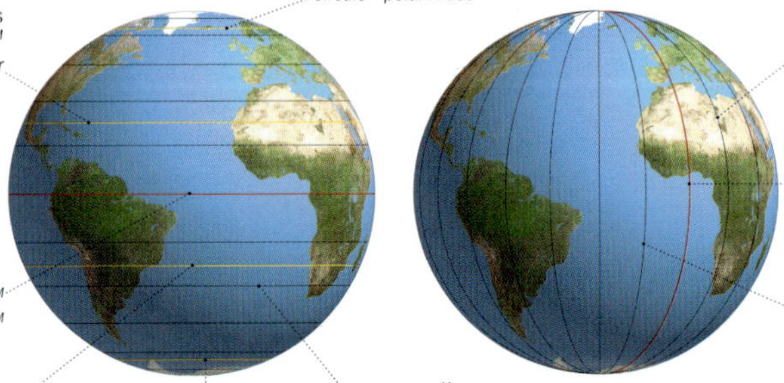

Kartendarstellungen^F
proyecciones^F cartográficas

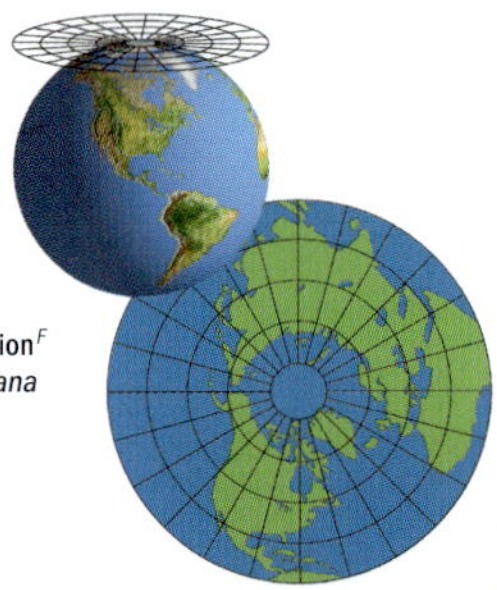

Azimutalprojektion^F
proyección^F plana

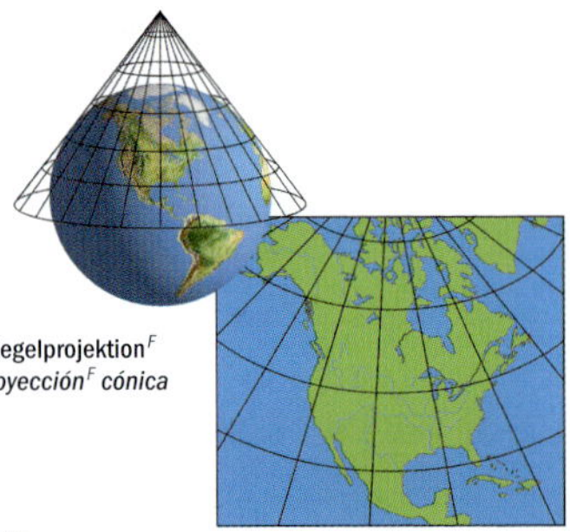

Kegelprojektion^F
proyección^F cónica

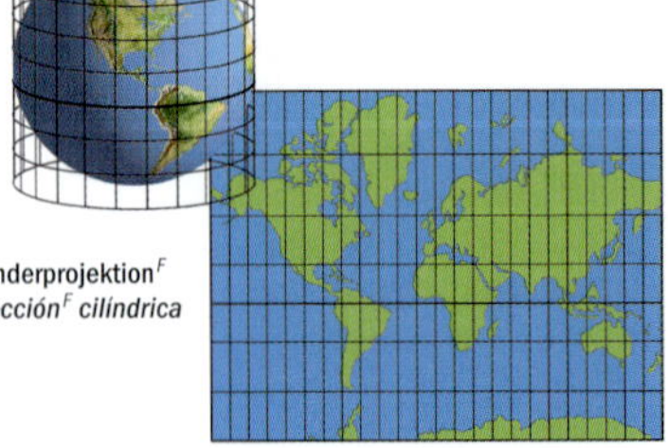

Zylinderprojektion^F
proyección^F cilíndrica

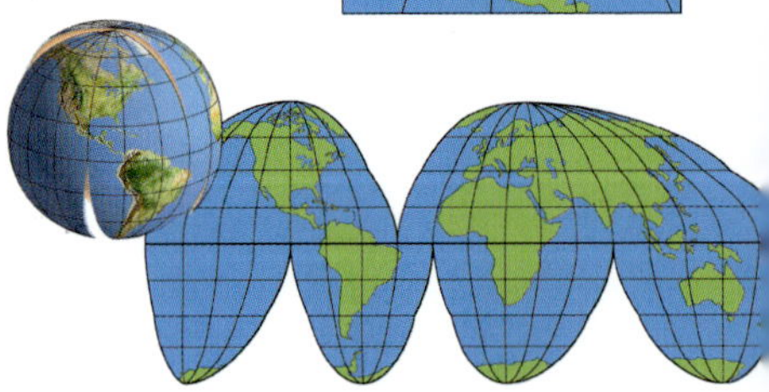

zerlappte Projektion^F
proyección^F interrumpida

Windrose[F]
***rosa**[F] **de los vientos**[M]*

Nord
Norte[M]

Nord-Nordwest
Nor Noroeste[M]

Nord-Nordost
Norte[M] *Noreste*[M]

Nordwest
Noroeste[M]

Nordost
Noreste[M]

West-Nordwest
Oeste Noroeste[M]

Ost-Nordost
Este[M] *Noreste*[M]

West
Oeste[M]

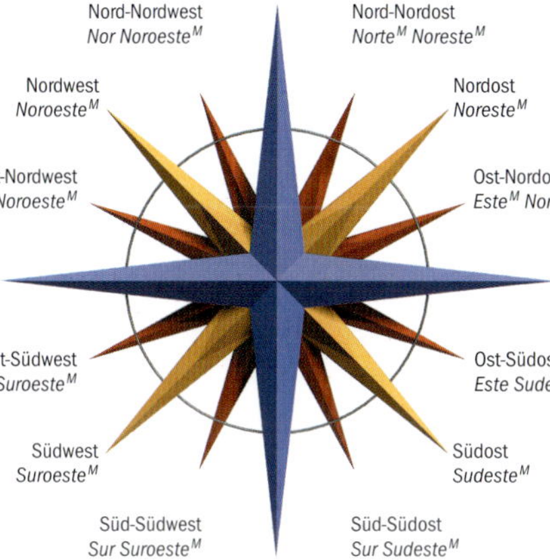

Ost
Este[M]

West-Südwest
Oeste Suroeste[M]

Ost-Südost
Este Sudeste[M]

Südwest
Suroeste[M]

Südost
Sudeste[M]

Süd-Südwest
Sur Suroeste[M]

Süd-Südost
Sur Sudeste[M]

Süd
Sur[M]

politische Karte[F]
mapa**[M] **político

Provinz[F]
provincia[F]

Provinzgrenze[F]
frontera[F] *interna*

Stadt[F]
ciudad[F]

Staatsgrenze[F]
frontera[F] *internacional*

Hauptstadt[F]
capital[F]

Bundesstaat[M]
estado[M]

Land[N]
país[M]

physische Karte^{F}
mapa^{M} físico

Stadtplan^{M}
mapa^{M} urbano

Eisenbahn^{F}
vía^{F} férrea

Bahnhof^{M}
estación^{F} del ferrocarril^{M}

Brücke^{F}
puente^{M}

Vororte^{M}
zona^{F} residencial (de las afueras^{F})

Fluss^{M}
río^{M}

Wald^{M}
bosques^{M}

Umgehungsstraße^{F}
circunvalación^{F}

Kreisverkehr^{M}
rotonda^{F}

Straße^{F}
calle^{F}

Park^{M}
parque^{M}

Friedhof^{M}
cementerio^{M}

Denkmal^{N}
monumento^{M}

Autobahn^{F}
autopista^{F}

Stadtteil^{M}
distrito^{M}

Allee^{F}
avenida^{F}

öffentliches Gebäude^{N}
edificio^{M} público

Boulevard^{M}
bulevar^{M}

Straßenkarte^{F}
mapa^{M} de carreteras^{F}

Autobahnnummer^{F}
número^{M} de la autopista^{F}

Straße^{F}
carretera^{F}

Autobahn^{F}
autopista^{F}

Rastplatz^{M}
área^{F} de descanso^{M}

Raststätte^{F}
área^{F} de servicio^{M}

Umgehungsstraße^{F}
carretera^{F} de circunvalación^{F}

Straßennummer^{F}
número^{M} de la carretera^{F}

Flughafen^{M}
aeropuerto^{M}

Nationalpark^{M}
parque^{M} nacional

landschaftlich schöne Strecke^{F}
ruta^{F} pintoresca

Nebenstraße^{F}
carretera^{F} secundaria

Sehenswürdigkeit^{F}
punto^{M} de interés^{M}

Erdkruste^F im Querschnitt^M

corte^M de la corteza^F terrestre

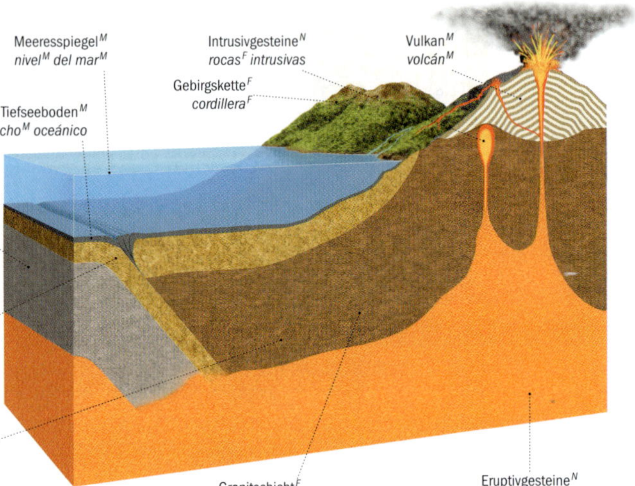

Erdaufbau^M

estructura^F de la Tierra^F

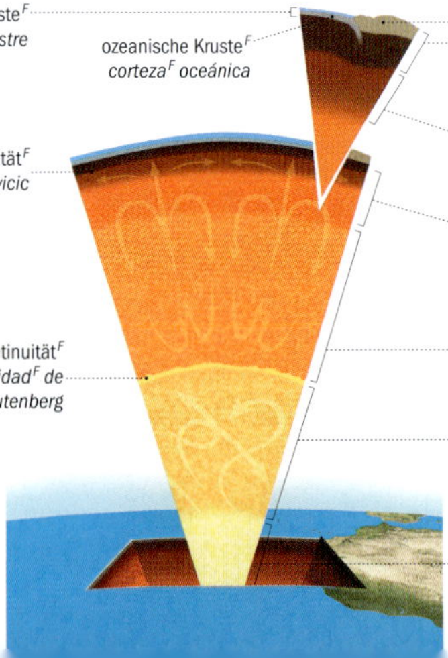

tektonische Platten[F]
placas[F] tectónicas

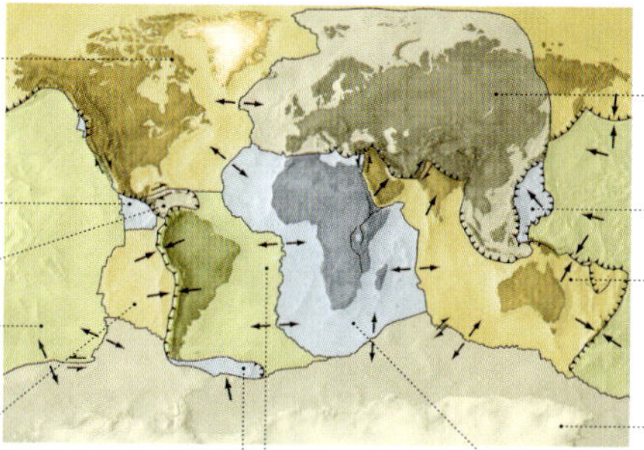

Subduktionszone[F]
subducción[F]

divergierende Plattengrenzen[F]
placas[F] divergentes

konvergierende Plattengrenzen[F]
placas[F] convergentes

Transformstörungen[F]
fallas[F] transformantes

Erdbeben[N]
terremoto[M]

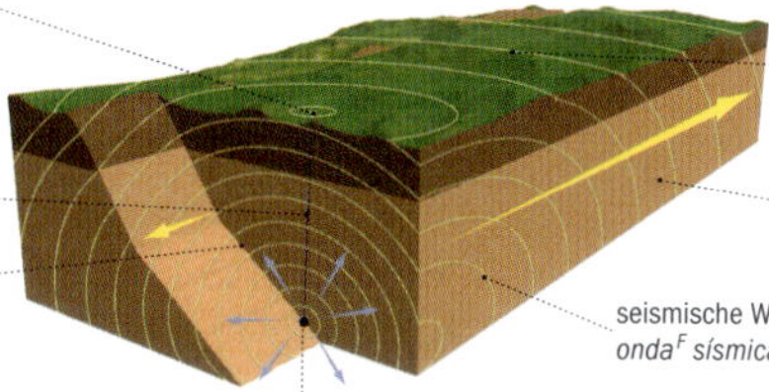

Seismographen[M]
sismógrafos[M]

Vertikalseismograph[M]
sismógrafo[M] vertical

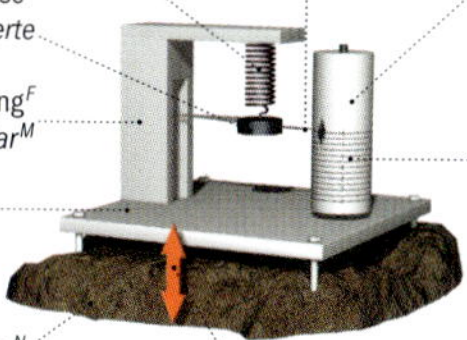

Horizontalseismograph[M]
sismógrafo[M] horizontal

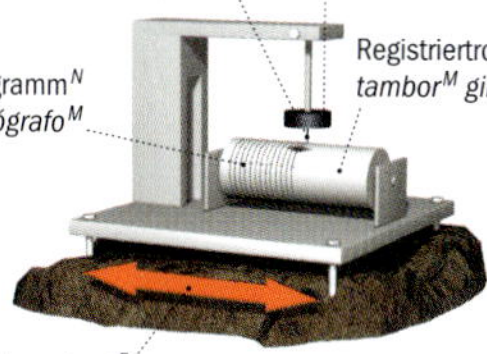

Vulkan[M]

volcán[M]

Vulkan[M] mit Ausbruchstätigkeit[F]
volcán[M] en erupción[F]

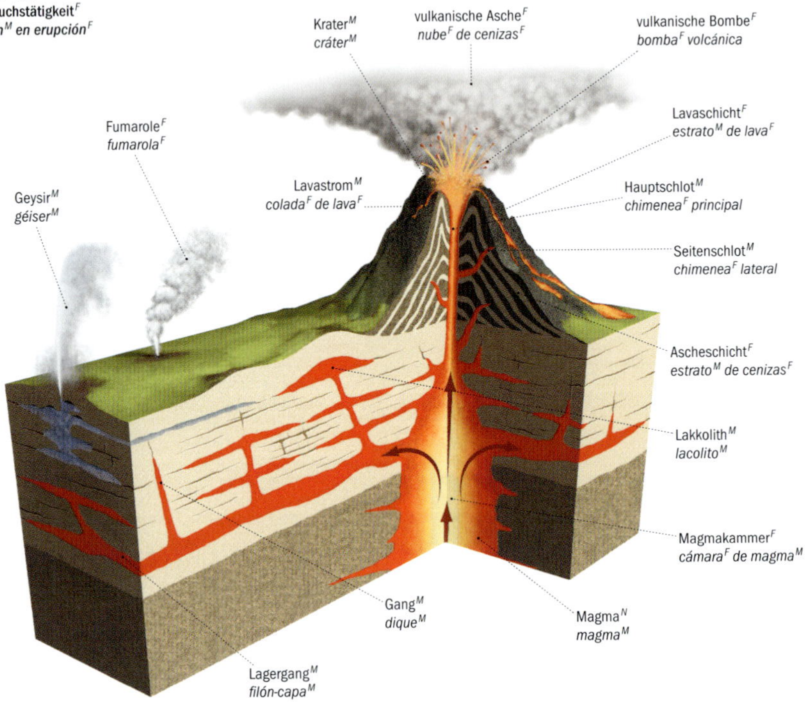

Vulkantypen[M]
ejemplos[M] de volcanes[M]

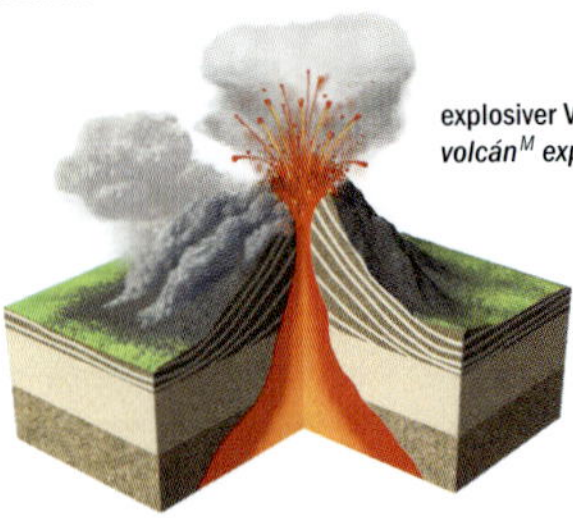

explosiver Vulkan[M]
volcán[M] explosivo

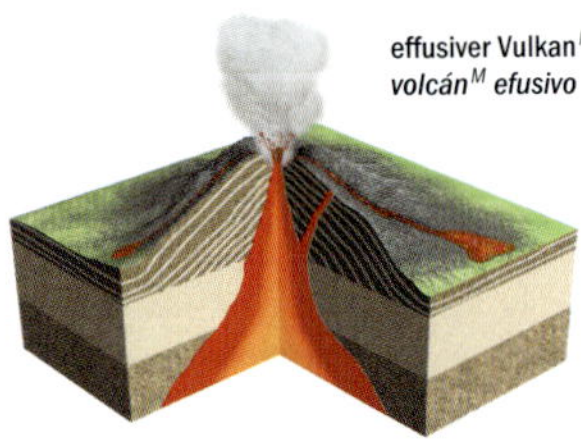

effusiver Vulkan[M]
volcán[M] efusivo

Berg[M]
montaña[F]

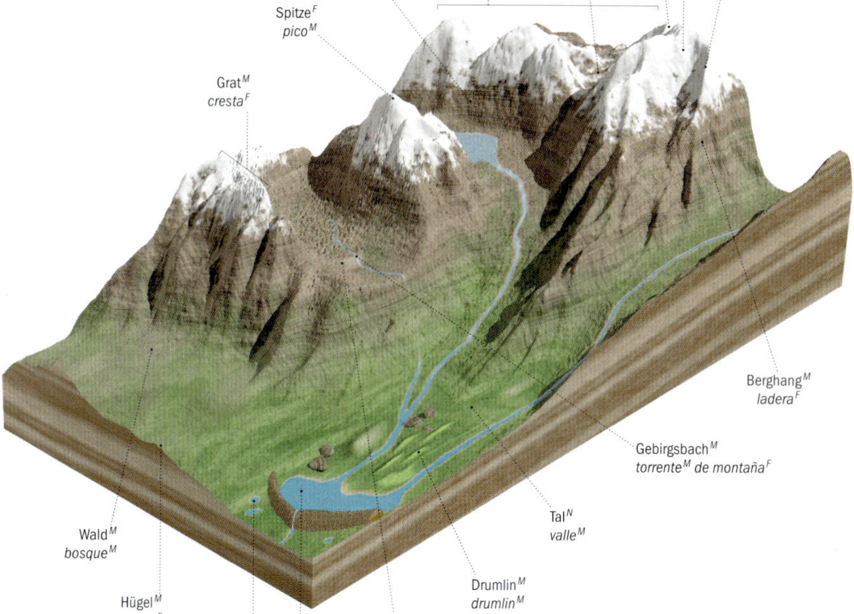

Gletscher^M

glaciar^M

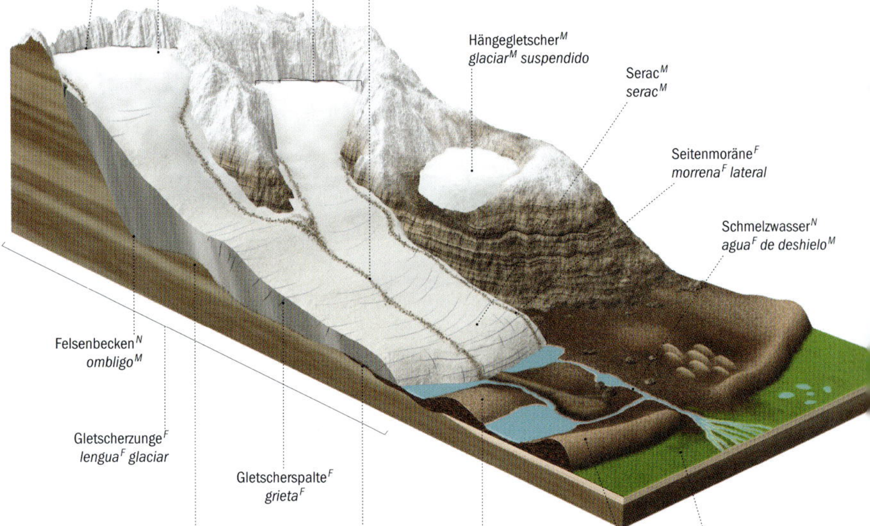

Höhle^{F}
gruta^{F}

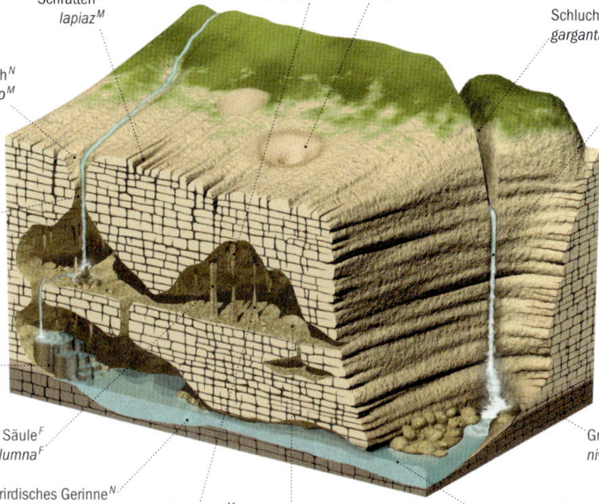

Bodenbewegungen^{F}
desprendimientos^{M} de tierras^{F}

Schlammfluss^{M}
corrimiento^{M}

Bodenkriechen^{N}
reptación^{F}

Erdrutsch^{M}
desprendimiento^{M}

Steinschlag^{M}
derrumbamiento^{M}

Flusslandschaft^{F}

corriente^{F} de agua^{F}

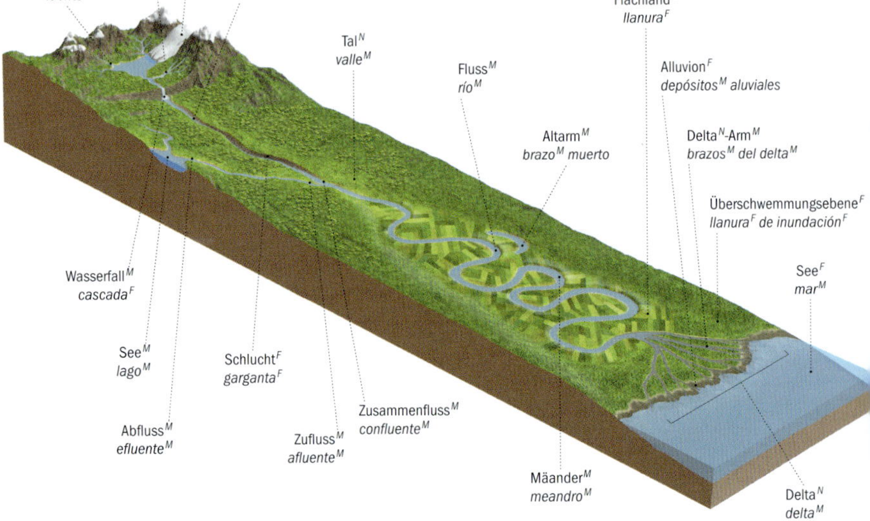

Seen^{M}

lagos^{M}

Gletschersee^{M}
lago^{M} glaciar

vulkanischer See^{M}
lago^{M} volcánico

tektonischer See^{M}
lago^{M} tectónico

Altarm^{M}
lago^{M} de brazo^{M} muerto

Oase^{F}
oasis^{M}

künstlicher See^{M}
embalse^{M}

Welle^{F}
ola^{F}

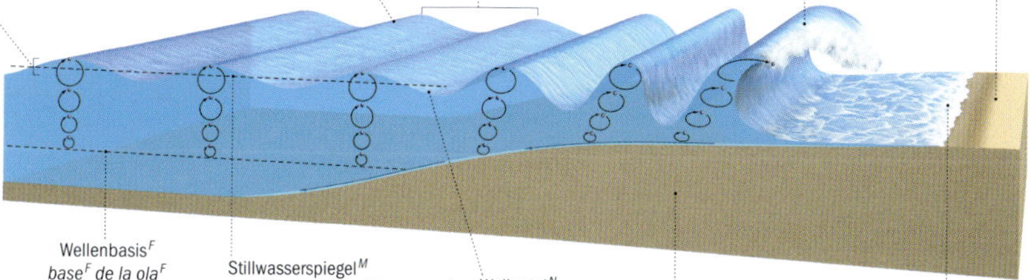

Meeresboden^{M}
fondo^{M} oceánico

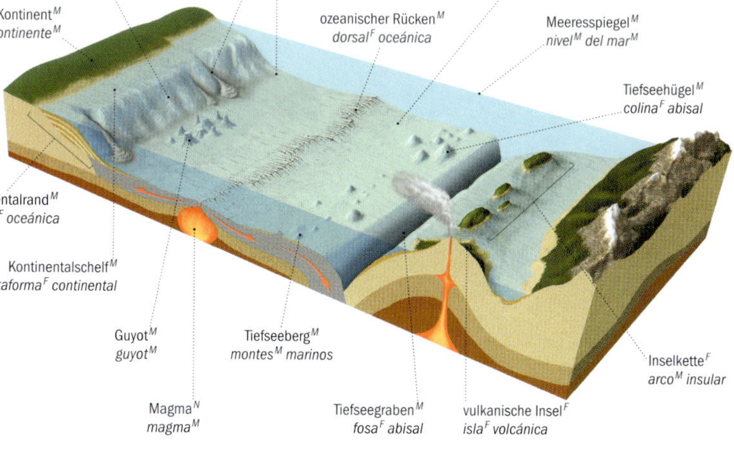

ozeanische Rücken[M] und Gräben[M]

fosas[F] y dorsales[F] oceánicas

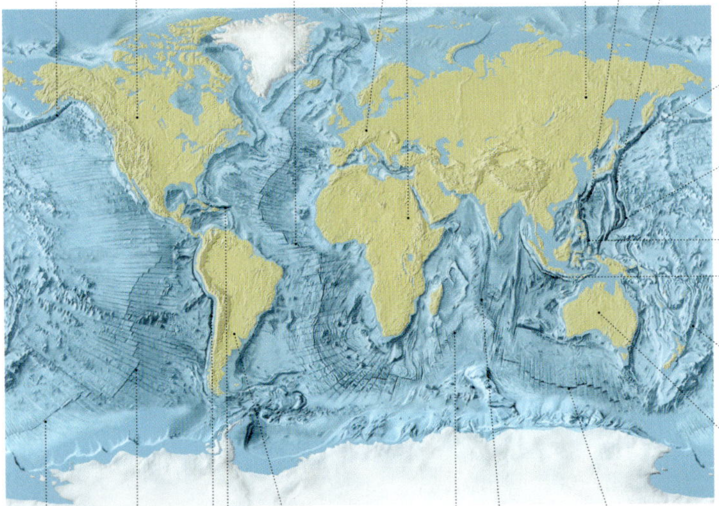

typische Küstenformen[F]
configuración[F] del litoral[M]

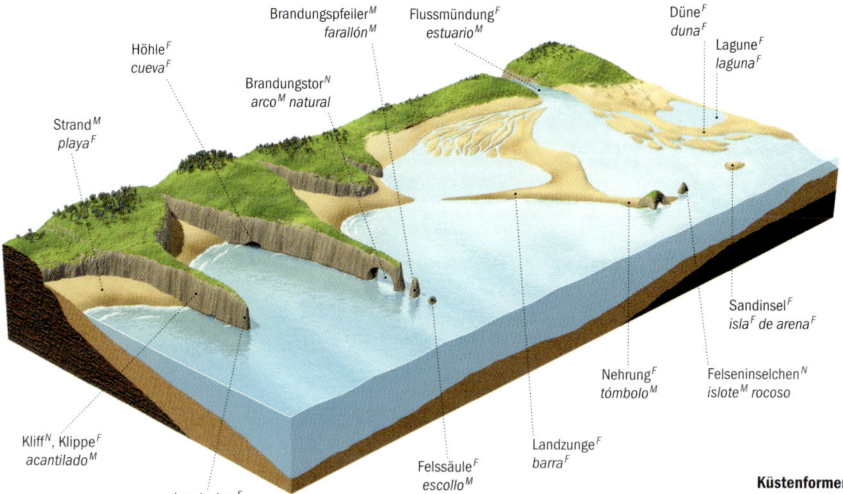

Küstenformen[F]
ejemplos[M] de costas[F]

Riffküste[F]
cordón[M] litoral

Fjordküste[F]
fiordo[M]

Steilküste[F]
acantilado[M]

Delta[N]
delta[M]

Atoll[N]
atolón[M]

Riasküste[F]
rías[F]

Wüste[F]
desierto[M]

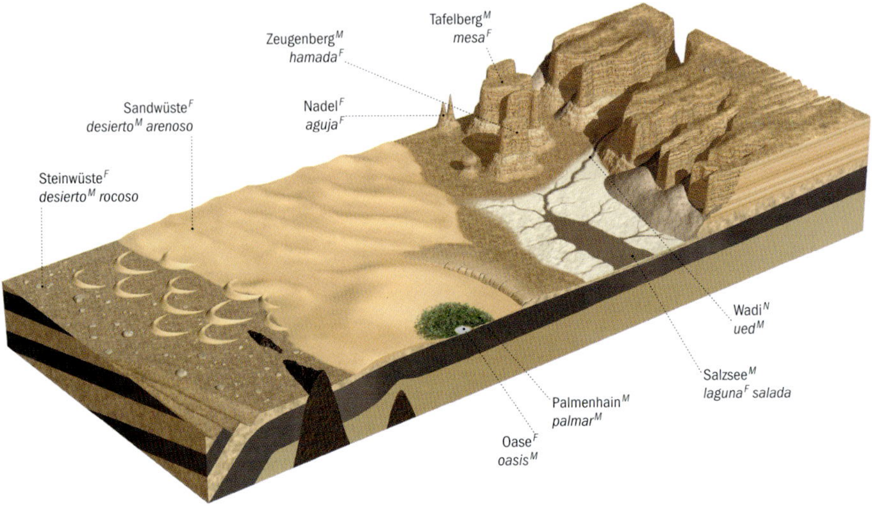

Dünenformen[F]
ejemplos[M] de dunas[F]

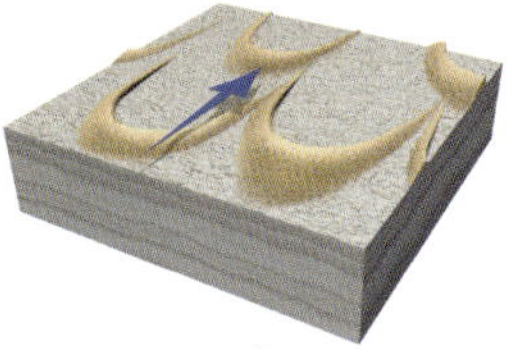

Sicheldüne[F]
barján[M]

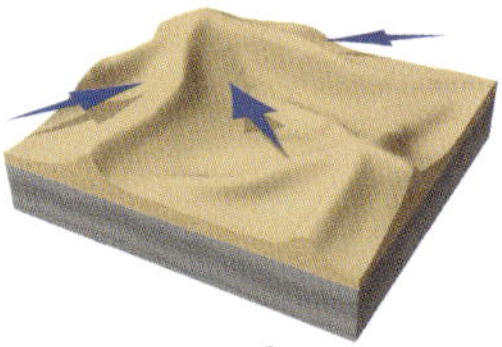

komplexe Düne[F]
duna[F] compleja

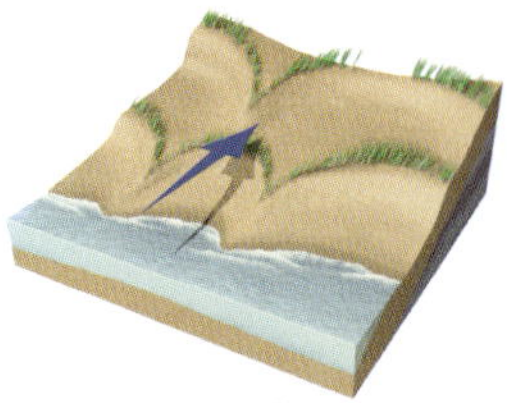

Parabeldüne[F]
duna[F] parabólica

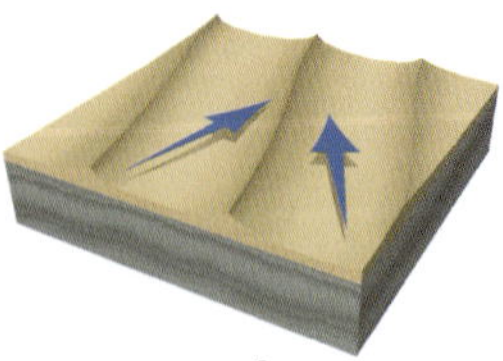

Längsdünen[F]
dunas[F] longitudinales

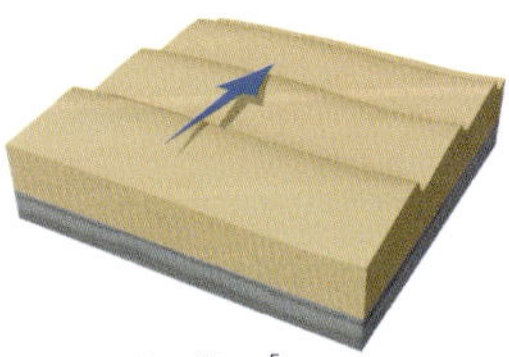

Querdünen[F]
dunas[F] transversales

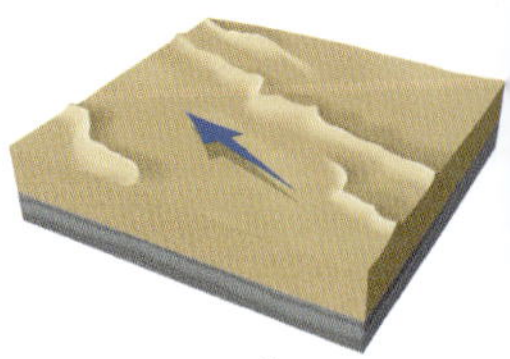

Dünenzug[M]
cadena[F] de dunas[F]

Erdatmosphäre[F] im Querschnitt[M]

corte[M] de la atmósfera[F] terrestre

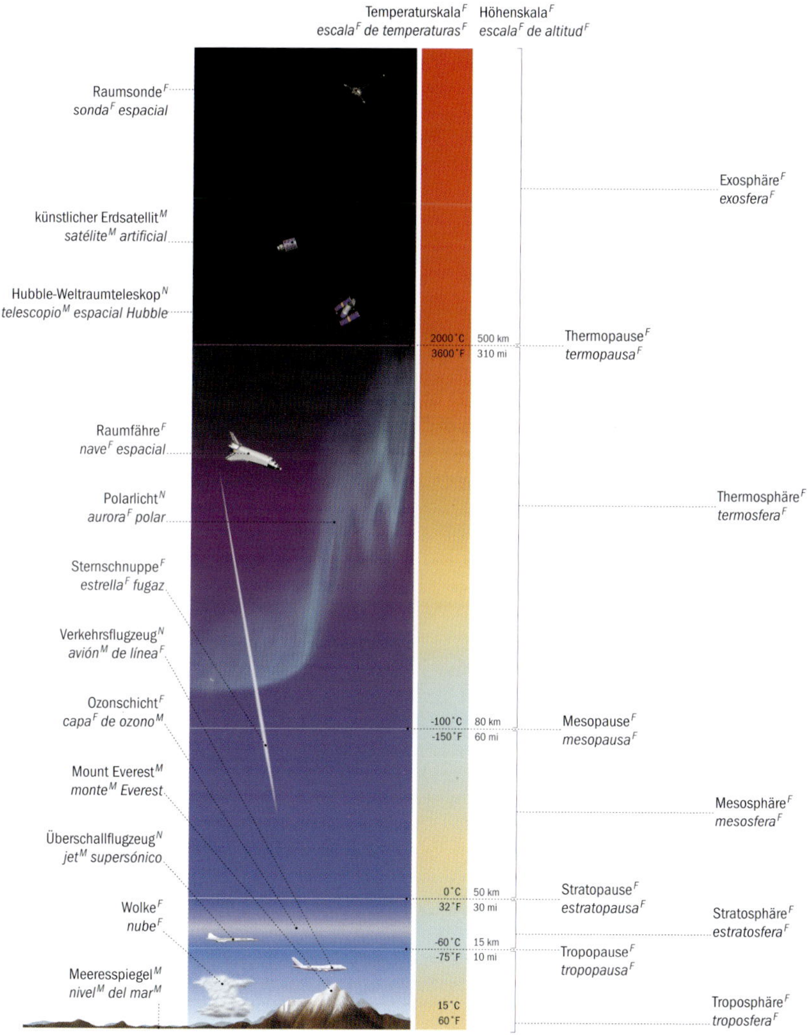

ERDE

ERDE

Jahreszeiten[F]

estaciones[F] del año[M]

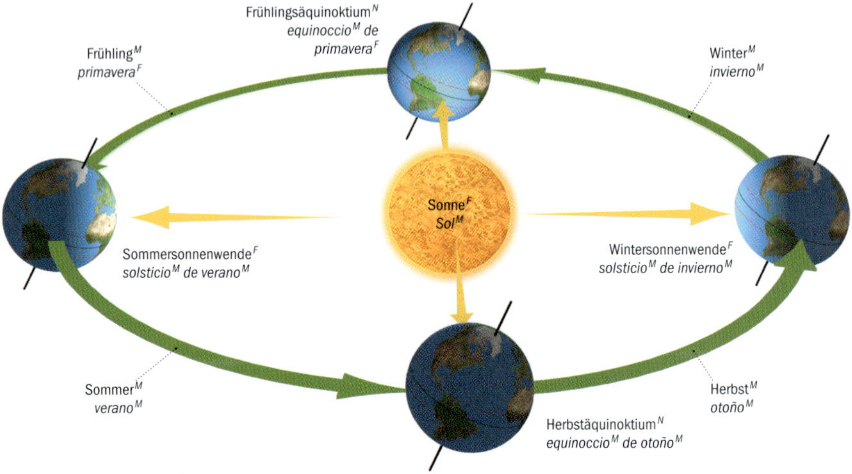

Wettervorhersage[F]

previsión[F] meteorológica

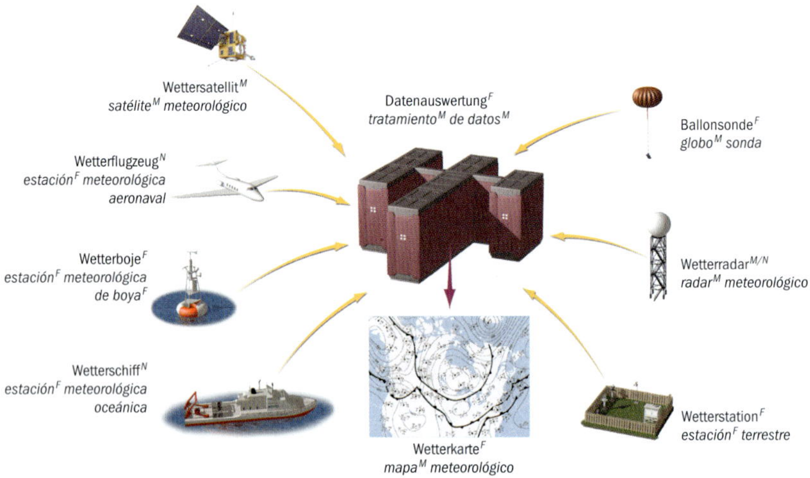

Wetterkarte^{F}

mapa^{M} meteorológico

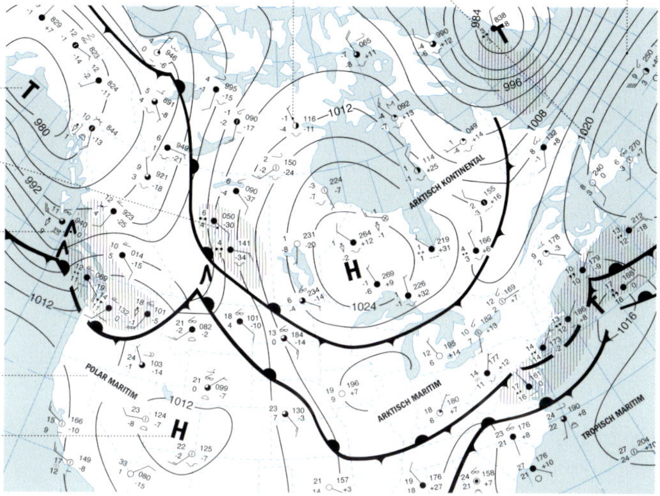

Stationsmodell^{N}

modelo^{M} de estación^{F}

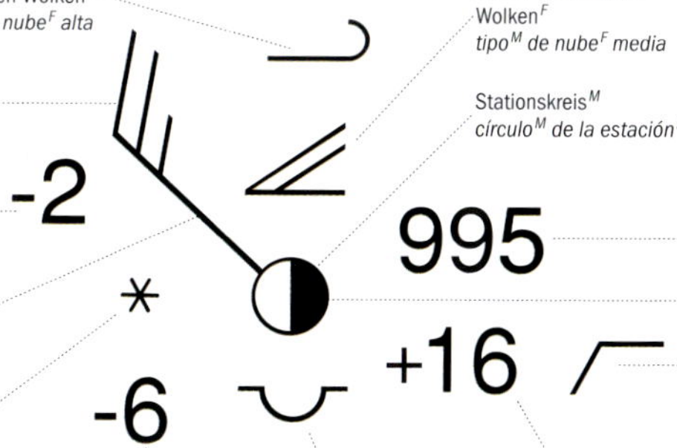

Klimate[N] der Welt[F]

climas[M] del mundo[M]

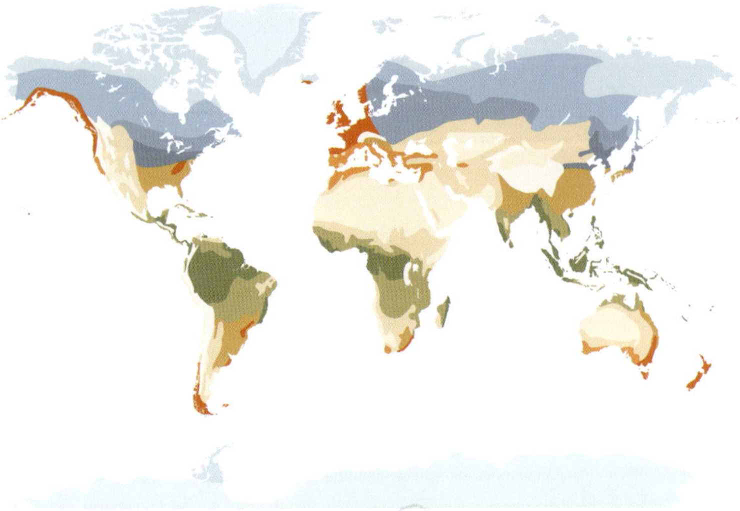

tropische Klimate[N]
climas[M] tropicales

tropischer Regenwald[M]
tropical[M] lluvioso

tropisch feucht und trocken (Savanne[F])
tropical[M] húmedo y seco (sabana[F])

Trockenklimate[N]
climas[M] áridos

Steppe[F]
estepario

Wüste[F]
desértico

kaltgemäßigte Klimate[N]
climas[M] templados fríos

feucht-kontinental - heißer Sommer[M]
continental[M] húmedo - verano[M] tórrido

feucht-kontinental - warmer Sommer[M]
continental[M] húmedo - verano[M] fresco

subarktisch
subártico

warmgemäßigte Klimate[N]
climas[M] templados cálidos

feuchte Subtropen
subtropical húmedo

mediterrane Subtropen
subtropical mediterráneo

maritim
marítimo

Polarklimate[N]
climas[M] polares

Polartundra[F]
tundra[F]

Eiskappe[F]
hielos[M] perpetuos

Hochlandklimate[N]
climas[M] de alta montaña[F]

Hochgebirge[N]
climas[M] de montaña[F]

Niederschläge[M]

precipitaciones[F]

Winterniederschläge[M]
precipitaciones[F] invernales

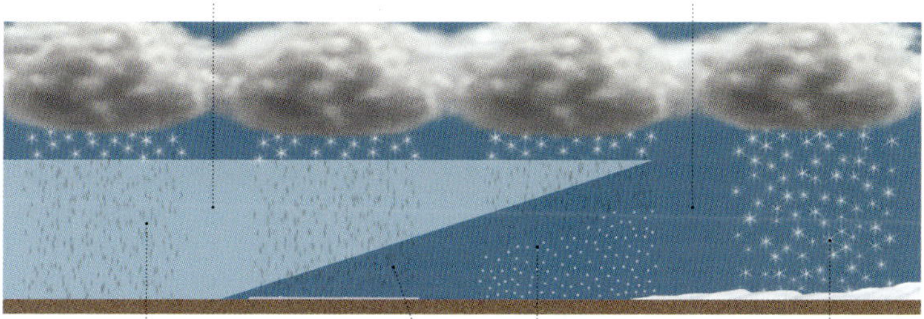

stürmischer Himmel[M]
cielo[M] turbulento

Tau[M]
rocío[M]

Dunst[M]
neblina[F]

Nebel[M]
niebla[F]

Reif[M]
escarcha[F]

Raureif[M]
hielo[M]

Wolken^{F}
nubes^{F}

Tornado^{M} und Wasserhose^{F}
tornado^{M} y tromba^{F} marina

Wasserhose^{F}
tromba^{F} marina

Tornado^{M}
tornado^{M}

tropischer Wirbelsturm^{M}
ciclón^{M} tropical

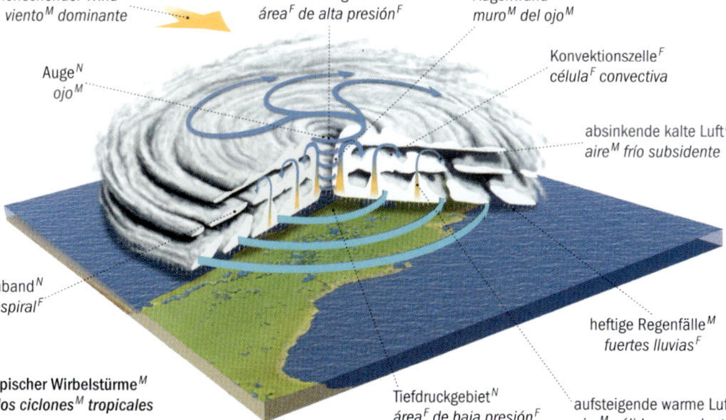

Bezeichnungen^{F} tropischer Wirbelstürme^{M}
denominación^{F} de los ciclones^{M} tropicales

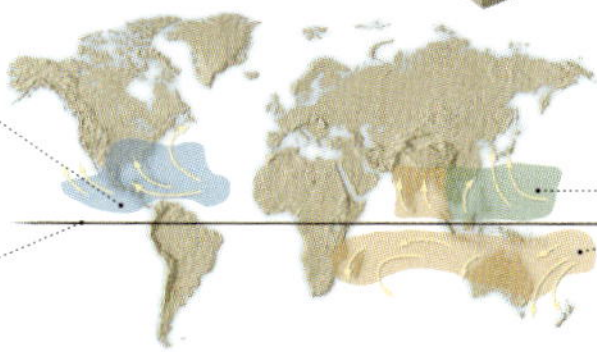

Vegetation^F und Biosphäre^F

vegetación^F y biosfera^F

Vegetationszonen^F
distribución^F de la vegetación^F

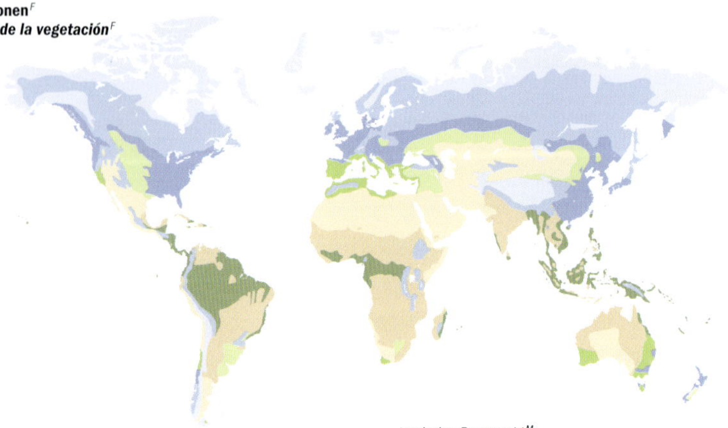

Tundra^F *tundra^F*	gemäßigter Wald^M *bosque^M templado*	tropischer Regenwald^M *bosque^M tropical húmedo*	Wüste^F *desierto^M*
borealer Wald^M *bosque^M boreal*	Grasland^N *praderas^F*	Savanne^F *sabana^F*	Macchie^F *maquis^M*

Vegetationsbild^N nach Höhenlagen^F
altitud^F y vegetación^F

Aufbau^M der Biosphäre^F
estructura^F de la biosfera^F

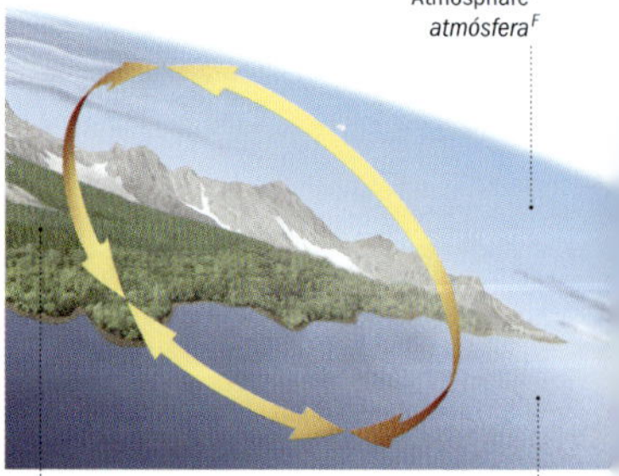

Nahrungskette^F
cadena^F alimentaria

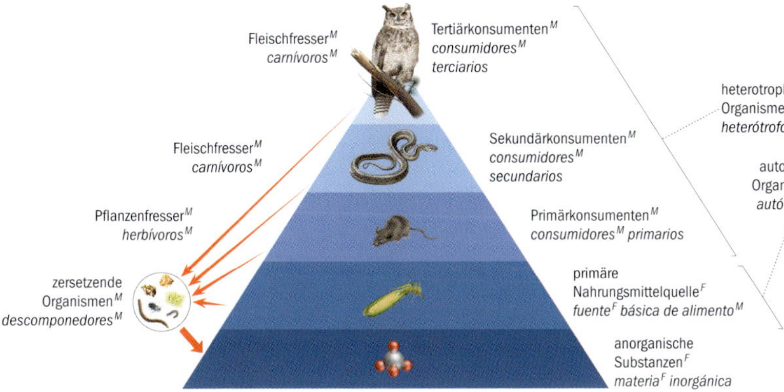

Wasserkreislauf^M
ciclo^M hidrológico

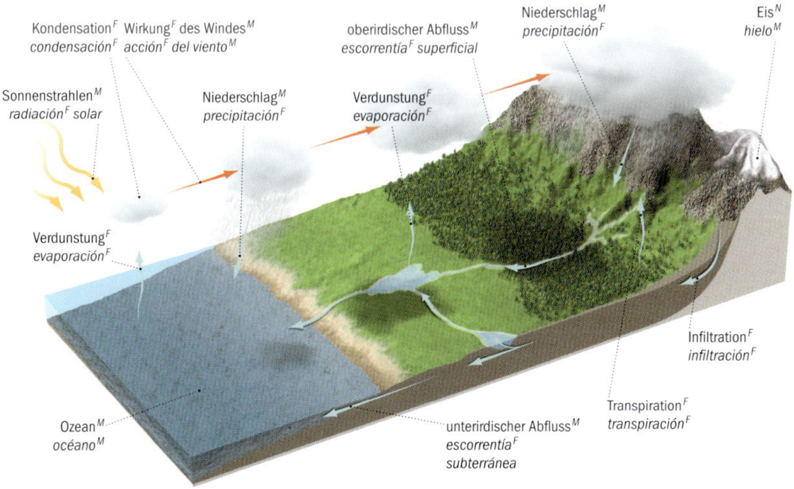

Treibhauseffekt^{M}

efecto^{M} invernadero^{M}

natürlicher Treibhauseffekt^{M}
efecto^{M} invernadero^{M} natural

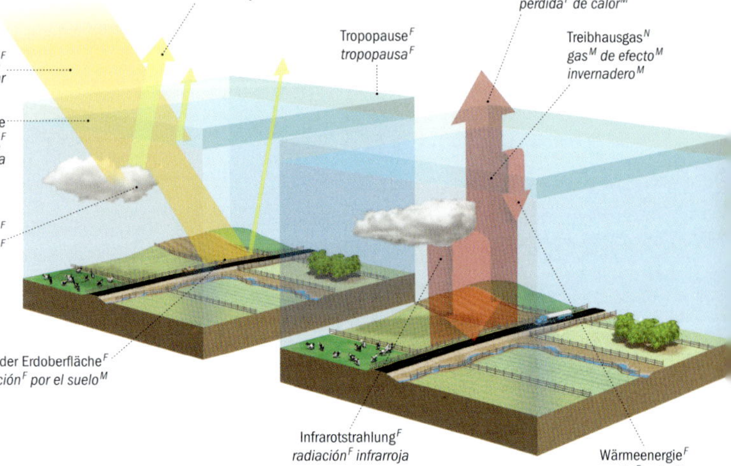

anthropogener Treibhauseffekt^{M}
aumento^{M} del efecto^{M} invernadero^{M}

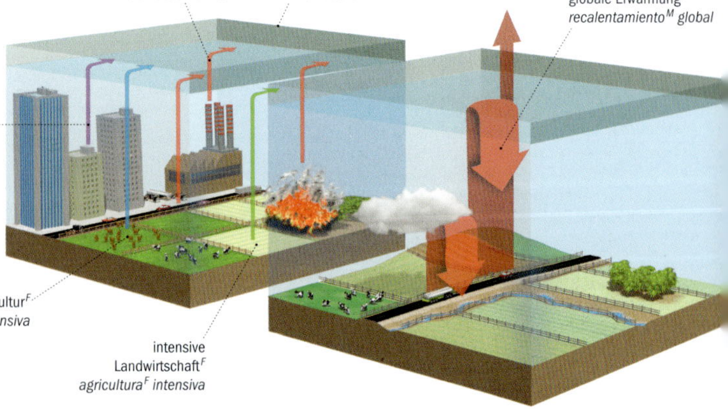

Luftverschmutzung[F]

contaminación[F] del aire[M]

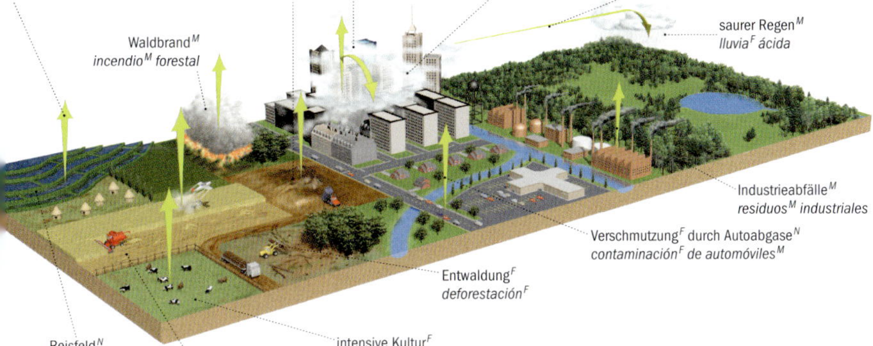

Bodenverschmutzung[F]

contaminación[F] del suelo[M]

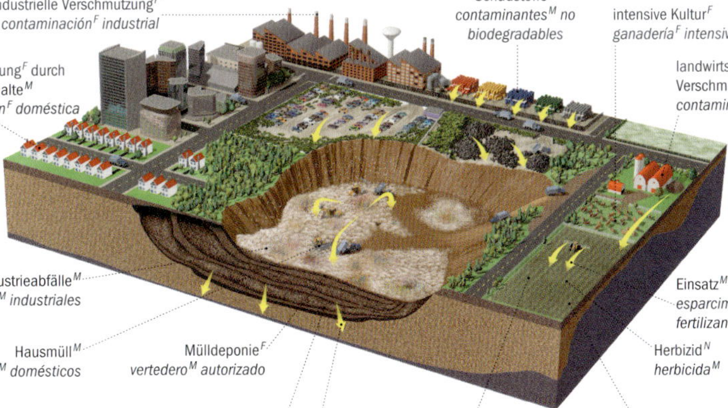

Wasserverschmutzung^F

contaminación^F del agua^F

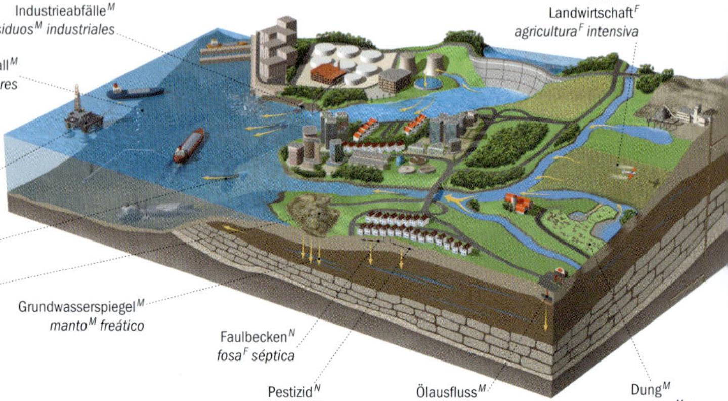

saurer Regen^M

lluvia^F ácida

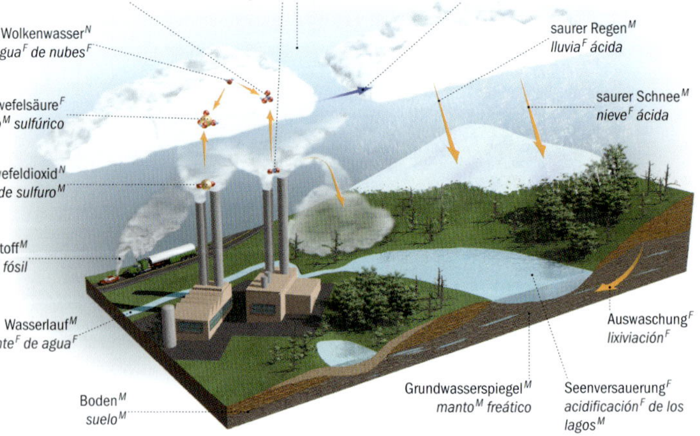

Mülltrennung[F]

separación[F] selectiva de residuos[M]

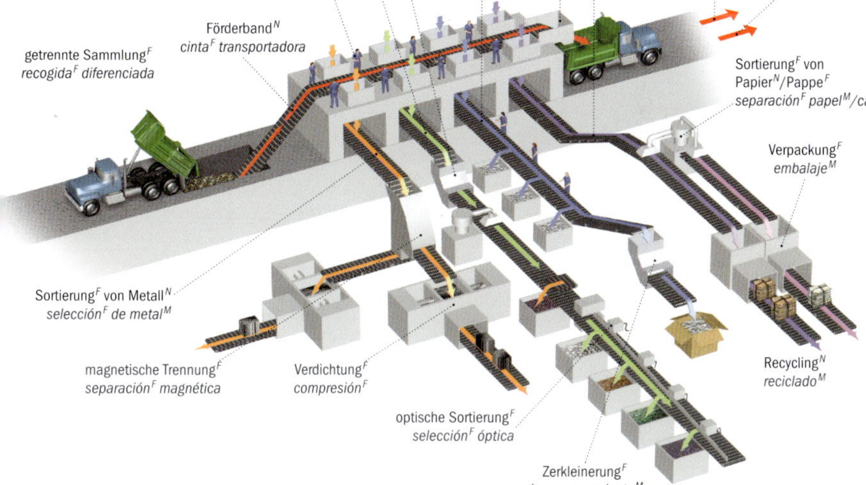

Wertstoff[M]-Sammelbehälter[M]
contenedores[M] de reciclaje[M]

Altpapier[N]-Sammelbehälter[M]
contenedor[M] de reciclado[M] de papel[M]

Altglas[N]-Sammelbehälter[M]
contenedor[M] de reciclado[M] de vidrio[M]

Altaluminium[N]-Sammelbehälter[M]
contenedor[M] de reciclado[M] de aluminio[M]

Altpapier[N]-Container[M]
contenedor[M] de recogida[F] de papel[M]

Altglas[N]-Container[M]
contenedor[M] de recogida[F] de vidrio[M]

Bioabfallbehälter[M]
cubo[M] de basura[F] reciclable

Pflanzenzelle[F]

célula[F] vegetal

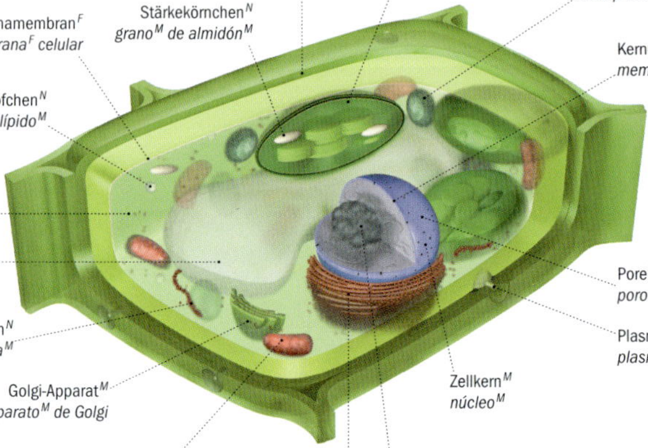

Flechte[F]

liquen[M]

Aufbau[M] einer Flechte[F]
estructura[F] de un liquen[M]

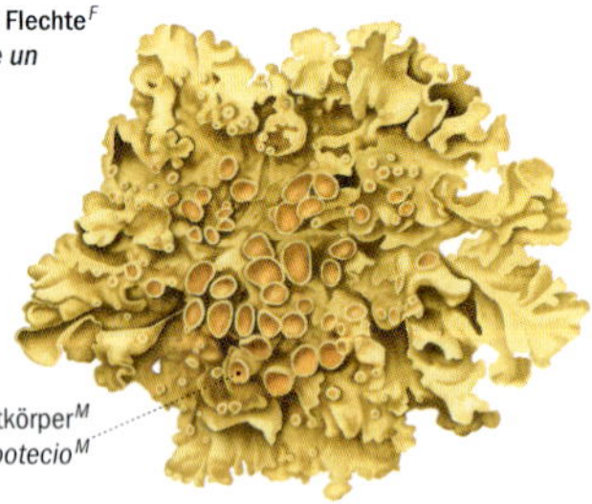

Beispiele[N] für Flechten[F]
ejemplos[M] de líquenes[M]

Strauchflechte[F]
liquen[M] fruticuloso

Krustenflechte[F]
liquen[M] custráceo

Laubflechte[F]
liquen[M] foliáceo

Moos[N]
musgo[M]

Aufbau[M] eines Mooses[N]
***estructura*[F] *de un musgo*[M]**

Beispiele[N] für Moose[N]
***ejemplos*[M] *de musgos*[M]**

sparriges Torfmoos[N]
***esfagno*[M]**

gemeines Widertonmoos[N]
***polítrico*[M]**

Alge[F]
alga[F]

Aufbau[M] einer Alge[F]
***estructura*[F] *de un alga*[F]**

Beispiele[N] für Algen[F]
***ejemplos*[M] *de algas*[F]**

Rotalge[F]
alga*[F] *roja

Grünalge[F]
alga*[F] *verde

Braunalge[F]
alga*[F] *parda

Pilz^{M}
hongo^{M}

Aufbau^{M} eines Pilzes^{M}
anatomía^{F} de un hongo^{M}

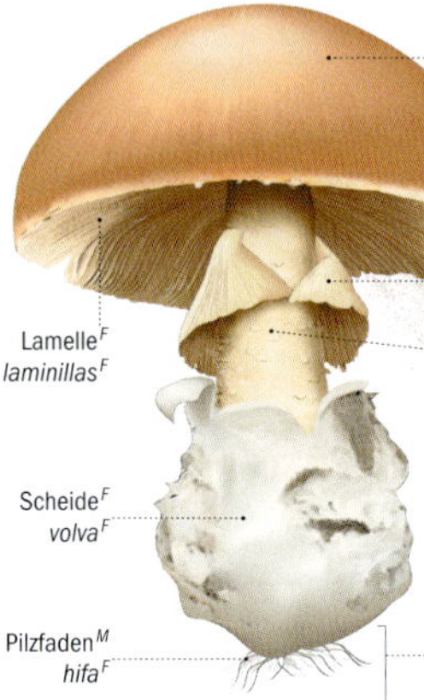

tödlich giftiger Pilz^{M}
hongo^{M} mortal

Knollenblätterpilz^{M}
amanita^{F} virosa

Giftpilz^{M}
hongo^{M} venenoso

Fliegenpilz^{M}
falsa oronja^{F}

Farn^{M}
helecho^{M}

Aufbau^{M} eines Farns^{M}
estructura^{F} de un helecho^{M}

Beispiele^{N} für Farne^{M}
ejemplos^{M} de helechos^{M}

Baumfarn^{M}
helecho^{M} arbóreo

gemeiner Tüpfelfarn^{M}
polipodio^{M} común

Nestfarn^{M}
helecho^{M} nido^{M} de pájaro^{M}

Aufbau^{M} einer Pflanze^{F}
anatomía^{F} de una planta^{F}

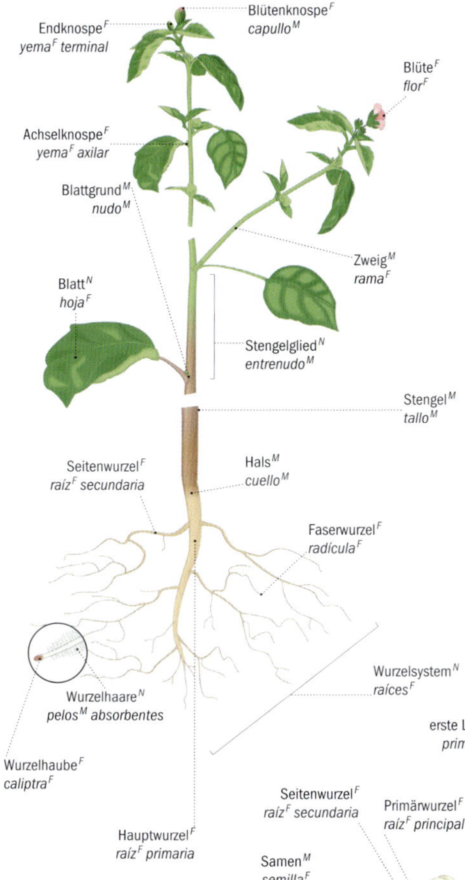

Keimung^{F}
germinación^{F}

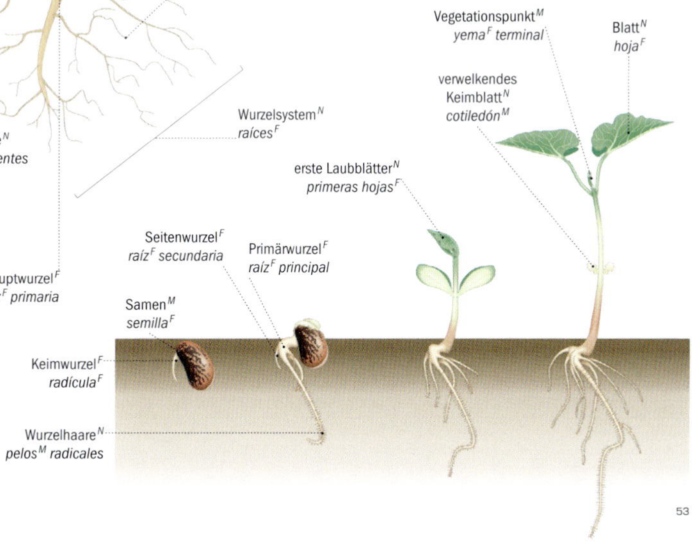

Photosynthese[F]
fotosíntesis[F]

Bodenprofil[N]
perfil[M] del suelo[M]

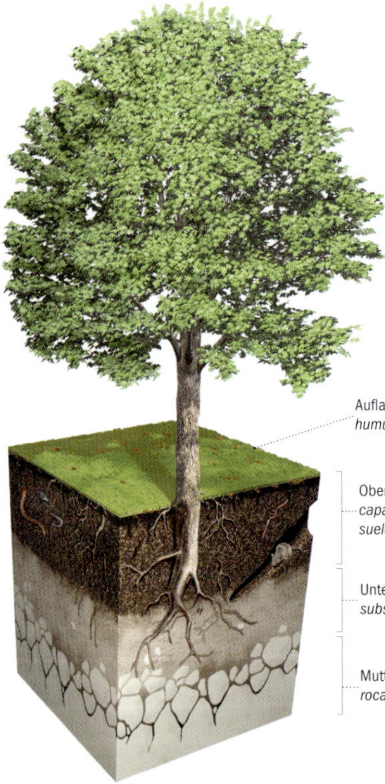

Zwiebel[F] im Querschnitt[M]
corte[M] de un bulbo[M]

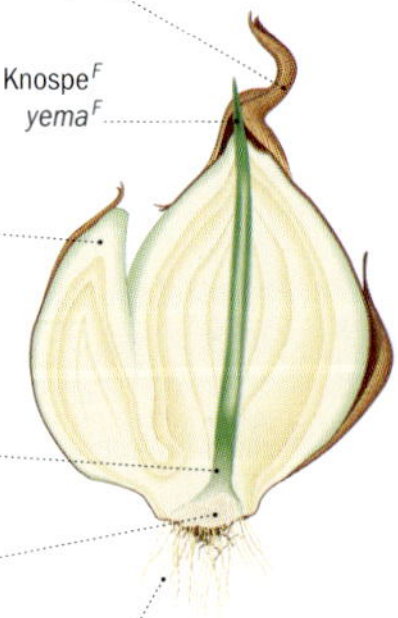

einfache Blätter^N
hojas^F simples

nierenförmig
reniforme

herzförmig
acorazonada

rund
orbicular

spatelförmig
espatulada

linealisch
acicular

pfeilförmig
astada

eiförmig
aovada

lanzettförmig
lanceolada

schildförmig
peltada

Aufbau^M eines Blatts^N
estructura^F de una hoja^F

zusammengesetzte Blätter^N
hojas^F compuestas

dreizählig
trifoliada

fiederteilig
pinatífida

handförmig
palmeada

paarig gefiedert
paripinnada

unpaarig gefiedert
imparipinnada

Blattrand^M
la hoja^F según su borde^M

gesägt
dentada

doppelt gesägt
doble dentada

gekerbt
festoneada

gewimpert
ciliada

ganzrandig
entera

gebuchtet
lobulada

Blüte[F]

flor[F]

Aufbau[M] einer Blume[F]
***estructura*[F] *de una flor*[F]**

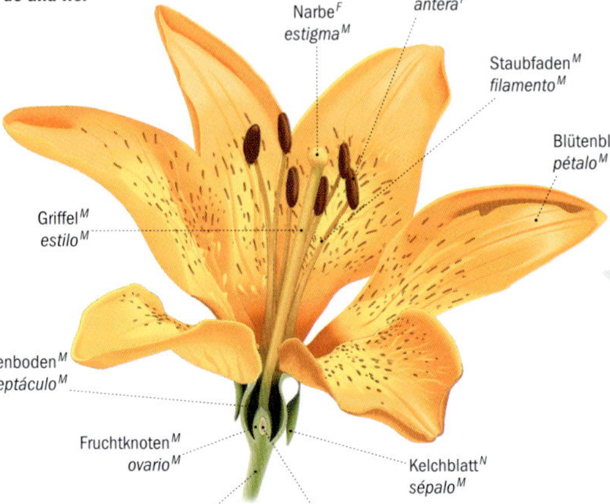

Stempel[M]
***pistilo*[M]**

Blumenkrone[F]
***corola*[F]**

Staubblatt[N]
***estambre*[M]**

Blütenkelch[M]
***cáliz*[M]**

Beispiele[N] für Blumen[F]
***ejemplos*[M] *de flores*[F]**

Orchidee[F]
***orquídea*[F]**

Narzisse[F]
***narciso*[M]**

Mohn[M]
***amapola*[F]**

Tulpe[F]
***tulipán*[M]**

Maiglöckchen[N]
***muguete*[M]**

Nelke[F]
***clavel*[M]**

Rose[F]
***rosa*[F]**

Begonie[F]
***begonia*[F]**

Lilie[F]
***azucena*[F]**

Veilchen[N]
***violeta*[F]**

Krokus[M]
***croco*[M]**

Sonnenblume[F]
***girasol*[M]**

Arten[F] von Blütenständen[M]
variedades[F] de inflorescencias[F]

geschlossene Traube[F]
racimo[M]

eingliedrige Trugdolde[F]
cima[F] unípara

Dolde[F]
umbela[F]

Körbchen[N]
cabezuela[F]

Ähre[F]
espiga[F]

zweigliedrige Trugdolde[F]
cima[F] bípara

Doldentraube[F]
corimbo[M]

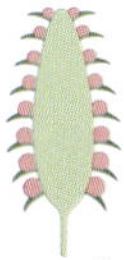

Kolben[M]
espádice[M]

Früchte[F]
frutos[M]

fleischige Steinfrucht[F]
drupa[F]

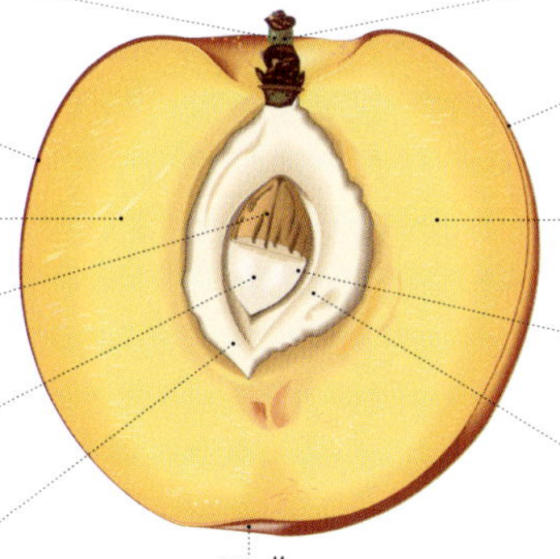

fleischige Apfelfrucht^F
pomo^M carnoso

fleischige Frucht^F: Zitrusfrucht^F
fruto^M carnoso: cítrico^M

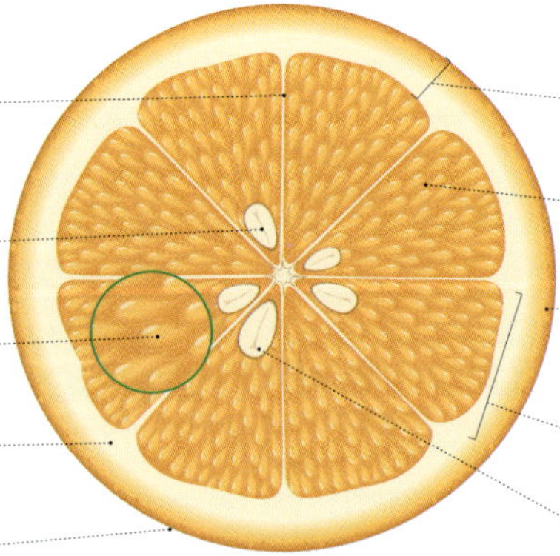

PFLANZENREICH

fleischige Frucht[F]: Beere[F]
fruto[M] carnoso: baya[F]

PFLANZENREICH

wissenschaftliche Bezeichnungen[F]
términos[M] técnicos

Weintraube[F] im Querschnitt[M]
corte[M] de una uva[F]

gebräuchliche Bezeichnungen[F]
términos[M] familiares

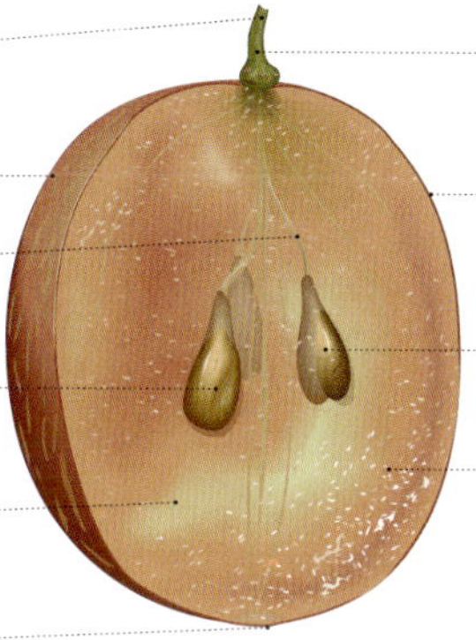

Erdbeere[F] im Querschnitt[M]
corte[M] de una fresa[F]

Himbeere[F] im Querschnitt[M]
corte[M] de una frambuesa[F]

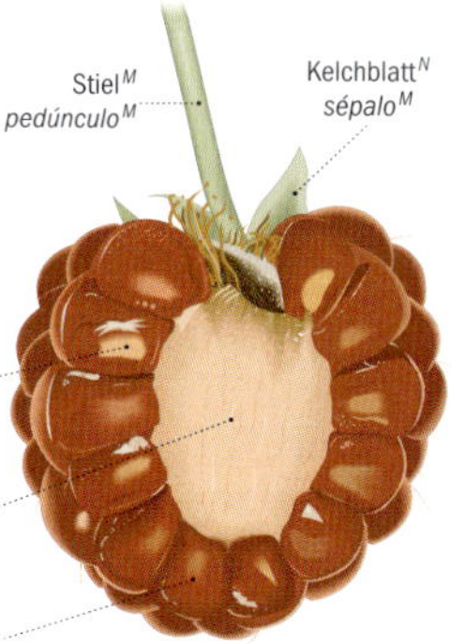

Trockenfrüchte^{F}
frutos^{M} secos

Balg^{M} im Querschnitt^{M}: Sternanis^{M}
corte^{M} de un folículo^{M} : anís^{M} estrellado

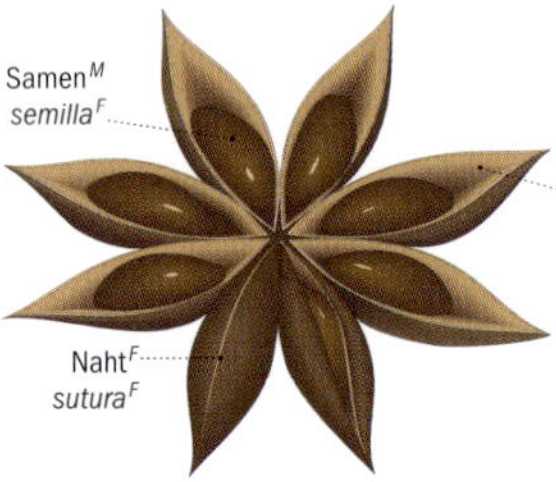

Schote^{F} im Querschnitt^{M}: Senf^{M}
corte^{M} de una silicua^{F} : mostaza^{F}

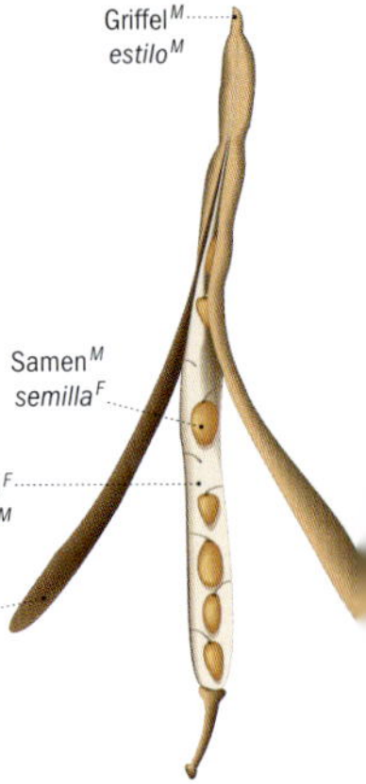

Längsschnitt^{M} durch eine Haselnuss^{F}
corte^{M} de una avellana^{F}

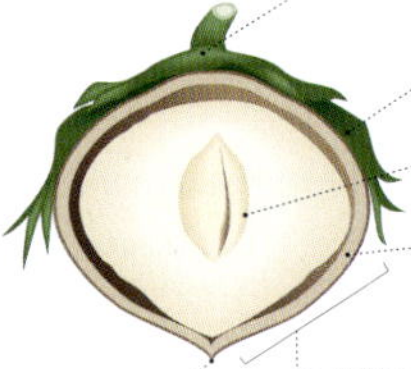

Hülsenfrucht^{F} im Querschnitt^{M}: Erbse^{F}
corte^{M} de una legumbre^{F} : guisante^{M}

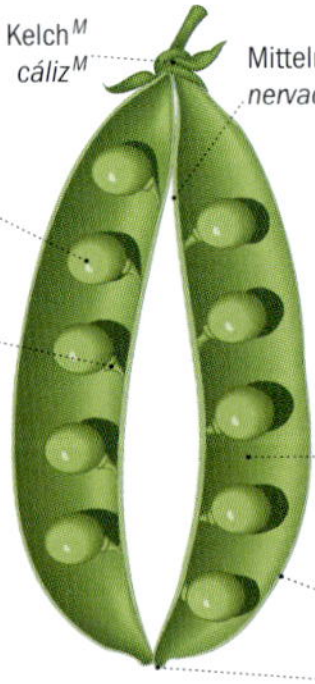

Fruchtkapsel^{F} im Querschnitt^{M}: Mohn^{M}
corte^{M} de una cápsula^{F} : amapola^{F}

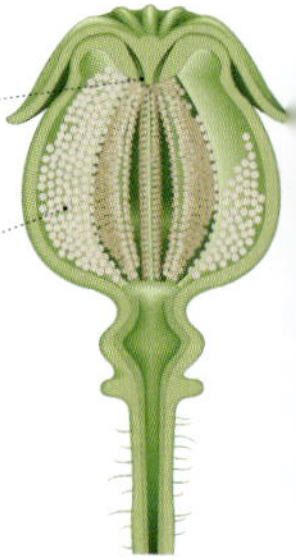

Längsschnitt^{M} durch eine Walnuss^{F}
corte^{M} de una nuez^{F}

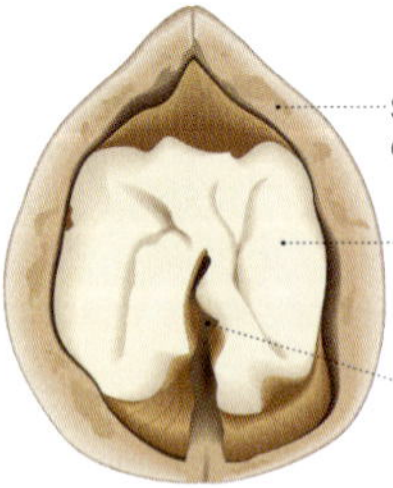

Getreide^{N}

cereales^{M}

Buchweizen^{M}
trigo^{M} sarraceno

Buchweizen^{M}: Doldenrispe^{F}
trigo^{M} sarraceno: racimo^{M}

Weizen^{M}
trigo^{M}

Weizen^{M}: Ähre^{F}
trigo^{M} : espiga^{F}

Längsschnitt^{M} durch ein Weizenkorn^{N}
corte^{M} de un grano^{M} de trigo^{M}

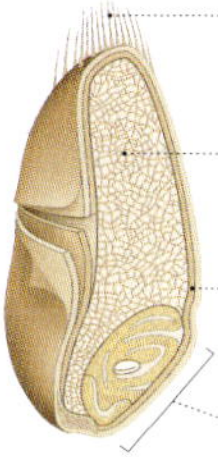

Reis^{M}
arroz^{M}

Reis^{M}: Rispe^{F}
arroz^{M}: panícula^{F}

Gerste^{F}
cebada^{F}

Gerste^{F}: Ähre^{F}
cebada^{F} : espiga^{F}

Roggen^{M}
centeno^{M}

Roggen^{M}: Ähre^{F}
centeno^{M} : espiga^{F}

Hafer^{M}
avena^{F}

Hafer^{M}: Ährchen^{N}
avena^{F} : panícula^{F}

Mohrenhirse^{F}
sorgo^{M}

Mohrenhirse^{F}: Rispe^{F}
sorgo^{M} : panícula^{F}

Hirse^{F}
mijo^{M}

Hirse^{F}: Ährenrispe^{F}
mijo^{M} : espiga^{F}

Mais^{M}
maíz^{M}

Mais^{M}: Kolben^{M}
maíz^{M} : mazorca^{F}

Rebe^{F}

uva^{F}

Traubenhenkel^{M}
racimo^{M} de uvas^{F}

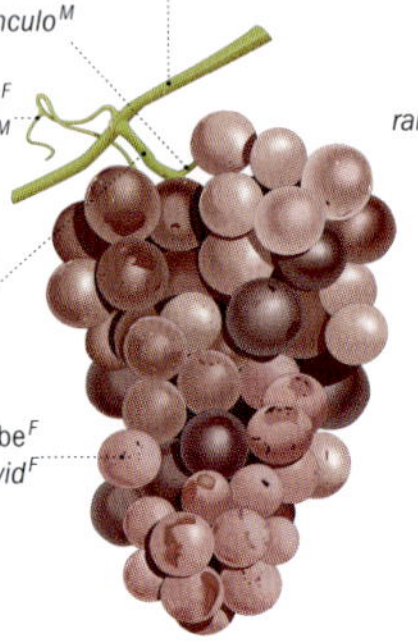

Rebstock^{M}
cepa^{F} de vid^{F}

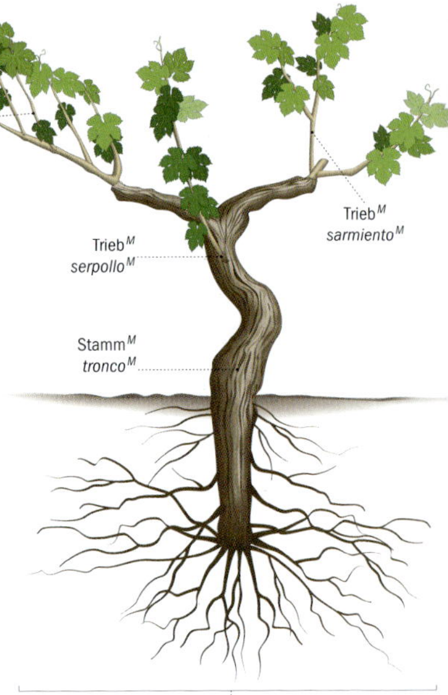

Weinblatt^{N}
hoja^{F} de la vid^{F}

Stufen^{F} der Reife^{F}
etapas^{F} de la maduración^{F}

Blüte^{F}
floración^{F}

Fruchtbildung^{F}
fructificación^{F}

Reifeprozess^{M}
envero^{M}

Vollreife^{F}
madurez^{F}

Aufbau^M eines Baumes^M
anatomía^F de un árbol^M

Baumstamm^M im Querschnitt^M
corte^M transversal de un tronco^M

Stumpf^M
tocón^M

Beispiele^{N} für Laubhölzer^{N}
ejemplos^{M} de latifolios^{M}

Eiche^{F}
roble^{M}

Birke^{F}
abedul^{M}

Trauerweide^{F}
sauce^{M} llorón

Pappel^{F}
álamo^{M}

Palme^{F}
palmera^{F}

Ahorn^{M}
arce^{M}

Buche^{F}
haya^{F}

Walnuss^{F}
nogal^{M}

Nadelbaum[M]
conífera[F]

Ast[M]
rama[F]

Zapfen[M]
piña[F]

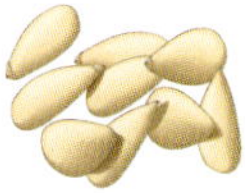

Pinienkern[M]
piñón[M]

Beispiele[N] für Nadelblätter[N]
ejemplos[M] de hojas[F]

Tannennadeln[F]
agujas[F] del abeto[M]

Kiefernnadeln[F]
agujas[F] del pino[M]

Zypressennadeln[F]
hojas[F] escamadas del ciprés[M]

Beispiele[N] für Nadelhölzer[N]
ejemplos[M] de coníferas[F]

Pinie[F]
pino[M] piñonero

Fichte[F]
pícea[F]

Lärche[F]
alerce[M]

Libanonzeder[F]
cedro[M] del Líbano[M]

Tanne[F]
abeto[M]

tierische Zelle^{F}
célula^{F} animal

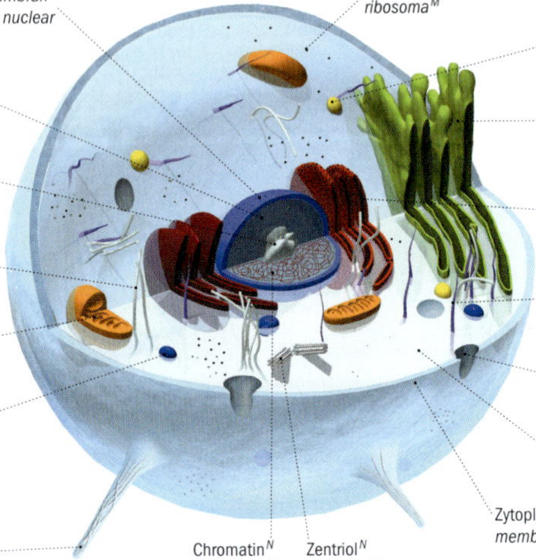

Einzeller^{M}
unicelulares^{M}

Amöbe^{F}
ameba^{F}

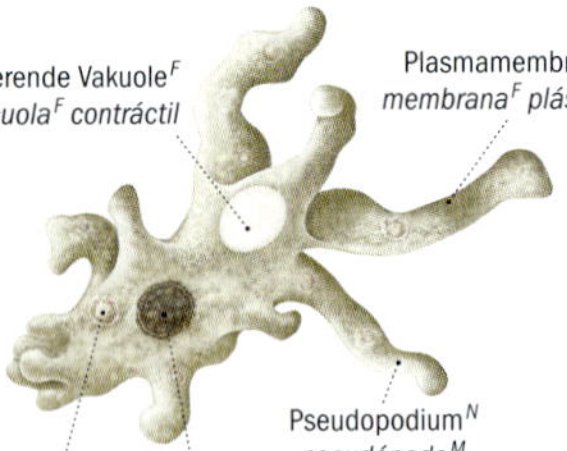

Paramecium^{N}
paramecio^{M}

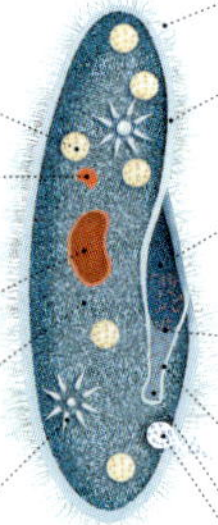

Schmetterling^{M}

mariposa^{F}

äußere Merkmale^{N} eines Schmetterlings^{M}

morfología^{F} de una mariposa^{F}

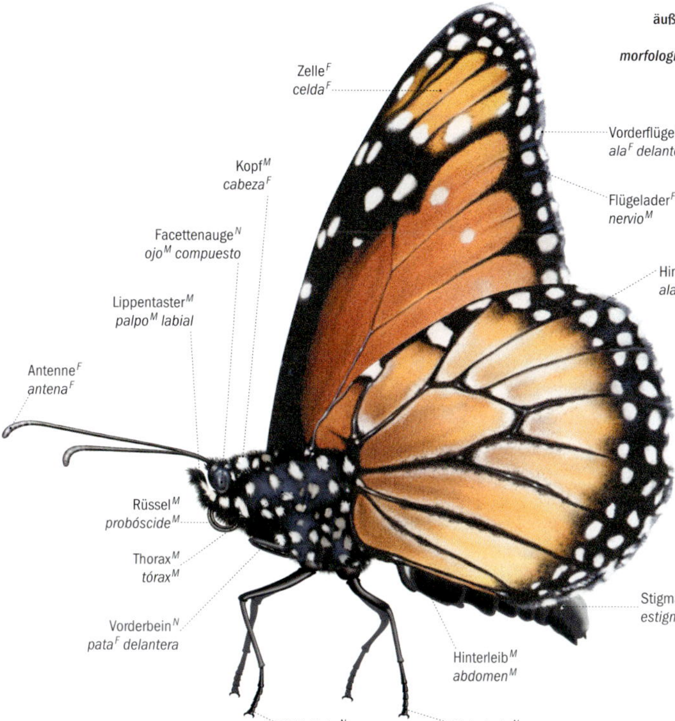

Puppe^{F}

crisálida^{F}

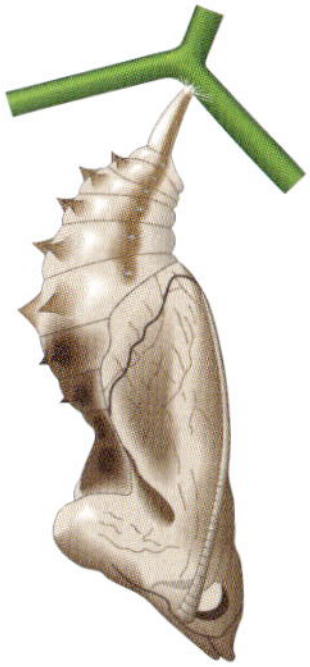

Raupe^{F}

oruga^{F}

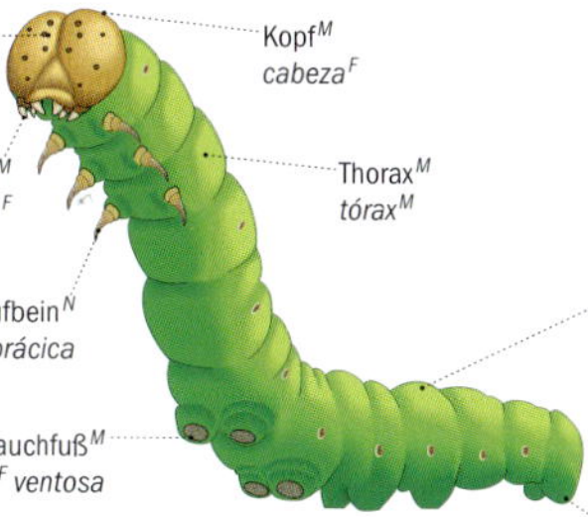

Honigbiene^{F}

abeja^{F}

äußere Merkmale^{N} einer Honigbiene^{F}: Arbeiterin^{F}
morfología^{F} de una abeja^{F} trabajadora

Kasten^{F}
castas^{F}

Arbeiterin^{F}
obrera^{F}

Königin^{F}
reina^{F}

Drohne^{F}
zángano^{M}

Beispiele[N] für Insekten[N]

ejemplos[M] de insectos[M]

Floh[M]
pulga[F]

Laus[F]
piojo[M]

Moskito[M]
mosquito[M]

Tsetsefliege[F]
mosca[F] tsetsé

Termite[F]
termita[F]

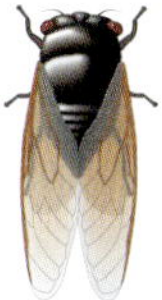

Zikade[F]
cigarra[F]

Ameise[F]
hormiga[F]

Fliege[F]
mosca[F]

Marienkäfer[M]
mariquita[F]

Schildwanze[F]
chinche[F] de campo[M]

Maikäfer[M]
escarabajo[M]

Wespe[F]
avispa[F]

Hornisse[F]
avispón[M]

Bremse[F]
tábano[M]

Hummel[F]
abejorro[M]

Nachtigall[F]-Grashüpfer[M]
grillo[M] campestre

Laubheuschrecke[F]
saltamontes[M] verde

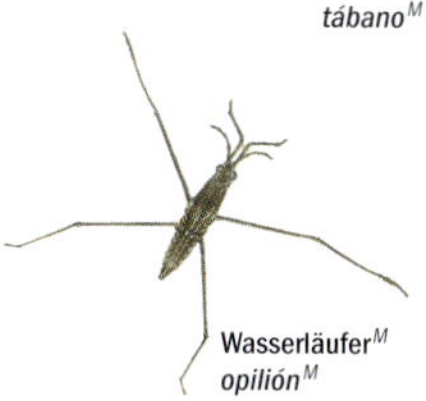

Wasserläufer[M]
opilión[M]

Libelle[F]
libélula[F]

Atlasspinner[M]
oruga[F] de polilla[F]

Gottesanbeterin[F]
mantis[F] religiosa

Spinne^{F}
araña^{F}

Spinnennetz^{N}
tela^{F} de araña^{F}

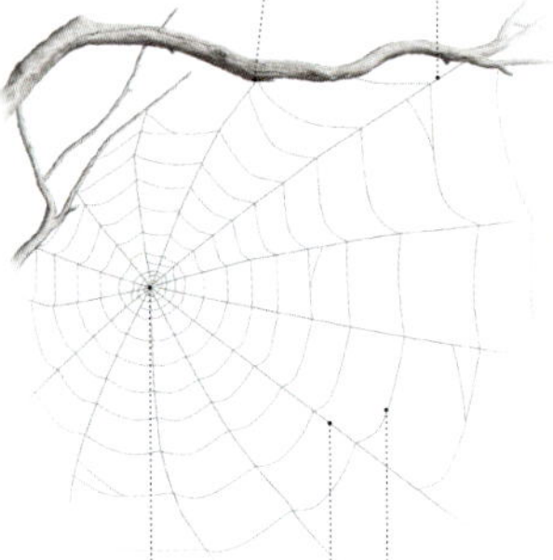

äußere Merkmale^{N} einer Spinne^{F}
morfología^{F} de una araña^{F}

Beispiele^{N} für Spinnentiere^{N}
ejemplos^{M} de arácnidos^{M}

Zecke^{F}
garrapata^{F}

Krabbenspinne^{F}
araña^{F} cangrejo

Wasserspinne^{F}
araña^{F} de agua^{F}

Gartenkreuzspinne^{M}
epeira^{F}

Mexikanische Rotknievogelspinne^{F}
migala^{F}

Skorpion^{M}
escorpión^{M}

Hummer[M]

bogavante[M]

Brustbeine[N]
apéndices**[M] **torácicos

Kopfbruststück[N]
***cefalotórax**[M]*

Hinterleib[N]
***abdomen**[M]*

Schwanz[M]
***cola**[F]*

äußere Merkmale[N] eines Hummers[M]

***morfología**[F] **de un bogavante**[M]*

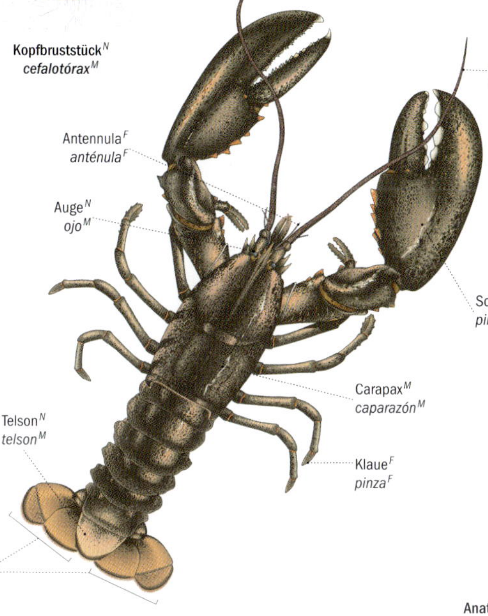

Anatomie[F] eines Hummers[M]

***anatomía**[F] **de un bogavante**[M]*

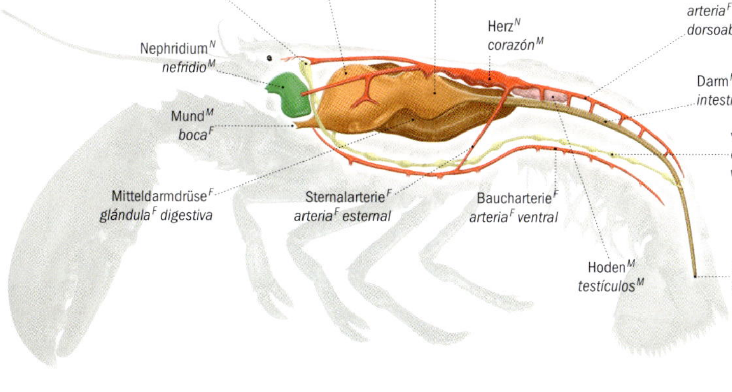

Schnecke^F

caracol^M

äußere Merkmale^N einer Schnecke^F
morfología^F de un caracol^M

Tintenfisch^M

pulpo^M

äußere Merkmale^N eines Tintenfischs^M
morfología^F de un pulpo^M

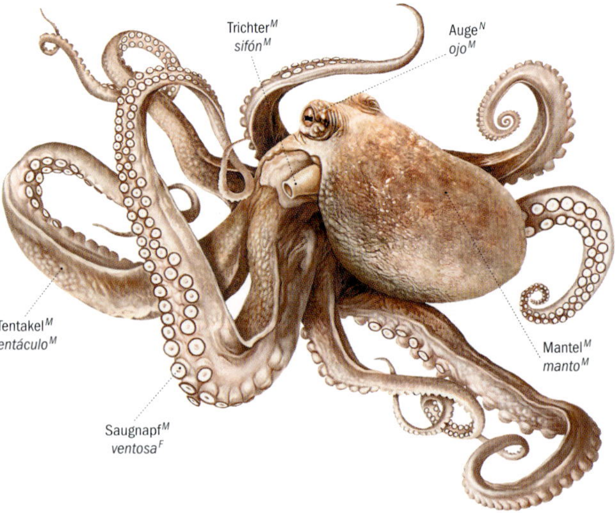

einschalige Muschel[F]

concha[F] univalva

äußere Merkmale[N] einer einschaligen Muschel[F]
morfología[F] de una concha[F] univalva

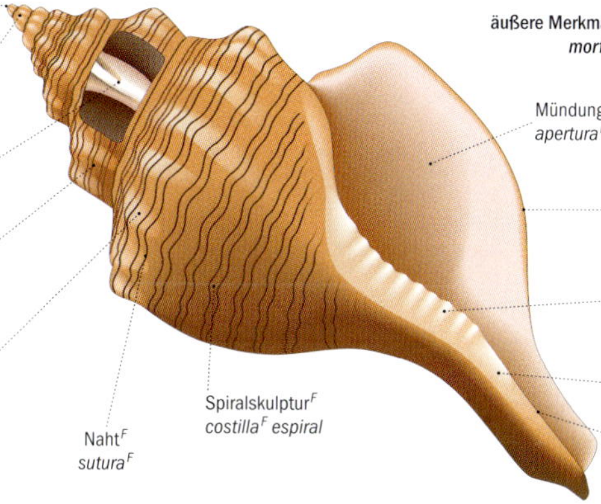

zweischalige Muschel[F]

concha[F] bivalva

Anatomie[F] einer zweischaligen Muschel[F]
anatomía[F] de una concha[F] bivalva

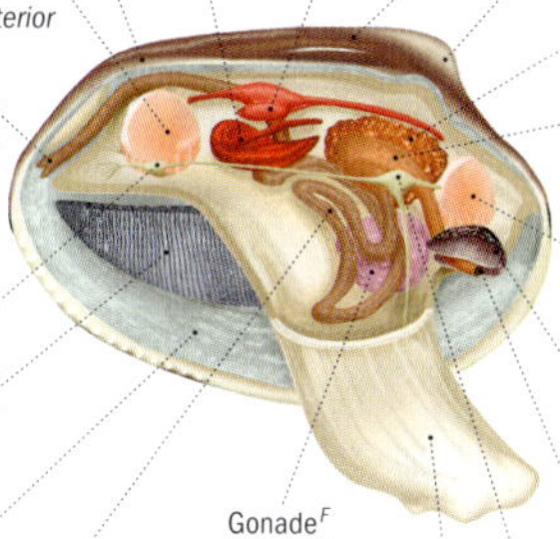

äußere Merkmale[N] einer zweischaligen Muschel[F]
morfología[F] de una concha[F] bivalva

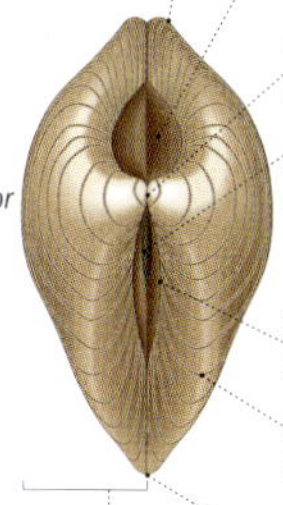

TIERREICH

Knorpelfisch^M
pez^M cartilaginoso

äußere Merkmale^N eines Hais^M
morfología^F de un tiburón^M

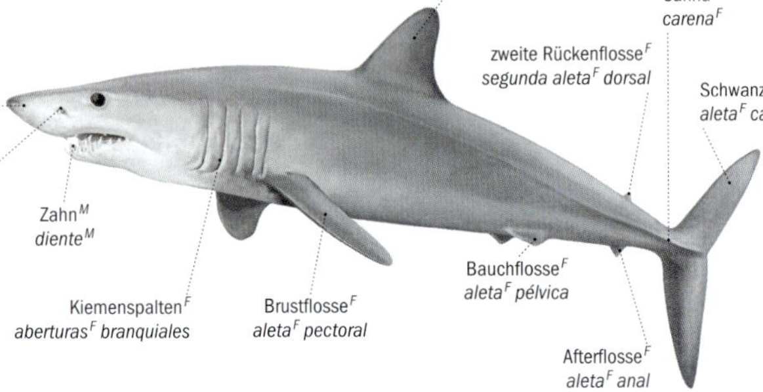

Knochenfisch^M
pez^M óseo

äußere Merkmale^N eines Flußbarschs^M
morfología^F de una perca^F

Frosch^{M}
rana^{F}

äußere Merkmale^{N} eines Froschs^{M}
morfología^{F} de una rana^{F}

Beispiele^{N} für Amphibien^{F}
ejemplos^{M} de anfibios^{M}

Salamander^{M}
salamandra^{F}

Waldfrosch^{M}
rana^{F} de bosque^{M}

Wasserfrosch^{M}
rana^{F} bermeja

Laubfrosch^{M}
rana^{F} arborícola

Molch^{M}
tritón^{M}

gemeine Erdkröte^{F}
sapo^{M} común

Leopardfrosch^{M}
rana^{F} leopardo

Schlange[F]

serpiente[F]

äußere Merkmale[N] einer Giftschlange[F]: Kopf[M]
morfología[F] de una serpiente[F] venenosa: cabeza[F]

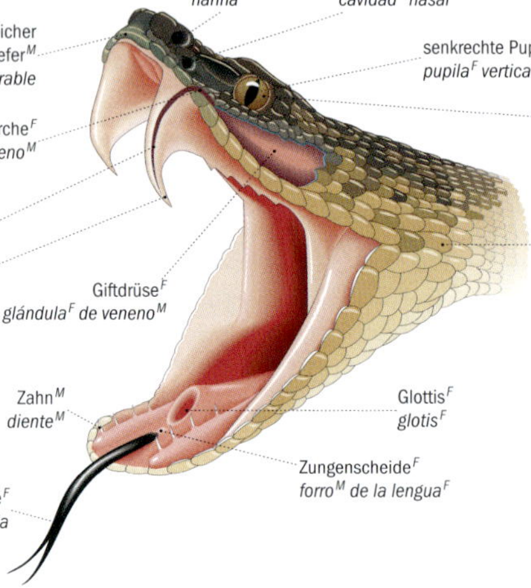

Schildkröte[F]

tortuga[F]

äußere Merkmale[N] einer Schildkröte[F]
morfología[F] de una tortuga[F]

Beispiele[N] für Reptilien[N]

ejemplos[M] de reptiles[M]

Viper[F]
víbora[F]

Ringelnatter[F]
serpiente[F] de jarretera[F]

Chamäleon[N]
camaleón[M]

Eidechse[F]
lagarto[M]

Klapperschlange[F]
serpiente[F] de cascabel[M]

Kobra[F]
cobra[F]

Korallennatter[F]
serpiente[F] coral

Python[M]
pitón[F]

Waran[M]
varano[M]

Leguan[M]
iguana[F]

Boa[F]
boa[F]

Alligator[M]
aligátor[M]

Krokodil[N]
cocodrilo[M]

Kaiman[M]
caimán[M]

Vogel^{M}
ave^{F}

äußere Merkmale^{N} eines Vogels^{M}
morfología^{F} de un pájaro^{M}

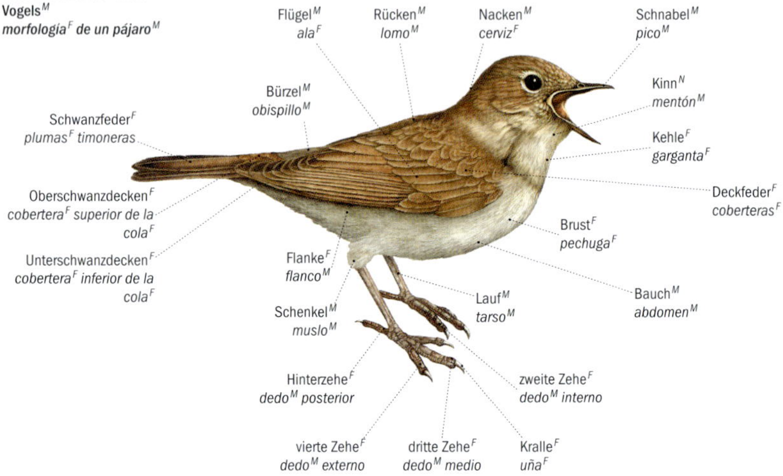

Kopf^{M}
cabeza^{F}

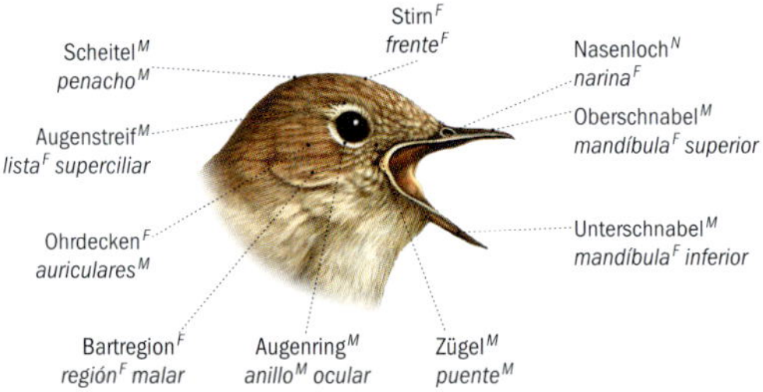

Flügel^{M}
ala^{F}

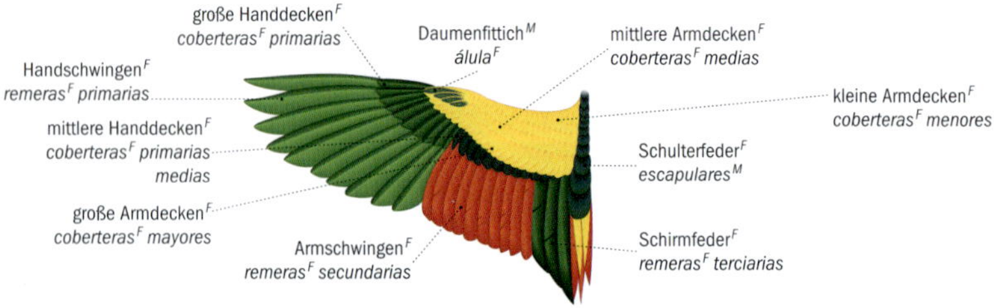

Ei^{N}
huevo^{M}

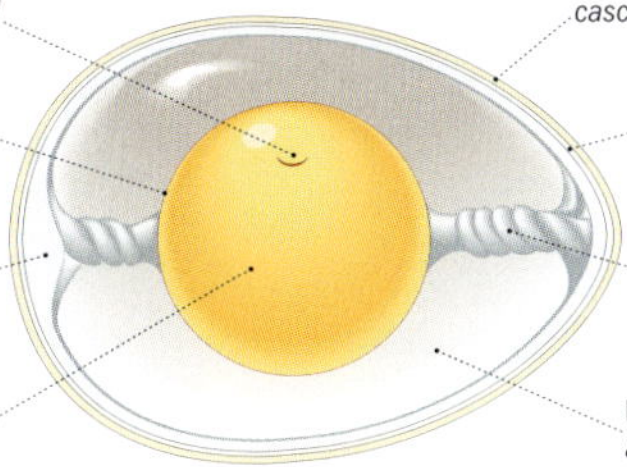

Beispiele^{N} für Vogelschnäbel^{M}
ejemplos^{M} de picos^{M}

Wasservogel^{M}
ave^{F} acuática

Körnerfresser^{M}
ave^{F} granívora

Raubvogel^{M}
ave^{F} de rapiña^{F}

Insektenfresser^{M}
ave^{F} insectívora

Watvogel^{M}
ave^{F} zancuda

Beispiele^{N} für Vogelfüße^{M}
ejemplos^{M} de patas^{F}

Raubvogel^{M}
aves^{F} de rapiña^{F}

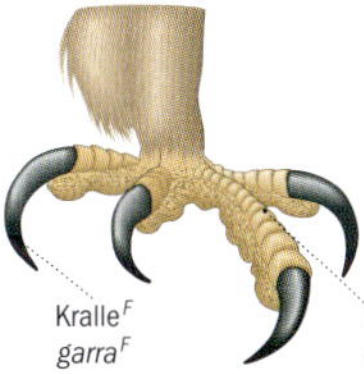

Baumvogel^{M}
aves^{F} paseriformes

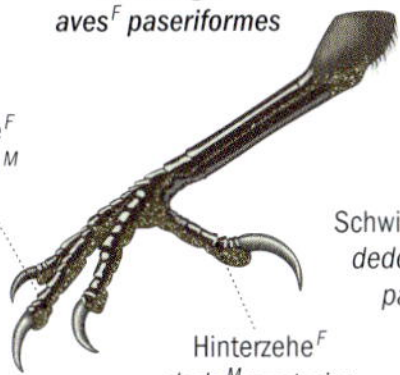

Wasservogel^{M}
aves^{F} acuáticas

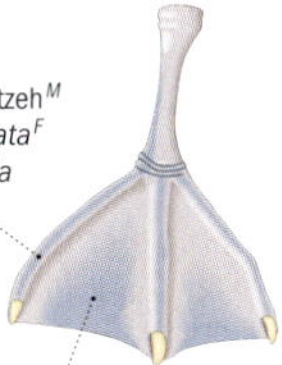

Wasservogel^{M}
aves^{F} acuáticas

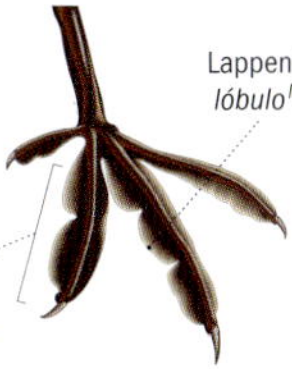

unterschiedliche Vogeltypen[M]

ejemplos[M] de pájaros[M]

Kolibri[M]
colibrí[M]

Rotkehlchen[N]
petirrojo[M]

Fink[M]
pinzón[M]

Eisvogel[M]
martín[M] pescador

Nachtigall[F]
ruiseñor[M]

Sperling[M]
gorrión[M]

Schwalbe[F]
golondrina[F]

Star[M]
estornino[M]

Eichelhäher[M]
arrendajo[M]

Kardinal[M]
cardenal[M]

Mauersegler[M]
vencejo[M]

Rebhuhn[N]
perdiz[F]

Kondor[M]
cóndor[M]

Ara[M]
guacamayo[M]

Specht[M]
pájaro[M] carpintero

Rabe[M]
cuervo[M]

Tukan[M]
tucán[M]

Geier[M]
buitre[M]

Pinguin[M]
pingüino[M]

Albatros[M]
albatros[M]

Reiher[M]
garza[F]

Pelikan[M]
pelícano[M]

Storch[M]
cigüeña[F]

Fasan[M]
faisán[M]

Uhu[M]
búho[M] *real*

Falke[M]
halcón[M]

Wachtel[F]
codorniz[F]

Adler[M]
águila[F]

Ente[F]
pato[M]

Huhn[N]
gallina[F]

Truthahn[M]
pavo[M]

Taube[F]
paloma[F]

Perlhuhn[N]
pintada[F]

Gans[F]
oca[F]

Hahn[M]
gallo[M]

Strauß[M]
avestruz[F]

Pfau[M]
pavo[M] *real*

Flamingo[M]
flamenco[M]

Nagetier[N]
roedor[M]

äußere Merkmale[N] einer Ratte[F]
morfología[F] de una rata[F]

Beispiele[N] für Nagetiere[N]
ejemplos[M] de roedores[M]

Feldmaus[F]
ratón[M] de campo[M]

Backenhörnchen[N]
ardilla[F] listada

Wüstenspringmaus[F]
jerbo[M]

Hamster[M]
hámster[M]

Eichhörnchen[N]
ardilla[F]

Ratte[F]
rata[F]

Meerschweinchen[N]
cobaya[F]

Stachelschwein[N]
puerco[M] espín

Waldmurmeltier[N]
marmota[F]

Biber[M]
castor[M]

Beispiele[N] für Hasentiere[N]
ejemplos[M] de lagomorfos[M]

Pfeifhase[M]
pica[F]

Kaninchen[N]
conejo[M]

Hase[M]
liebre[F]

Pferd[N]
caballo[M]

äußere Merkmale[N] eines Pferdes[N]
morfología[F] de un caballo[M]

Gangarten[F]
andaduras[F]

Schritt[M]
paso[M]

Paßgang[M]
portante[M]

Trab[M]
trote[M]

Galopp[M]
galope[M]

Beispiele[N] für Huftiere[N]

ejemplos[M] de mamíferos[M] ungulados

Nabelschwein[N]
pécari[M]

Wildschwein[N]
jabalí[M]

Schwein[N]
cerdo[M]

Ziege[F]
cabra[F]

Antilope[F]
antílope[M]

Schaf[N]
oveja[F]

Kalb[N]
ternero[M]

Reh[N]
ciervo[M] de Virginia[F]

Mufflon[M]
muflón[M]

Rentier[N]
reno[M]

Wapitihirsch[M]
uapití[M]

Okapi[N]
okapi[M]

Esel[M]
asno[M]

Maultier[N]
mula[F]

Kuh[F]
vaca[F]

Zebra[N]
cebra[F]

Lama[N]
llama[F]

Bison[M]
bisonte[M]

Büffel[M]
búfalo[M]

Ochse[M]
buey[M]

Yak[M]
yak[M]

Pferd[N]
caballo[M]

Elch[M]
alce[M]

Kamel[N]
camello[M]

Dromedar[N]
dromedario[M]

Nashorn[N]
rinoceronte[M]

Nilpferd[N]
hipopótamo[M]

Giraffe[F]
jirafa[F]

Elefant[M]
elefante[M]

Hund^{M}

perro^{M}

äußere Merkmale^{N} eines Hundes^{M}
morfología^{F} de un perro^{M}

Hunderassen^{F}

razas^{F} de perros^{M}

Bulldogge^{F}
buldog^{M}

Collie^{M}
collie^{M}

Dalmatiner^{M}
dálmata^{M}

Pudel^{M}
caniche^{M}

Schnauzer^{M}
schnauzer^{M}

Dänische Dogge^{F}
Gran Danés^{M}

Deutscher Schäferhund^{M}
pastor^{M} alemán

Bernhardiner^{M}
San Bernardo^{M}

Katze^{F}
gato^{M} doméstico

Kopf^{M} der Katze^{F}
cabeza^{F}

Katzenrassen^{F}
razas^{F} de gatos^{M}

Siamkatze^{F}
siamés^{M}

Abessinierkatze^{F}
abisinio^{M}

Perserkatze^{F}
persa^{M}

Maine Coon^{F}
Maine Coon^{M}

Manxkatze^{F}
Manx^{M}

Beispiele^{N} für Raubtiere^{N}

ejemplos^{M} de mamíferos^{M} carnívoros

Wiesel^{N}
comadreja^{F}

Nerz^{M}
visón^{M}

Steinmarder^{M}
garduña^{F}

Marder^{M}
marta^{F}

Fuchs^{M}
zorro^{M}

Waschbär^{M}
mapache^{M}

Mungo^{M}
mangosta^{F}

Wüstenfuchs^{M}
fenec^{M}

Seeotter^{M}
nutria^{F} de río^{M}

Stinktier^{N}
mofeta^{F}

Dachs^{M}
tejón^{M}

Hyäne^{F}
hiena^{F}

Luchs^{M}
lince^{M}

Wolf^{M}
lobo^{M}

Puma^{M}
puma^{M}

Gepard^{M}
guepardo^{M}

Leopard^{M}
leopardo^{M}

Löwe^{M}
león^{M}

Jaguar^{M}
jaguar^{M}

Tiger^{M}
tigre^{M}

Schwarzbär^{M}
oso^{M} *negro*

Eisbär^{M}
oso^{M} *polar*

Delphin[M]

delfín[M]

äußere Merkmale[N] eines Delphins[M]
morfología[F] de un delfín[M]

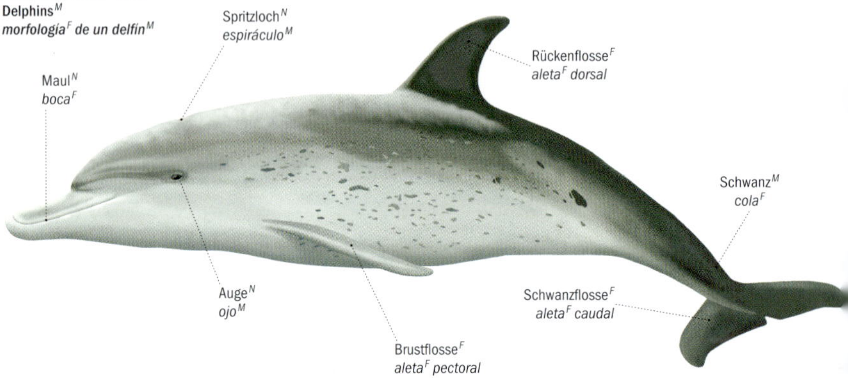

Beispiele[N] für Meeressäugetiere[N]

ejemplos[M] de mamíferos[M] marinos

Gorilla[M]
gorila[M]

äußere Merkmale[N] eines Gorillas[M]
morfología[F] de un gorila[M]

Beispiele[N] für Primaten[M]
ejemplos[M] de primates[M]

Mann^M
hombre^M

Vorderansicht^F
vista^F anterior

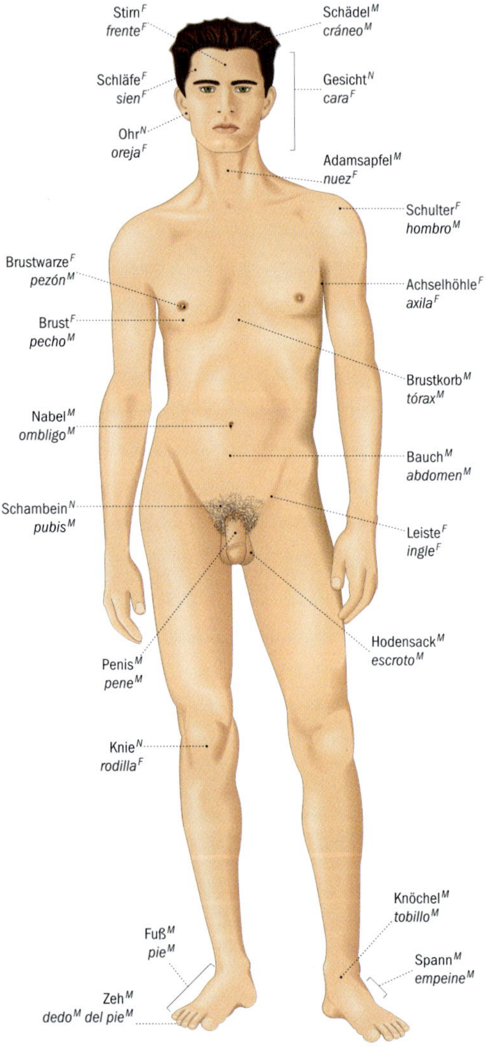

Rückenansicht[F]
vista[F] posterior

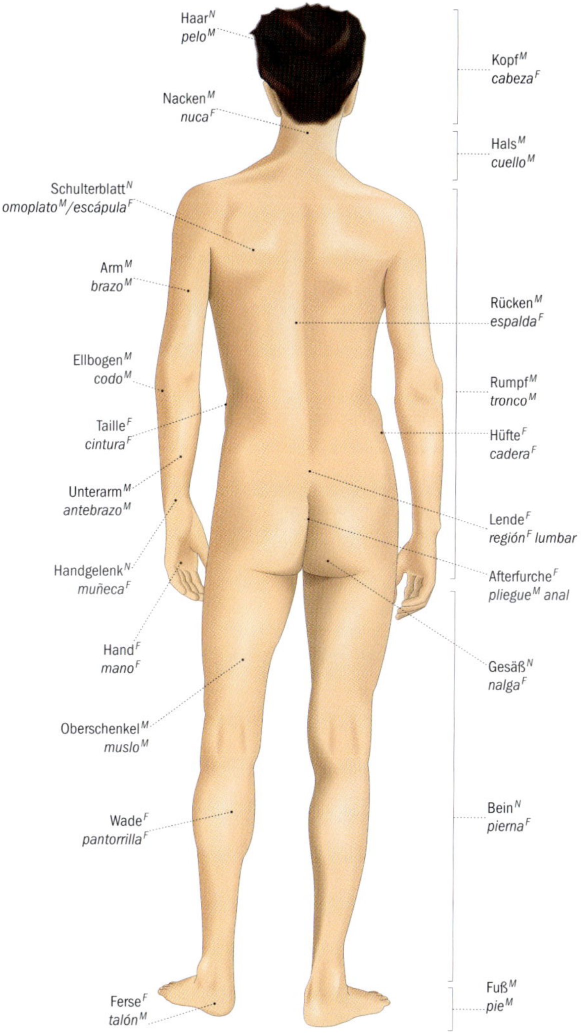

Frau^{F}

mujer^{F}

Vorderansicht^{F}
vista^{F} anterior

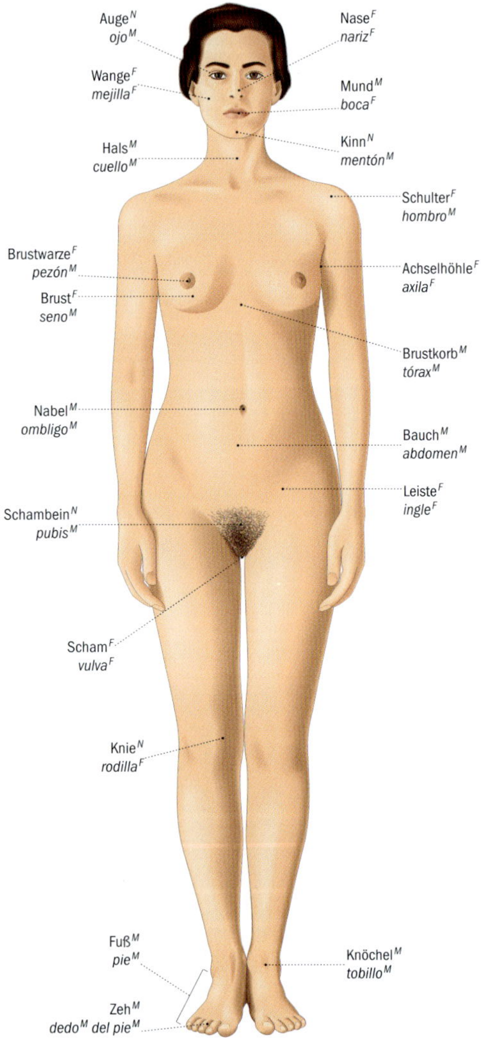

Rückenansicht[F]
vista[F] posterior

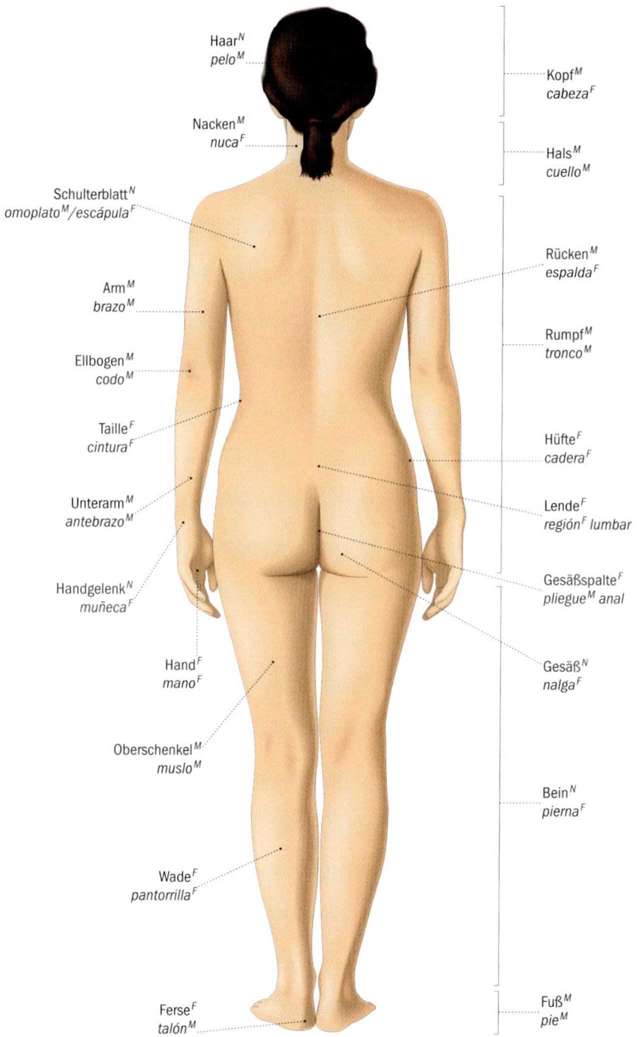

Muskeln^{M}

músculos^{M}

Vorderansicht^{F}
vista^{F} anterior

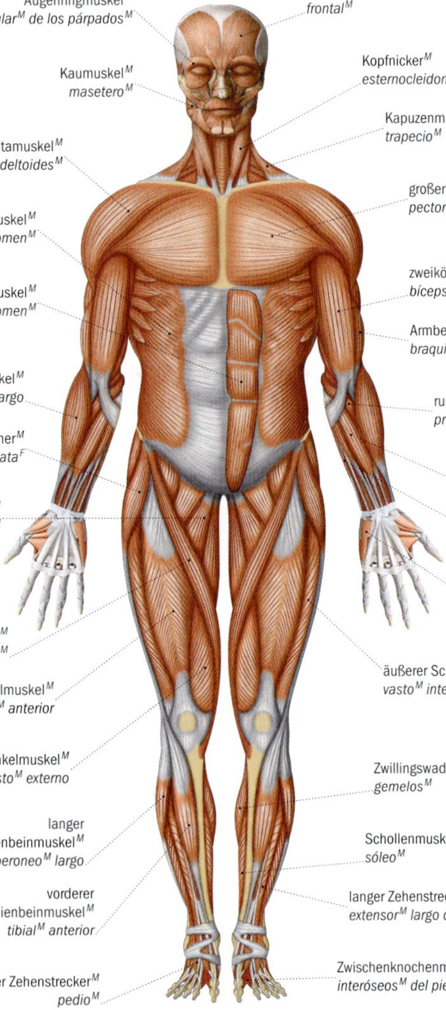

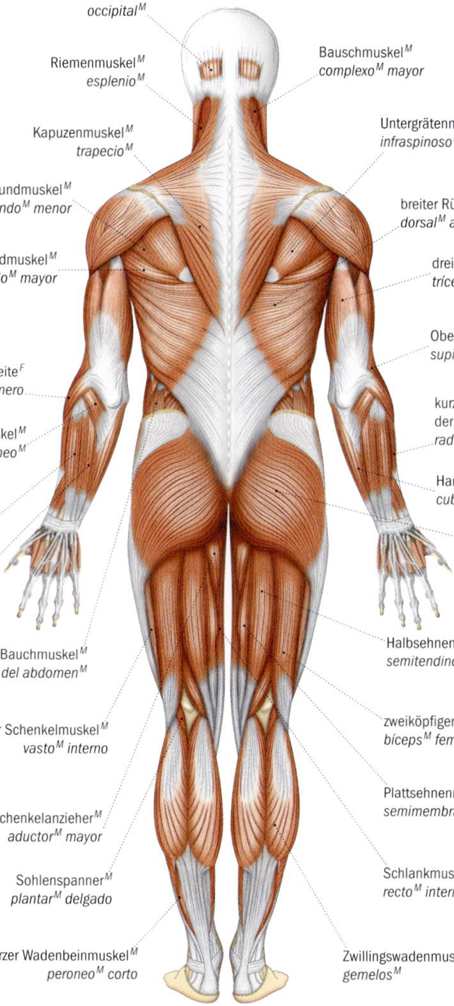
Rückansicht^F
vista^F posterior
Hinterhauptmuskel^M
occipital^M
Riemenmuskel^M
esplenio^M
Kapuzenmuskel^M
trapecio^M
kleiner Rundmuskel^M
redondo^M menor
großer Rundmuskel^M
redondo^M mayor
langer Handstrecker^M der Speichenseite^F
radial^M externo primero
Knorrenmuskel^M
ancóneo^M
gemeinsamer Fingerstrecker^M
extensor^M común de los dedos^M
Handstrecker^M der Ellenseite^F
cubital^M posterior
äußerer schräger Bauchmuskel^M
oblicuo^M mayor del abdomen^M
äußerer Schenkelmuskel^M
vasto^M interno
großer Oberschenkelanzieher^M
aductor^M mayor
Sohlenspanner^M
plantar^M delgado
kurzer Wadenbeinmuskel^M
peroneo^M corto
Bauschmuskel^M
complexo^M mayor
Untergrätenmuskel^M
infraspinoso^M
breiter Rückenmuskel^M
dorsal^M ancho
dreiköpfiger Armstrecker^M
tríceps^M braquial
Oberarmspeichenmuskel^M
supinador^M largo
kurzer Handstrecker^M der Speichenseite^F
radial^M externo segundo
Handbeuger^M der Ellenseite^F
cubital^M anterior
großer Gesäßmuskel^M
glúteo^M mayor
Halbsehnenmuskel^M
semitendinoso^M
zweiköpfiger Schenkelmuskel^M
bíceps^M femoral
Plattsehnenmuskel^M
semimembranoso^M
Schlankmuskel^M
recto^M interno del muslo^M
Zwillingswadenmuskel^M
gemelos^M

Skelett^N
esqueleto^M

Vorderansicht^F
vista^F anterior

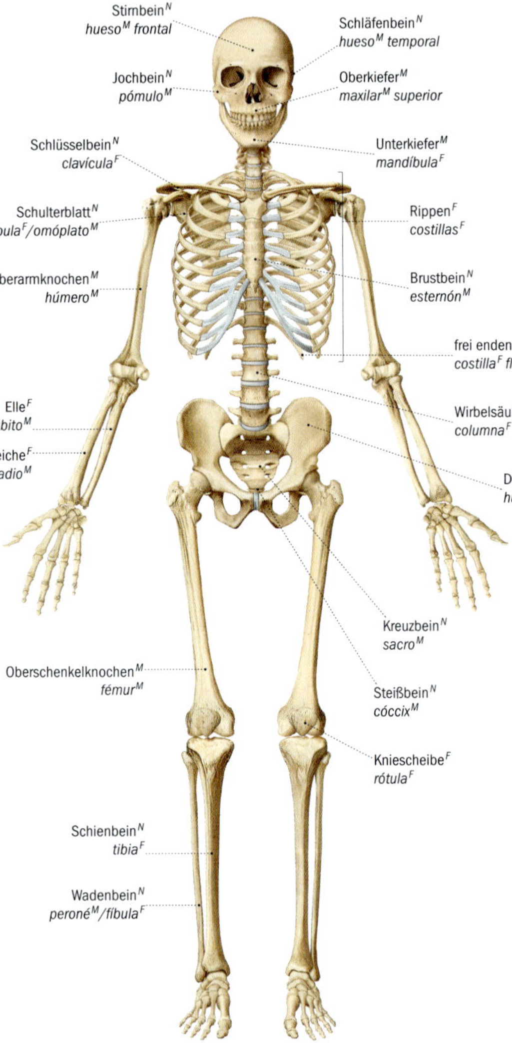

Rückansicht^F^
vista^F^ posterior

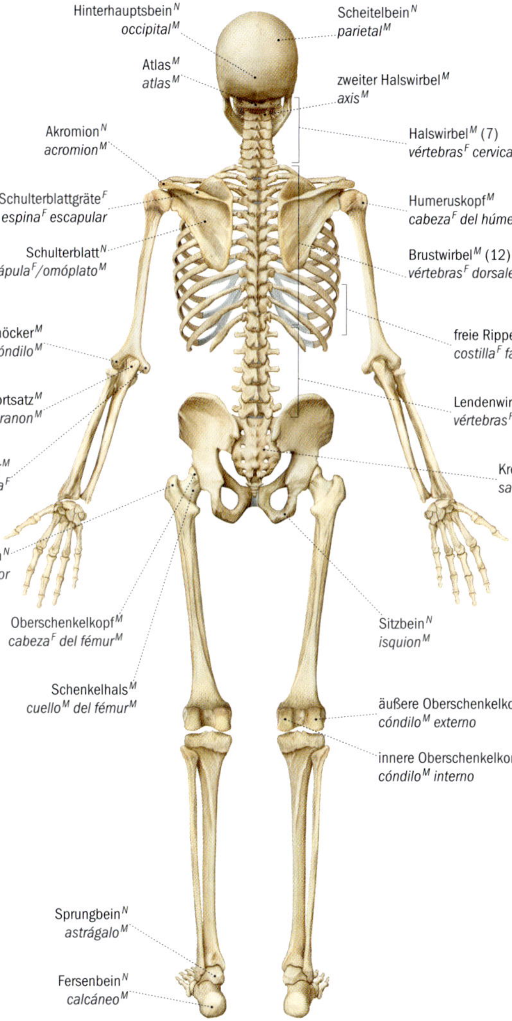

Seitenansicht[F] eines Schädels[M]
vista[F] lateral del cráneo[M]

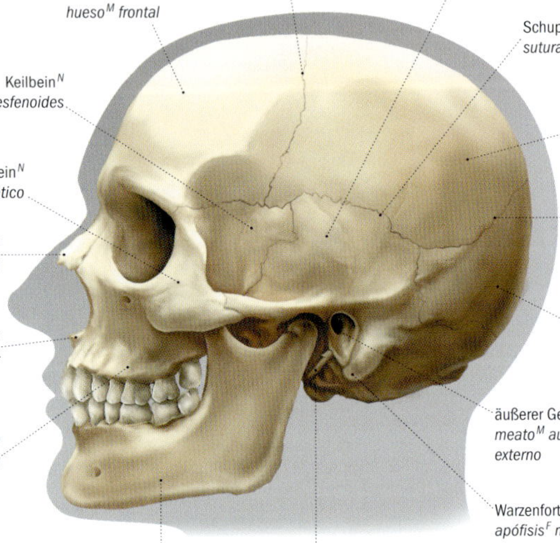

Schädel[M] eines Kleinkindes[N]
cráneo[M] de un niño[M]

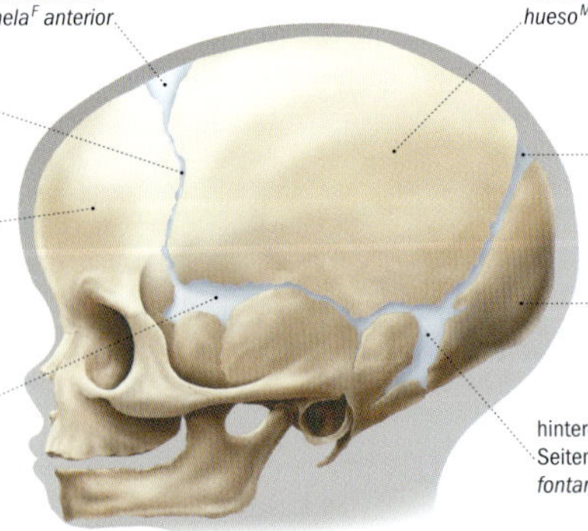

Zähne^M
dientes^M

menschliches Gebiss^N
dentadura^F humana

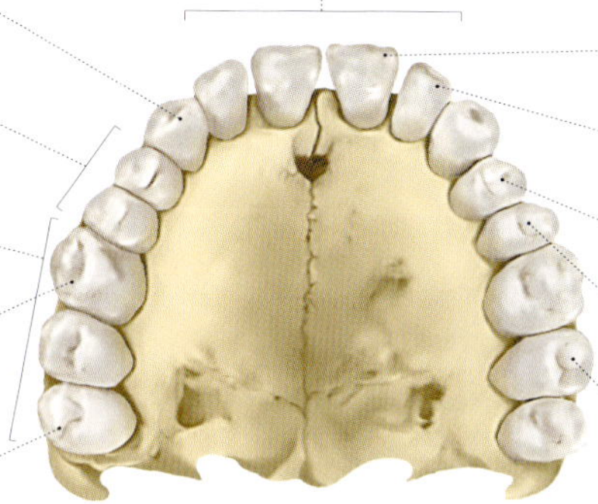

Backenzahn^M im Längsschnitt^M
corte^M transversal de un molar^M

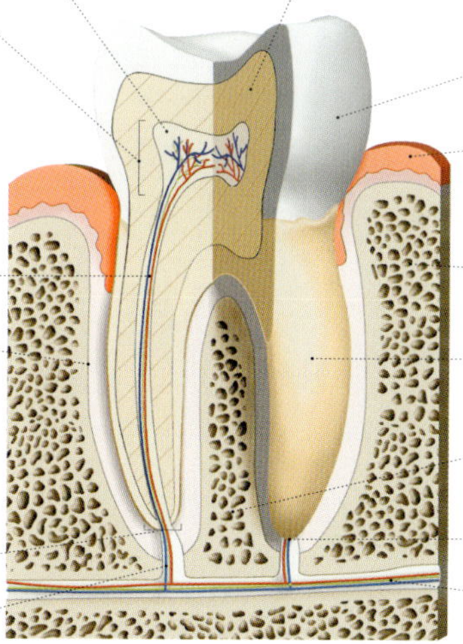

Blutkreislauf[M]

circulación[F] sanguínea

die wichtigsten Venen[F] und Arterien[F]
principales venas[F] y arterias[F]

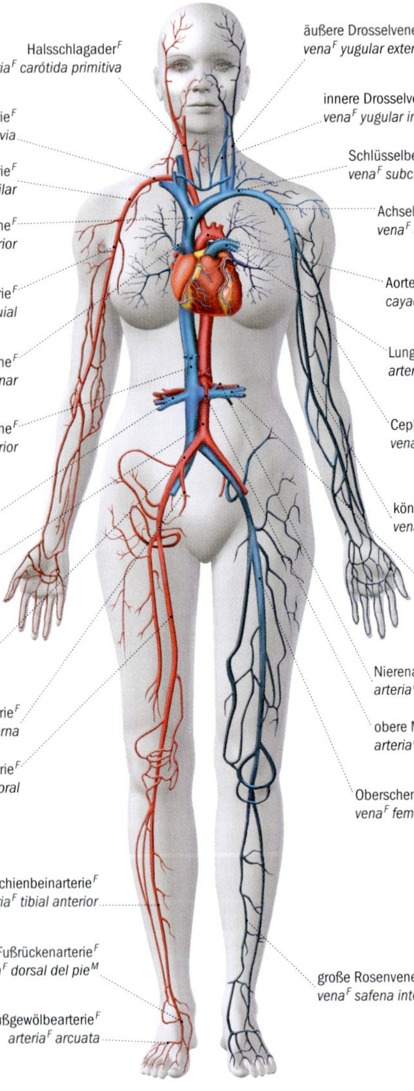

Schema^{N} des Blutkreislaufs^{M}
diagrama^{M} de la circulación^{F}

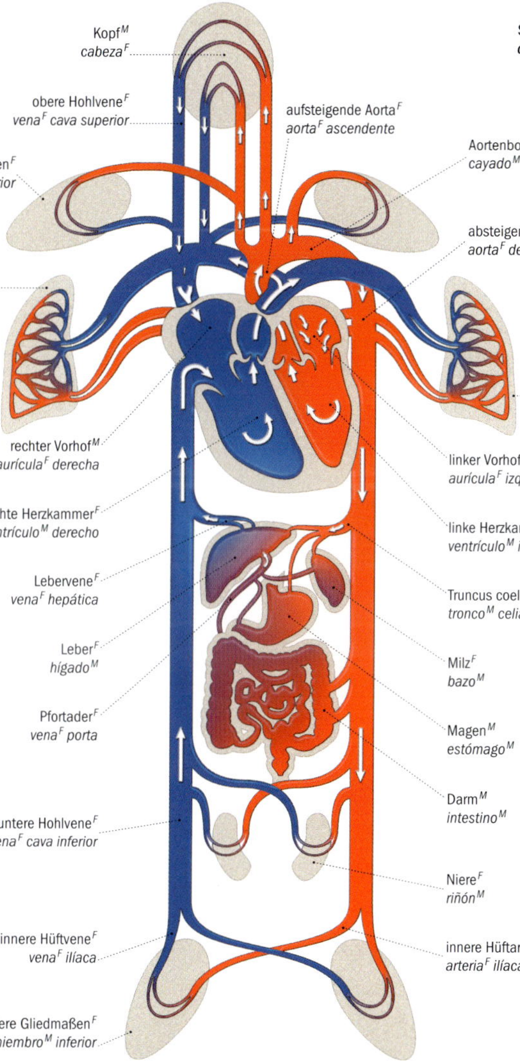

Blutbestandteile[M]
composición[F] de la sangre[F]

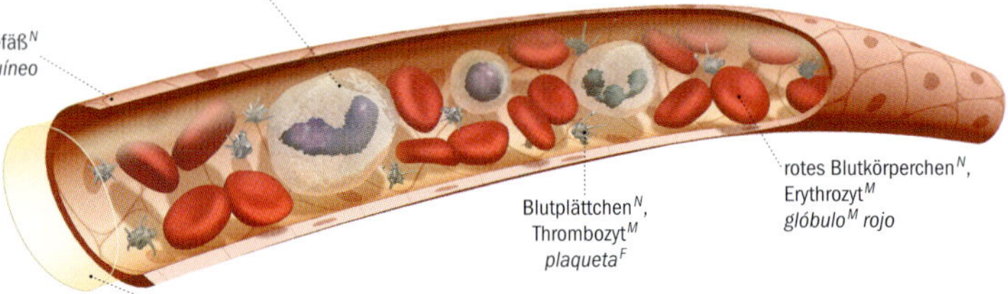

Herz[N]
corazón[M]

sauerstoffreiches Blut[N]
sangre[F] oxigenada

sauerstoffarmes Blut[N]
sangre[F] desoxigenada

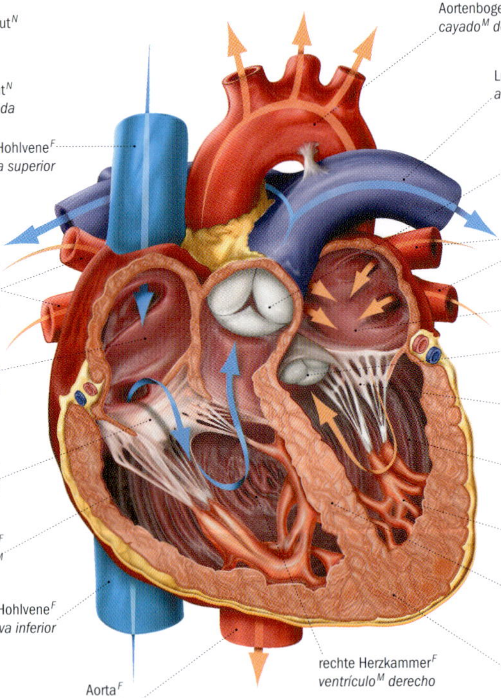

Luftwege^{M}

aparato^{M} respiratorio

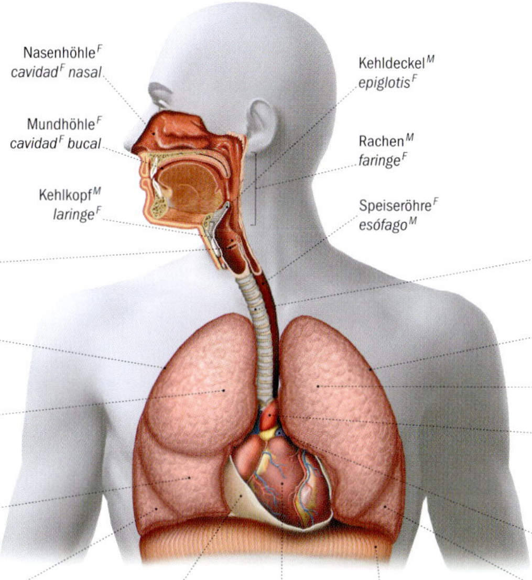

Lungen^{F}
pulmones^{M}

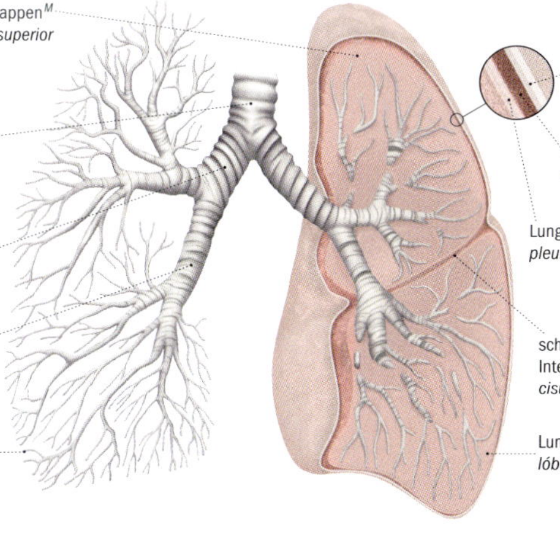

Verdauungsapparat^{M}

aparato^{M} digestivo

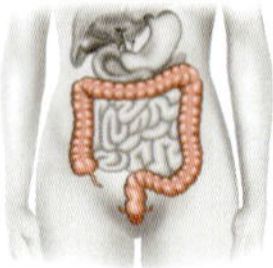

Dickdarm^{M}
intestino^{M} grueso

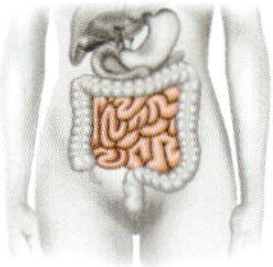

Dünndarm^{M}
intestino^{M} delgado

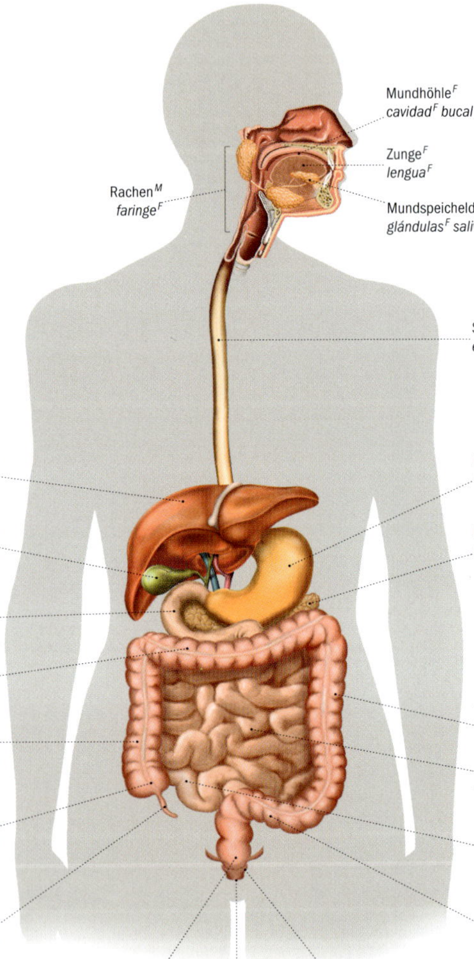

Harnapparat^{M}

aparato^{M} urinario

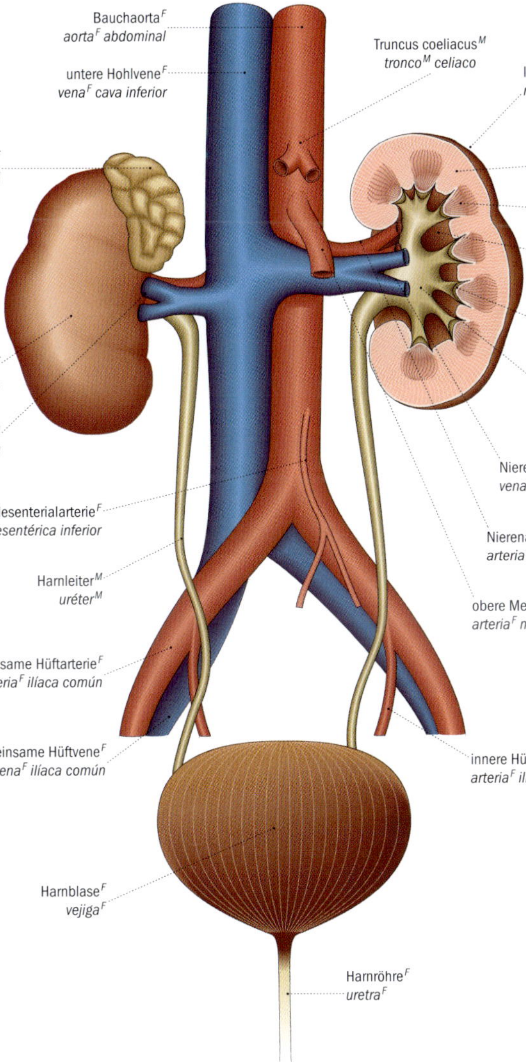

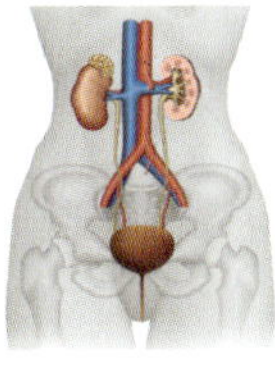

Nervensystem^N

sistema^M nervioso

peripheres Nervensystem^N
sistema^M nervioso periférico

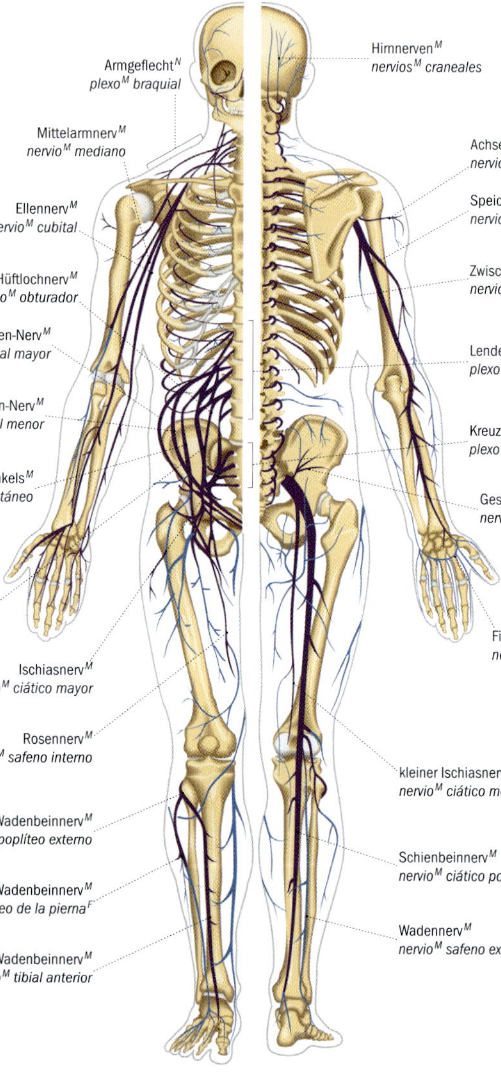

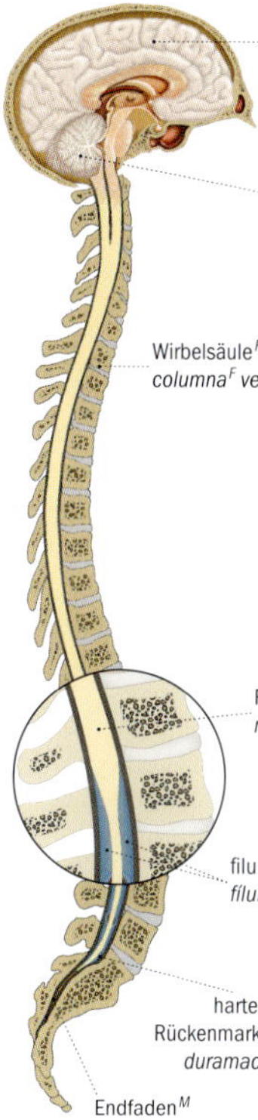

Zentralnervensystem^{N}
sistema^{M} nervioso central

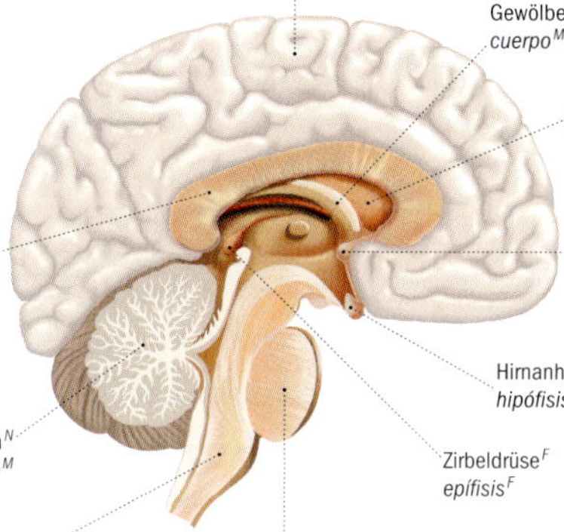

Aufbau^{M} des Rückenmarks^{N}
estructura^{F} de la médula^{F} espinal

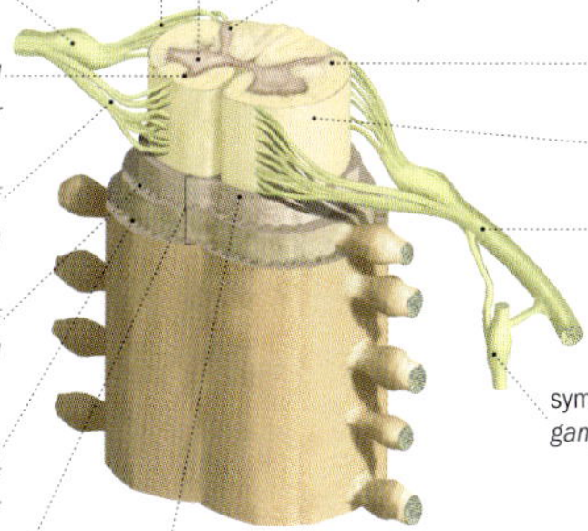

Neuronenkette^F
cadena^F de neuronas^F

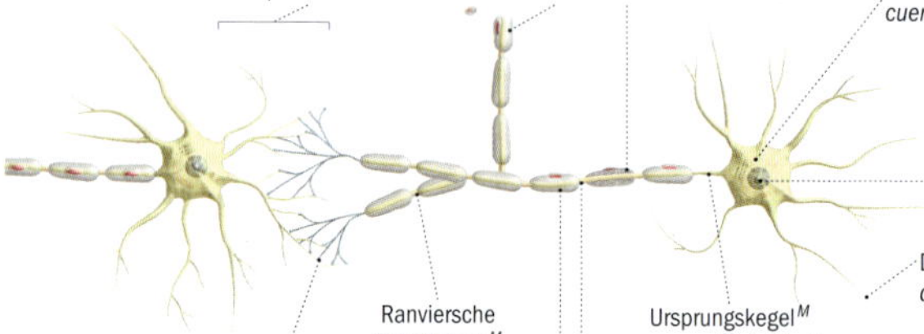

Nervenimpuls^M
impulso^M nervioso

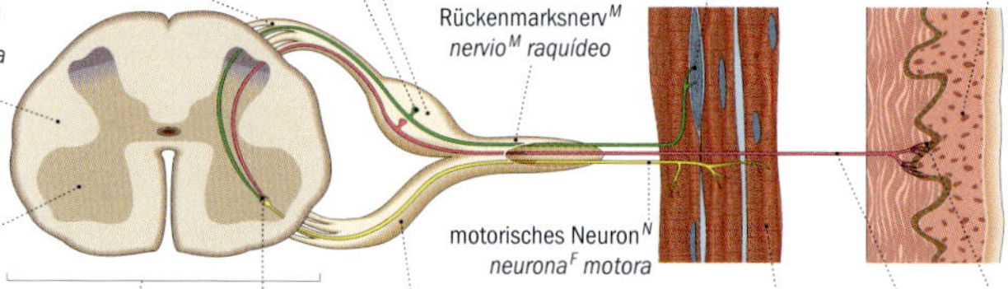

Halswirbel^M
vértebra^F cervical

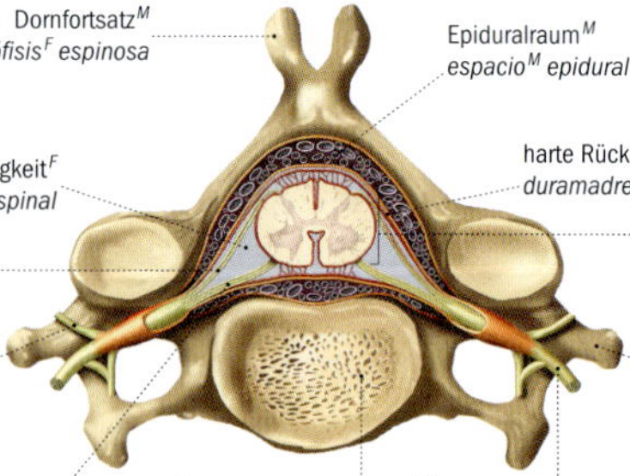

männliche Geschlechtsorgane[N]
órganos[M] genitales masculinos

Sagittalschnitt[M]
sección[F] sagital

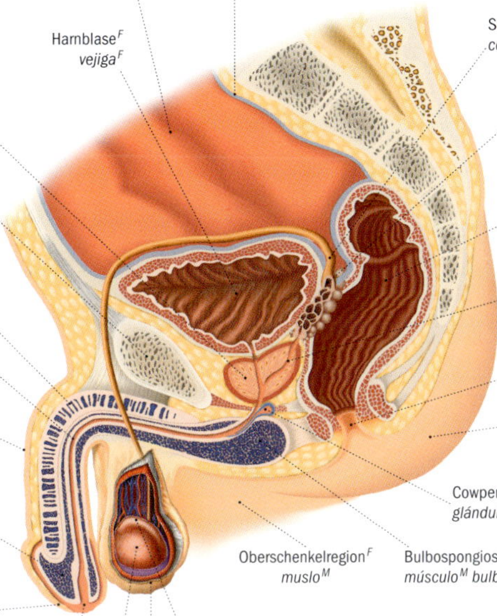

Spermium[N]
espermatozoide[M]

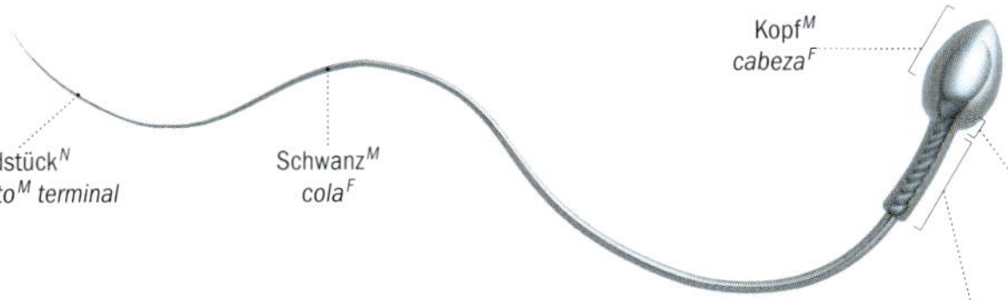

weibliche Geschlechtsorgane^N
órganos^M genitales femeninos

Sagittalschnitt^M
sección^F sagital

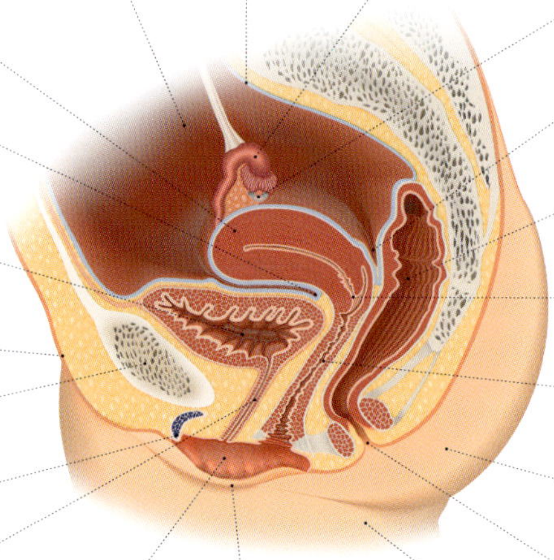

Eizelle^F
óvulo^M

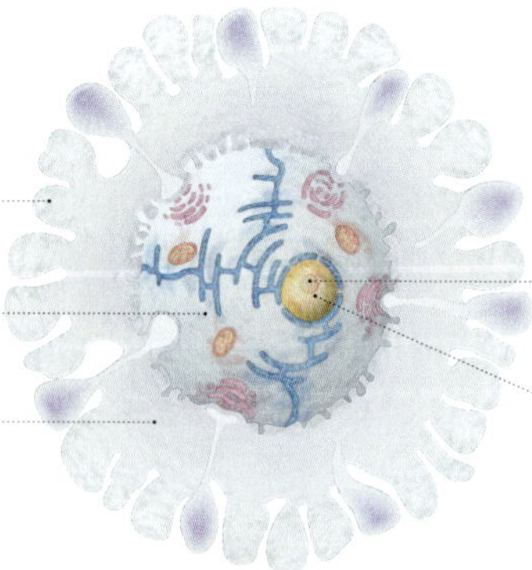

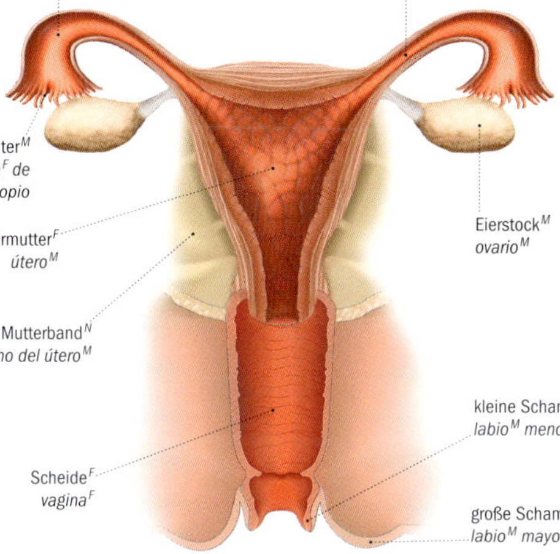

Rückansicht^F
vista^F posterior

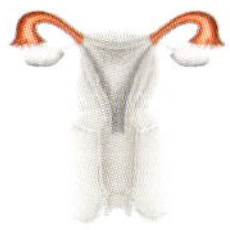

Eileiter^M
trompa^F de Falopio

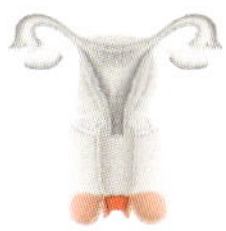

Scham^F
vulva^F

Brust^F

seno^M

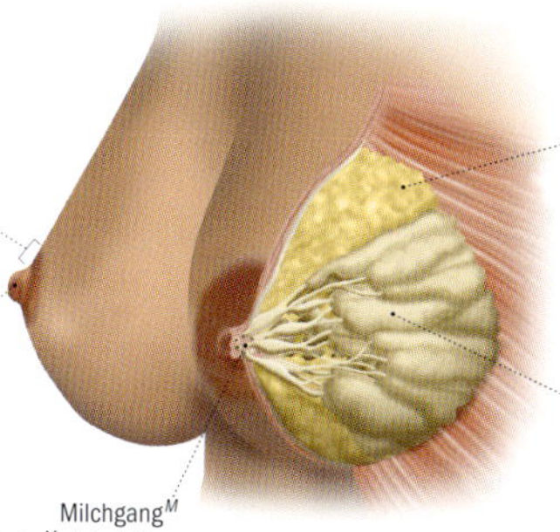

Tastsinn[M]

tacto[M]

Haut[F]
piel[F]

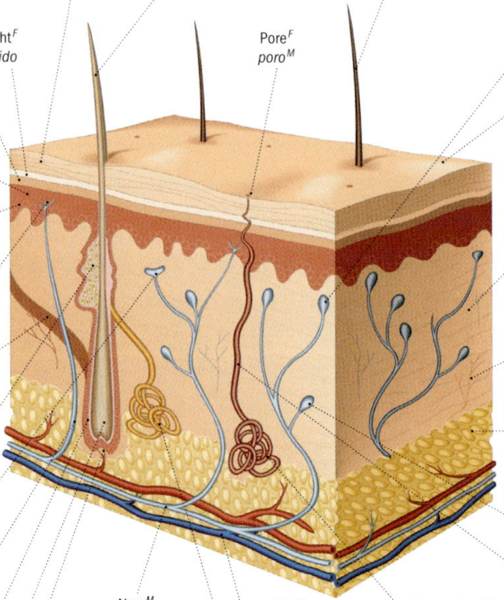

Finger[M]
dedo[M]

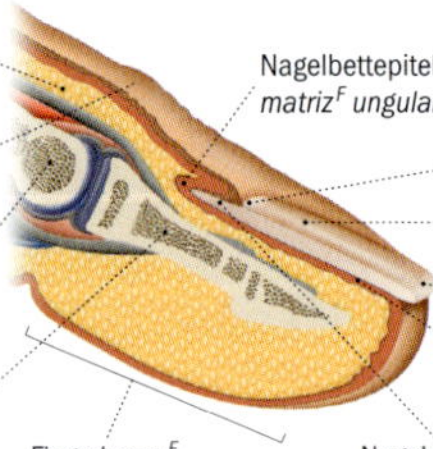

Hand^F
mano^F

Handfläche^F
palma^F

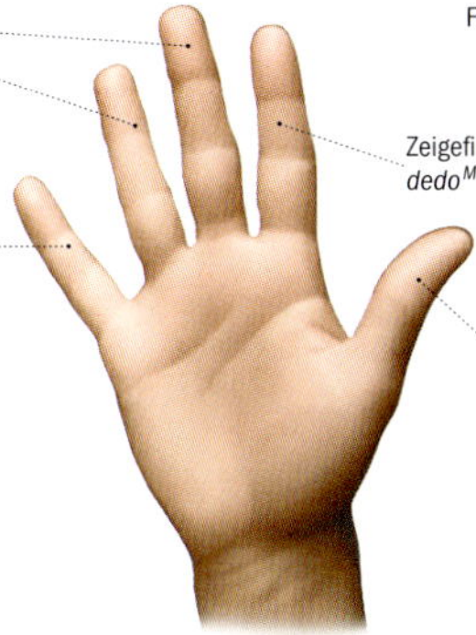

Handrücken^M
dorso^M

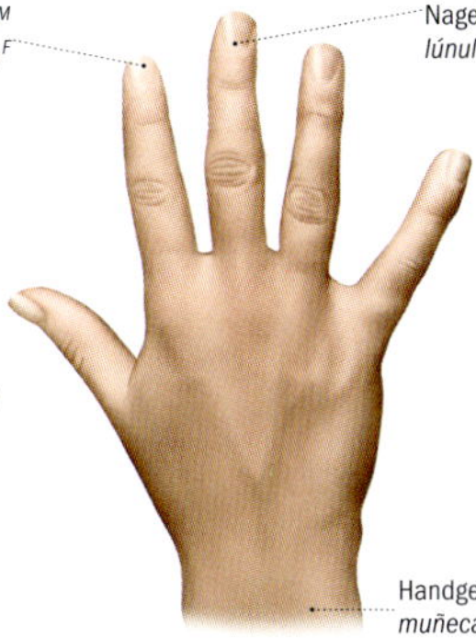

Gehör^N
oído^M

Ohrmuschel^F
pabellón^M ***auricular***

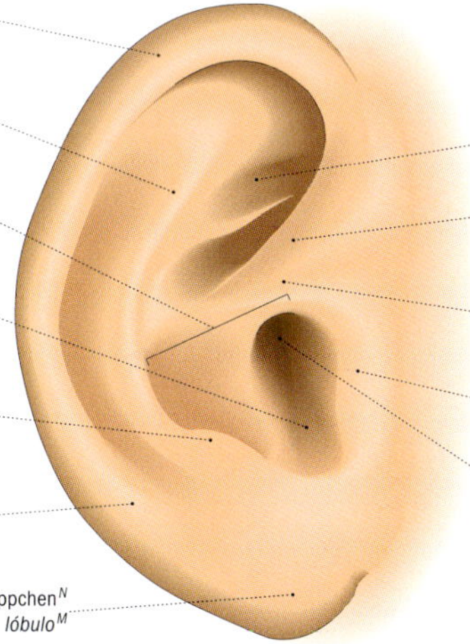

Gehör[N]

Aufbau[M] des Ohres[N]
estructura[F] del oído[M]

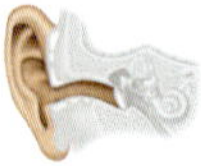

äußeres Ohr[N]
oreja[F]

Mittelohr[N]
oído[M] medio

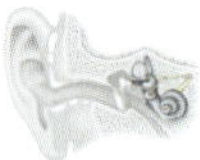

Innenohr[N]
oído[M] interno

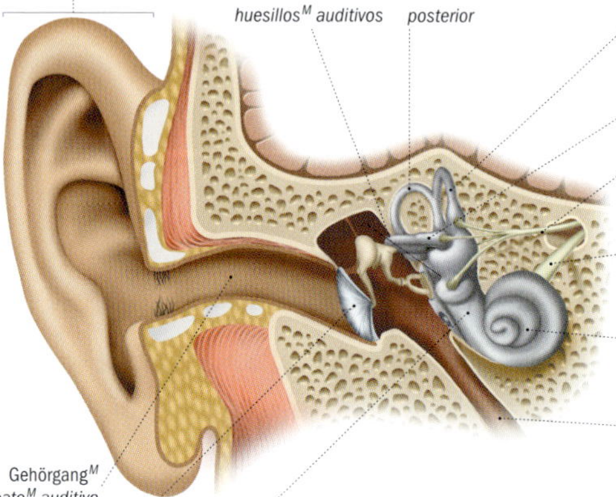

Gehörknöchelchen
huesillos[M] auditivo

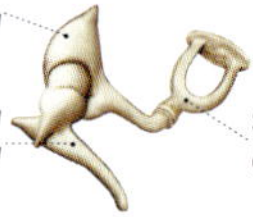

Geruchs-[M] und Geschmackssinn[M]
olfato[M] y gusto[M]

Mund[M]
boca[F]

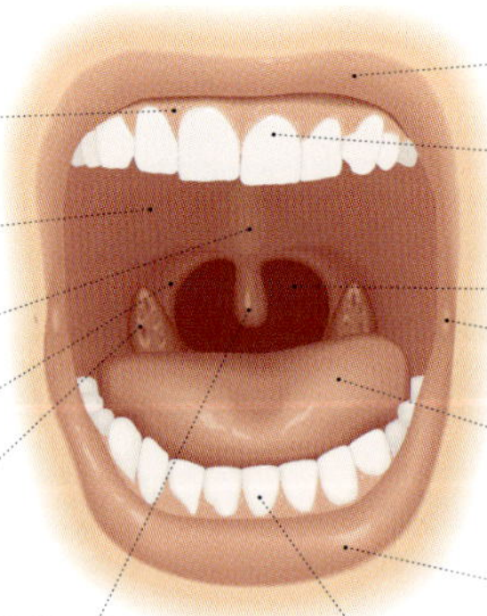

äußere Nase[F]
nariz[F]

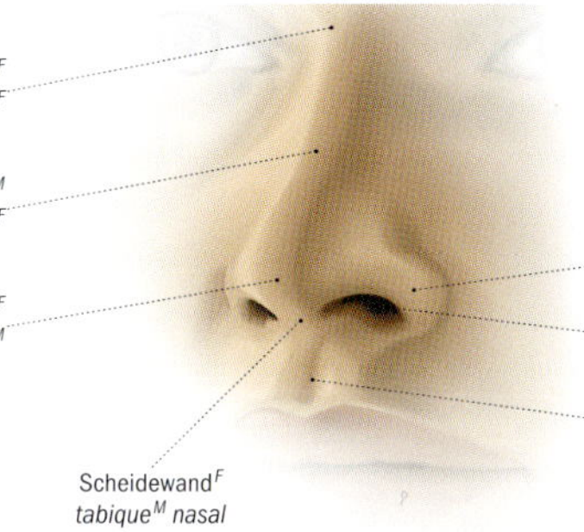

Nasenhöhle[F]
fosas[F] nasales

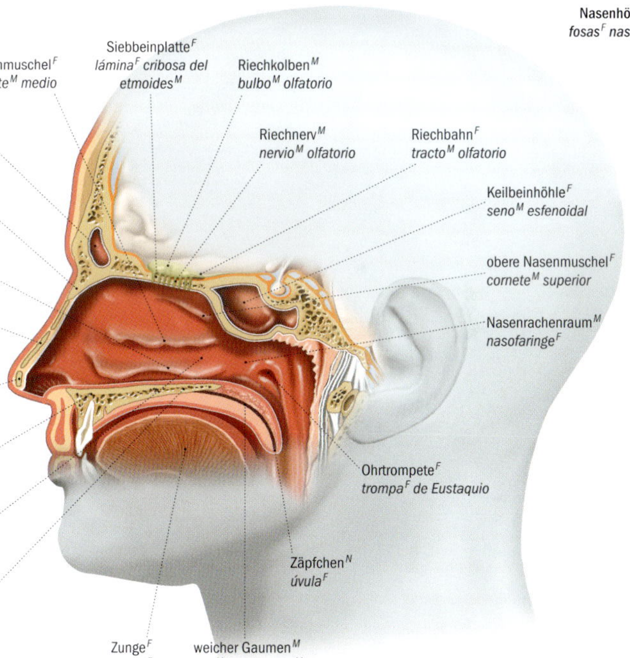

Zungenrücken[M]
lengua[F]

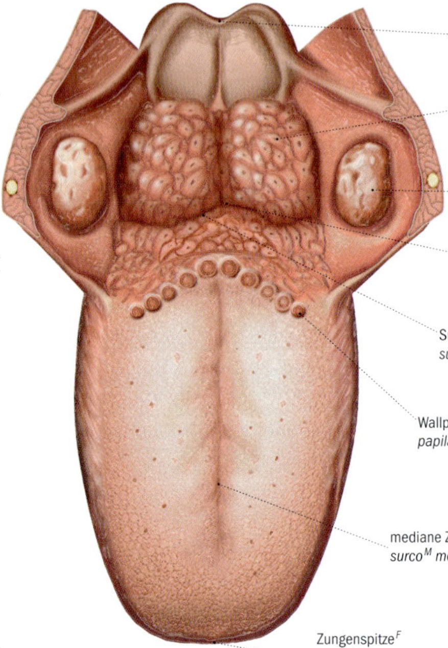

Geschmacksrezeptoren[M]
receptores[M] gustativos

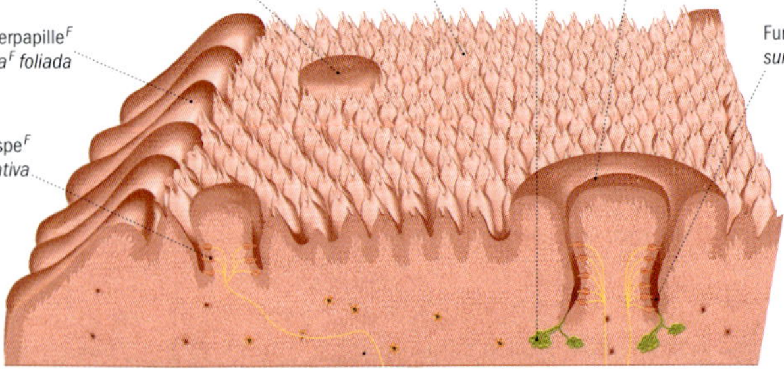

Sehsinn [N]
vista [F]

Auge [N]
ojo [M]

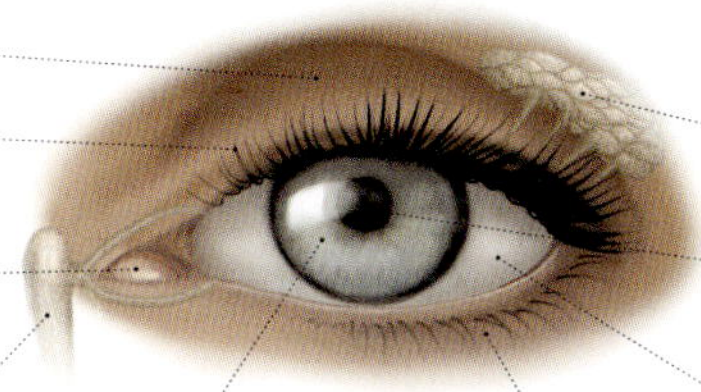

Augapfel [M]
globo [M] ***ocular***

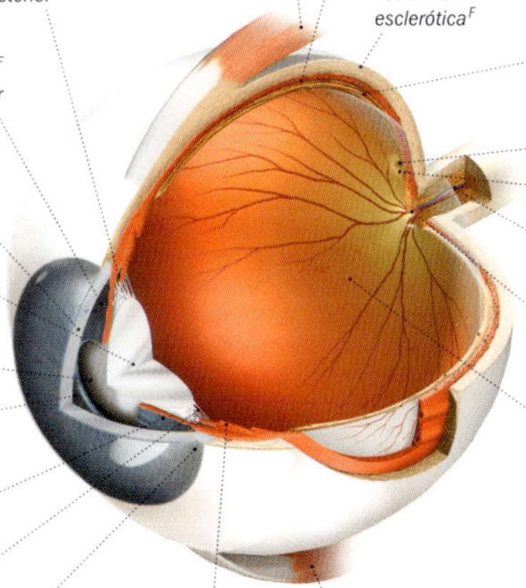

Lichtrezeptoren [M]
fotorreceptores [M]

Zapfen [M]
cono [M]

Stäbchen [N]
bastoncillo [M]

Supermarkt[M]
supermercado[M]

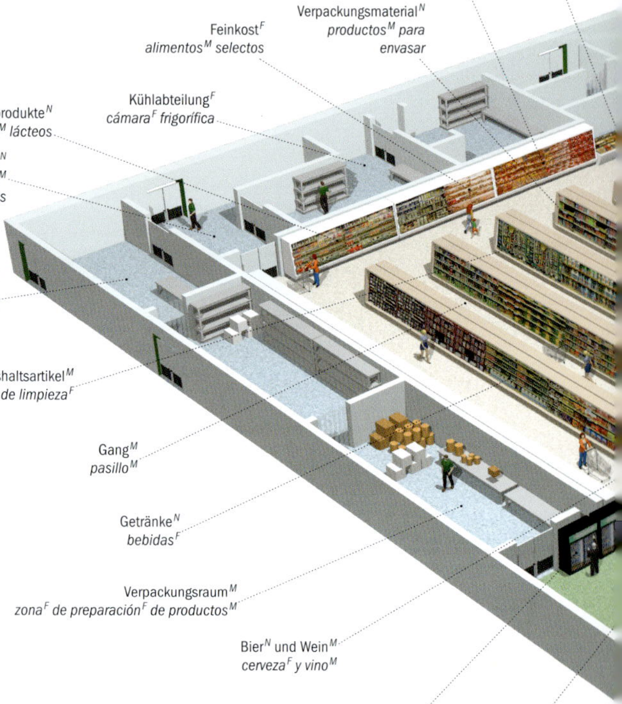

Supermarkt[M]

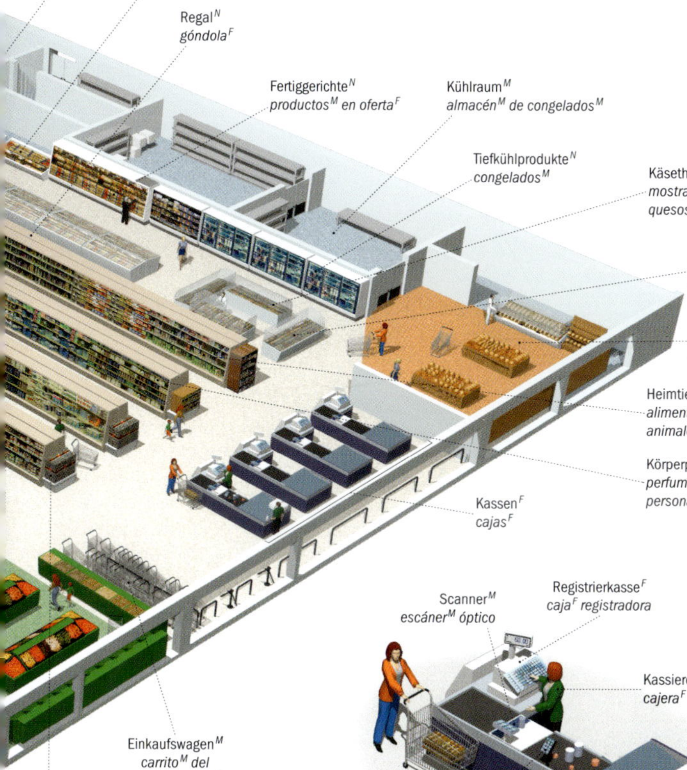

Kasse[F]
caja[F]

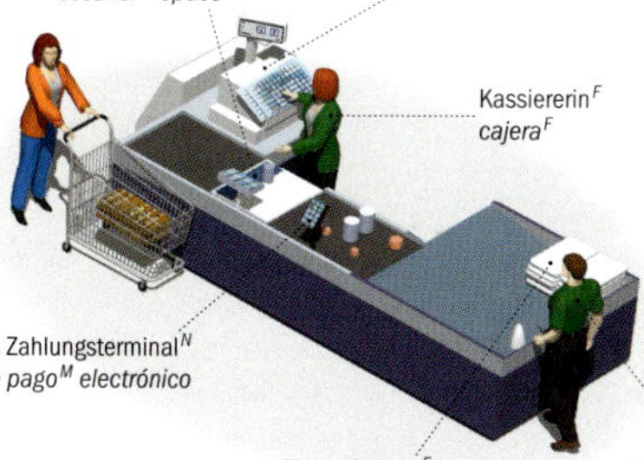

Bauernhof^M
granja^F

Pilze[M]
hongos[M]

Trüffel[F]
trufa[F]

Holzohr[N]
oreja[F] *de Judas*

Kaiserling[M]
oronja[F]

echter Reizker[M]
mízcalo[M]

Enoki[M]
seta[F] *enoki*

Austernseitling[M]
orellana[F]

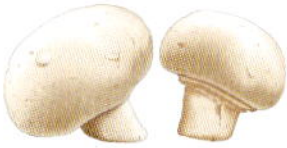

Zuchtchampignon[M]
champiñón[M]

grasgrüner Täubling[M]
rusula[F] *verde*

Morchel[F]
morilla[F]

Steinpilz[M]
boleto[M] *comestible*

Schiitakepilz[M]
shiitake[M]

Pfifferling[M]
rebozuelo[M]

Meeresalgen[F]
algas[F]

Arame[F]
arame[M]

Wakame[F]
wakame[M]

Kombu[F]
kombu[M]

Spirulina[F]
espirulina[F]

Irisch Moos[N]
Irish moss[M]

Hijiki[F]
hijiki[M]

Meersalat[M]
lechuga[F] *marina*

Agar-Agar[M/N]
agar-agar[M]

Nori[N]
nori[M]

Dulse[F]
dulse[M]

Gemüse^{N}
hortalizas^{F}

Zwiebelgemüse^{N}
bulbos^{M}

Lauch^{M}
puerro^{M}

Frühlingszwiebel^{F}
cebolla^{F} tierna

Frühlingszwiebel^{F}
cebolla^{F} tierna

Schalotte^{F}
chalote^{M}

Wassernuss^{F}
castaña^{F} de agua

Knoblauch^{M}
ajo^{M}

Schnittlauch^{M}
cebollino^{M}

Gemüsezwiebel^{F}
cebolla^{F} amarilla

rote Zwiebel^{F}
cebolla^{F} roja

weiße Zwiebel^{F}
cebolla^{F} blanca

Perlzwiebel^{F}
cebolleta^{F}

Knollengemüse^{N}
tubérculos^{M}

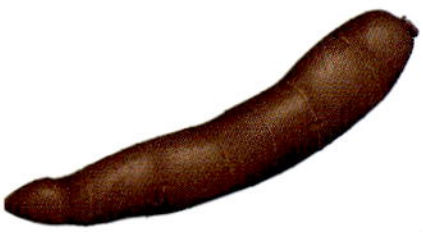

Maniok^{M}
mandioca^{F}

Knollenziest^{M}
crosne^{M}

Taro^{M}
taro^{M}

Jicama^{F}
jícama^{F}

Süßkartoffel^{F}
batata^{F}

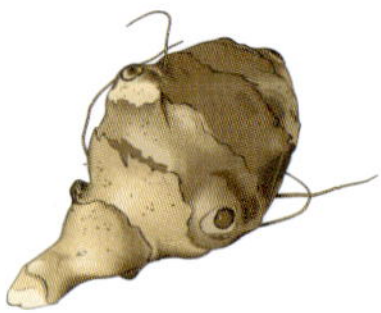

Topinambur$^{M/F}$
aguaturma^{F}

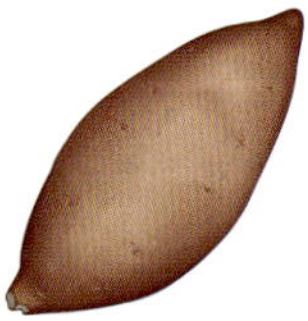

Süßkartoffel^{F}
batata^{F}

Kartoffel^{F}
patata^{F}

Stengel- und Sprossengemüse^{N}
hortalizas^{F} de tallos^{M}

Spargel^{M}
espárrago^{M}

Mangold^{M}
acelga^{F}

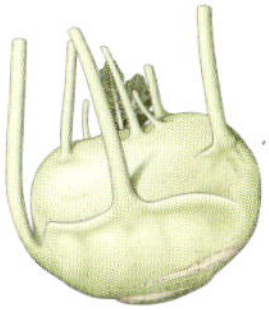

Kohlrabi^{M}
colinabo^{M}

Kardone^{F}
cardo^{M}

Bambussprosse^{F}
brote^{M} de bambú^{M}

Fenchel^{M}
hinojo^{M}

Farnspitze^{F}
helecho^{M} canela

Stangensellerie$^{M/F}$
apio^{M}

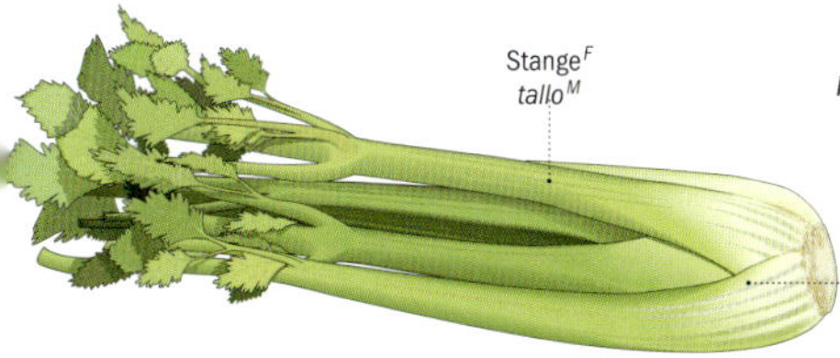

Rhabarber^{M}
ruibarbo^{M}

NAHRUNGSMITTEL UND KÜCHE

Blattgemüse^{N}
verduras^{F} de hojas^{F}

Friséesalat^{M}
lechuga^{F} rizada

Romagna-Salat^{M}
lechuga^{F} romana

Spargelsalat^{M}
lechuga^{F} de tallo^{M}

Meerkohl^{M}
col^{F} marina

Riesenkohl^{M}
berza^{F}

Eskariol^{M}
escarola^{F}

Kopfsalat^{M}
lechuga^{F} de cogollo^{M}

Eisbergsalat^{M}
lechuga^{F} iceberg

Radicchio^{M}
achicoria^{F} de Treviso

Zierkohl^{M}
col^{F} ornamental

Grünkohl^{M}
col^{F} rizada

Weinblatt^{N}
hoja^{F} de parra^{F}

Rosenkohl^{M}
coles^{F} de Bruselas

Rotkohl^{M}
col^{F} lombarda

Weißkohl^{M}
col^{F}/repollo^{M}

Wirsing^{M}
col^{F} rizada de otoño^{M}

Kohl^{M}
col^{F} verde/repollo^{M} verde

Chinakohl^{M}
col^{F} china

Pak-Choi^{M}
pak-choi^{M}

Portulak^{M}
verdolaga^{F}

Nessel^{F}
ortiga^{F}

Brunnenkresse^{F}
berro^{M}

Löwenzahn^{M}
diente^{M} de león

Feldsalat^{M}
colleja^{F}

Rauke^{F}
ruqueta^{F}

Spinat^{M}
espinaca^{F}

Gartenkresse^{F}
berros^{M} de jardín

Garten-Sauerampfer^{M}
acedera^{F}

krause Endivie^{F}
escarola^{F} rizada

Chicorée$^{M/F}$
endivia^{F}

Blütengemüse^{N}
inflorescencias^{F}

Blumenkohl^{M}
coliflor^{F}

Broccoli^{M}
brécol^{M}

China-Broccoli^{M}
brécol^{M} chino

Rübenspross^{M}
nabiza^{F}

Artischocke^{F}
alcachofa^{F}

Fruchtgemüse[N]
hortalizas[F] de fruto[M]

Avocado[F]
aguacate[M]

Tomate[F]
tomate[M]

Kirschtomate[F]
tomate[M] en rama[F]

Tomatillo[F]
tomatillo[M]

Olive[F]
aceituna[F]

gelber Paprika[M]
pimiento[M] dulce amarillo

grüner Paprika[M]
pimiento[M] dulce verde

roter Paprika[M]
pimiento[M] dulce rojo

Pfefferschote[F]
chile[M]

Okraschote[F]
gombo[M], quingombó[M]

Einlegegurke[F]
pepinillo[M]

Gurke[F]
pepino[M]

kernlose Salatgurke[F]
pepino[M] sin pepitas[F]

Wachskürbis[M]
calabaza[F] de China

Aubergine[F]
berenjena[F]

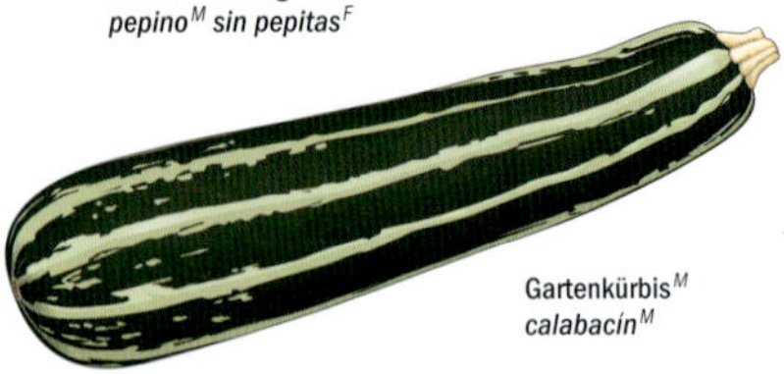

Gartenkürbis[M]
calabacín[M]

Zucchini[F]
calabacín[M]

Bittermelone[F]
pepino[M] amargo

Patisson^{M}
calabaza^{F} bonetera amarilla

Krummhalskürbis^{M}
calabaza^{F} de cuello retorcido

gelbe Zucchini^{F}
calabaza^{F} de cuello largo

Chayote^{F}
chayote^{M}

Kürbis^{M}
calabaza^{F} común

Spaghettikürbis^{M}
calabaza^{F} romana

Eichelkürbis^{M}
calabaza^{F} bonetera

Patisson-Kürbis^{M}
cidra^{F} cayote

Wurzelgemüse^{N}
raíces^{F}

Meerrettich^{M}
rábano^{M} blanco

Schwarzrettich^{M}
rábano^{M} negro

Radieschen^{N}
rábano^{M}

Haferwurz^{F}
salsifí^{M}

Karotte^{F}
zanahoria^{F}

Schwarzwurzel^{F}
escorzonera^{F}

Pastinake^{F}
chirivía^{F}

Rettich^{M}
rábano^{M} daikon

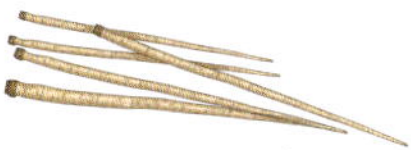

Klettenwurzel^{F}
bardana^{F}

rote Beete^{F}
remolacha^{F}

Rübe^{F}
nabo^{M}

Knollensellerie^{F}
apio^{M} nabo

Kohlrübe^{F}
nabo^{M} sueco

japanischer Rettich^{M}
malanga^{F}

Hülsenfrüchte^{F}
legumbres^{F}

blaue Luzerne^{F}
alfalfa^{F}

Lupine^{F}
altramuz^{M}

Linsen^{F}
lentejas^{F}

Erdnuss^{F}
cacahuete^{M}

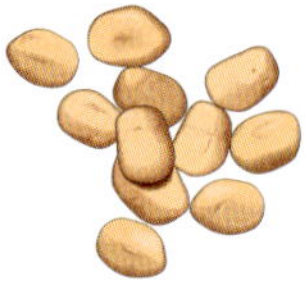

dicke Bohnen^{F}
habas^{F}

Erbsen^{F}
guisantes^{M}

Kichererbsen^{F}
garbanzos^{M}

gespaltene Erbsen^{F}
guisantes^{M} partidos

grüne Erbsen^{F}
guisantes^{M}

Zuckererbsen^{F}
guisantes^{M} mollares

Bohnen^{F}
dolichos^{M}

schwarzäugige Bohne^{F}
judías^{F} de ojo

Helmbohne^{F}
judía^{F} de Egipto

Spargelbohne^{F}
judía^{F} china larga

Bohnen[F]
judías[F]

grüne Bohne[F]
judías[F] verdes

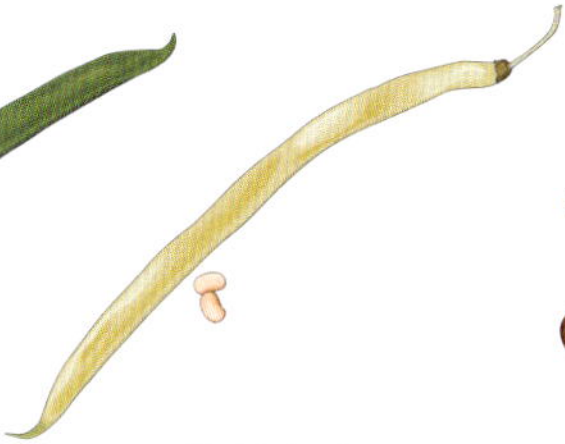

Wachsbohne[F]
judía[F] amarilla

römische Bohne[F]
judía[F] romana

Asukibohne[F]
judía[F] adzuki

Feuerbohne[F]
judía[F] pinta

Mungobohne[F]
judía[F] mungo

Limabohne[F]
judía[F] de Lima

Pintobohne[F]
judía[F] roja

rote Kidneybohne[F]
judia[F] roja

schwarze Mungobohne[F]
judía[F] mungo negra

schwarze Bohne[F]
judía[F] negra

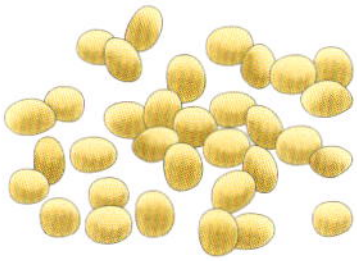

Sojabohnen[F]
semillas[F] de soja[F]

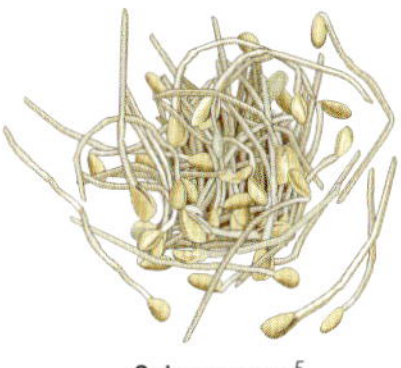

Sojasprossen[F]
brotes[M] de soja[F]

Flageolet-Bohne[F]
frijol[M]

Obst^{N}
frutas^{F}

Beeren^{F}
bayas^{F}

Johannisbeere^{F}
grosella^{F}

schwarze Johannisbeere^{F}
grosella^{F} *negra*

Stachelbeere^{F}
grosella^{F} *espinosa*

Weintraube^{F}
uva^{F}

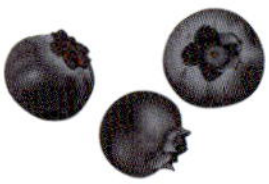

Heidelbeere^{F}
arándano^{M}

Heidelbeere^{F}
arándano^{M} *negro*

rote Heidelbeere^{F}
arándano^{M} *rojo*

Physalis^{F}
alquequenje^{M}

Preiselbeere^{F}
arándano^{M} *agrio*

Himbeere^{F}
frambuesa^{F}

Brombeere^{F}
moras^{F}

Erdbeere^{F}
fresa^{F}

Steinfrüchte^{F}
drupas^{F}

Pflaume^{F}
ciruela^{F}

Pfirsich^{M}
melocotón^{M}

Nektarine^{F}
nectarina^{F}

Aprikose^{F}
albaricoque^{M}

Kirsche^{F}
cereza^{F}

Dattel^{F}
dátil^{M}

Trockenfrüchte^{F}
frutas^{F} secas

Macadamianuss^{F}
nuez^{F} de macadamia^{F}

Ginkgonuss^{F}
nuez^{F} de ginkgo

Pistazie^{F}
pistacho^{M}

Pinienkern^{M}
piñón^{M}

Kolanuss^{F}
nuez^{F} de cola

Pecannuss^{F}
pacana^{F}

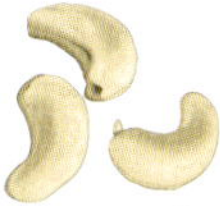

Cashewkern^{M}
anacardo^{M}

Mandel^{F}
almendra^{F}

Haselnuss^{F}
avellana^{F}

Walnuss^{F}
nuez^{F}

Kokosnuss^{F}
coco^{M}

Esskastanie^{F}
castaña^{F}

Buchecker^{F}
hayuco^{M}

Paranuss^{F}
nuez^{F} del Brasil^{M}

Apfelfrüchte^{F}
frutas^{F} pomo

Birne^{F}
pera^{F}

Quitte^{F}
membrillo^{M}

Apfel^{M}
manzana^{F}

Mispel^{F}
níspero^{M}

Zitrusfrüchte[F]
cítricos[M]

Zitrone[F]
limón[M]

Kumquat[F]
naranja[F] *china*

Limette[F]
lima[F]

Orange[F]
naranja[F]

Mandarine[F]
mandarina[F]

Bergamotte[F]
bergamota[F]

Grapefruit[F]
toronja[F]

Pampelmuse[F]
pomelo[M]

Zitronatzitrone[F]
limón[M]

Melonen^F
melones^M

Honigmelone^F
melón^M cantalupo

Casabamelone^F
melón^M invernal

Honigmelone^F
melón^M de miel

Zuckermelone^F
melón^M escrito

kanarische Melone^F
melón^M amarillo

Wassermelone^F
sandía^F

Ogenmelone^F
melón^M de Ogen

Südfrüchte[F]
frutas[F] tropicales

Plantainbanane[F]
plátano[M]

Banane[F]
banana[F]

Longanfrucht[F]
longan[M]

Baumtomate[F]
tamarillo[M]

Passionsfrucht[F]
fruta[F] de la pasión[F]

Kiwano[F]
kiwano[M]

Mangostane[F]
mangostán[M]

Kiwi[F]
kiwi[M]

Granatapfel[M]
granada[F]

Chirimoya[F]
chirimoya[F]

Jackfrucht[F]
fruta[F] de jack

Ananas[F]
piña[F]

Jaboticaba[F]
jaboticaba[F]

Litchi[F]
lichi[M]

Feige[F]
higo[M]

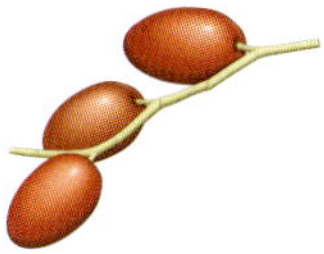

chinesische Dattel[F]
jojoba[F]

Breiapfel[M]
zapote[M]

Guave[F]
guayaba[F]

Rambutan[F]
rambután[M]

Kaki[F]
caqui[M]

Kaktusfeige[F]
higo[M] *chumbo*

Sternfrucht[F]
carambola[F]

asiatische Birne[F]
pera[F] *asiática*

Mango[F]
mango[M]

Durianfrucht[F]
durión[M]

Papaya[F]
papaya[F]

Birnenmelone[F]
pepino[M] *dulce*

Ananasguave[F]
feijoa[F]

Gewürze[N]

especias[F]

Wacholderbeere[F]
bayas[F] de enebro[M]

Gewürznelke[F]
clavo[M]

Jamaikapfeffer[M]
pimienta[F] de Jamaica

weiße Senfkörner[N]
mostaza[F] blanca

schwarze Senfkörner[N]
mostaza[F] negra

schwarzer Pfeffer[M]
pimienta[F] negra

weißer Pfeffer[M]
pimienta[F] blanca

rosa Pfeffer[M]
pimienta[F] rosa

grüner Pfeffer[M]
pimienta[F] verde

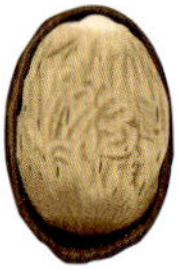

Muskatnuss[F]
nuez[F] moscada

Kümmel[M]
alcaravea[F]

Kardamom[M/N]
cardamomo[M]

Zimtstangen[M]
canela[F]

Safran[M]
azafrán[M]

Kreuzkümmel[M]
comino[M]

Curry[N]
curry[M]

Kurkuma[N]
cúrcuma[F]

Bockshornkleesamen[M]
fenogreco[M]

Jalapeño-Chili^{M}
chile^{M} jalapeño

Vogelaugenchili^{M}
guindilla^{F}

zerstoßene Chilis^{M}
guindilla^{F} triturada

getrocknete Chilis^{M}
guindilla^{F} seca

Cayennepfeffer^{M}
pimienta^{F} de cayena^{F}

Paprika^{M}
pimentón^{M}

Ajowan^{N}
ajowán^{M}

Teufelsdreck^{M}
asafétida^{F}

Garam Masala^{N}
garam masala^{M}

Cajun-Gewürzmischung^{F}
condimento^{M} de especias^{F} cajún

Mariniergewürze^{N}
especias^{F} para salmuera^{F}

Fünf-Kräuter^{N}-Gewürz^{N}
cinco especias^{F} chinas

Chilipulver^{N}
guindilla^{F} molida

gemahlener Pfeffer^{M}
pimienta^{F} molida

Ras-El-Hanout^{N}
ras el hanout^{M}

Sumach^{M}
zumaque^{M}

Mohnsamen^{M}
semillas^{F} de adormidera^{F}

Ingwer^{M}
jengibre^{M}

Würzen^{F}
condimentos^{M}

Tabasco®-Soße^{F}
salsa^{F} Tabasco®

Worcestershire-Soße^{F}
salsa^{F} Worcertershire

Tamarindenmark^{N}
salsa^{F} de tamarindo^{M}

Vanille-Extrakt^{M}
extracto^{M} de vainilla^{F}

Tomatenmark^{N}
concentrado^{M} de tomate^{M}

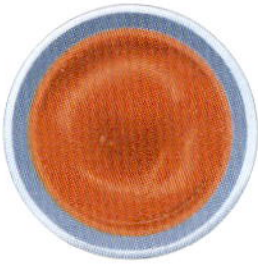

Passierte Tomaten^{F}
salsa^{F} de tomate^{M}

Hummus^{M}
hummus^{M}

Tahinisoße^{F}
tajín^{M}

Hoisinsoße^{F}
salsa^{F} hoisin

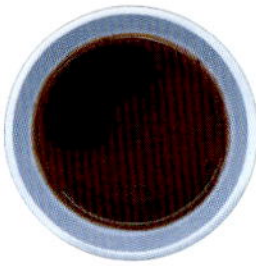

Sojasoße^{F}
salsa^{F} de soja^{F}

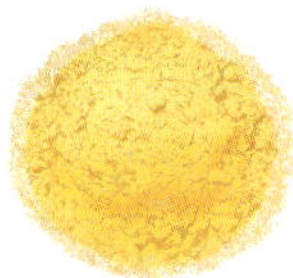

Senfpulver^{N}
mostaza^{F} en polvo^{M}

Senfkörner^{N}
mostaza^{F} en grano^{M}

Dijon-Senf^{M}
mostaza^{F} de Dijon

deutscher Senf^{M}
mostaza^{F} alemana

englischer Senf^{M}
mostaza^{F} inglesa

amerikanischer Senf^{M}
mostaza^{F} americana

Pflaumensoße[F]
salsa[F] de ciruelas[F]

Mangochutney[N]
chutney[M] de mango[M]

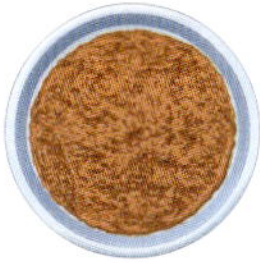

Harissasoße[F]
harissa[F]

Sambal Oelek[M]
sambal oelek[M]

Ketchup[M]
ketchup[M]

Wasabipaste[F]
wasabi[M]

Tafelsalz[N]
sal[F] de mesa[F]

grobes Salz[N]
sal[F] gorda

Meersalz[N]
sal[F] marina

Balsamessig[M]
vinagre[M] balsámico

Reisessig[M]
vinagre[M] de arroz[M]

Apfelessig[M]
vinagre[M] de manzana[F]

Malzessig[M]
vinagre[M] de malta[F]

Weinessig[M]
vinagre[M] de vino[M]

Kräuter^{N}

hierbas^{F} aromáticas

Dill^{M}
eneldo^{M}

Anis^{M}
anís^{M}

Lorbeer^{M}
laurel^{M}

Origano^{M}
orégano^{M}

Estragon^{M}
estragón^{M}

Basilikum^{N}
albahaca^{F}

Salbei^{M}
salvia^{F}

Thymian^{M}
tomillo^{M}

Minze^{F}
hierbabuena^{F}

Petersilie^{F}
perejil^{M}

Kerbel^{M}
perifollo^{M}

Koriander^{M}
cilantro^{M}

Rosmarin^{M}
romero^{M}

Ysop^{M}
hisopo^{M}

Boretsch^{M}
borraja^{F}

Liebstöckel$^{M/N}$
alheña^{F}

Bohnenkraut^{N}
ajedrea^{F}

Zitronenmelisse^{F}
melisa^{F}

Getreide^{N}
cereales^{M}

Reis^{M}
arroz^{M}

Wildreis^{M}
arroz^{M} silvestre

Dinkel^{M}
escanda^{F} común

Weizen^{M}
trigo^{M}

Hafer^{M}
avena^{F}

Roggen^{M}
centeno^{M}

Hirse^{F}
mijo^{M}

Mais^{M}
maíz^{M}

Gerste^{F}
cebada^{F}

Buchweizen^{M}
trigo^{M} sarraceno

Reismelde^{F}
quinua^{F}

Amarant^{M}
amaranto^{M}

Triticale^{M}
triticale^{M}

Getreideprodukte[N]

cereales[M]

Mehl[N] und Grieß[M]
harina[F] y sémola[F]

Grieß[M]
sémola[F]

Vollkornmehl[N]
harina[F] integral

Couscous[N]
cuscús[M]

Haushaltsmehl[N]
harina[F] común

ungebleichtes Mehl[N]
harina[F] sin blanquear

Hafermehl[N]
harina[F] de avena[F]

Maismehl[N]
harina[F] de maíz[M]

Brot[N]
pan[M]

Croissant[N]
cruasán[M]

dunkles Roggenbrot[N]
pan[M] de centeno[M] negro

Kringel[M]
rosquilla[F]

griechisches Brot[N]
pan[M] griego

französisches Weißbrot[N]
barra[F] de pan[M]

Ährenbrot[N]
pan[M] espiga[F]

Baguette[N]
baguette[F]

indisches Fladenbrot[N]
pan[M] indio chapatí

Tortilla[F]
tortilla[F]

Pittabrot[N]
pan[M] de pita[F]

indisches Naanbrot[N]
pan[M] indio naan

ungesäuertes Brot[N]
pan[M] ácimo

Roggenknäckebrot[N]
galleta[F] de centeno[M]

skandinavisches Knäckebrot[N]
galleta[F] escandinava

Blätterteig[M]
pasta[F] de hojaldre[M]

dänisches Roggenbrot[N]
pan[M] danés de centeno[M]

amerikanisches Maisbrot[N]
pan[M] americano de maíz[M]

Mehrkornbrot[N]
pan[M] multicereales

russischer Pumpernickel[M]
pan[M] negro ruso

deutsches Roggenbrot[N]
pan[M] alemán de centeno[M]

jüdisches Weißbrot[N]
pan[M] judío hallah

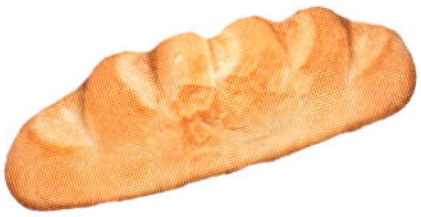

Weißbrot[N]
pan[M] blanco

Vollkornbrot[N]
pan[M] integral

Bauernbrot[N]
pan[M] campesino

irisches Brot[N]
pan[M] irlandés

englisches Weißbrot[N]
pan[M] de flor[F]

Teigwaren^F
pasta^F

Rigatoni^M
rigatoni^M

Rotini^M
sacacorchos^M

Conchiglie^F
conchitas^F

Fusilli^M
fusilli^M

Spaghetti^M
espagueti^M

Ditali^M
dedalitos^M

Gnocchi^M
ñoquis^M

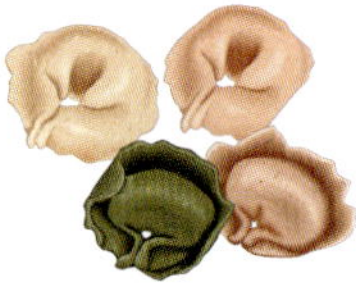

Tortellini^M
tortellini^M

Spaghettini^M
fideos^M

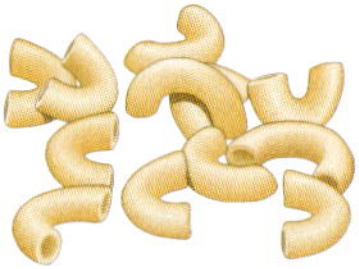

Hörnchennudeln^F
tiburones^M

Penne^F
macarrones^M

Cannelloni^M
canelones^M

Lasagne^F
lasañas^F

Ravioli^M
raviolis^M

grüne Tagliatelle^F
tallarines^M *de espinacas*^F

Fettuccine^F
fetuchinas^F

asiatische Teigwaren[F]
fideos[M] asiáticos

Sobanudeln[F]
fideos[M] de soba[F]

Somennudeln[F]
fideos[M] de somen[M]

Udonnudeln[F]
fideos[M] de udon[M]

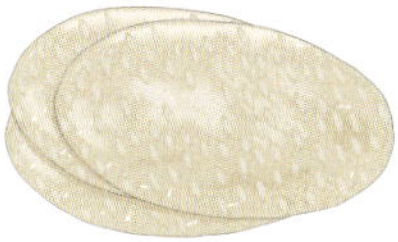

Reispapier[N]
galletas[F] de arroz[M]

Reisnudeln[F]
fideos[M] de arroz[M]

Glasnudeln[F]
fideos[M] de judías[F] mungo

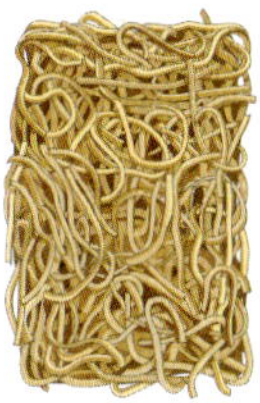

asiatische Eiernudeln[F]
fideos[M] de huevo[M]

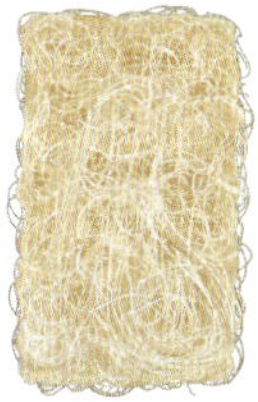

Reisfadennudeln[F]
vermicelli[M] de arroz[M]

Wan-tan-Teigblätter[N]
pasta[F] won ton

Reis[M]
arroz[M]

weißer Reis[M]
arroz[M] blanco

Braunreis[M]
arroz[M] integral

Parboiled Reis[M]
arroz[M] vaporizado

Basmatireis[M]
arroz[M] basmati

Kaffee[M] und Tee[M]

café[M] e infusiones[F]

Kaffee[M]
café[M]

Rohkaffee[F]
granos[M] verdes de café[M]

geröstete Kaffeebohnen[F]
granos[M] torrefactos de café[M]

Kräutertees[M]
tisanas[F]

Linde[F]
tila[F]

Kamille[F]
manzanilla[F]

Verbene[F]
verbena[F]

Tee[M]
té[M]

grüner Tee[M]
té[M] verde

schwarzer Tee[M]
té[M] negro

Oolong-Tee[M]
té[M] oolong

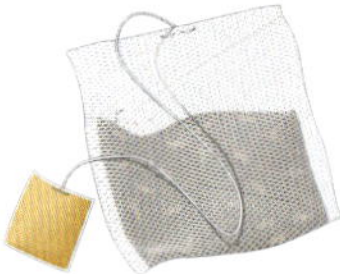

Teebeutel[M]
bolsita[F] de té[M]

Schokolade[F]

chocolate[M]

Bitterschokolade[F]
chocolate[M] amargo

Milchschokolade[F]
chocolate[M] con leche[F]

Kakao[M]
cacao[M]

weiße Schokolade[F]
chocolate[M] blanco

Zucker^{M}
azúcar^{M}

Kristallzucker^{M}
azúcar^{M} granulado

Puderzucker^{M}
azúcar^{M} glas

brauner Zucker^{M}
azúcar^{M} moreno

Kandiszucker^{M}
azúcar^{M} candi

Melasse^{F}
melazas^{F}

Maissirup^{M}
jarabe^{M} de maíz^{M}

Ahornsirup^{M}
jarabe^{M} de arce^{M}

Honig^{M}
miel^{F}

Fette^{N} und Öle^{N}
grasas^{F} y aceites^{M}

Maisöl^{N}
aceite^{M} de maíz^{M}

Olivenöl^{N}
aceite^{M} de oliva^{F}

Sonnenblumenöl^{N}
aceite^{M} de girasol^{M}

Erdnussöl^{N}
aceite^{M} de cacahuete^{M}

Sesamöl^{N}
aceite^{M} de sésamo^{M}

Backfett^{N}
grasa^{F} para cocinar

Schweinespeck^{M}
manteca^{F} de cerdo^{M}

Margarine^{F}
margarina^{F}

Milchprodukte[N]
productos[M] lácteos

Joghurt[M]
yogur[M]

Ghee[N]
mantequilla[F] clarificada

Butter[F]
mantequilla[F]

Sahne[F]
nata[F]

Schlagsahne[F]
nata[F] de montar

saure Sahne[F]
nata[F] agria

Milch[F]
leche[F]

homogenisierte Milch[F]
leche[F] homogeneizada

Ziegenmilch[F]
leche[F] de cabra[F]

Kondensmilch[F]
leche[F] evaporada

Buttermilch[F]
suero[M] de la leche[F]

Milchpulver[N]
leche[F] en polvo[M]

Frischkäse[M]
quesos[M] frescos

Hüttenkäse[M]
queso[M] cottage

Mozzarella[M]
mozzarella[F]

Ricotta[M]
ricotta[F]

Streichkäse[M]
queso[M] cremoso

Ziegenkäse[M]
quesos[M] de cabra[F]

Ziegenfrischkäse[M]
queso[M] chèvre

Crottin de Chavignol[M]
Crottin[M] de Chavignol

Hartkäse[M]
quesos[M] prensados

Jarlsberg[M]
jarlsberg[M]

Emmentaler[M]
emmenthal[M]

Raclette[M]
raclette[F]

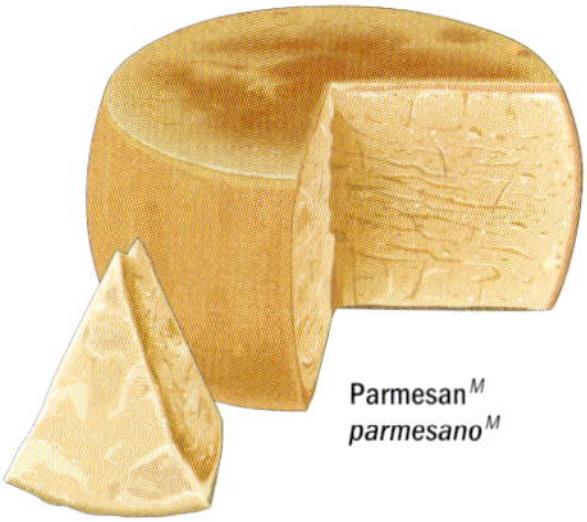

Parmesan[M]
parmesano[M]

Gruyèrekäse[M]
gruyère[M]

Pecorino Romano[M]
pecorino romano[M]

Edelpilzkäse[M]
quesos[M] azules

Roquefort[M]
roquefort[M]

Stilton[M]
stilton[M]

Gorgonzola[M]
gorgonzola[M]

Danish Blue[M]
azul danés[M]

Weichkäse[M]
quesos[M] blandos

Pont-l'Évêque[M]
Pont-l'Éveque[M]

Coulommiers[M]
coulommiers[M]

Camembert[M]
camembert[M]

Brie[M]
brie[M]

Munster[M]
munster[M]

Fleisch[N]
carne[F]

Rindfleisch[N]
cortes[M] de vacuno[M]

Steak[N]
bistec[M]

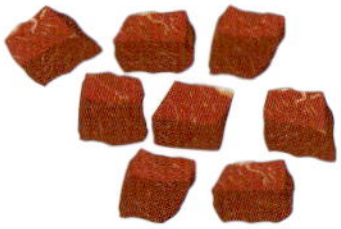

Rindfleischwürfel[M]
carne[F] de vacuno[M] troceada

Rinderhackfleisch[N]
carne[F] picada

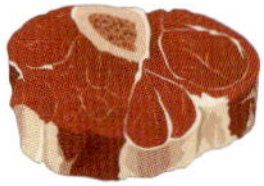

Hachse[F]
morcillo[M]

Rinderfilet[N]
lomo[M]

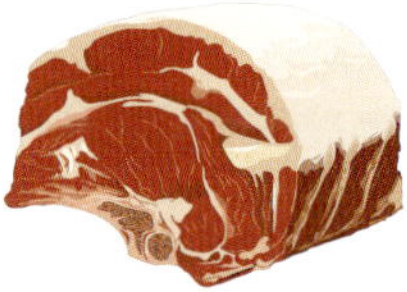

hohe Rippe[F]
chuletón[M]

Querrippe[F]
costillar[M]

Kalbfleisch[N]
cortes[M] de ternera[F]

Kalbfleischwürfel[M]
carne[F] de ternera[F] troceada

Kalbshackfleisch[N]
carne[F] picada de vacuno[M]

Hachse[F]
paleta[F]

Rollbraten[M]
asado[M]

Schnitzel[N]
bistec[M]

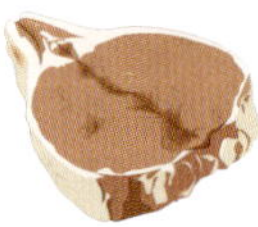

Kotelett[N]
chuleta[F]

Lammfleisch[N]
cortes[M] de cordero[M]

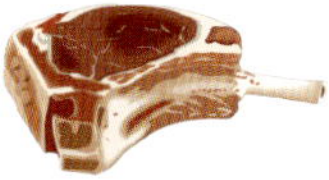

Kotelett[N]
chuleta[F]

Lammhackfleisch[N]
carne[F] picada de cordero[M]

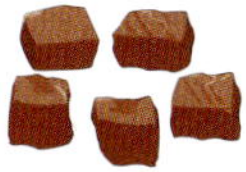

Lammfleischwürfel[M]
carne[F] de cordero[M] troceada

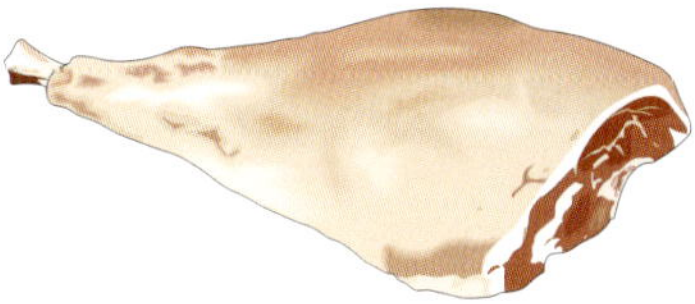

Braten[M]
pierna[F] de cordero[M]

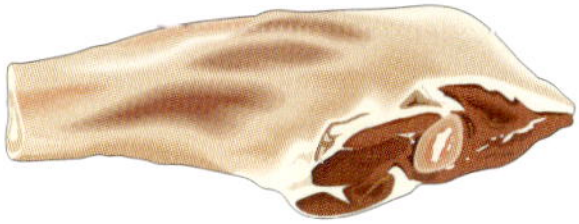

Hachse[F]
paletilla[F]

Schweinefleisch[N]
cortes[M] de cerdo[M]

Spareribs/Schälrippchen[N]
costillar[M]

Schweinehackfleisch[N]
carne[F] picada de cerdo[M]

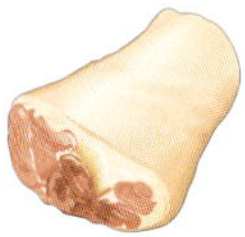

Eisbein[N]
codillo[M]

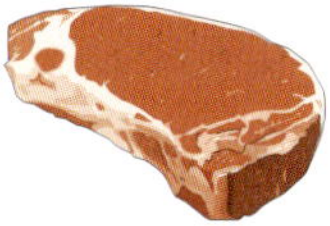

Kotelett[N]
chuleta[F]

Räucherschinken[M]
jamón[M] ahumado

Braten[M]
asado[M] de cerdo[M]

Innereien[F]

despojos[M]

Gekröse[N]
mollejas[F]

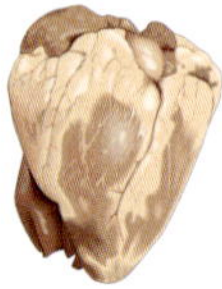

Herz[N]
corazón[M]

Leber[F]
hígado[M]

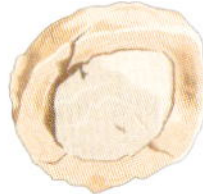

Mark[N]
médula[F]

Zunge[F]
lengua[F]

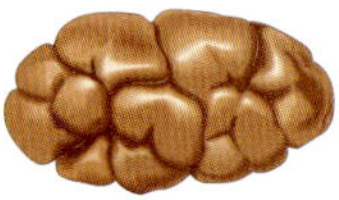

Niere[F]
riñones[M]

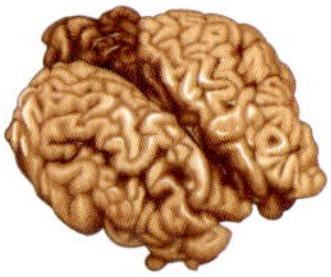

Hirn[N]
sesos[M]

Kaldaune[F]
tripa[F]

Wild[N]

caza[F]

Wachtel[F]
codorniz[F]

Taube[F]
pichón[M]

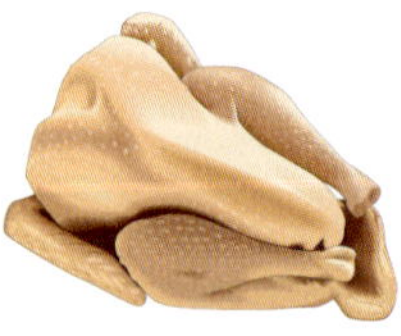

Perlhuhn[N]
pintada[F]

Fasan[M]
faisán[M]

Hase[M]
liebre[F]

Kaninchen[N]
conejo[M]

Geflügel^{N}
aves^{F} de corral^{M}

Huhn^{N}
pollo^{M}

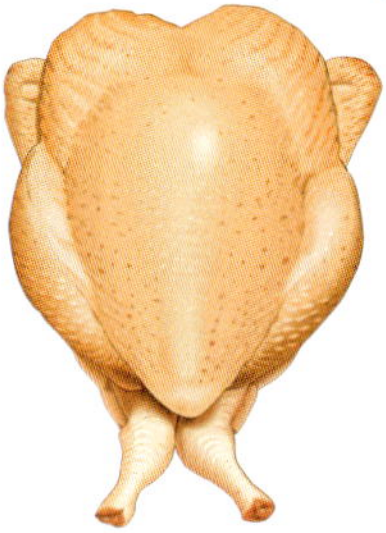

Kapaun^{M}
capón^{M}

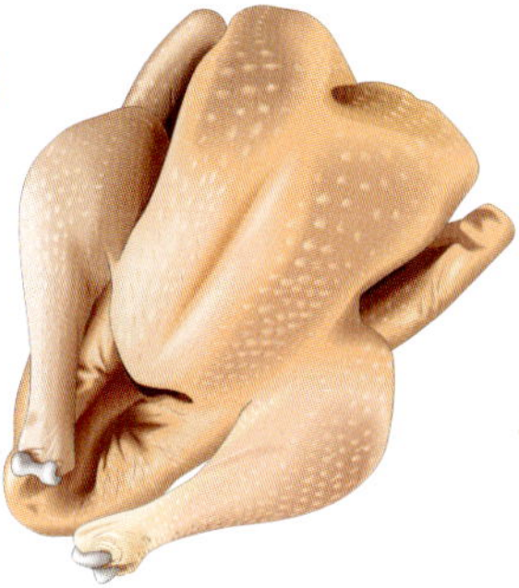

Puter^{M}
pavo^{M}

Ente^{F}
pato^{M}

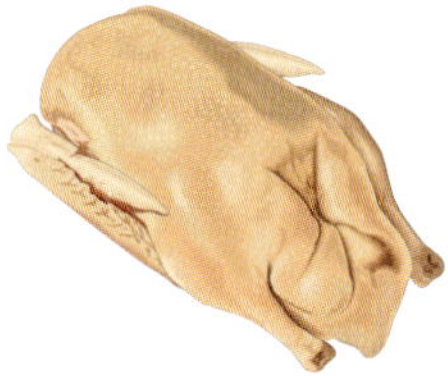

Gans^{F}
oca^{F}

Eier^{N}
huevos^{M}

Straußenei^{N}
huevo^{M} de avestruz^{M}

Gänseei^{N}
huevo^{M} de oca^{F}

Wachtelei^{N}
huevo^{M} de codorniz^{F}

Fasanenei^{N}
huevo^{M} de faisán^{M}

Entenei^{N}
huevo^{M} de pato^{M}

Hühnerei^{N}
huevo^{M} de gallina^{F}

Spezialitäten[F]

charcutería[F]

Rillettes[F]
rillettes[F]

Stopfleber[F]
foie gras[M]

roher Schinken[M]
jamón[M] serrano

Kielbasa-Wurst[F]
salchicha[F] kielbasa

Mortadella[F]
mortadela[F]

Blutwurst[F]
morcilla[F]

Chorizo-Wurst[F]
chorizo[M]

Pepperoniwurst[F]
pepperoni[M]

grobe Salami[F]
salami[M] de Génova

feine Salami[F]
salami[M] alemán

Toulouser Wurst[F]
salchicha[F] de Toulouse

Merguez-Wurst[F]
salchicha[F] merguez

Kuttelwurst[F]
andouillete[F]

Bratwurst[F]
salchicha[F] chipolata

Frankfurter Würstchen[N]
salchicha[F] de Frankfurt

Bauchspeck[M]
panceta[F]

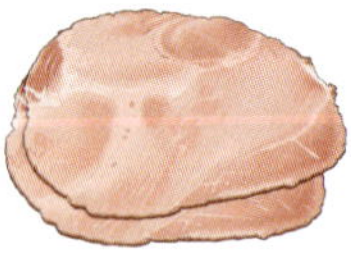

gekochter Schinken[M]
jamón[M] de York

amerikanischer Bacon[M]
bacón[M] americano

kanadischer Bacon[M]
bacón[M] canadiense

Mollusken^{F}
moluscos^{M}

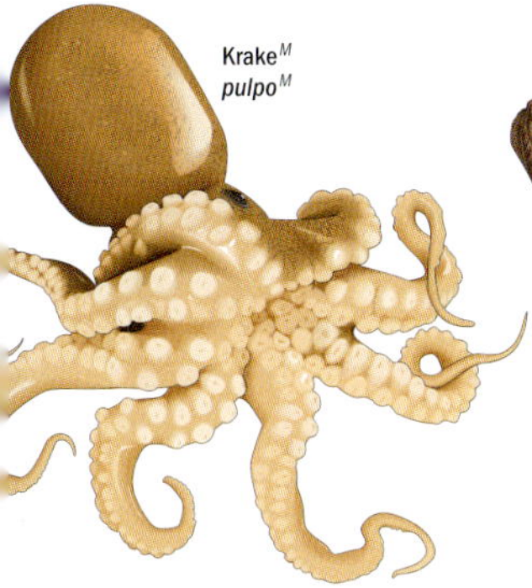

Krake^{M}
pulpo^{M}

Tintenfisch^{M}
sepia^{F}

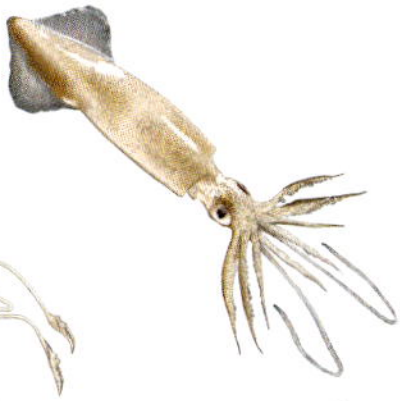

Kalmar^{M}
calamar^{M}

Kammmuschel^{F}
venera^{F}

Kreuzmuster^{N}-Teppichmuschel^{F}
almeja^{F}

Klaffmuschel^{F}
coquina^{F}

Meerohr^{N}
oreja^{F} de mar^{M}

Jakobsmuschel^{F}
vieira^{F}

Schnecke^{F}
caracol^{M} terrestre

Napfschnecke^{F}
lapa^{F}

Strandschnecke^{F}
bígaro^{M}

Venusmuschel^{F}
almeja^{F}

Herzmuschel^{F}
berberecho^{M}

Messermuschel^{F}
navaja^{F}

Auster^{F}
ostra^{F}

Auster^{F}
ostra^{F}

Miesmuschel^{F}
mejillón^{M}

Wellhornschnecke^{F}
buccino^{M}

Krebstiere^N
crustáceos^M

Hummer^M
bogavante^M

Flusskrebs^M
cangrejo^M de río^M

Languste^F
langosta^F marina

Garnele^F
gamba^F

Langustine^F
cigala^F

Krabbe^F
cangrejo^M de mar^M

Knorpelfische^M
peces^M cartilaginosos

groß gefleckter Katzenhai^M
alitán^M

Rochen^M
raya^F

Hundshai^M
musola^F

Stör^M
esturión^M

Knochenfische^{M}
peces^{M} óseos

Sardelle^{F}
boquerón^{M}

Sardine^{F}
sardina^{F}

Hering^{M}
arenque^{M}

Stint^{M}
eperlano^{M}

Goldbrasse^{F}
dorada^{F}

rote Meerbarbe^{F}
salmonete^{M}

Aal^{M}
anguila^{F}

Makrele^{F}
caballa^{F}

Knurrhahn^{M}
rubio^{M}

Meerneunauge^{N}
lamprea^{F}

Schwertfisch^{M}
pez^{M} espada

Barsch[M]
róbalo[M]

Meeräsche[F]
mújol[M]

Karpfen[M]
carpa[F]

Flussbarsch[M]
perca[F]

Alse[F]
sábalo[M]

Hecht[M]
lucio[M]

Zander[M]
lucioperca[M]

Blaufisch[M]
anjova[F]

Seebarsch[M]
lubina[F]

Seeteufel[M]
rape[M]

Thunfisch[M]
atún[M]

Rotbarsch^{M}
gallineta^{F}

Weißfisch^{M}
merlán^{M}

Schellfisch^{M}
eglefino^{M}

Seelachs^{M}
carbonero^{M}

atlantischer Kabeljau^{M}
bacalao^{M} del Atlántico^{M}

Forelle^{F}
trucha^{F}

pazifischer Lachs^{M}
salmón^{M} del Pacífico^{M}

atlantischer Lachs^{M}
salmón^{M} del Atlántico^{M}

Bachsaibling^{M}
salvelino^{M}

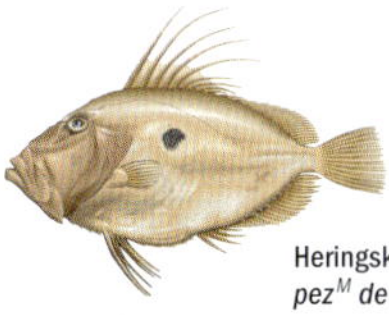

Heringskönig^{M}
pez^{M} de San Pedro

Heilbutt^{M}
halibut^{M}

Steinbutt^{M}
rodaballo^{M}

Flunder^{F}
platija^{F}

Scholle^{F}
lenguado^{M}

Verpackungen^{F}
envases^{M}

Beutel^{M}
bolsa^{F}

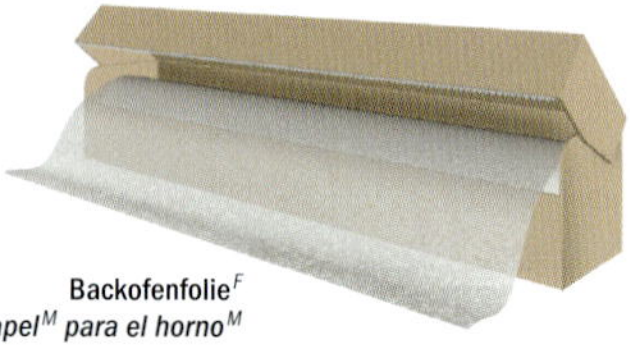

Backofenfolie^{F}
papel^{M} para el horno^{M}

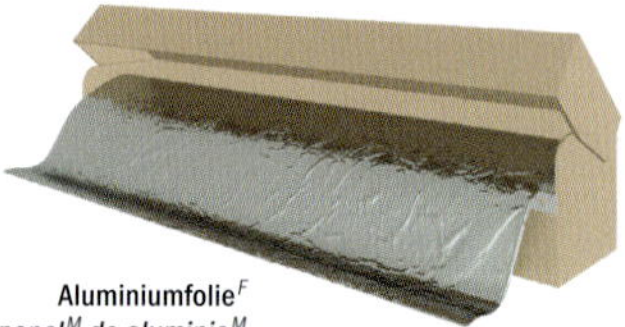

Aluminiumfolie^{F}
papel^{M} de aluminio^{M}

Gefrierbeutel^{M}
bolsa^{F} para congelados^{M}

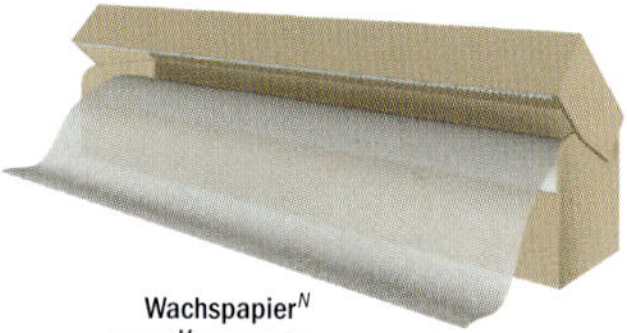

Wachspapier^{N}
papel^{M} encerado

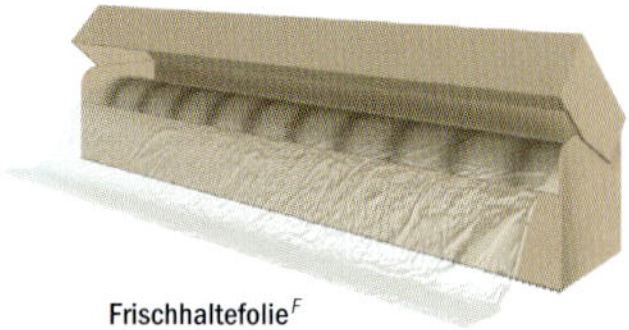

Frischhaltefolie^{F}
papel^{M} de celofán

Netz^{N}
bolsa^{F} de malla^{F}

Vorratsdosen^{F}
botes^{M} herméticos

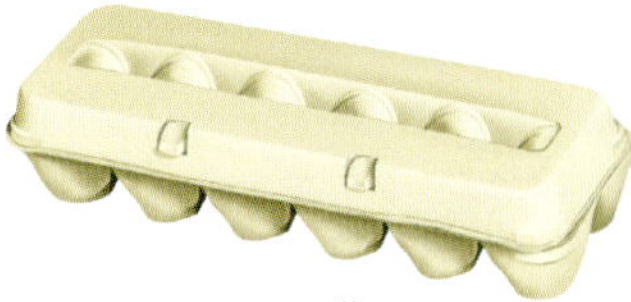

Eierkarton^{M}
cajas^{F} de cartón^{M} para huevos^{M}

Schale^{F}
barqueta^{F}

Kiste^{F}
caja^{F}

Holzkiste^{F}
caja^{F} abierta

Glasflasche[F]
botella[F] de vidrio[M]

Konservendose[F]
lata[F] de conserva[F]

Getränkedose[F]
lata[F]

Multipack[N]
multipack[M]

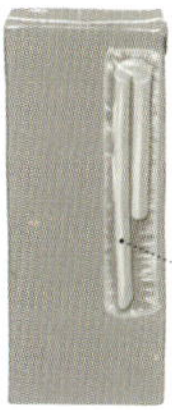

Trinkpackung[F]
brick[M] pequeño

Packung[F]
paquete[M]

Becher[M]
copa[F]

Tube[F]
tubo[M]

Milch-/Sahnebecher[M]
miniporción[F] de leche[F]/nata[F]

Getränkekarton[M]
brick[M]

Butterdose[F]
terrina[F] para mantequilla[F]

Käseschachtel[F]
caja[F] para queso[M]

Kleiner Getränkekarton[M]
cartón[M] pequeño

Getränkekarton[M]
cartón[M]

Küche[F]

cocina[F]

Gläser^{N}

cristalería^{F}

Likörglas^{N}
copa^{F} para licores^{M}

Portweinglas^{N}
copa^{F} para oporto^{M}

Sektschale^{F}
copa^{F} de champaña^{F}

Kognakschwenker^{M}
copa^{F} para brandy^{M}

Elsassglas^{N}
copa^{F} para vino^{M} de Alsacia

Rotweinglas^{N}
copa^{F} para vino^{M} de Borgoña

Bordeauxglas^{N}
copa^{F} para vino^{M} de Burdeos

Weißweinglas^{N}
copa^{F} para vino^{M} blanco

Wasserglas^{N}
copa^{F} de agua^{F}

Cocktailglas^{N}
copa^{F} de cóctel^{M}

Longdrinkglas^{N}
vaso^{M} largo

Whiskyglas^{M}
vaso^{M} corto

Bierkrug^{M}
jarra^{M} de cerveza^{F}

Sektkelch^{M}
copa^{F} de flauta^{F}

kleine Karaffe^{F}
decantador^{M}

Karaffe^{F}
garrafa^{F}

Geschirr[N]

vajilla[F] y servicio[M] de mesa[F]

Mokkatasse[F]
tacita[F] de café[M]

Tasse[F]
taza[F]

Becher[M]
jarra[F] para café[M]

Milchkännchen[N]
jarrita[F] de leche[F]

Zuckerdose[F]
azucarero[M]

Salzstreuer[M]
salero[M]

Pfefferstreuer[M]
pimentero[M]

Sauciere[F]
salsera[F]

Butterdose[F]
mantequera[F]

Auflaufförmchen[N]
cuenco[M] de queso[M] blando

Suppenschale[F]
escudilla[F]

Suppenteller[M]
plato[M] sopero

flacher Teller[M]
plato[M] llano

Salatteller[M]
plato[M] de postre[M]

kleiner Teller[M]
platito[M] para el pan[M]

Teekanne[F]
tetera[F]

Servierplatte[F]
fuente[F] de servir

Gemüseterrine[F]
fuente[F] de verdura[F]

Fischplatte[F]
fuente[F] para pescado[M]

Hors-d'Oeuvre-Schale[F]
bandeja[F] para los entremeses[M]

Wasserkrug[M]
jarra[F] de agua[F]

Salatschüssel[F]
ensaladera[F]

Salatschale[F]
bol[M] para ensalada[F]

Suppenterrine[F]
sopera[F]

Silberbesteck[N]
cubertería[F]

Messer[N]
cuchillo[M]

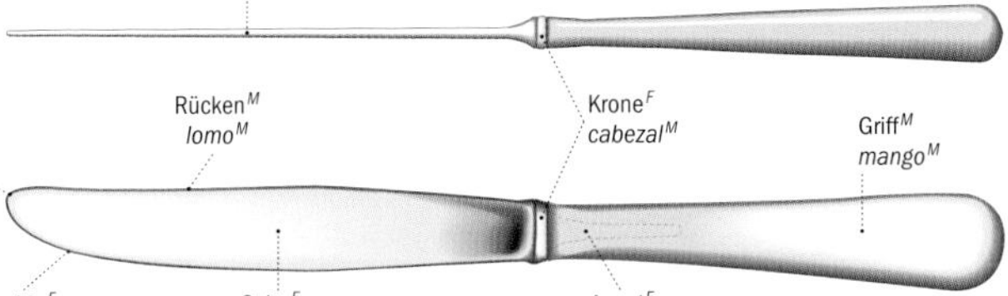

Gabel[F]
tenedor[M]

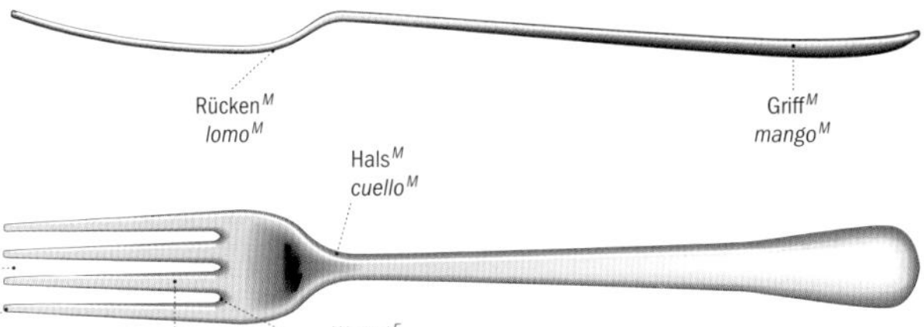

Löffel[M]
cuchara[F]

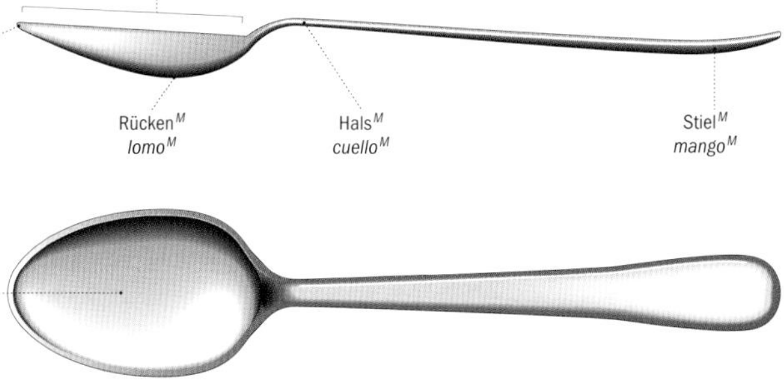

Beispiele[N] für Gabeln[F]
ejemplos[M] de tenedores[M]

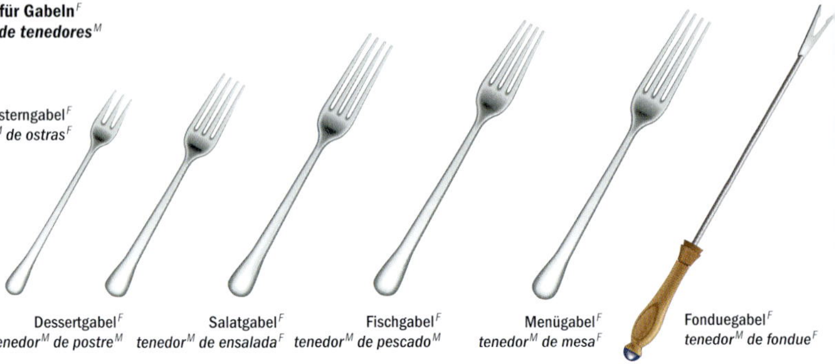

Austerngabel[F]
tenedor[M] de ostras[F]

Dessertgabel[F]
tenedor[M] de postre[M]

Salatgabel[F]
tenedor[M] de ensalada[F]

Fischgabel[F]
tenedor[M] de pescado[M]

Menügabel[F]
tenedor[M] de mesa[F]

Fonduegabel[F]
tenedor[M] de fondue[F]

Beispiele[N] für Messer[N]
ejemplos[M] de cuchillos[M]

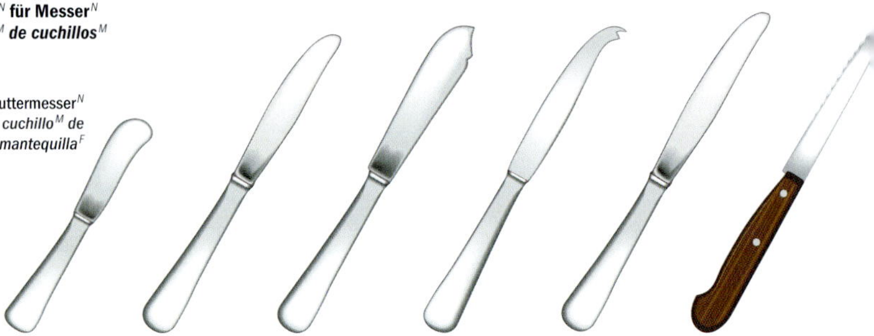

Buttermesser[N]
cuchillo[M] de mantequilla[F]

Dessertmesser[N]
cuchillo[M] de postre[M]

Fischmesser[N]
cuchillo[M] de pescado[M]

Käsemesser[N]
cuchillo[M] de queso[M]

Menümesser[N]
cuchillo[M] de mesa[F]

Steakmesser[N]
cuchillo[M] de carne[F]

Beispiele[N] für Löffel[M]
ejemplos[M] de cucharas[F]

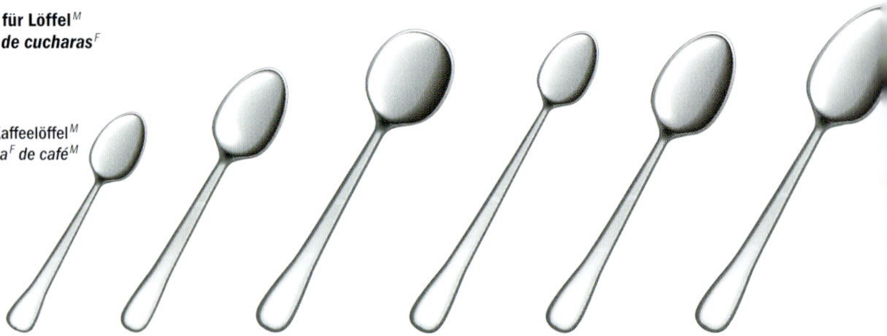

Kaffeelöffel[M]
cucharita[F] de café[M]

Teelöffel[M]
cuchara[F] de té[M]

Suppenlöffel[M]
cuchara[F] de sopa[F]

Limonadenlöffel[M]
cuchara[F] de helado[M]

Dessertlöffel[M]
cuchara[F] de postre[M]

Esslöffel[M]
cuchara[F] de mesa[F]

Küchenutensilien[N]

utensilios[M] de cocina[F]

Küchenmesser[N]

cuchillo[M] de cocina[F]

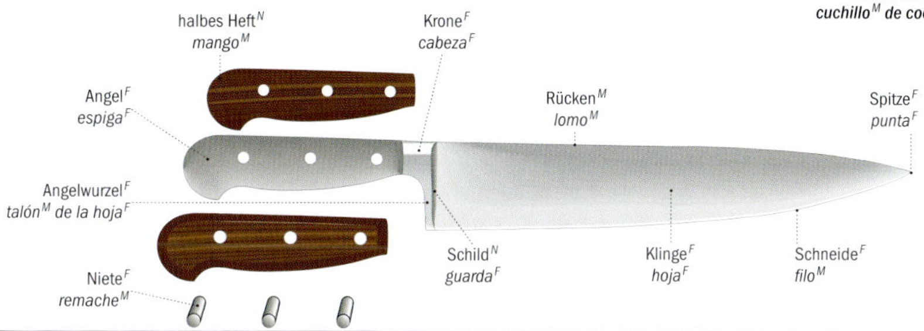

Beispiele[N] für Küchenmesser[N]

ejemplos[M] de cuchillos[M] de cocina[F]

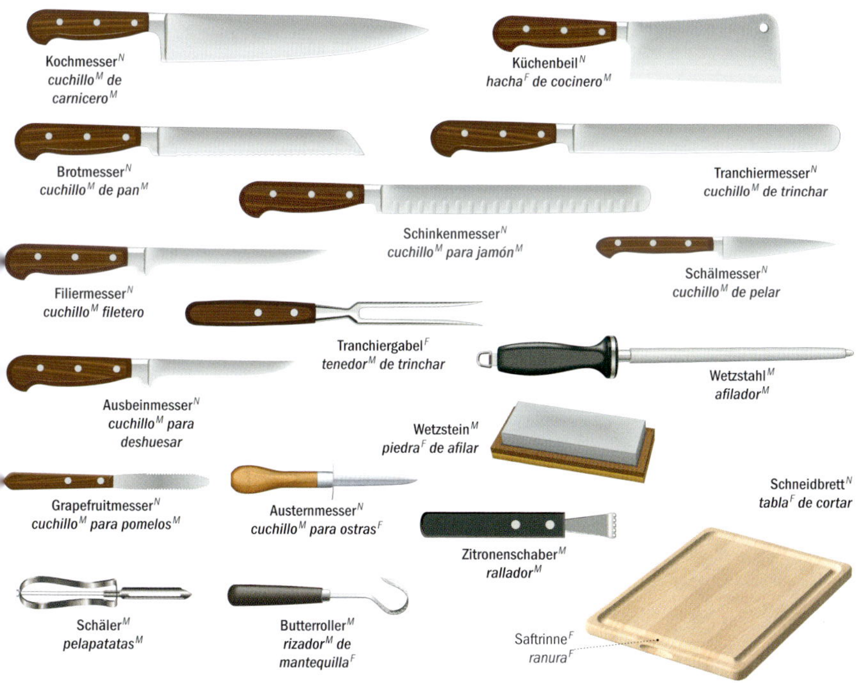

zum Öffnen^{N}
utensilios^{M} para abrir y descorchar

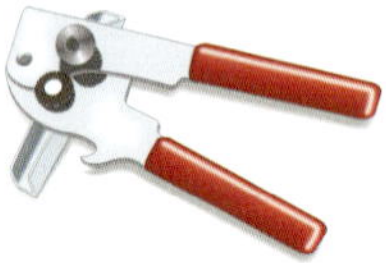

Büchsenöffner^{M}
abrelatas^{M}

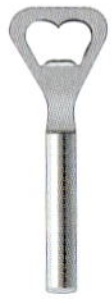

Flaschenöffner^{M}
abrebotellas^{M}

Kellnerbesteck^{N}
sacacorchos^{M}

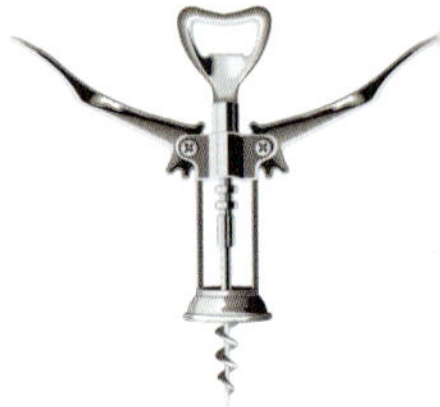

Hebel-Korkenzieher^{M}
sacacorchos^{M} con brazos^{M}

zum Zerkleinern^{N} und Zerreiben^{N}
para moler y rallar

Nussknacker^{M}
cascanueces^{M}

Mörser^{M}
almirez^{M}

Stößel^{M}
mano^{F}

Fleischwolf^{M}
picadora^{F} de carne^{F}

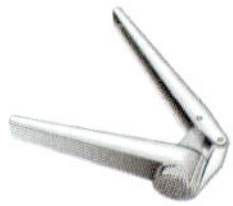

Knoblauchpresse^{F}
triturador^{M} de ajos^{M}

Zitronenpresse^{F}
exprimidor^{M}

Muskatnussreibe^{F}
rallador^{M} de nuez^{F} moscada

Reibe^{F}
rallador^{M}

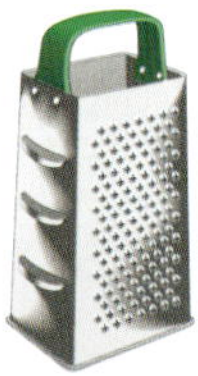

Käsereibe^{F}
rallador^{M} cilíndrico de queso^{M}

Presshebel^{M}
empujador^{M}

Kurbel^{F}
manivela^{F}

Trommel^{F}
tambor^{M}

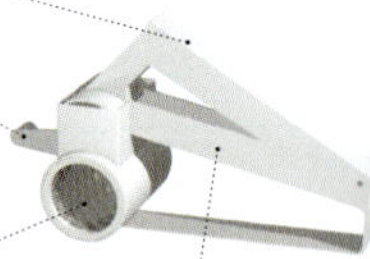

Griff^{M}
mango^{M}

Nudelmaschine^{F}
máquina^{F} para hacer pasta^{F} italiana

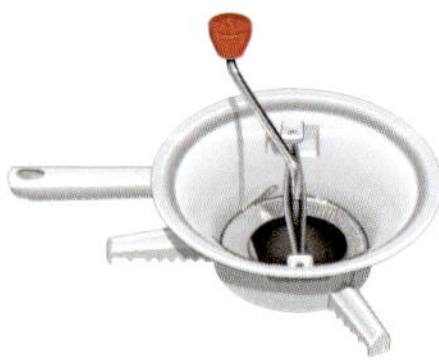

Passiergerät^{N}
pasapurés^{M}

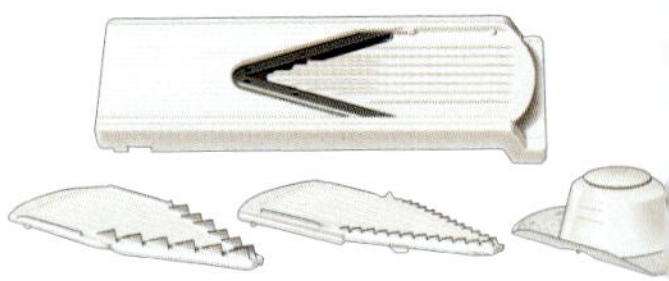

Küchenreibe^{F}
mandolina^{F}

zum Messen^N
utensilios^M para medir

Messlöffel^M
cucharas^F dosificadoras

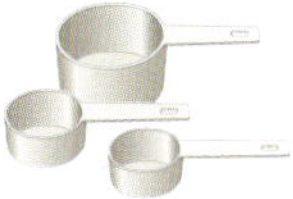

Messbecher^M
tazas^F medidoras

Einmachthermometer^N
termómetro^M de azúcar^M

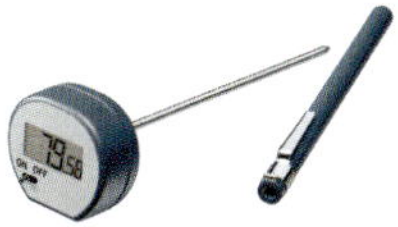

digitales Bratenthermometer^N
termómetro^M de medida^F instantánea

Maß^N
jarra^F medidora

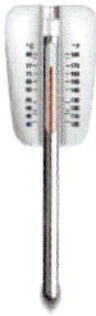

Fleischthermometer^N
termómetro^M para carne^F

Backofenthermometer^N
termómetro^M de horno^M

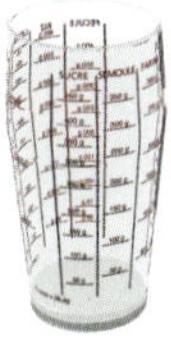

Messbecher^M
vaso^M medidor

Küchenuhr^F
minutero^M

Eieruhr^F
reloj^M de arena^F

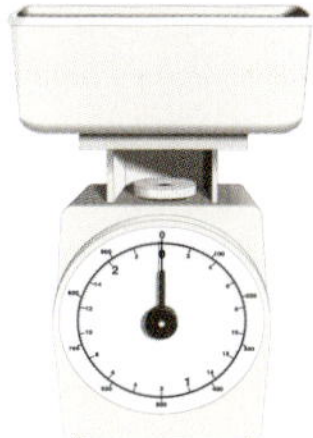

Küchenwaage^F
báscula^F de cocina^F

zum Sieben^N und Abtropfen^N
coladores^M y escurridores^M

Passiersieb^N
colador^M fino

Musselin^M
muselina^F

Spitzsieb^N
chino^M

Trichter^M
embudo^M

Seiher^M
escurridor^M

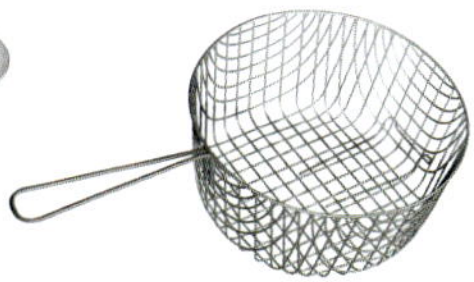

Frittierkorb^M
cesta^F de freír

Mehlsieb^N
tamiz^M

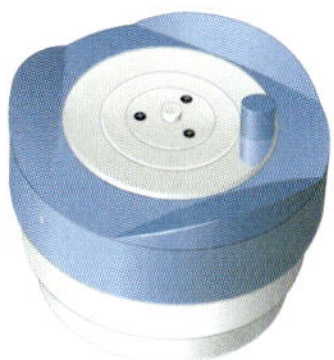

Salatschleuder^F
secadora^F de ensalada^F

Backgerät[N]
utensilios[M] para repostería[F]

Garnierspritze[F]
jeringa[F] de decoración[F]

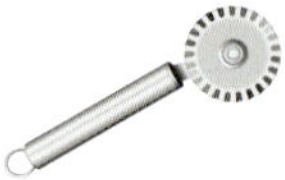

Kuchenrad[N]
cortapastas[M]

Kuchenpinsel[M]
pincel[M] de repostería[F]

Rad-Schneeschläger[M]
batidor[M] mecánico

Schneebesen[M]
batidor[M]

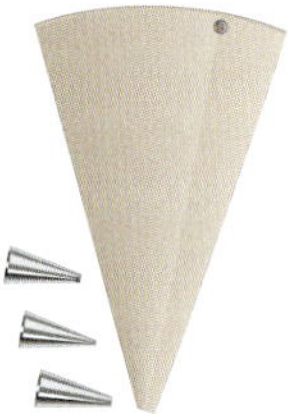

Spritzbeutel[M] mit Tüllen[F]
manga[F] y boquillas[F]

Mehlsieb[N]
tamiz[M]

Ausstechformen[F]
moldes[M] de pastas[F]

Streuer[M]
espolvoreador[M]

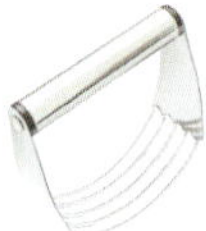

Teigmischer[M]
mezclador[M] de pastelería[F]

Rührschüsseln[F]
boles[M] para batir

Nudelholz[N]
rodillo[M]

Backblech[N]
bandeja[F] de pastelería[F]

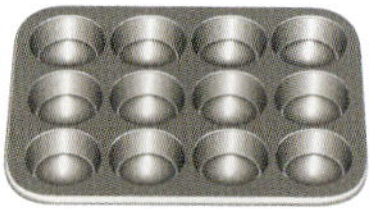

Muffinform[F]
molde[M] para magdalenas[F]

Souffléform[F]
molde[M] de soufflé[M]

Charlottenform[F]
molde[M] de carlota[F]

Springform[F]
molde[M] redondo con muelles[M]

flache Kuchenform[F]
molde[M] para tartas[F]

Quicheform[F]
molde[M] acanalado

Kuchenform[F]
molde[M] para bizcocho[M]

Küchenset[N]
juego[M] de utensilios[M]

Abseihkelle[F]
espumadera[F]

Abseihlöffel[M]
escurridera[F]

Palette[F]
espátula[F]

Pfannenwender[M]
paleta[F]

Schöpflöffel[M]
cazo[M]

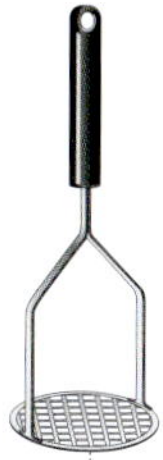

Kartoffelstampfer[M]
pasapuré[M]

verschiedene Utensilien[N]
utensilios[M] diversos

Entsteiner[M]
deshuesador[M]

Spicknadel[F]
aguja[F] picadora

Kerngehäuseausstecher[M]
descorazonador[M]

Melonenlöffel[M]
vaciador[M]

Dressiernadel[F]
aguja[F] de coser

Küchenschere[F]
tijeras[F] de cocina[F]

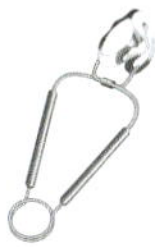

Schneckenzange[F]
pinzas[F] para caracoles[M]

Schneckenpfännchen[N]
plato[M] para caracoles[M]

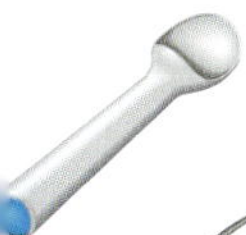

Eisportionierer[M]
cuchara[F] para servir helado[M]

Zange[F]
pinzas[F]

Geflügelschere[F]
tijeras[F] para aves[F]

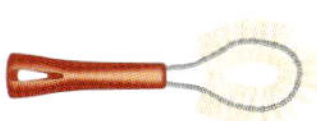

Gemüsebürste[F]
cepillo[M] para verduras[F]

Eierschneider[M]
cortador[M] de huevos[M] duros

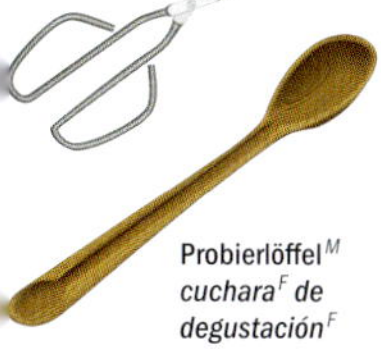

Probierlöffel[M]
cuchara[F] de degustación[F]

Tee-Ei[N]
esfera[F] de té[M]

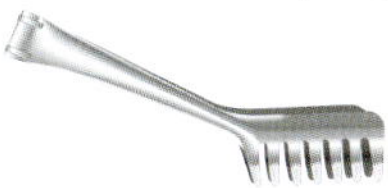

Spaghettizange[F]
pinzas[F] para espagueti[M]

Fettgießer[M]
engrasador[M]

Kochgeräte[N]
utensilios[M] de cocina[F]

Wok-Set[N]
wok[M]

Tajine[F]
tajina[F]

Fondue-Set[N]
servicio[M] para fondue[F]

Fischkochtopf[M]
besuguera[F]

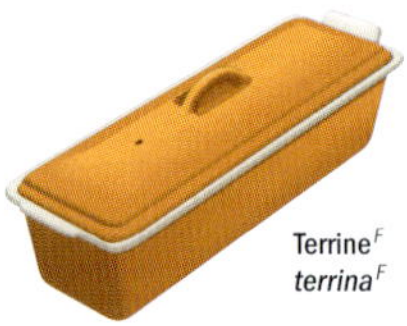

Terrine[F]
terrina[F]

Fettpfanne[F]
grasera[F]

Schnellkochtopf[M]
olla[F] a presión[F]

Bräter[M]
asadores[M]

flacher Bratentopf^{M}
cacerola^{F} refractaria

Suppentopf^{M}
olla^{F}

Couscoustopf^{M}
olla^{F} para cuscús^{M}

Bratpfanne^{F}
sartén^{F}

Dampfkochtopf^{M}
cazuela^{F} vaporera

Eipochierer^{M}
escalfador^{M} de huevos^{M}

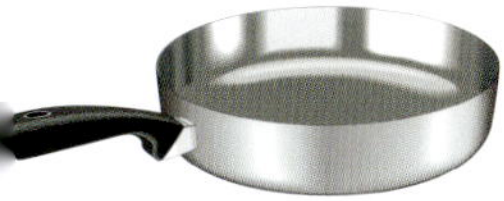

Schmorpfanne^{F}
sartén^{F} honda

Pfanne^{F}
sartén^{F} pequeña

Römertopf^{M}
sartén^{F} doble

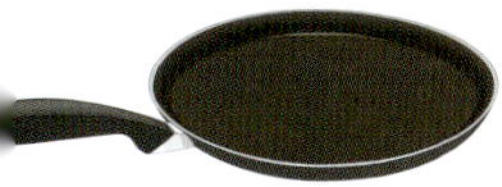

Crêpe-Pfanne^{F}
sartén^{F} para crepes^{M}

Dämpfeinsatz^{M}
cesto^{M} de cocción^{F} al vapor^{M}

Wasserbadtopf^{M}
cacerola^{F} para baño^{M} de María

Stielkasserolle^{F}
cacerola^{F}

Haushaltsgeräte[N]

aparatos[M] electrodomésticos

zum Mixen[N] und Kneten[N]
para mezclar y batir

Stabmixer[M]
batidora[F] de pie[M]

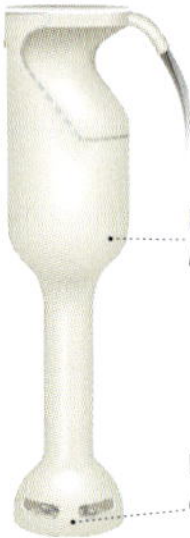

Handrührgerät[N]
batidora[F] de mano[F]

Mixer[M]
batidora[F] de vaso[M]

Tischrührgerät[N]
batidora[F] de mesa[F]

Rührbesen[M]
tipos[M] de varillas[F]

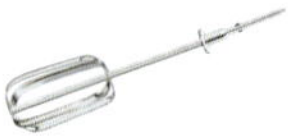

Rührbesen[M]
de aspas[F]

Spiralkneter[M]
en espiral[F]

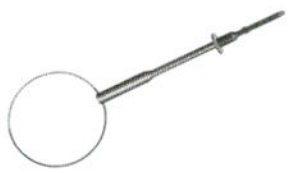

Drahtbesen[M]
circular

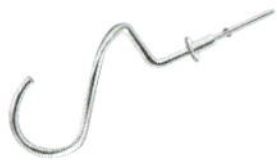

Knethaken[M]
de gancho[M]

üchenmaschine[F]
bot[M] de cocina[F]

zum Schneiden[N]
para cortar

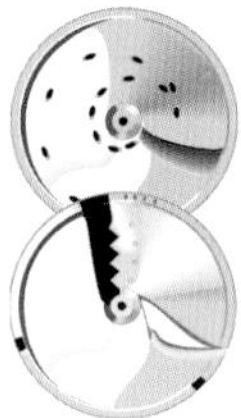

ektromesser[N]
chillo[M] eléctrico

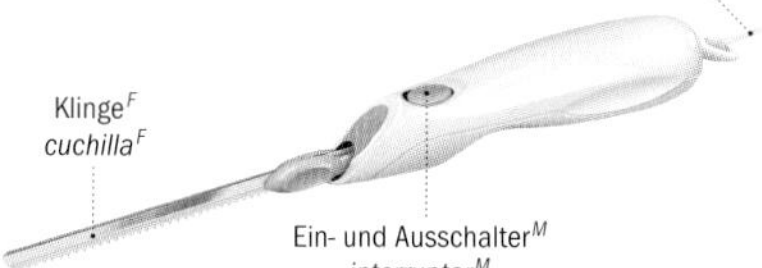

zum Auspressen[N]
para exprimir

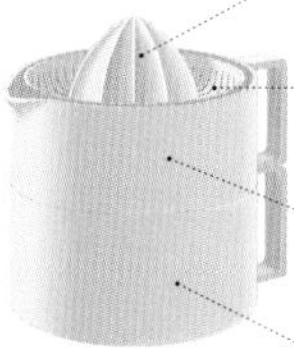

zum Kochen[N]
para cocinar

Mikrowellengerät[N]
horno[M] microondas

Waffeleisen[N]
gofrera[F]

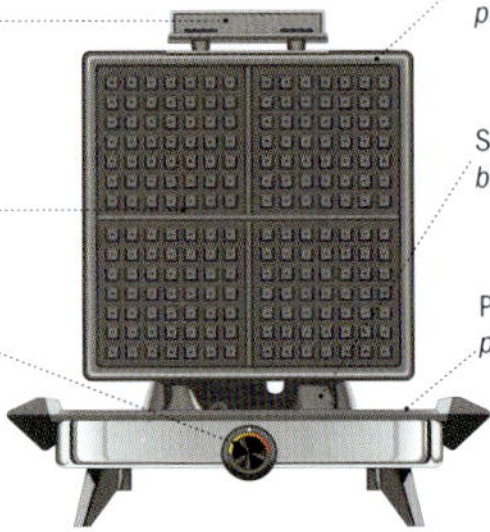

Toaster[M]
tostador[M]

Fritteuse[F]
freidora[F]

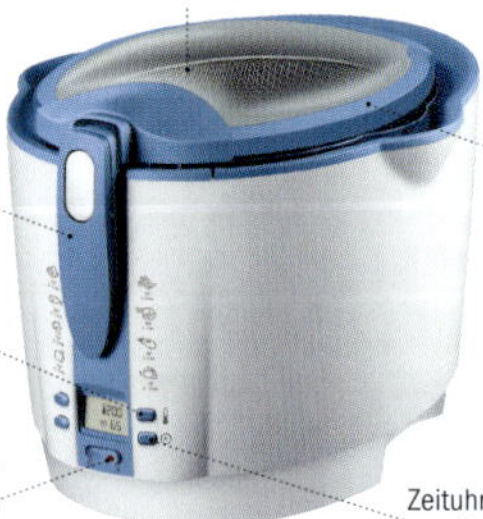

Raclette^{F}-Grill^{M}
raclette-grill^{M}

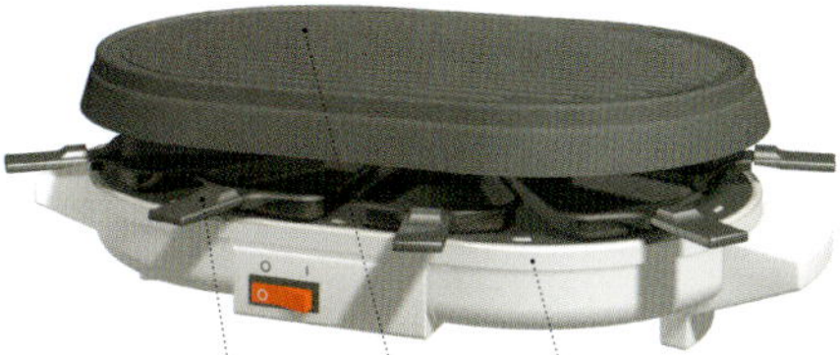

elektrischer Schnellkocher^{M}
vaporera^{F} eléctrica

Elektrischer Tischgrill^{M}
parrilla^{F} eléctrica

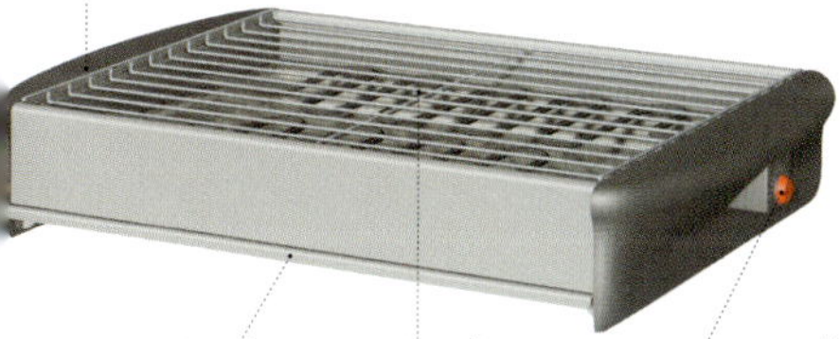

Brotbackautomat^{M}
amasadora^{F}

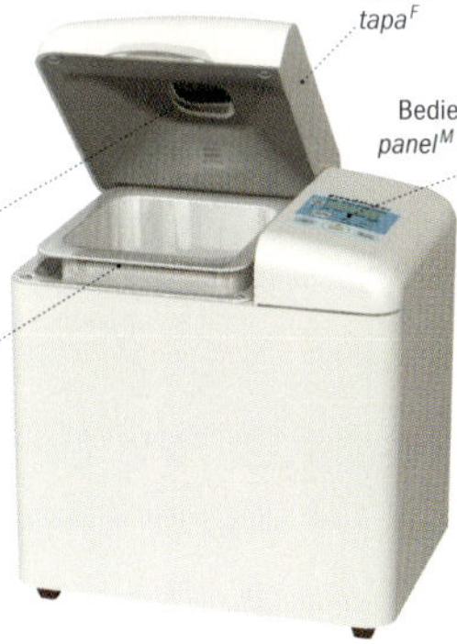

Grillplatte^{F}
plancha^{F} eléctrica

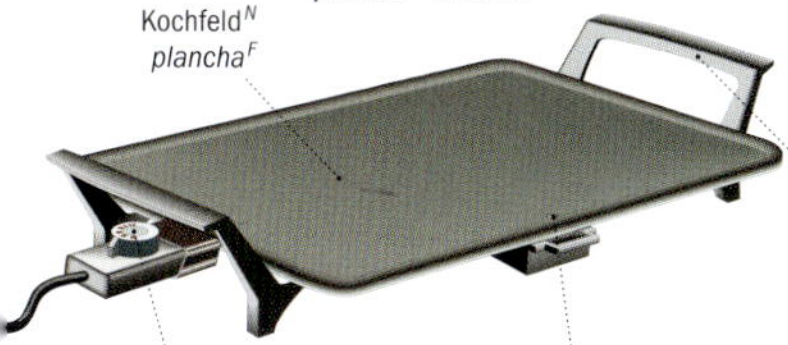

verschiedene Haushaltsgeräte[N]

varios aparatos[M] electrodomésticos

Dosenöffner[M]
abrelatas[M]

Kaffeemühle[F]
molinillo[M] de café[M]

Wasserkessel[M]
hervidor[M]

Eismaschine[F]
heladera[F]

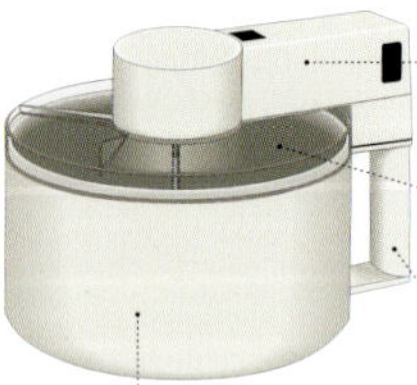

Entsafter[M]
licuadora[F]

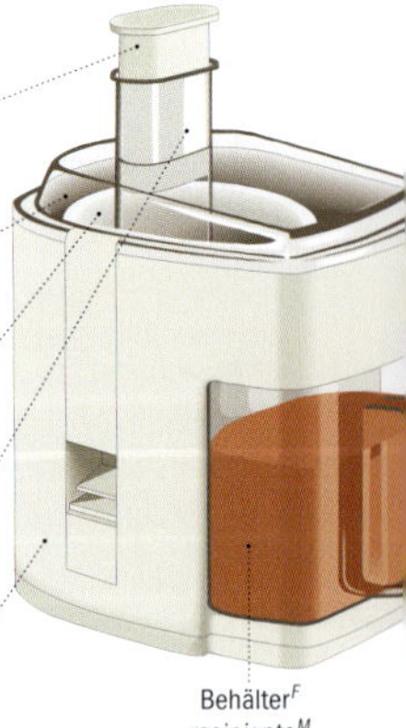

Kaffeemaschinen[F]
cafeteras[F]

Kaffeemaschine[F]
cafetera[F] de filtro[M] automática

Neapolitanische Tropfkanne[F]
cafetera[F] napolitana

Espressomaschine[F]
máquina[F] de café[M] exprés

Vakuum-Kaffeemaschine[F]
cafetera[F] de infusión[F]

Pressfilterkanne[F]
cafetera[F] de émbolo[M]

Espresso-Maschine[F]
cafetera[F] italiana

Kaffee-Filterkanne[M]
percoladora[F]

Außenansicht[F] eines Hauses[N]

exterior[M] de una casa[F]

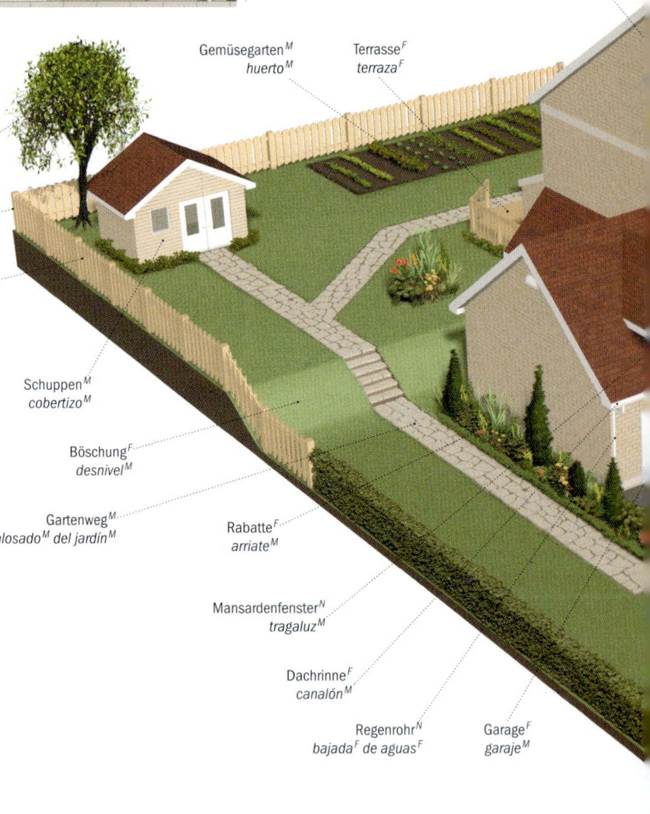

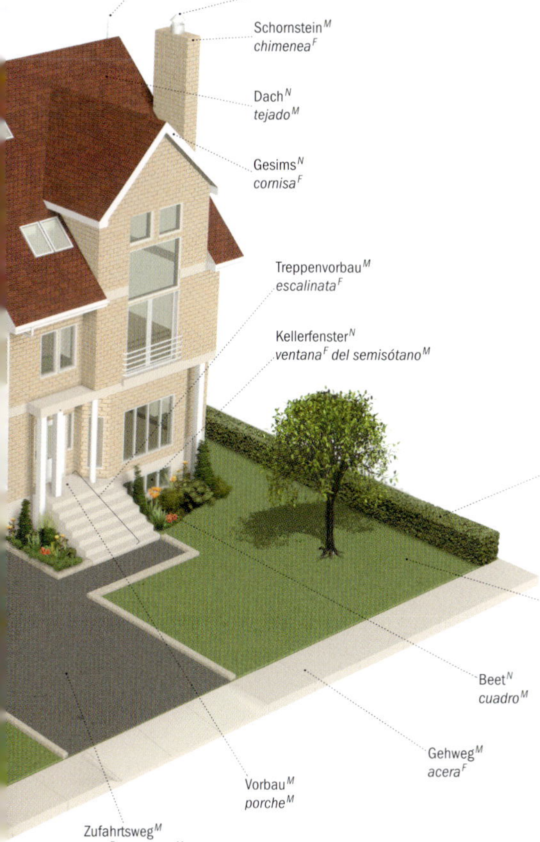

Lageplan[M]
plano[M] del terreno[M]

Schwimmbecken[N]

piscina[F]

Whirlpool[M]
spa[M]

freistehendes Schwimmbecken[N]
piscina[F] elevada

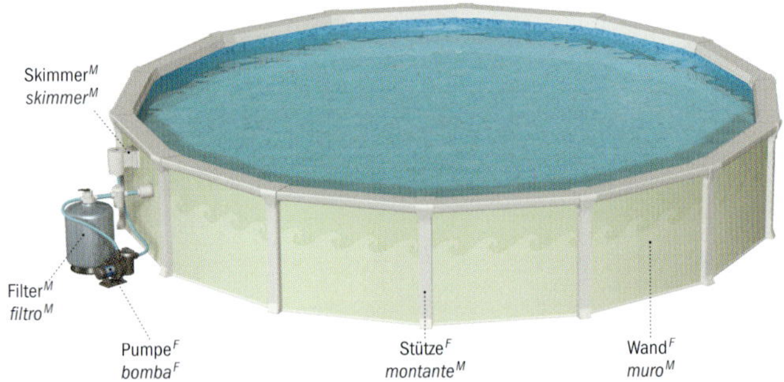

eingebautes Schwimmbecken[N]
piscina[F] enterrada

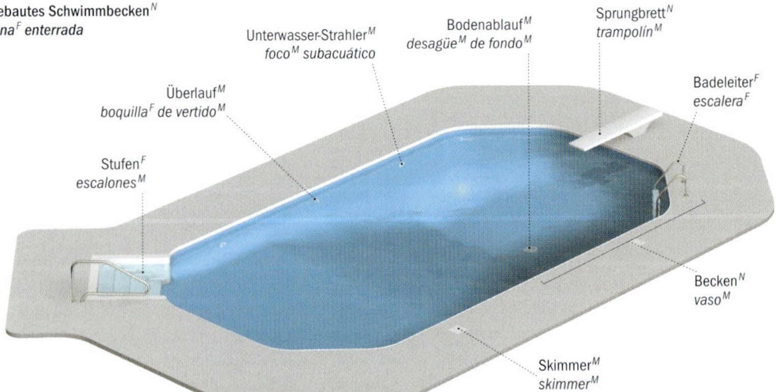

Haustür^F

puerta^F de entrada^F

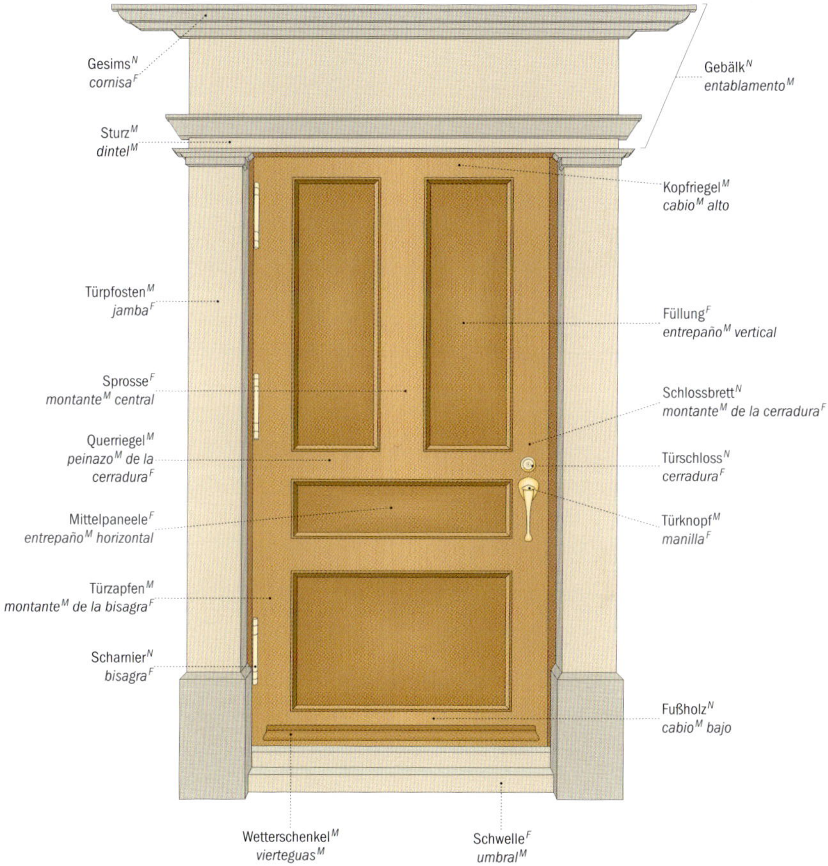

Schloss[N]
cerrajería[F]

Gesamtansicht[F]
vista[F] general

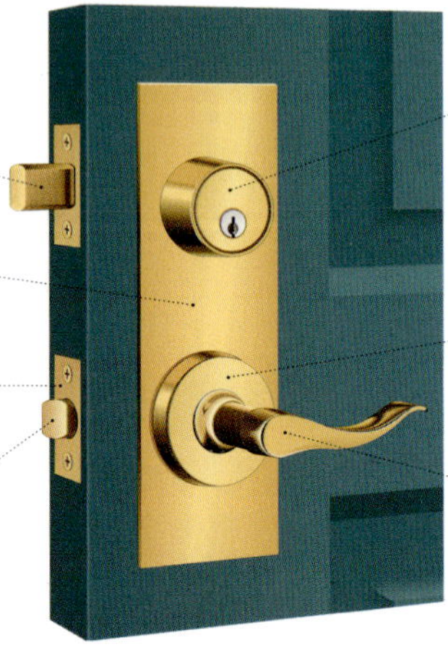

Fenster[N]
ventana[F]

Konstruktion[F]
estructura[F]

Rahmen[M]
armazón[M]

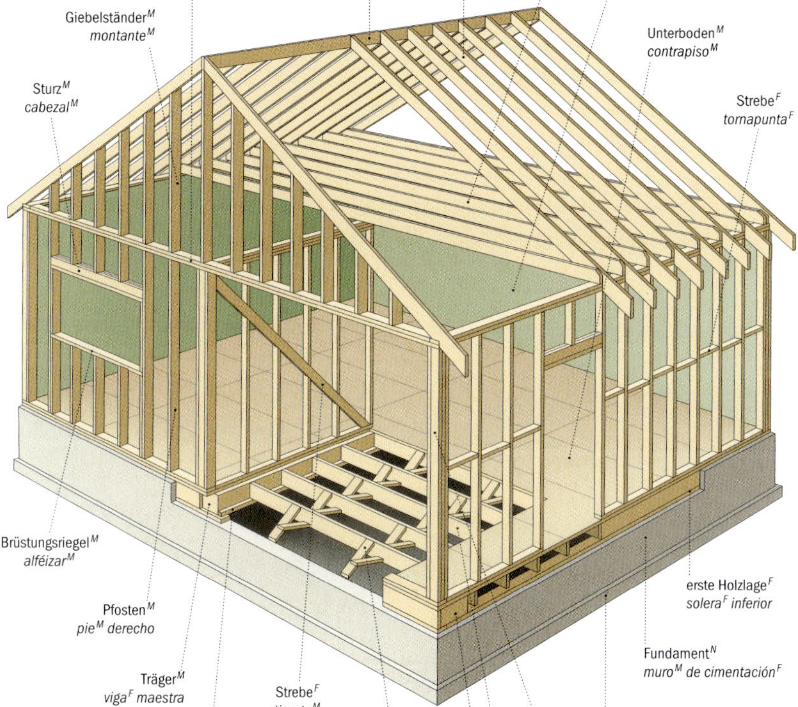

Hauptträume^M
habitaciones^F principales

Erdgeschoß^N
planta^F baja

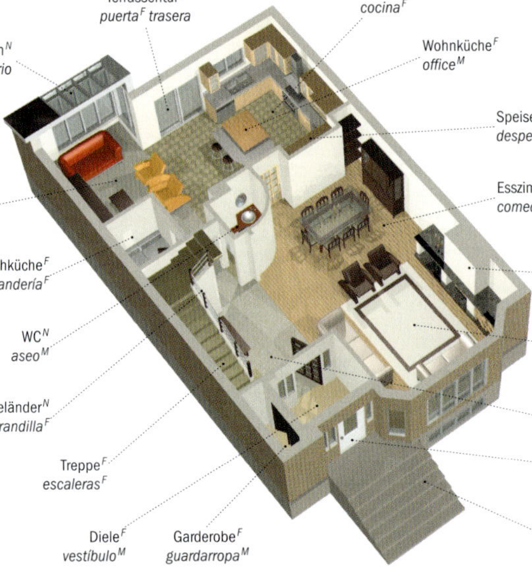

Zwischengeschoß^{N}
entresuelo^{M}

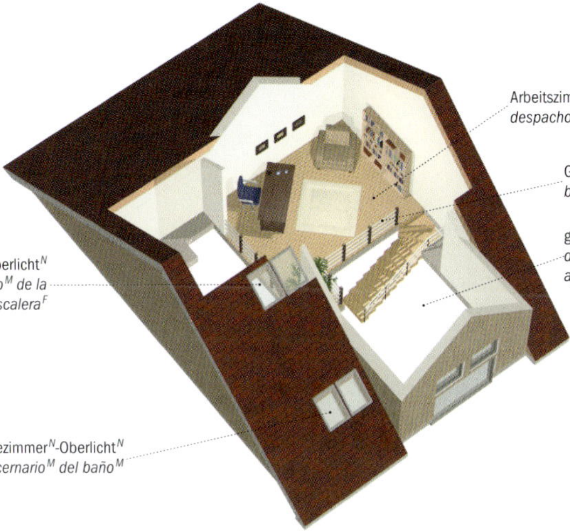

erster Stock^{M}
planta^{F} alta

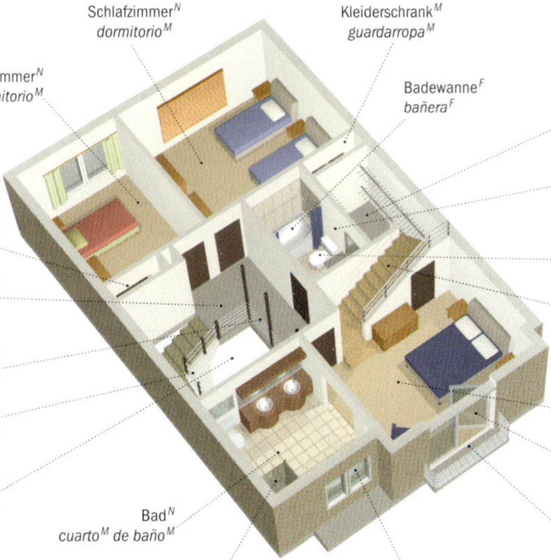

HAUS

Parkettboden[M]

pisos[M] de madera[F]

Parkettboden[M] auf Zementestrich[M]
parqué[M] sobre base[F] de cemento[M]

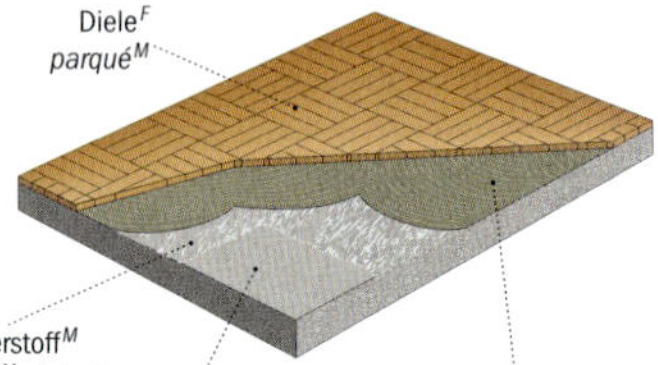

Parkettboden[M] auf Holzunterba
entarimado[M] sobre estructura[F] de mader

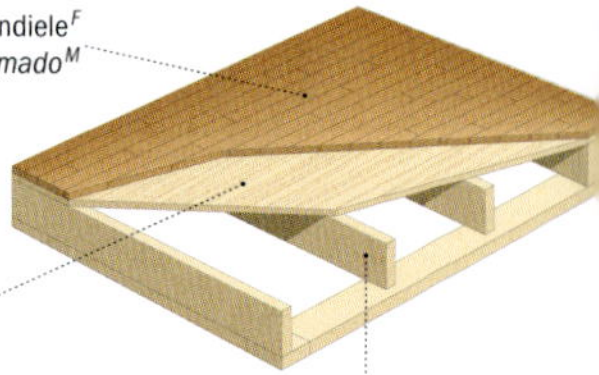

Parkettmuster[N]
tipos[M] de parqué[M]

Stabparkett[N] im Schiffsbodenverband[M]
parqué[M] sobrepuesto

Stabparkett[N]
parqué[M] alternado a la inglesa

Fischgrätparkett[N]
parqué[M] espinapez[M]

Fischgrätmuster[N]
parqué[M] en punta[F] de H

Mosaikparkett[N]
parqué[M] de mosaico

Würfelmusterparkett[N]
parqué[M] de cestería[F]

Arenberg-Parkett[N]
parqué[M] Arenberg

Chantilly-Parkett[N]
parqué[M] Chantilly

Versailles-Parkett[N]
parqué[M] Versalles

textile Bodenbeläge[M]

revestimientos[M] textiles del suelo[M]

Teppich[M]
alfombra[F]

Teppichbode
moquet

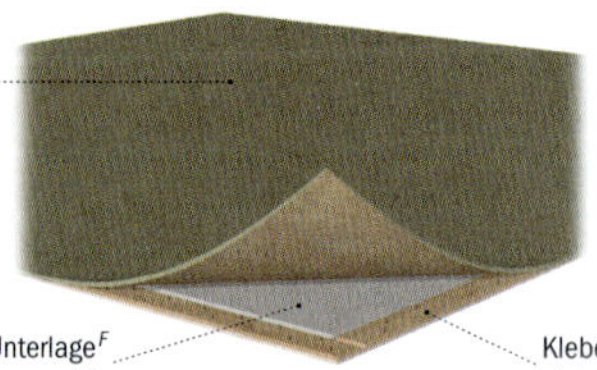

Treppe^F
escalera^F

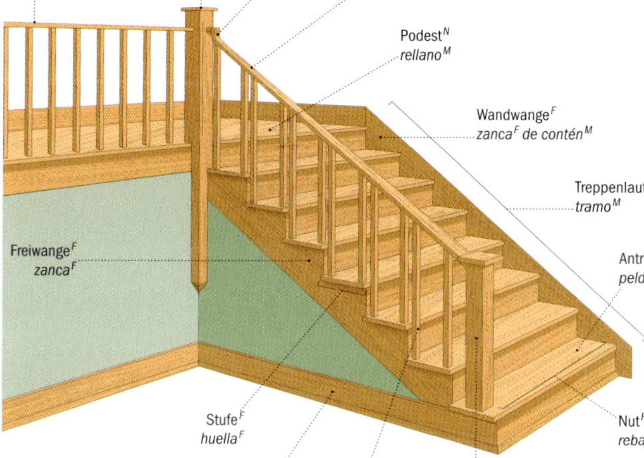

Treppenstufe^F
peldaño^M

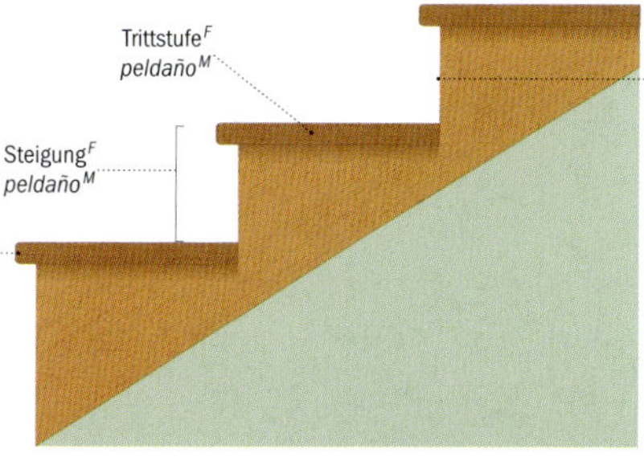

Holzbeheizung[F]

calefacción[F] de leña[F]

Kamin[M]
chimenea[F]

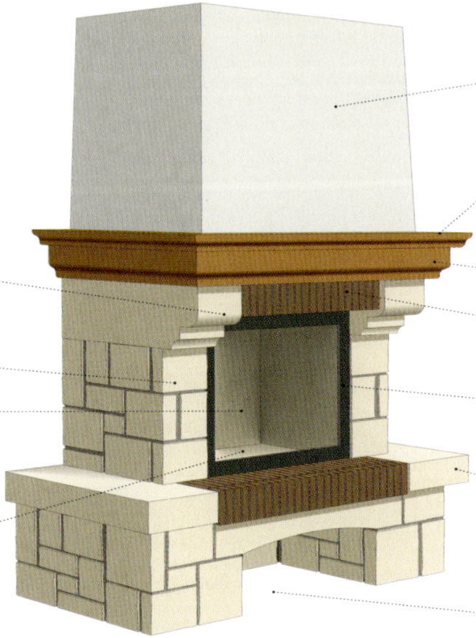

Dauerbrandofen[M]
estufa[F] de leña[F] a fuego[M] lento

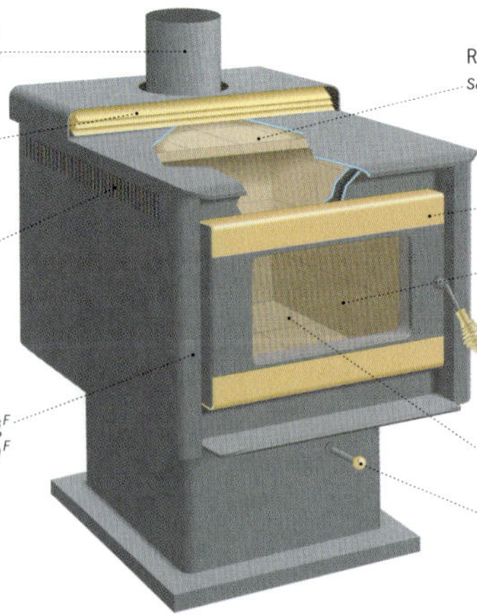

Kamin[M]
chimenea[F]

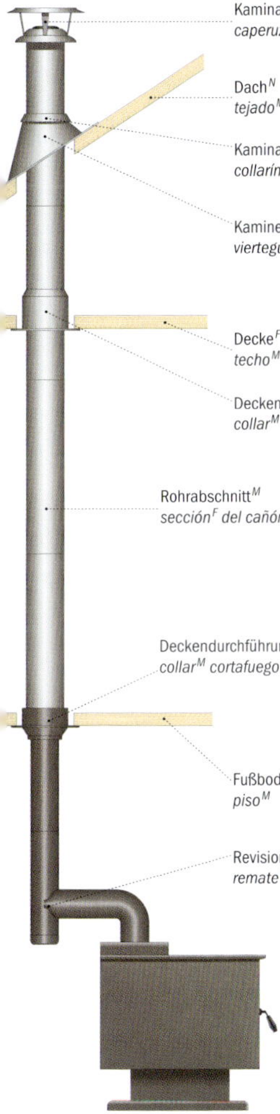

Kaminbesteck[N]
utensilios[M] para la chimenea[F]

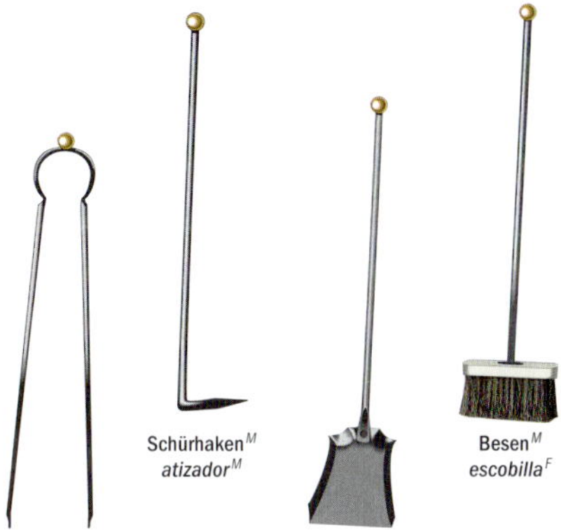

Feuerbock[M]
morillos[M]

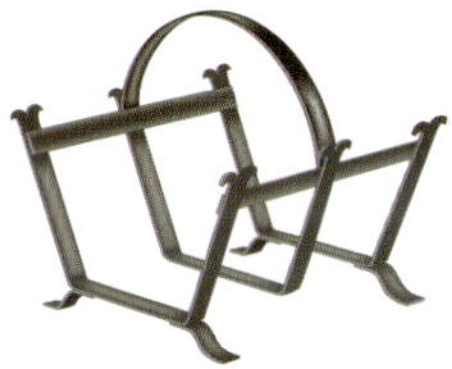

Holzträger[M]
portaleños[M]

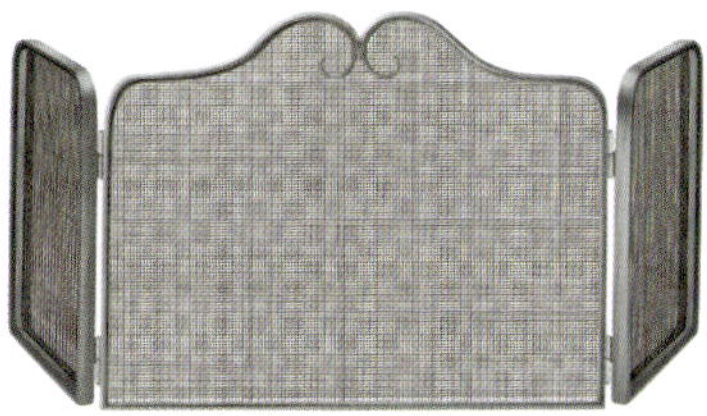

Kamingitter[N]
pantalla[F]

Sanitärinstallationssystem^{N}

cañerías^{F}

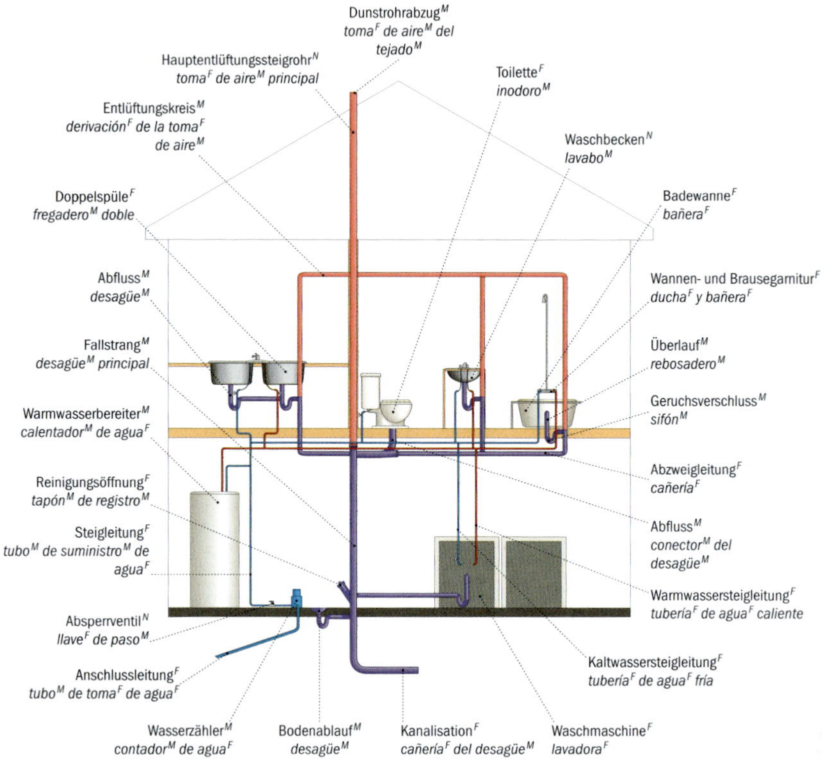

- Entlüftungskreislauf^{M} *circuito^{M} de ventilación^{F}*
- Abflusskreislauf^{M} *circuito^{M} de desagüe^{M}*
- Kaltwasserkreislauf^{M} *circuito^{M} de agua^{F} fría*
- Warmwasserkreislauf^{M} *circuito^{M} de agua^{F} caliente*

Badezimmer^N
cuarto^M de baño^M

HAUS

Toilette^F
inodoro^M

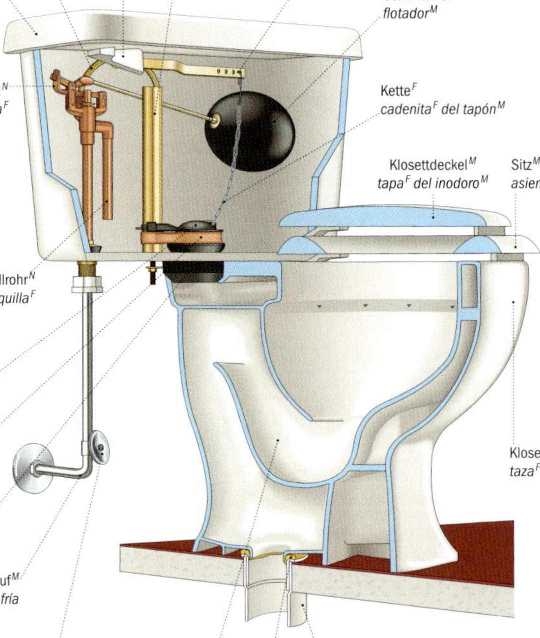

Beispiele^N für Anschlüsse^M

ejemplos^M de conexiones^F

Spüle^F mit Müllschlucker^M
fregadero^M con triturador^M de basura^F

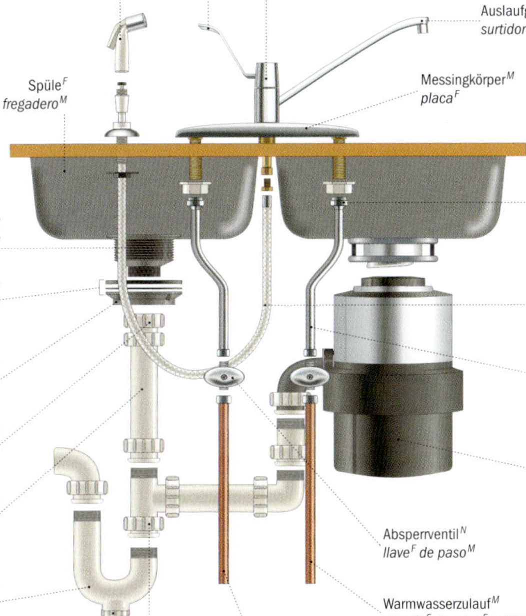

Hausanschluss^{M}

conexión^{F} a la red^{F}

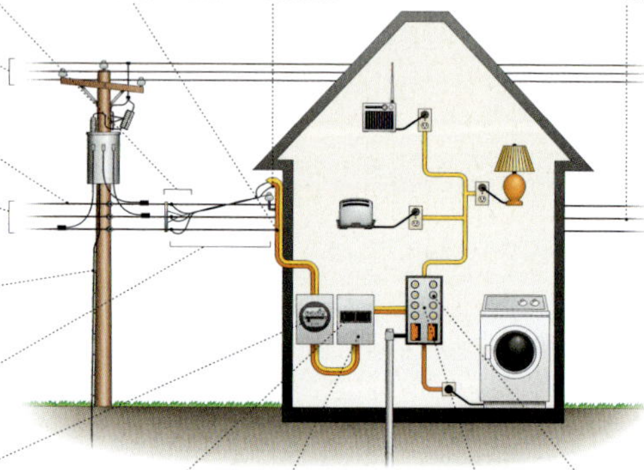

HAUS

Kontaktelemente^{N}

dispositivos^{M} de contacto^{M}

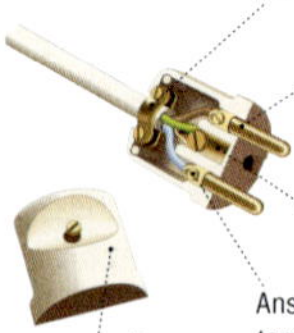

Beleuchtung^{F}
iluminación^{F}

Glühlampe^{F}
bombilla^{F} incandescente

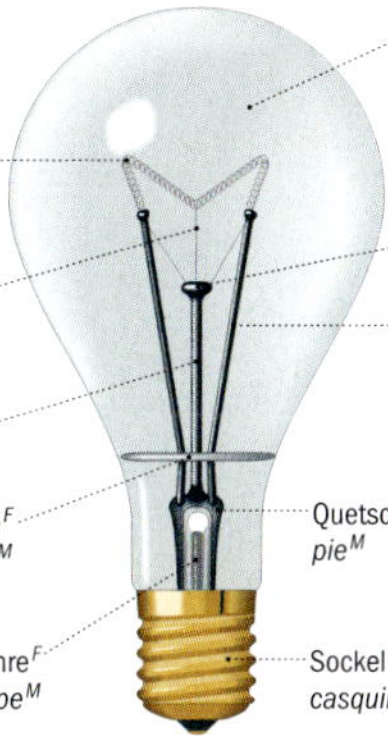

Lampenfassung^{F}
portalámparas^{M}

Kolben^{M}
ampolla^{F} de vidrio^{M}

Energiesparlampe^{F}
bombilla^{F} de bajo consumo^{M}

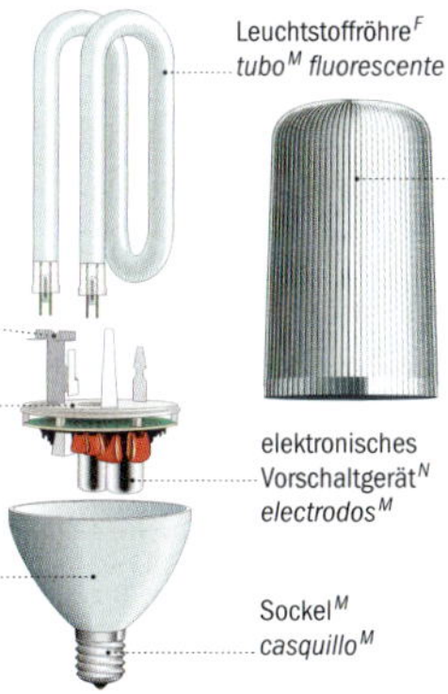

Schraubfassung^{F}
bombilla^{F} de rosca^{F}

Bajonettfassung^{F}
bombilla^{F} de bayoneta^{F}

Leuchtstoffröhre^{F}
tubo^{M} fluorescente

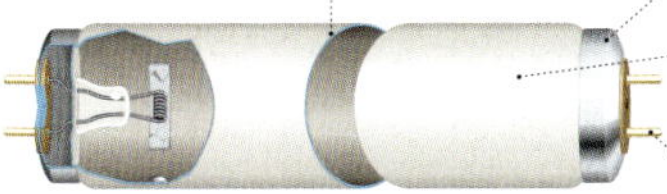

Wolfram-Halogenlampe^{F}
lámpara^{F} halógena

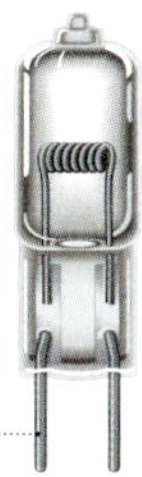

HAUS

Armlehnstuhl[M]

silla[F] de brazos[M]

Teile[M/N]
partes[F]

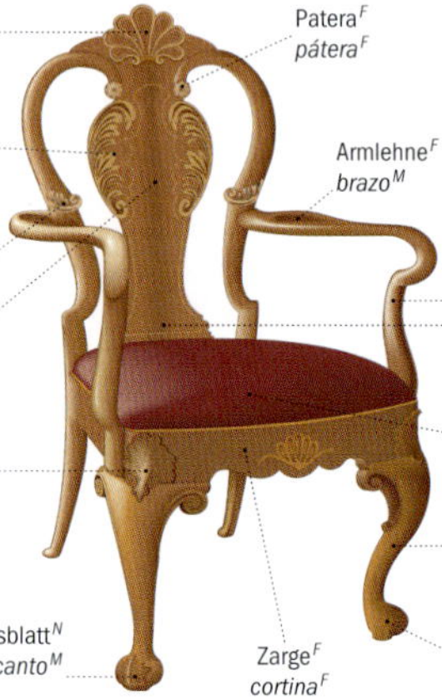

Beispiele[N] für Armstühle[M]
ejemplos[M] de divanes[M] y butacas[F]

Wassily-Stuhl[M]
silla[F] Wassily

Regiestuhl[M]
silla[F] plegable de lona[F]

Schaukelstuhl[M]
mecedora[F]

kleiner Lehnstuhl[M]
silla[F] cabriolé

Kanapee[N]
meridiana[F]

Chaiselongue[N]
sofá[M] tipo[M] imperio

Clubsessel[M]
butaca[F]

Bergère[F]
silla[F] poltrona

Sofa[N]
sofá[M]

Zweisitzer[M]
sofá[M] de dos plazas[F]

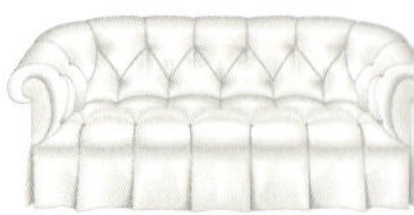

Chesterfieldsofa[N]
chesterfield[M]

Stuhl^{M}
silla^{F} sin brazos^{M}

Teile$^{M/N}$
partes^{F}

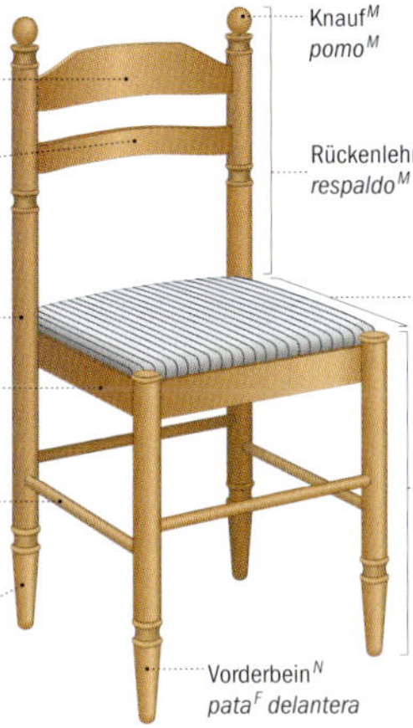

Beispiele^{N} für Stühle^{M}
ejemplos^{M} de sillas^{F}

Schaukelstuhl^{M}
mecedora^{F}

Stapelstühle^{M}
sillas^{F} apilables

Klappstuhl^{M}
silla^{F} plegable

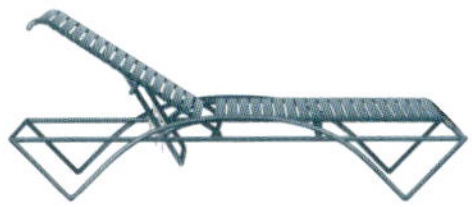
Liegestuhl^{M}
tumbona^{F}

Sitzmöbel^{N}
asientos^{M}

Puff^{M}
puf^{M}

Sitzsack^{M}
silla^{F} cojín^{M}

Tritthocker^{M}
silla^{F} escalera^{F}

Bank^{F}
banco^{M}

Sitzbank^{F}
banqueta^{F}

Hocker^{M}
escabel^{M}

Barhocker^{M}
taburete^{M}

Tisch[M]
mesa[F]

Klapptisch[M]
mesa[F] de hojas[F] abatibles

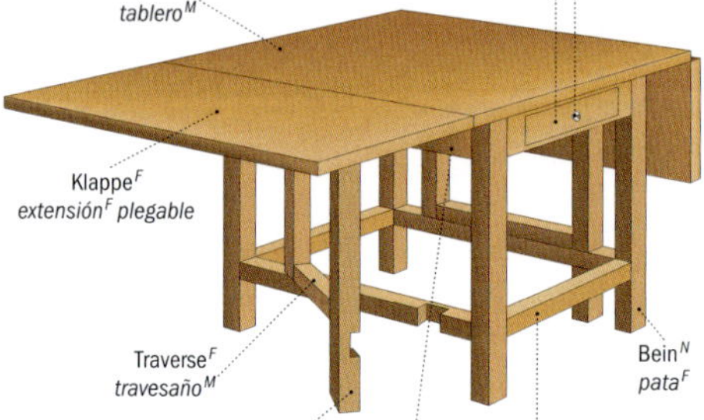

Beispiele[N] für Tische[M]
ejemplos[M] de mesas[F]

Ausziehtisch[M]
mesa[F] plegable

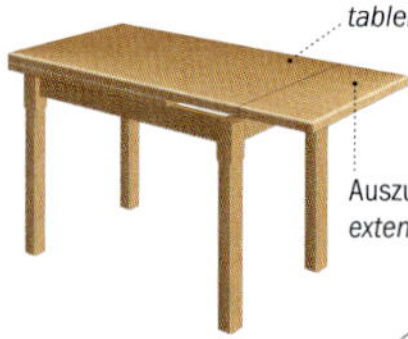

Satztische[M]
juego[M] de mesas[F]

Servierwagen[M]
mesita[F] de servicio[M]

Aufbewahrungsmöbel[N]
muebles[M] contenedores

Kleiderschrank[M]
armario[M]

Rahmen[M]
armazón[M]

Tür[F]
puerta[F]

Truhe^{F}
baúl^{M}

Fach^{N}
casillero^{M}

herausklappbare Schreibplatte^{F}
escritorio^{M}

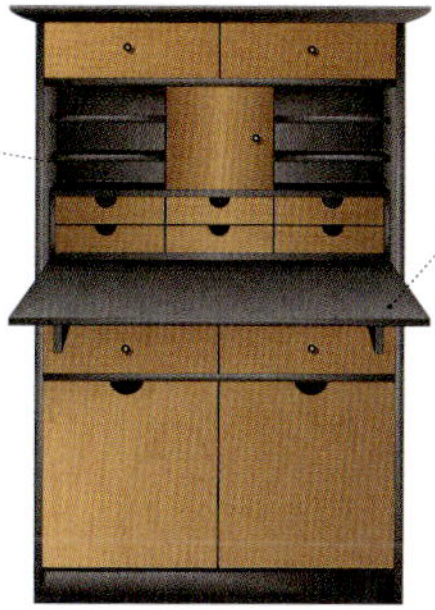

Sekretär^{M}
bufete^{M}

Kommode^{F}
cómoda^{F}

Schrankteil$^{M/N}$
guardarropa^{M}

Fach^{N}
anaquel^{M}

Kleiderschrank^{M}
ropero^{M}

Schublade^{F}
cajón^{M}

Chiffonière^{F}
chifonier^{M}

Vitrine^{F}
vitrina^{F}

Eckschrank^{M}
rinconera^{F}

Vitrinenschrank^{M}
aparador^{M} con vitrina^{F}

Büfett^{N}
aparador^{M}

Cocktailbar^{F}
mueble^{M} bar^{M}

Bett^{N}
cama^{F}

Schlafcouch^{F}
sofá cama^{M}

Teile$^{M/N}$
partes^{F}

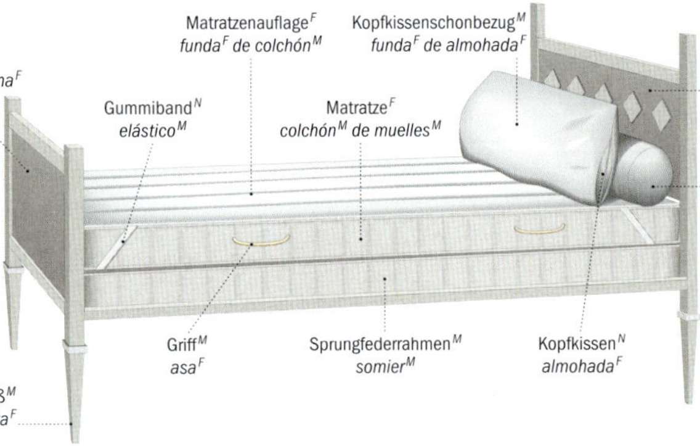

Bettwäsche^{F}
ropa^{F} de cama^{F}

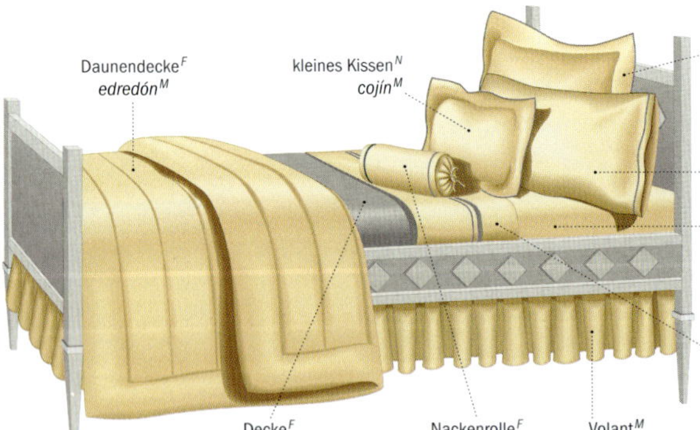

Kindermöbel^{N}
muebles^{M} infantiles

Reisebett^{N} mit Wickelauflage^{F}
cuna^{F} plegable

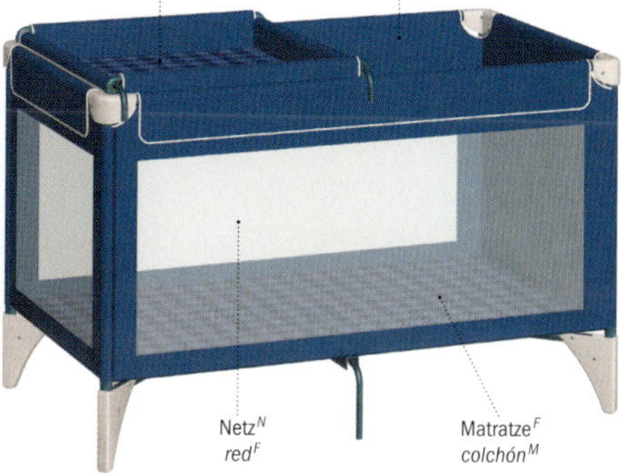

Kindersessel^{M}
silla^{F} alzadora

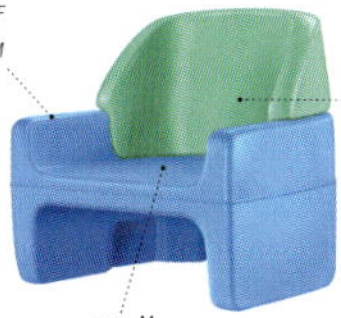

Wickelkommode^{F}
cambiador^{M}

Hochstuhl^{M}
trona^{F}

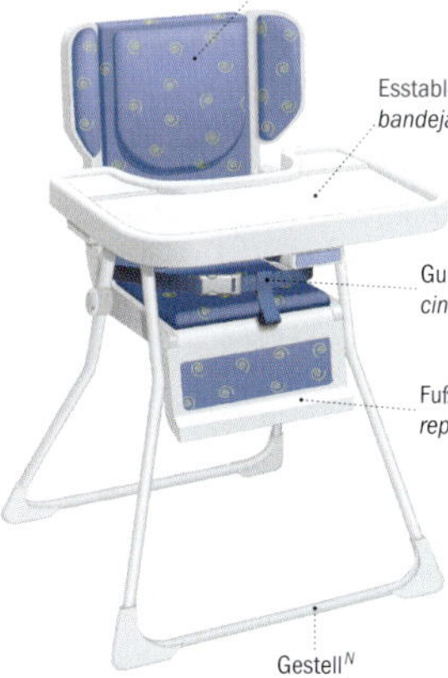

Gitterbett^{N}
cuna^{F}

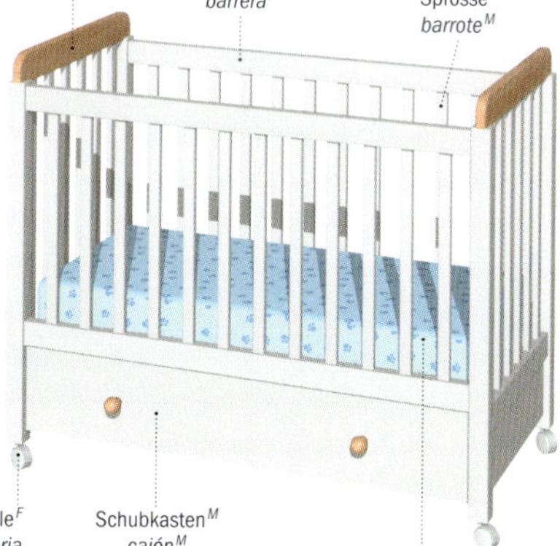

HAUS

Lampen[F]
lámparas[F]

Klemmspot[M]
lámpara[F] de pinza[F]

Deckenleuchte[F]
plafón[M]

Hängeleuchte[F]
lámpara[F] de techo[M]

Halogen[N]-Tischleuchte[F]
lámpara[F] de despacho[M] halógena

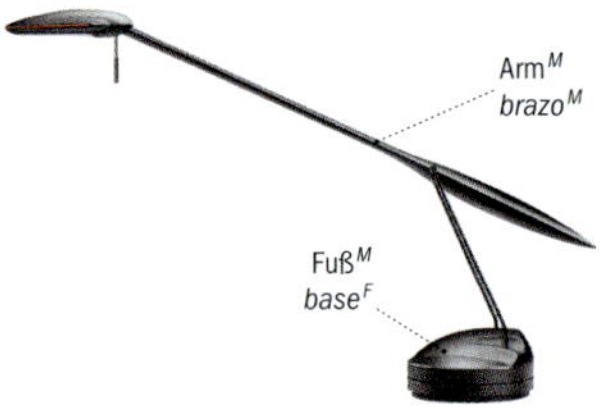

Arbeitsleucht
flexo

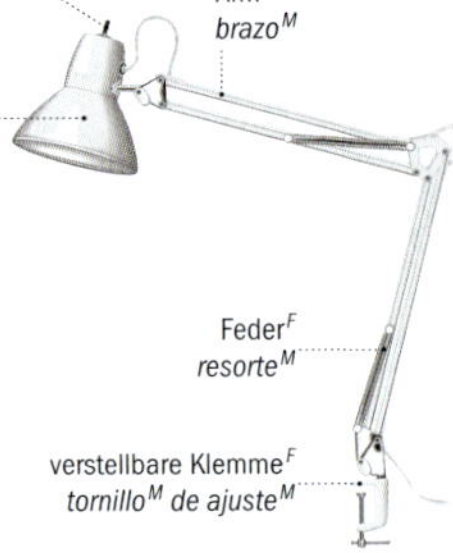

Standleuchte[F]
lámpara[F] de pie[M]

Leseleuchte[F]
lámpara[F] de cabecera[F]

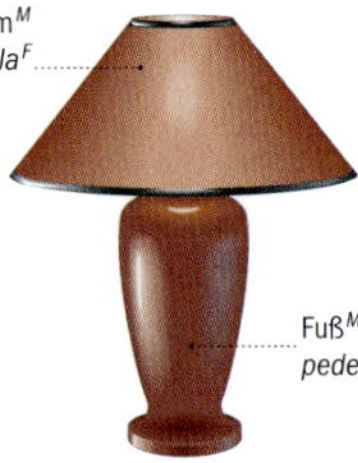

Tischleuchte[F]
lámpara[F] de mesa[F]

Schreibtischleuchte[F]
lámpara[F] de escritorio[M]

ronleuchter[M]
raña[F]

Straßenlaterne[F]
farola[F]

Beleuchtungsschiene[F]
riel[M] de iluminación[F]

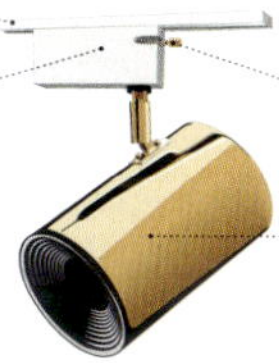

Wandlaterne[F]
farol[M]

Wandleuchte[F]
aplique[M]

Scherenleuchte[F]
lámpara[F] orientable de pared[F]

Lampenreihe[F]
lámparas[F] en serie[F]

Haushaltsgeräte^N
aparatos^M electrodomésticos

Dampfbügeleisen^N
plancha^F de vapor^M

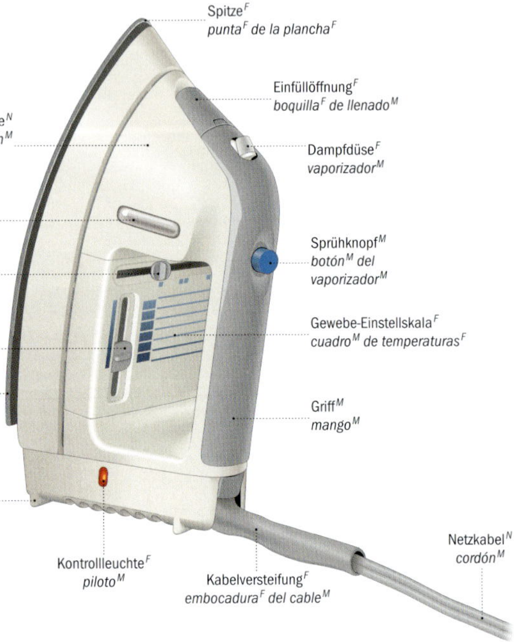

Akku-Mini-Staubsauger^M
aspirador^M manual

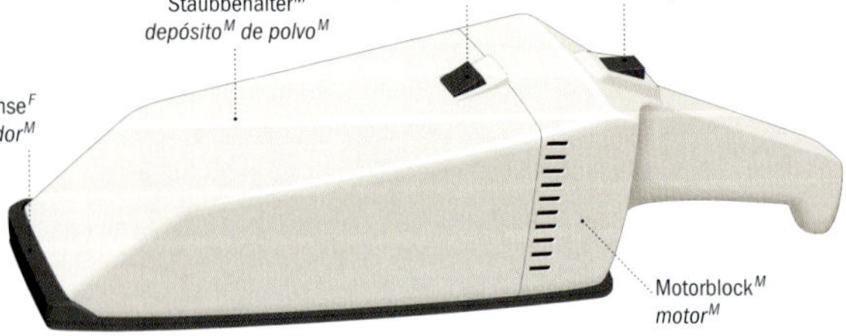

andstaubsauger[M]
scoba[F] eléctrica

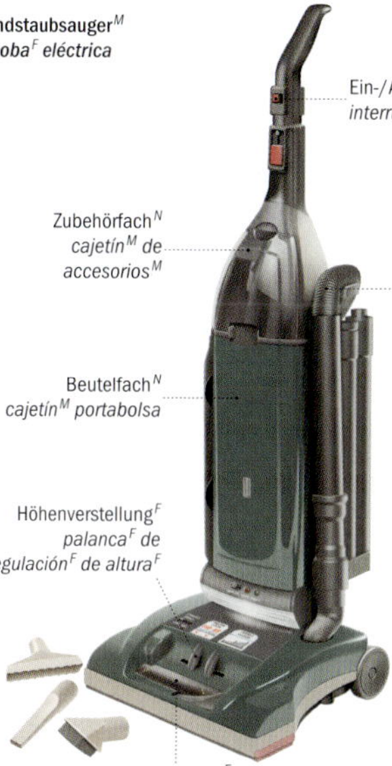

Bodenstaubsauger[M]
aspirador[M]

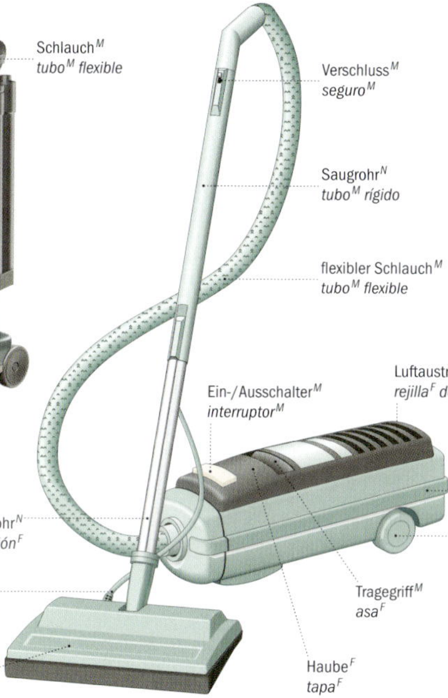

Saugzubehör[N]
accesorios[M]

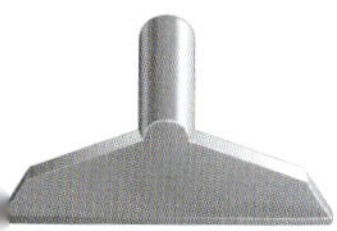

Polsterdüse[F]
boquilla[F] para tapicería[F]

Saugbürste[F]
cepillo[M]-plumero[M]

Fugendüse[F]
boquilla[F] rinconera

Bürste[F]
cepillo[M] para suelos[M]

Haushaltsgeräte[N]

Dunstabzugshaube[F]
campana[F]

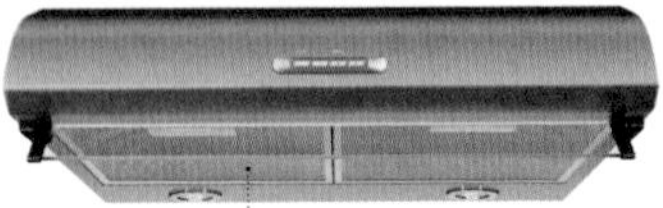

Elektroherd
cocina[F] *eléctric*

Kochplatte[F]
placa[F] *eléctrica*

Auffangschüssel[F]
protector[M]

Schutzring[M]
arandela[F]

Gasherd[M]
cocina[F] *de gas*[M]

Gefriertruhe^F
arcón^M congelador

Kühlschrank^M
frigorífico^M

Waschmaschine^F (Frontlader^M)
lavadora^F de carga^F frontal

Toplader^M
lavadora^F de carga^F vertical

Wäschetrockner^M
secadora^F de ropa^F

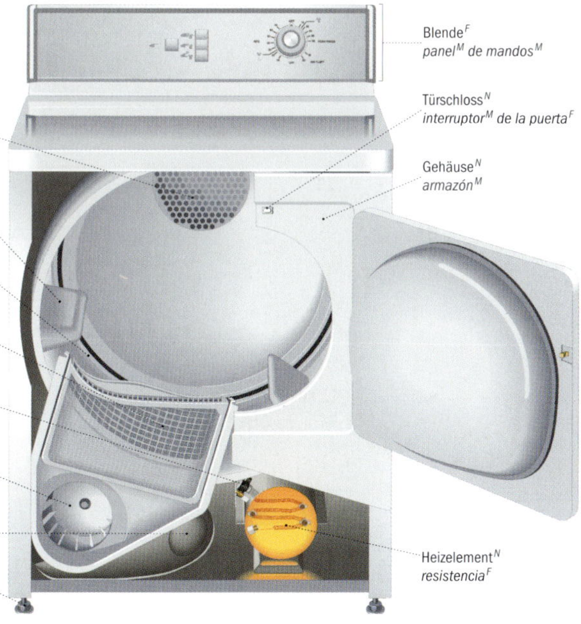

HAUS

Bedienleiste[F]
panel[M] de control[M]

Geschirrspülmaschine[F]
lavavajillas[M]

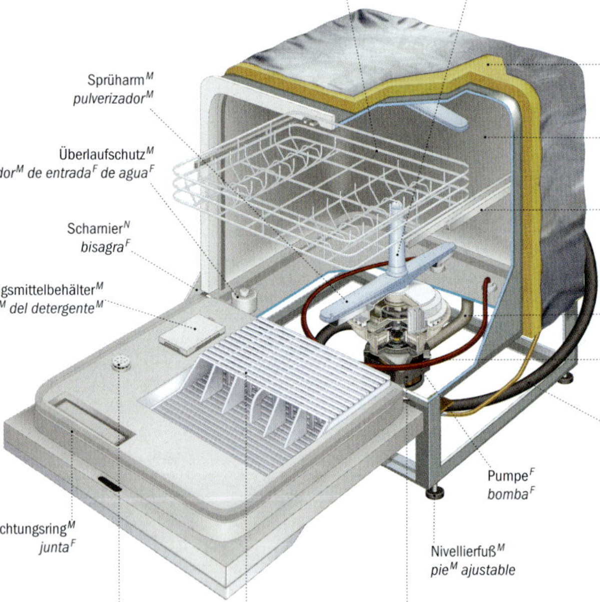

Haushaltsgegenstände[M]

artículos[M] de limpieza[F]

Geschirrtuch[N]
bayeta[F] de cocina[F]

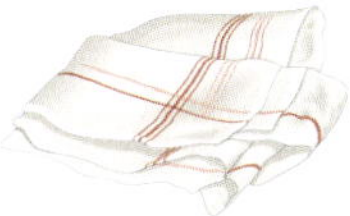

Kehrschaufel[F]
recogedor[M]

Besen[M]
escoba[F]

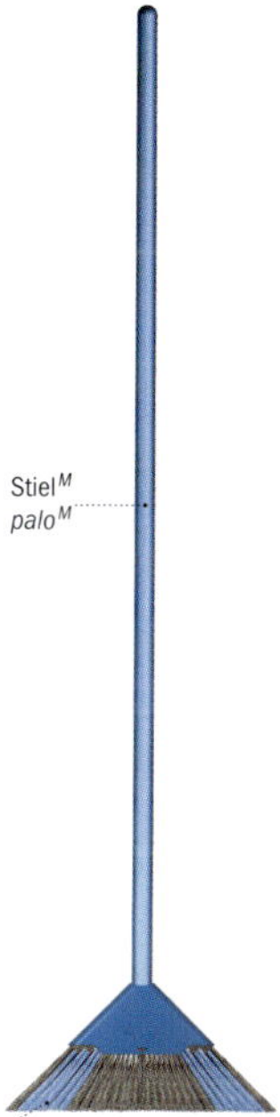

Mop[M]
fregona[F]

Putzschwamm[M]
estropajo[M] con esponja[F]

Bürste[F]
cepillo[M]

Abfalleimer[M]
cubo[M] de basura[F]

Eimer[M]
cubo[M]

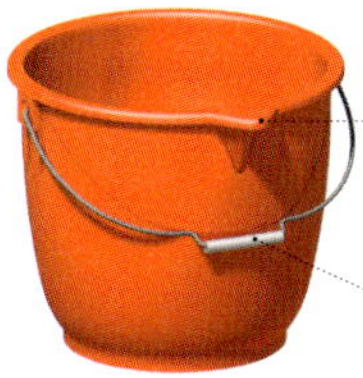

HAUS

Klempnerwerkzeuge^{N}
fontanería^{F} : herramientas^{F}

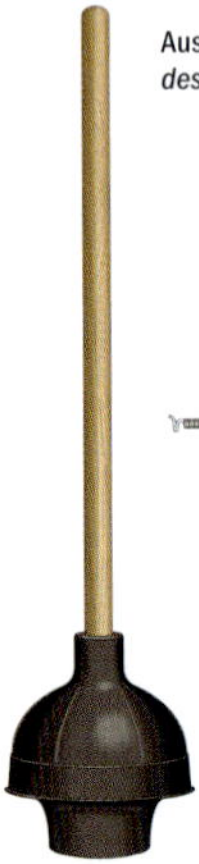

Ausgussreiniger^{M}
desatascador^{M}

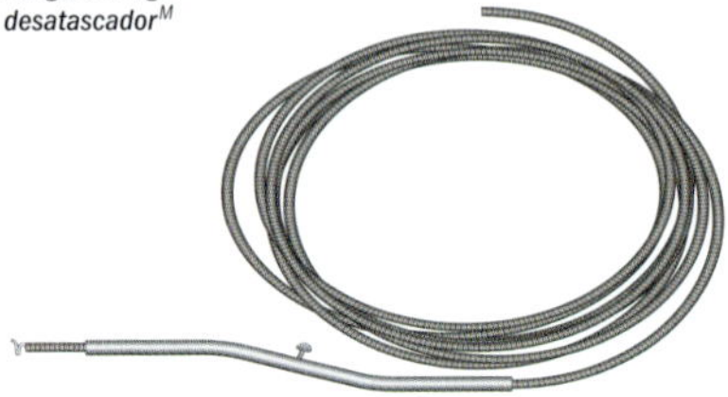

Reinigungswelle^{F}
sonda^{F} destapacaños^{M}

Teflonband^{N}
cinta^{F} de teflón^{M}

Rohrzangen^{F}
llaves^{F}

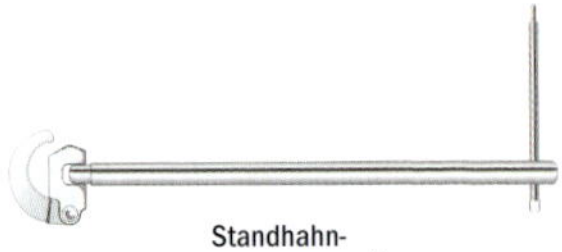

Standhahn-Mutternschlüssel^{M}
llave^{F} de fontanero^{M}

Einhand-Rohrzange^{F}
llave^{F} inglesa

Maurerwerkzeuge^{N}
albañilería^{F} : herramientas^{F}

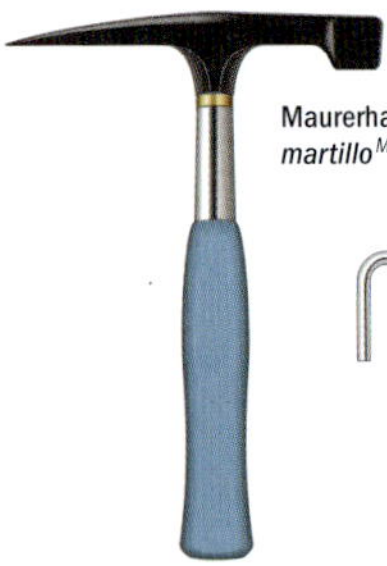

Maurerhammer^{M}
martillo^{M} de albañil^{M}

Kartuschenpisto
pistola^{F} para calafate

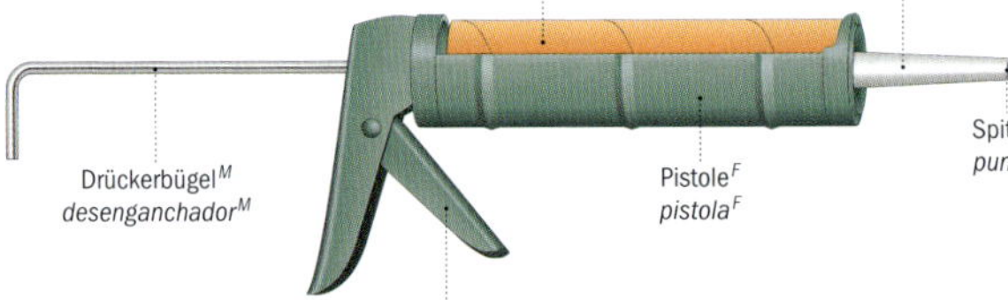

Kartusche^{F}
cartucho^{M}

Düse^{F}
boquilla^{F}

Spitze^{F}
punta^{F}

Drückerbügel^{M}
desenganchador^{M}

Pistole^{F}
pistola^{F}

Presshebel^{M}
gatillo^{M}

Aufziehbrett^{F}
esparavel^{M}

Fugenkelle^{F}
paleta^{F} de relleno^{M}

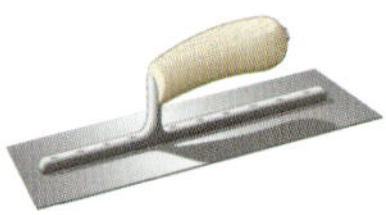

Putzkelle^{F}
llana^{F}

Maurerke
paleta^{F} de albar

Blatt^{N}
hoja^{F}

Angel^{F}
espiga^{F}

Gri
mang

HEIMWERKEN UND GARTENARBEIT

Elektroinstallateurwerkzeuge^{N}

electricidad^{F} : herramientas^{F}

ndlampe^{F}
terna^{F} movible

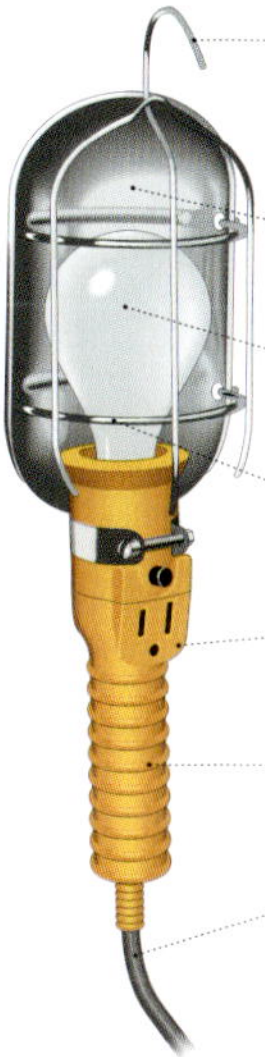

Prüflampe^{F}
lámpara^{F} de prueba^{F} de neón^{M}

Spannungsprüfer^{M}
detector^{M} de tensión^{F}

Kabeltülle^{F}
capuchón^{M} de plástico^{M}

Steckdosenprüfer^{M}
probador^{M} de contactos^{M} con tierra^{F}

ehrzweckzange^{F}
zas^{F} multiuso

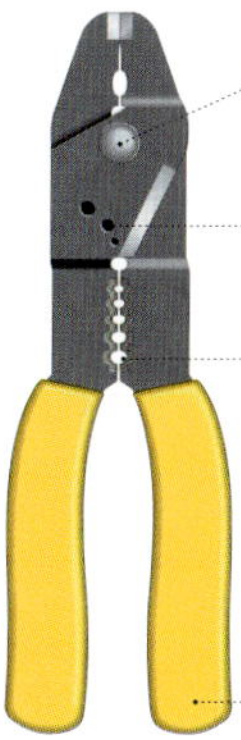

Spitzzange^{F}
alicates^{M} de punta^{F}

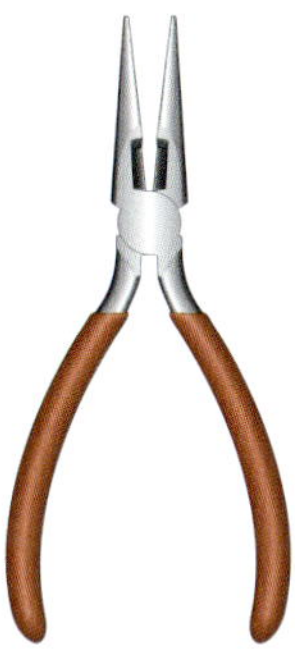

Kombizange^{F}
alicates^{M} de electricista^{M}

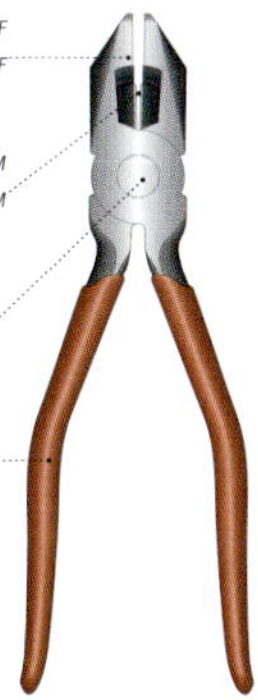

Löt- und Schweißwerkzeuge[N]

herramientas[F] de soldadura[F]

Lötpistole[F]
pistola[F] para soldar

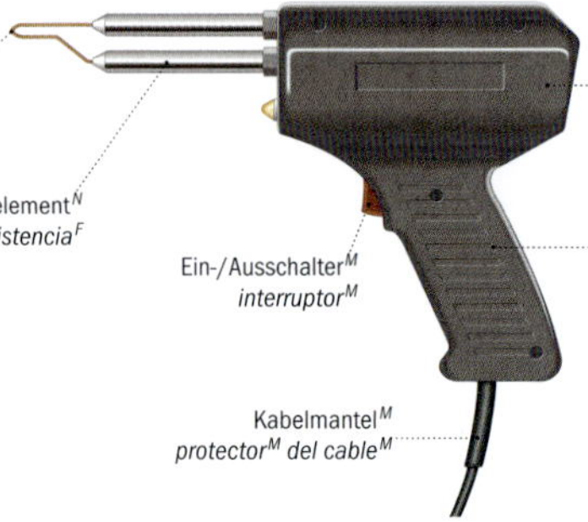

Anzünder[M]
encendedor[M]

Lötzinn[M]
estaño[M] de soldar

Düsenreiniger[M]
limpiador[M] de boquillas[F]

Lötlampe[F]
soplete[M]

Farbabbrennervorsatz[M]
boquilla[F] para expandir la llama[F]

Schutzbrille[F]
gafas[F] protectoras

Lötkolben[M]
soldador[M]

HEIMWERKEN UND GARTENARBEIT

Anstreichen^{N} und Lackieren^{N}
mantenimiento^{M} de pinturas^{F}

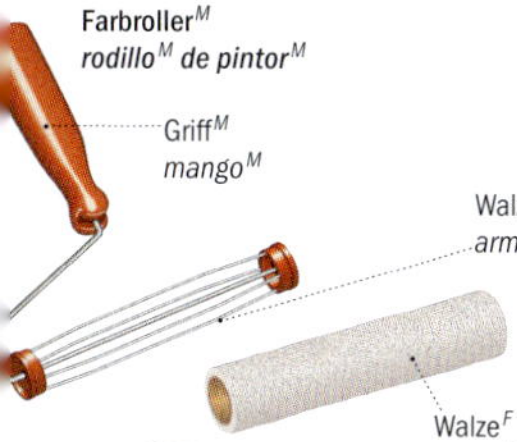

Farbroller^{M}
rodillo^{M} de pintor^{M}

Griff^{M}
mango^{M}

Walzenbefestigung^{F}
armazón^{M}

Walze^{F}
rodillo^{M}

Wanne^{F}
bandeja^{F} de pintura^{F}

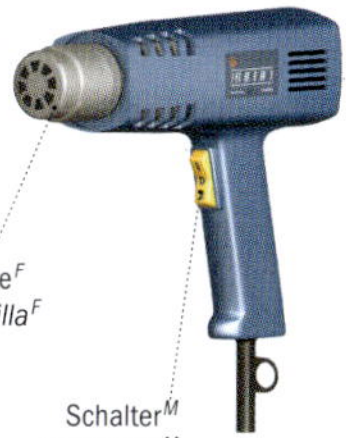

Heißluftpistole^{F}
pistola^{F} de calor^{M}

Düse^{F}
boquilla^{F}

Schalter^{M}
interruptor^{M}

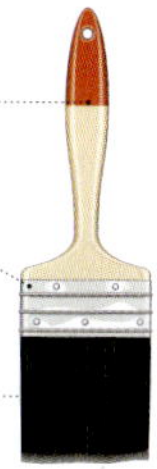

Malerpinsel^{M}
brocha^{F}

Griff^{M}
mango^{M}

Stock^{M}
collar^{M}

Borsten^{F}
cerdas^{F}

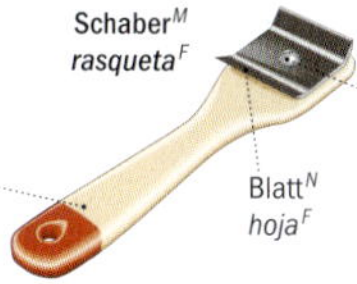

Schaber^{M}
rasqueta^{F}

Rändelbolzen^{M}
tornillo^{M}

Griff^{M}
mango^{M}

Blatt^{N}
hoja^{F}

Leitern^{F} und Stehleitern^{F}
escaleras^{F} de mano^{F}

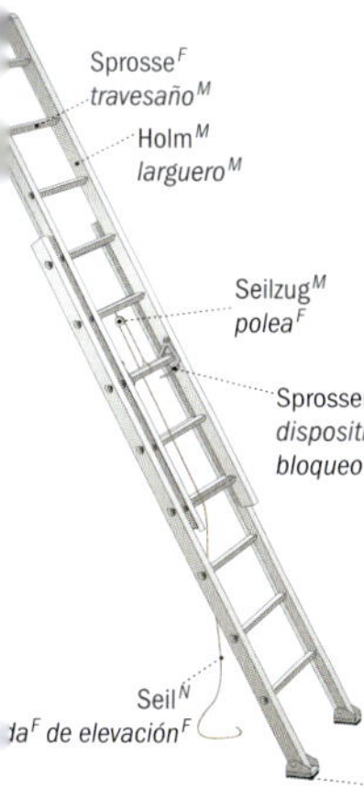

sziehleiter^{F}
calera^{F} extensible

Sprosse^{F}
travesaño^{M}

Holm^{M}
larguero^{M}

Seilzug^{M}
polea^{F}

Sprossenarretierung^{F}
dispositivo^{M} de bloqueo^{M}

Seil^{N}
da^{F} de elevación^{F}

rutschfester Fuß^{M}
zapata^{F} antideslizante

Trittleiter^{F}
escalera^{F} de plataforma^{F}

Sicherheitsholm^{M}
barandilla^{F}

Ablage^{F}
entrepaño^{M}

Gestell^{N}
armazón^{M}

Plattform^{F}
plataforma^{F}

Gummistöpsel^{M}
zapata^{F} de goma^{F}

Tritt^{M}
peldaño^{M}

Tritthocker^{M}
taburete^{M} escalera

Stehleiter^{F}
escalera^{F} de tijera^{F}

Podest^{N}
parte^{F} superior

Arbeitsbrett^{N}
bandeja^{F} para herramientas^{F}

Ausklapparretierung^{F}
tirante^{M}

Stufe^{F}
peldaño^{M}

Bautischlerei^{F}: Nagelwerkzeuge^{N}

carpintería^{F}: herramientas^{F} para clavar

Zimmermannshammer^{M}
martillo^{M} de uña^{F}

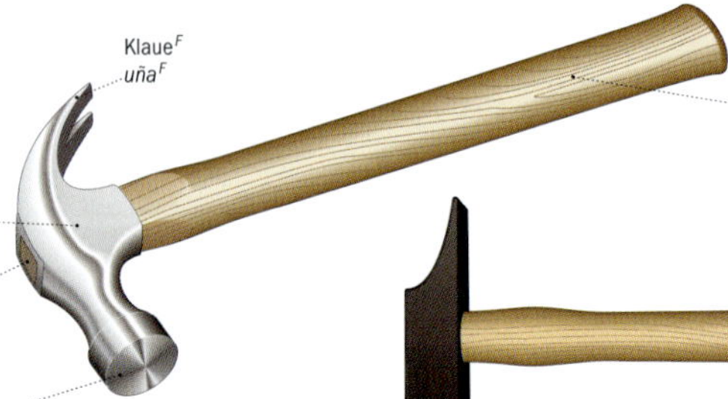

Hamm
martillo^{M}
carpinte

Hammer^{M} mit run
Ba
martillo^{M} de b

Körner^{M}
botador^{M}

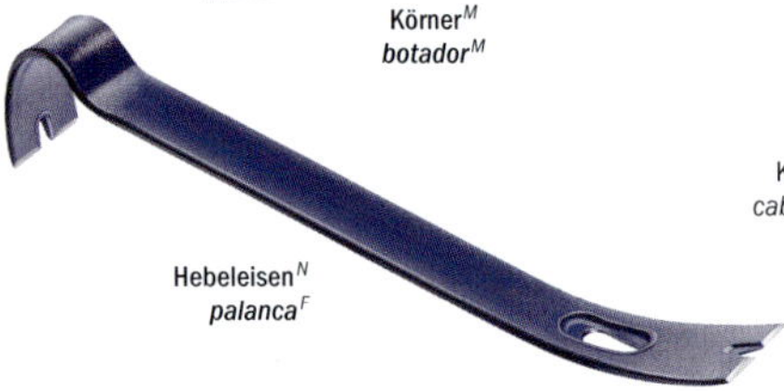

Hebeleisen^{N}
palanca^{F}

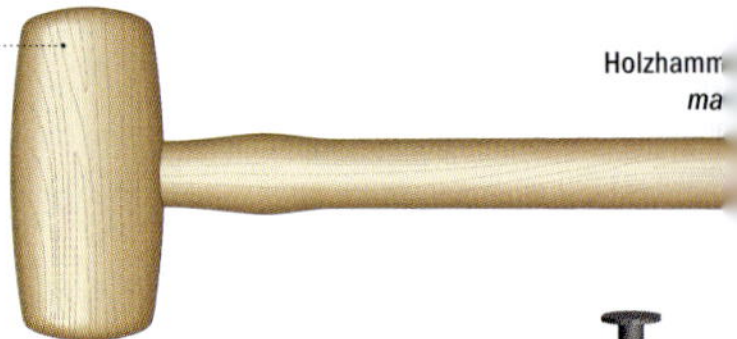

Holzhamm
ma

Nagel^{M}
clavo^{M}

Beispiele^{N} für Nägel^{M}
ejemplos^{M} de clavos^{M}

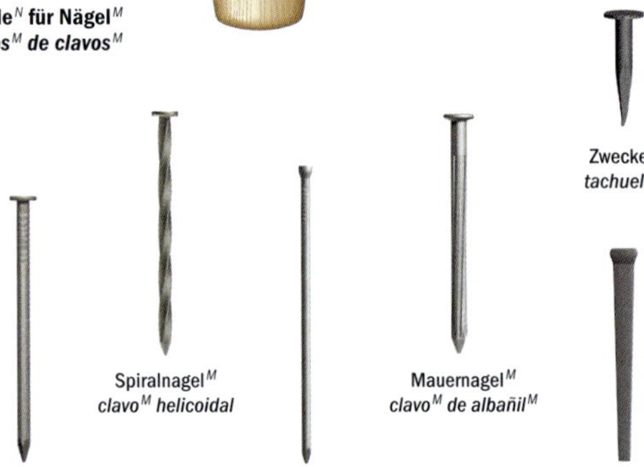

Bautischlerei^{F}: Schraubwerkzeuge^{N}

carpintería^{F} : herramientas^{F} para atornillar

hraubenzieher^{M}
stornillador^{M}

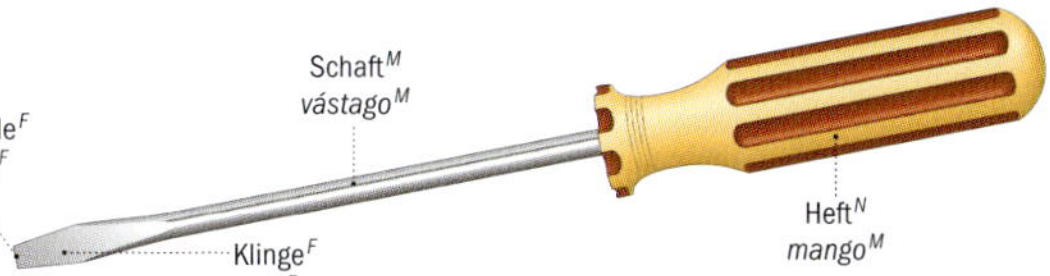

illschraubenzieher^{M}
stornillador^{M} de trinquete^{M}

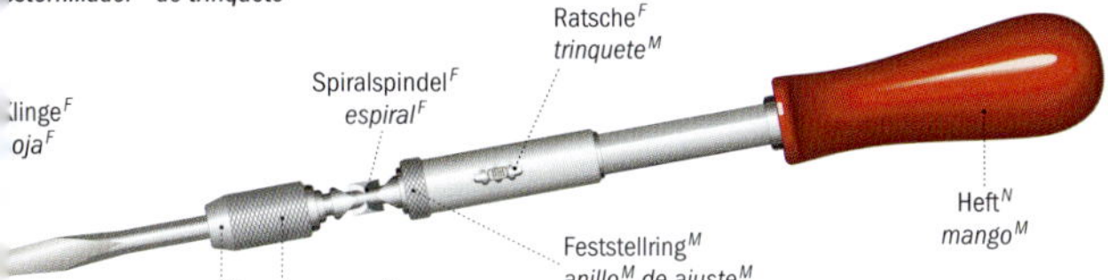

tterie-Schraubendreher^{M}
stornillador^{M}
alámbrico

chraube^{F}
rnillo^{M}

Klingenarten^{F}
tipos^{M} de puntas^{F}

Einsatz^{M} für Imbusschrauben^{F}
punta^{F} de caja^{F} cuadrada

Einsatz^{M} für Kreuzschlitzschrauben^{F}
punta^{F} cruciforme

Einsatz^{M} für Schlitzschrauben^{F}
punta^{F} de hoja^{F} plana

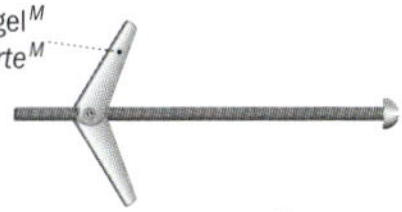

Knebelbolzen^{M}
perno^{M} para falso plafón^{M}

Spreizdübel^{M}
perno^{M} de expansión^{F}

Kopfarten^{F}
tipos^{M} de cabeza^{F}

Senkkopf^{M} mit Schlitz^{M}
tornillo^{M} de cabeza^{F} avellanada

Rundkopf^{M} mit Schlitz^{M}
tornillo^{M} de cabeza^{F} redonda

Sicherungskopf^{M}
tornillo^{M} de un solo sentido^{M}

Senkkopf^{M} mit Kreuzschlitz^{M}
tornillo^{M} cruciforme (Phillips)

Senkkopf^{M} mit Imbus^{M}
tornillo^{M} de caja^{F} cuadrada

Linsenkopf^{M} mit Schlitz^{M}
tornillo^{M} de cabeza^{F} achaflanada

Bautischlerei[F]: Greif- und Spannwerkzeuge[N]

carpintería[F] : herramientas[F] para apretar

Zangen[F]
alicates[M]

Kombizange[F]
pinzas[F] universales

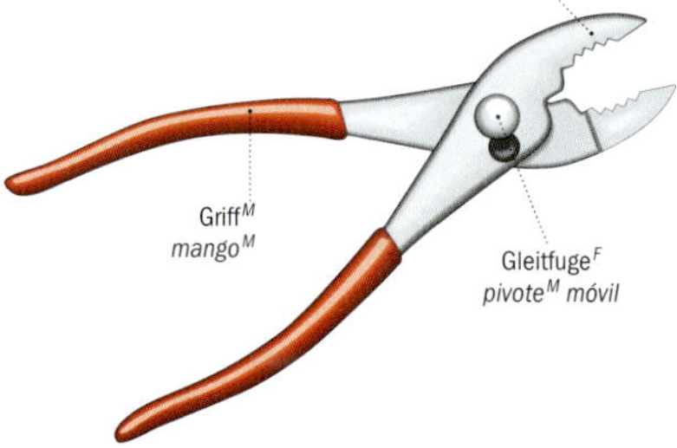

Wasserpumpen-Zange[F]
alicates[M] pico[M] de loro[M]

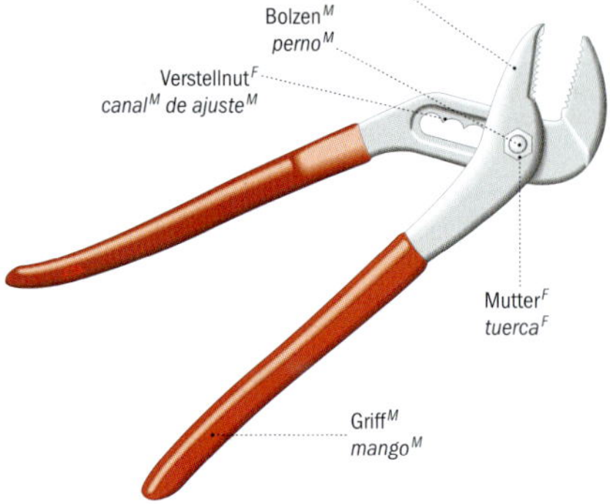

Gripzange[F]
alicates[M] de presión[F]

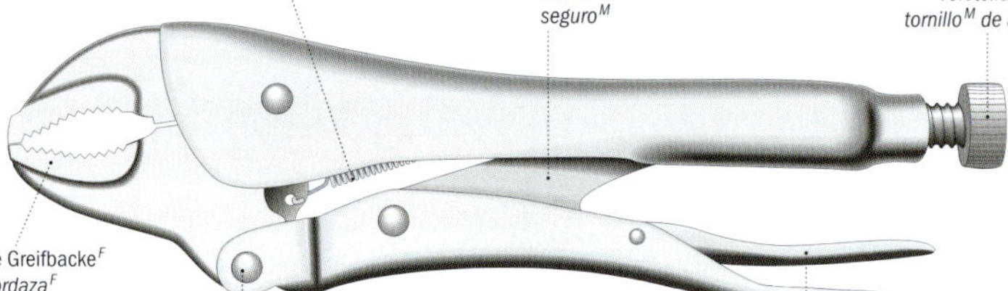

Unterlegscheiben[F]
arandelas[F]

Unterlegscheibe[F]
arandela[F] plana

Federring[M]
arandela[F] de presión[F]

außengezahnte Fächerscheibe[F]
arandela[F] de presión[F] de dientes[M] externos

innengezahnte Fächerscheibe[F]
arandela[F] de presión[F] de dientes[M] internos

Schlüssel^{M}
llaves^{F}

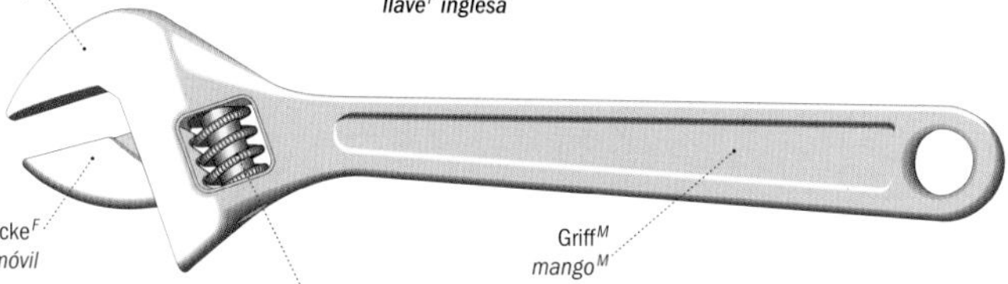

Ratschenringschlüssel^{M}
llave^{F} de estrella^{F} hexagonal

offener Doppelringschlüssel^{M}
llave^{F} de estrella^{F} abierta

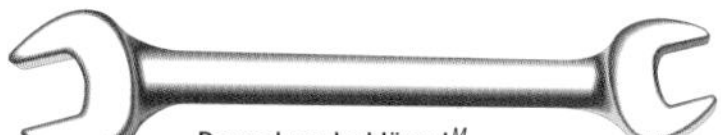

Doppelmaulschlüssel^{M}
llave^{F} de tuercas^{F} española

Doppelringschlüssel^{M}
llave^{F} de estrella^{F} común

Maul-Ringschlüssel^{M}
llave^{F} combinada

arre^{F}
ve^{F} de carraca^{F}

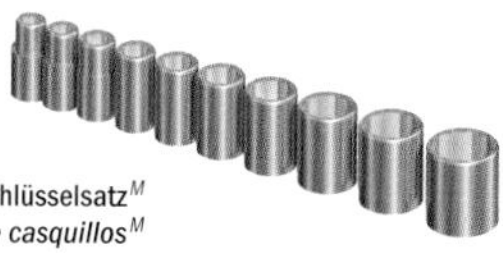

Steckschlüsselsatz^{M}
juego^{M} de casquillos^{M}

uttern^{F}
ercas^{F}

Sechskantmutter^{F}
tuerca^{F} hexagonal

Hutmutter^{F}
tuerca^{F} cerrada

Flügelmutter^{F}
tuerca^{F} de mariposa^{F}

Schrauben^{F}
pernos^{M}

Schraubenbolzen^{M}
perno^{M}

Schraubenbolzen^{M} mit Ansatz^{M}
perno^{M} con collarín^{M}

Zwinge[F]
prensa[F] en C

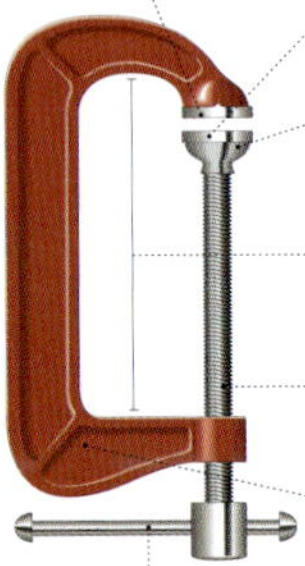

Schraubstock
torno[M] de banco

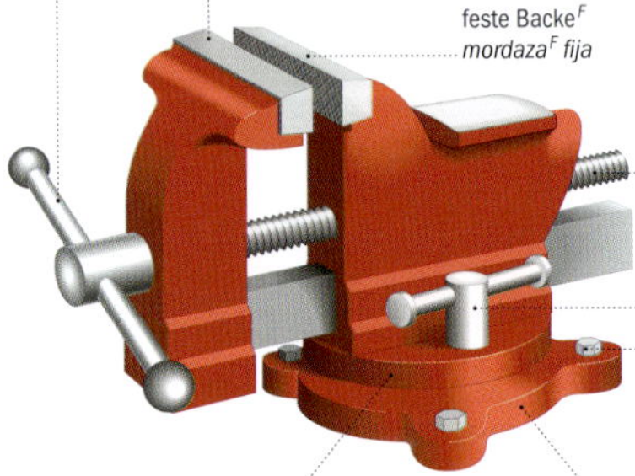

Rohrschraubstock[M]
sargento[M]

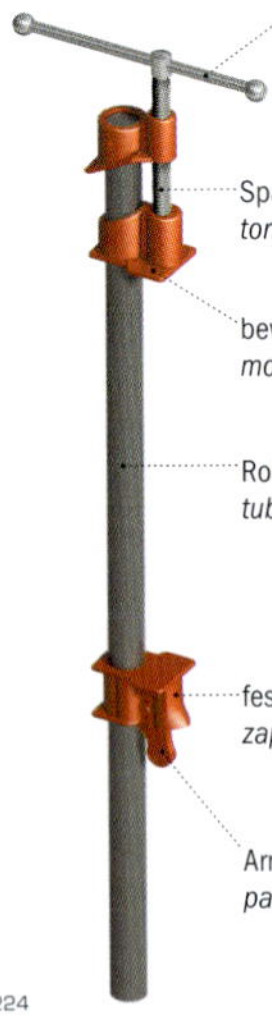

Werkbank[F] und Schraubstoc
banco[M] de trabaj

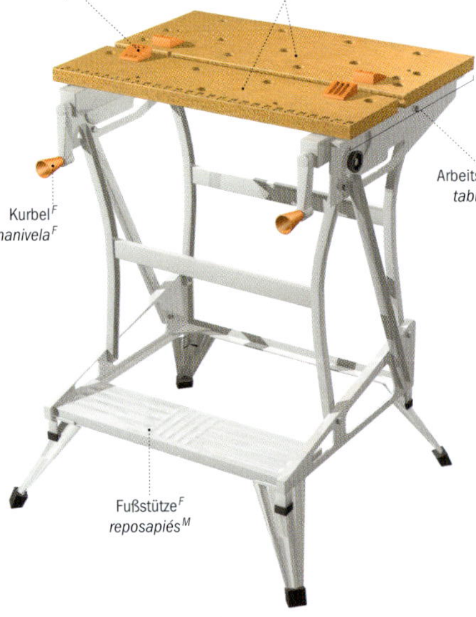

Bautischlerei[F]: Mess- und Markierinstrumente[N]

carpintería[F] : instrumentos[M] de trazado[M] y de medición[F]

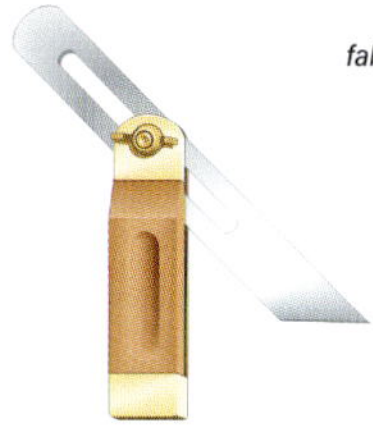

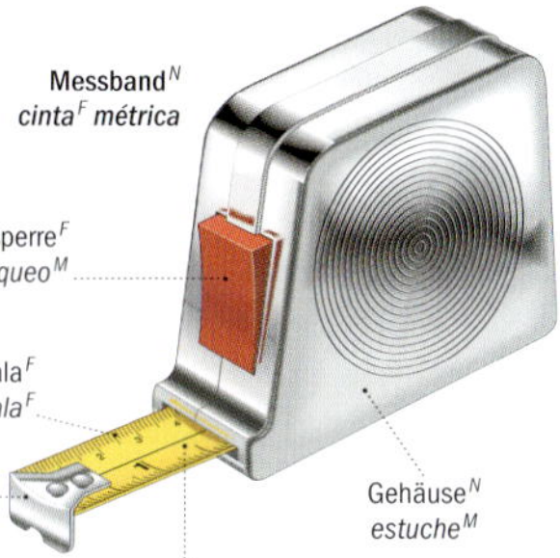

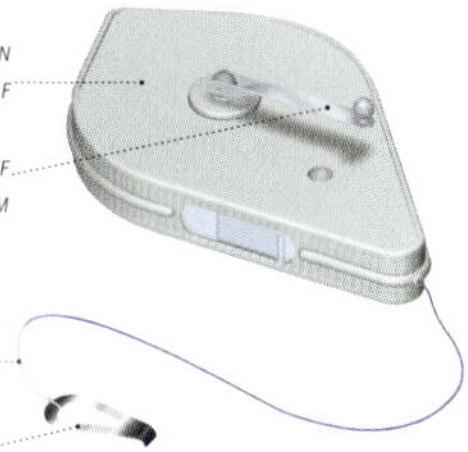

Bautischlerei[F]: verschiedenes Zubehör[N]

carpintería[F] : materiales[M] varios

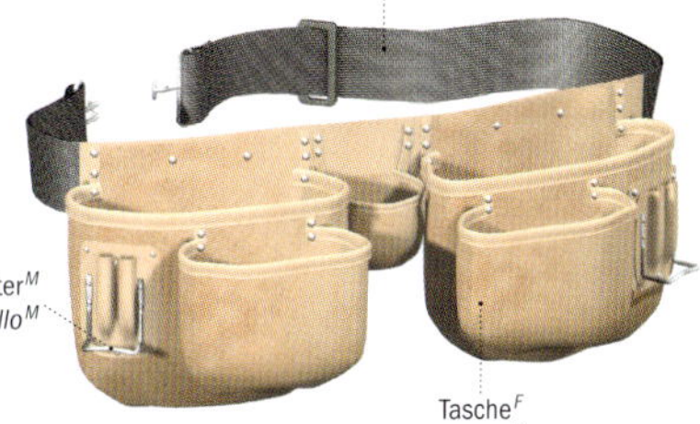

Bautischlerei^F^: Sägewerkzeuge^N^

carpintería^F^ : herramientas^F^ para serrar

Laubsäge^F^
sierra^F^ de marqueteria^F^

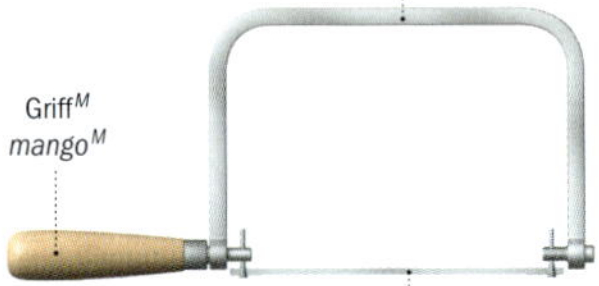

Bügelsäg
sierra^F^ para metale

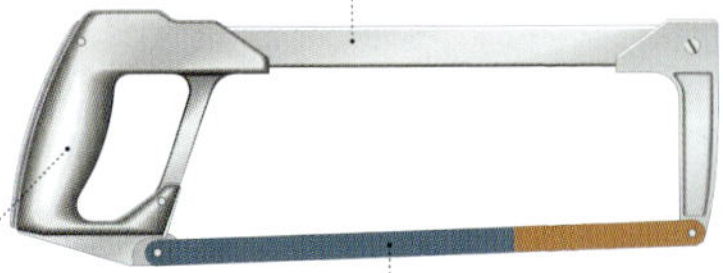

Stichsäge^F^
serrucho^M^ de punta^F^

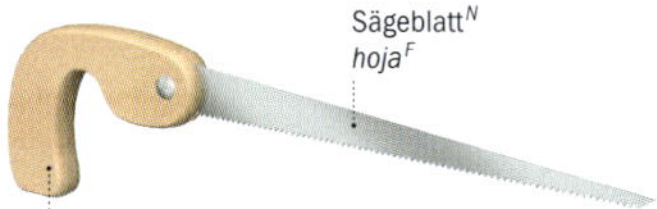

Fuchsschwan
serruch

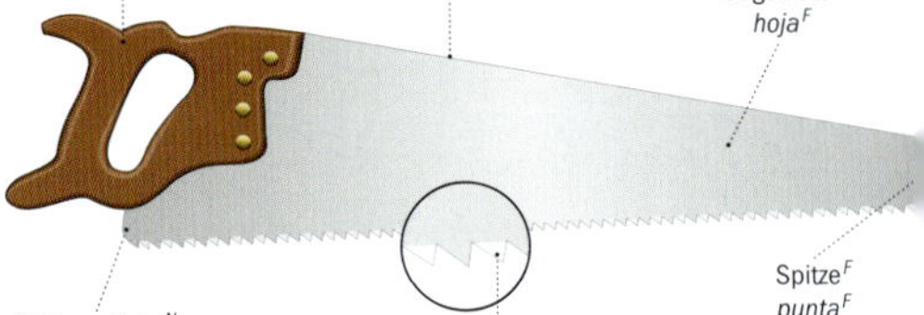

Hand-Gehrungssäge^F^
sierra^F^ de ingletes^M^

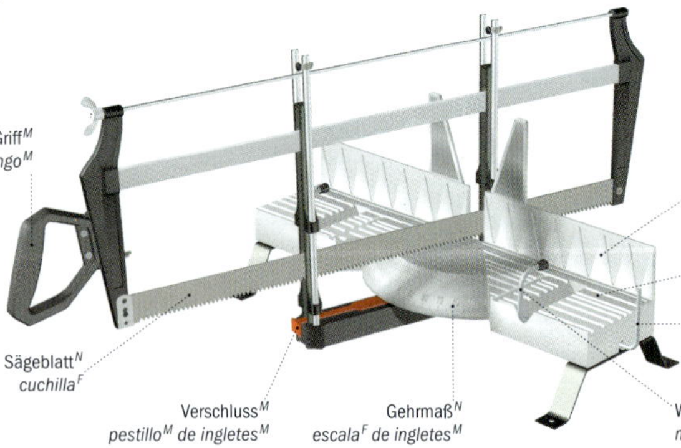

HEIMWERKEN UND GARTENARBEIT

elektrische Stichsäge^{F}
sierra^{F} de calar

Kreissägeblatt^{N}
disco^{M}

Handkreissäge^{F}
sierra^{F} circular de mano^{F}

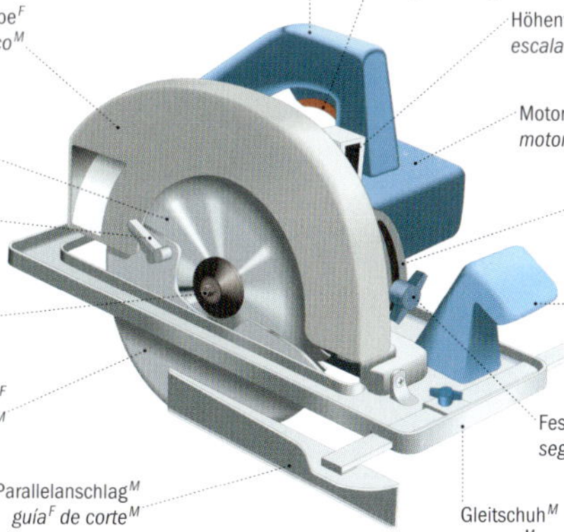

Bautischlerei[F]: Bohrwerkzeuge[N]
carpintería[F] : herramientas[F] percutoras

Akku[M]-Bohrschrauber[M]
taladro[M] percutor inalámbrico

Akku[M]
batería[F]

Ladegerät[N]
cargador[M]

Bohrfutterschlüssel[M]
llave[F] del mandril[M]

elektrische Bohrmaschine[F]
taladro[M] eléctrico

Beispiele[N] für Bits[M] und Bohrer[M]
ejemplos[M] de brocas[F] y barrenas[F]

Spiralbohrer[M]
broca[F] helicoi

Schneckenbohrer[M]
broca[F] helicoidal central

Steinbohrer[M]
barrena[F] de muro[M]

Spiralbohrer[M]
broca[F] helicoidal

Flachfräsbohrer[M]
broca[F] de pala[F]

Schlangenbohrer[M] mi doppeltem Gewindega
broca[F] salomónica de ca angosto

Bautischlerei[F]: Formwerkzeuge[N]

carpintería[F] : herramientas[F] de perfilado[M]

Hobel[M]
cepillo[M]

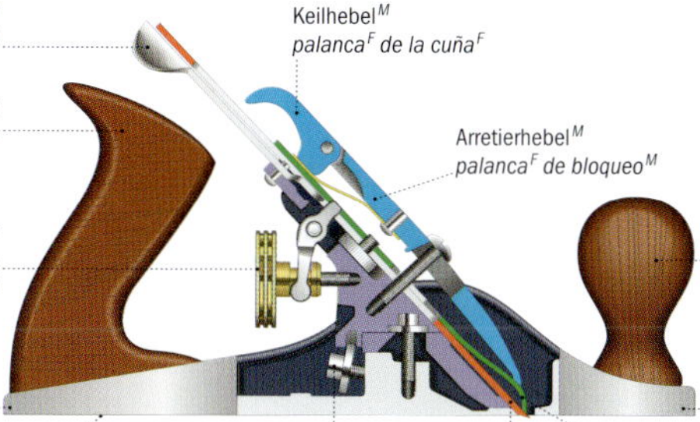

xzenterschleifer[M]
ijadora[F] excéntrica

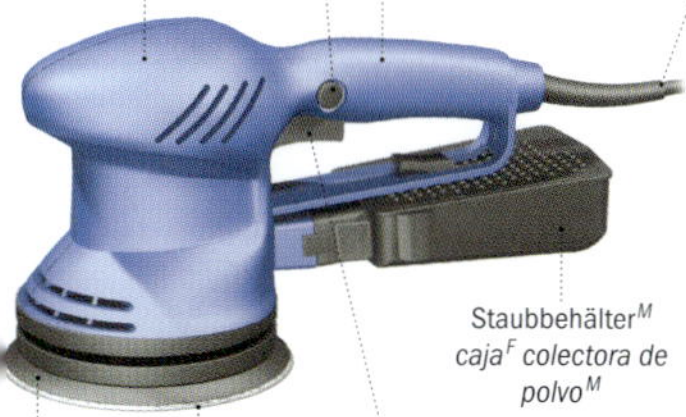

Schleifpapier[N]
lija[F]

Oberfräse[F]
fresadora[F]

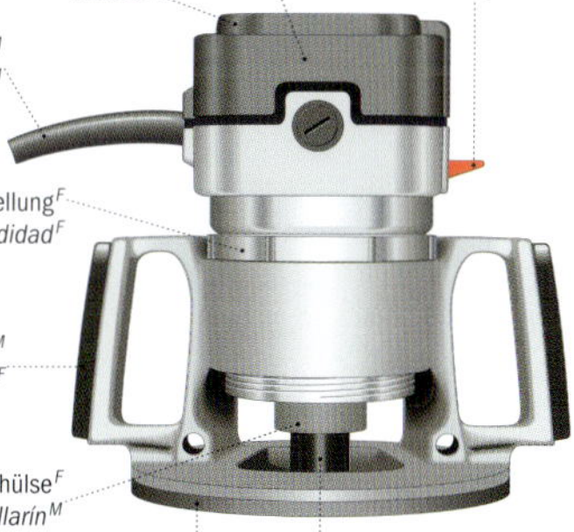

Flachfeile[F]
lima[F]

Stemmeisen[N]
escoplo[M]

Ziergarten^M
jardín^M

verschiedene Geräte^N^
equipamiento^M^ vario

Kompostkiste^F^
cajón^M^ de abono^M^ compuesto

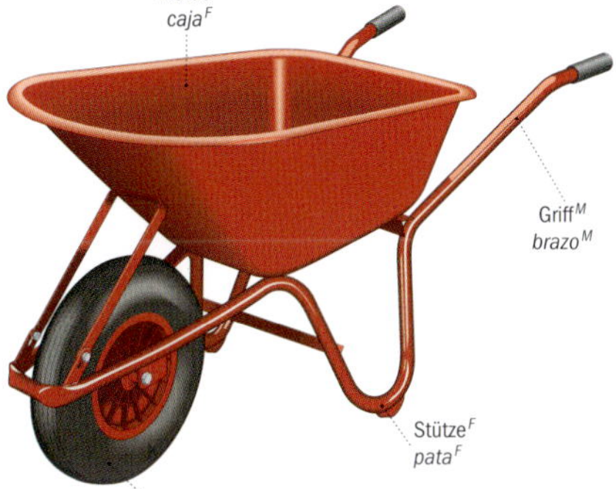

Schubkarre^F^
carretilla^F^

Werkzeuge^N^ zum Säen^N^ und Pflanzen^N^
herramientas^F^ para sembrar y plantar

Pflanzschnur^F^
cuerda^F^

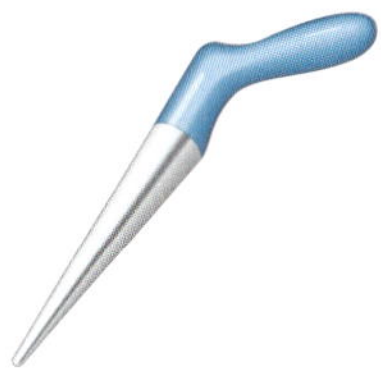

Pflanzholz^N^
plantador^M^

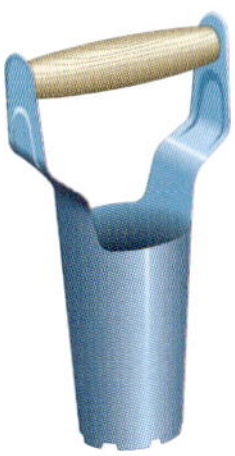

Pflanzlochstecher^M^
plantador^M^ de bulbos^M^

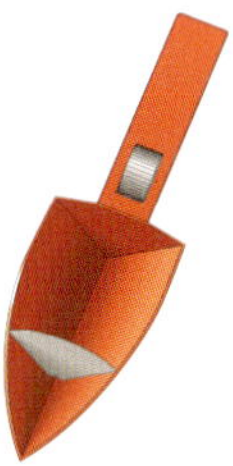

Säkelle^F^
sembradora^F^ de mano^F^

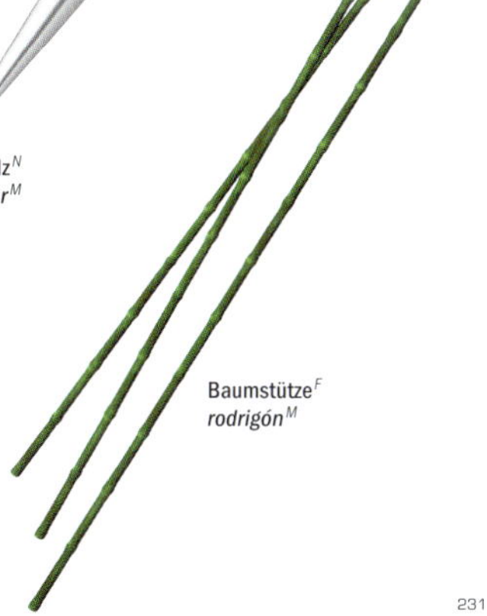

Baumstütze^F^
rodrigón^M^

Handwerkzeuge^{N}

juego^{M} de pequeñas herramientas^{F}

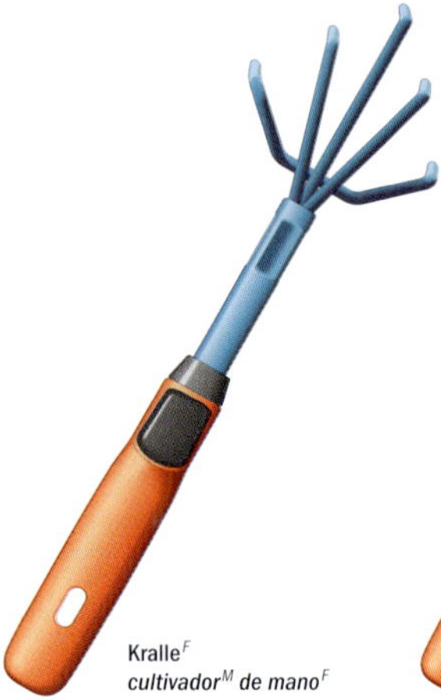

Kralle^{F}
cultivador^{M} de mano^{F}

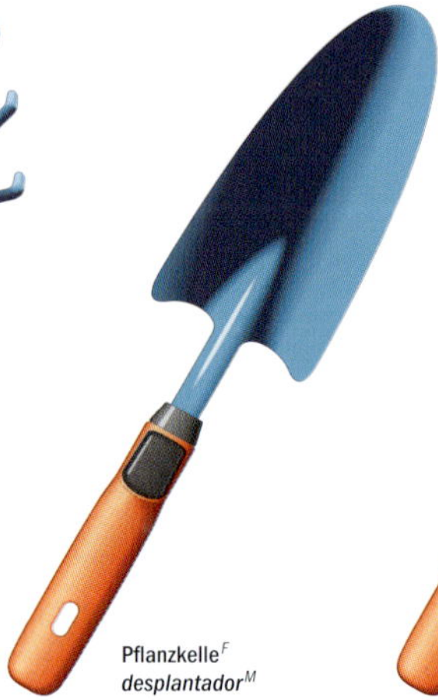

Pflanzkelle^{F}
desplantador^{M}

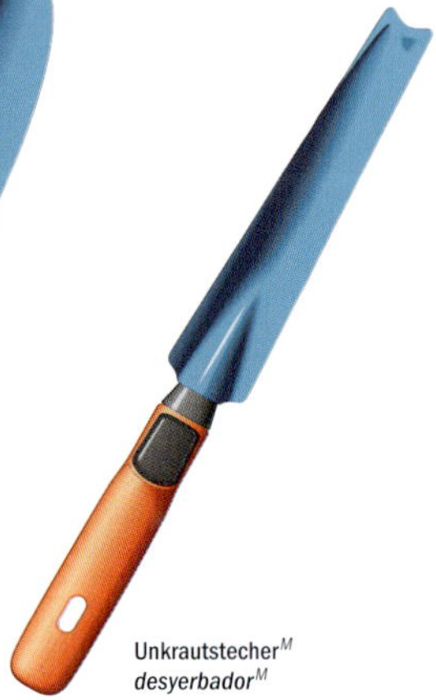

Unkrautstecher^{M}
desyerbador^{M}

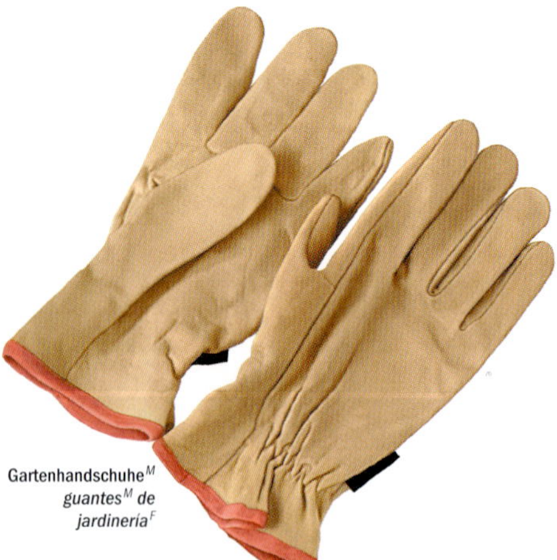

Gartenhandschuhe^{M}
guantes^{M} de jardinería^{F}

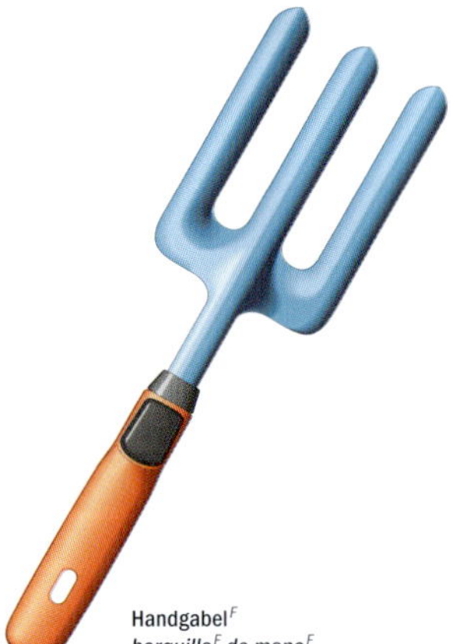

Handgabel^{F}
horquilla^{F} de mano^{F}

Geräte^{N} zur Erdbewegung^{F}

herramientas^{F} para remover la tierra^{F}

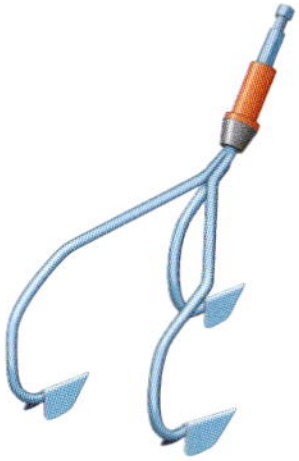

Handkultivator^{M}
cultivador^{M}

Kombihacke^{F}
azuela^{F}

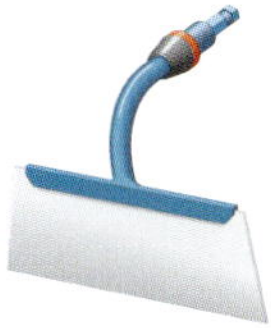

Rübenhacke^{F}
azada^{F}

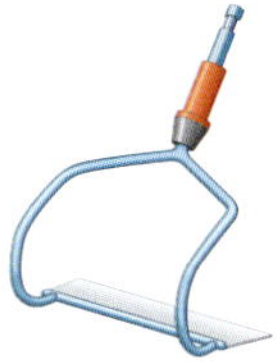

Ziehhacke^{F}
azada^{F} de doble filo^{M}

Spaten^{M}
laya^{F}

Grabschaufel^{F}
pala^{F}

Grabgabel^{F}
horca^{F}

Rechen^{M}
rastrillo^{M}

Rodehacke^{F}
azadón^{M}

Kreuzhacke^{F}
pico^{M}

Kantenstecher^{M}
cuchilla^{F} para delimitar el césped^{M}

Schneidwerkzeuge[N]

herramientas[F] para cortar

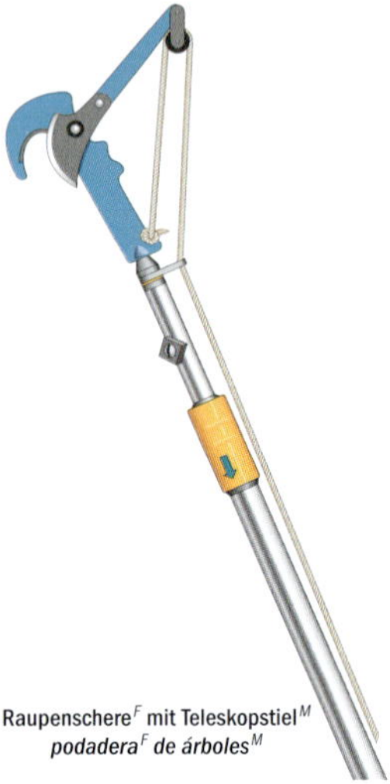

Raupenschere[F] mit Teleskopstiel[M]
podadera[F] de árboles[M]

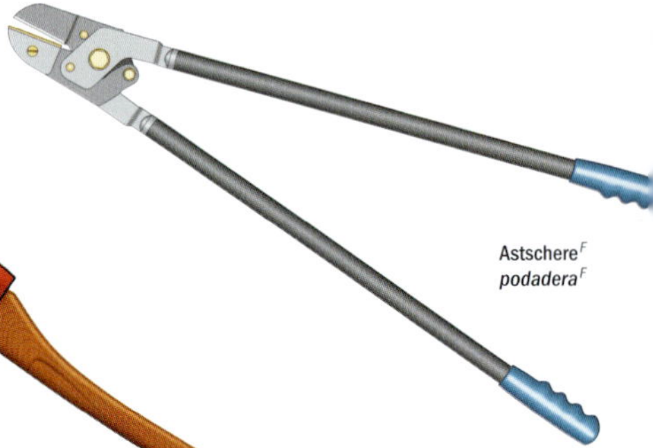

Astschere[F]
podadera[F]

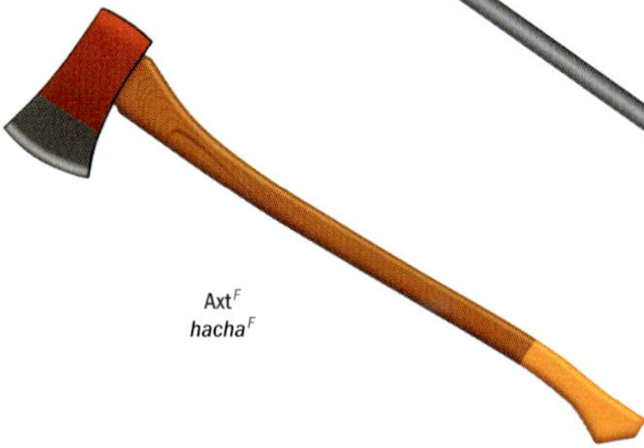

Axt[F]
hacha[F]

Baumschere[F]
tijeras[F] de podar

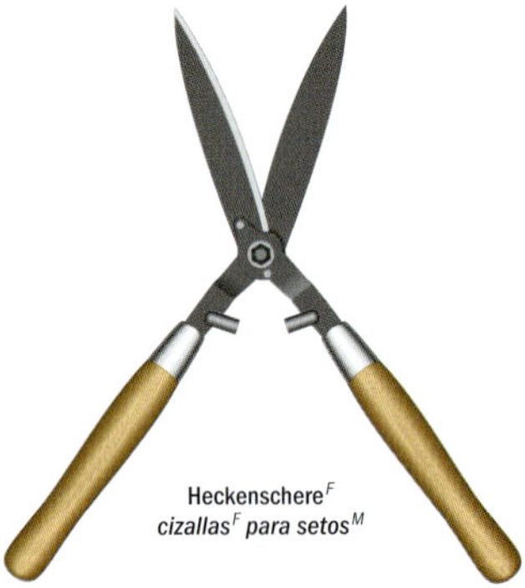

Heckenschere[F]
cizallas[F] para setos[M]

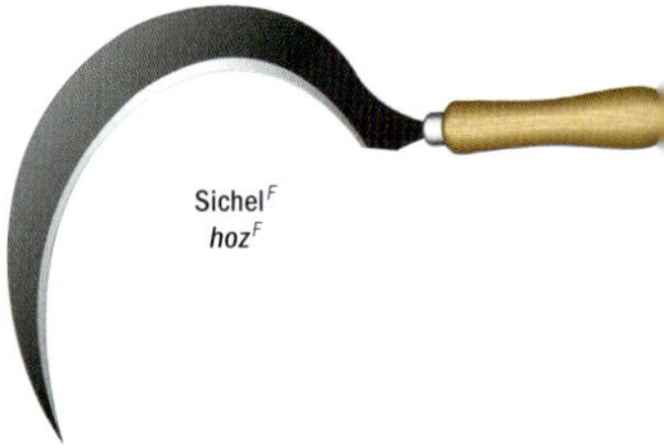

Sichel[F]
hoz[F]

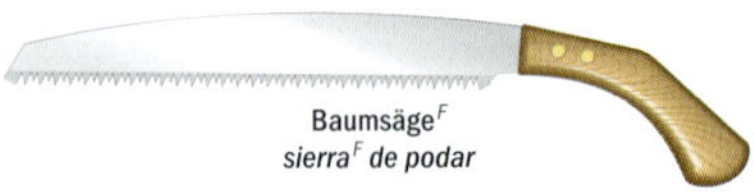

Baumsäge[F]
sierra[F] de podar

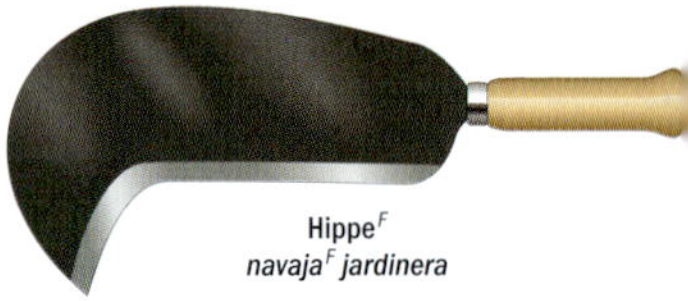

Hippe[F]
navaja[F] jardinera

elektrische Heckenschere F
cortasetos M eléctrico

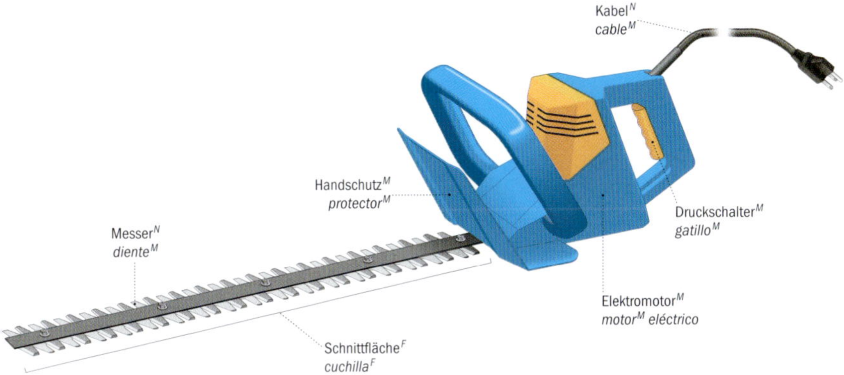

Kettensäge F
sierra F de cadena F

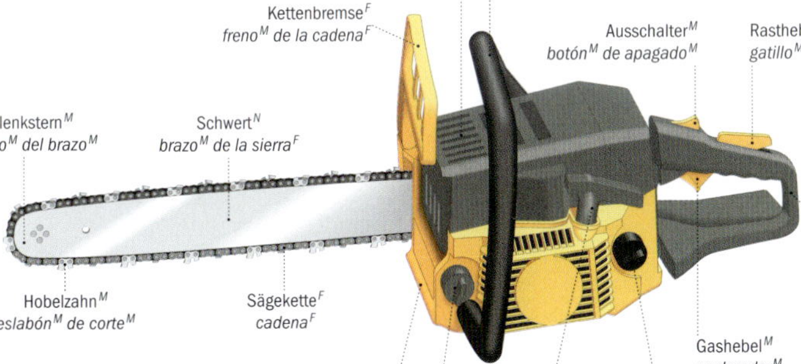

Gießgeräte^N
herramientas^F para regar

Sprühflasche^F
pulverizador^M

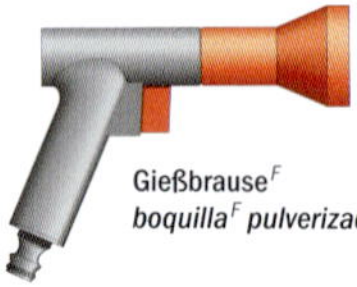

Gießbrause^F
boquilla^F pulverizadora

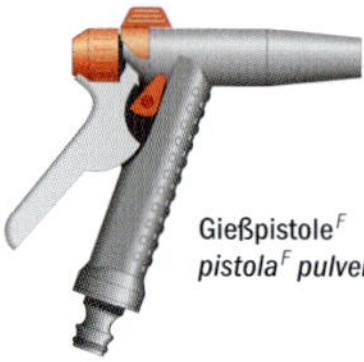

Gießpistole^F
pistola^F pulverizadora

Regnerschlauch^M
manguera^F de riego^M

Gartenspritze^F
pulverizador^M

Gießkanne^F
regadera^F

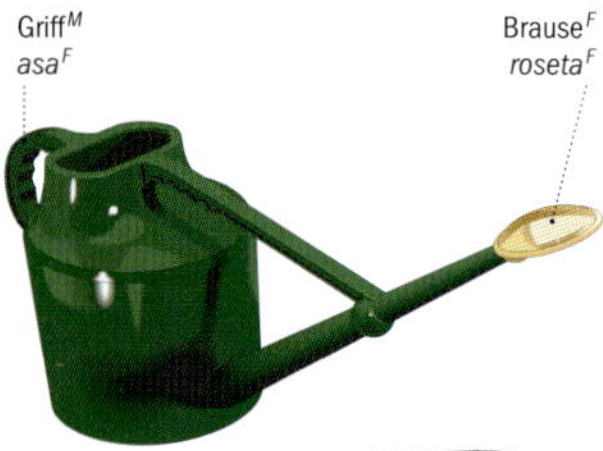

Impulsregner
irrigador^M de impulso

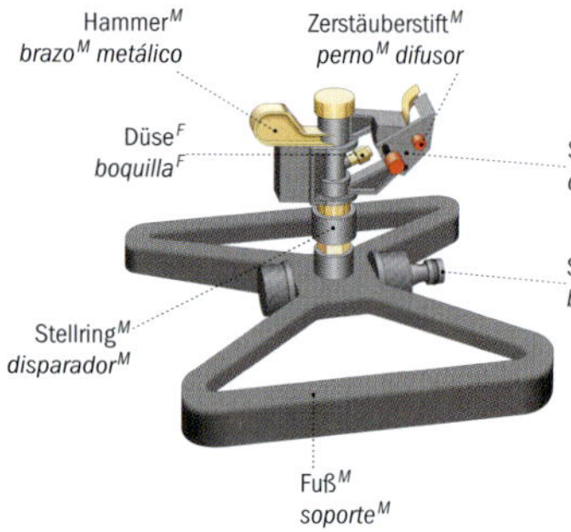

Schlauchwagen^M
carretilla^F para manguera^F

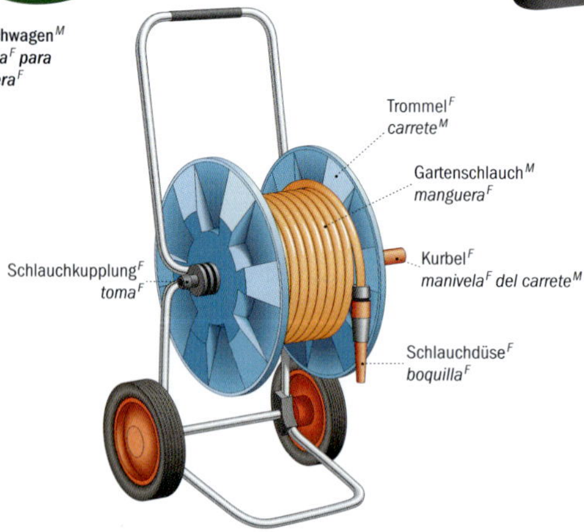

Viereckregner
irrigador^M oscilant

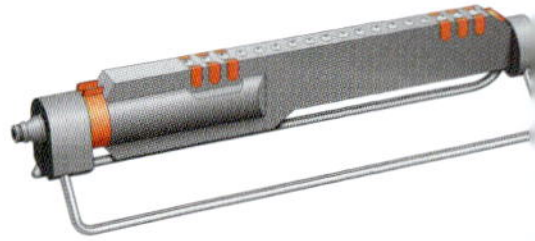

Kreisregner
irrigador^M giratori

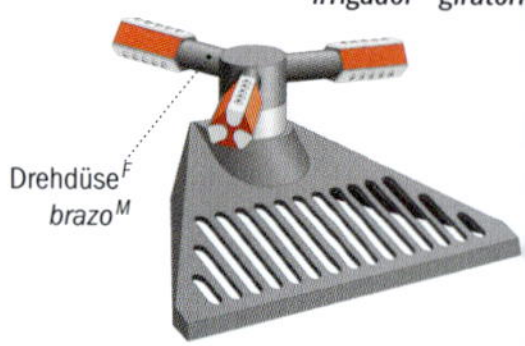

Rasenpflege^{F}
cuidado^{M} del césped^{M}

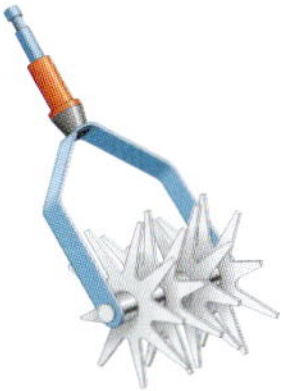

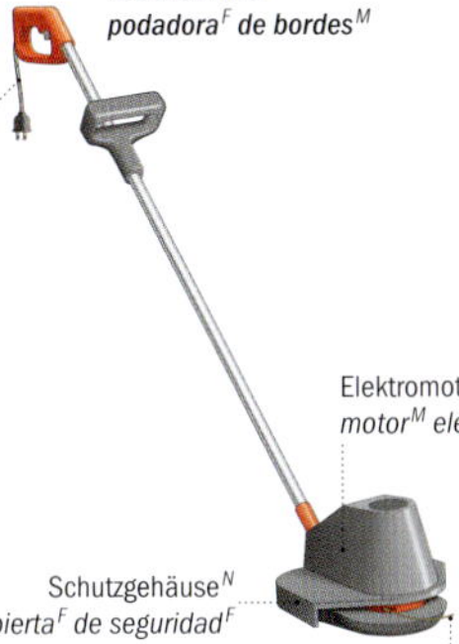

Motorrasenmäher^{M}
cortacésped^{M} con motor^{M}

Kopfbedeckungen[F]
sombreros[M]

Herrenkopfbedeckungen[F]
sombreros[M] de hombre[M]

Filzhut[M]
sombrero[M] de fieltro[M]

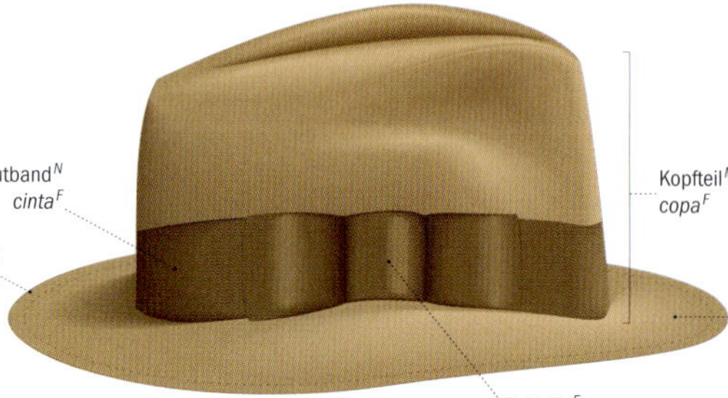

Strohhut[M]
canotier[M]

Käppchen[N]
solideo[M]

Melone[F]
sombrero[M] de hongo[M]

Fellmütze[F]
gorra[F] de cuartel[M]

Zylinder[M]
chistera[F]

Kosakenmütze[F]
chapka[F]

Jagdkappe[F]
gorra[F] noruega

Schirmmütze[F]
gorra[F]

Panamahut[M]
panamá[M]

Damenkopfbedeckungen[F]
sombreros[M] de mujer[F]

Pillbox[F]
sombrero[M] sin alas[F]

Wagenradhut[M]
pamela[F]

Topfhut[M]
sombrero[M] de campana[F]

Toque[F]
toca[F]

Regenhut[M]
gorro[M] de marinero[M]

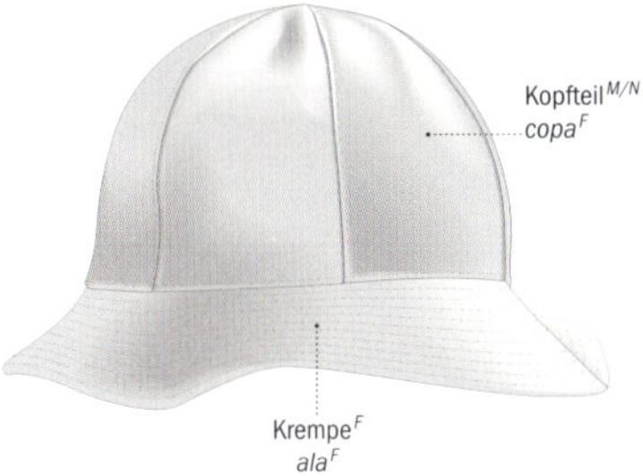

Turban[M]
turbante[M]

Südwester[M]
sueste[M]

Unisex-Kopfbedeckungen[F]
sombreros[M] unisex

Kapuzenmütze[F]
pasamontañas[M]

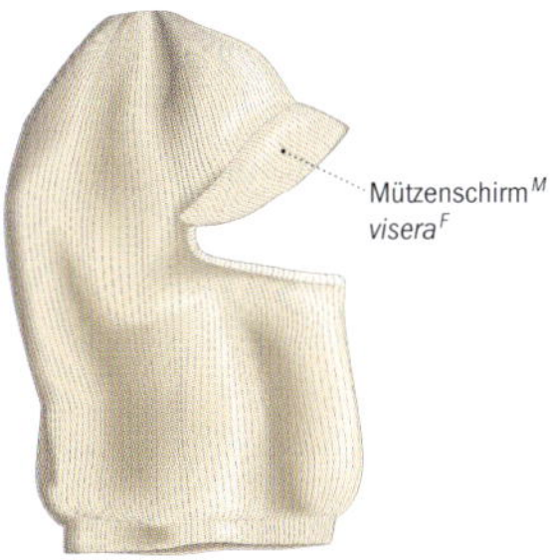

Baskenmütze[F]
boina[F]

Pudelmütze[F]
gorro[M] de punto[M] con borla[F]

Filzhut[M]
sombrero[M] de fieltro[M]

Schuhe[M]

calzado[M]

Herrenschuhe[M]
zapatos[M] de hombre[M]

Arbeitsstiefel[M]
bota[F] de trabajo[M]

Boot[M]
media bota[F]

Überziehschuh[M]
chanclo[M] de goma[F]

Halbstiefel[M]
botín[M]

Herrenhalbschuh[M]
zapato[M] oxford

Schnürschuh[M]
zapato[M] de cordones[M]

Damenschuhe^{M}
zapatos^{M} de mujer^{F}

Sandalette^{F} mit Fersenriemen^{M}
sandalia^{F}

Ballerinaschuh^{M}
bailarina^{F}

Slingpumps^{M}
zapato^{M} de talón^{M} abierto

Pumps^{M}
zapato^{M} de salón^{M}

Stegspangenschuh^{M}
zapato^{M} de correa^{F}

Einspangenschuh^{M}
zapato^{M} de tacón^{M} con correa^{F}

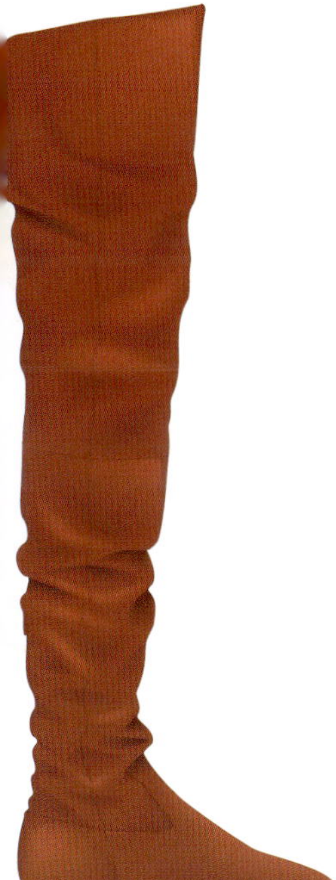

Schaftstiefel^{M}
bota^{F} de medio muslo^{M}

Stiefel^{M}
bota^{F}

Straßenschuh^{M}
zapato^{M} con cordones^{M}

knöchelhohe Stiefelette^{F}
botín^{M}

Unisex-Schuhe^{M}
calzado^{M} unisex

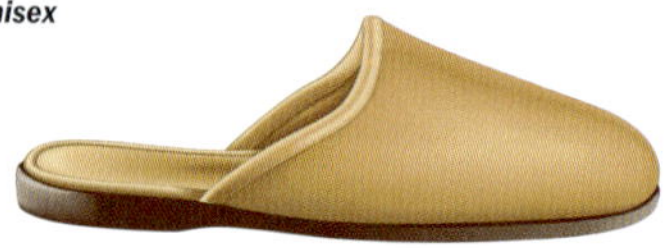

Pantoffel^{M}
pantufla^{F}

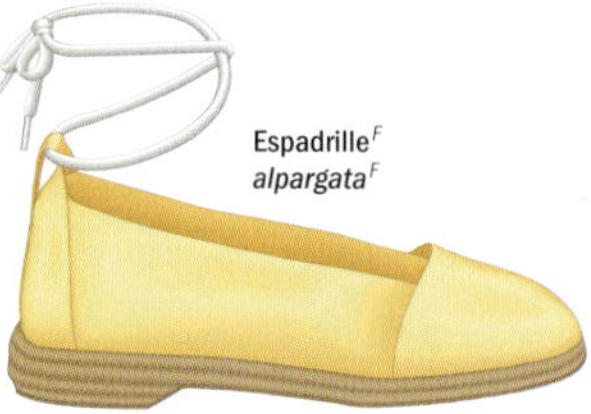

Espadrille^{F}
alpargata^{F}

Tennisschuh^{M}
zapatilla^{F} de tenis^{M}

Slipper^{M}
mocasín^{M}

Sandale^{F} mit
Zehenriemchen^{N}
sandalia^{F}

Mokassin^{M}
mocasín^{M}

Römerpantolette^{F}
chancleta^{F} playera

Pantolette^{F}
chancleta^{F}

Sandale^{F}
sandalia^{F}

Wanderschuh^{M}
bota^{F} de montaña^{F}

Herrenhandschuhe^{M}
guantes^{M} de hombre^{M}

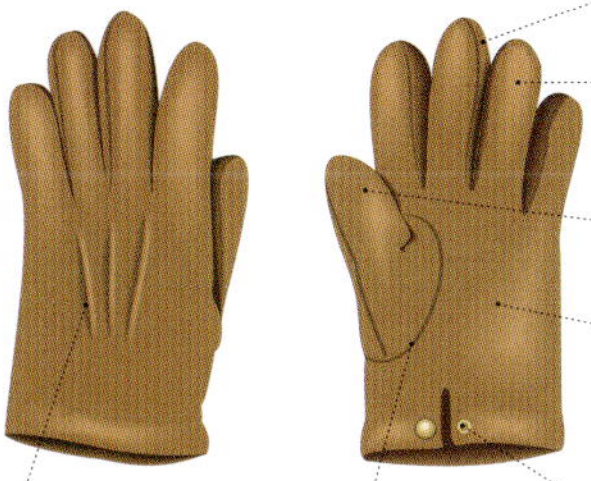

Handschuh^{M}-Außenseite^{F}
dorso^{M} de un guante^{M}

Handschuh^{M}-Innenseite^{F}
palma^{F} de un guante^{M}

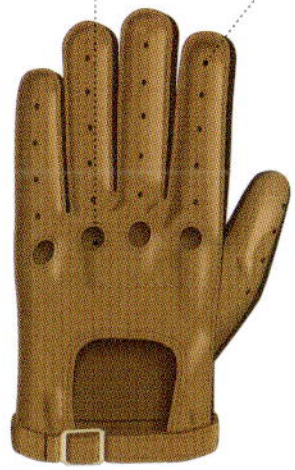

Autohandschuh^{M}
guante^{M} para conducir

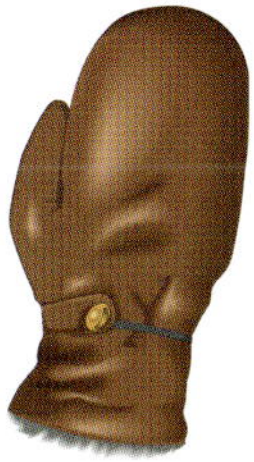

Fäustling^{M}
manopla^{F}

Damenhandschuhe^{M}
guantes^{M} de mujer^{F}

Kurzhandschuh^{M}
guante^{M} corto

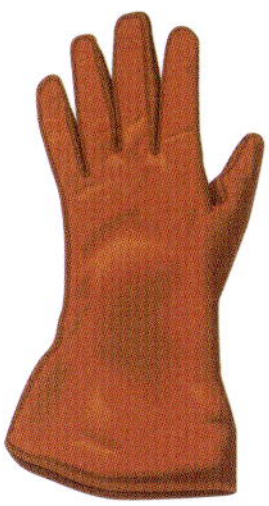

Langhandschuh^{M}
guante^{M} a la muñeca^{F}

Stulpenhandschuh^{M}
manopla^{F}

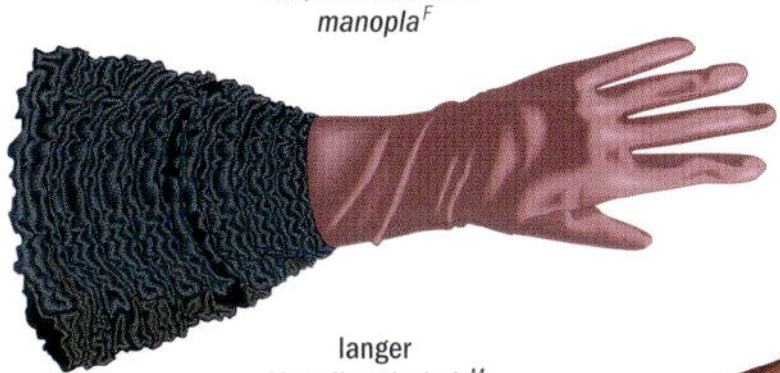

langer Abendhandschuh^{M}
guante^{M} largo

fingerloser Spitzenhandschuh^{M}
mitón^{M} largo

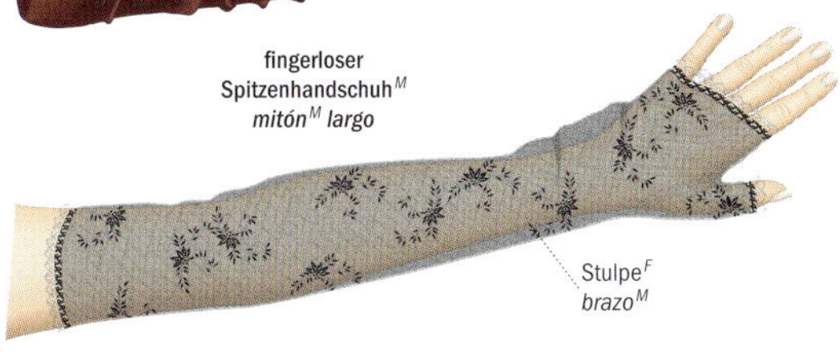

Herrenkleidung^{F}
ropa^{F} de hombre^{M}

Jackett^{N} und Weste^{F}
chaquetas^{F} y chalecos^{M}

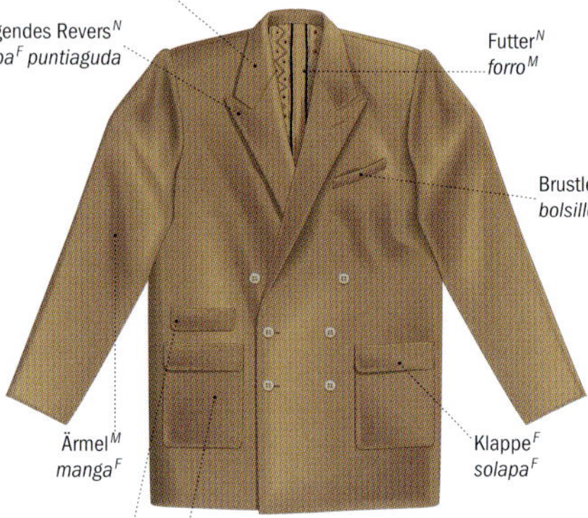

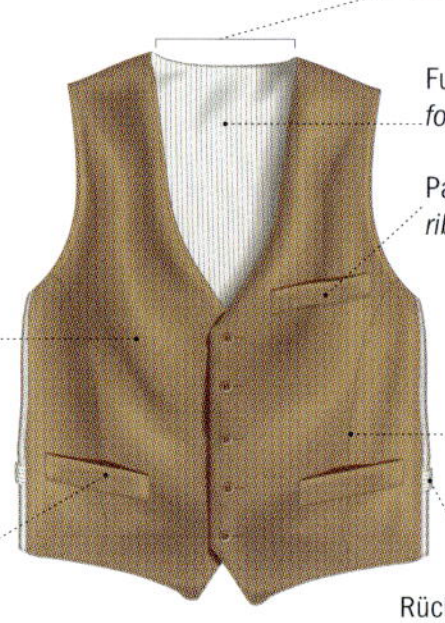

KLEIDUNG

Hemd[N]
camisa[F]

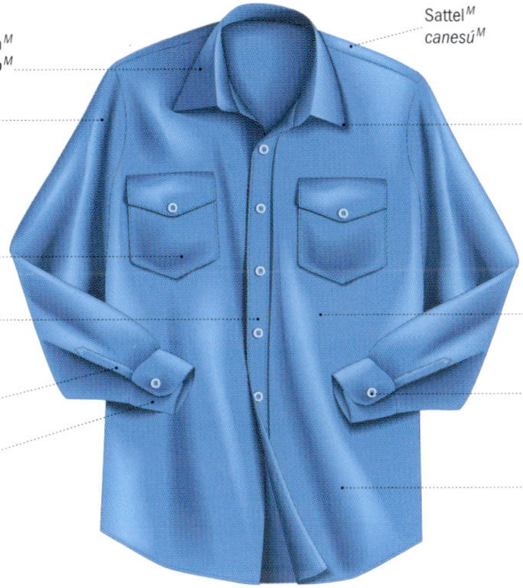

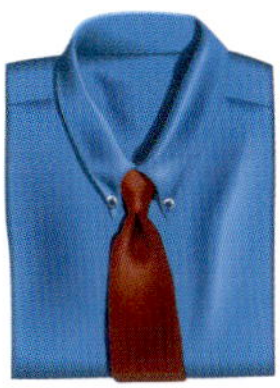

Button-Down-Kragen[M]
cuello[M] con botones[M]

Krawattenschal[M]
corbata[F] inglesa

Fliege[F]
pajarita[F]

gespreizter Kragen[M]
cuello[M] italiano

Krawatte[F]
corbata[F]

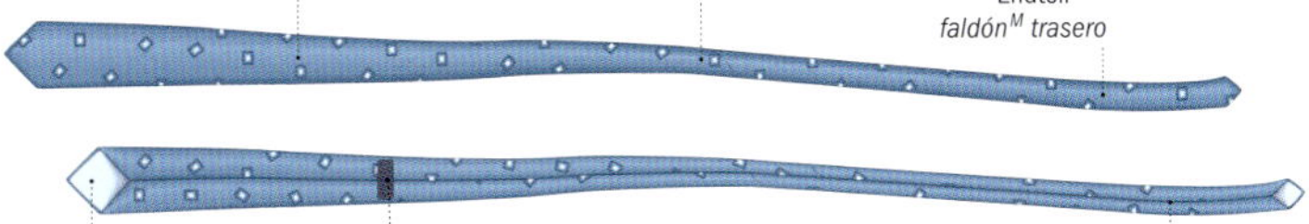

KLEIDUNG

Hose^F
pantalones^M

Gesäßtasche^F
bolsillo^M ***trasero***

Klips^M
pinza^F

Hosenträger^M
tirantes^M

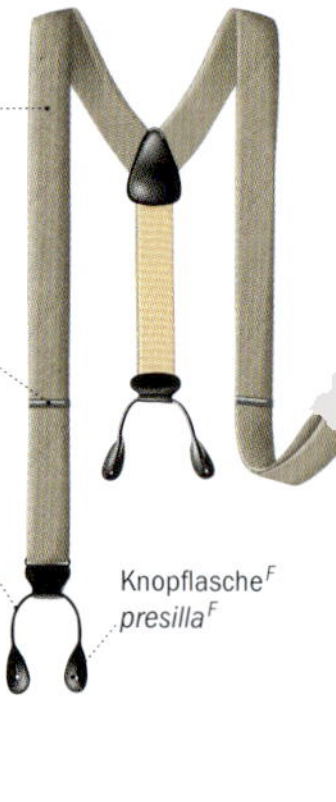

Gürtel^M
cinturón^M

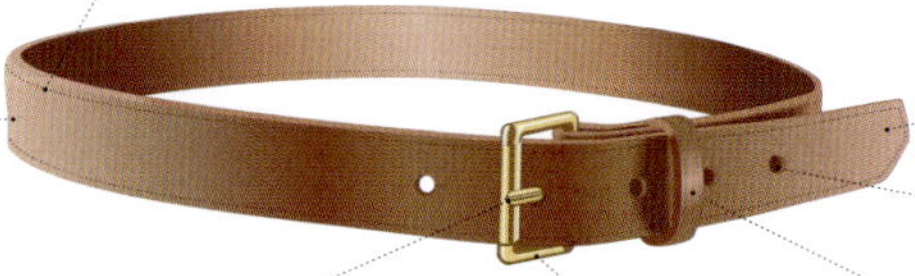

KLEIDUNG

Unterwäsche^{F}
ropa^{F} interior

Trägerhemd^{N}
camiseta^{F}

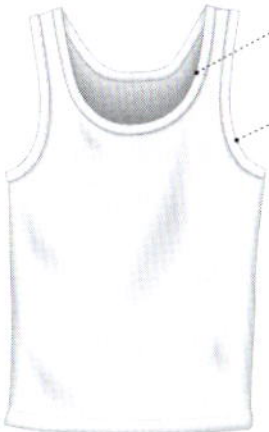

Slip^{M}
calzoncillos^{M}

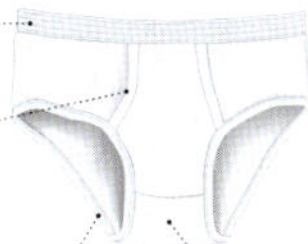

Hemdhose^{F}
pijama^{M} de una pieza^{F}

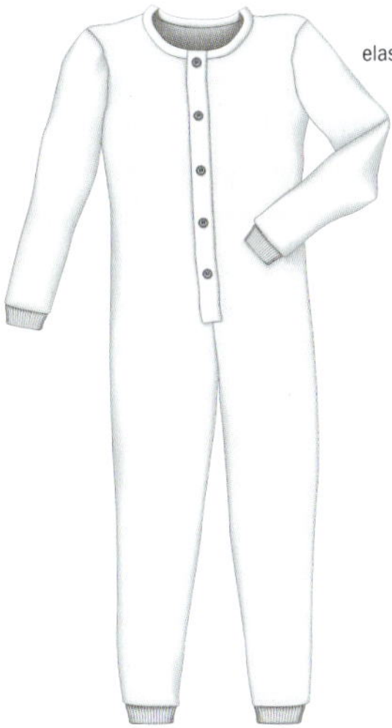

lange Unterhose^{F}
calzoncillos^{M} largos

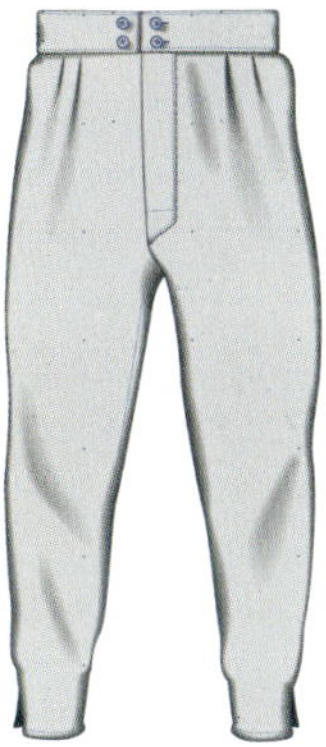

Minislip^{M}
slip^{M}

Boxershorts^{F}
calzoncillos^{M}

Socken^{F}
calcetines^{M}

Kniestrumpf^{M}
calcetín^{M} largo ejecutivo

Wadenstrumpf^{M}
calcetín^{M} a media pantorrilla^{F}

Knöchelsocke^{F}
calcetín^{M} corto

Mäntel^{M} und Jacken^{F}
abrigos^{M} e impermeables^{F}

Regenmantel^{M}
impermeable^{M}

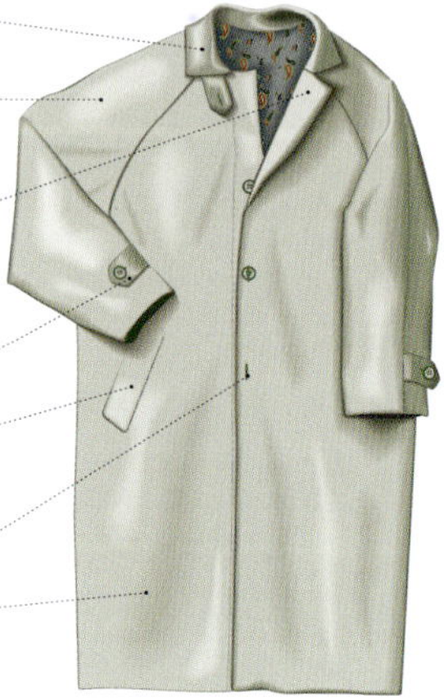

Kragen^{M}
cuello^{M}

Raglanärmel^{M}
manga^{F} raglán

abfallendes Revers^{N}
solapa^{F} con ojal^{M}

Spange^{F}
lengüeta^{F}

schräge Pattentasche^{F}
bolsillo^{M} de ribete^{M} ancho

Knopfloch^{N}
ojal^{M}

Seitenteil$^{M/N}$
paño^{M} lateral

Mantel^{M}
abrigo^{M}

abfallendes Rever
solapa^{F} con ojal^{M}

Brusttasche^{F}
bolsillo^{M} superior

Taillenabnäher^{M}
pinza^{F}

Klappentasche^{F}
bolsillo^{M} con cart

Trenchcoat^{M}
trinchera^{F}

Wendekragen^{M}
cuello^{M} de doble vista^{F}

Koller^{N}
protector^{M}

zweireihig
botonadura^{F} cruzada

Gürtel^{M}
cinturón^{M}

Gürtelschlaufe^{F}
presilla^{F} del cinturón^{M}

Schnalle^{F}
hebilla^{F}

Schulterklappe^{F}
hombrera^{F}

Raglanärmel^{M}
manga^{F} raglán

Riegel^{M}
presilla^{F} de la manga^{F}

Ärmellasche^{F}
correa^{F} de la manga^{F}

schräge Pattentasche^{F}
bolsillo^{M} de ribete^{M} ancho

dreiviertellange Jacke^{F}
abrigo^{M} de tres cuartos

Parka[M]
parka[F]

Lammfelljacke[F]
zamarra[F]

Dufflecoat[M]
trenca[F]

Blouson[M]
cazadora[F]

Windjacke[F]
cazadora[F]

Pullover^{M}

jerseys^{M}

Strickjacke^{F} mit V-Ausschnitt^{M}
cárdigan^{M}

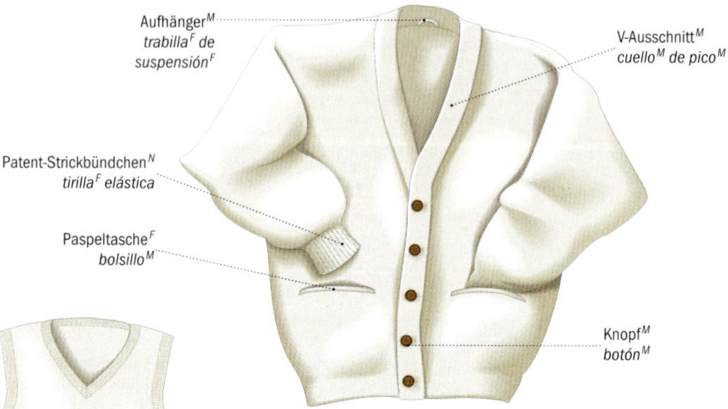

Pullunder^{M}
chaleco^{M} de punto^{M}

Poloshirt^{N}
polo^{M}

Rollkragenpullover^{M}
jersey^{M} de cuello^{M} de tortuga^{F}

Pullover^{M} mit halsnahem Ausschnitt^{M}
jersey^{M} de cuello^{M} redondo

Strickjacke^{F}
chaqueta^{F} de punto^{M}

Kostüm[N]
traje[M] de chaqueta[F]

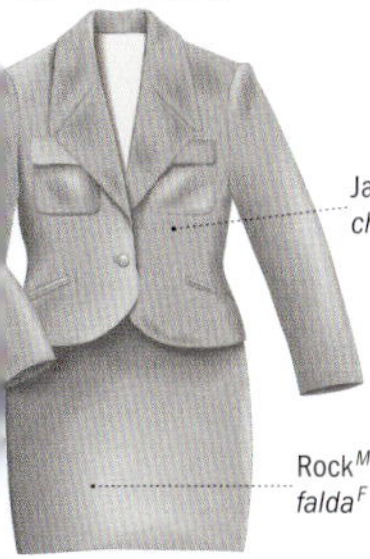

Raglanmantel[M]
abrigo[M] raglán

Mäntel[M] und Jacken[F]
chaquetones[M] y abrigos[M]

Redingote[F]
abrigo[M] redingote

Pelerine[F]
brigo[M] con esclavina[F]

Cape[N]
capa[F]

Cabanjacke[F]
chaquetón[M] marinero

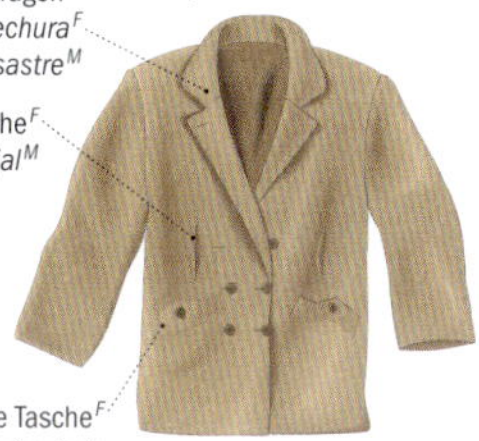

Mantel[M]
abrigo[M]

Autocoat[M]
chaquetón[M] de tres cuartos

Blazer[M]
chaquetón[M]

Poncho[M]
poncho[M]

Beispiele[N] für Kleider[N]
ejemplos[M] de vestidos[M]

Schlauchkleid[N]
recto[M] entallado

Prinzesskleid[N]
corte[M] princesa[F]

Mantelkleid[N]
traje[M] cruzado

Polokleid[N]
vestido[M] de camiseta[F]

Hauskleid[N]
vestido[M] camisero sin mangas[F]

Hemdblusenkleid[N]
vestido[M] camisero

Kleid[N] mit angesetztem Schoß[M]
vestido[M] de talle[M] bajo

Kleid[N] in Trapez-Form[F]
vestido[M] acampanado

leichtes Sonnenkleid[N]
vestido[M] de tirantes[M]

Wickelkleid[N]
vestido[M] cruzado

Tunikakleid[N]
túnica[F]

Trägerrock[M]
pichi[M]

Beispiele^{N} für Röcke^{M}
ejemplos^{M} de faldas^{F}

Bahnenrock^{M}
falda^{F} de piezas^{F}

Schottenrock^{M}
falda^{F} escocesa

Sarong^{M}
falda^{F} sarong^{M}

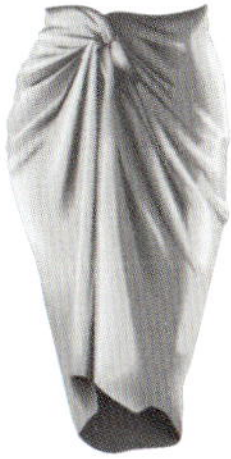

Wickelrock^{M}
falda^{F} cruzada

Etuirock^{M}
falda^{F} de tubo^{M}

Stufenrock^{M}
falda^{F} de volantes^{M}

gerader Rock^{M}
falda^{F} recta

Sattelrock^{M}
falda^{F} acampanada

Kräuselrock^{M}
falda^{F} fruncida

Hosenrock^{M}
falda^{F} pantalón^{M}

Beispiele^{N} für Falten^{F}
ejemplos^{M} de tablas^{F}

Kellerfalte^{F}
tabla^{F} delantera

Gehfalte^{F}
tabla^{F} abierta

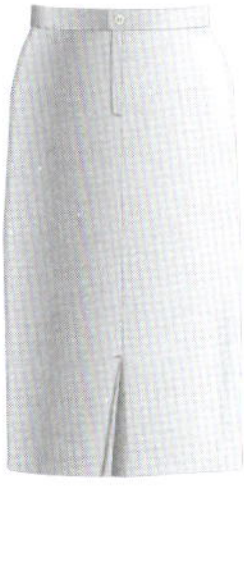

Bahnenplissee^{N}
plisada

abgesteppte Falte^{F}
pespunteada

einfache Falte^{F}
tablas^{F}

Beispiele[N] für Hosen[F]
ejemplos[M] de pantalones[M]

Shorts[F]
pantalón[M] corto

Bermudashorts[F]
bermudas[M]

Kniebundhose[F]
bombachos[M]

Caprihose[F]
pirata[M]

Jeans[F]
vaqueros[M]

Steghose[F]
pantalones[M] de tubo[M]

Steg[M]
trabilla[F]

Overall[M]
buzo[M]

Latzhose[F]
pantalón[M] peto[M]

Schlaghose[F]
pantalones[M] acampanados

Westen[F] und Jacken[F]
chalecos[M], jerseys[M] y chaquetas[F]

Bolero[M]
bolero[M]

Spenzer[M]
bolero[M] con botones[M]

Blazer[M]
americana[F]

Safarijacke^F
sahariana^F

Weste^F
chaleco^M

Twinset^N
jerseys^M combinados

Beispiele^N für Blusen^F und Hemden^N
ejemplos^M de blusas^F

Bodyshirt^N
body^M

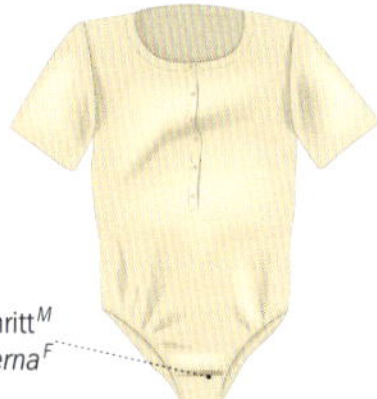

Matrosenbluse^F
camisa^F marinera

klassische Bluse^F
camisera^F clásica

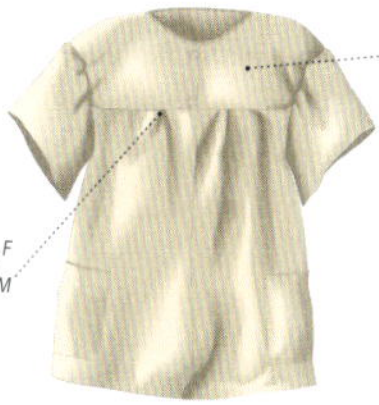

Kittelbluse^F
blusón^M

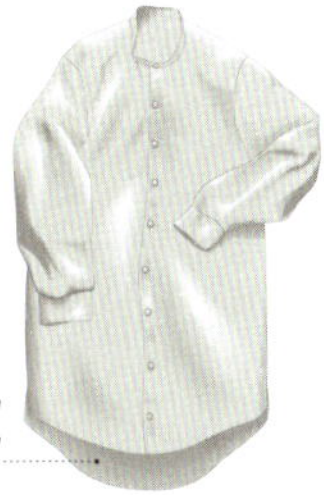

Hosenbluse^F
camisa^F

Arbeitskittel^M
blusón^M con tirilla^F

Wickelbluse^F
chaqueta^F cruzada

Polohemd^N
polo^M

Tunika^F
casaca^F

KLEIDUNG

Nachtwäsche^{F}
lencería^{F}

Kimono^{M}
kimono^{M}

Nachthemd^{N}
camisón^{M}

Baby-Doll^{N}
picardía^{M}

Schlafanzug^{M}
pijama^{M}

Negligé^{N}
bata^{F}

Bademantel^{M}
albornoz^{M}

Strümpfe^{M}
medias^{F}

Kniestrumpf^{M}
calcetín^{M} largo

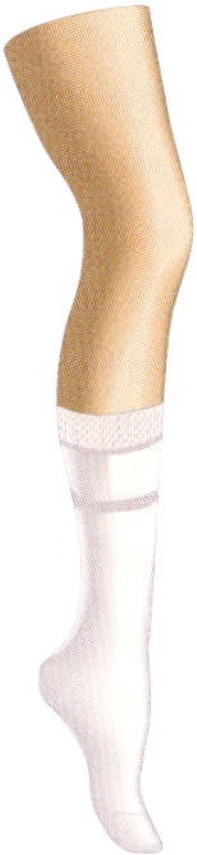

Socke^{F}
calcetín^{M}

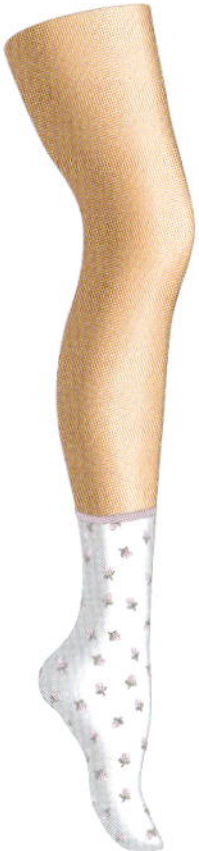

Söckchen^{N}
tobillera^{F}

Kurzsocke^{F}
calcetín^{M}

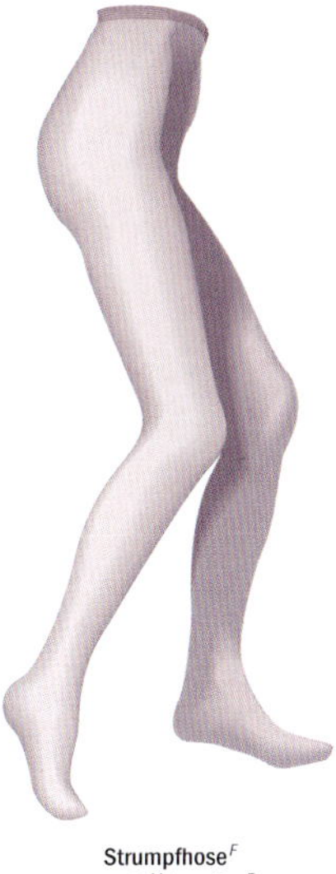

Strumpfhose^{F}
pantis^{M}/medias^{F}

Strumpf^{M}
media^{F}

Overknee-Strumpf^{M}
media^{F} antideslizante

Netzstrumpf^{M}
media^{F} de malla^{F}

Unterwäsche^{F}
ropa^{F} interior

Korselett^{N}
faja^{F} con sostén^{M}

Camisol^{N}
camisola^{F}

Teddy^{M}
canesú^{M}

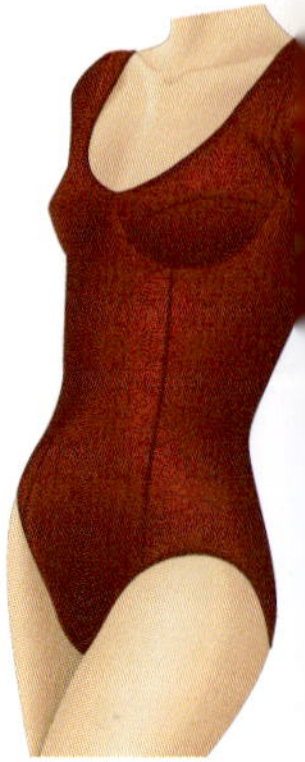

Bodysuit^{M}
body^{M}

Panty-Korselett^{N}
faja^{F} corsé^{M}

Unterrock^{M}
falda^{F} combinación^{F}

Prinzessnaht^{F}
costura^{F} de corte^{M} princesa^{F}

Vollachsel-Unterkleid^{N}
combinación^{F}

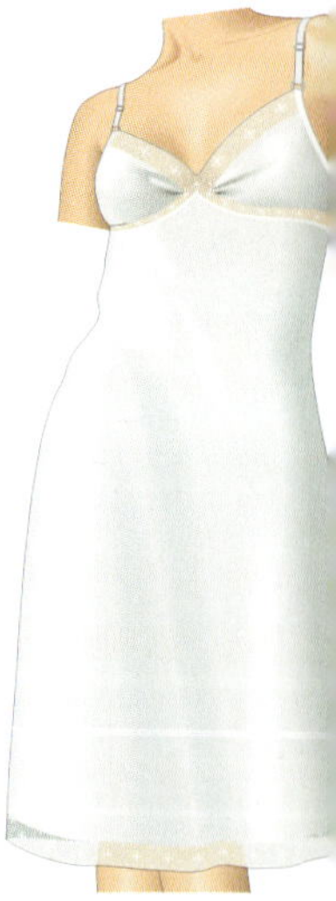

Unterkleid^{N}
combinación^{F} con sujetador^{M}

Torselett^{N}
corsé^{M} de cintura^{F} de avispa^{F}

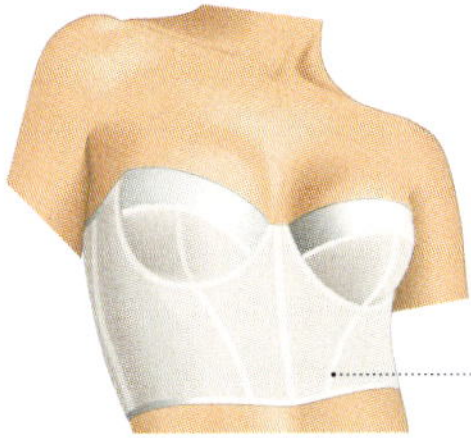

trägerloser Büstenhalter^{M}
sujetador^{M} sin tirantes^{M}

Dirndl-BH^{M}
sujetador^{M} de aros^{M}

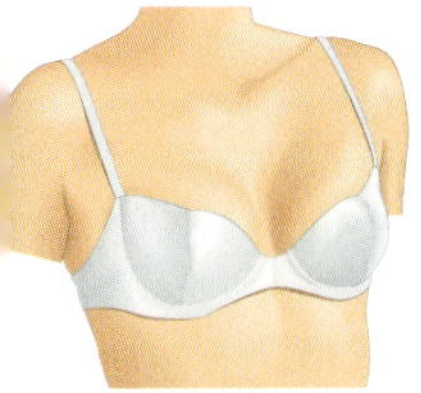

Halbschale^{F}
sujetador^{M} de escote^{M} bajo

Mieder^{N}
faja^{F}

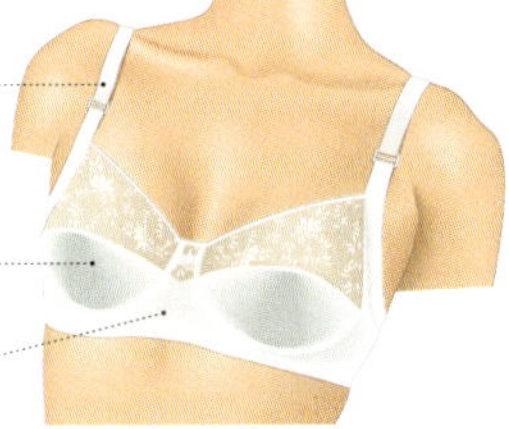

BH^{M}
sujetador^{M}

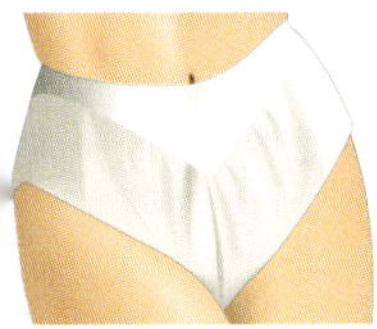

Slip^{M}
braga^{F}

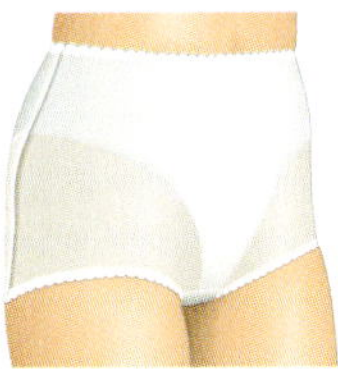

Miederhose^{F}
faja^{F} braga

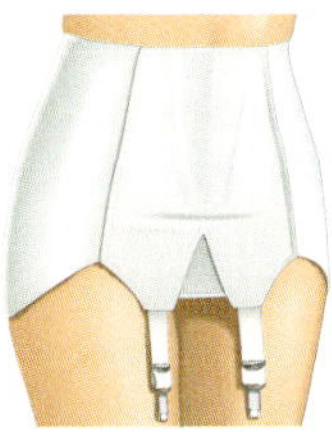

Korsett^{N}
faja^{F} con liguero^{M}

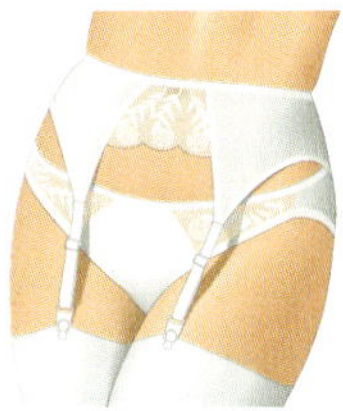

Strumpfhaltergürtel^{M}
liguero^{M}

Babybekleidung[F]

ropa[F] de bebé[M]

Strampelhöschen[N]
pantalón[M] de peto[M]

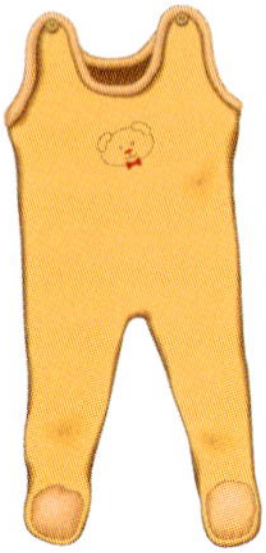

Schneesack[M]
saco[M] portabebé[M]

Fäustling[M]
manoplas[M]

Babyschuh[M]
botín[M]

Badetuch[N] mit Kapuze[F]
toalla[F] con capuchón[M]

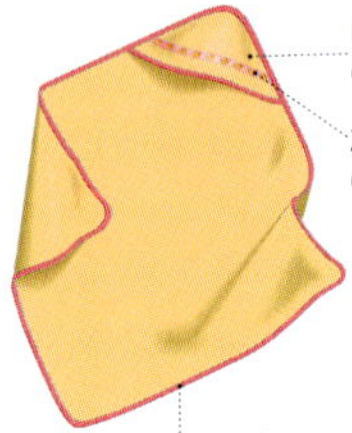

Body[M]
body[M]

Rüschenstrumpfhose[F]
mallas[F] con volantes[M]

zweiteiliger Schlafanzug[M]
pelele[M] de dos piezas[F]

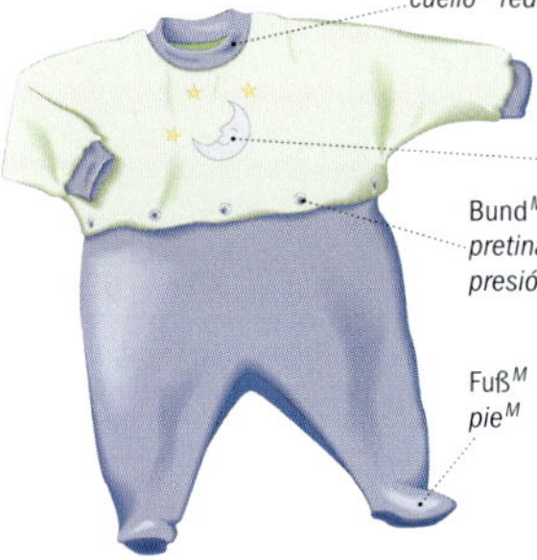

Latzhose[F] mit hohem Rückenteil[M/N]
pantalón[M] de peto[M]

Hemdchen[N]
camiseta[F]

Windel[F]
pañal[M]

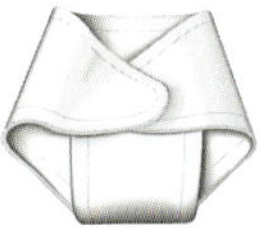

Rüschenhöschen[N]
braga[F] de volantes[M]

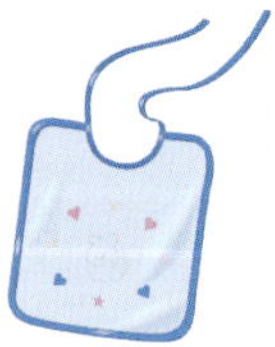

Lätzchen[N]
babero[M]

Gummihöschen
pañal[M] desechab

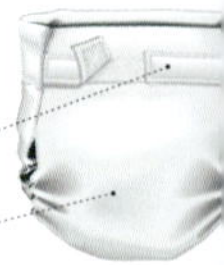

Wagenanzug^{M}
pelele^{M}

Schlafanzug^{M}
pelele^{M}

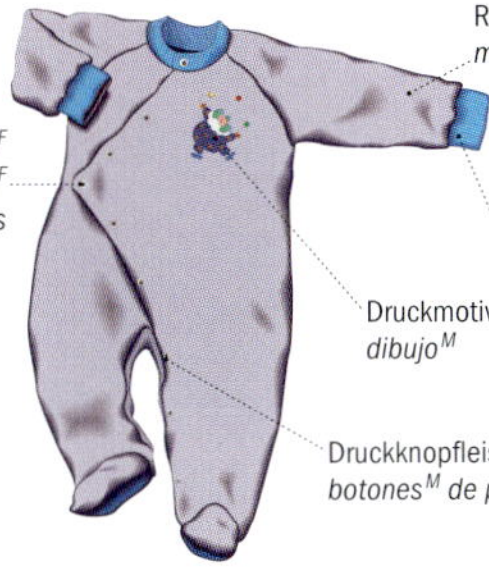

Kinderbekleidung^{F}
ropa^{F} de niños^{M}

KLEIDUNG

Latzhose^{F} mit gekreuzten Rückenträgern^{M}
pantalones^{M} de peto^{M}

Schneeanzug^{M}
traje^{M} para nieve^{F}

Schlafanzug^{M} in Schlupfform^{F}
pijama^{M}

T-Shirt Kleid^{N}
camiseta^{F} de cuerpo^{M} entero

Spielanzug^{M}
ranita^{F}

Sportset^{N}
conjunto^{M} deportivo

Overall^{M}
mono^{M}

Sportkleidung^{F}

ropa^{F} deportiva

Joggingschuh^{M}
zapatilla^{F} deportiva

Trainingsanzug^{M}
traje^{M} de entrenamiento^{M}

Sweatshirt^{N} mit Kapuze^{F}
sudadera^{F} con capucha^{F}

Trainingshose^{F}
pantalones^{M} de chándal^{M}

Sweatshirt^{N}
sudadera^{F}

Fleece-Jacke^{F}
chaqueta^{F} polar

Sportkleidung[F]
ropa[F] para ejercicio[M]

Badehose[F]
traje[M] de baño[M]

Badeanzug[M]
traje[M] de baño[M]

Leggins[F]
mallas[F]

Trikot[N]
body[M]

Trägerhemd[N]
camiseta[F]

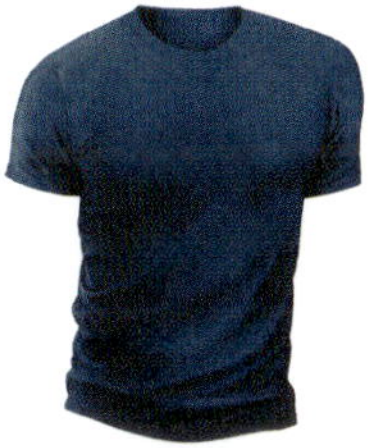

T-Shirt[N]
camiseta[F]

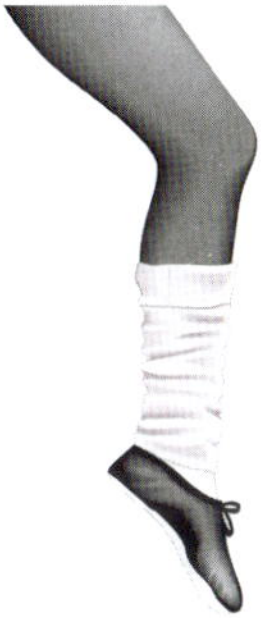

Legwarmer[M]
calentador[M] de pierna[F]

Hose[F]
pantalones[M]

Anorak[M]
anorak[M]

Shorts[F]
pantalón[M] de boxeo[M]

Radhose[F]
pantalón[M] ciclista[M]

KLEIDUNG

Schmuck^{M}

joyería^{F}

Ohrringe^{M}
pendientes^{M}

Klips^{M}
pendientes^{M} de clip^{M}

Ohrringe^{M} mit Schraubverschluss^{M}
pendientes^{M} de tornillo^{M}

Ohrstecker^{M}
pendientes^{M} de espiga^{F}

Ohrgehänge^{N}
pendientes^{M}

Kreolen^{F}
pendientes^{M} de aro^{M}

Halsketten^{F}
collares^{M}

Halskette^{F} in Matineelänge^{F}
collar^{M} de una vuelta^{F}, matinée^{F}

Samtkropfband^{N}
gargantilla^{F} de terciopelo^{M}

Anhänger^{M}
pendiente^{M}

Endlosperlenkette^{F}
lazo^{M}

Halskette^{F} in Opernlänge^{F}
collar^{M} de una vuelta^{F}, ópera^{F}

mehrreihige Halskette^{F}
collar^{M} de 5 vueltas^{F}, peto^{M}

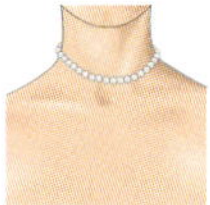

Chokerkette^{F}
gargantilla^{F}

Medaillon^{N}
medallón^{M}

Armbänder^{N}
brazaletes^{M}

Identitätsband^{N}
brazalete^{M} de identificación^{F}

Armband^{N}
pulsera^{F} de dijes^{M}

Armreif^{M}
brazalete^{M} tubular

Ringe^{M}
anillos^{M}

Bandring^{M}
alianza^{F}

Herrenring^{M}
sortija^{F} de sello^{M}

Solitärring^{M}
solitario^{M}

Verlobungsring^{M}
anillo^{M} de compromiso^{M}

Ehering^{M}
alianza^{F}

Maniküre[F]
manicura[F]

Nagelnecessaire[N]
***estuche**[M] **de manicura**[F]*

Nagellack[M]
***esmalte**[M] **de uñas**[F]*

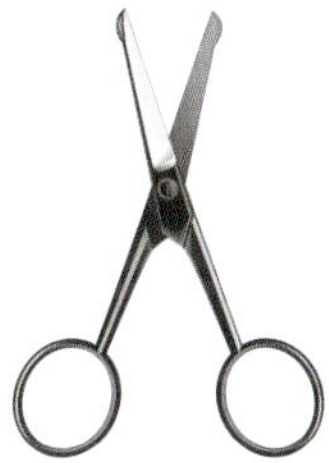

Nasen-Bartschere[F]
tijeras**[F] **de punta**[F] **roma

Nagelfeile[F]
***lima**[F] **de uñas**[F]*

Nagelknipser[M]
***cortaúñas**[M]*

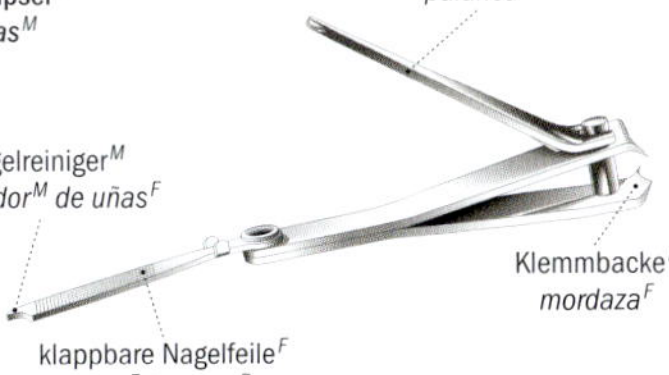

Nagelweißstift[M]
***lápiz**[M] **blanco para uñas**[F]*

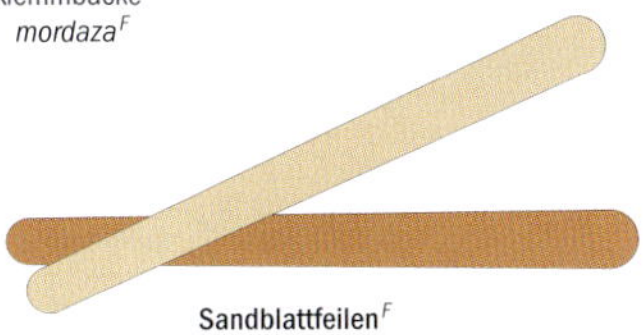

Sandblattfeilen[F]
***lima**[F] **de uñas**[F]*

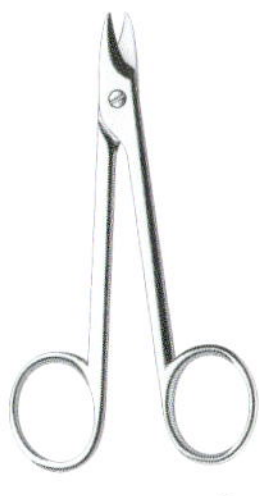

Fußnagelschere[F]
***tijeras**[F] **de pedicura**[F]*

Make-up[N]

maquillaje[M]

Make-up[N]
maquillaje[M] facial

Fächerpinsel[M]
brocha[F] en forma[F] de abanico[M]

Puderkissen[N]
borla[F]

Rougepinsel[M]
brocha[F] aplicadora de colorete[M]

Puderrouge[N]
colorete[M] en polvo[M]

Puderdose[F]
polvera[F]

Kompaktpuder[M]
polvo[M] compacto

Kunstschwamm[M]
esponja[F] sintética

loser Puder[M]
polvos[M] sueltos

Puderpinsel[M]
brocha[F]

flüssige Grundierung
base[F] líquida

Augen-Make-up[N]
maquillaje[M] para ojos[M]

Augenbrauenstift[M]
lápiz[M] de cejas[F]

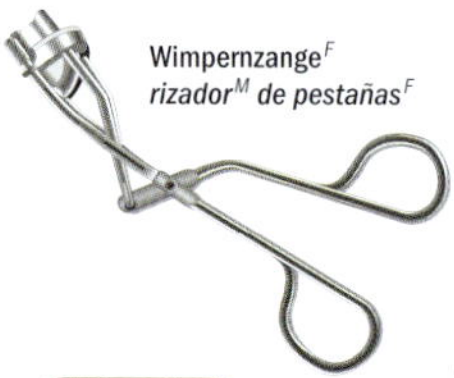

Wimpernzange[F]
rizador[M] de pestañas[F]

Brauenbürstchen[N] und Wimpernkämmchen
cepillo[M] para cejas[F] y pestañas[F]

Mascarabürstchen[N]
cepillo[M] aplicador de rímel[M]

Mascarastein[M]
rímel[M] en pasta[F]

Schwammstäbchen[N]
aplicador[M] de esponja[F]

Lidschatten[M]
sombra[F] de ojos[M]

flüssiger Eyeliner[M]
delineador[M]

flüssiges Mascara[N]
rímel[M] líquido

Lippen-Make-up[N]
maquillaje[M] labial

Lippenpinsel[M]
pincel[M] para labios[M]

Lippenkonturenstift[M]
delineador[M] de labios[M]

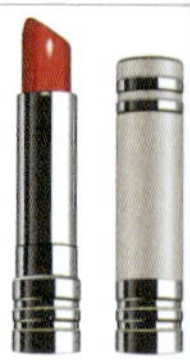

Lippenstift[M]
pintalabios[M]

PERSÖNLICHE AUSSTATTUNG

Körperpflege^{F}
cuidado^{M} personal

Eau de parfum^{N}
agua^{F} de perfume^{M}

Eau de toilette^{N}
agua^{F} de colonia^{F}

Schaumbad^{N}
gel^{M} de baño^{M}

Haarfärbemittel^{N}
tinte^{M} para el cabello^{M}

Toilettenseife^{F}
jabón^{M} de tocador^{M}

Deodorant^{N}
desodorante^{M}

Haarspülung^{F}
acondicionador^{M}

Shampoo^{N}
champú^{M}

Waschhandschuh^{M}
manopla^{F} de baño^{M}

Waschlappen^{M}
toalla^{F} para la cara^{F}

Massagehandschuh^{M}
guante^{M} de crin^{M}

Luffaschwamm^{M}
esponja^{F} vegetal

Badetuch^{N}
toalla^{F} de baño^{M}

Handtuch^{N}
toalla^{F} de lavabo^{M}

Badebürste^{F}
cepillo^{M} de baño^{M}

Naturschwamm^{M}
esponja^{F} natural

Massagebürste^{F}
cepillo^{M} de espalda^{F}

Haarpflege^{F}
peinado^{M}

Haarbürsten^{F}
cepillos^{M}

flache Frisierbürste^{F}
cepillo^{M} con base^{F} de goma^{F}

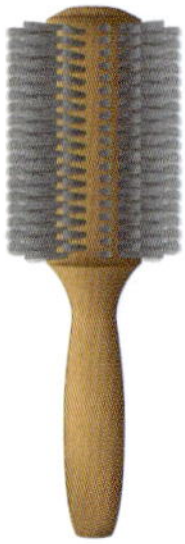
Rundbürste^{F}
cepillo^{M} redondo

Drahtbürste^{F}
cepillo^{M} de púas^{F}

Skelettbürste^{F}
cepillo^{M} de esqueleto^{M}

Kämme^{M}
peines^{M}

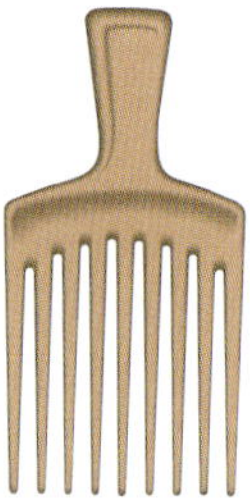
Strähnenkamm^{M}
peine^{M} afro

Toupierkamm^{M}
peine^{M} de cardar

Stielkamm^{M}
peine^{M} de mango^{M}

Haarschneidekamm^{M}
peine^{M} de peluquero^{M}

Haarliftkamm^{M}
peine^{M} combinado

Griffkamm^{M}
peine^{M} para desenredar

Lockenwickler^{M}
rulo^{M} para el cabello^{M}

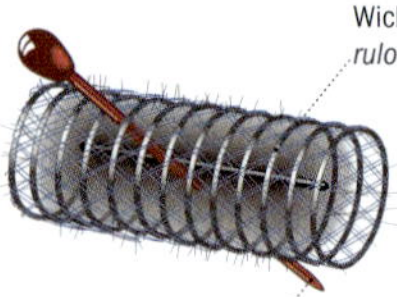

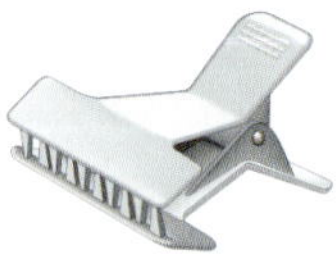
Abteilklammer^{F}
pinza^{F} para rizar

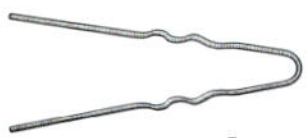
Lockennadel^{F}
horquilla^{F} de moño^{M}

Haarklemme^{F}
horquilla^{F}

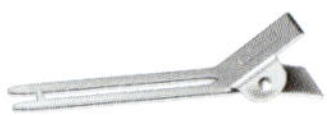
Haarclip^{M}
pinza^{F} para el cabello^{M}

Haarspange^{F}
pasador^{M}

beleuchteter Spiegel^{M}
espejo^{M} luminoso

aarglätter^{M}
lancha^{F} de pelo^{M}

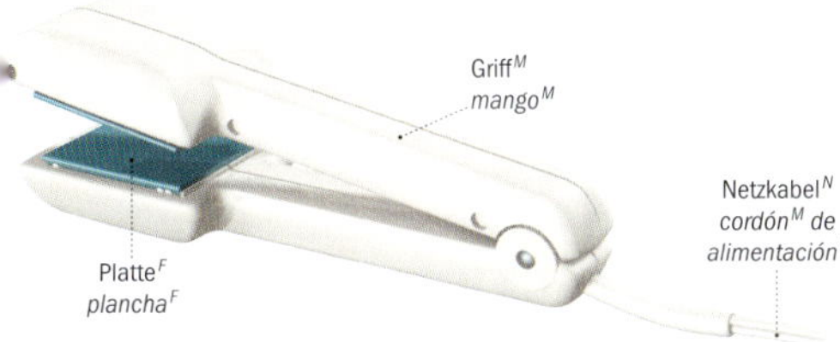

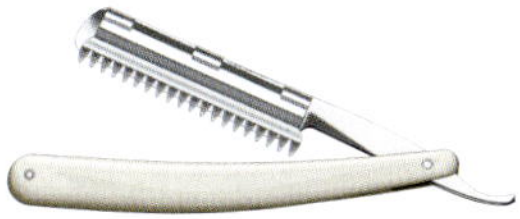

Effiliermesser^{N}
navaja^{F} para entresacar

ockenstab^{M}
enacillas^{F}

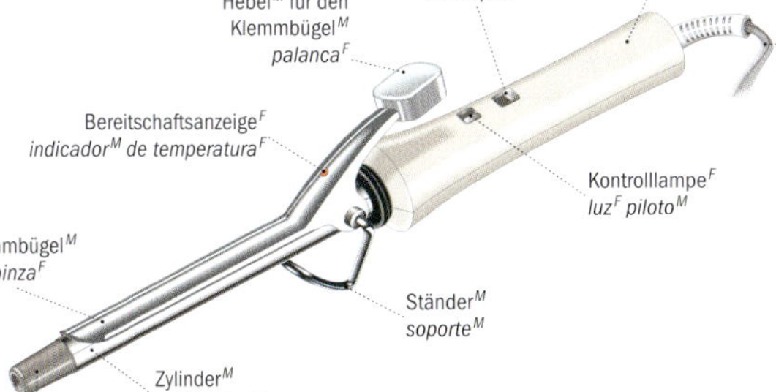

Haarschneider^{M}
maquinilla^{F} para cortar el cabello^{M}

Haarschneideschere[F]
tijeras[F] de peluquero[M]

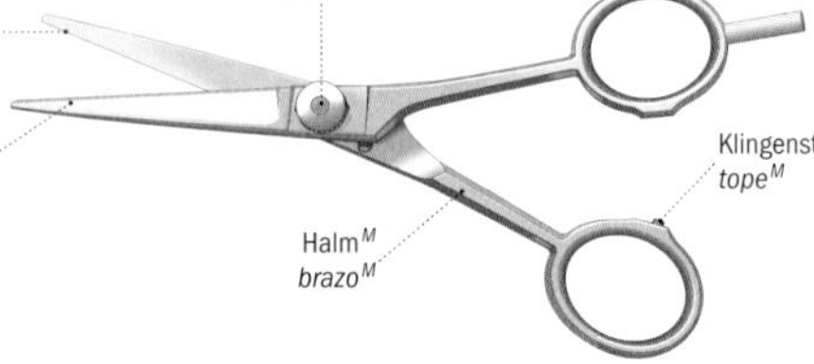

einseitig gezahnte Effilierschere[F]
tijeras[F] con filo[M] simple para entresacar

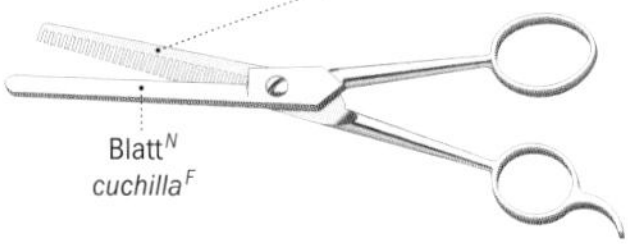

zweiseitig gezahnte Effilierschere[F]
tijeras[F] con doble filo[M] para entresacar

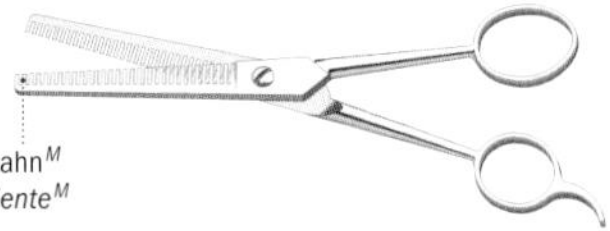

Fön[M]
secador[M] de mano[F]

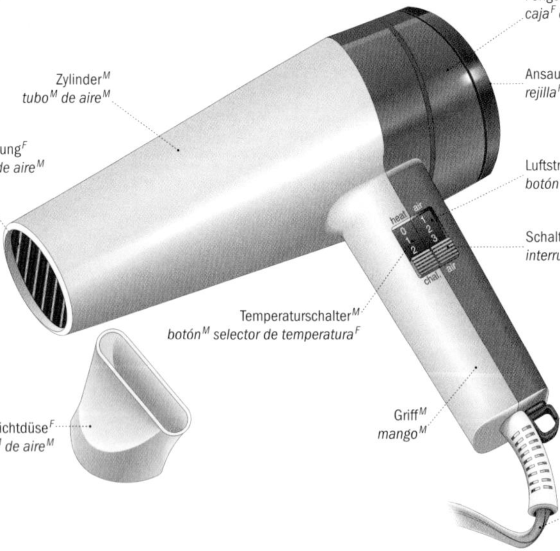

Rasur[F]
afeitado[M]

Rasierschaum[M]
espuma[F] de afeitar

Netzkabel[N]
cable[M] de alimentación[F]

Reinigungsbürste[F]
escobilla[F] limpiadora

Elektrorasierer[M]
máquina[F] de afeitar eléctrica

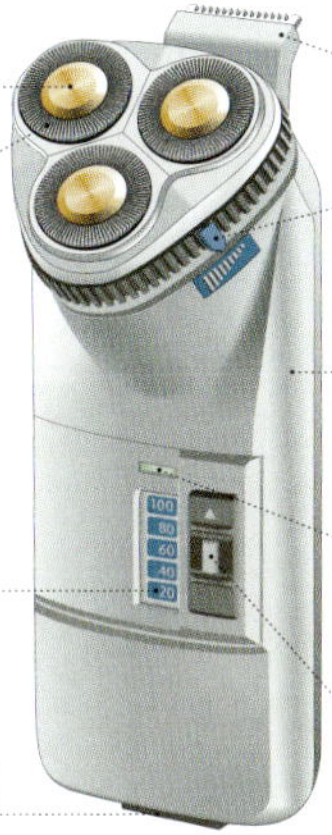

Adapter[M]
adaptador[M]

Rasierpinsel[M]
brocha[F] de afeitar

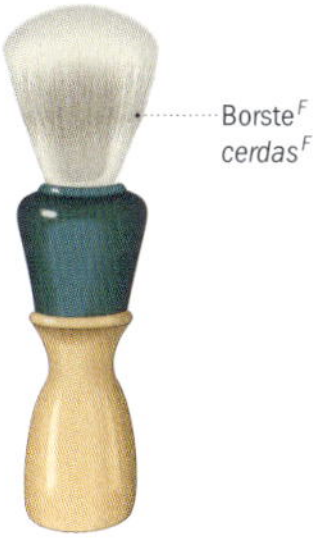

Rasiermesser[N]
navaja[F] de barbero[M]

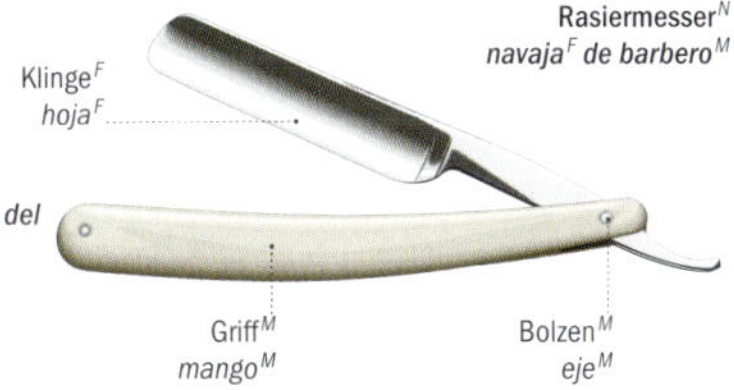

Rasierwasser[N]
loción[F] para después del afeitado[M]

Seifenbecher[M]
jabonera[F]

Klingendose[F]
distribuidor[M] de hojas[F] de afeitar

zweischneidige Klinge[F]
hoja[F] de afeitar

zweischneidiger Rasierer[M]
maquinilla[F] de afeitar

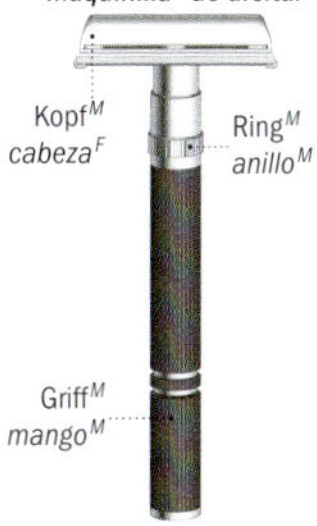

Einwegrasierer[M]
maquinilla[F] desechable

Zahnpflege^F
higiene^F dental

Zahnbürste^F
cepillo^M de dientes^M

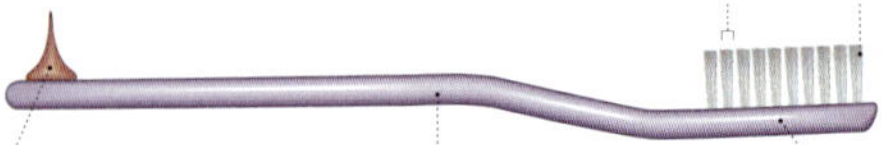

Zahnseide^F
hilo^M dental

Zahnpasta^F
dentífrico^M

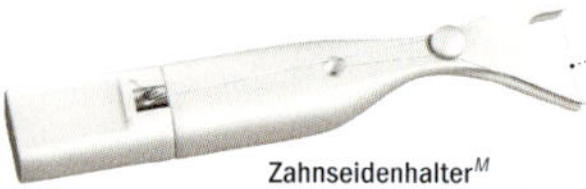

Zahnseidenhalter^M
estuche^M de hilo^M dental

elektrische Zahnbürste^F
cepillo^M de dientes^M eléctrico

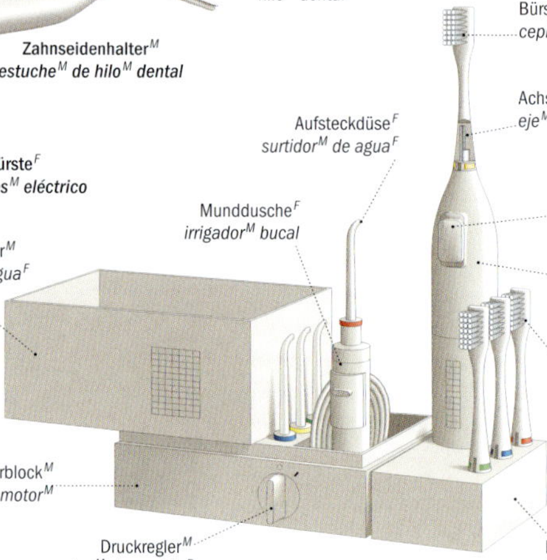

Mundwasser^N
colutorio^M

Kontaktlinsen^F
lentes^F de contacto^M

Kombi-Pflegelösung^F
solución^F multipropósito

Tropfen^M für trockene Augen^N
gotas^F oftalmológicas lubricantes

weiche Kontaktlinse^F
lentes^F de contacto^M blandas

Einwegkontaktlinse^F
lentes^F de contacto^M desechables

harte Kontaktlinse^F
lentes^F de contacto^M duras

Kontaktlinsenbehälter^M
estuche^M portalentes

Brille[F]
gafas[F]

Teile[M/N] der Brille[F]
gafas[F] : partes[F]

Beispiele[N] für Augengläser[N]
ejemplos[M] de gafas[F]

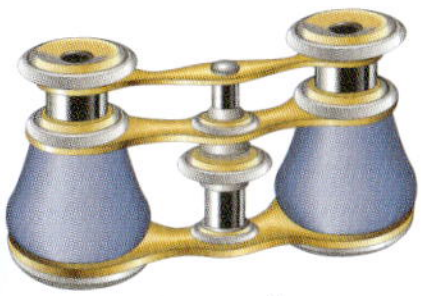

Opernglas[N]
gemelos[M] de teatro[M]

Sonnenbrille[F]
gafas[F] de sol[M]

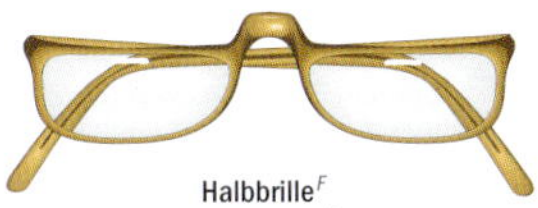

Halbbrille[F]
media luna[F]

Schirm[M] und Stock[M]
paraguas[M] y bastones[M]

Schirm[M]
paraguas[M]

Spazierstock[M]
bastón[M]

Schirmständer[M]
paragüero[M]

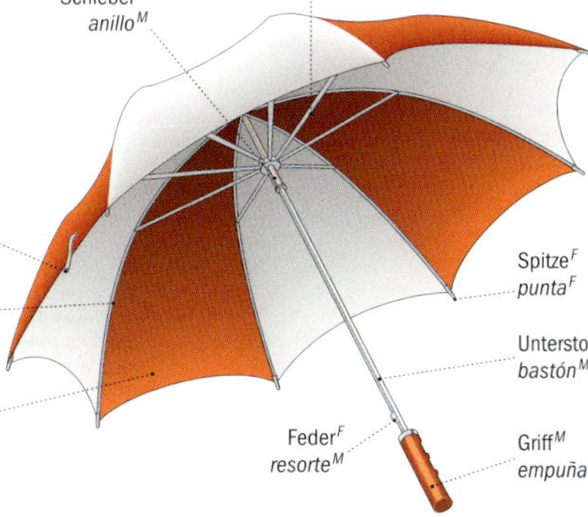

Lederwaren[F]
artículos[M] de marroquinería[F]

Aktenkoffer[M]
maletín[M]

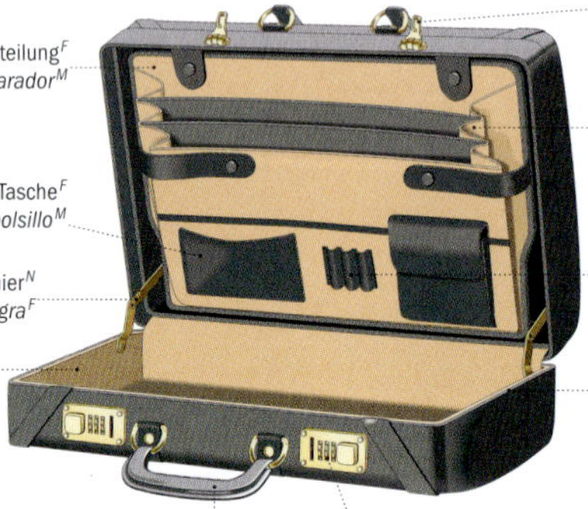

Kollegmappe[F] mit Griff[M]
cartera[F] de fondo[M] plegable

Aktentasch
carter

Etui[N] für Taschenrechner[M] und Scheckheft[N]
chequera[F] con calculadora[F]

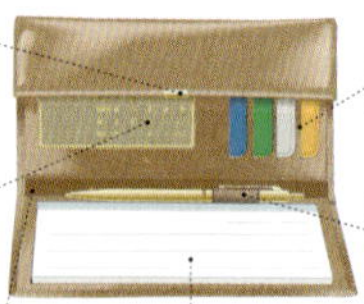

Kreditkartenetu
tarjeter

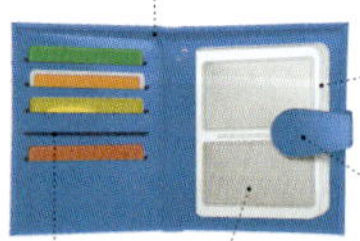

Lederwaren^{F}

Brieftasche^{F}
billetero^{M}

Geldbeutel^{M} für Münzen^{F}
portamonedas^{M}

Schlüsseletui^{N}
llavero^{M}

Geldbeutel^{M}
monedero^{M}

Brieftasche^{F}
porta pasaportes^{M}

Brieftasche^{F}
billetera^{F}

Schreibmappe^{F}
agenda^{F}

Scheckhülle^{F}
talonario^{M} de cheques^{M}

Brillenetui^{N}
funda^{F} de gafas^{F}

Unterarmmappe^{F}
cartera^{F} portadocumentos^{M}

Handtaschen^{F}
bolsos^{M}

Beuteltasche^{F}
bolso^{M} tipo cubo^{M}

Aktentasche^{F}
bolso^{M} clásico

Handtaschen^{F}

Boxtasche^{F}
bolso^{M} de vestir

kleine Beuteltasche^{F}
bolso^{M} saco

Schultertasche^{F}
bolso^{M} de bandolera^{F}

Schnalle^{F}
hebilla^{F}

Schulterriemen^{M}
bandolera^{F}

Mufftasche^{F}
bolso^{M} manguito^{M}

Umhängetasche^{F} mit Reißverschluss^{M}
morral^{M}

Umhängetasche^{F} mit Dehnfalte^{F}
bolso^{M} de fuelle^{M}

Keil^{M}
fuelle^{M}

Einkaufstasche^{F}
bolsa^{F} de lona^{F}

Herrentasche^{F}
bolso^{M} de hombre

Matchbeutel^{M}
saco^{M} de marinero^{M}

geräumige Tasche^{F}
bolso^{M} de viaje^{M}

Einkaufstasche^{F}
bolso^{M} de la compra^{F}

große Einkaufstasche^{F}
capazo^{M}

Gepäck^{N}

equipaje^{M}

Kulturbeutel^{M}
neceser^{M}

Reisetasche^{F}
bolso^{M} de viaje^{M}

Griff^{M}
asa^{F}

Außentasche^{F}
bolsillo^{M} exterior

Schulterriemen^{M}
bandolera^{F}

Flugtasche^{F}
maletín^{M}

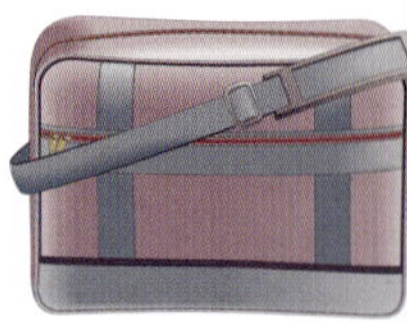

eidersack[M]
rtatrajes[M]

Gepäckroller[M]
carrito[M] portamaletas[M]

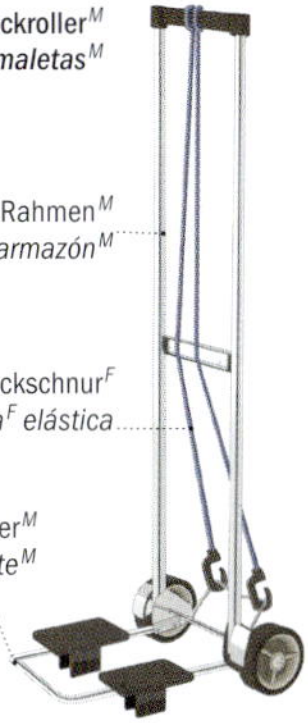

Rucksack[M]
mochila[F]

Trolley[M]
maleta[F] vertical

offer[M]
aleta[F] clásica

Wochenendkoffer[M]
maleta[F] de fin[M] de semana[F]

berseekoffer[M]
úl[M]

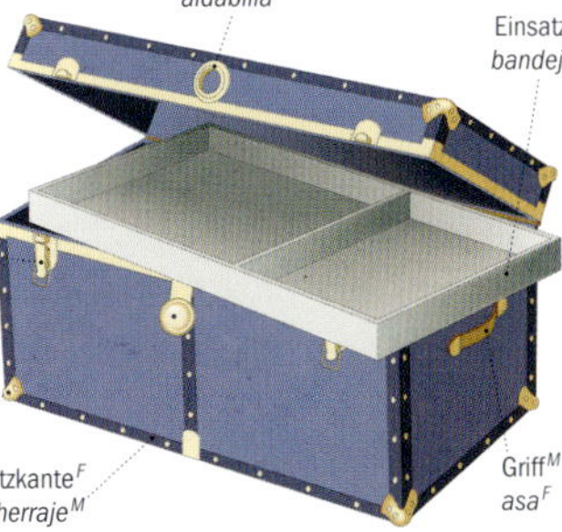

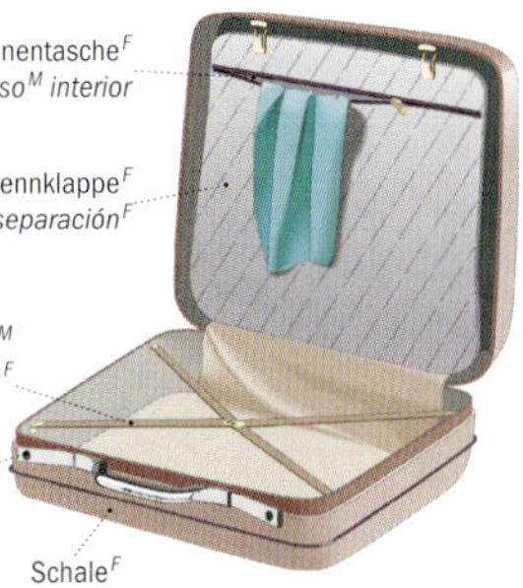

Pyramide^F
pirámide^F

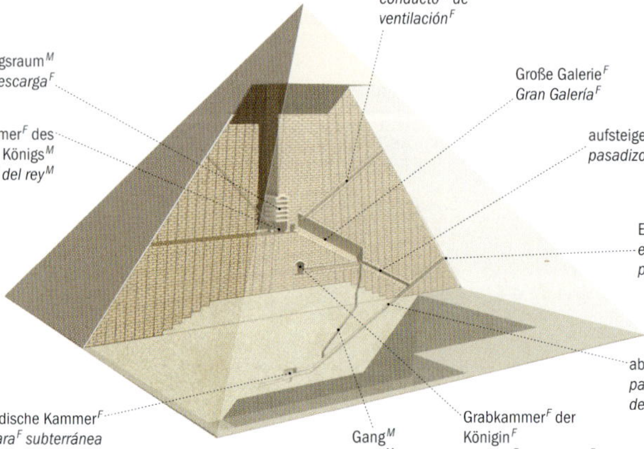

griechisches Theater^N
teatro^M griego

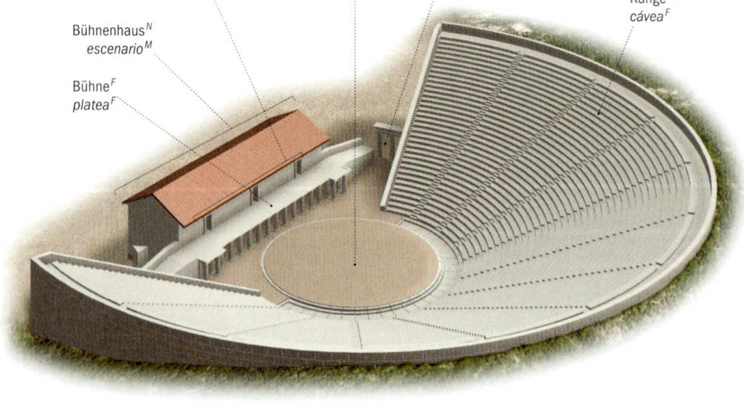

griechischer Tempel[M]

templo[M] griego

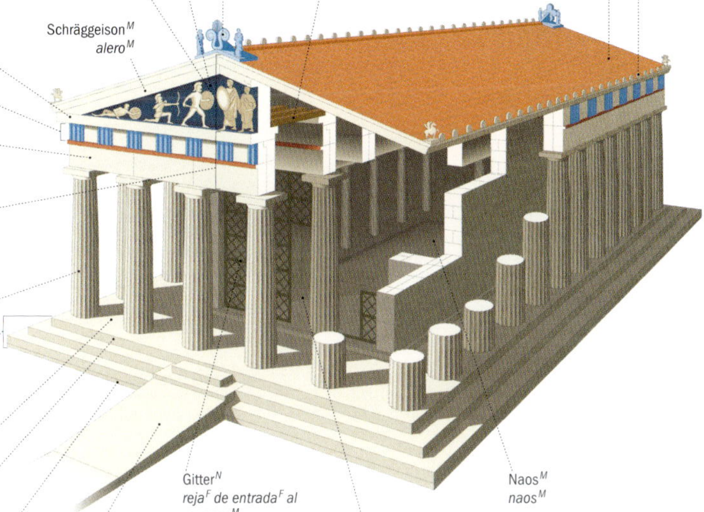

Grundriss[M]

plano[M]

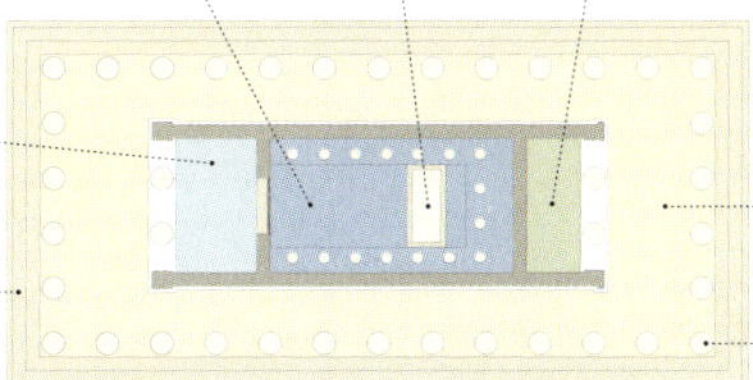

römisches Wohnhaus^N

casa^F romana

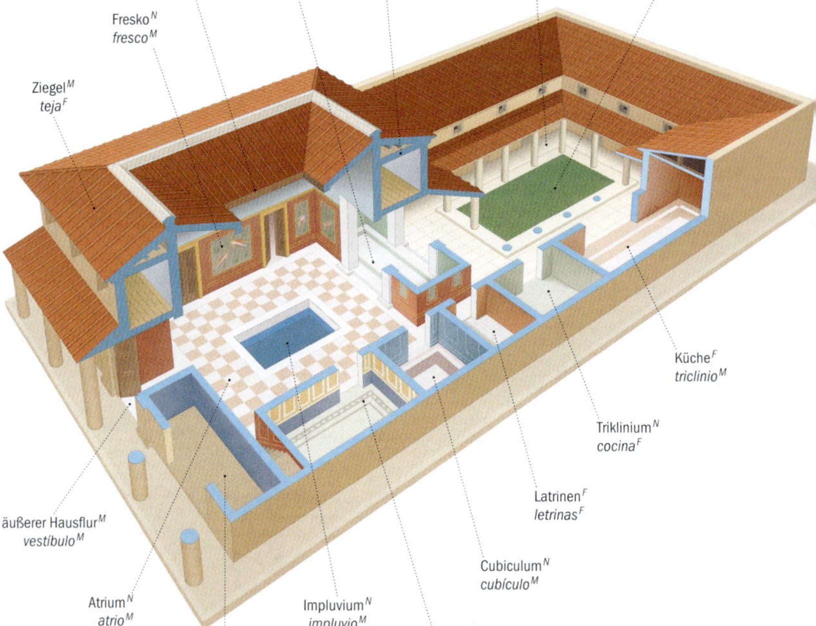

römisches Amphitheater[N]

anfiteatro[M] romano

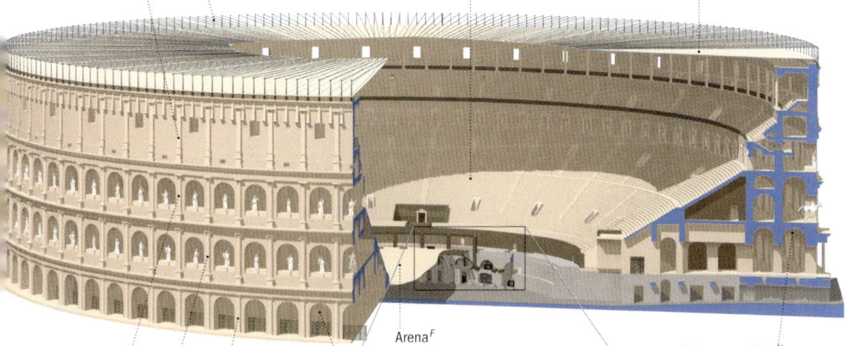

Burg^{F}
castillo^{M}

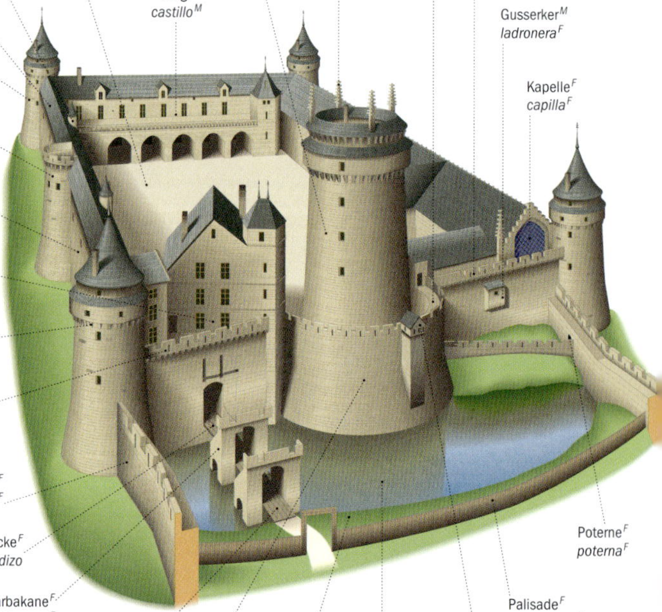

KUNST UND ARCHITEKTUR

Pagode^F
pagoda^F

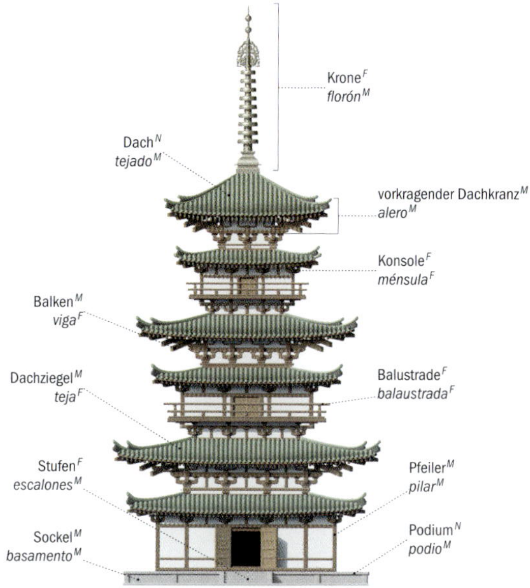

aztekischer Tempel^M
templo^M azteca

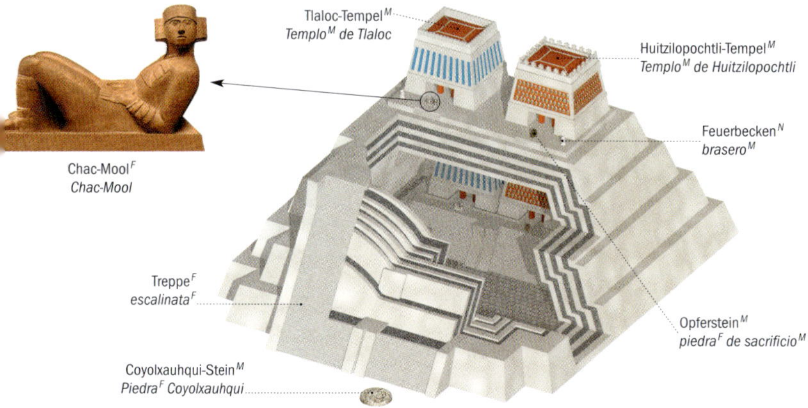

Dom^M

catedral^F

gotischer Dom^M
catedral^F gótica

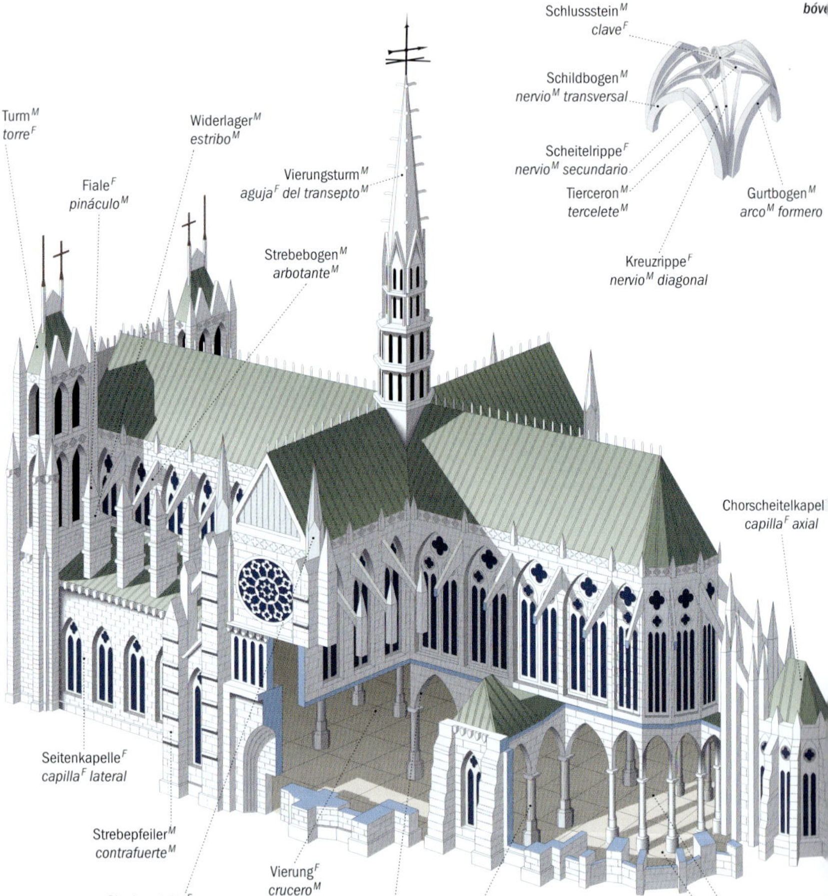

Gewö
bóve

Fassade^F
fachada^F

Grundriss^M
plano^M

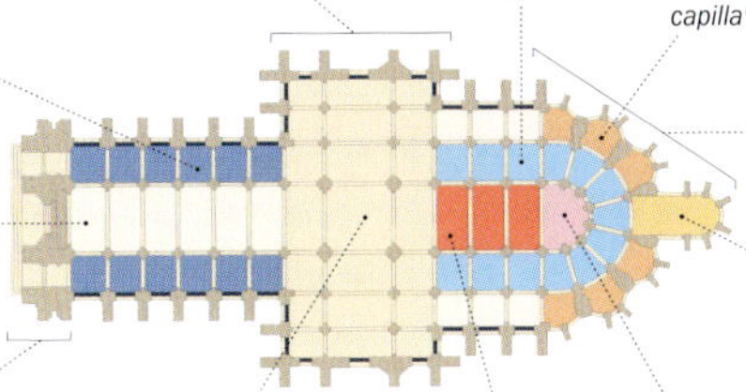

Architekturelemente[N]

elementos[M] arquitectónicos

Beispiele[N] für Türen[F]
ejemplos[M] de puertas[F]

Drehtür[F]
puerta[F] giratoria manual

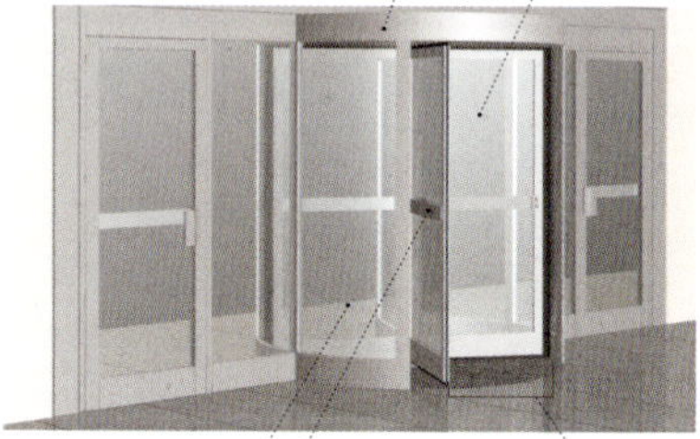

automatische Schiebe
puerta[F] corredera automá

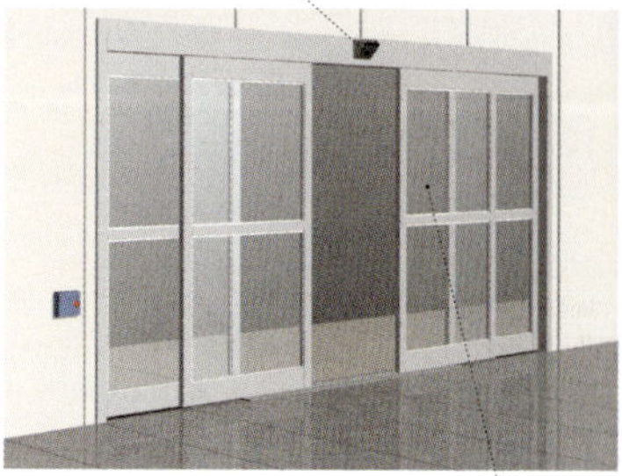

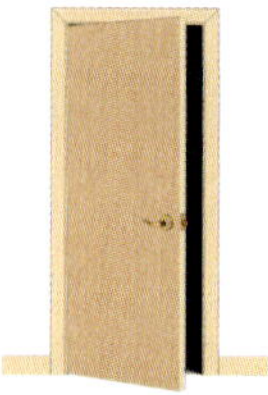

Drehflügeltür[F]
puerta[F] convencional

Falttür[F]
puerta[F] plegable

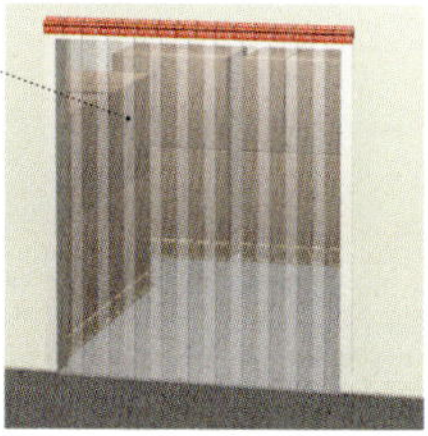

Streifenvorhang[M]
puerta[F] de tiras[F]

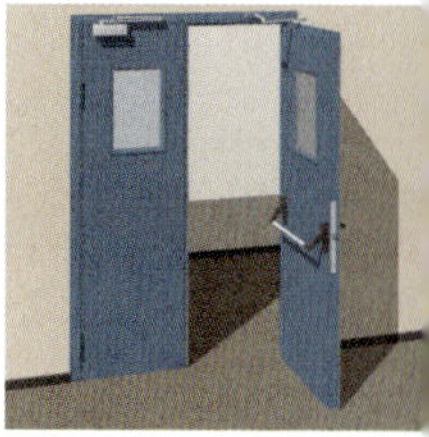

Feuerschutztür[F]
puerta[F] cortafuego

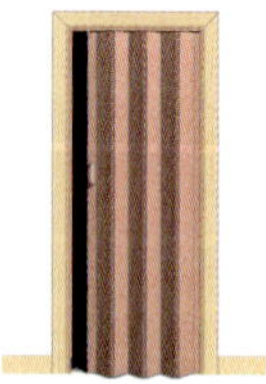

Harmonikatür[F]
puerta[F] de librillo[M]

Schiebetür[F]
puerta[F] corredera

Sektionalgaragentor[N]
puerta[F] de garaje[M] seccional

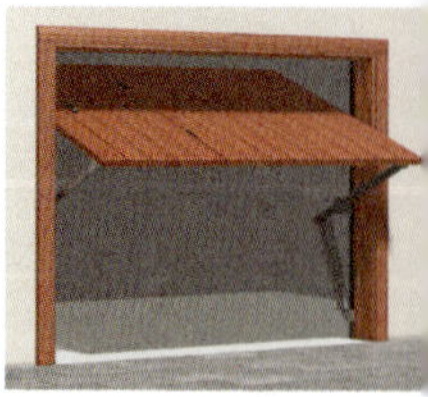

Schwinggaragentor[N]
puerta[F] basculante de garaje[M]

Beispiele^N für Fenster^N
ejemplos^M de ventanas^F

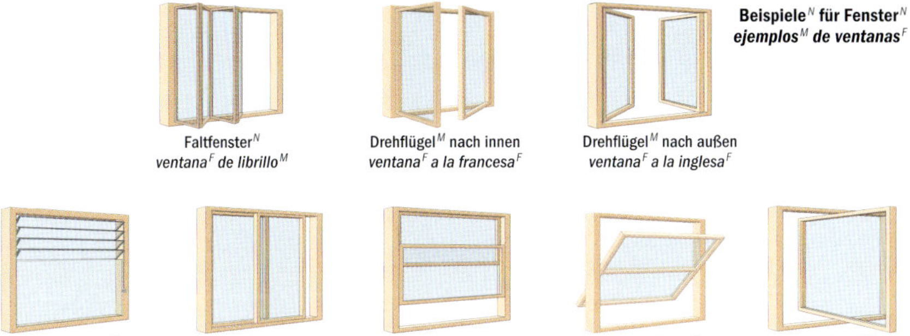

Aufzug^M
ascensor^M

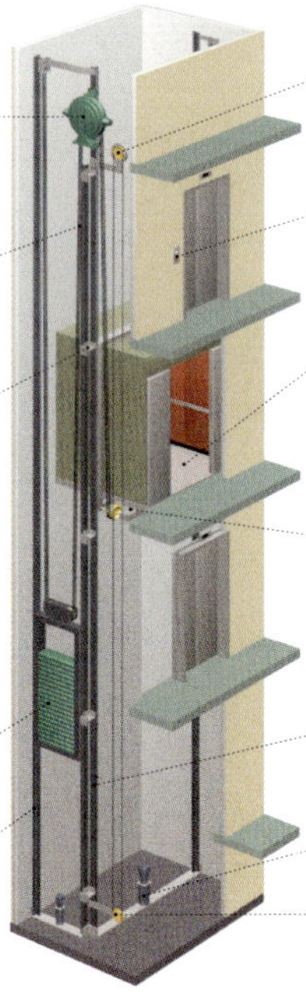

traditionelle Wohnhäuser^N

viviendas^F tradicionales

Iglu^M
iglú^M

Jurte^F
yurta^F

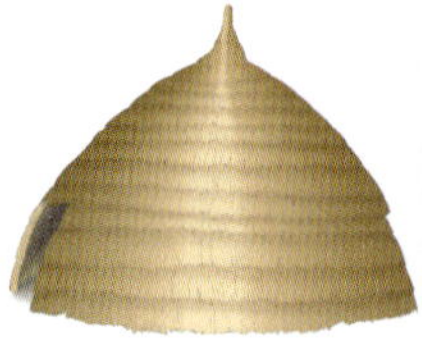

Strohhütte^F
choza^F indígena

Wigwam^M
wigwam^M

Lehmhütte^F
choza^F

Isba^F
isba^F

Tipi^N
tipi^M

Pfahlbau^M
palafito^M

Backsteinhau
casa^F de adobe

Balken^M
viga^F

Leite
escalera

Häuserformen[F] in der Stadt[F]
viviendas[F] urbanas

zweistöckiges Haus[N]
casa[F] de dos plantas[F]

einstöckiges Haus[N]
casa[F] de una planta[F]

Doppelhaus[N]
casas[F] pareadas

Reihenhaus[N]
casas[F] adosadas

Eigentumswohnungen[F]
viviendas[F] plurifamiliares

Wohnblock[M]
bloque[M] de apartamentos[M]

Aufnahmebühne[F]

plató[M] de rodaje[M]

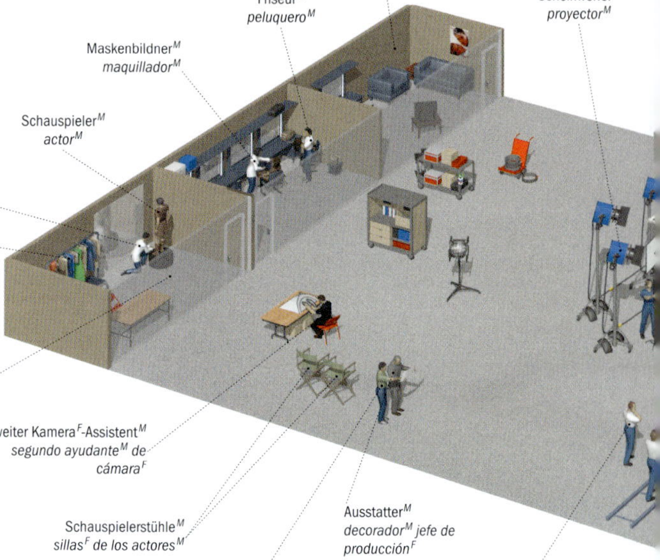

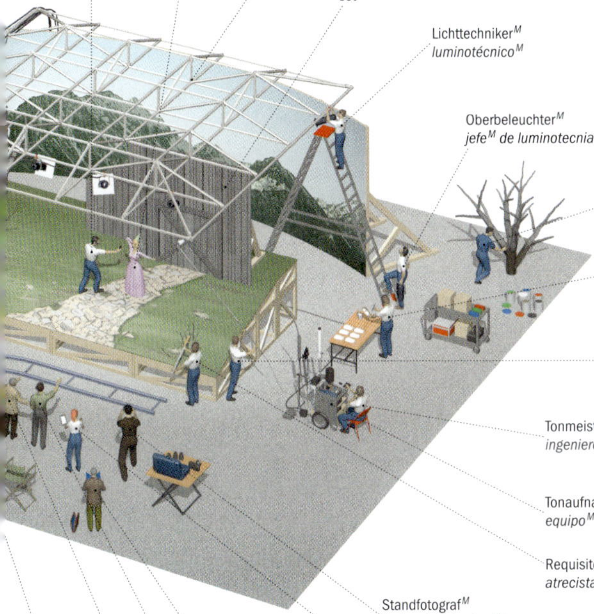
Chef^{M}-Kameramann^{M}
director^{M} de fotografía^{F}
Schauspielerin^{F}
actriz^{F}
Beleuchtungsgitter^{N}
peine^{M} de iluminación^{F}
Filmset^{N}
set^{M}
Lichttechniker^{M}
luminotécnico^{M}
Oberbeleuchter^{M}
jefe^{M} de luminotecnia^{F}
Dekorateur^{M}
decorador^{M}
Requisiteurassistent^{M}
ayudante^{M} del atrecista^{M}
Tonassistent^{M}
operador^{M} de jirafa^{F}
Tonmeister^{M}
ingeniero^{M} de sonido^{M}
Tonaufnahmegeräte^{N}
equipo^{M} de sonido^{M} y de grabación^{F}
Requisiteur^{M}
atrecista^{M}
Standfotograf^{M}
fotógrafo^{M} de plató^{M}
Scriptgirl^{N}
secretario/a $^{M/F}$ de producción^{F}
Produzent^{M}
productor^{M}
Regiestuhl^{M}
silla^{F} del director^{M}
Regieassistent^{M}
ayudante^{M} del director^{M}
Regisseur^{M}
director^{M}

Klappe^{F}
claqueta^{F}
Aufnahme^{F}-Ziffer^{F}
número^{M} de la escena^{F}
00 58 55 29

Theater^N
teatro^M

Bühne[F]
escenario[M]

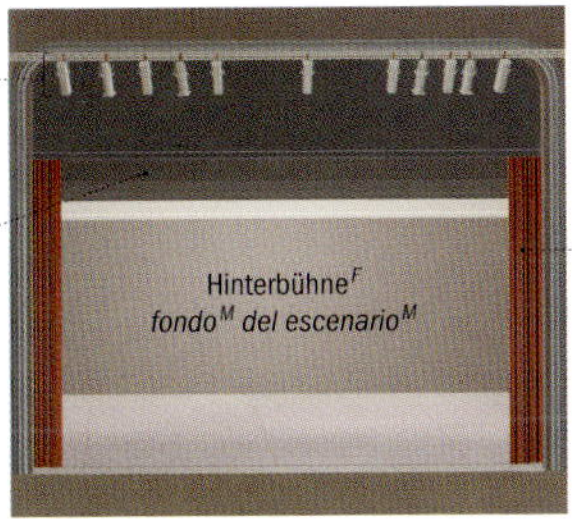

Parterre[N]
platea[F]

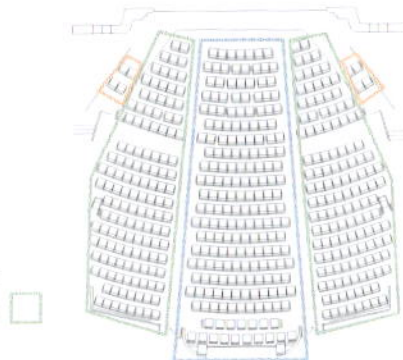

erster Rang[M]
luneta[F]

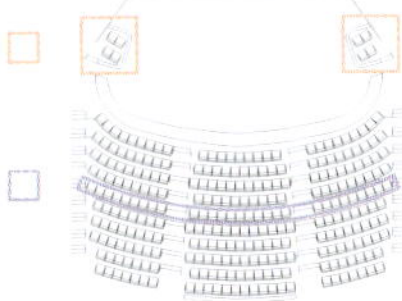

erster Rang[M]
balcón[M]

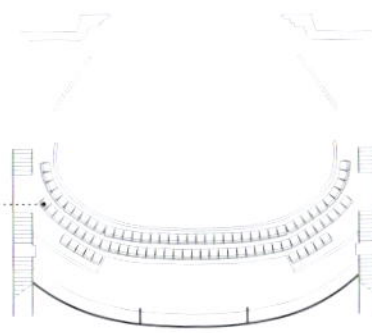

Kino[N]
cine[M]

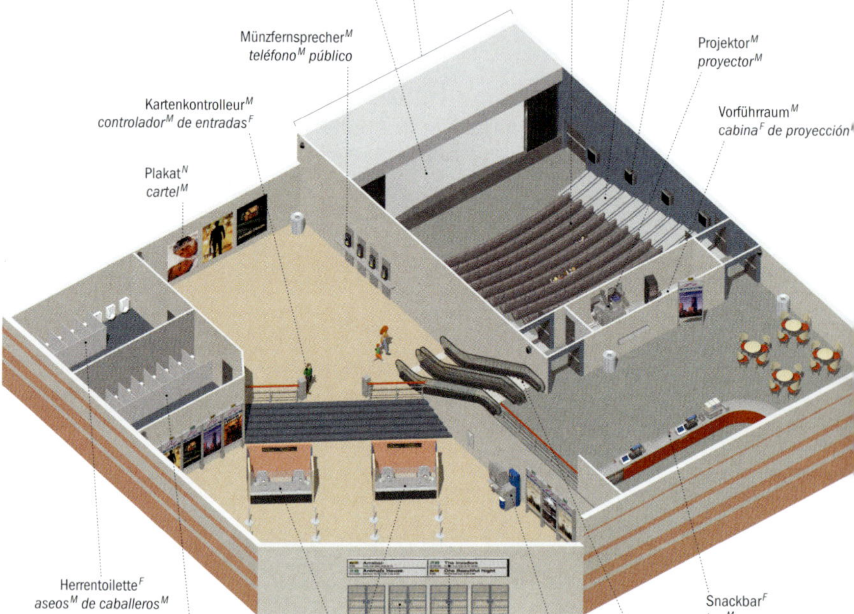
Sitzplatz[M]
butaca[F]
Treppe[F]
escaleras[F]
Kinoleinwand[F]
pantalla[F] de proyección[F]
Kinosaal[M]
sala[F] de proyección[F]
Lautsprecher[M]
altavoz[M]
Münzfernsprecher[M]
teléfono[M] público
Projektor[M]
proyector[M]
Kartenkontrolleur[M]
controlador[M] de entradas[F]
Vorführraum[M]
cabina[F] de proyección[F]
Plakat[N]
cartel[M]
Herrentoilette[F]
aseos[M] de caballeros[M]
Snackbar[F]
bar[M]
Damentoilette[F]
aseos[M] de señoras[F]
Kasse[F]
taquilla[F]
Eintrittskartenautomat[M]
taquilla[F] automática
Fahrtreppe[F]
escalera[F] mecánica
Eingangstüren[F]
puertas[F] de entrada[F]
Filmtitel[M] und Vorführzeiten[F]
cartelera[F] y horarios[M] de las películas[F]

Sinfonieorchester^{N}
orquesta^{F} sinfónica

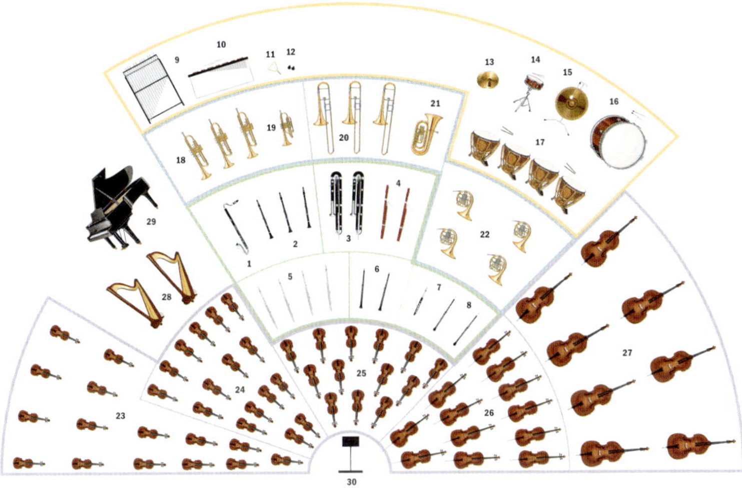

amilie^{F} der Holzblasinstrumente^{N}
milia^{F} de instrumentos^{M} de madera^{F}

assklarinette^{F}
arinete^{M} bajo

arinetten^{F}
arinetes^{M}

ontrafagotte^{N}
ontrafagots^{M}

agotte^{N}
gotes^{M}

uerflöten^{F}
autas^{F} traveseras

boen^{F}
boes^{M}

7 Pikkoloflöte^{F}
píccolo^{M}

8 Englischhörner^{N}
cornos^{M} ingleses

Schlaginstrumente^{N}
instrumentos^{M} de percusión^{F}

9 Röhrenglocken^{F}
campanas^{F} tubulares

10 Xylophon^{N}
xilófono^{M}

11 Triangel^{M}
triángulo^{M}

12 Kastagnetten^{F}
castañuelas^{F}

13 Becken^{N}
platillos^{M}

14 kleine Trommel^{F}
caja^{F} clara

15 Gong^{M}
gong^{M}

16 Basstrommel^{F}
bombo^{M}

17 Pauken^{F}
timbales^{M}

28 Harfen^{F}
arpas^{F}

Familie^{F} der Blechbläser^{M}
familia^{F} de los metales^{M}

18 Trompeten^{F}
trompetas^{F}

19 Kornett^{N}
cornetín^{M}

20 Posaunen^{F}
trombones^{M}

21 Tuba^{F}
tuba^{F}

22 Waldhörner^{N}
cornos^{M} franceses/trompas^{F}

29 Flügel^{M}
piano^{M}

Geigenfamilie^{F}
familia^{F} de los violines^{M}

23 erste Violinen^{F}
primeros violines^{M}

24 zweite Violinen^{F}
segundos violines^{M}

25 Bratschen^{F}
violas^{F}

26 Celli^{N}
violoncelos^{M}

27 Kontrabasse^{M}
contrabajos^{M}

30 Dirigentenpult^{N}
estrado^{M} del director^{M}

traditionelle Musikinstrumente[N]

instrumentos[M] musicales tradicionales

Akkordeon[N]
acordeón[M]

Mundharmonika[F]
armónica[F]

Dudelsack[M]
gaita[F]

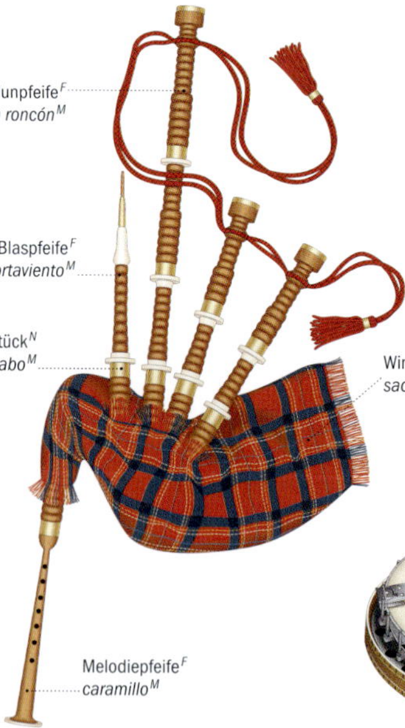

Zithe
cítar

Banjo
banjo

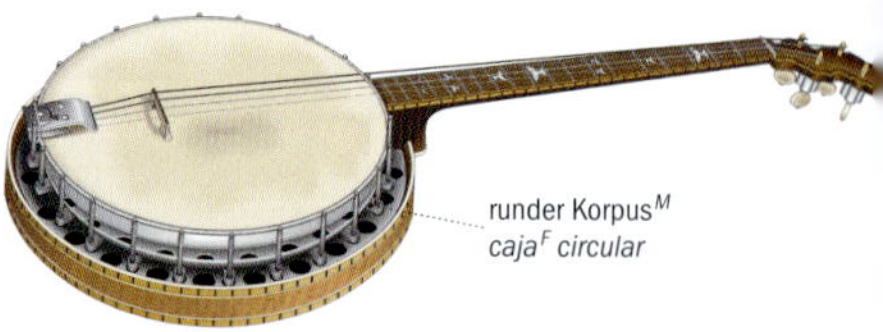

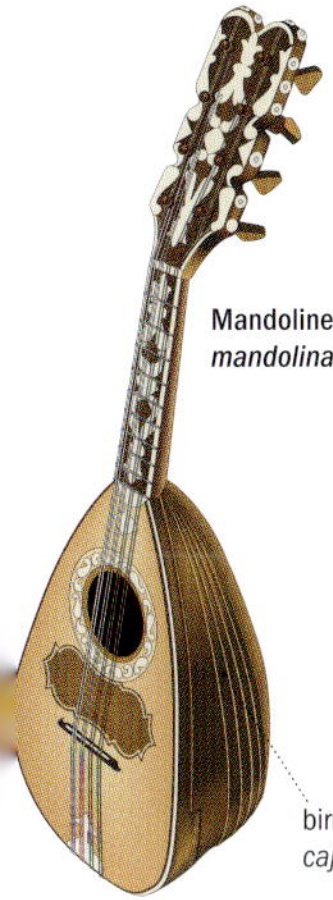

Mandoline[F]
mandolina[F]
birnenförmiger Korpus[M]
caja[F] media pera[F]

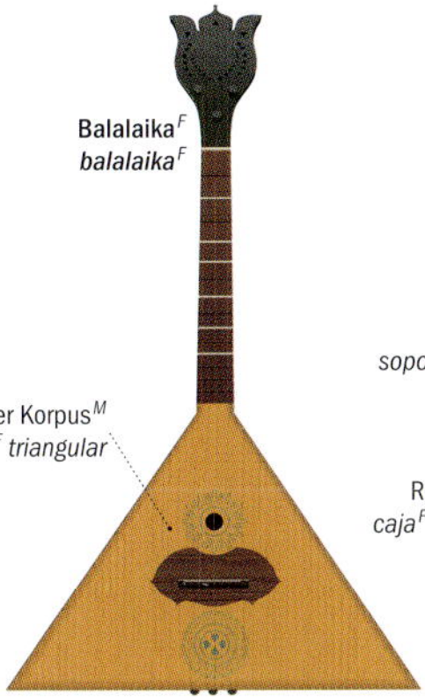

Balalaika[F]
balalaika[F]
dreieckiger Korpus[M]
caja[F] triangular

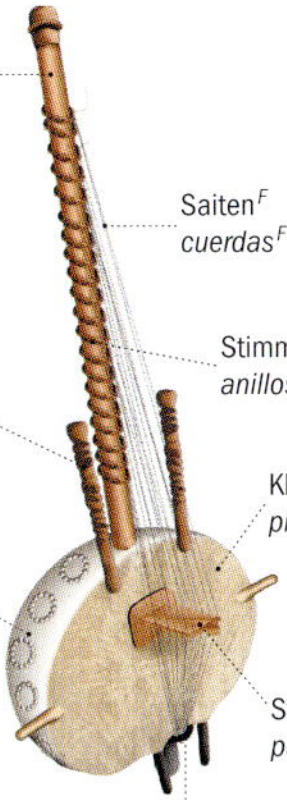

Kora[F]
kora[F]
Hals[M]
mástil[M]
Saiten[F]
cuerdas[F]
Stimmring[M]
anillos[M] de sonido[M]
Handgriff[M]
soporte[M] de la mano[F]
Klangfell[N]
piel[F] armónica
Resonanzkörper[M]
caja[F] de resonancia[F]
Steg[M]
puente[M]
Saitenhalterung[F]
cordal[M]

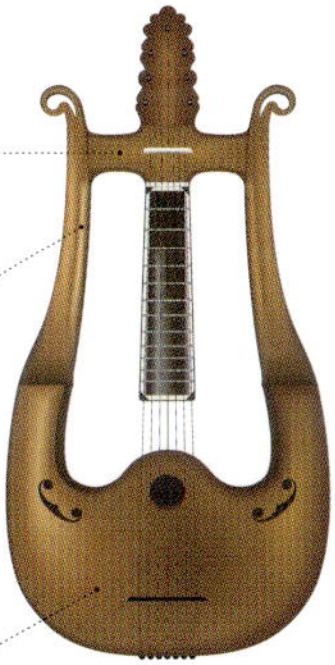

Lyra[F]
lira[F]
Querjoch[N]
travesaño[M]
Jocharm[M]
brazo[M]
Resonanzdecke[F]
caja[F] de resonancia[F]

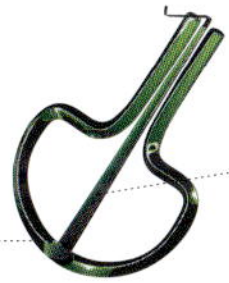

Zunge[F]
lengüeta[F] de la caña[F]
Rahmen[M]
estructura[F]
Maultrommel[F]
birimbao[M]

Plektron[N]
púa[F]

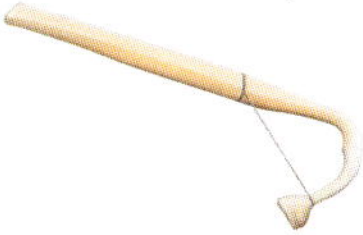

Trommelschlegel[M]
baqueta[F]

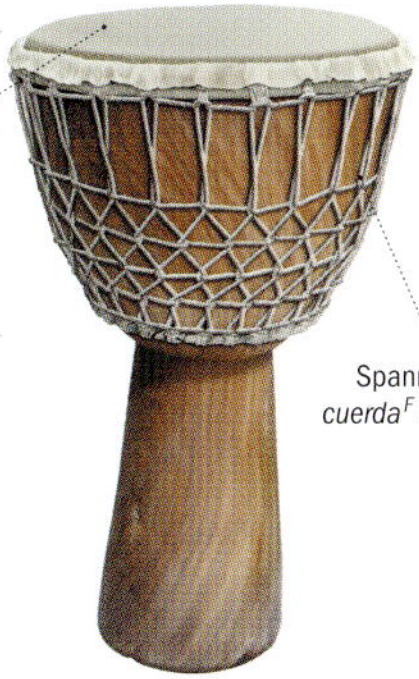

Djembe[F]
yembé[M]
Trommelfell[N]
piel[F]
Resonanzkörper[M]
caja[F] de resonancia[F]
Spannschnur[F]
cuerda[F] de tensión[F]

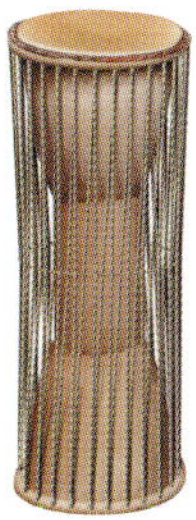

Sprechtrommel[F]
tambor[M] hablante

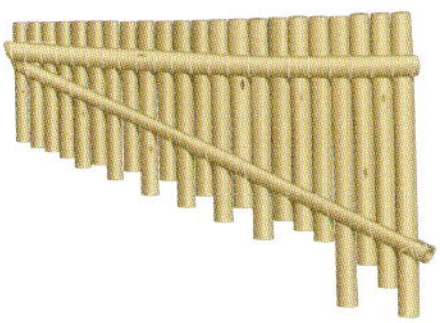

Panflöte[F]
zampoña[F]

Musiknotation^F

notación^F musical

Liniensystem^N
pentagrama^M

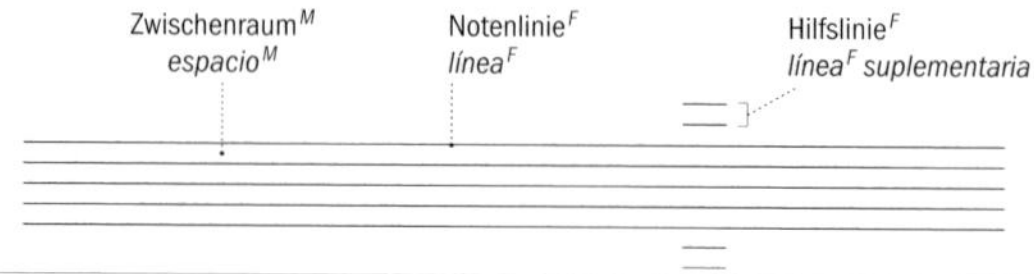

Notenschlüssel^M
claves^F

Taktarten^F
compás^M

Intervalle^N
intervalos^M

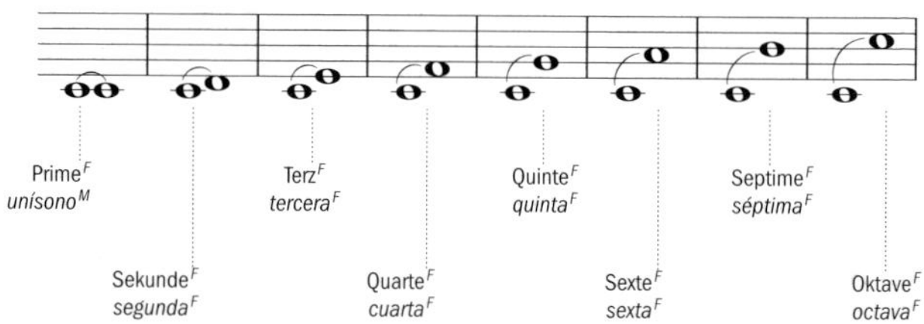

Tonleiter^F
escala^F

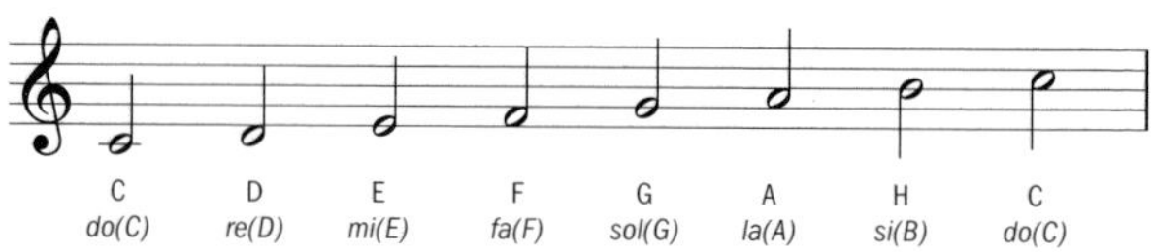

Pausenzeichen^{N}
***valores**^{M} **de los silencios**^{M}*

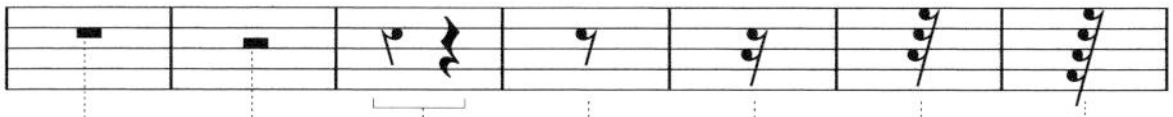

ganze Pause^{F}
silencio^{M} de redonda^{F}

halbe Pause^{F}
silencio^{M} de blanca^{F}

Viertelpause^{F}
silencio^{M} de negra^{F}

Achtelpause^{F}
silencio^{M} de corchea^{F}

Sechzehntelpause^{F}
silencio^{M} de semicorchea^{F}

Zweiunddreißigstelpause^{F}
silencio^{M} de fusa^{F}

Vierundsechzigstelpause^{F}
silencio^{M} de semifusa^{F}

Verzierungen^{F}
***adornos**^{M}*

Vorschlag^{M}
apoyatura^{F}

Triller^{M}
trino^{M}

Doppelschlag^{M}
grupeto^{M}

Mordent^{M}
mordente^{M}

Notenwerte^{M}
valores**^{M} **de las notas**^{F} **musicales

ganze Note^{F}
redonda^{F}

halbe Note^{F}
blanca^{M}

Viertelnote^{F}
negra^{F}

Achtelnote^{F}
corchea^{F}

Sechzehntelnote^{F}
semicorchea^{F}

Zweiunddreißigstelnote^{F}
fusa^{F}

Vierundsechzigstelnote^{F}
semifusa^{F}

Versetzungszeichen^{N}
***accidentales**^{M}*

B^{N}
bemol^{M}

Doppelkreuz^{N}
doble sostenido^{M}

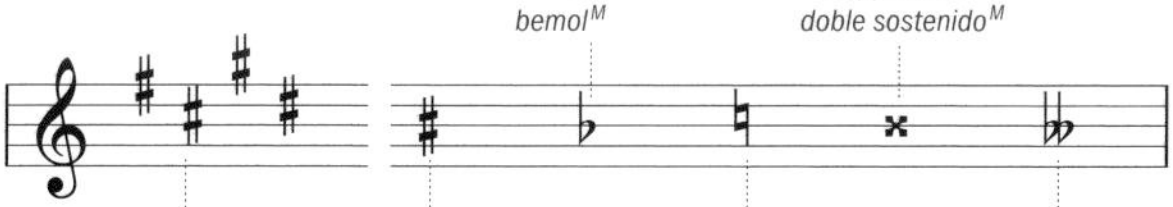

Tonartvorzeichen^{N}
armadura^{F}

Kreuz^{N}
sostenido^{M}

Auflösungszeichen^{N}
becuadro^{M}

Doppel-B^{N}
doble bemol^{M}

andere Zeichen^{N}
***otros signos**^{M}*

Akkord^{M}
***acorde**^{M}*

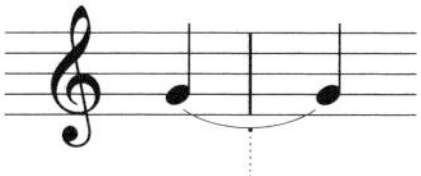

Bindebogen^{M}
ligadura^{F}

Marcato-Zeichen^{N}
acento^{M}

Arpeggio^{N}
arpegio^{M}

Pause^{F}
calderón^{M}

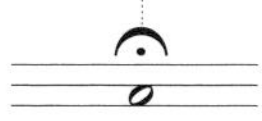

Beispiele^N für Instrumentalgruppierungen^F

ejemplos^M de conjuntos^M instrumentales

Duo^N
dúo^M

Trio^N
trío^M

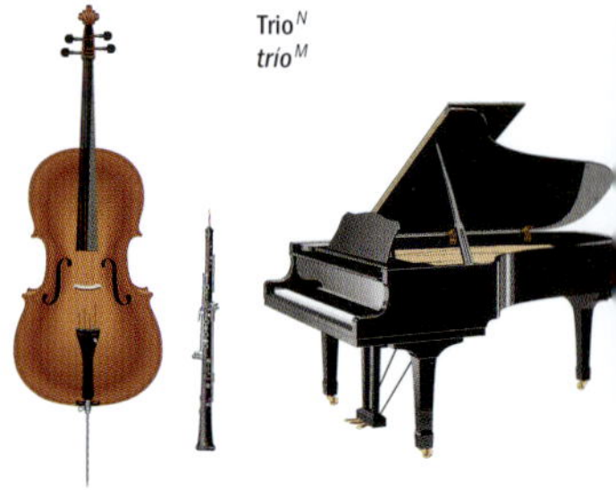

Quartett^N
cuarteto^M

Quintett^N
quinteto^M

Sextett^N
sexteto^M

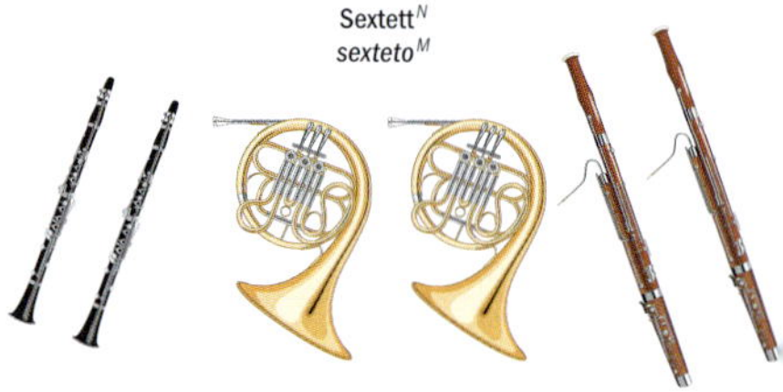

Jazzband^F
banda^F de jazz^M

Saiteninstrumente[N]
instrumentos[M] de cuerda[F]

ogen[M]
rco[M]

Violine[F]
violín[M]

Violinfamilie[F]
familia[F] de los violines[M]

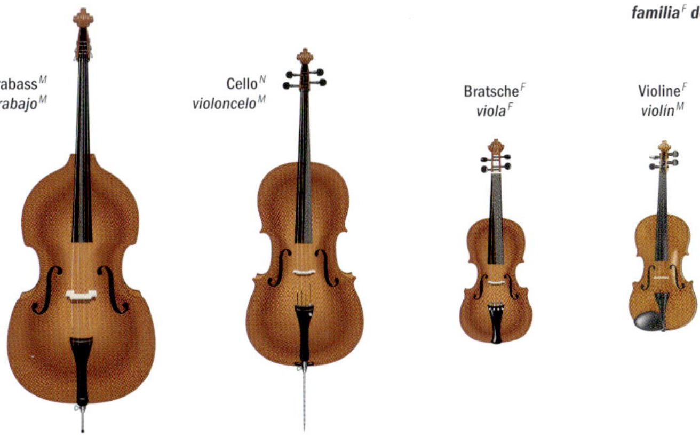

KUNST UND ARCHITEKTUR

Harfe F
arpa F

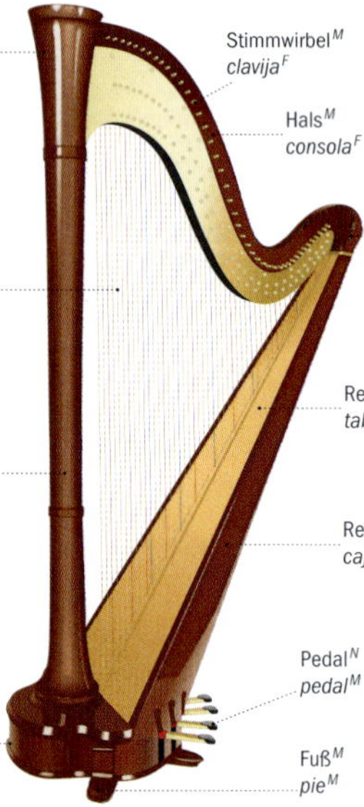

akustische Gitarre F
guitarra F clásica

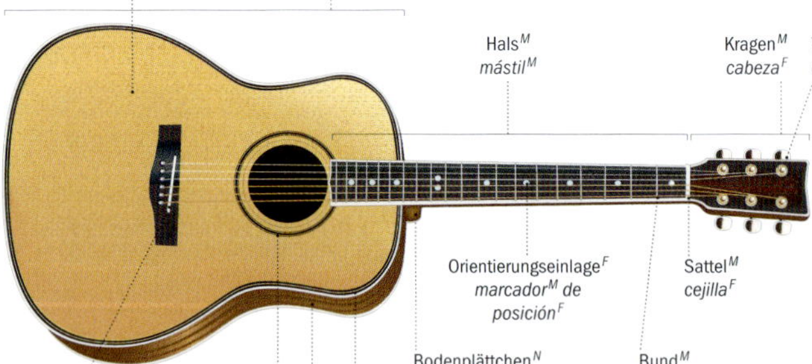

elektrische Gitarre^{F} *guitarra^{F} eléctrica*

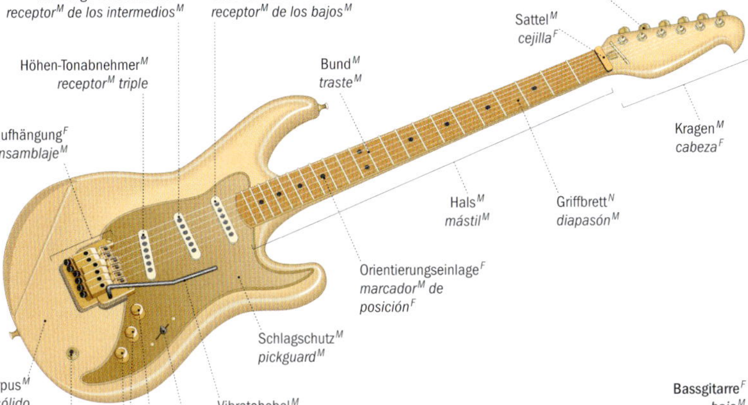

Bassgitarre^{F} *bajo^{M}*

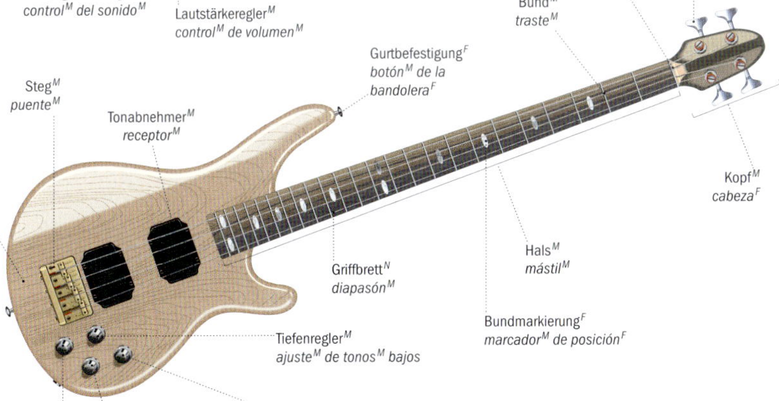

Tasteninstrumente[N]

instrumentos[M] de teclado[M]

Klavier[N]
piano[M] vertical

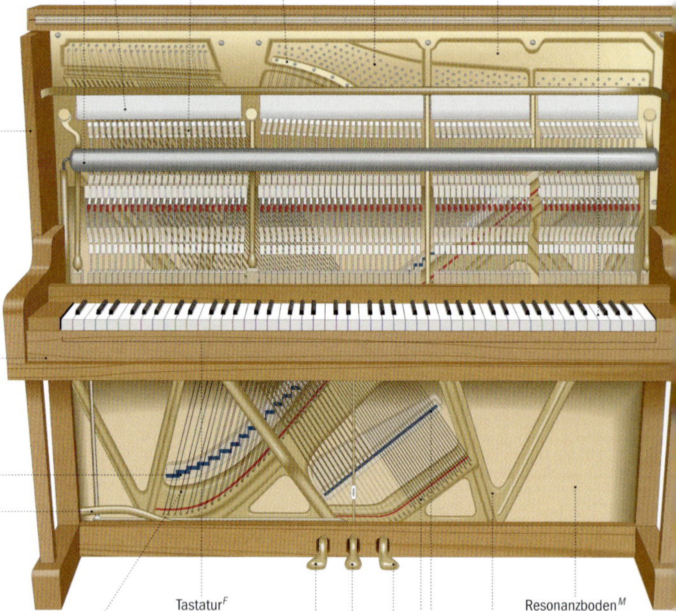

Orgel[F]
órgano[M]

Orgelspieltisch[M]
consola[F]

ungenpfeife[F]
***bo**[M] **de lengüeta**[F]*

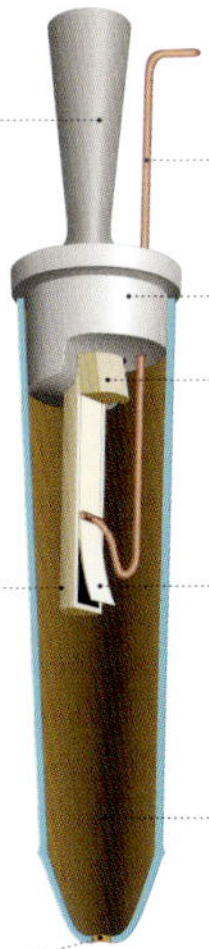

Lippenpfeife[F]
***tubo**[M] **de embocadura**[F]*

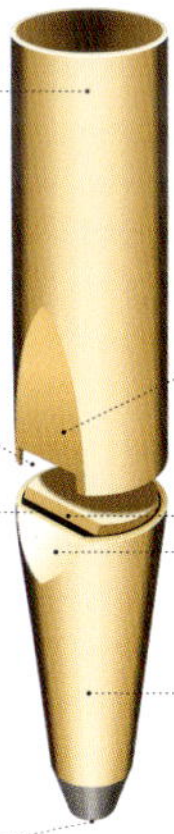

KUNST UND ARCHITEKTUR

Blasinstrumente[N]

instrumentos[M] de viento[M]

Saxophon[N]
saxofón[M]

Doppelblatt[N]
doble caña[F]

Rohrblatt[N]
caña[F] simple

Pikkoloflöte[F]
píccolo[M]

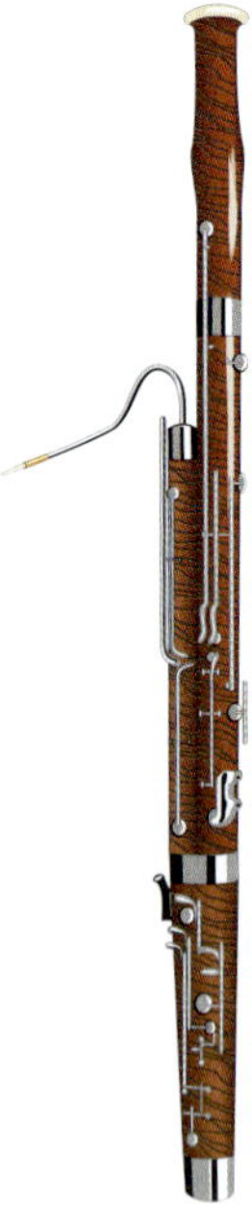

Fagott[N]
fagot[M]

Klarinette[F]
clarinete[M]

Oboe[F]
oboe[M]

Querflöte[F]
flauta[F] travesera

Englischhorn[N]
corno[M] inglés

Trompete[F]
trompeta[F]

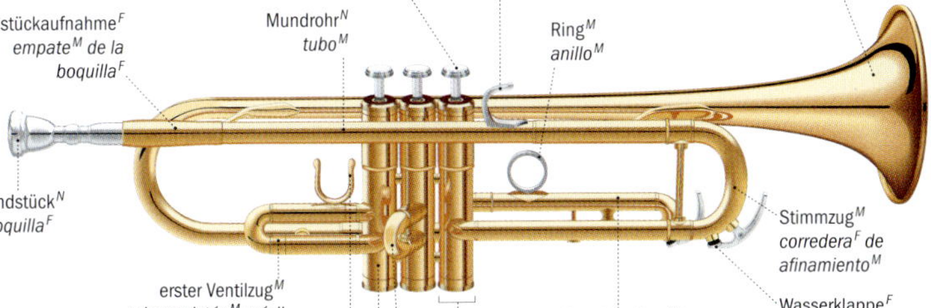

Dämpfer[M]
sordina[F]

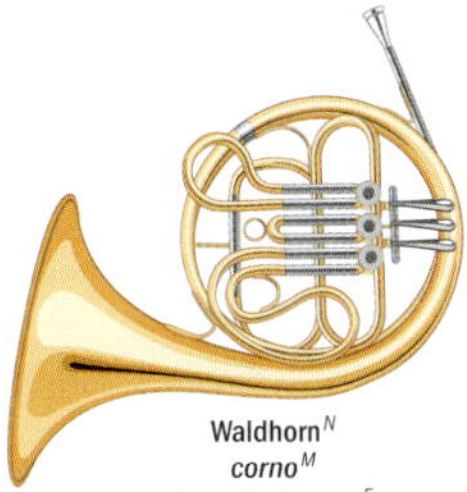

Waldhorn[N]
corno[M] francés/trompa[F]

Kornett[N]
cornetín[M]

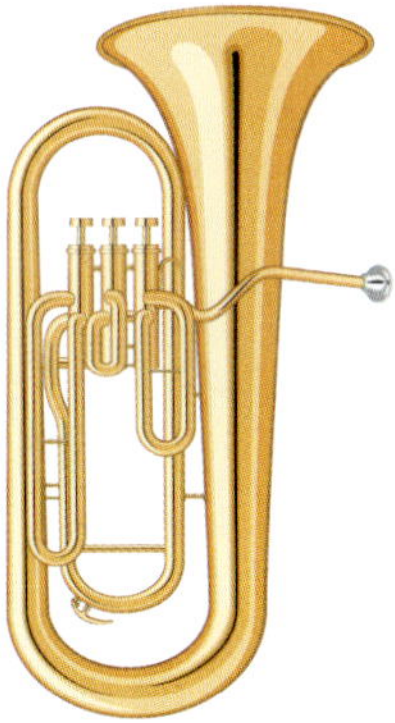

Saxhorn[N]
bombardino[M]

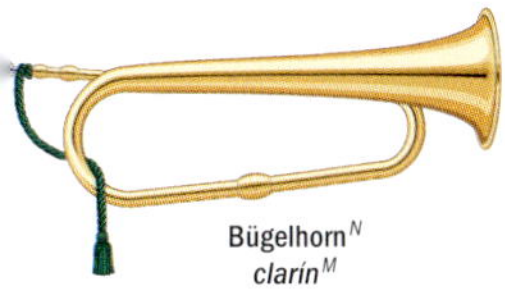

Bügelhorn[N]
clarín[M]

Tuba[F]
tuba[F]

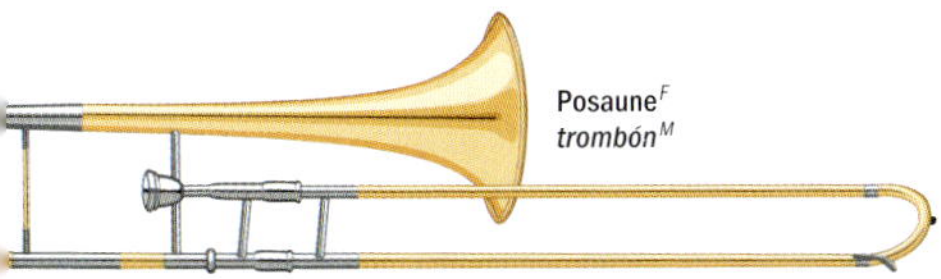

Posaune[F]
trombón[M]

Schlaginstrumente[N]

instrumentos[M] de percusión[F]

Trommeln[F]
batería[F]

Kesselpauk
timba

kleine Trommel[F]
caja[F] clara

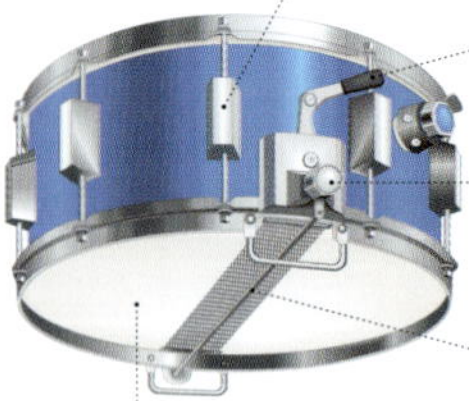

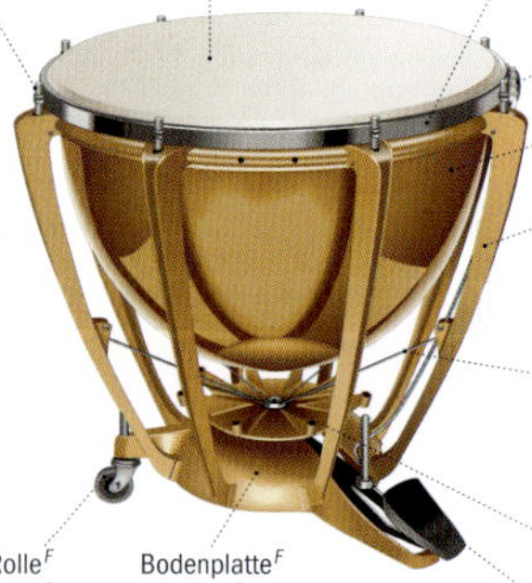

Schlaginstrumente[N]

elektronische Instrumente[N]

instrumentos[M] electrónicos

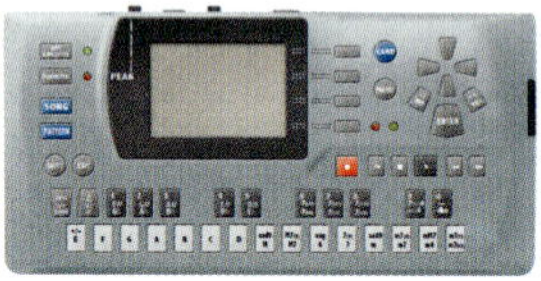

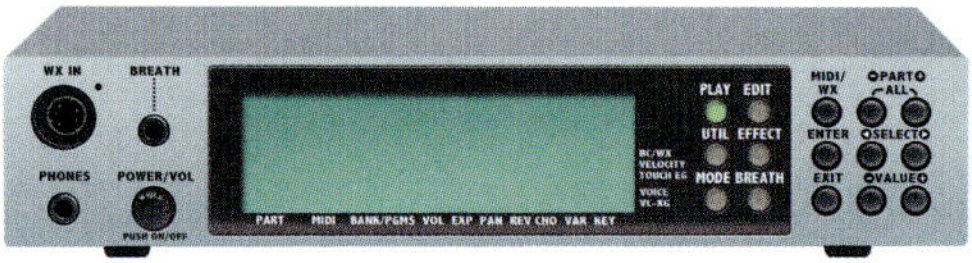

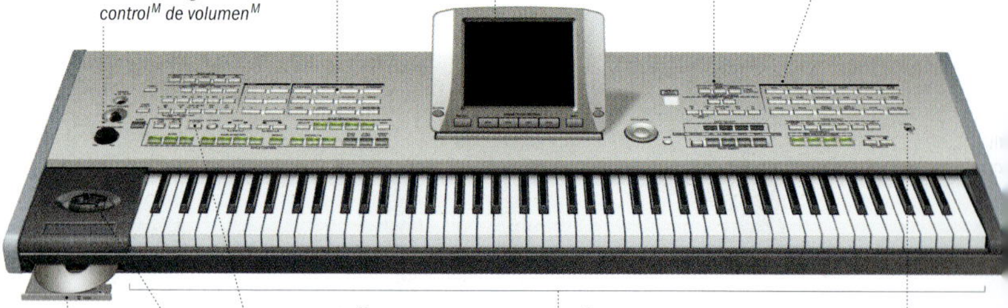

Kabel[N] der Schnittstelle[F] für digitale Musikinstrumente[N] (MIDI)
cable[M] de interfaz[F] digital para instrumentos[M] musicales (MIDI)

elektronisches Schlagpolster[N]
batería[F] electrónica

Blassynthesizer[M]
controlador[M] de viento[M] del sintetizador[M]

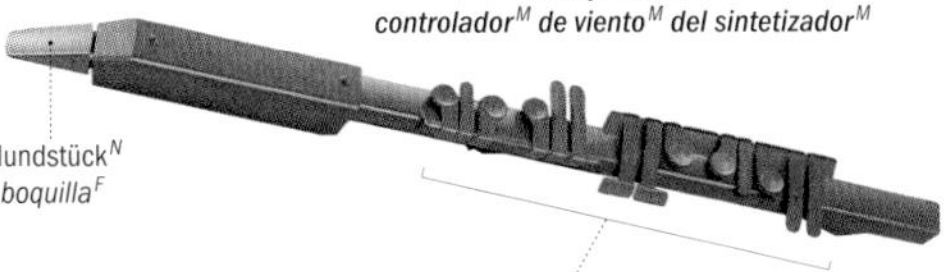

elektronisches Piano[N]
piano[M] electrónico

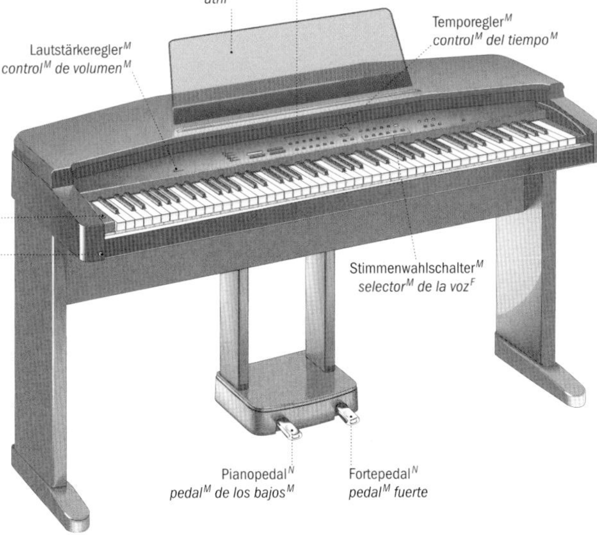

Schreibgeräte[N]

instrumentos[M] para escribir

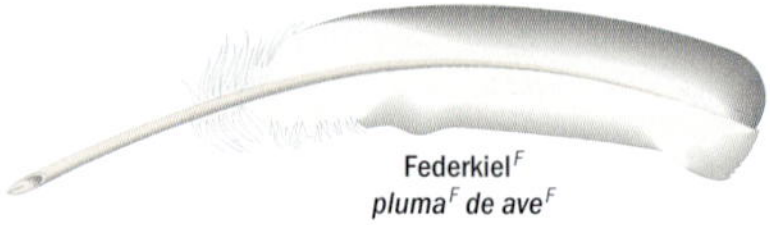

Federkiel[F]
pluma[F] de ave[F]

Rohrfeder[F]
pluma[F] de caña[F]

Schreibpinsel[M]
pincel[M]

Binsenstängel[M]
cálamo[M] egipcio

römische Metallfeder[F]
pluma[F] metálica romana

Graphitstift[M]
lápiz[M] de grafito[M]

Stilus[M]
estilo[M]

Stahlschreibfeder[F]
pluma[F] metálica

Marker[M]
marcador[M]

Füllfederhalter[M]
pluma[F] estilográfica

Druckbleistift[M]
portaminas[M]

Bleistift[M]
lápiz[M]

Kugelschreiber[M]
bolígrafo[M]

Nachfüllmine[F]
repuesto[M]

KOMMUNIKATION UND BÜROTECHNIK

Zeitung[F]
periódico[M]

Titelseite[F] *primera plana*[F]

Zeitungsname[M] *nombre*[M] *del periódico*[M]

Zeitungskopf[M] *cabecera*[F]

Schlagzeile[F] *grandes titulares*[M]

Redaktionsteil[M] *sección*[F]

Titelfoto[N] *foto*[F] *de primera plana*[F]

Artikel[M] *artículo*[M]

Bildunterschrift[F] *pie*[M] *de foto*[F]

Literaturbeilage[F] *suplemento*[M] *literario*

Vortitel[M] *ladillo*[M]

Titelzeile[F] *titular*[M]

Boulevardblatt[N] ***tabloide***[M]

Untertitel[M] *subtítulo*[M]

farbige Beilage[F] *suplemento*[M] *a color*[M]

Zeitschrift[F] ***revista***[F]

Inhalt[M] *sumario*[M]

Zwischentitel[M] *intertítulo*[M]

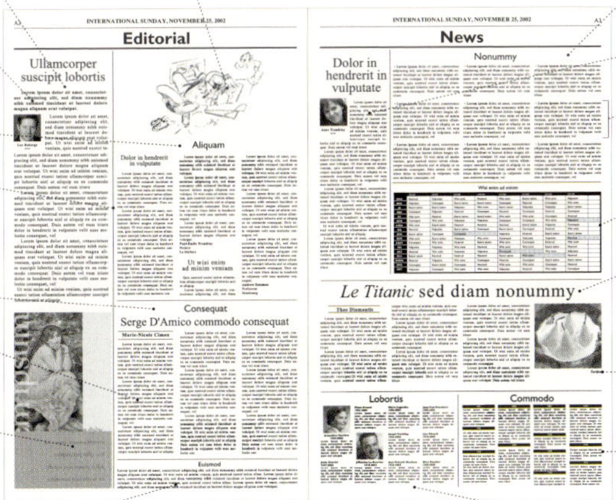

redaktioneller Beitrag[M] *editorial*[M]

Karikatur[F] *caricatura*[F]

Nachrichten[F] *sucesos*[M]

Zusammenfassung[F] *entradilla*[F]

Reportage[F] *columna*[F]

Leserbriefe[M] *cartas*[F] *al editor*[M]

Kurzmeldungen[F] *noticias*[F] *breves*

Trennlinie[F] *filete*[M]

Fernsehprogramm[N] *horario*[M] *de la programación*[F] *televisiva*

Restaurantkritik[F] *reseña*[F] *gastronómica*

Interview[N] *entrevista*[F]

Spalte[F] *columna*[F]

Quellenangabe[F] *fuente*[F] *de servicio*[M]

Anzeige[F] *anuncio*[M]

Kleinanzeigen[F] *anuncios*[M] *por palabras*[F]

Impressum[N] *cabecera*[F]

Todesanzeigen[F] *necrológica*[F]

KOMMUNIKATION UND BÜROTECHNIK

Fotografie[F]
fotografía[F]

einäugige Spiegelreflexkamera[F]/SLR-Kamera[F]: Vorderansicht[F]
cámara[F] réflex monocular: vista[F] frontal

Objektive[N]
objetivos[M]

Teleobjektiv[N]
teleobjetivo[M]

Zoomobjektiv[N]
objetivo[M] zoom[M]

Weitwinkelobjektiv[N]
objetivo[M] gran angular[M]

Makroobjektiv[N]
objetivo[M] macro

Objektivzubehö
accesorios[M] para el objetivo

Objektivschutzdeckel[M]
tapa[F] del objetivo[M]

Gegenlichtblende[F]
capuchón[M]

Polarisationsfilter[M]
filtro[M] de polarización[F]

KOMMUNIKATION UND BÜROTECHNIK

digitale Spiegelreflexkamera[F]: Rückansicht[F]
cámara[F] réflex digital: vista[F] posterior

Hauptschalter[M]
conmutador[M] de alimentación[F]

Menütaste[F]
botón[M] de selección[F] del menú[M]

Flüssigkristallanzeige[F]
pantalla[F] de cristal[M] líquido

Sucherokular[N]
visor[M]

Einstellungsanzeige[F]
botón[M] de visualización[F] de ajustes[M]

Speicherkarte[F]
tarjeta[F] de memoria[F]

Abdeckung[F]
tapa[F]

Öse[F] für Tragriemen[M]
ojete[M] para la correa[F]

Bildvorlauf[M]
botón[M] de salto[M] de imágenes[F]

Anschlussbuchsen[F] für Video- und Digitalübertragung[F]
tomas[F] vídeo y digital

Bildanzeige[F]
botón[M] de visualización[F] de imágenes[F]

Fernsteuerungsanschlussbuchse[F]
botón[M] de control[M] remoto

Indexanzeige[F]-/Zoomregler[M]
botón[M] de índice[M]/ampliación[F]

Löschtaste[F]
botón[M] de cancelación[F]

Vierwegeregler[M]
selector[M] cuadro-direccional

Auswurftaste[F]
botón[M] de expulsión[F]

Fotoapparate[M]
cámaras[F] fijas

Sofortbildkamera[F]
cámara[F] Polaroid Land

Mittelformatkamera[F] SLR (6 x 6)
cámara[F] reflex de formato[M] medio SLR (6x6)

Ultrakompaktkamera[F]
aparato[M] ultracompacto

Kompaktkamera[F]
aparato[M] compacto

Einwegkamera[F]
cámara[F] desechable

Großformatkamera[F]
cámara[F] de fuelle[M]

Satellitenübertragungstechnik[F]

comunicación[F] vía satélite[M]

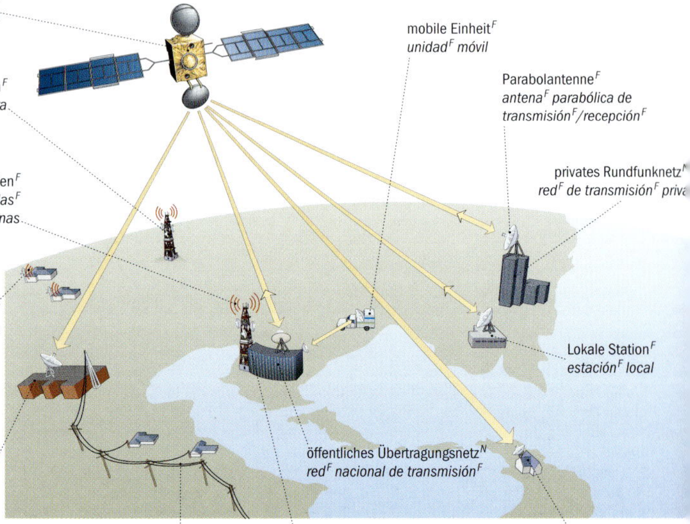

Fernmeldesatelliten[M]

satélites[M] de telecomunicaciones[F]

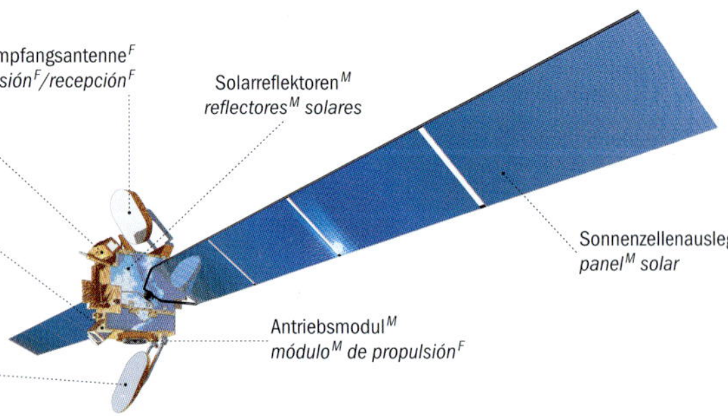

Telekommunikation^F über Nachrichtensatellit^M

telecomunicaciones^F vía satélite^M

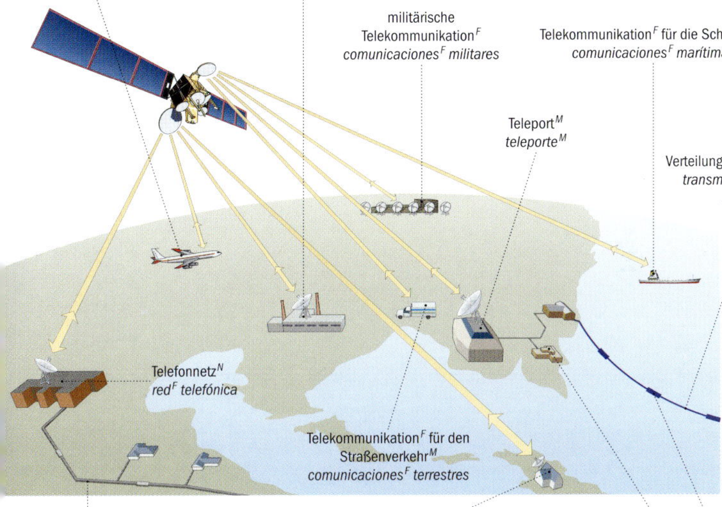

Fernmeldesatelliten^M

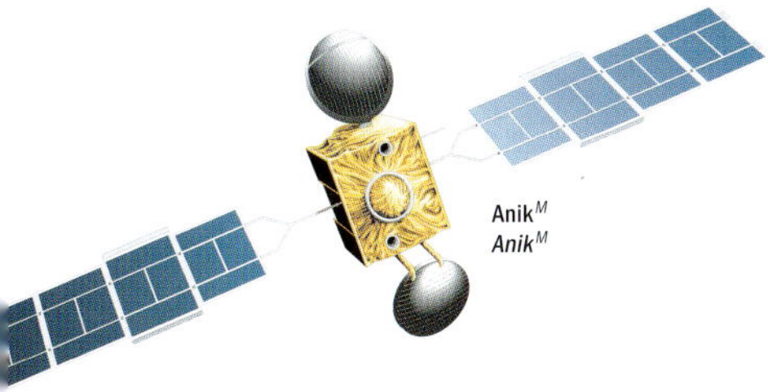

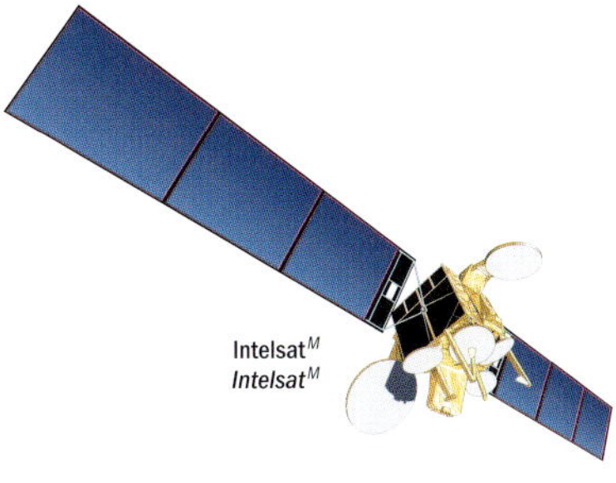

Fernsehen[N]
televisión[F]

LCD-Fernseher[M] (Liquid-Crystal-Display-Fernseher[M])
televisor[M] de cristal[M] líquido

Plasmafernseher[M]
televisor[M] plasma[M]

CRT-Fernseher[M] (Kathodenstrahlröhren-Fernseher[M])
televisor[M] con pantalla[F] catódica

Bildröhre[F]
tubo[M] de pantalla[F]

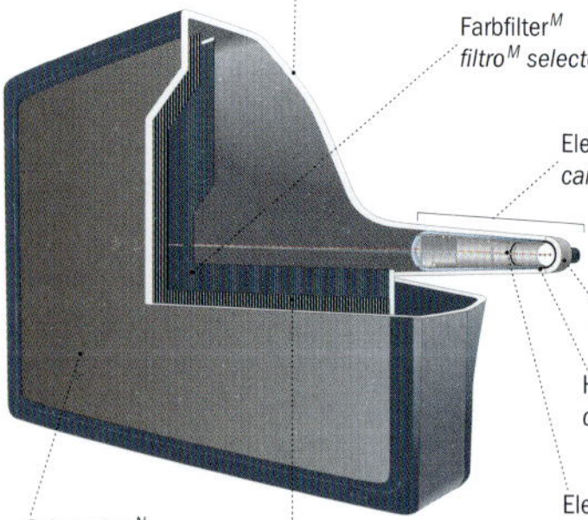

Elektronenkanon
cañón[M] de electrone

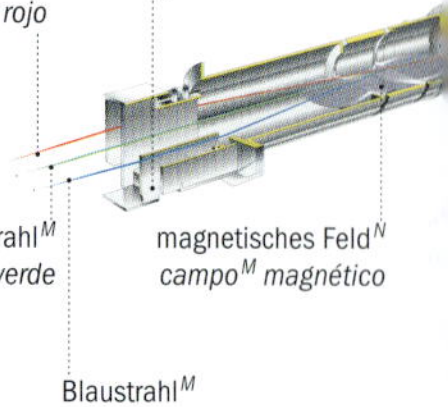

Fernbedienung[F]
mando[M] a distancia[F]

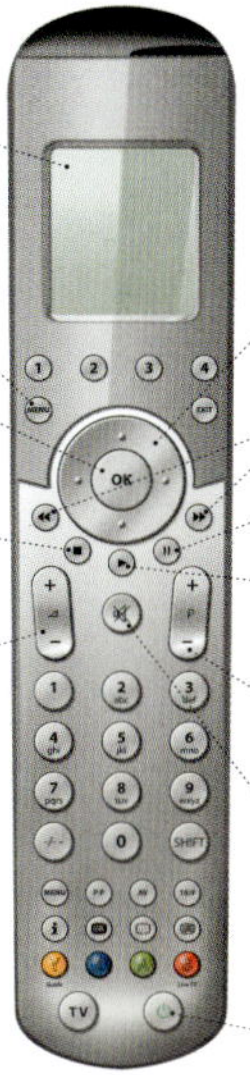

DVD-Recorder[M]
grabadora[F] DVD

Aufnahme- und Speichermedien[N]
soportes[M] para grabar

ideokassette[F]
inta[F] de vídeo[M]

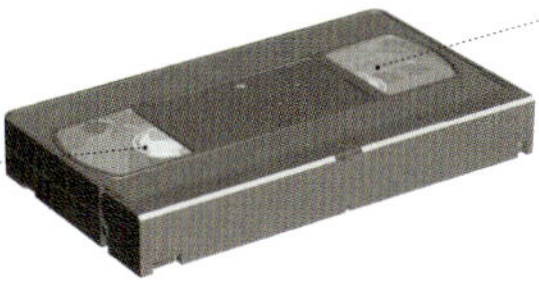

DVD[F]
disco[M] versátil digital (DVD)

Mini-DV-Camcorder^M: Vorderansicht^F
videocámara^F mini DV : vista^F de frente

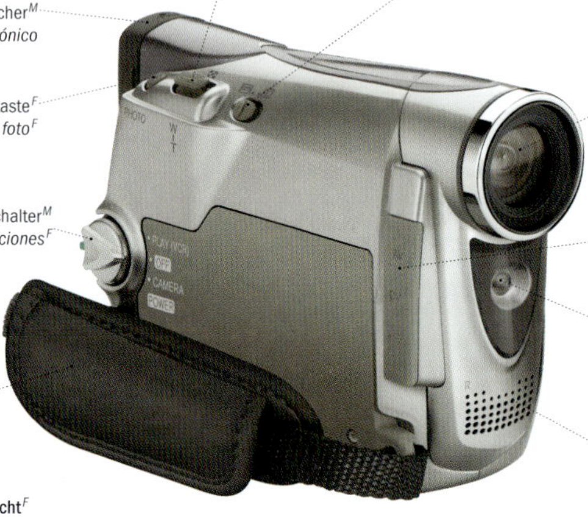

Zoomtaste^F
tecla^F de zoom^M

Aufnahmemodus^M
modo^M grabación^F

elektronischer Sucher^M
visor^M electrónico

Fototaste^F
tecla^F foto^F

Zoomobjektiv^N
objetivo^M zoom

Haupt-/Funktionsschalter^M
interruptor^M alimentación^F/funciones^F

Anschlussabdeckung^F
tapa^F de conexión^F

Lampe^F
lámpara^F

Faustriemen^M
correa^F para el hombre^M

Mikrofon^N
micrófono^M

Mini-DV-Camcorder^M: Rückansicht^F
videocámara^F mini DV : vista^F por detrás

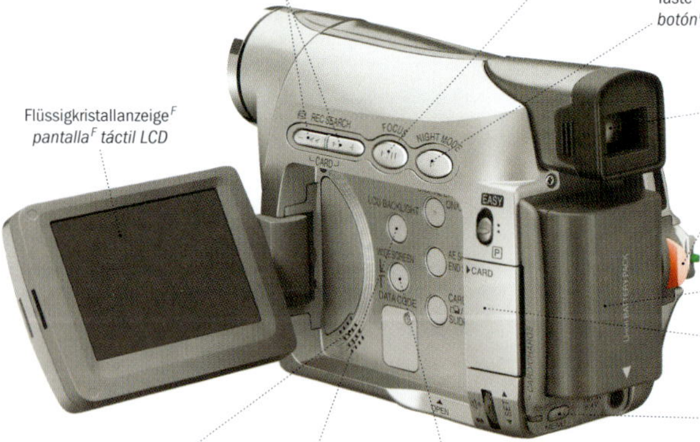

Videobandsteuerungen^F
mandos^M de la cinta^F de vídeo^M

Fokustaste^F
botón^M de enfoque^M

Taste^F für Nachtaufnahme-Modus^M
botón^M de grabación^F nocturna

Sucher^M
ocular^M

Flüssigkristallanzeige^F
pantalla^F táctil LCD

Aufnahme^F-Start^M-/Stopptaste^F
tecla^F de inicio/stop de grabación^F

Akku^M
pila^F recargable

Steckplatz^M für Speicherkarte^F
ranura^F de la tarjeta^F de memoria^F

Menütaste^F
tecla^F de menú^M

Lautsprecher^M
altavoz^M

Aufhelltaste^F
tecla^F de contraluz^M

Taste^F für Breitbildfunktion^F /Datumsoption^F
tecla^F pantalla^F ancha/código^M de datos^M

arabolantenne[F]
ntena[F] parabólica

Receiver[M]
receptor[M]

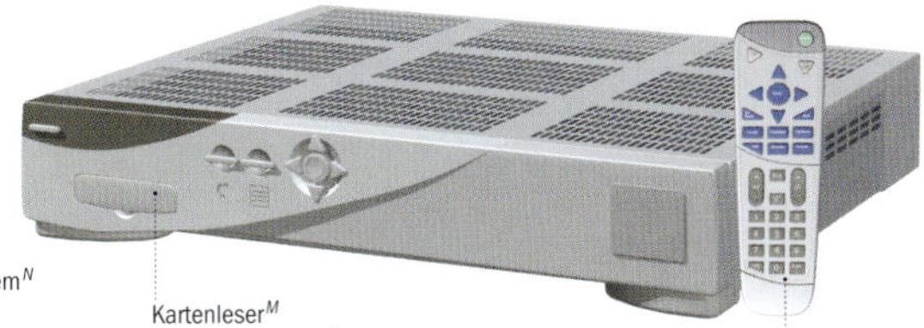

Heimkino[N]
home[M] theatre

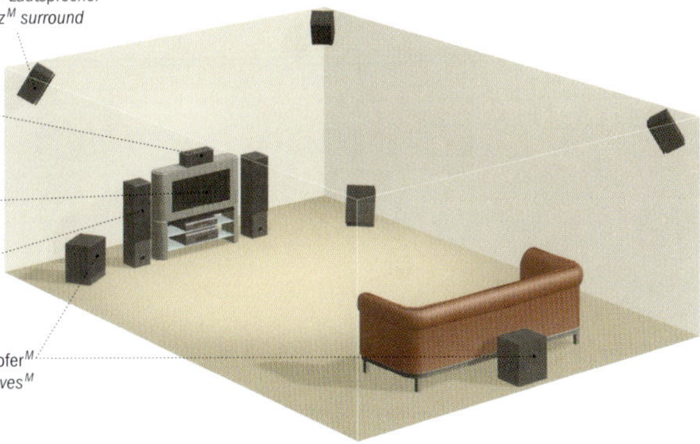

Videorecorder[M]
reproductor/grabador de video[M] VCR

Tonwiedergabesystem[N]

equipo[M] de alta fidelidad[F]

Receiver[M]: Vorderansicht[F]
amplificador[M]/sintonizador[M] : vista[F] frontal

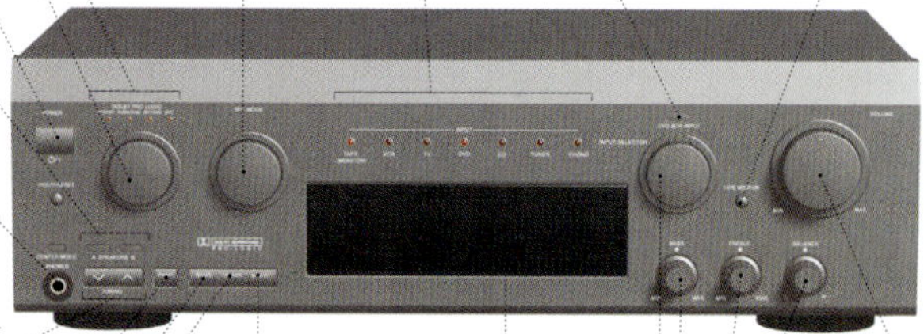

Amplituner[M]: Rückansicht[F]
amplificador[M]/sintonizador[M] : vista[F] posterior

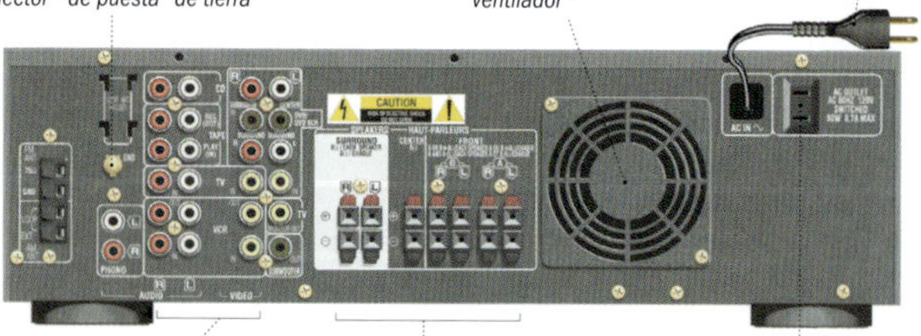

Kassettendeck^{N}
pletina^{F} de casete^{F}

Rückstelltaste^{F}
botón^{M} de ajuste^{M} a cero^{M} del contador^{M}

Play-Taste^{F}
botón^{M} de reproducción^{F}

Schnellvorlauf-Taste^{F}
botón^{M} de avance^{M} rápido

Auswurftaste^{F}
botón^{M} de expulsión^{F}

Zählwerk^{N}
contador^{M}

Bandsortenschalter^{M}
selector^{M} de tipo^{M} de cinta^{F}

LED-Pegelanzeige^{F}
medidor^{M} de altos niveles^{M} de frecuencia^{F}

Kassettenfach^{N}
alojamiento^{M} de la casete^{F}

Stopptaste^{F}
botón^{M} de stop^{M}

Stummaufnahme-Taste^{F}
botón^{M} de grabación^{F} silenciosa

Rücklauf-Taste^{F}
botón^{M} de rebobinado^{M}

Aufnahme-Taste^{F}
botón^{M} de inicio^{M} de grabación^{F}

Pause-Taste^{F}
botón^{M} de pausa^{F}

manuelle Aussteuerung^{F}
botón^{M} de nivel^{M} de grabación^{F}

CD-Spieler^{M}
lector^{M} de disco^{M} compacto

Netzschalter^{M}
interruptor^{M}

Zufallswiedergabe^{F}
lectura^{F} aleatoria

Direktwahltasten^{F}
teclas^{F} numéricas

Wiederholungstaste^{F}
botón^{M} de repetición^{F}

Titelsuche^{F}/Schnellvorlauf^{M}
cambio^{M} de pista^{F}/lectura^{F} rápida

Stopptaste^{F}
parada^{F}

Pausetaste^{F}
pausa^{F}

Play-Taste^{F}
lectura^{F}

CD^{F} wechseln
cambio^{M} de disco^{M}

Kopfhöreranschluss^{M}
toma^{F} para los auriculares^{M}

CD-Fach^{N}
alojamiento^{M} para el disco^{M}

Display^{N}
indicador^{M}

Auswurftaste^{F}
botón^{M} de control^{M} del alojamiento^{M} del disco^{M}

Kopfhörer[M]
auriculares[M]

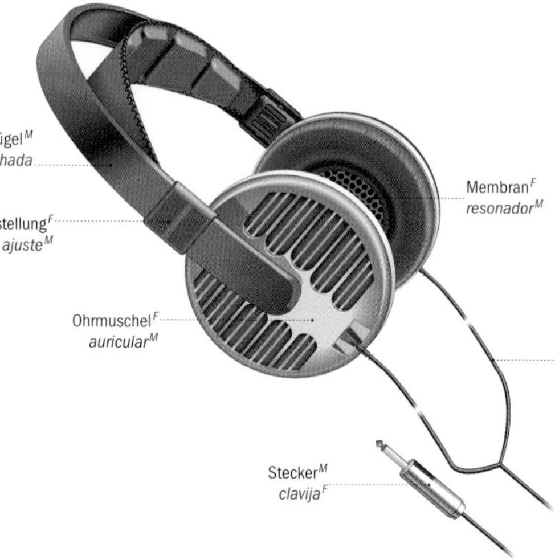

Lautsprecherbox[F]
altavoz[M]

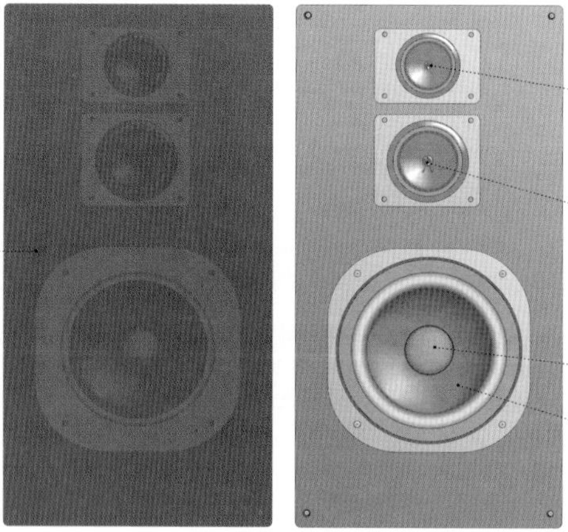

Mini-HiFi^{F}-System^{N}
mini-cadena^{F} estéreo

CD^{F}-Spieler^{M}
lector de disco^{M} compacto

Receiver^{M}
amplificador^{M}-sintonizador^{M}

Lautsprecher^{M}
altavoz^{M}

CD^{F}-Rekorder^{M}
reproductor^{M} de disco^{M} compacto

Doppel-Kassettendeck^{N}
doble pletina^{F} de casete^{F}

tragbare Tonwiedergabesysteme^{N}
sistemas^{M} de sonido^{M} portátiles

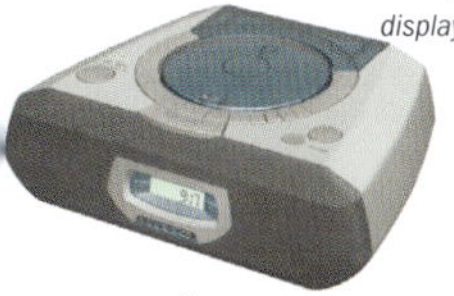

Uhrenradio^{N}
radio^{M} despertador

Kofferradio^{N}
radio^{F} portátil

Frequenzanzeige^{F}
display^{M} de frecuencia

Teleskopantenne^{F}
antena^{F} telescópica

Tragebügel^{M}
mango^{M}

Höhenregler^{M}
control^{M} de tonos^{M} de graves^{M}

Frequenzwähler^{M}
selector^{M} de sintonización^{F}

Bassregler^{M}
control^{M} de tonos^{M} de bajos

Lautstärkeregler^{M}
selector^{M} de volumen^{M}

Walkman^{M}® mit Radioteil^{N}
radiocasete^{M} portátil personal (Walkman®)

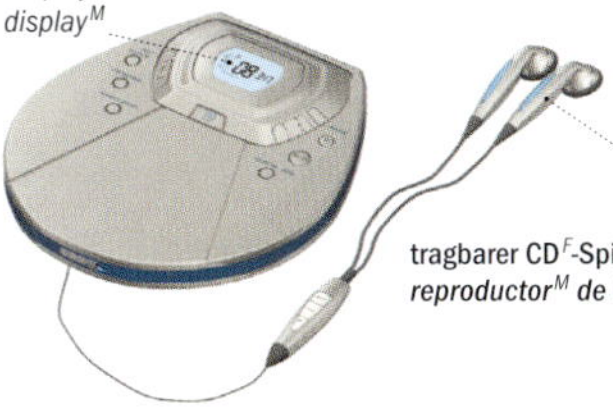

Display^{N}
display^{M}

Kopfhörer^{M}
auriculares^{M}

tragbarer CD^{F}-Spieler^{M}
reproductor^{M} de CD portátil

tragbare Tonwiedergabesysteme[N]

MP3-Spieler[M]
audio[M] player portátil digital

Satellitenradioempfänger
receptor[M] de radio[F] vía satélite

Radiorecorder[M] mit CD-Spieler[M]
radiocasete[M] con lector[M] de disco[M] compacto

Telefonieren^{N}

comunicación^{F} por teléfono^{M}

LCD-Display^{N}
pantalla^{F} de cristal^{M} líquido

Menütaste^{F}
tecla^{F} de menú^{M}

Softkey-Taste^{F}
tecla^{F} programable

Auflege-/Ausschalttaste^{F}
tecla^{F} de final^{M} de llamada^{F}/interruptor^{M}

alphanumerische Tastatur^{F}
teclado^{M} alfanumérico

Mikrofon^{N}
micrófono^{M}

Lautsprecher^{M}
receptor^{M}

Navigationstaste^{F}
tecla^{F} de navegación^{F}

Fototaste^{F}
tecla^{F} cámara^{F} de fotos^{F}

Ruftaste^{F}
tecla^{F} de llamada^{F}

Handy^{N}
teléfono^{M} celular

Antenne^{F}
antena^{F}

LCD-Display^{N}
pantalla^{F} de cristal^{M} líquido

Objektiv^{N}
objetivo^{M}

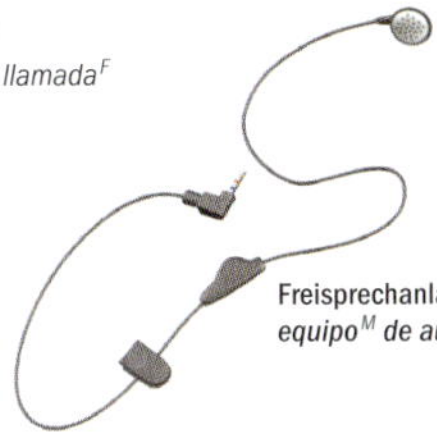

Freisprechanlage^{F}
equipo^{M} de auricular^{M}/micrófono^{M}

Telefonapparat^{M}
teléfono^{M}

Hörmuschel^{F}
receptor^{M}

Display^{N}
display^{M}

Hörer^{M}
auricular^{M}

An-/Aus-Kontrolllampe^{F}
luz^{F} de encendido/apagado

Lautstärkeregler^{M} für den Hörer^{M}
control^{M} de volumen^{M} del auricular^{M}

Sprechmuschel^{F}
transmisor^{M}

Displayeinstellung^{F}
ajuste^{M} del display^{M}

Lautstärkeregler^{M} für den Rufton^{M}
control^{M} de volumen^{M} del timbre^{M}

Schnur^{F}
cable^{M} del auricular^{M}

Speichertaste^{F}
botón^{M} de memoria^{F}

Funktionswahltaste^{F}
selectores^{M} de funciones^{F}

Tasten^{F}
teclado^{M}

Rufnummernregister^{N}
agenda^{F} telefónica

Rufnummernregister^{N} für automatische Wahl^{F}
marcador^{M} automático

digitaler Anrufbeantworter[M]
contestador[M] numérico

Telefaxgerät[N]
fax[M]

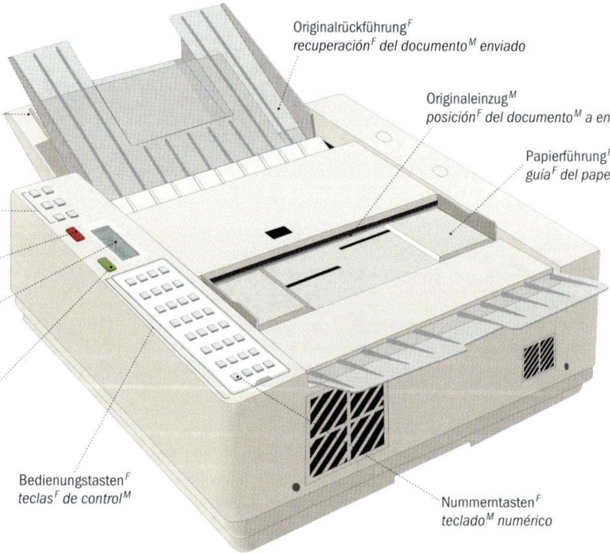

Personalcomputer^{M}

ordenador^{M} personal

Bildschirm^{M}
monitor^{M} de vídeo^{M}

Towergehäuse^{N}: Rückansicht^{F}
ordenador^{M} : vista^{F} posterior

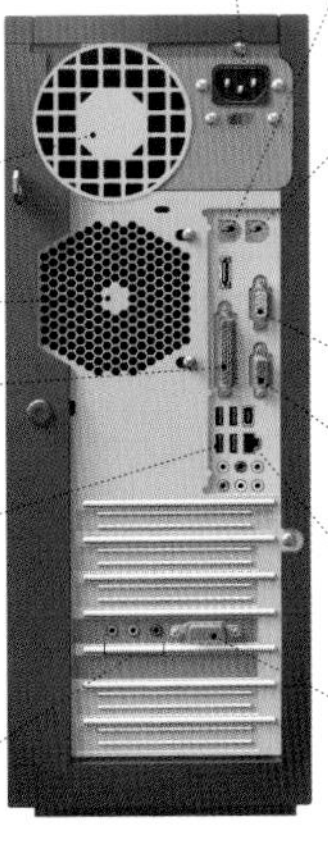

Towergehäuse^{N}: Vorderansicht^{F}
ordenador^{M} : vista^{F} frontal

Eingabegeräte^{N}
unidades^{F} de entrada^{F} de información^{F}

Tastatur^{F} und Piktogramme^{N}
teclado^{M} y pictogramas^{M}

Funktionstasten^{F}
teclas^{F} de funciones^{F}

Internet^{N}-Tasten^{F}
teclas^{F} de Internet

E-Mail^{F}-Taste^{F}
tecla^{F} email

Escapetaste^{F}
tecla^{F} escape

Tabulatortaste^{F}
tecla^{F} tabulación

Großschriftfeststellungstaste^{F}
tecla^{F} de bloqueo^{M} de mayúsculas

Umschalttasten^{F}
tecla^{F} de mayúsculas^{F}

Steuerungstaste^{F}
tecla^{F} de servicio^{M}

Startmenütaste^{F}
tecla^{F} inicio

Alt-Taste^{F}
tecla^{F} alternativa

abnehmbare Handballenauflage^{F}
reposamanos^{M}

Leertaste^{F}
barra^{F} espaciadora

alphanumerische Tastatur^{F}
teclado^{M} alfanumérico

Abbruch^{M}
escape^{M}

Tabulator^{M} nach links
tabulación^{F} a la izquierda^{F}

Tabulator^{M} nach rechts
tabulación^{F} a la derecha^{F}

Großschriftfeststellung^{F}
bloqueo^{M} de mayúsculas^{F}

Alternative^{F}: Drittbelegung^{F}
alternado: selección^{F} de nivel^{M} 3

Großschriftumschaltung^{F}: Zweitbelegung^{F}
mayúscula^{F} : selección^{F} de nivel^{M} 2

Steuerung^{F}: Gruppenwahl^{F}
control^{M} : selección^{F} de grupo^{M}

Steuerung^{F}
control^{M}

Alternative^{F}
alternativa^{F}

Leerzeichen^{N}
espacio^{M}

geschütztes Leerzeichen^{N}
espacio^{M} sin pausa^{F}

KOMMUNIKATION UND BÜROTECHNIK

Taste^{F} Druck^{M}/Systemabfrage^{F}
tecla^{F} de impresión^{F} de pantalla^{F}/petición^{F} del sistema^{F}

Kontrollleuchten^{F}
luces^{F} de estado^{M}

Taste^{F} löschender Rückschritt^{M}
tecla^{F} de retroceso^{M}

Scrollen^{N}-Feststelltaste^{F}
bloqueo^{M} corrimiento^{M}

Einfügetaste^{F}
insert^{M}

Taste^{F} Pause^{F}/Unterbrechung^{F}
tecla^{F} pausa

Taste^{F} Cursor^{M} an Zeilenanfang^{M}
inicio^{M}

Taste^{F} numerischer Block^{M}
tecla^{F} bloqueo^{M} numérico

Taste^{F} vorherige Seite^{F}
página^{F} atrás

Taste^{F} nächste Seite^{F}
página^{F} adelante

Eingabetaste^{F}
tecla^{F} de enter

Taste^{F} Ende^{N}
fin^{M}

numerisches Tastenfeld^{N}
teclado^{M} numérico

Richtungstasten^{F}
teclas^{F} de cursor

Löschtaste^{F}
suprimir

Eingabetaste^{F}
tecla^{F} de enter

Pause^{F}
pausa^{F}

Unterbrechung^{F}
pausa^{F}

numerischer Block^{M}
bloqueo^{M} numérico

Scrollen^{N}
desplazamiento^{M}

Einfügen^{N}
insertar

Löschen^{N}
borrar

Cursor^{M} an Zeilenanfang^{M}
inicio^{M}

Cursor^{M} an Zeilenende^{N}
fin^{M}

vorherige Seite^{F}
ventana^{F} arriba

löschender Rückschritt^{M}
retroceso^{M}

Bildschirminhalt^{M} drucken
impresión^{F} de pantalla^{F}

nächste Seite^{F}
ventana^{F} abajo

Cursor^{M} nach links
cursor^{M} hacia la izquierda^{F}

Cursor^{M} nach rechts
cursor^{M} hacia la derecha^{F}

Cursor^{M} nach oben
cursor^{M} arriba

Cursor^{M} nach unten
cursor^{M} abajo

Eingabe^{F}
retorno^{M}

Eingabegeräte[N]

Kugelmaus[F]
ratón[M] de rueda[F]

Funkmau
ratón[M] inalámbric

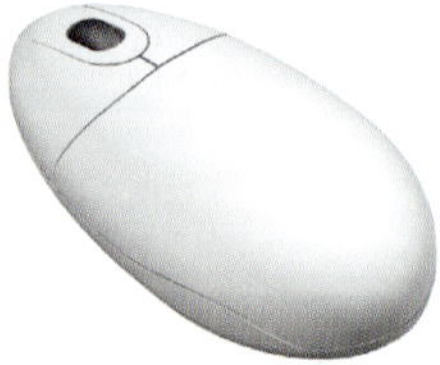

mechanische Maus[F]
ratón[M] mecánico

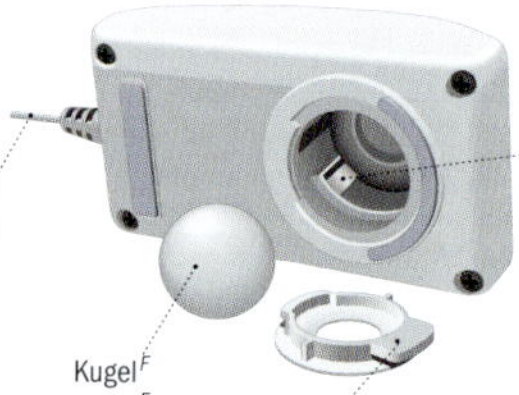

optische Maus
ratón[M] óptic

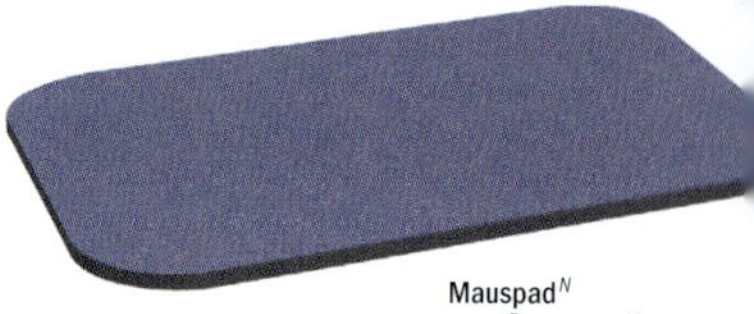

Mauspad[N]
alfombrilla[F] de ratón[M]

Joystick[M]
joystick[M]

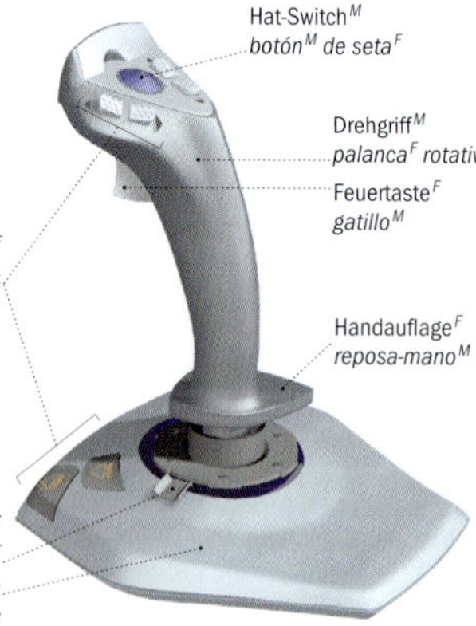

Webcam
cámara[F] we

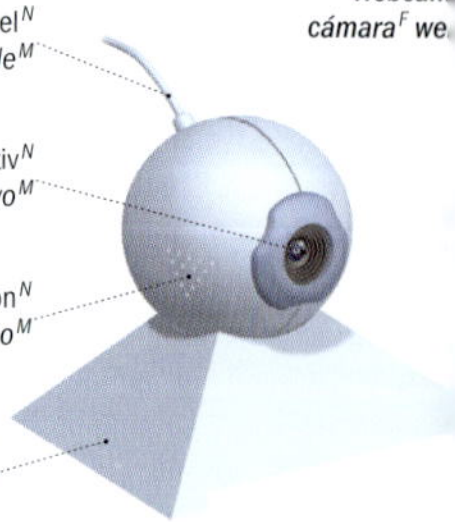

Ausgabegeräte[N]

unidades[F] de salida[F] de información[F]

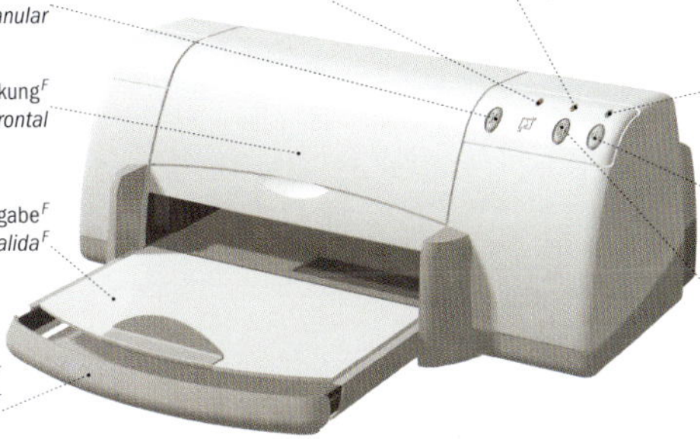

Speichergeräte[N]

unidades[F] de almacenamiento[M] de información[F]

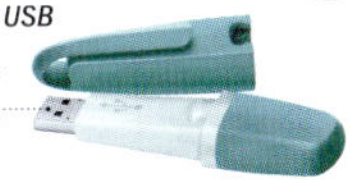

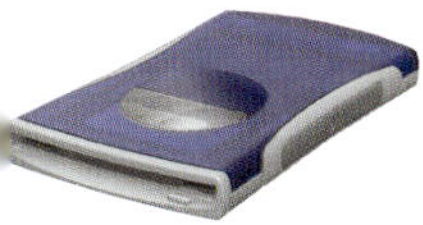

Internet^{N}

Internet^{M}

URL-Adresse^{F} (vereinheitlichter Ressourcenzugriff^{M})
URL localizador universal de recursos

Kommunikationsprotokoll^{N}
protocolo^{M} de comunicación^{F}

Domainname^{M}
nombre^{M} del dominio^{M}

Dateiformat^{N}
formato^{M} del archivo^{M}

http://www.un.org/aboutun/index.html

Doppelschrägstrich^{M}
doble barra^{F} oblicua

Domain^{F} zweiten Grades^{M}
dominio^{M} de segundo nivel^{M}

Datei^{F}
archivo^{M}

Server^{M}
servidor^{M}

Toplevel^{N}-Domain^{F}
dominio^{M} de primer nivel^{M}

Ordner^{M}, Verzeichnis^{N}
directorio^{M}

Browser^{M}
navegador

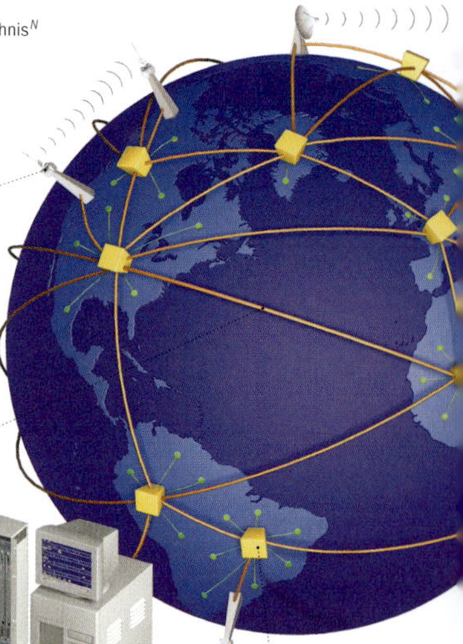

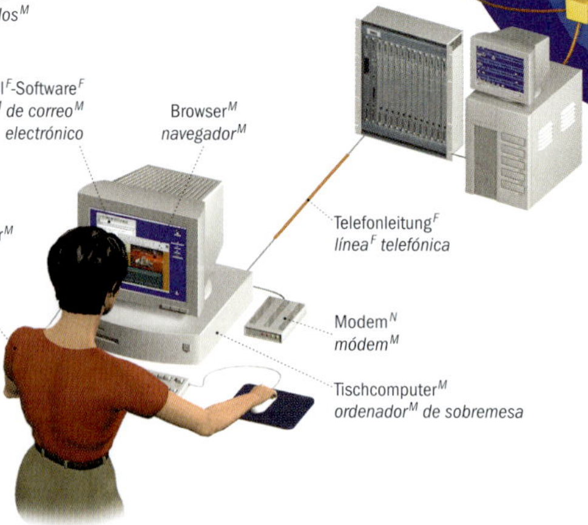

KOMMUNIKATION UND BÜROTECHNIK

Internet[N]-Nutzungen[F]

usos[M] de Internet[M]

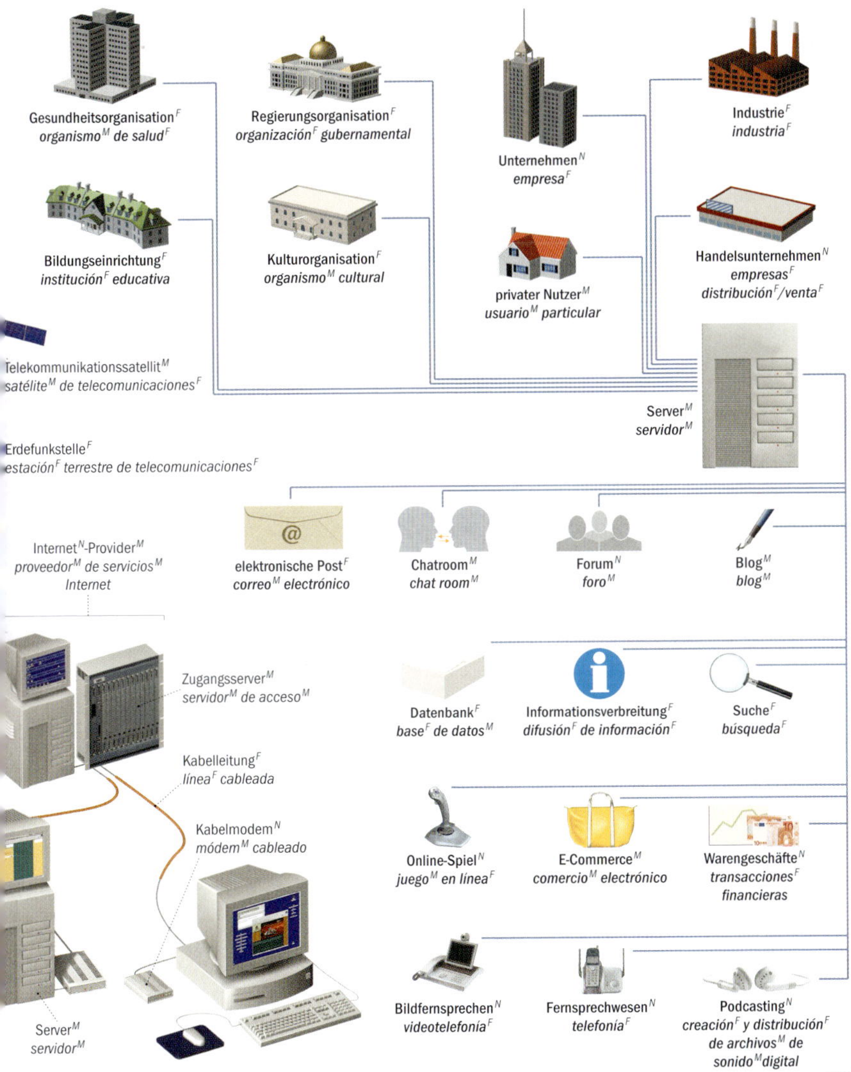

Laptop[M]

ordenador[M] portátil

Laptop[M]: Vorderansicht[F]
ordenador[M] portátil: vista[F] frontal

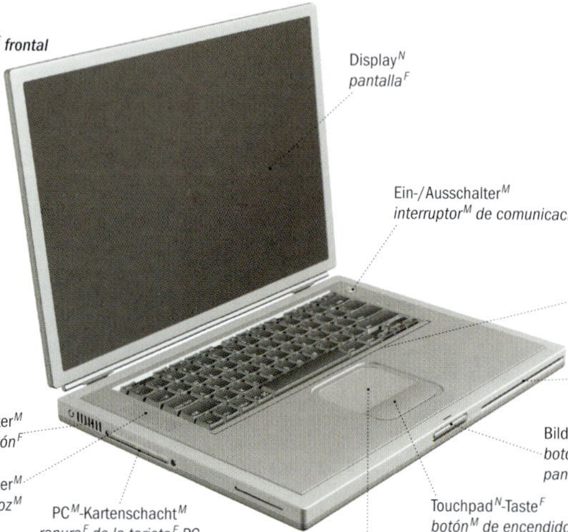

Laptop[M]: Rückansicht
ordenador[M] portátil: vista[F] poster

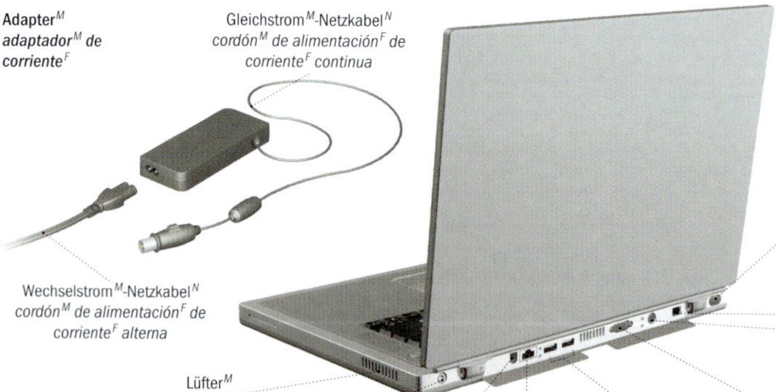

Handheld-Computer^{M}

ordenador^{M} de bolsillo^{M}

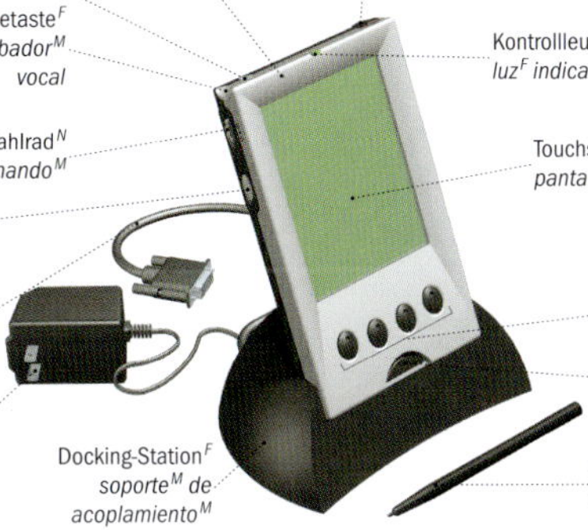

Schreibwaren^{F}

artículos^{M} de escritorio^{M}

Taschenrechner^{M}
calculadora^{F} de bolsillo^{M}

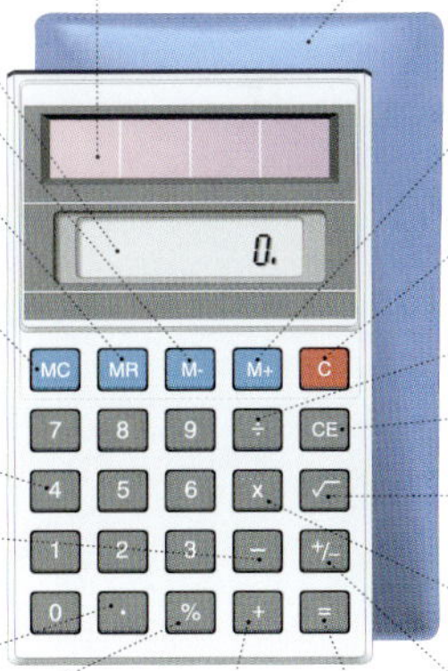

ssenschaftlicher schenrechner^{M}
alculadora^{F} científica

schrechner^{M} mit Druckerteil^{N}
alculadora^{F} con impresora^{F}

für die Terminplanung[F]
para el empleo[M] del tiempo[M]

Ringbuchkalender[M]
calendario[M] de sobremesa

Abreißkalender[M]
calendario[M] de sobremesa

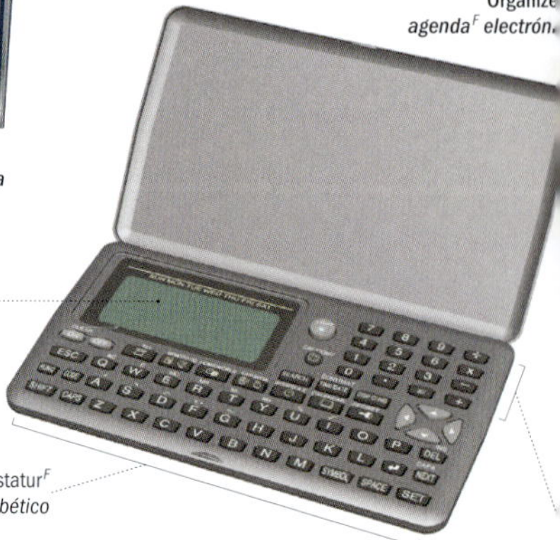

Organize
agenda[F] electrón.

Display[N]
pantalla[F]

alphabetische Tastatur[F]
teclado[M] alfabético

numerische Tastatu
teclado[M] numéri

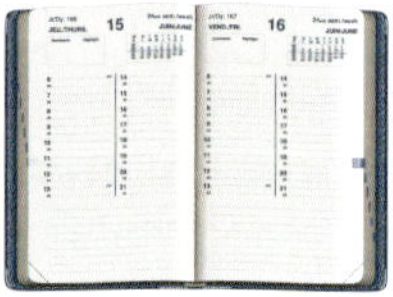

Terminkalender[M]
agenda[F]

Haftnotiz[F]
lámina[F] adhesiva

Notizblock[M]
libreta[F]

für die Korrespondenz[F]
para la correspondencia[F]

Stempelkissen[N]
cojín[M] para sellos[M]

Stempel[M]
sello[M] de goma[F]

Nummerierstempel[M]
foliador[M]

Datumstempel[M]
fechador[M]

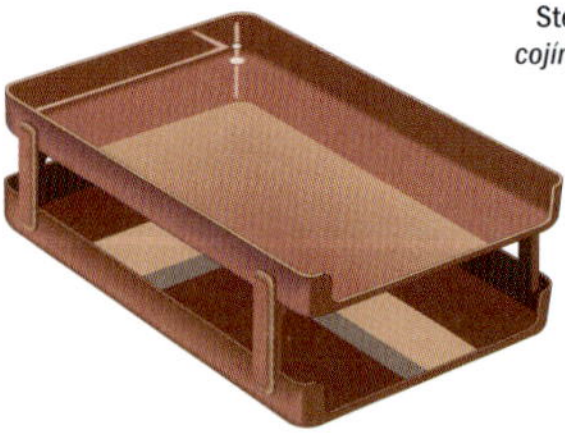

Dokumentenablage[F]
bandeja[F] de correspondencia[F]

Drehkartei[F]
fichero[M] giratorio

Telefonnummernverzeichnis[N]
agenda[F] telefónica

ftpolsterumschlag^{M}
bre^{M} almohadillado

selbstklebende Lasche^{F}
solapa^{F} autoadhesiva

Luftpolster^{N}
burbujas^{F} de aire^{M}

Briefwaage^{F}
balanza^{F} para cartas^{F}

elastischer Fingerhut^{M}
dedil^{M}

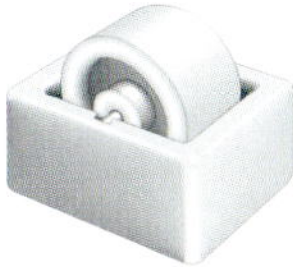

Befeuchter^{M}
rueda^{F} humedecedora

Brieföffner^{M}
abrecartas^{M}

für die Ablage^{F}
para archivar

Registriereinlagen^{F}
divisores^{M}

Aktenordner^{M}
carpeta^{F} con mecanismo^{M} de presión^{F}

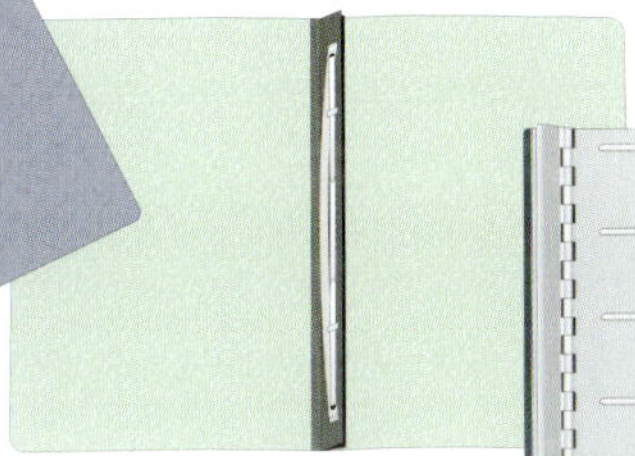

Schnellhefter^{M}
carpeta^{F} de broches^{M}

Klemmhefter^{M}
carpeta^{F} de costilla^{F} de resorte^{M}

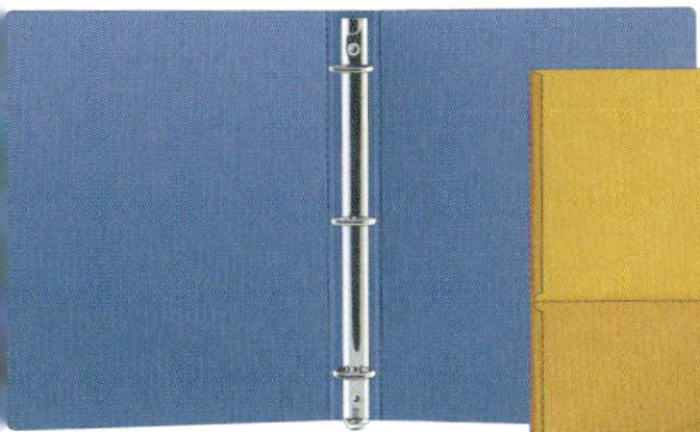

Ringbuch^{N}
carpeta^{F} de argollas^{F}

Dokumentenmappe^{F}
carpeta^{F} con guardas^{F}

Hefter^{M}
carpeta^{F} de tornillos^{M}

Schreibwaren^{F}

Selbstklebeetiketten^{N}
etiquetas^{F} adhesivas

Hängemappe^{F}
archivador^{M} colgante

Reiter^{M}
indicador^{M}

Karteiregister^{N}
guías^{F} de archivo^{M}

Aktenmappe^{F}
carpeta^{F} de archivo^{M}

durchsichtiger Reiter^{M}
indicador^{M} transparente

Spiralringbuch^{N}
carpeta^{F} de espiral^{F}

Klemmbrett^{N}
tabla^{F} con pinza^{F}

Ringablage^{F}
tabla^{F} con argollas^{F}

Aktenbox^{F}
caja^{F} archivo^{M}

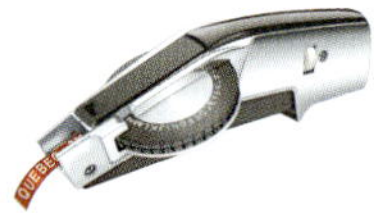
Präger^{M}
rotulador^{M}

Locher^{M}
perforadora^{F}

Spiralheftung^{F}
encuadernación^{F} de anillas^{F}

Erweiterungskartei^{F}
archivador^{M} de fuelle

Verschiedenes[N]
artículos[M] varios

Büroklammern[F]
clip[M]

Reißnägel[M]
chinchetas[F]

Beutelklammern[F]
tachuelas[F] para papel[M]

Klebebandabroller[M]
porta-cinta[M] adhesiva

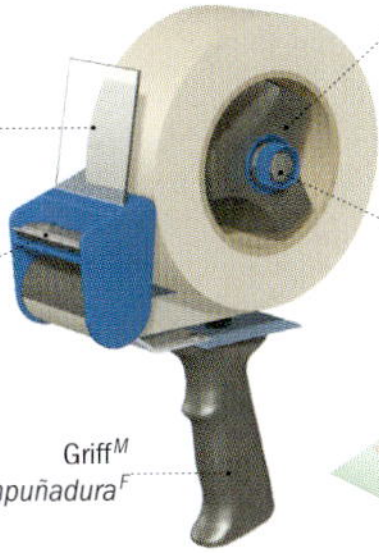

Nabe[F]
cubo[M]

Bandführung[F]
guía[F] de cinta[F]

Feststellschraube[F]
tornillo[M] de ajuste[M] de tensión[F]

Messer[N]
cuchilla[F]

Griff[M]
empuñadura[F]

Bleistiftspitzer[M]
sacapuntas[M]

Radiergummi[M]
goma[F]

Dornablage[F]
pinchador[M]

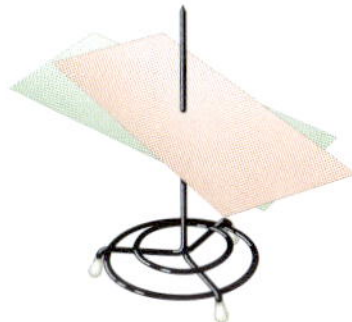

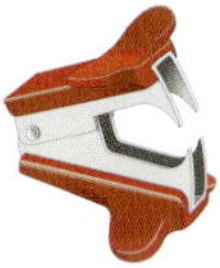

Entklammerer[M]
quitagrapas[M]

Klebefilmspender[M]
porta-celo[M]

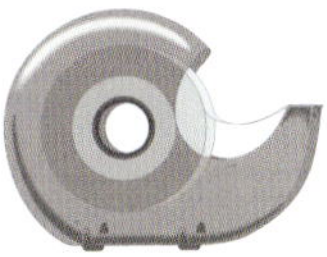

Klebestift[M]
lápiz[M] adhesivo

Hefter[M]
grapadora[F]

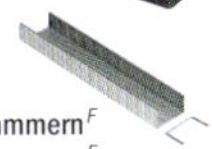

Heftklammern[F]
grapas[F]

Bücherstütze[F]
sujetalibros[M]

Büroklammerhalter[M]
distribuidor[M] de clips[M]

Magnet[M]
imán[M]

Bleistiftspitzer[M]
sacapuntas[M]

innwand[F]
ablero[M] de anuncios[M]

Anschlagfläche[F]
superficie[F] de fijación[F]

Schneidkopf[M]
cabeza[F] cortadora

Papierkorb[M]
papelera[F]

Aktenvernichter[M]
trituradora[F] de documentos[M]

Papierkorb[M]
papelera

Straßenbau[M]

sistema[M] de carreteras[F]

Straße[F] im Querschnitt[M]
sección[F] transversal de una carretera[F]

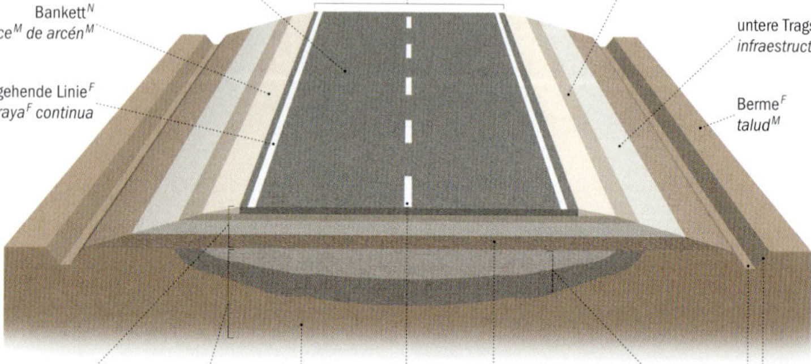

Beispiele[N] für Anschlussstellen[F]
ejemplos[M] de enlaces[M] de carreteras[F]

Kleeblatt[N]
enlace[M] de trébol[M]

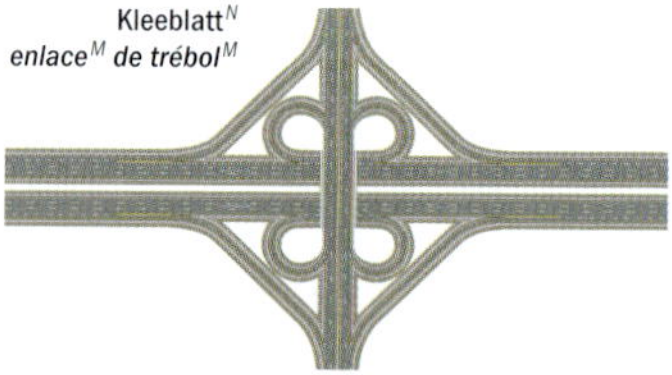

Verteiler[M]
enlace[M] de glorieta[F]

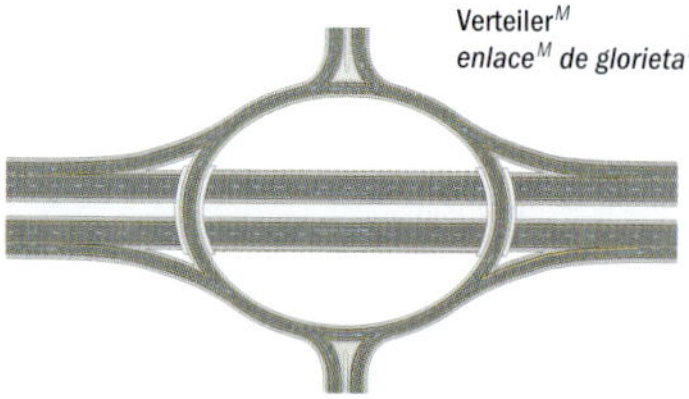

Raute[F]
enlace[M] de diamante[M]

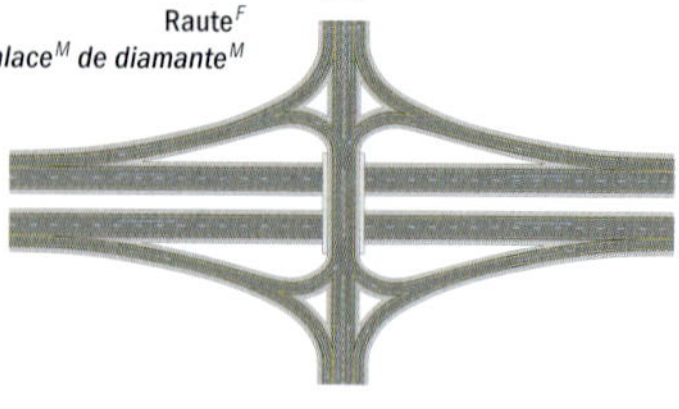

Trompete[F]
trompeta[F]

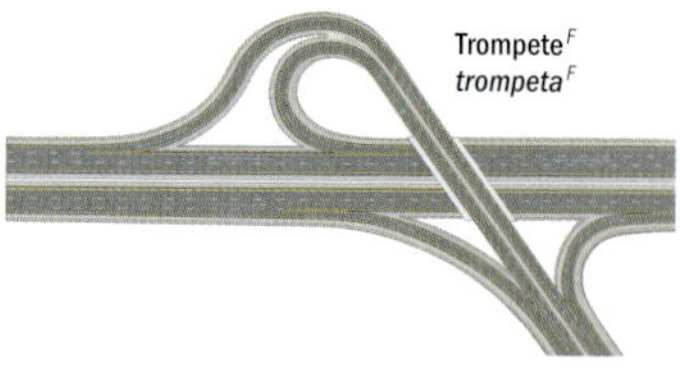

Kleeblatt[N]
enlace[M] de trébol[M]

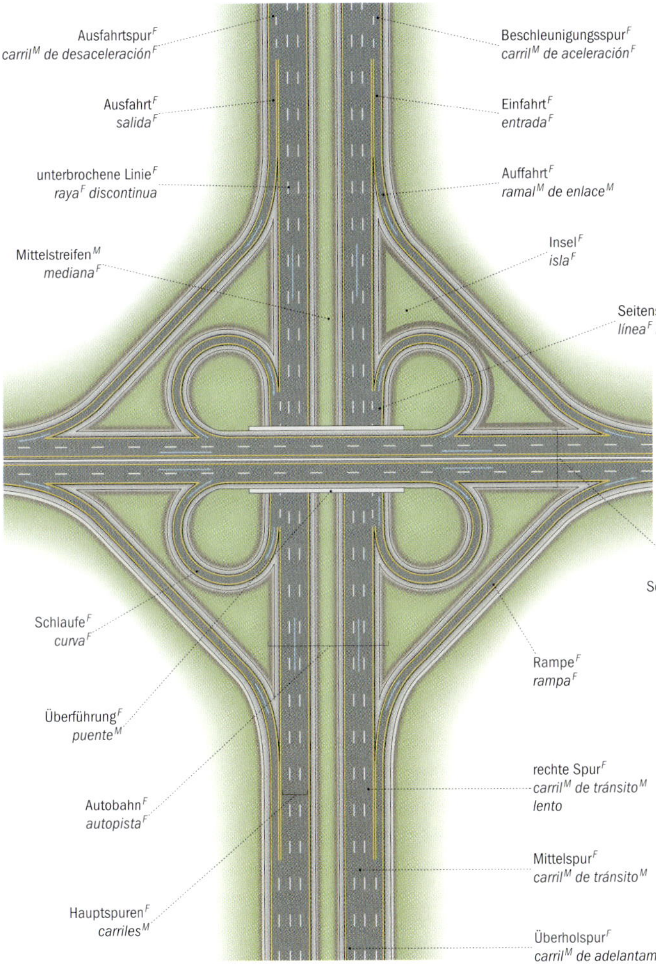

starre Brücken^F
puentes^M fijos

Balkenbrücke^F
puente^M de viga^F

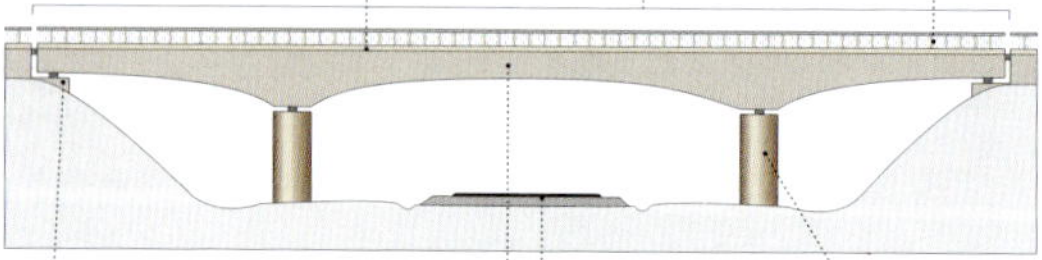

Hängebrücke^F
puente^M colgante

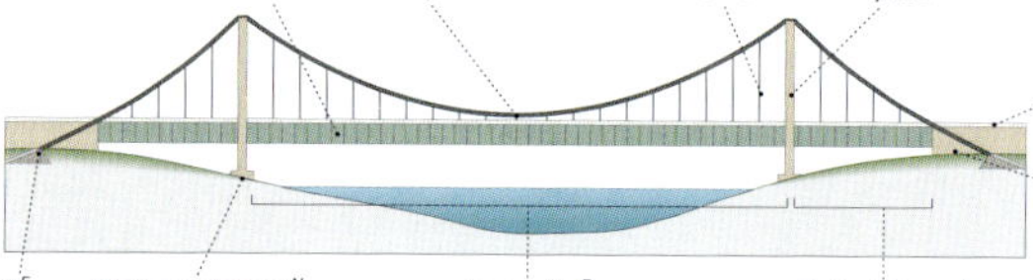

Auslegerbrücke^F
puente^M cantilever

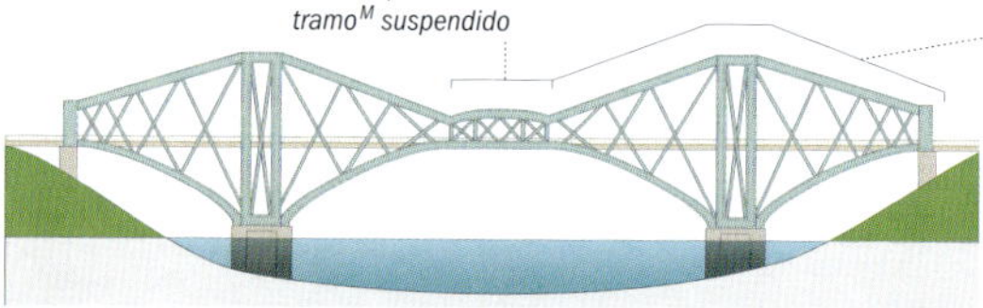

bewegliche Brücken^F
puentes^M móviles

Drehbrücke^F
puente^M giratorio

TRANSPORT UND FAHRZEUGE

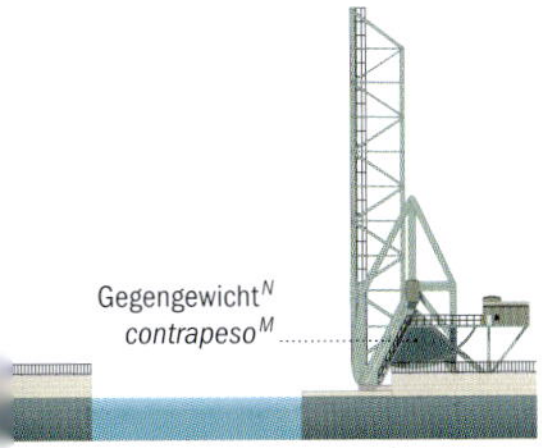

einteilige Klappbrücke[F]
puente[M] levadizo sencillo

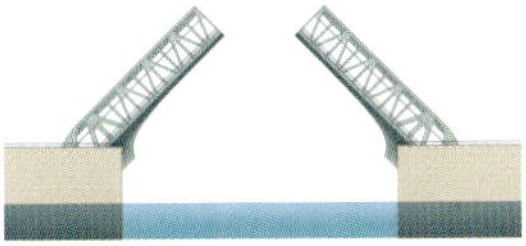

Doppelklappbrücke[F]
puente[M] levadizo doble

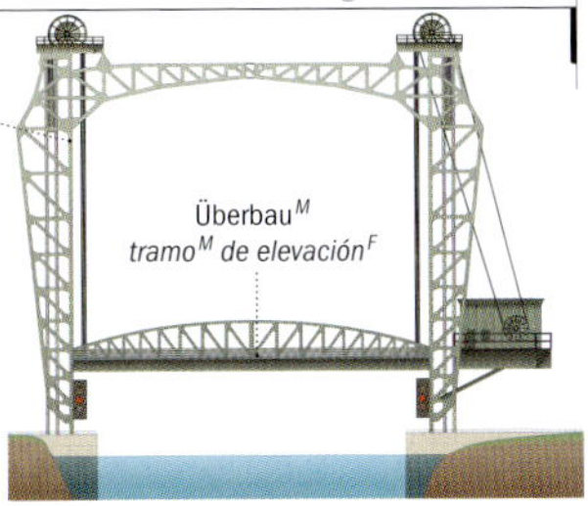

Hubbrücke[F]
puente[M] elevador

Straßentunnel[M]

túnel[M] de carretera[F]

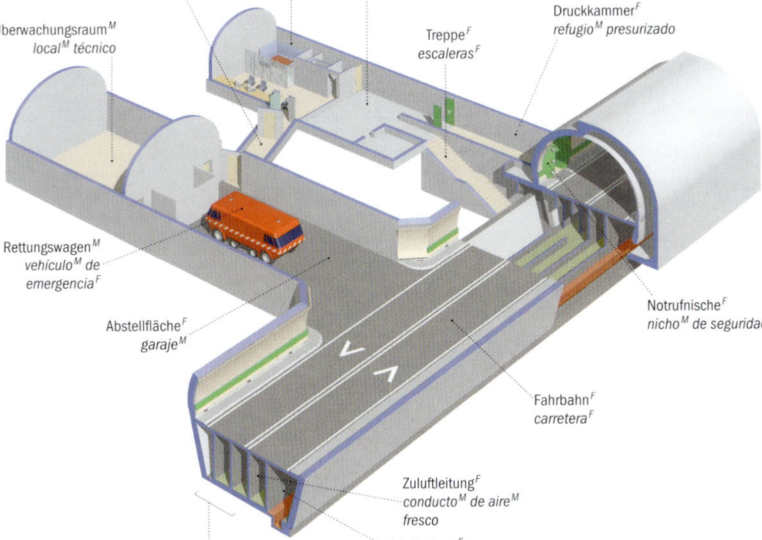

Tankstelle^F
estación^F de servicio^M

Zapfsäule^F
surtidor^M de gasolina^F

Tankstelle^F
estación^F de servicio^M

Auto[N]
automóvil[M]

Beispiele[N] für Karosserien[F]
ejemplos[M] de carrocerías[F]

Sportwagen[M]
deportivo[M]

Kleinwagen[M]
automóvil[M] urbano

dreitürige Kombilimousine[F]
turismo[M] de tres puertas[F]

Coupé[N]
cupé[M]

Kabriolett[N]
descapotable[M]

viertürige Limousine[F]
berlina[F]

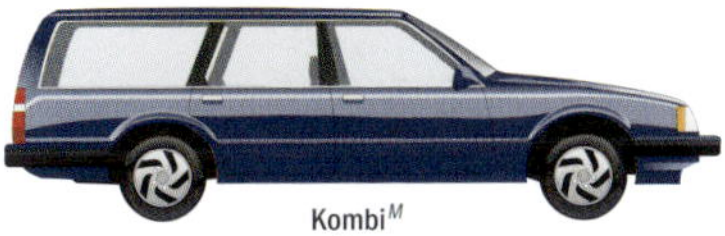

Kombi[M]
coche[M] familiar

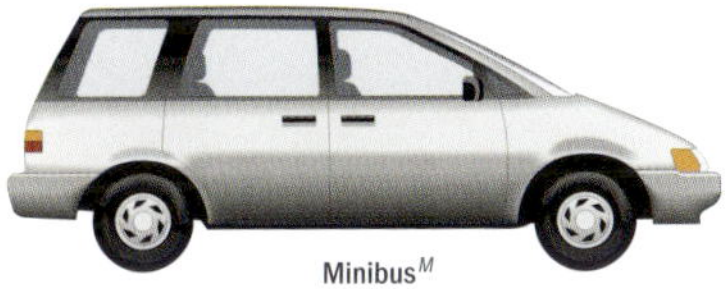

Minibus[M]
monovolumen[M]

Geländewagen[M]
vehículo[M] todo terreno[M]

Pickup[M]
camioneta[F]

Pullman Limousine[F]
limusina[F]

Karosserie^F
carrocería^F

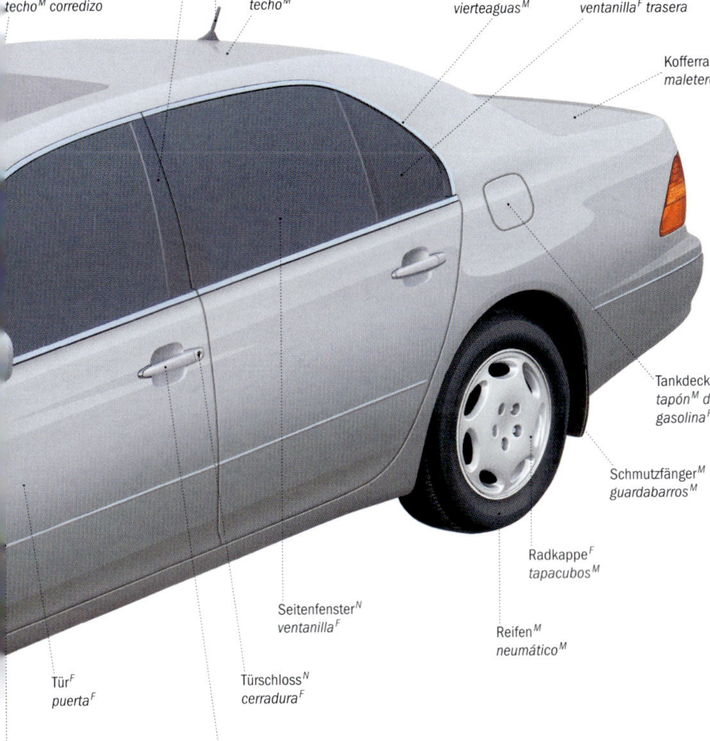
Mittelsäule^F
montante^M central
Antenne^F
antena^F
Schiebedach^N
techo^M corredizo
Dach^N
techo^M
Regenleiste^F
vierteaguas^M
Dreieckfenster^N
ventanilla^F trasera
Kofferraum^M
maletero^M
Tankdeckel^M
tapón^M del depósito^M de gasolina^F
Schmutzfänger^M
guardabarros^M
Radkappe^F
tapacubos^M
Seitenfenster^N
ventanilla^F
Reifen^M
neumático^M
Tür^F
puerta^F
Türschloss^N
cerradura^F
eitenverkleidung^F
oldura^F lateral
Türgriff^M
manilla^F de la puerta^F

Kraftfahrzeuge^N: Hauptbauteile^N
automóviles^M : componentes^M principales

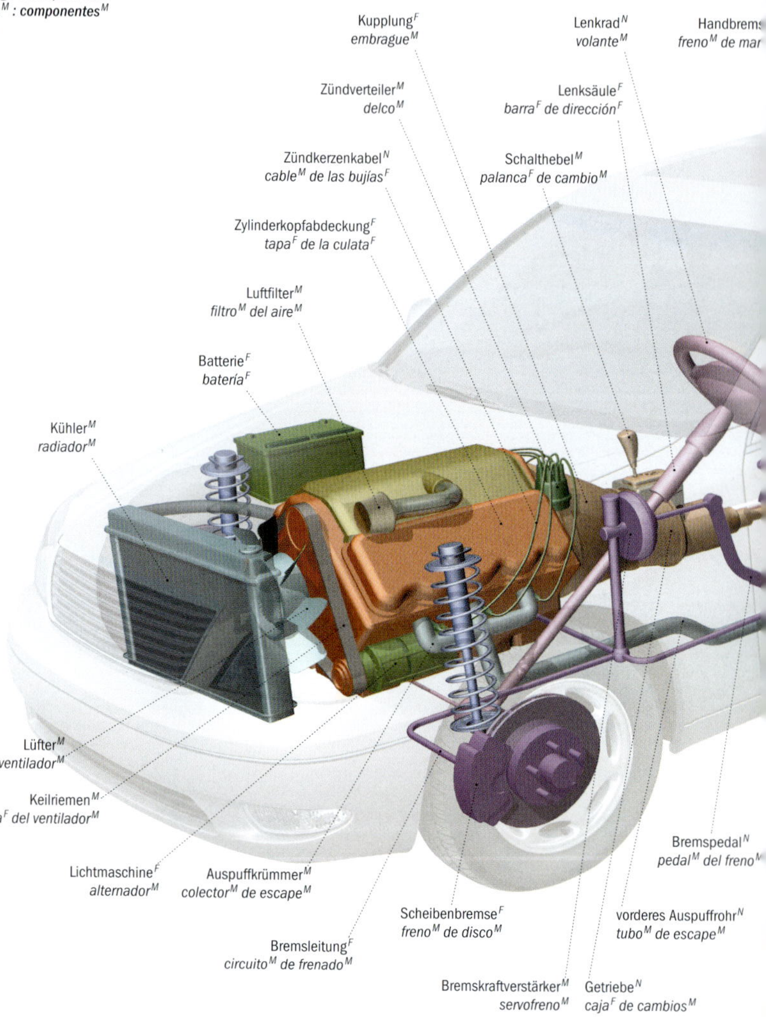

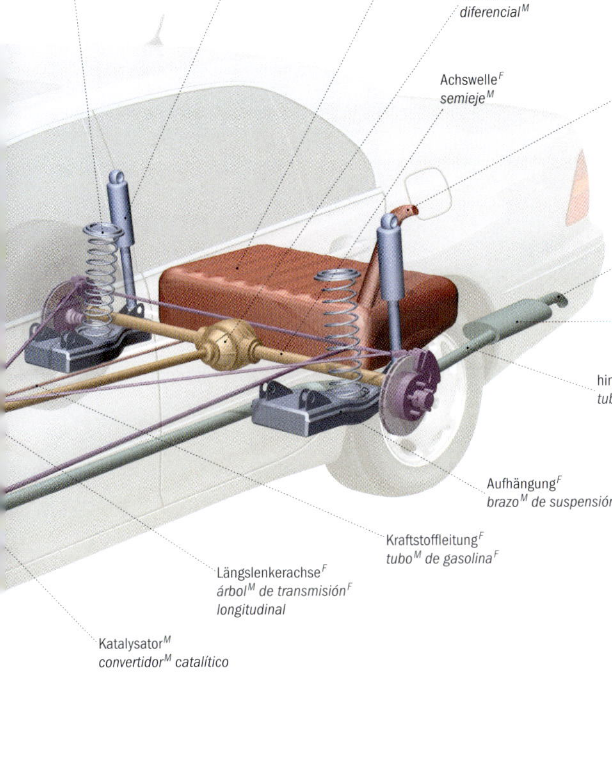

Kraftfahrzeuganlagen^F
sistemas^M del automóvil^M

- Aufhängung^F *sistema^M de suspensión^F*
- Antriebssystem^N *sistema^M de transmisión^F*
- Kraftstoffanlage^F *sistema^M de alimentación^F de gasolina^F*
- Lenkanlage^F *sistema^M de dirección^F*
- Bremsanlage^F *sistema^M de frenado^M*
- elektrische Anlage^F *sistema^M eléctrico*
- Auspuffanlage^F *sistema^M de escape^M*
- Benzinmotor^M *motor^M de gasolina^F*
- Kühleranlage^F *sistema^M de refrigeración^F*

Frontscheinwerfer[F]
faros[M] delanteros

Heckleuchten[F]
luces[F] traseras

Wagentür[F]
puerta[F]

Schalensitz^{M}: Vorderansicht^{F}
asiento^{M} : vista^{F} frontal

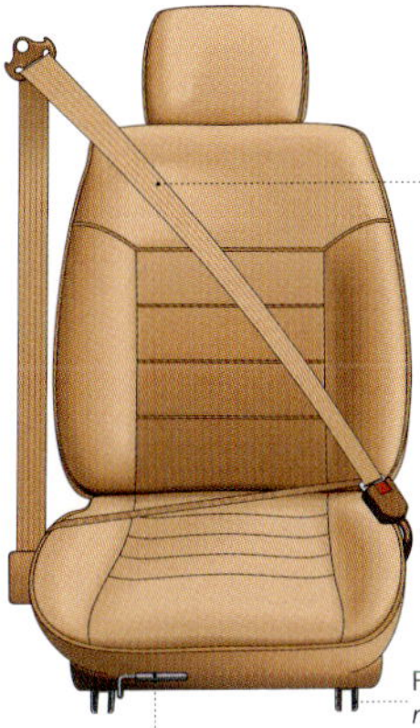

Schalensitz^{M}: Seitenansicht^{F}
asiento^{M} : vista^{F} lateral

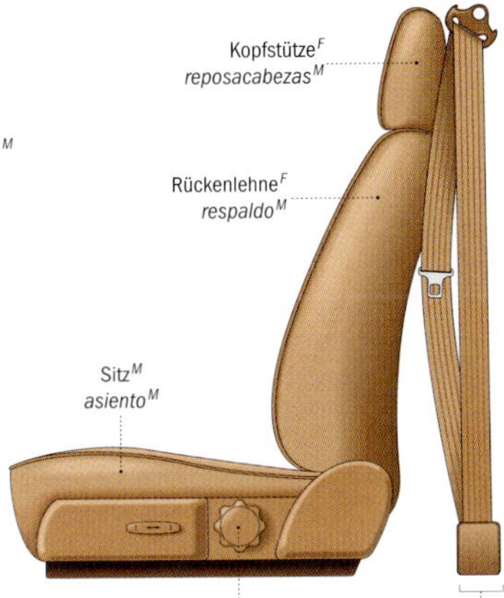

Rückbank^{F}
asiento^{M} trasero

Armaturenbrett[N]
salpicadero[M]

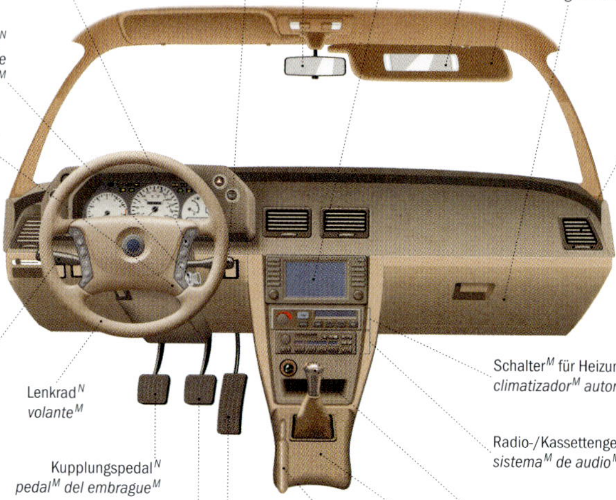

Airbag[M]-Rückhaltesystem[N]
sistema[M] de restricción[F] del airbag[M]

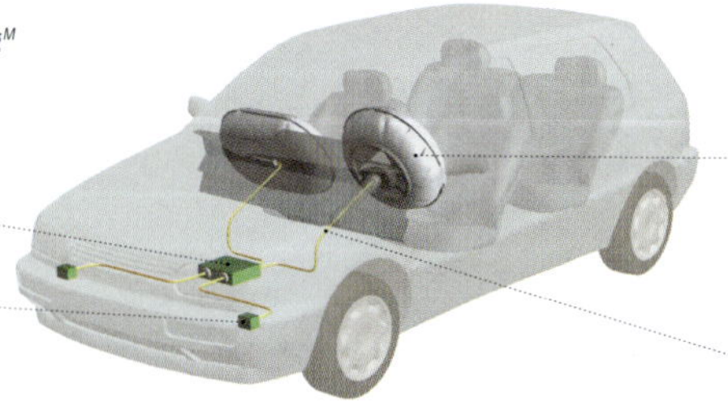

Instrumententafel[F]
instrumentos[M] del salpicadero[M]

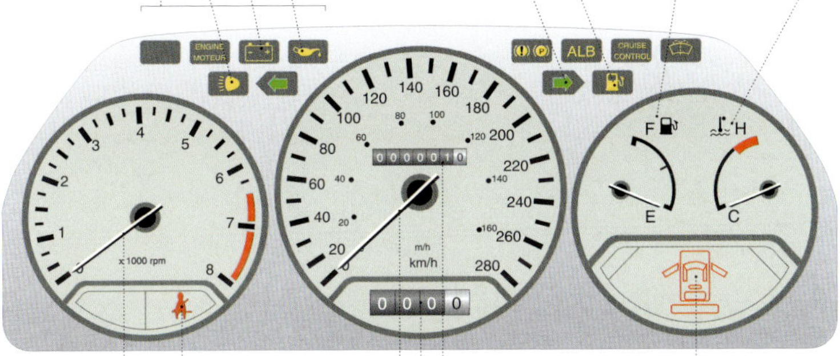

Scheibenwischer[M]
limpiaparabrisas[M]

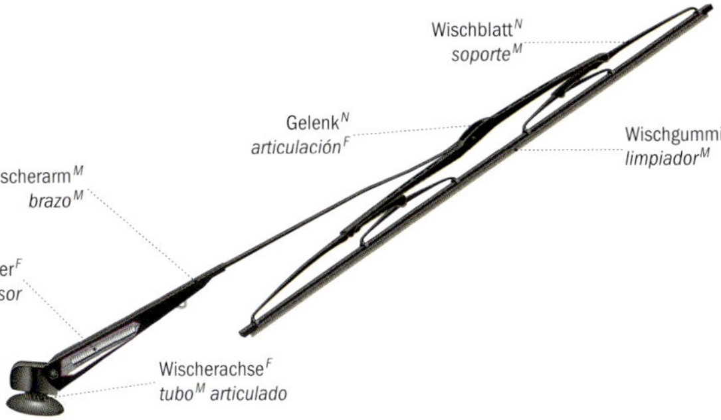

Zubehör^{N}
accesorios^{M}

Sonnenrollo^{N}
cortina^{F} de enrollamiento^{M} automático

Starthilfekabel^{N}
cables^{M} de emergencia^{F}

schwarze Klemme^{F}
pinza^{F} negra

rote Klemme^{F}
pinza^{F} roja

Kabel^{N}
cable^{M}

Fußraummatte^{F}
alfombrilla^{F}

Unterteil^{N}
enganche^{M} de bola^{F}

Anhängerkupplung^{F}
gancho^{M} de arrastre^{M}

Schneefeger^{M} mit Eiskratzer^{M}
escoba^{F} de nieve^{F} con rascador^{M}

Kreuzschlüssel^{M}
llave^{F} en cruz^{M}

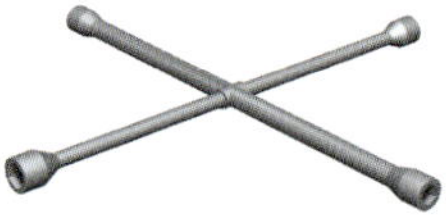

Skiträger^{M}
porta-esquí^{M}

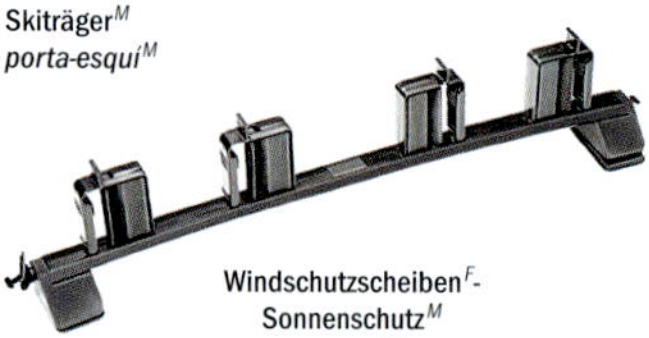

Fahrradträger^{M}
portabicicletas^{M}

Wagenheber^{M}
gato^{M}

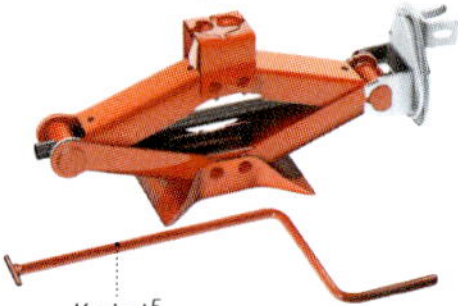

Kurbel^{F}
manivela^{F}

Windschutzscheiben^{F}-Sonnenschutz^{M}
parasol^{M}

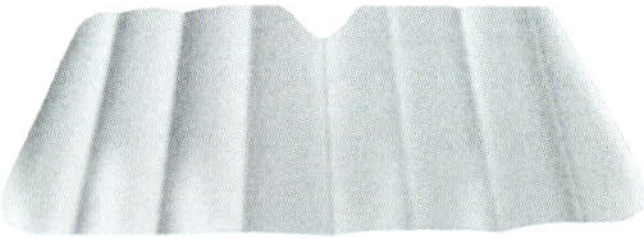

Autoplane^{F}
funda^{F} de automóvil^{M}

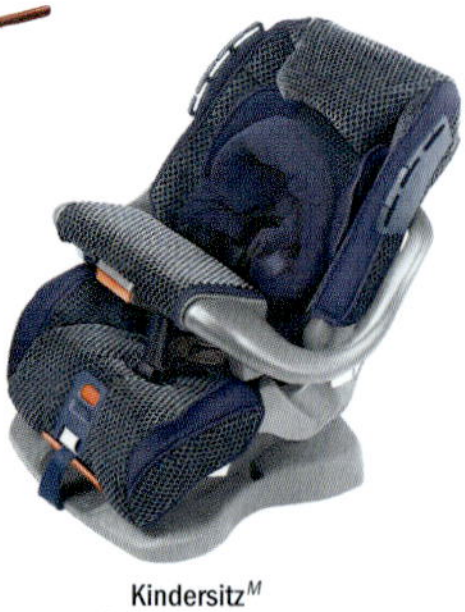

Kindersitz^{M}
silla^{F} de seguridad^{F} para niños^{M}

Bremsen^{F}
frenos^{M}

Scheibenbremse^{F}
freno^{M} de disco^{M}

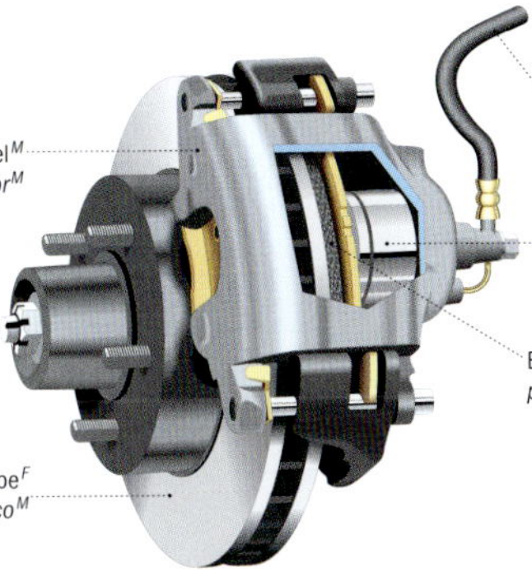

Trommelbremse^{F}
freno^{M} de tambor^{M}

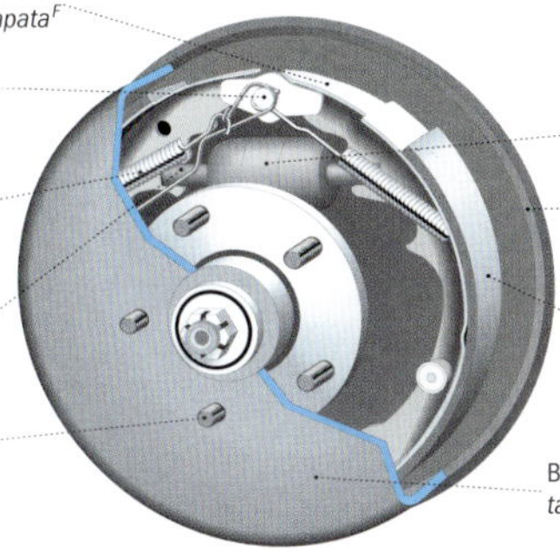

Antiblockiersystem^{N} (ABS)
sistema^{M} antibloqueo de frenos^{M}

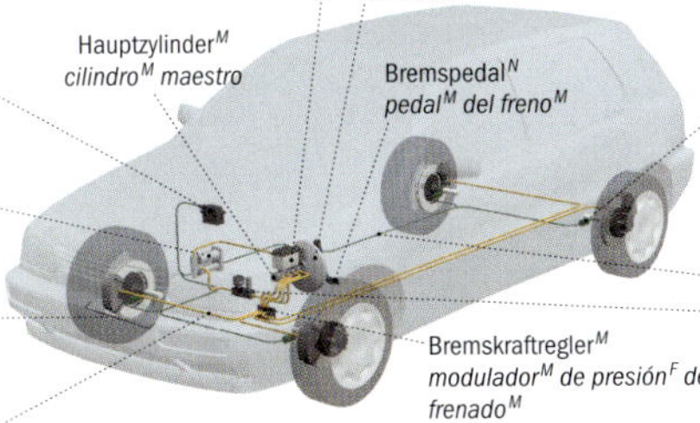

Reifen[M]

neumático[M]

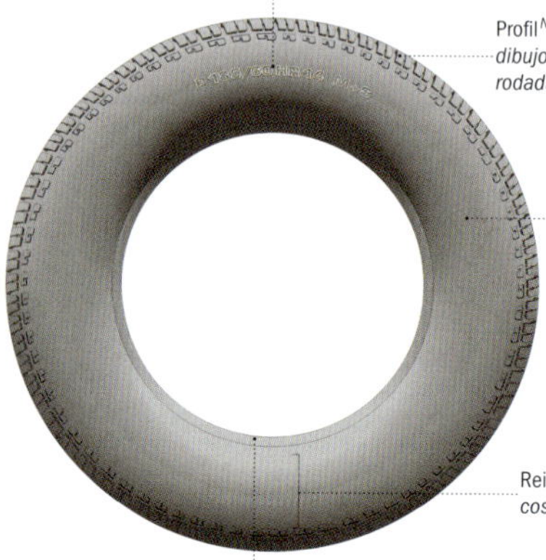

Reifenarten[F]
ejemplos[M] de neumáticos[M]

Sportreifen[M]
neumático[M] de rendimiento[M]

Ganzjahresreifen[M]
neumático[M] de todas las estaciones[F]

Spikereifen[M]
neumático[M] de tacos[M]

Winterreifen[M]
neumático[M] de invierno[M]

Touringreifen[M]
neumático[M] de turismo[M]

Kühler[M]

radiador[M]

Zündkerze^F
bujía^F

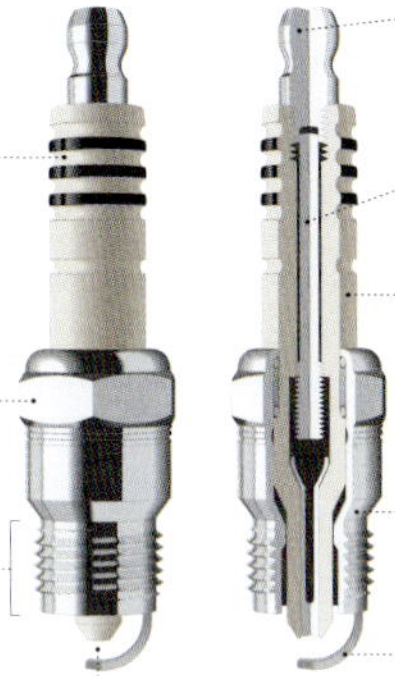

Batterie^F
batería^F

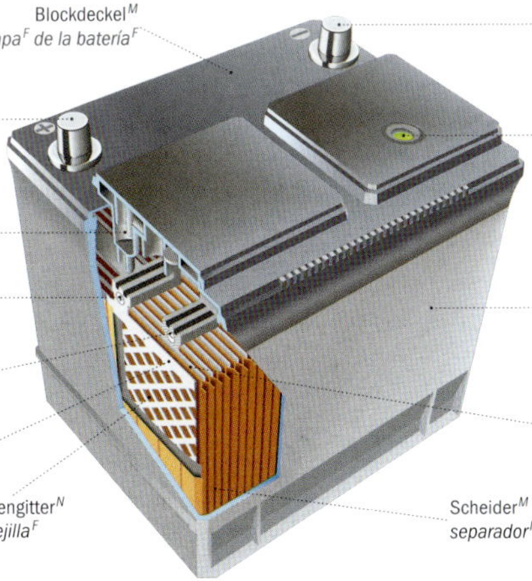

Ottomotor[M]

motor[M] de gasolina[F]

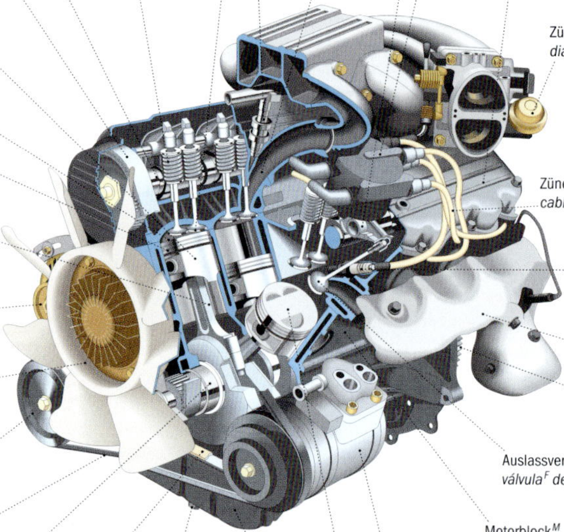

Wohnwagen[M]
caravana[F]

Wohnwagen[M]
remolque[M]

Zeltwagen[M]
caravana[F] plegable

Wohnmobil[N]
autocaravana[F]

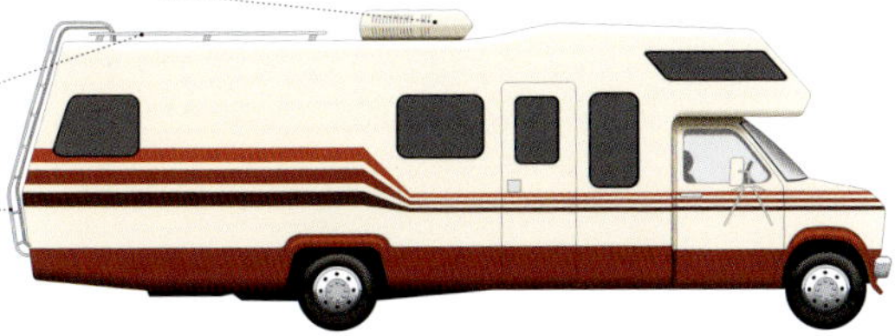

Bus^M

autobús^M

Schulbus^M
autobús^M escolar

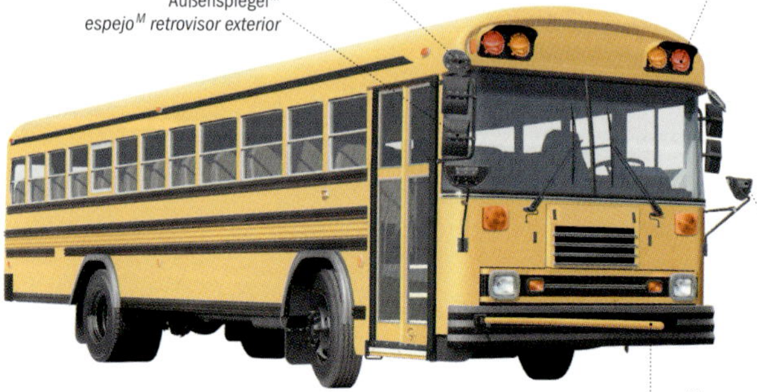

Linienbus^M
autobús^M urbano

Reisebus^M
autocar^M

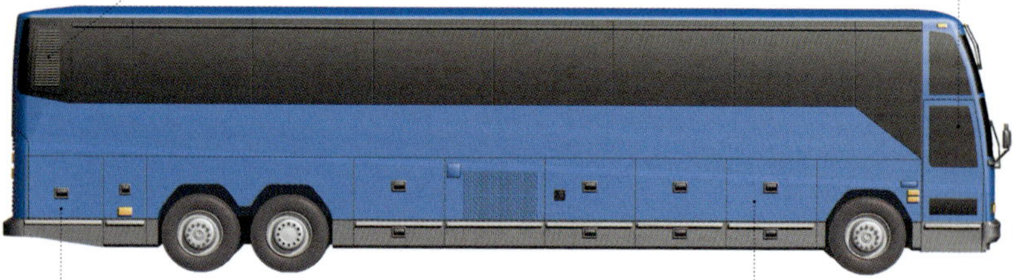

Doppeldeckerbus^{M}
autocar^{M} de dos pisos^{M}

Kleinbus^{M}
minibús^{M}

Gelenkbus^{M}
autobús^{M} articulado

Lastkraftfahrzeuge[N]

camiones[M]

Sattelschlepper[M]
camión[M] tractor[M]

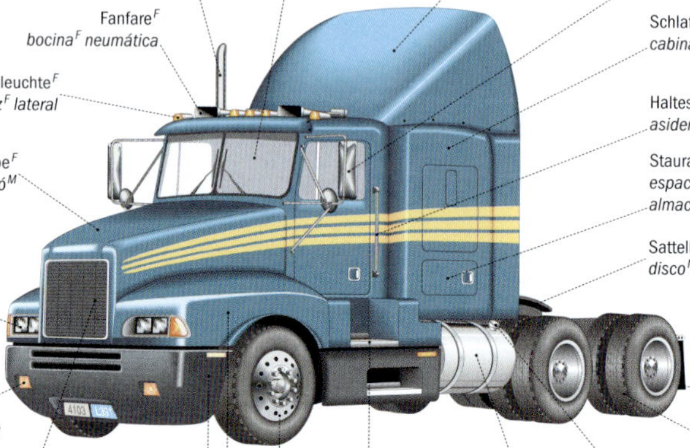

Beispiele[N] für Lastkraftwagen[M]
ejemplos[M] de camiones[M]

Tankwagen[M]
camión[M] cisterna[F]

Müllabfuhrwagen[M]
compactadora[F]

Abschleppwagen
grúa[F] remolque

TRANSPORT UND FAHRZEUGE

Kühlsattelschlepper^{M}
semiremolque^{M} frigorífico

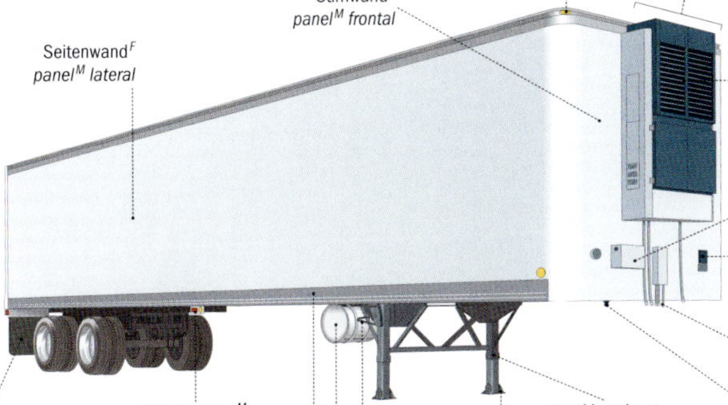

Transporter^{M}
camioneta^{F}

Transportmischer^{M}
hormigonera^{F}

Straßenkehrmaschine^{F}
barredora^{F}

Schneefräse^{F}
quitanieves^{M}

TRANSPORT UND FAHRZEUGE

Motorrad^N
motocicleta^F

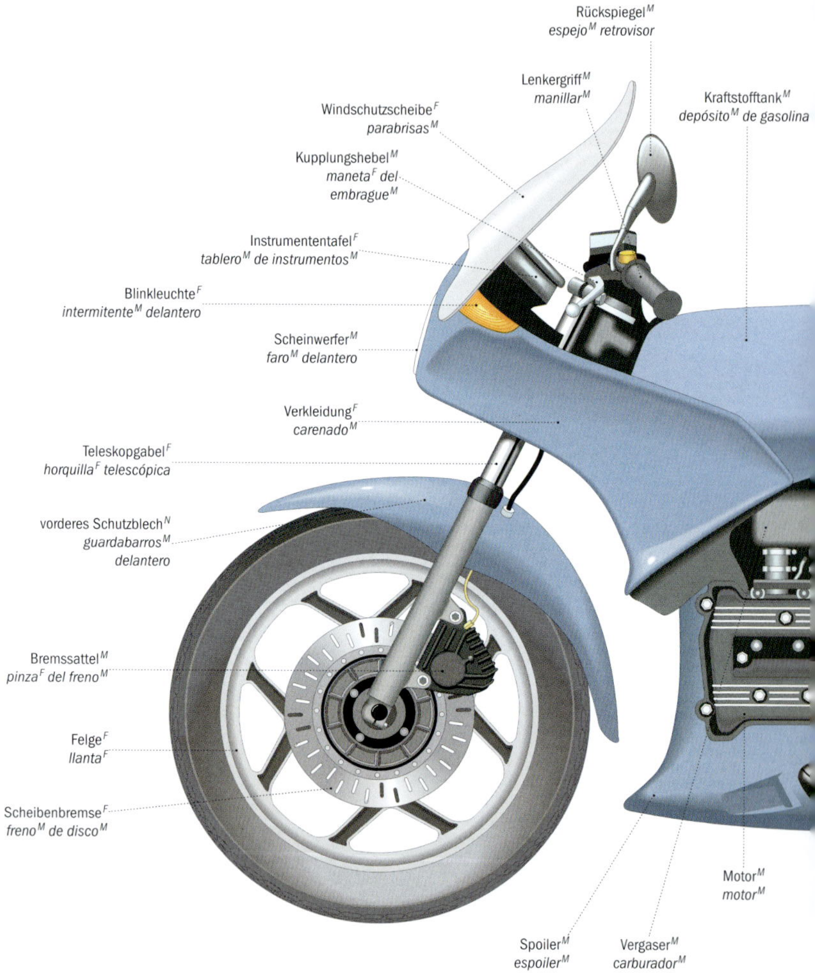

Schutzhelm[M]
casco[M] integral

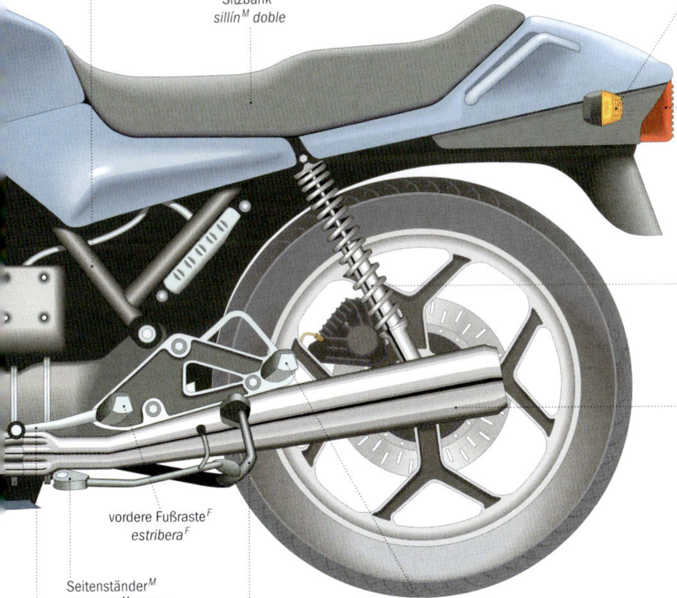

Instrumententafel[F]
tablero[M] de instrumentos[M]

Motorrad[N]: Draufsicht[F]
motocicleta[F] : vista[F] desde lo alto[M]

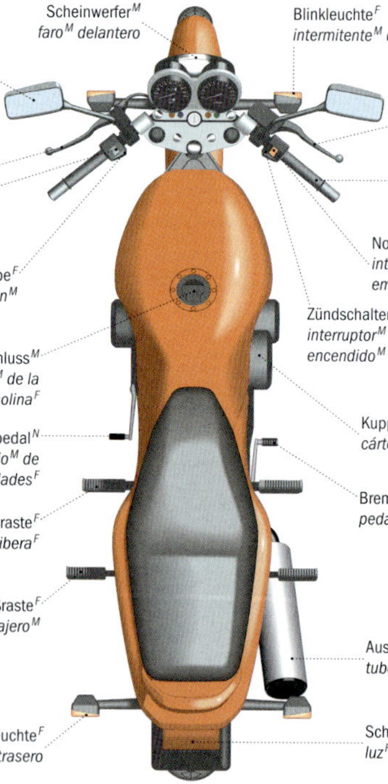

Motorrad[N]

Beispiele[N] für Motorräder[N]
ejemplos[M] de motocicletas[F]

Motorroller[M]
scúter[M]

Geländemotorrad[N]
motocicleta[F] todo terreno[M]

Mofa[N]
iclomotor[M]

Touring[N]-Motorrad[N]
motocicleta[F] de turismo[M]

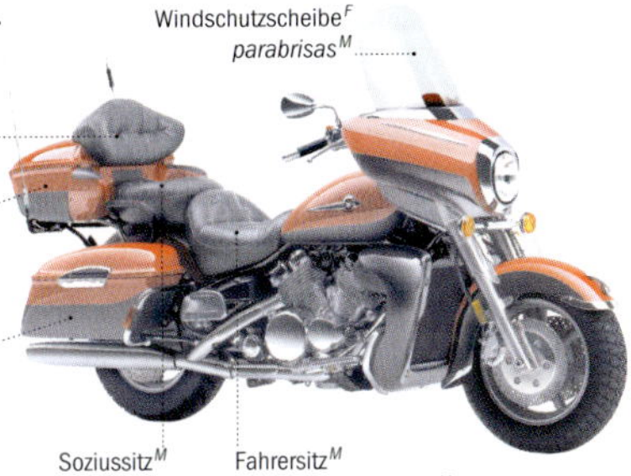

4x4-Geländemotorrad[N]
quad[M]

Fahrrad[N]

bicicleta[F]

Teile[N] eines Fahrrads[N]
partes[F] de una bicicleta[F]

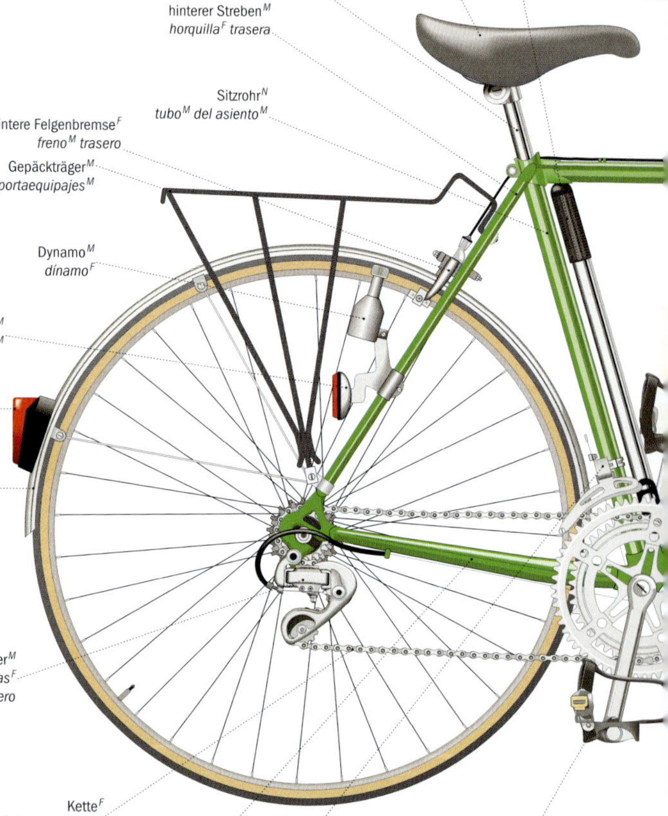

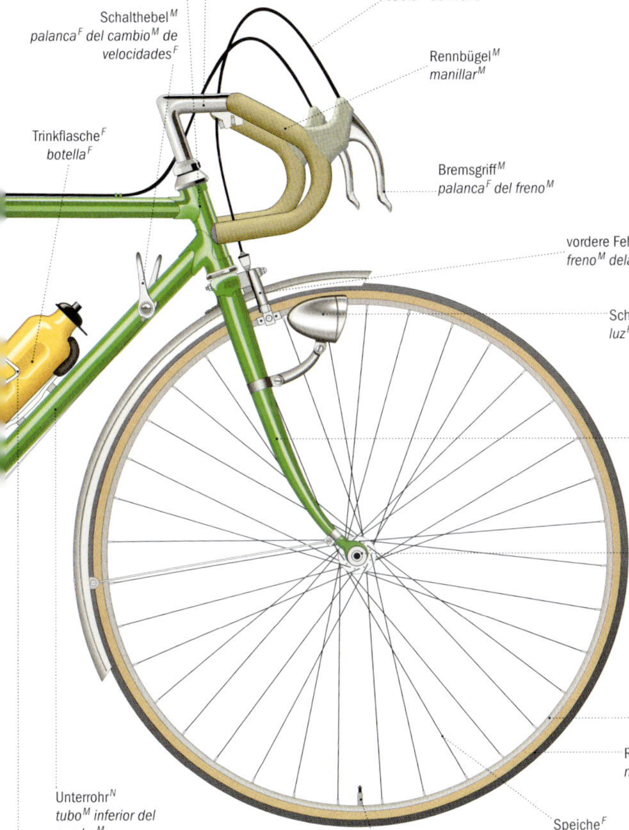
Lenkkopf^M
tubo^M del manillar^M
Vorbau^M
vástago^M
Bremszug^M
cable^M del freno^M
Schalthebel^M
palanca^F del cambio^M de velocidades^F
Rennbügel^M
manillar^M
Trinkflasche^F
botella^F
Bremsgriff^M
palanca^F del freno^M
vordere Felgenbremse^F
freno^M delantero
Scheinwerfer^M
luz^F delantera
Vordergabel^F
horquilla^F
Nabe^F
eje^M de la rueda^F
Felge^F
llanta^F
Reifen^M
neumático^M
Unterrohr^N
tubo^M inferior del cuadro^M
Speiche^F
radio^M
Trinkflaschenhalter^M
portabotellas^M
Ventil^N
válvula^F

Fahrrad^{N}

Kraftübertragung^{F}
transmisión^{F} de cadena^{F}

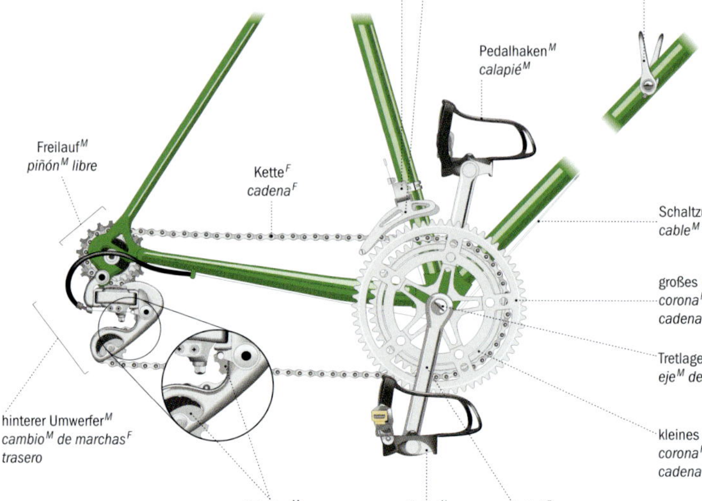

Zubehör^{N}
accesorios^{M}

Schloss^{N}
candado^{M} para bicicleta^{F}

Fahrradhelm^{M}
casco^{M} protector

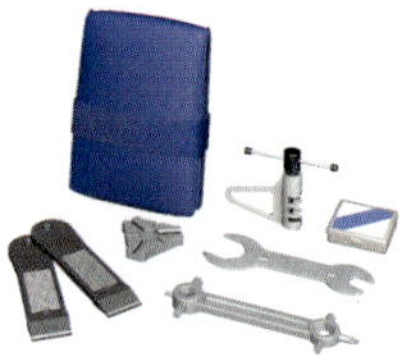

Werkzeugsatz^{M}
herramientas^{F}

Satteltasche^{F}
cartera^{F}

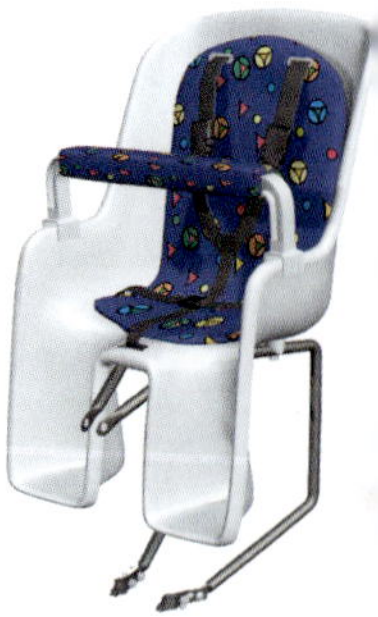

Kindersitz^{M}
silla^{F} porta-niño^{M}

Beispiele^{N} für Fahrräder^{N}
ejemplos^{M} de bicicletas^{F}

BMX-Rad^{N},
Mountainbike^{N}
bicicleta^{F} BMX

Mountain Bike^{N}
bicicleta^{F} todo terreno^{M}

Rennrad^{N}
bicicleta^{F} de carretera^{F}

Tandem^{N}
tándem^{M}

Dreirad^{N}
triciclo^{M}

Hollandrad^{N}
bicicleta^{F} holandesa

Stadtrad^{N}
bicicleta^{F} de ciudad^{F}

Tourenrad^{N}
bicicleta^{F} de turismo^{M}

Bahnhof^{M}

estación^{F} de ferrocarril^{M}

Bahnhof[M]

estación[F] de ferrocarril[M]

Hochgeschwindigkeitszug^M

tren^M de alta velocidad^F

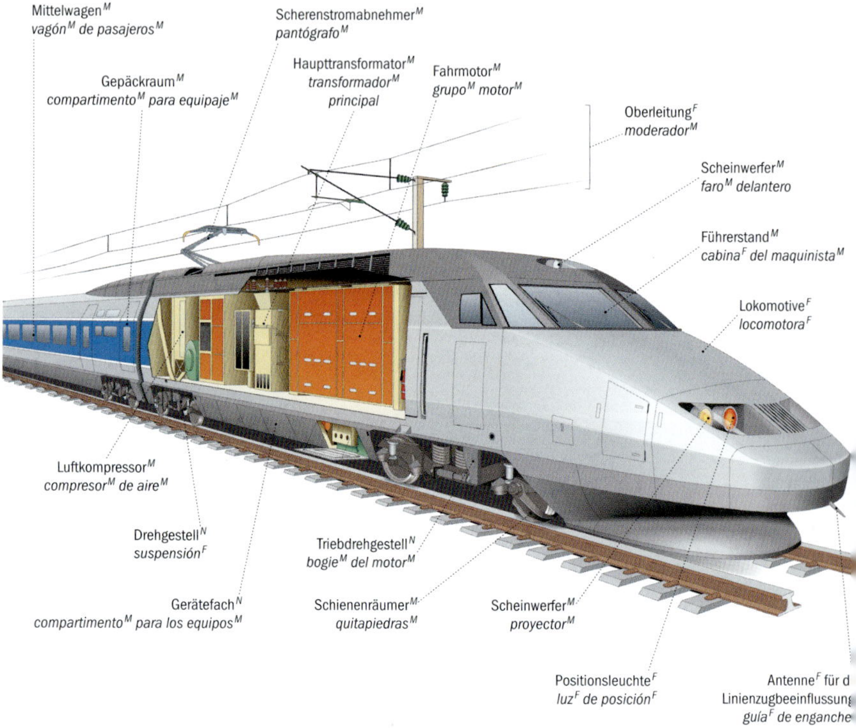

Personenzüge^M: Wagentypen^M

vagones^M de pasajeros^M

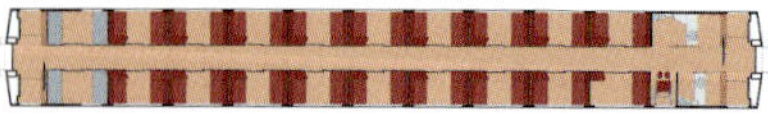

Schlafwagen^M
coche^M cama^F

Speisewagen^M
vagón^M comedor^M

Großraumwagen^M
vagón^M de pasajeros^M

dieselelektrische Lokomotive[F]

locomotora[F] diésel eléctrica

Beispiele[N] für Güterwagen[M]

ejemplos[M] de vagones[M]

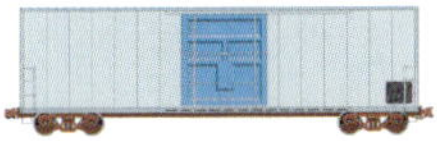

Kühlwagen[M]
vagón[M] frigorífico

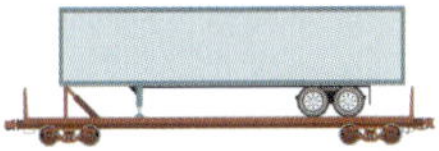

Wagen[M] für den Kombiverkehr[M]
vagón[M] intermodal

Bremswagen[M]
furgón[M] de cola[F]

Drehgestellflachwagen[M]
plataforma[F]

Kesselwagen[M]
vagón[M] cisterna[F]

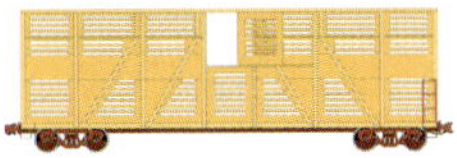

Verschlagwagen[M]
vagón[M] para ganado[M]

Containerflachwagen[M]
vagón[M] para contenedores[M]

Autotransportwagen[M]
vagón[M] para automóviles[M]

U-Bahn[F]

metro[M]

U-Bahn-Station[F]
estación[F] de metro[M]

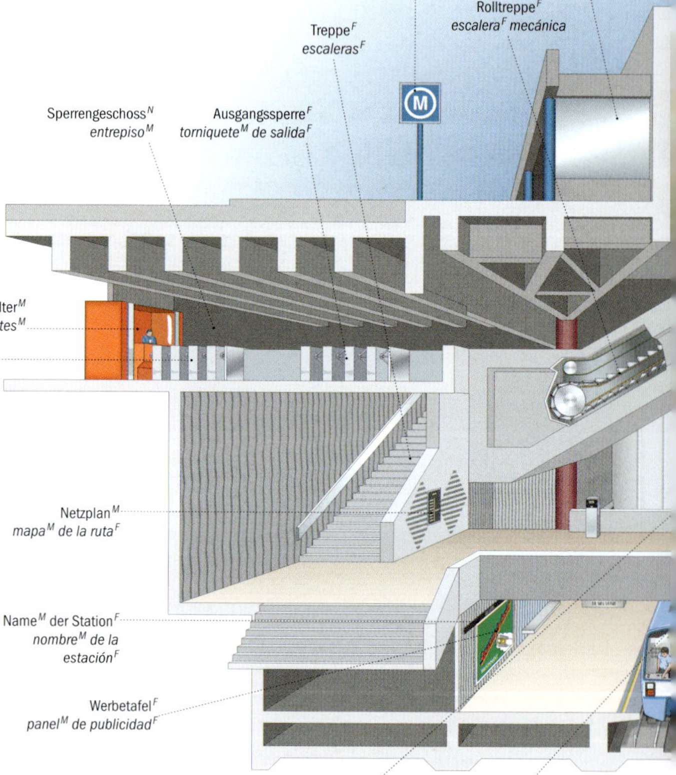

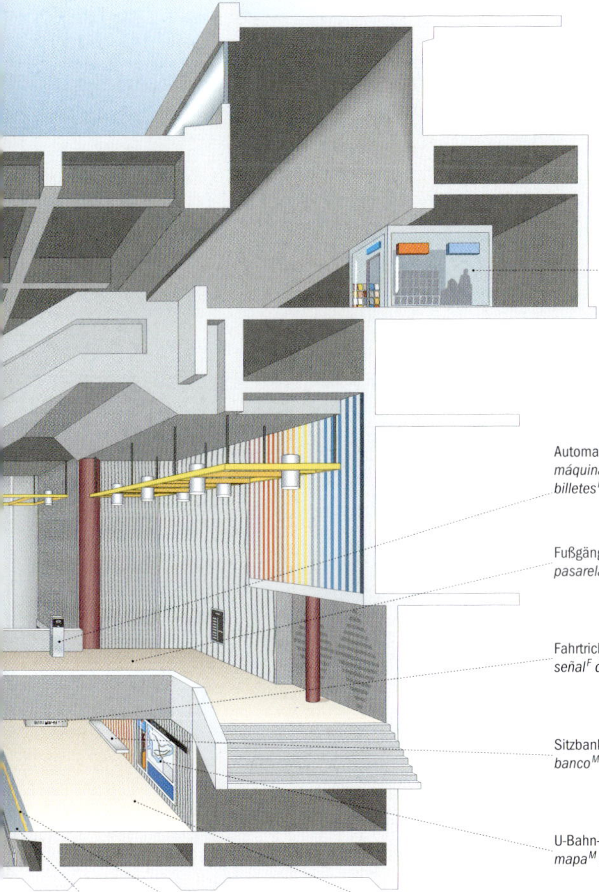
Kiosk^M
kiosco^M
Automat^M für Umsteigekarten^F
máquina^F expendedora de billetes^M
Fußgängerbrücke^F
pasarela^F superior
Fahrtrichtungsanzeige^F
señal^F de dirección^F
Sitzbank^F
banco^M
U-Bahn-Netzplan^M
mapa^M de rutas^F
Bahnsteigkante^F
borde^M del andén^M
Sicherheitsstreifen^M
línea^F de seguridad^F
Bahnsteig^M
andén^M

U-Bahn^F

Mittelwagen^M
vagón^M de pasajeros^M

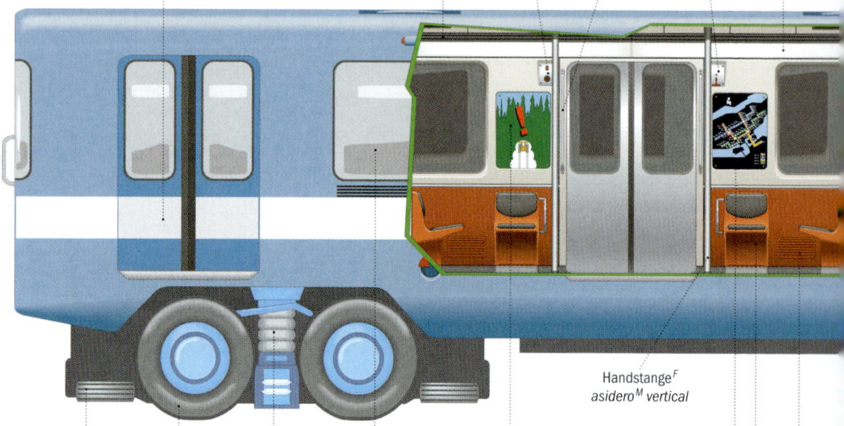

U-Bahn-Zug^M
tren^M subterráneo

TRANSPORT UND FAHRZEUGE

Hafen^{M}
puerto^{M}

analschleuse^{F}
sclusa^{F} de canal^{M}

Containerbrücke^{F}
puente^{M} de carga^{F} para contenedores^{M}

Öllöschbrücke^{F}
terminal^{F} de petróleo^{M}

Trockendock^{N}
dique^{M} seco

Transitlagerschuppen^{M}
depósito^{M} de mercancía^{F} en tránsito^{M}

Tanker^{M}
petrolero^{M}

Werftkran^{M}
grúa^{F} de muelle^{M}

Massengut-Terminal^{M}
terminal^{F} de carga^{F}

Kühlhaus^{N}
cámara^{F} frigorífica

Hafenfähre^{F}
transbordador^{M}

Fahrgastanlage^{F}
terminal^{F} de pasajeros^{M}

Tor^{N}
compuerta^{F}

Kai^{M}
muelle^{M}

Leuchtturm^{M}
faro^{M}

Brückenlift^{M}
puente^{M}

Hafenzollamt^{N}
aduana^{F}

Dock^{N}
dique^{M}

Kairampe^{F}
rampa^{F} del muelle^{M}

Parkplatz^{M}
estacionamiento^{M}

Schwimmkran^{M}
grúa^{F} flotante

Containerterminal^{M}
depósito^{M} de contenedores^{M}

Bürogebäude^{N}
oficina^{F} del puerto^{M}

Getreidesilo^{M}
terminal^{F} de granos^{M}

Containerschiff^{N}
buque^{M} portacontenedores

Hafenbahn^{F}
ferrocarril^{M} del muelle^{M}

Straßengüterverkehr^{M}
transporte^{M} terrestre

os^{M}
os^{M}

Beispiele[N] für Boote[N] und Schiffe[N]

ejemplos[M] de barcos[M] y embarcaciones[F]

Bohrschiff[N]
barco[M] perforador

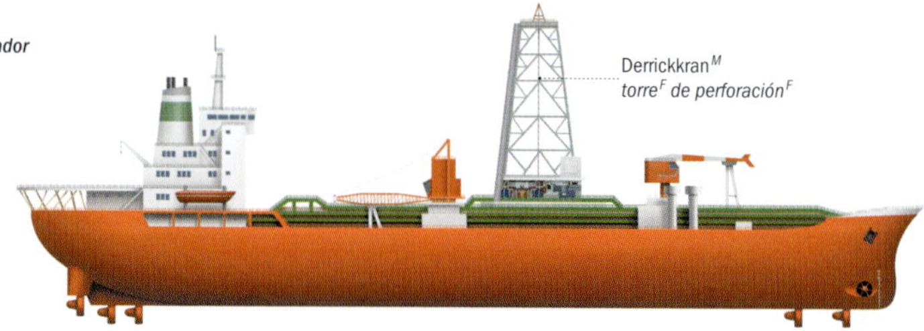

Frachtschiff[N]
buque[M] de carga[F]

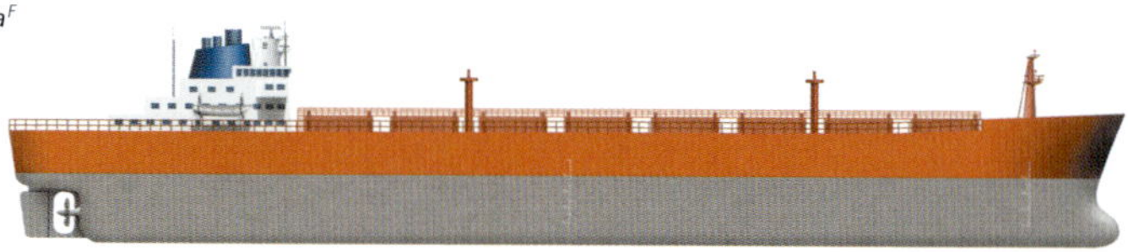

Containerschiff[N]
carguero[M]
portacontenedores

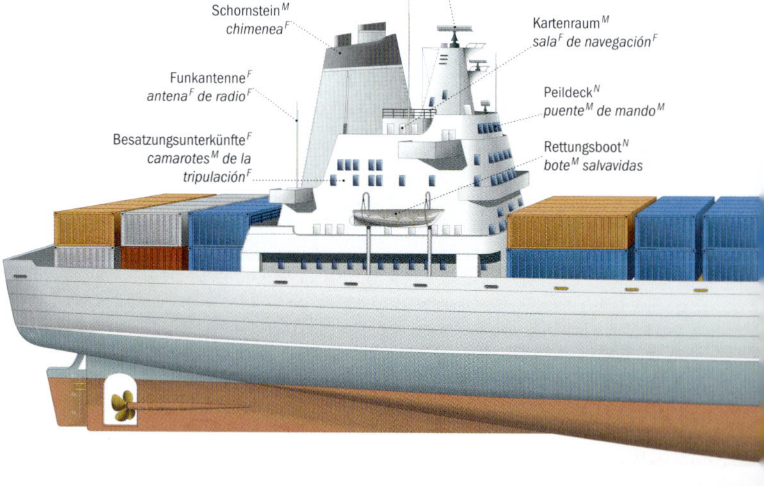

Luftkissenfahrzeug[N]
aerodeslizador[M] (hovercraft[M])

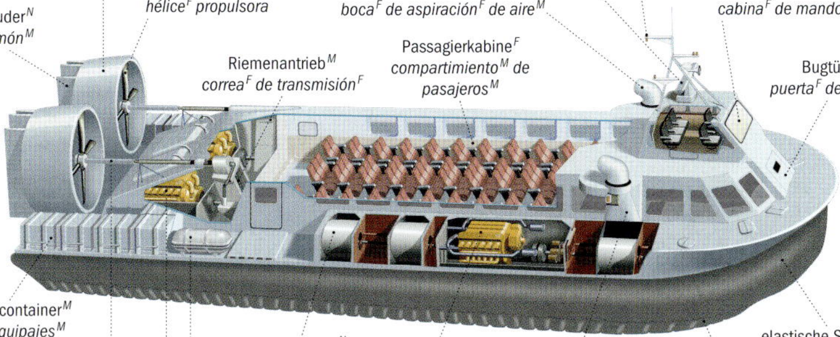

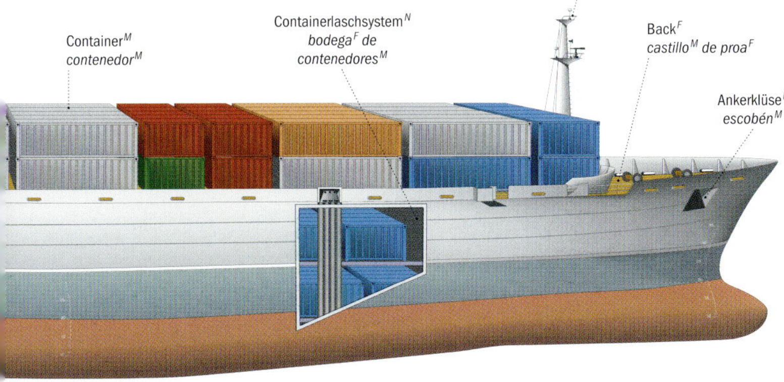

Beispiele^{N} für Boote^{N} und Schiffe^{N}

Trawler^{M}
trainera^{F}

Schlepper^{M}
remolcador^{M}

Eisbrecher^{M}
rompehielos^{M}

Tanker^{M}
petrolero^{M}

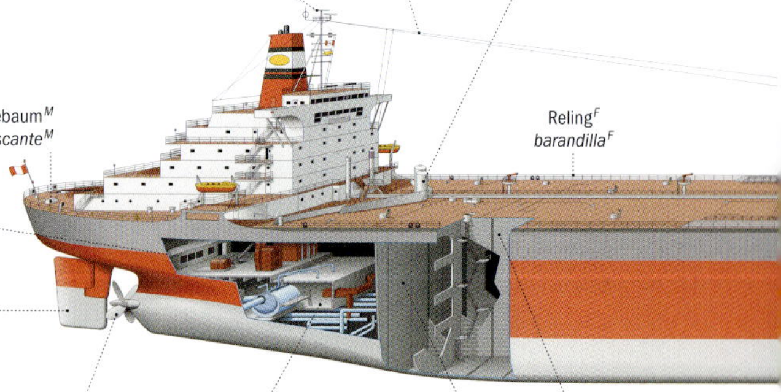

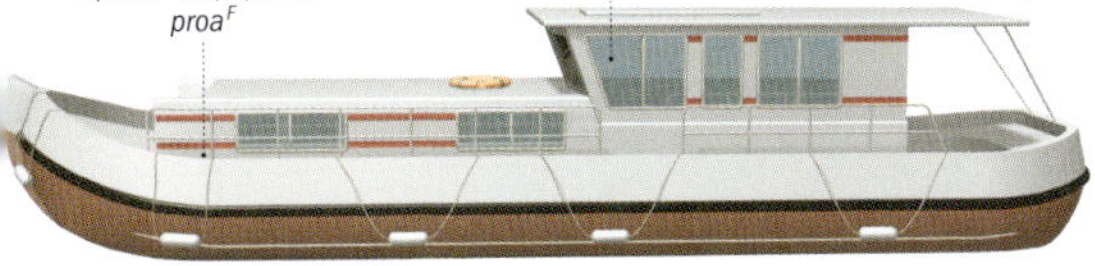

Hausboot[N]
casa[F] flotante

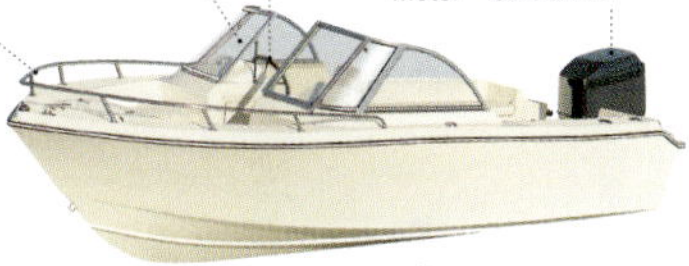

Motorboot[N]
lancha[F] pequeña

Motorjacht[F]
yate[M] de motor[M]

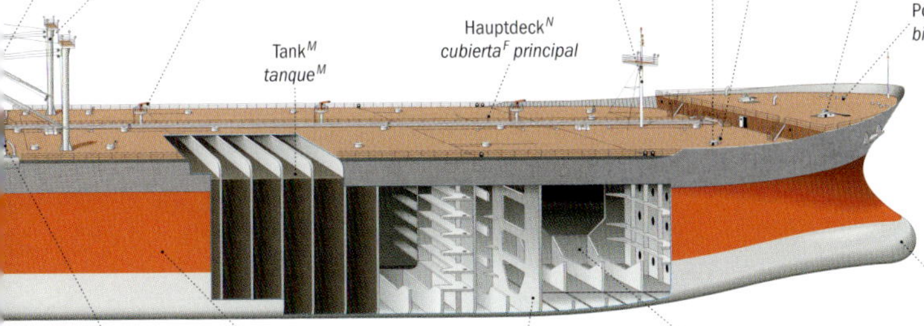

Beispiele^N für Boote^N und Schiffe^N

Fähre^F
transbordador^M

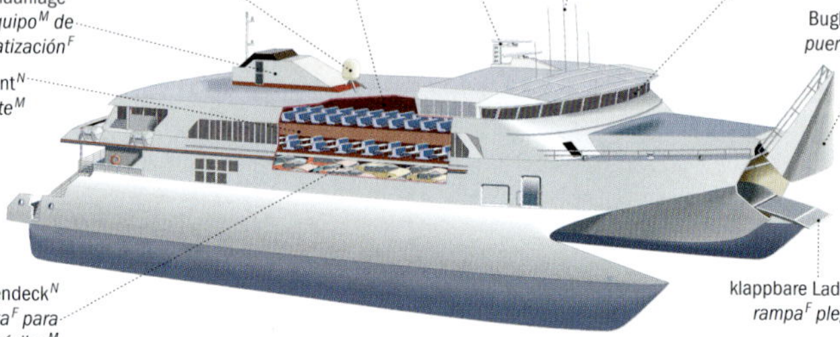

Passagierdampfer^M
buque^M trasatlántico

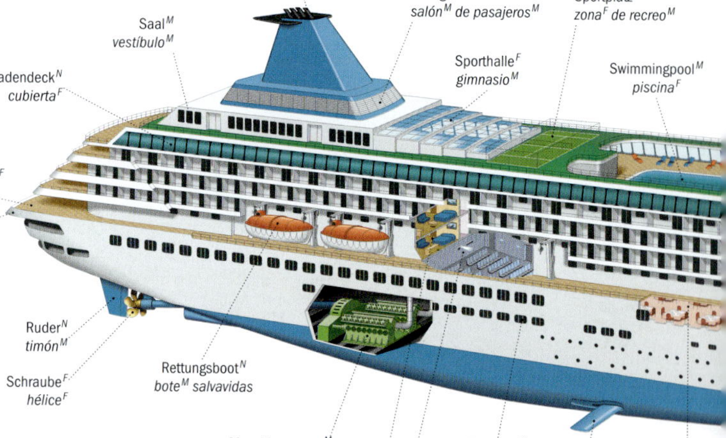

Tragflügelschiff[N]
hidróptero[M]

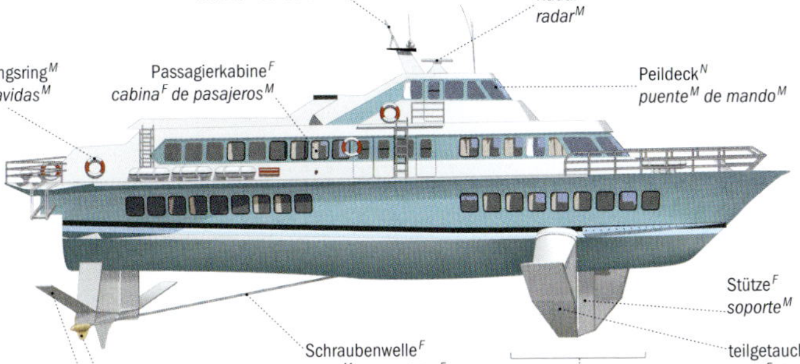

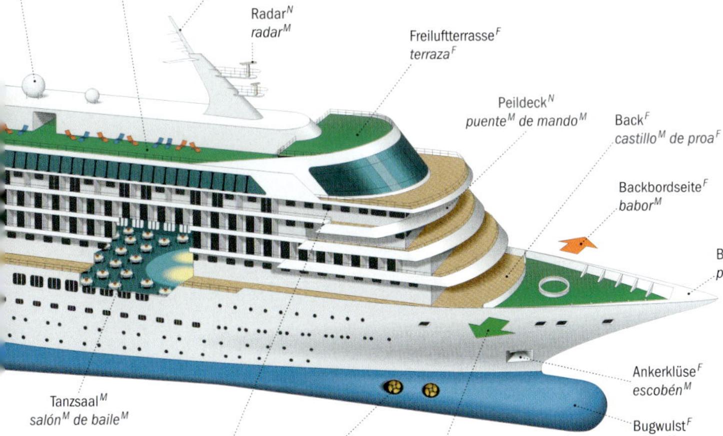

Flughafen^{M}

aeropuerto^{M}

Passagierterminal^{M} *terminal^{F} de pasajeros^{M}*
Flugzeugwartungshalle^{F} *hangar^{M} de mantenimiento^{M}*
Abstellplatz^{M} *parque^{M} de estacionamiento^{M}*
ausziehbare Fluggastbrücke^{F} *pasarela^{F} telescópica*
Versorgungsbereich^{M} *zona^{F} de servicio^{M}*
Fluggastbrücke^{F} *túnel^{M} de embarque^{M}*
Rollbahnmarkierung^{F} *línea^{F} de pista^{F}*
radiale Einsteigestation^{F} *terminal^{F} satélite de pasajeros^{M}*

Passagierterminal[M]
terminal[M] de pasajeros[M]

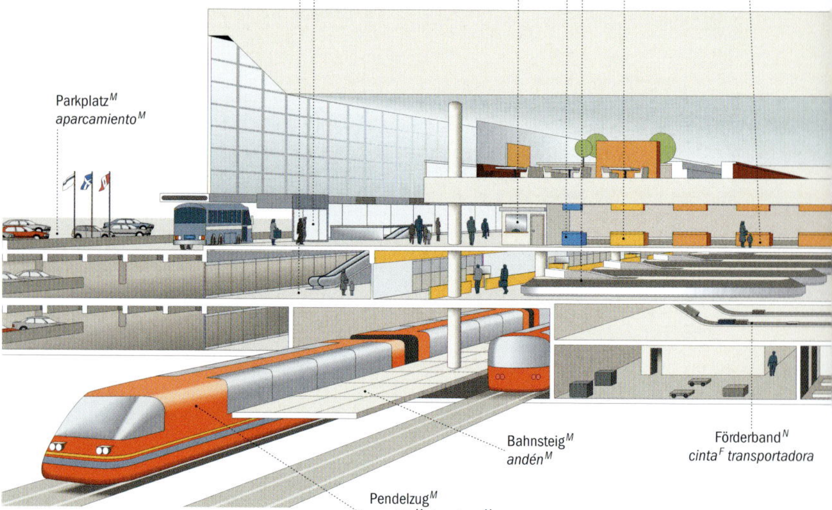

Start- und Landebahn[F]
pista[F] de aterrizaje[M] y despegue[M]

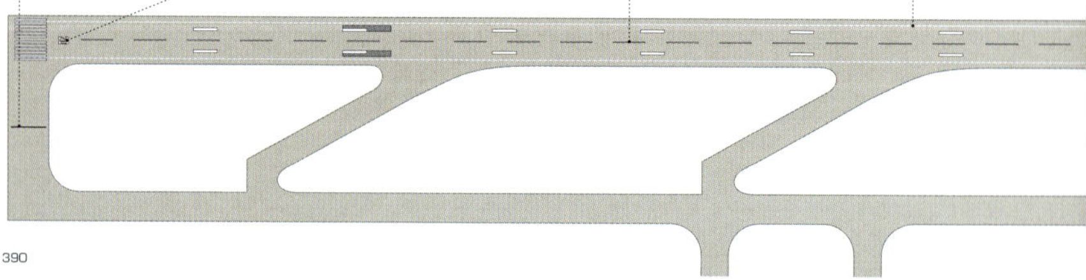

Sicherheitskontrolle[F]
control[M] de seguridad[F]
Duty-free-Shop[M]
tienda[F] libre de impuestos[M]
Besucherterrasse[F]
mirador[M]
Passkontrolle[F]
control[M] de pasaportes[M]
Fluginformationsanzeige[F]
tablero[M] de llegadas[F] y salidas[F]
Abflugwartehalle[F]
sala[F] de espera[F] de embarque[M]
Frachtversand[M]
expedición[F] de carga[F]
Passagiertransferfahrzeug[N]
transbordador[M]
Zollkontrolle[F]
aduana[F]
Frachtempfang[M]
recepción[F] de carga[F]

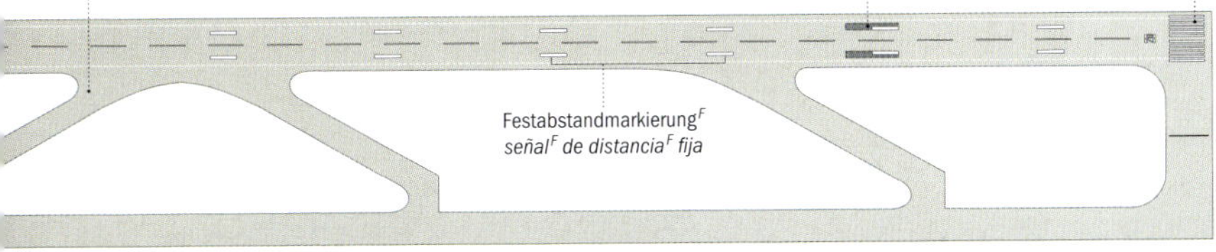
Abrollbahn[F]
salida[F] de la pista[F]
Aufsetzzonenmarkierungen[F]
señal[F] de zona[F] de contacto[M] de pista[F]
Schwellenmarkierungen[F]
señales[F] de límite[M] de la pista[F]
Festabstandmarkierung[F]
señal[F] de distancia[F] fija

Langstrecken-Düsenflugzeug^{N}

avión^{M} turborreactor de pasajeros^{M}

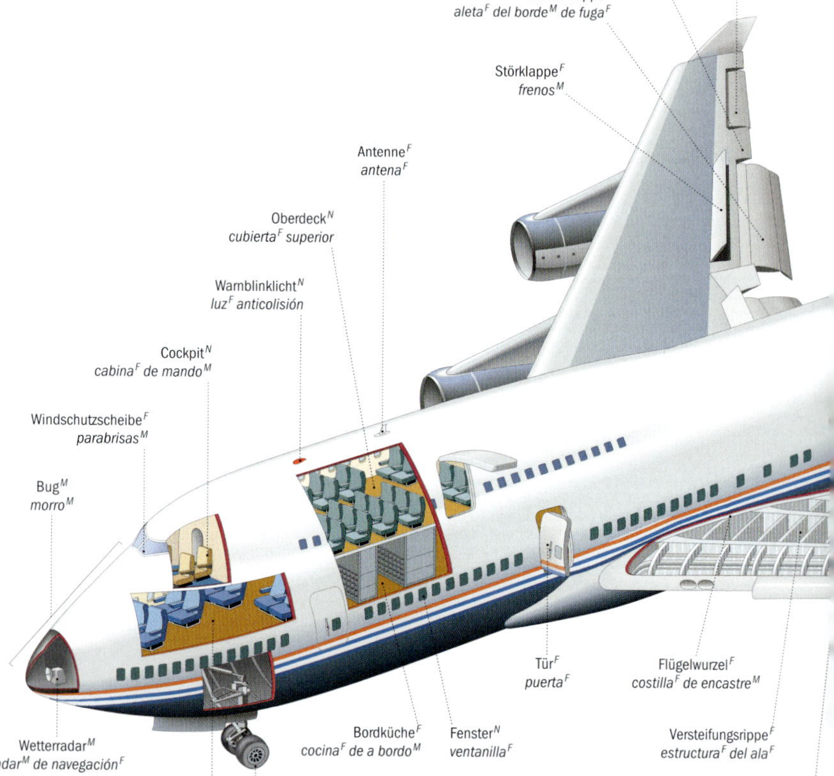

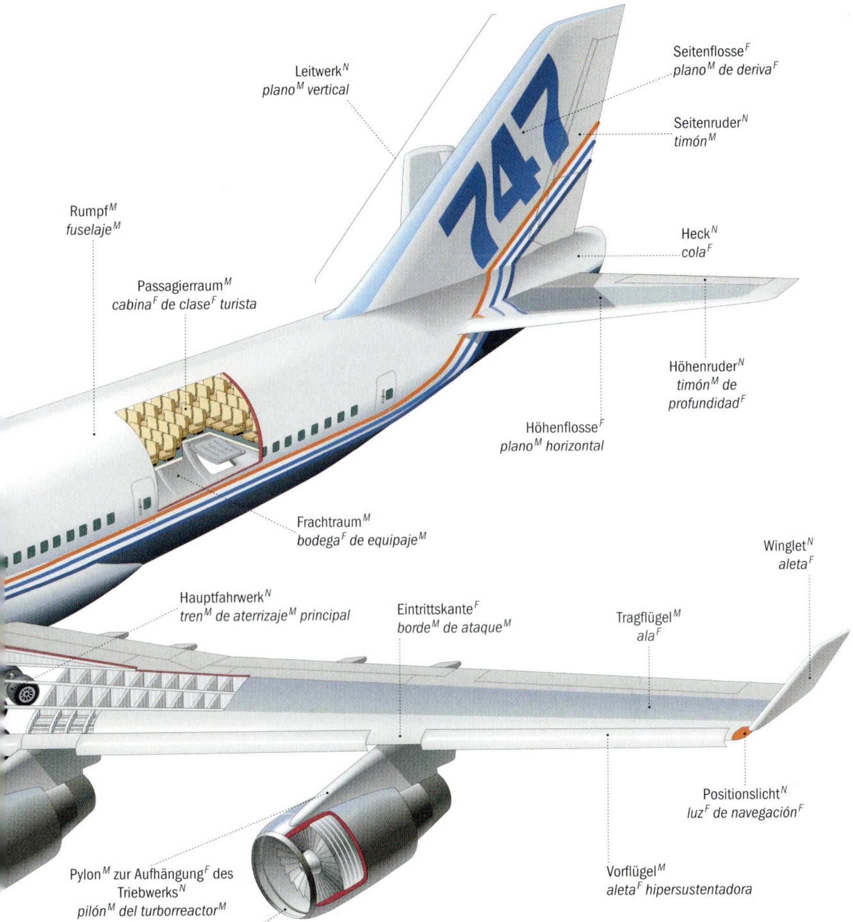

Leitwerk^N
plano^M vertical
Seitenflosse^F
plano^M de deriva^F
Seitenruder^N
timón^M
Rumpf^M
fuselaje^M
Heck^N
cola^F
Passagierraum^M
cabina^F de clase^F turista
Höhenruder^N
timón^M de profundidad^F
Höhenflosse^F
plano^M horizontal
Frachtraum^M
bodega^F de equipaje^M
Winglet^N
aleta^F
Hauptfahrwerk^N
tren^M de aterrizaje^M principal
Eintrittskante^F
borde^M de ataque^M
Tragflügel^M
ala^F
Positionslicht^N
luz^F de navegación^F
Vorflügel^M
aleta^F hipersustentadora
Pylon^M zur Aufhängung^F des Triebwerks^N
pilón^M del turborreactor^M
TL-Triebwerk^N
turborreactor^M

Beispiele[N] für Flugzeuge[N]

ejemplos[M] de aviones[M]

Großraumflugzeug[N]
avión[M] de gran capacidad[F]

Wasserflugzeug[N]
hidroavión[M] de flotadores[M]

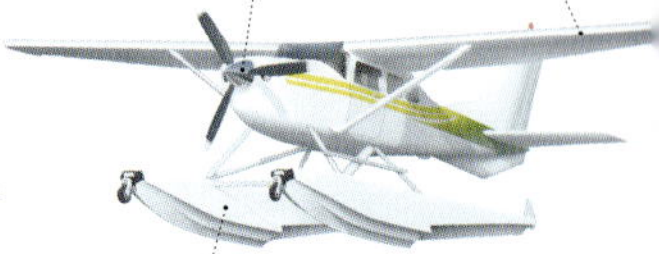

Frachtflugzeug[N]
avión[M] de carga[F]

Amphibien[F]-Löschflugzeug[N]
hidroavión[M] cisterna

Privatflugzeug[N]
avión[M] particular

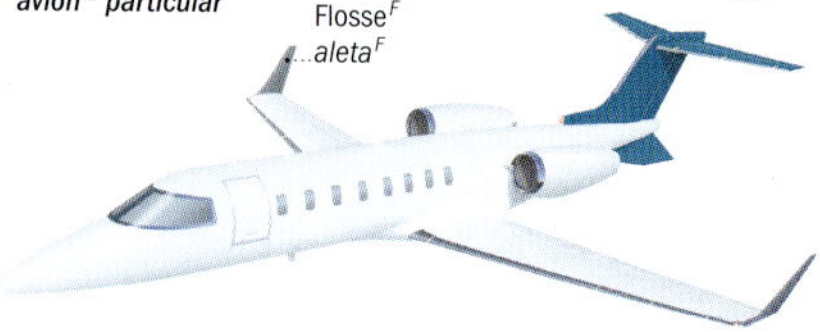

Überschallflugzeug[N]
avión[M] supersónico

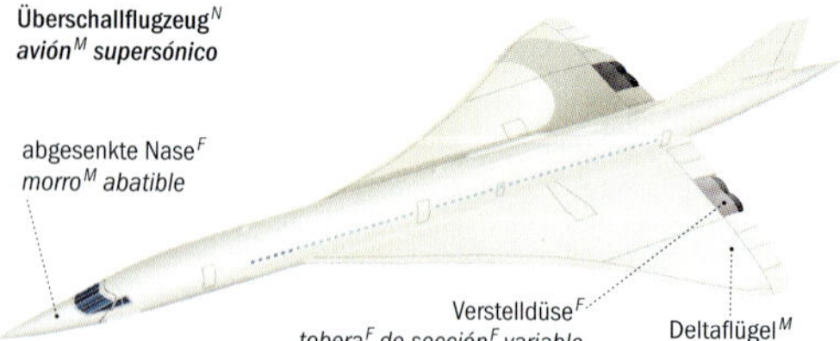

Leichtflugzeug[N]
avión[M] ligero

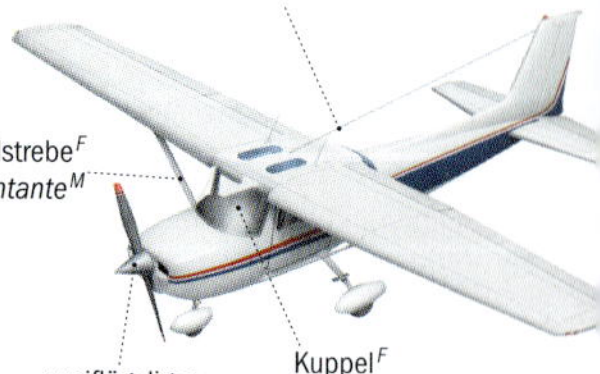

Bewegungen[F] eines Flugzeugs[N]

movimientos[M] de un avión[M]

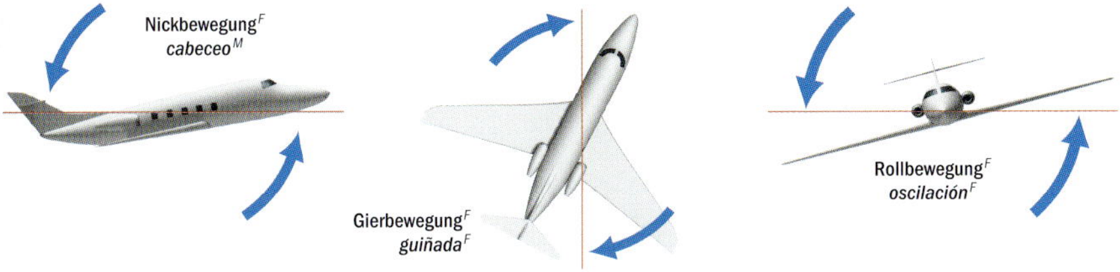

Hubschrauber[M]

helicóptero[M]

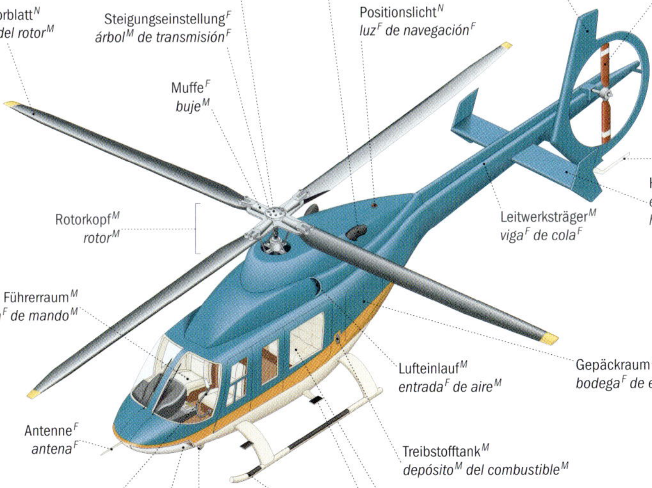

Lastenfortbewegung[F]

manejo[M] de materiales[M]

Gabelstapler[M]
carretilla[F] elevadora de horquilla[F]

Sackkarren[M]
carretilla[F]

Palettenhubwagen[M]
transpaleta[F]

Rücksprungpalette[F]
palé[M] con alas[F]

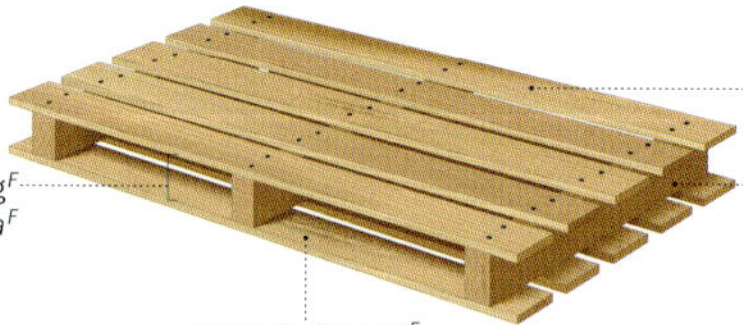

Kräne^M
grúas^F

Turmkran^M
grúa^F torre^F

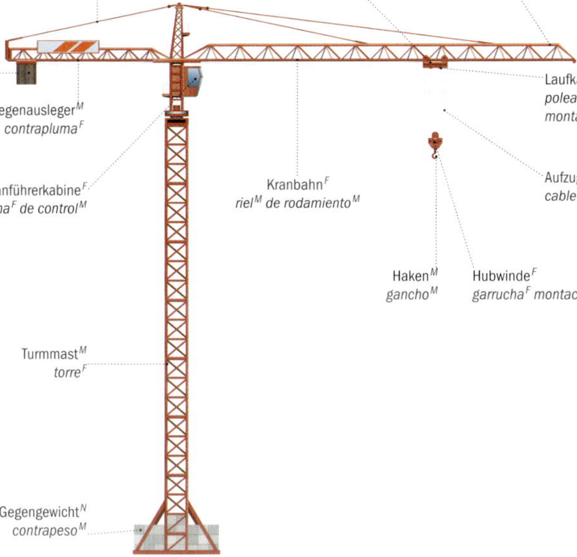

Fahrkran^M
grúa^F móvil

Planierraupe^F
bulldozer^M

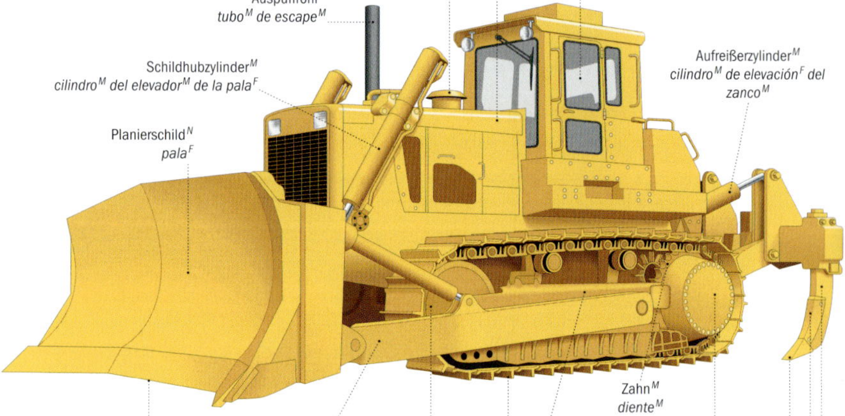

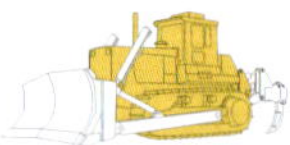

Gleiskettenschlepper^M
tractor^M de orugas^F

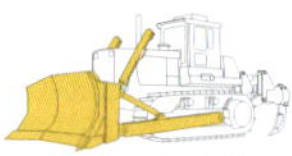

Planierschaufel^F
pala^F

Aufreißer^M
zanco^M

Radlader^{M}

cargadora^{F}-retroexcavadora^{F}

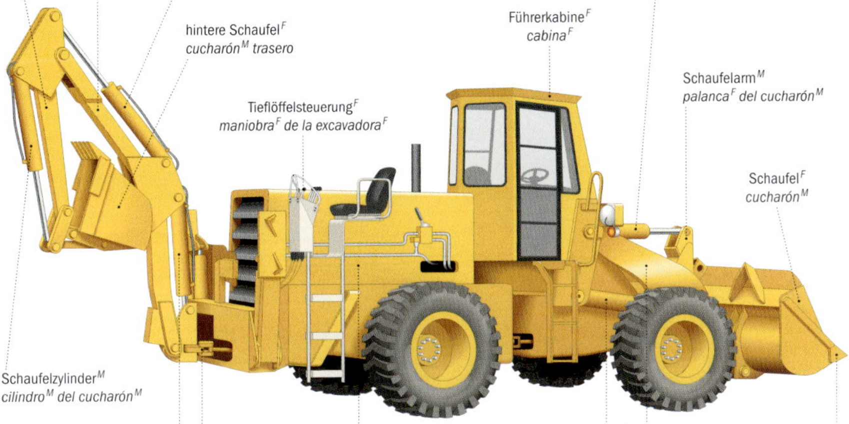

Schaufellader^{M}
cargador^{M} delantero

Radtraktor^{M}
tractor^{M} de ruedas^{F}

Tieflöffel^{M}
excavadora^{F}

Schrapper[M]

raspador[M]

Hydraulik-Hochlöffelbagger[M]

pala[F] hidráulica

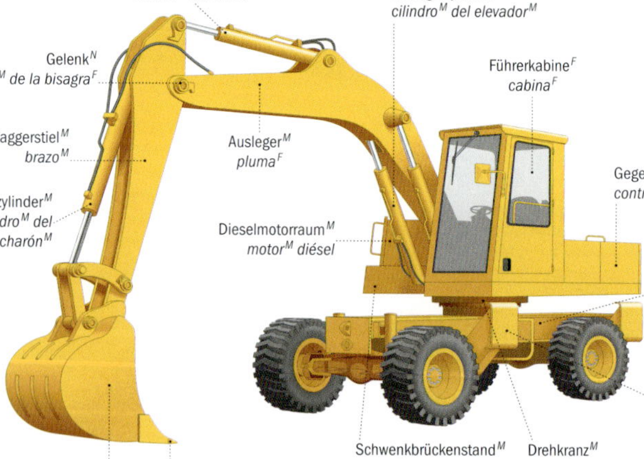

Straßenhobel[M]

niveladora[F]

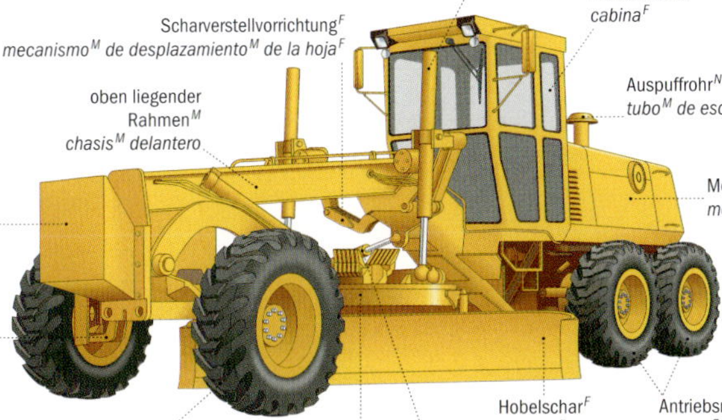

Muldenkipper[M]

volcadora[F]

Elektrizitätserzeugung^F aus geothermischer Energie^F

producción^F de electricidad^F por energía^F geotérmica

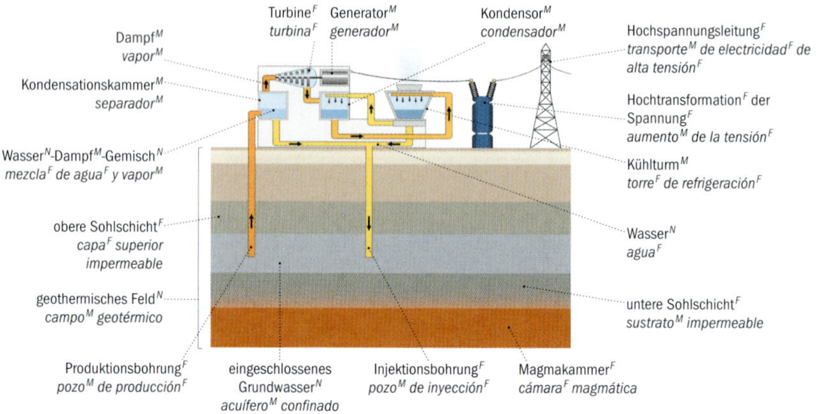

Wärmeenergie^F

energía^F térmica

Elektrizitätserzeugung^F aus Wärmeenergie^F
producción^F de electricidad^F por energía^F térmica

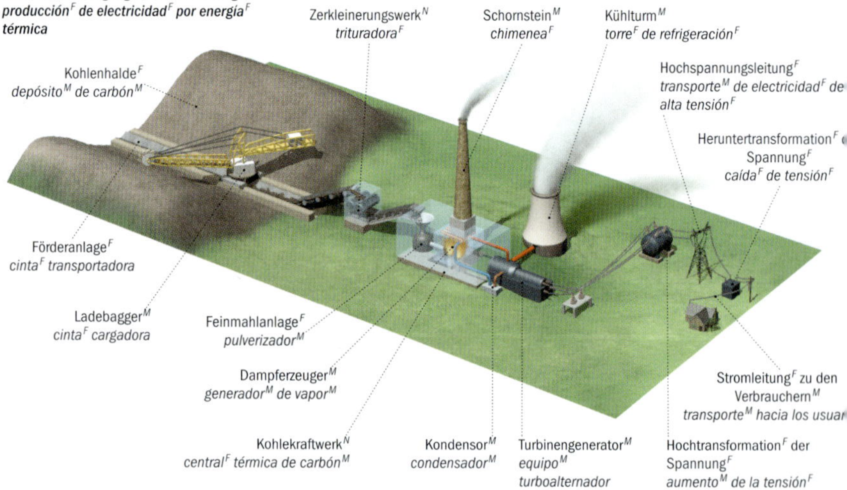

Erdöl[N]
petróleo[M]

Oberflächenerkundung[F]
prospección[F] terrestre

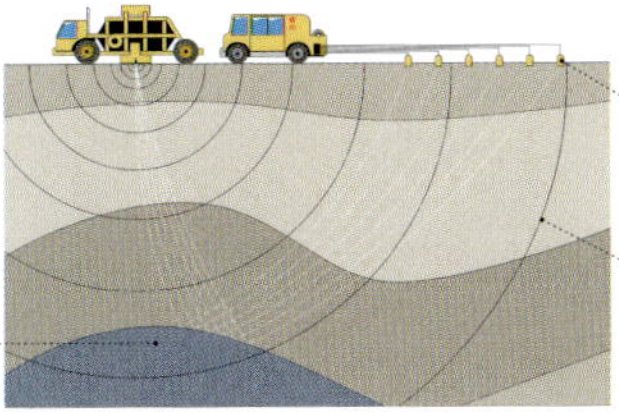

Bohranlage[F]
torre[F] de perforación[F]

Drehbohrverfahren[F]
sistema[M] rotativo

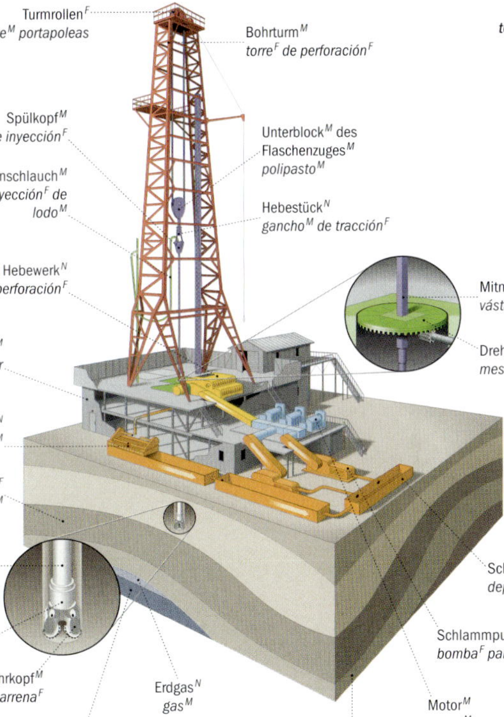

Schwimmdachtank^{M}
tanque^{M} de techo^{M} pontón

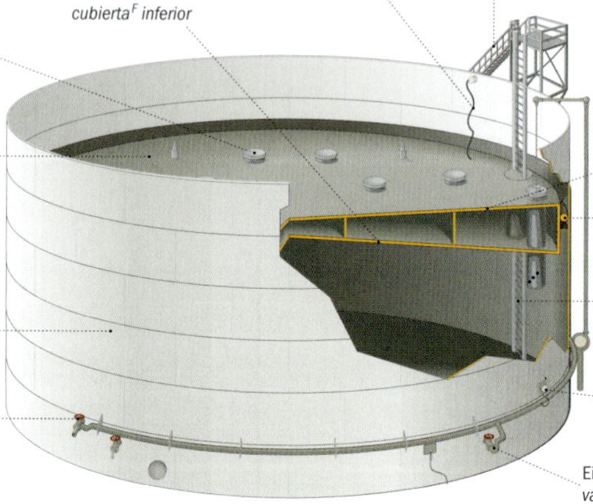

Rohölpipeline^{F}
oleoducto^{M} para crudo^{M}

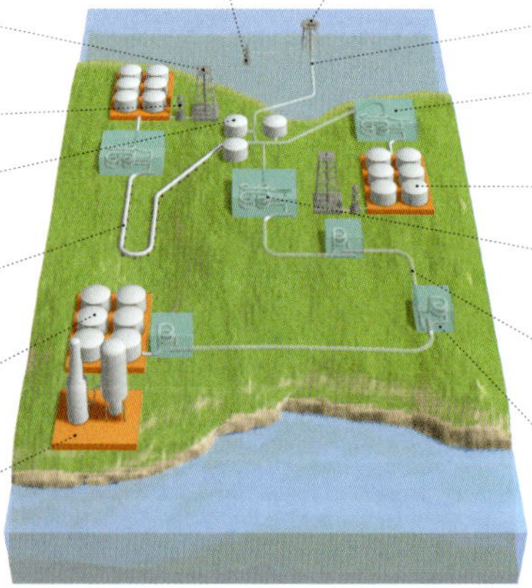

Raffinerieerzeugnisse[N]
productos[M] del refinado[M]

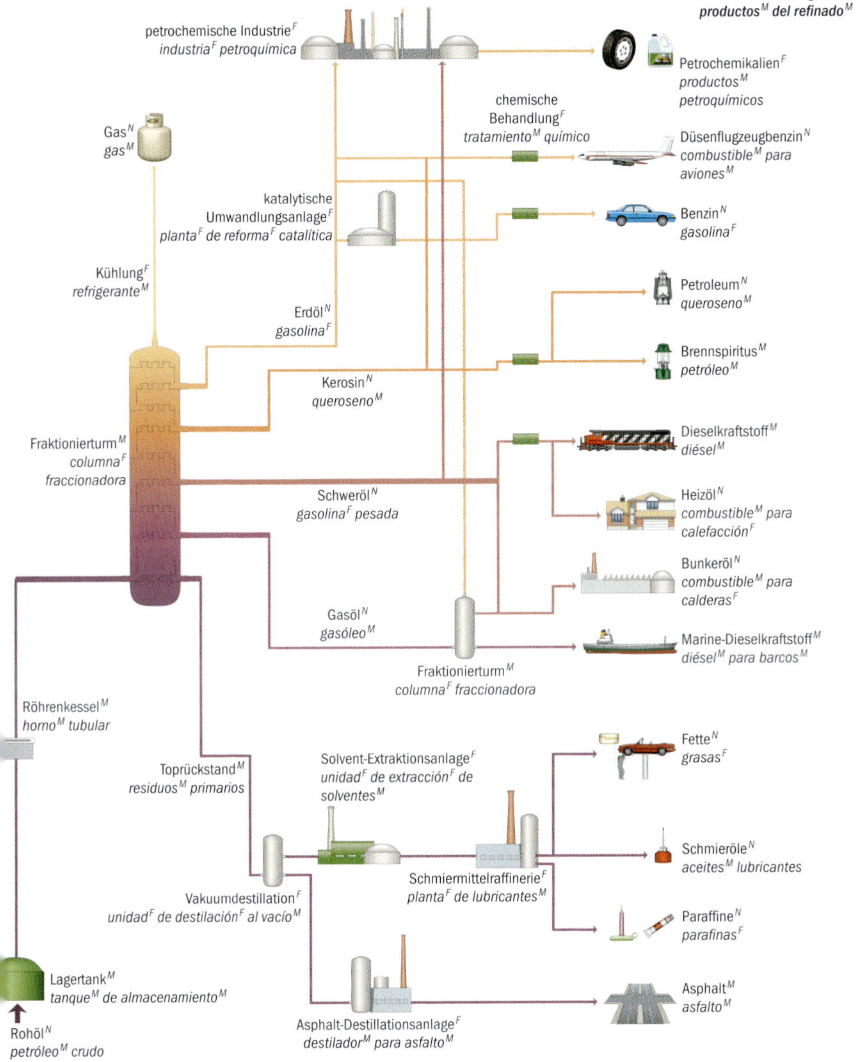

Wasserkraftwerk^{N}

complejo^{M} hidroeléctrico

Wasserkraftwerk^N im Querschnitt^M
sección^F transversal de una central^F hidroeléctrica

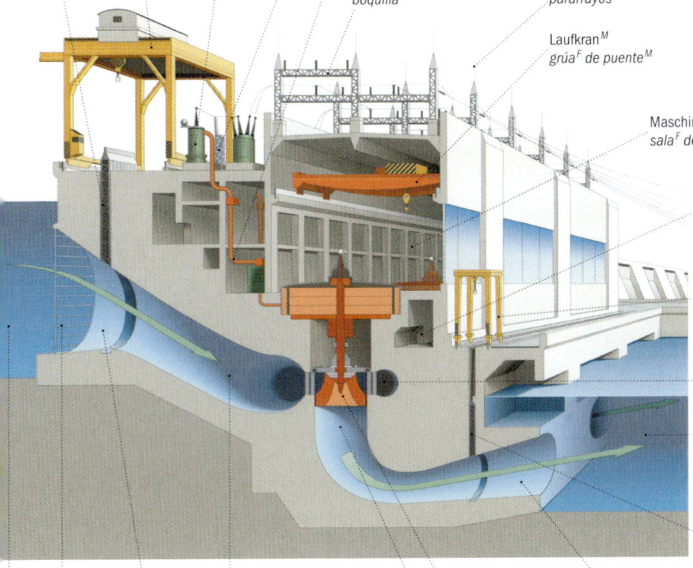

Elektrizitätserzeugung^F aus Kernenergie^F

producción^F de electricidad^F por energía^F nuclear

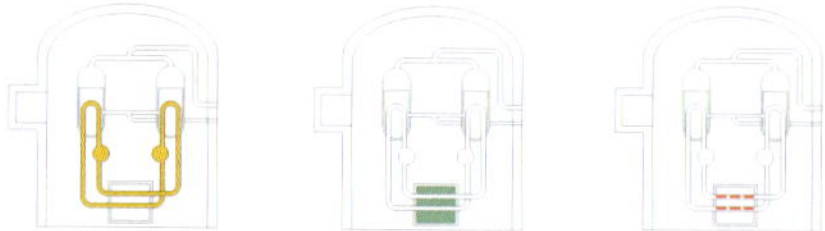

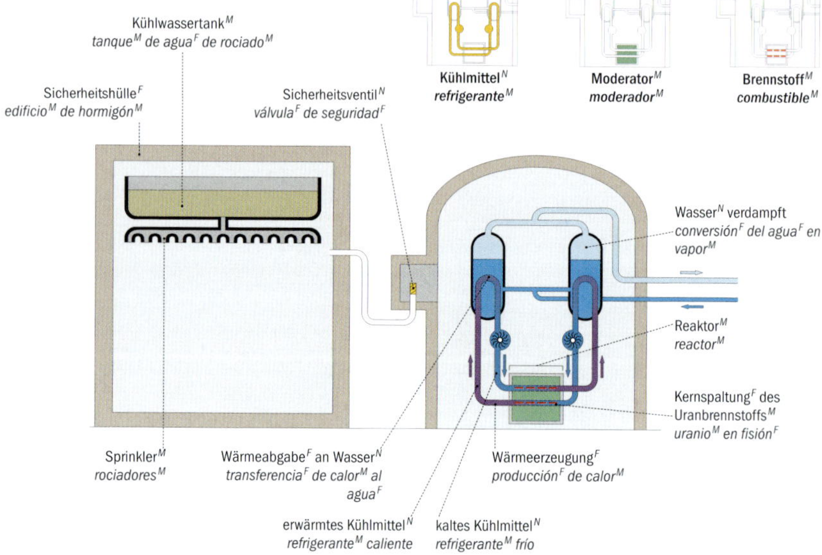

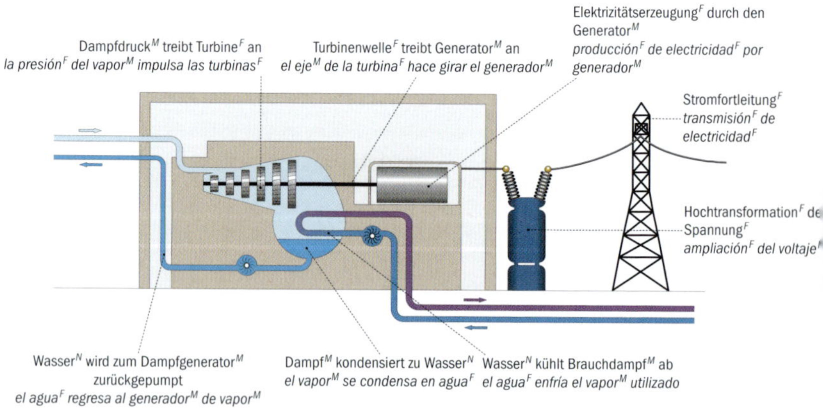

Brennstabbündel[N]

elemento[M] de combustible[M]

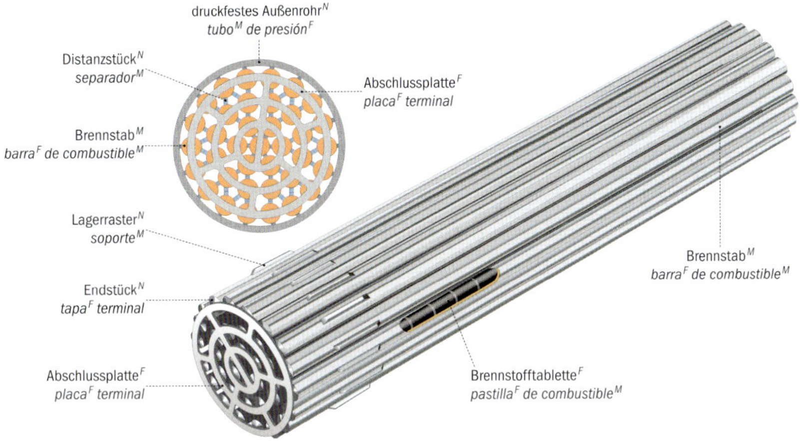

Kernreaktor[M]

carga[F] del reactor[M] nuclear

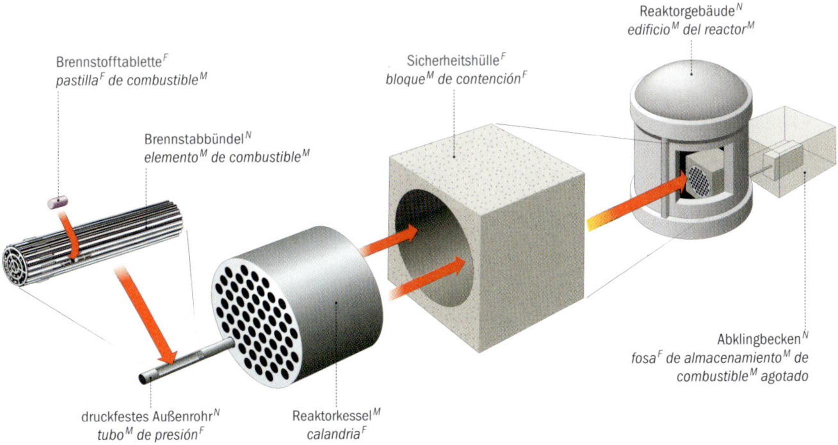

Solarzelle^{F}

célula^{F} solar

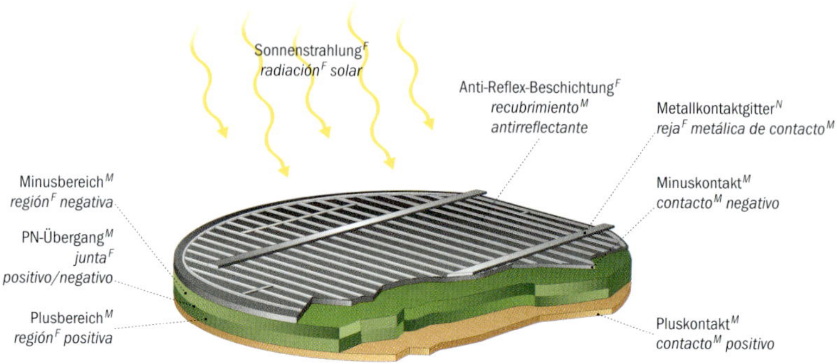

Flachkollektor^{M}

colector^{M} solar plano

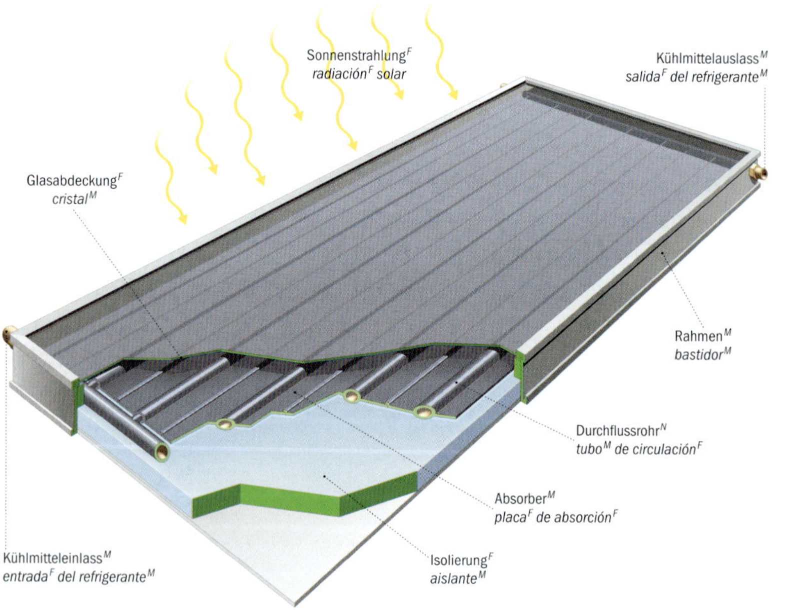

ENERGIE

Solarzellensystem^N
sistema^M de células^F solares

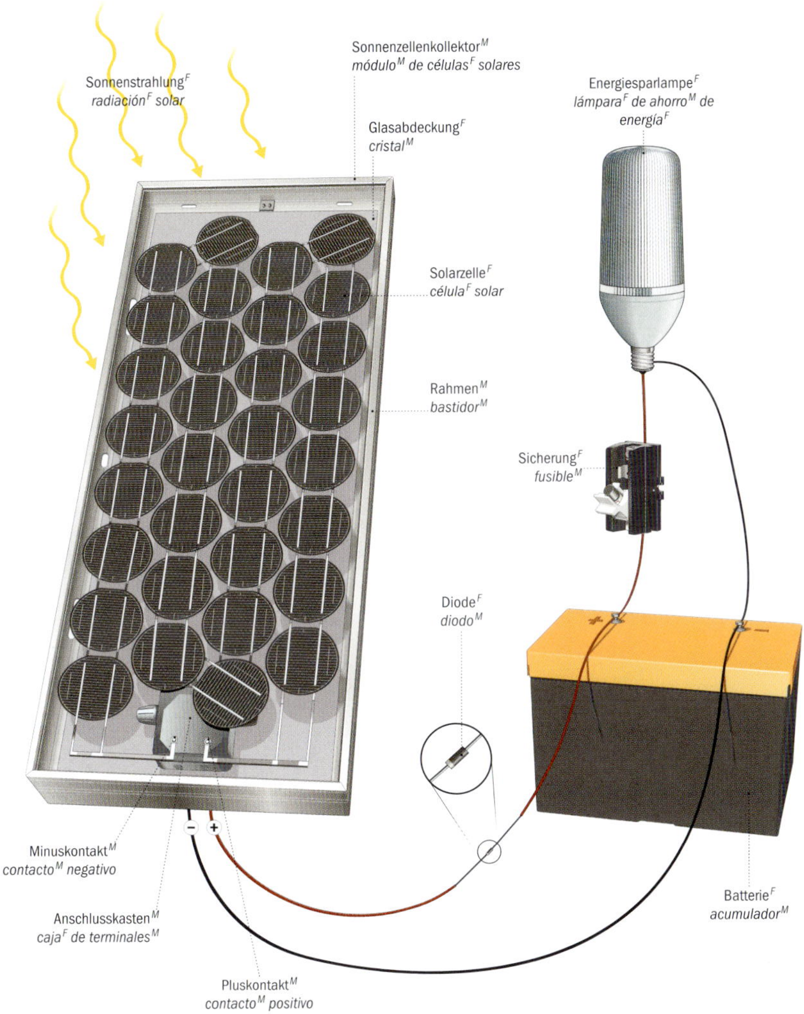

Windmühle[F]

molino[M] de viento[M]

Turmwindmühle[F]
molino[M] de torre[F]

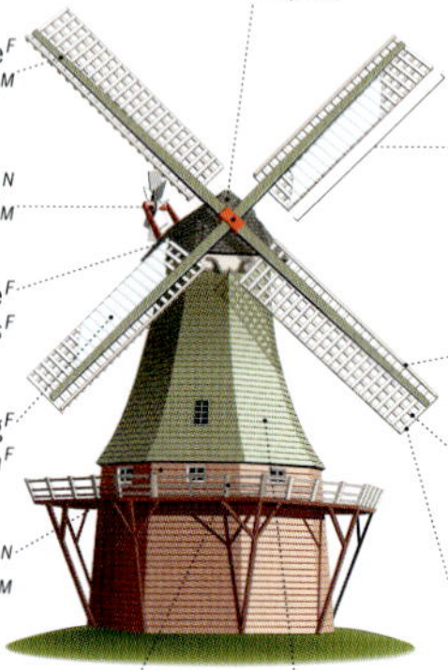

Bockmühl
molino[M] de plataforma[F] girator

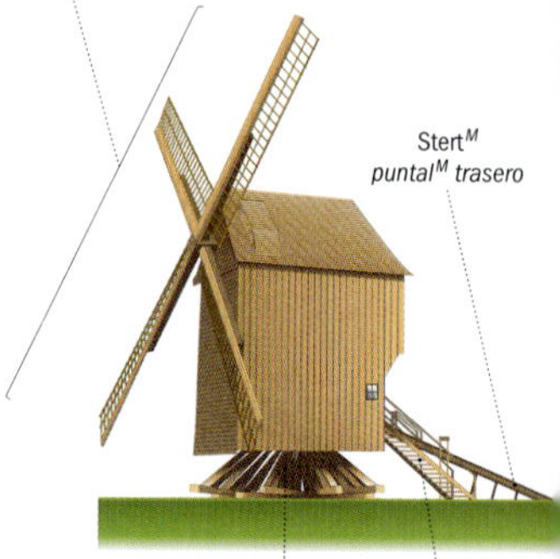

Windkraftwerke[N] und Elektrizitätserzeugung[F]

turbinas[F] de viento[M] y producción[F] eléctrica

Windkraftwerk mit vertikaler Achse[F]
turbina[F] de viento[M] de eje[M] vertical

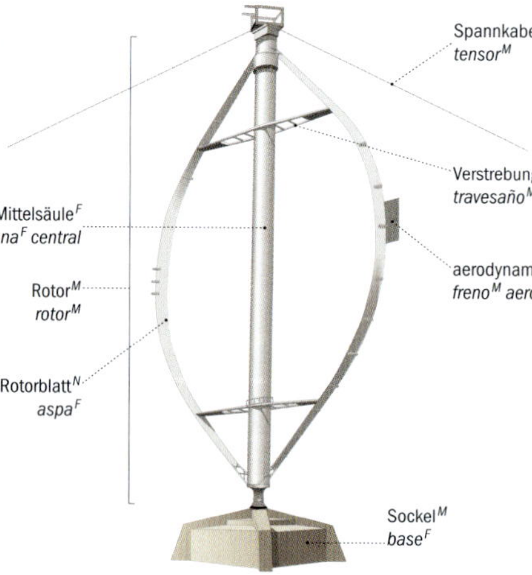

Windkraftwerk mit horizontaler Achse^{F}
turbina^{F} de viento^{M} de eje^{M} horizontal

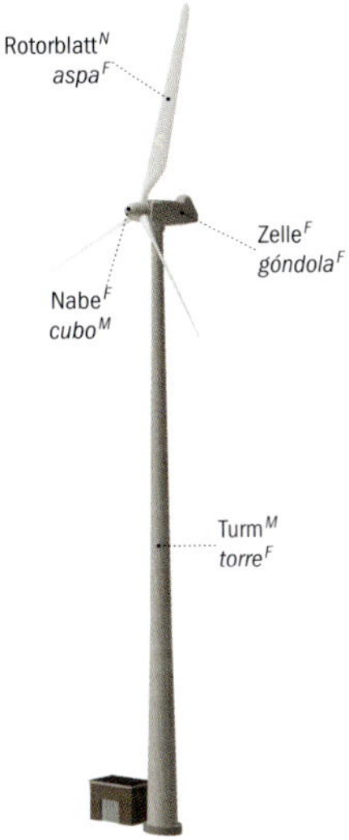

Rotorgondel^{F} im Querschnitt^{M}
sección^{F} transversal de la góndola^{F}

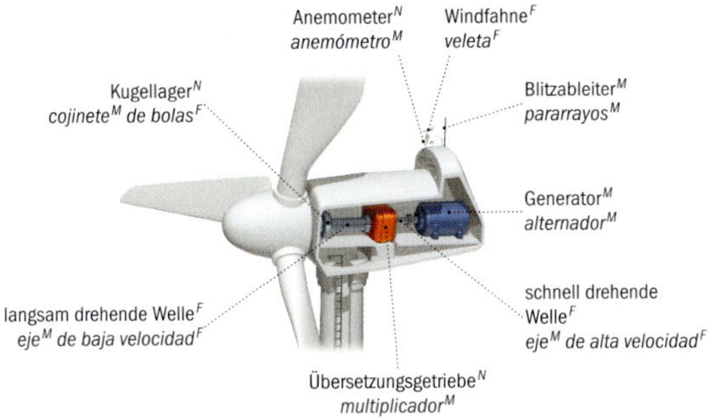

Elektrizitätserzeugung^{F} aus Windenergie^{F}
producción^{F} de electricidad^{F} por energía^{F} eólica

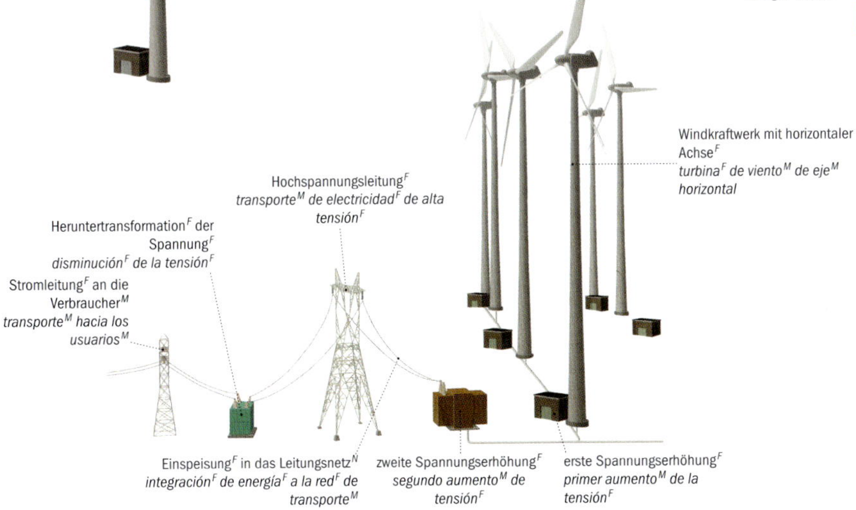

Materie[F]
materia[F]

Atom[N]
átomo[M]

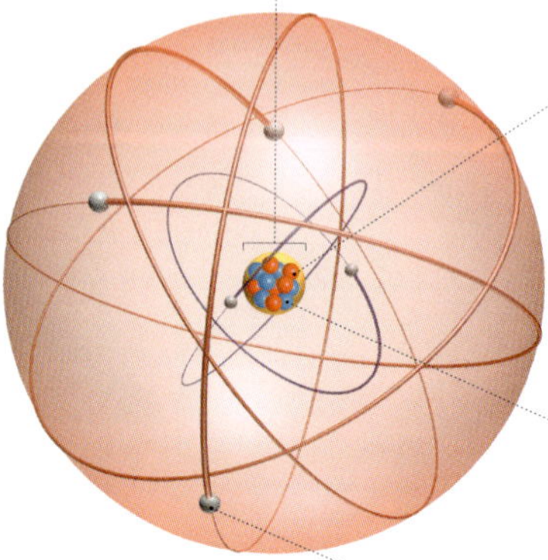

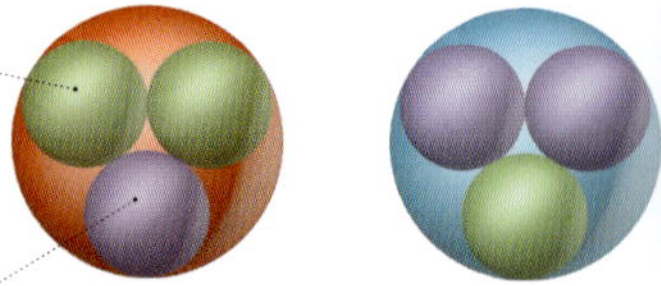

Molekül[F]
molécula[F]

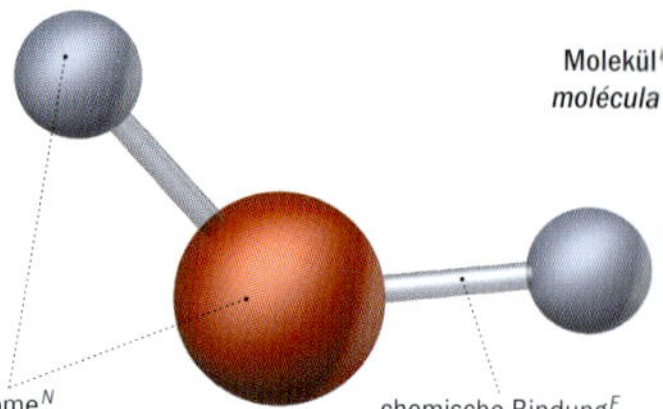

Aggregatzustände[M]
estados[M] de la materia[F]

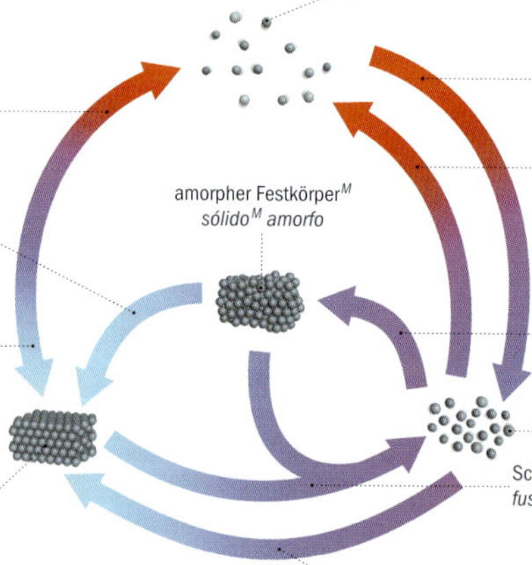

Kernspaltung^F
fisión^F nuclear

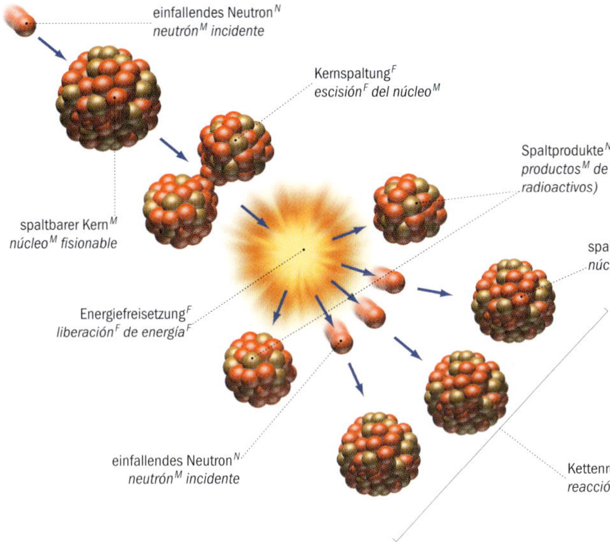

Wärmeübertragung^F
transmisión^F de calor^M

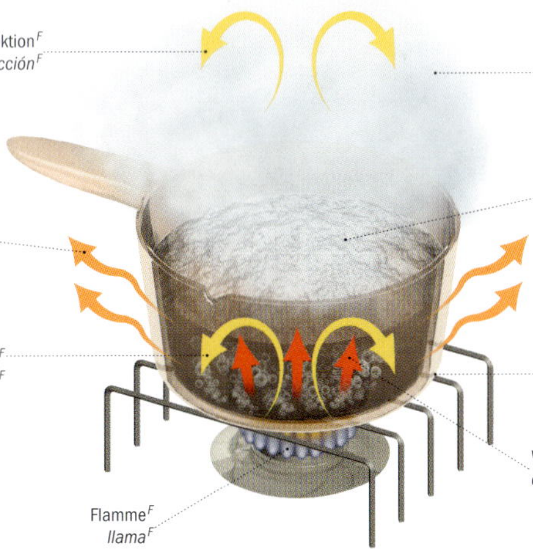

Magnetismus^M

magnetismo^M

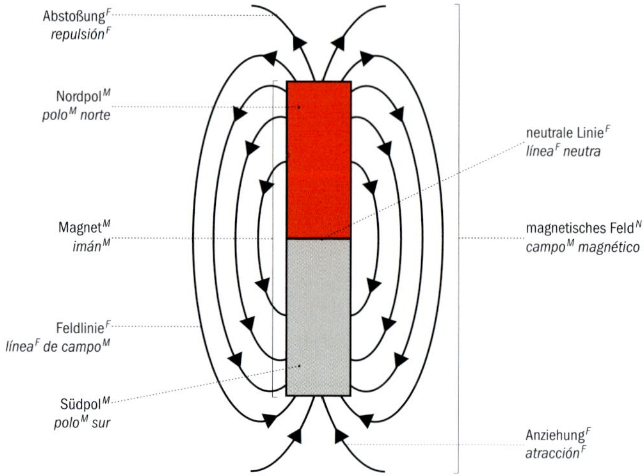

Parallelschaltung^F

circuito^M eléctrico en paralelo^M

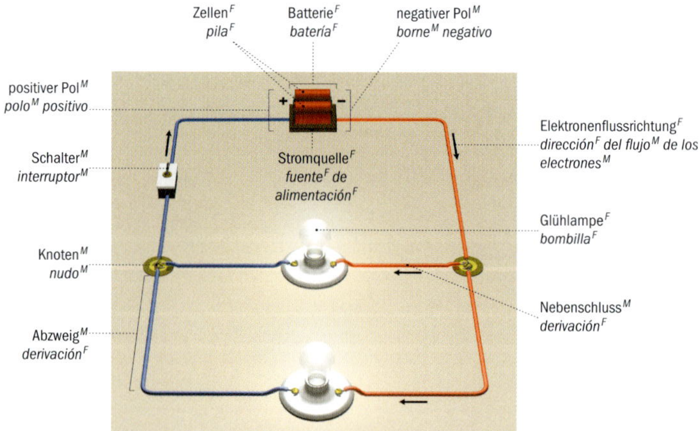

Trockenelemente[N]
pilas[F] secas

Kohle[F]-Zink[N]-Zelle[F]
pila[F] de carbón[M]-cinc[M]

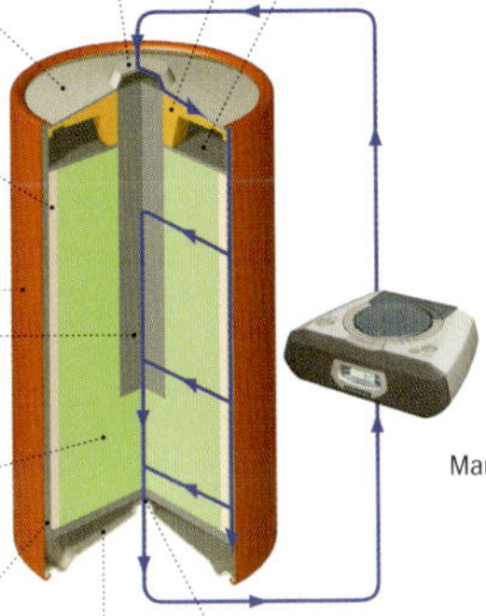

alkalische Zink[N]-Mangan[N]-Zelle[F]
pila[F] alcalina de manganeso[M]-cinc[M]

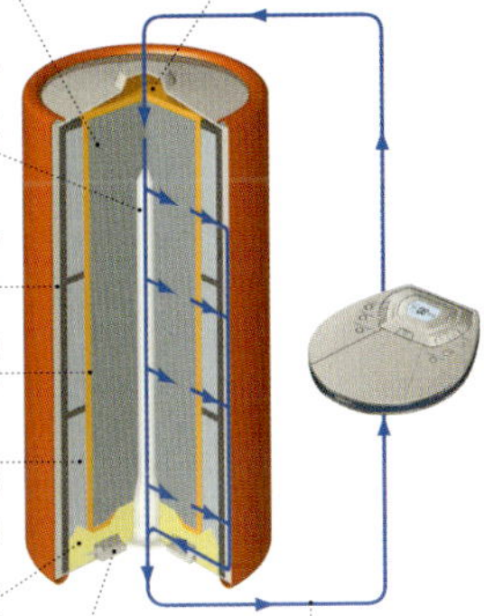

Elektronik[F]
electrónica[F]

Leiterplatte[F]
tarjeta[F] de circuito[M] impreso

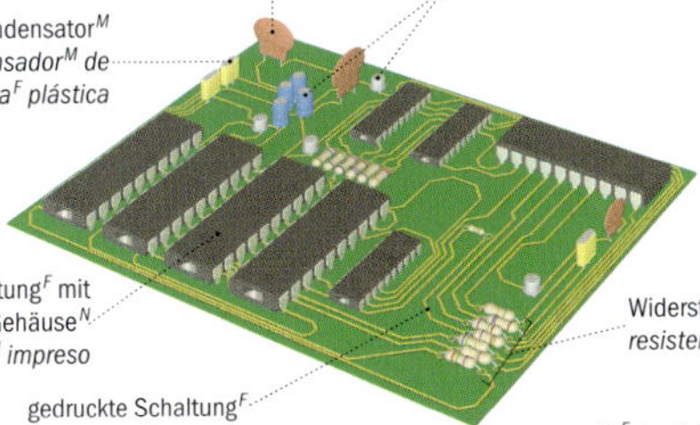

integrierte Schaltung[F] mit Gehäuse[N]
placa[F] de circuito[M] impreso

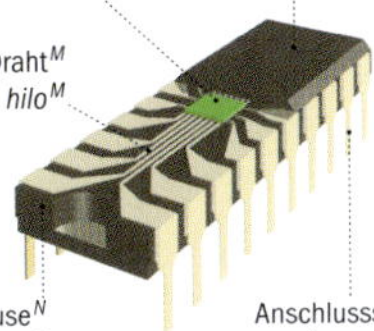

elektromagnetisches Spektrum[N]

espectro[M] electromagnético

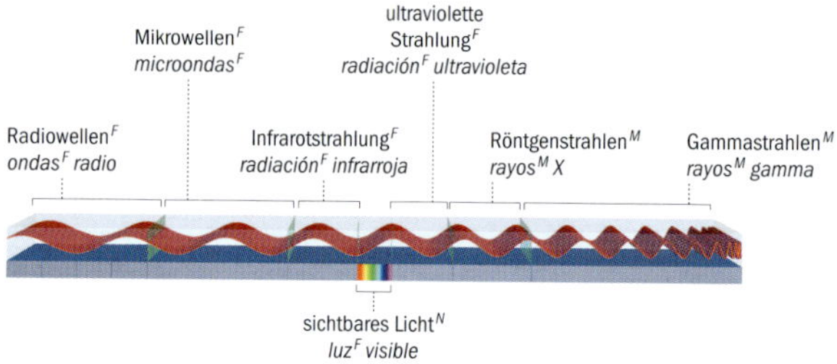

Welle[F]

onda[F]

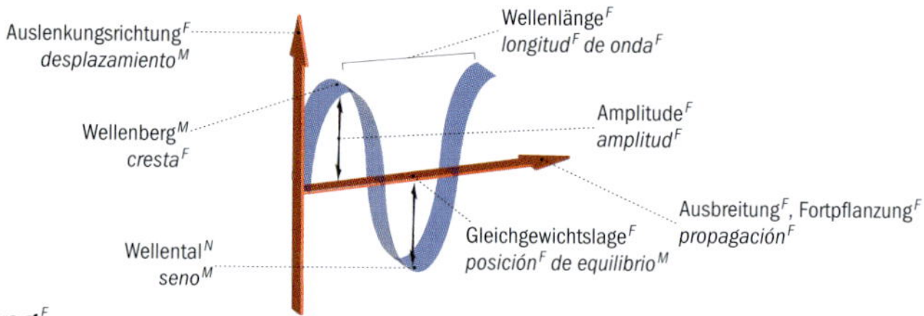

Farbmischung[F]

síntesis[F] de los colores[M]

additive Farbmischung[F]
síntesis[F] de los colores[M] aditivos

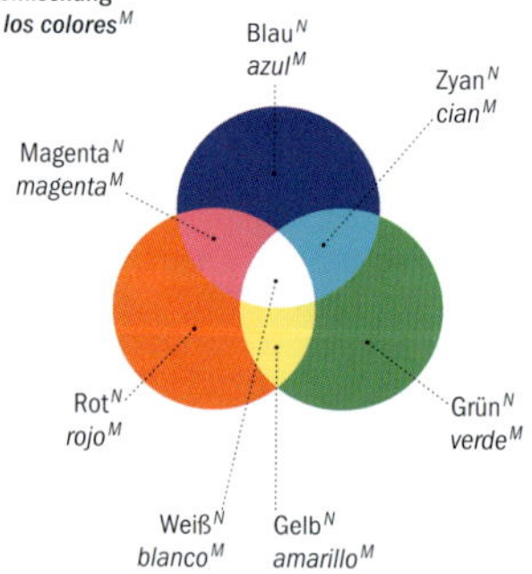

subtraktive Farbmischung[F]
síntesis[F] de los colores[M] sustractivos

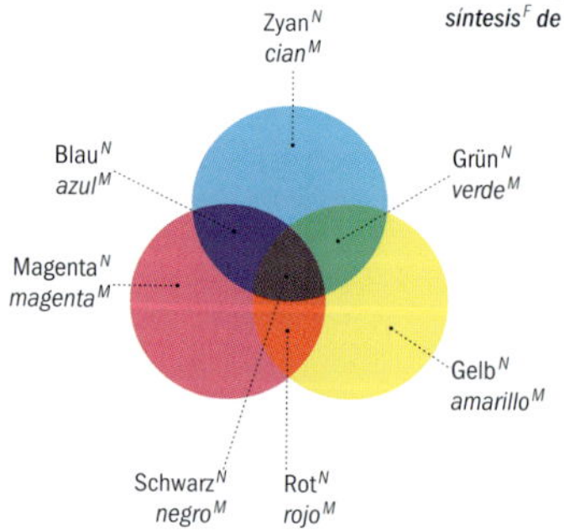

Sehen^{N}
visión^{F}

Normalsichtigkeit^{F}
visión^{F} normal

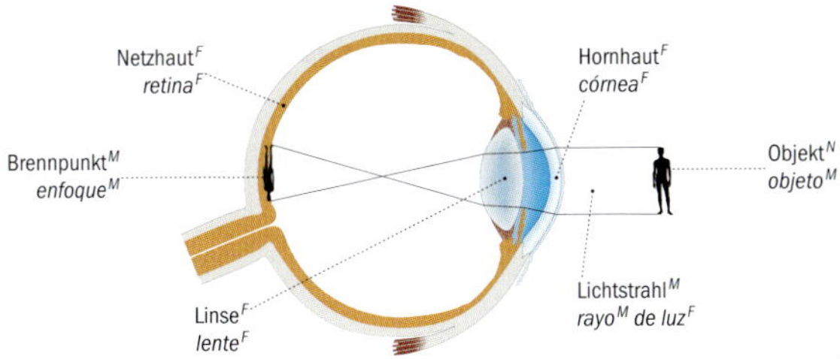

Sehfehler^{M}
defectos^{M} de la visión^{F}

Kurzsichtigkeit^{F}
miopía^{F}

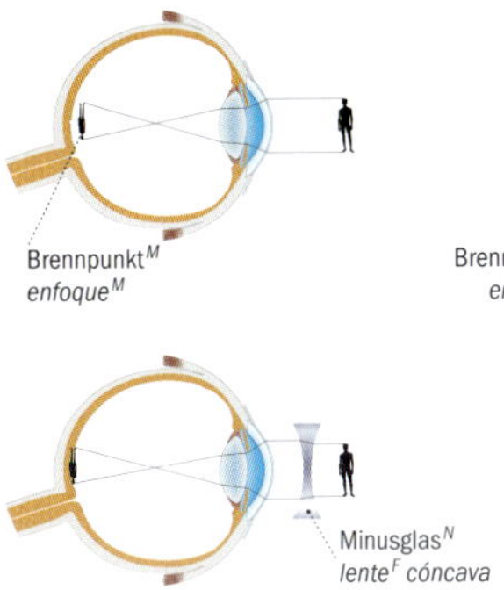

Weitsichtigkeit^{F}
hipermetropía^{F}

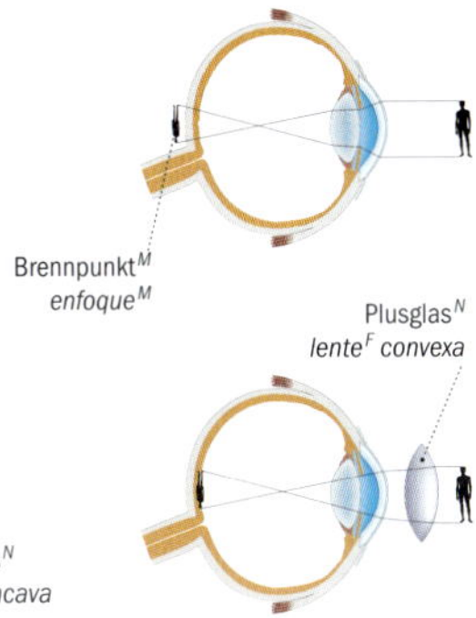

Astigmatismus^{M}
astigmatismo^{M}

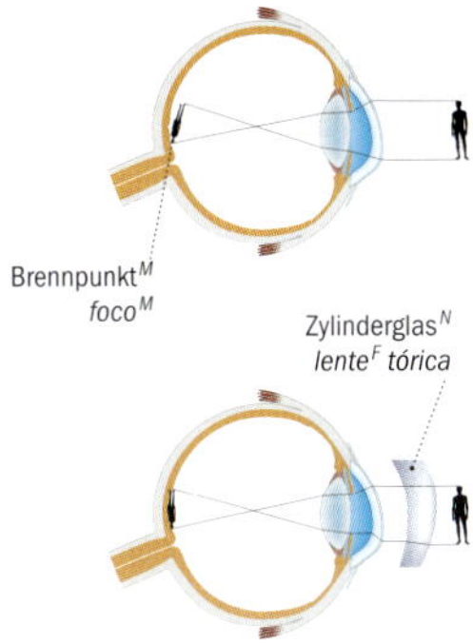

Linsen^{F}
lentes^{F}

Sammellinsen^{F}
lentes^{F} convergentes

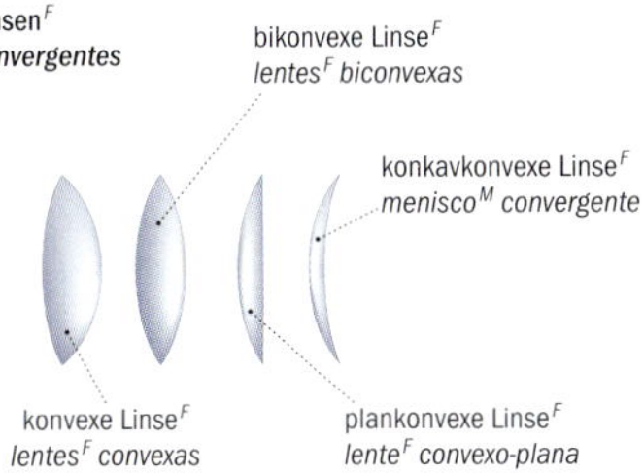

Zerstreuungslinsen^{F}
lentes^{F} divergentes

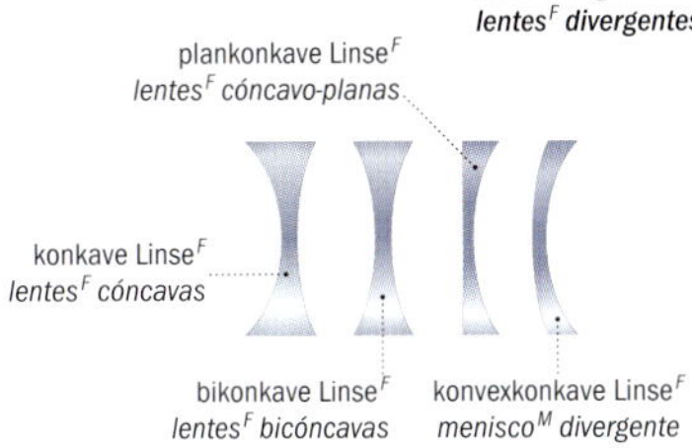

Rubin^M-Impulslaser^M

láser^M de rubí^M pulsado

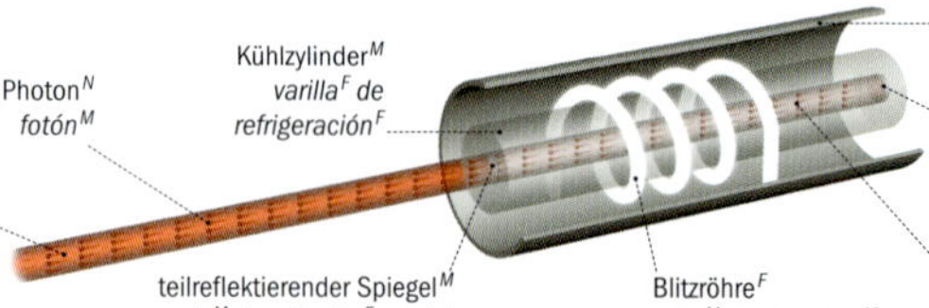

Prismenfernglas^N

prismáticos^M binoculares

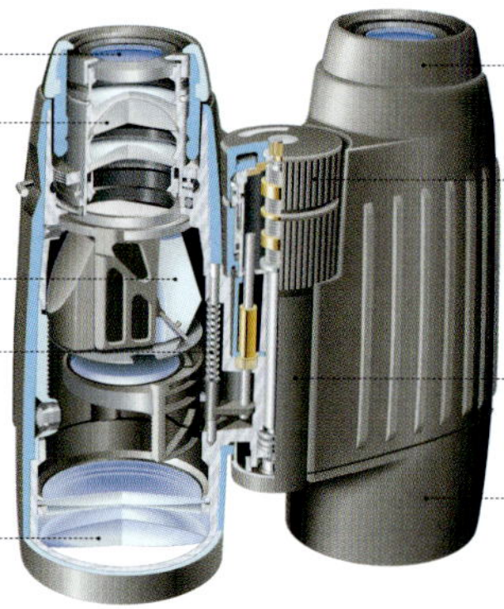

Zielfernrohr^N

visor^M telescópico

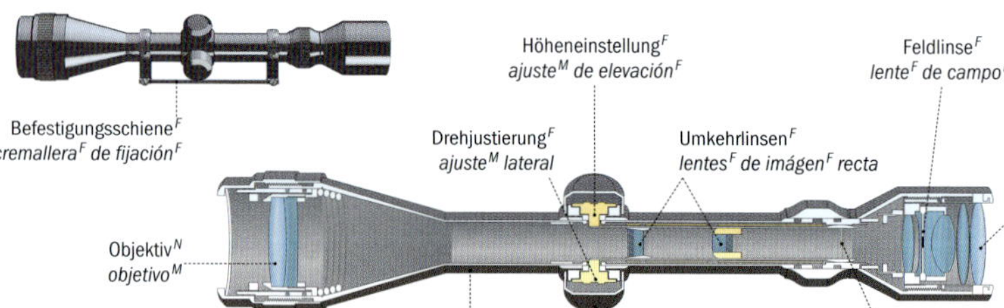

Lupe[F] und Mikroskope[N]

lupa[F] y microscopios[M]

Lupe[F]
lupa[F]

Mikroskop[N]
microscopio[M]

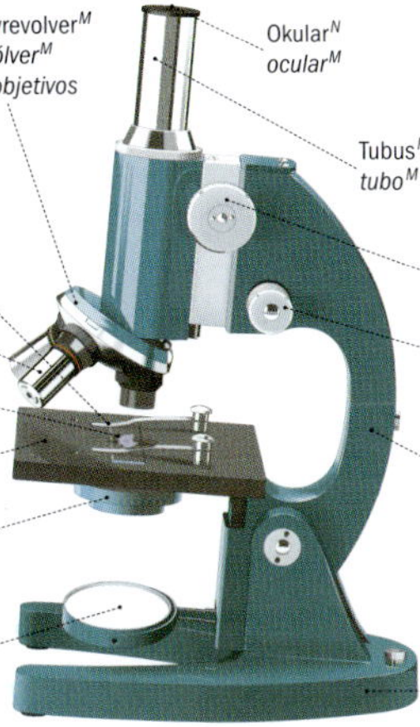

Binokularmikroskop[N]
microscopio[M] binocular

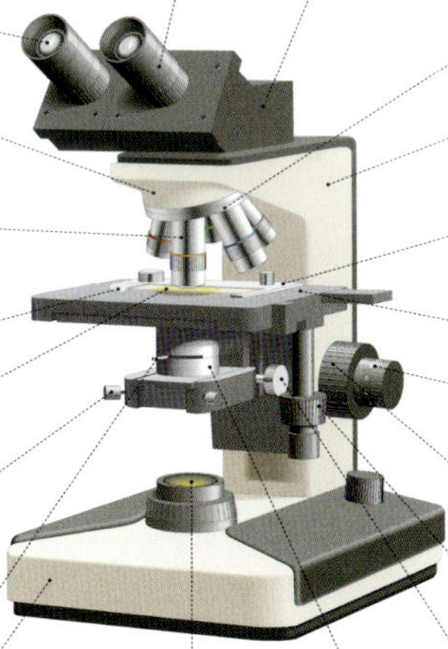

WISSENSCHAFT

Wiegen[N]

medición[F] del peso[M]

Balkenwaage[F]
balanza[F] de astil[M]

Handwaage[F]
báscula[F] romana

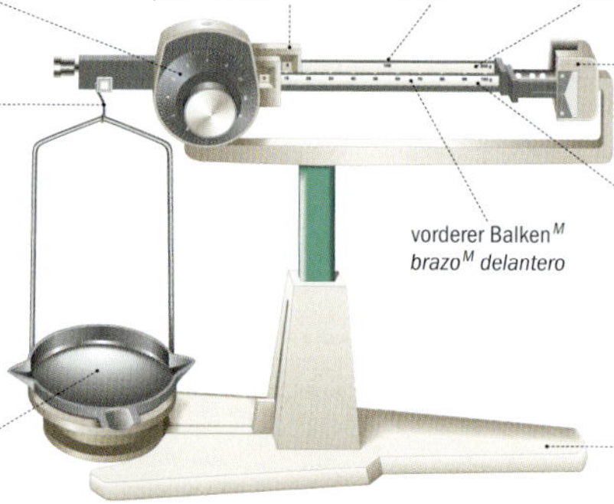

Roberval-Waage[F]
balanza[F] de Roberval

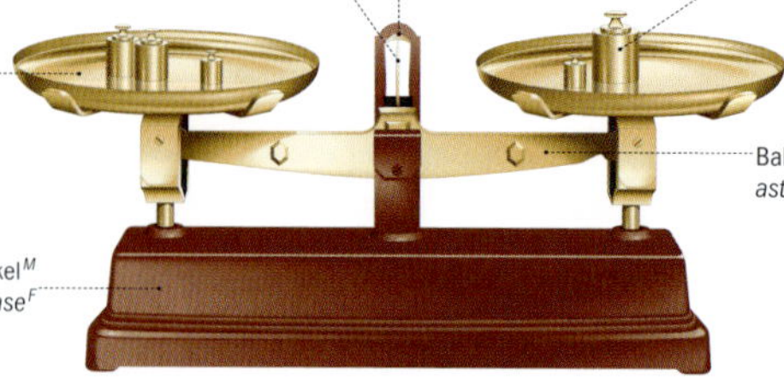

WISSENSCHAFT

Federwaage[F]
dinamómetro[M]

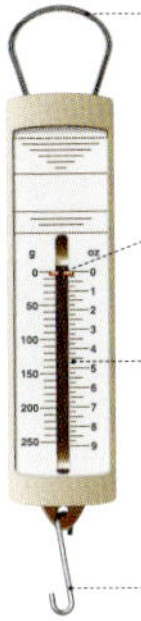

elektronische Waage[F]
báscula[F] electrónica

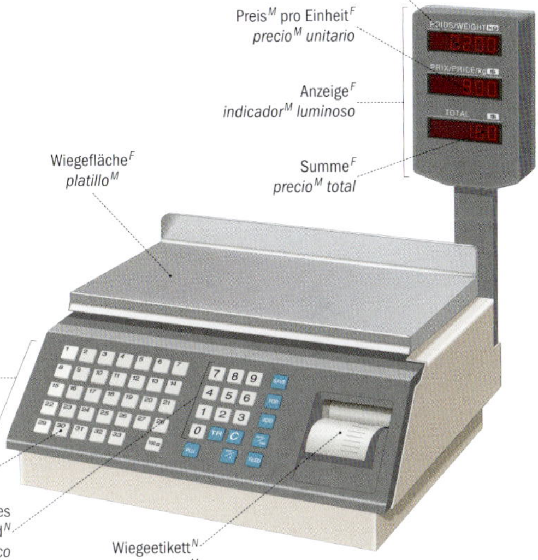

Personenwaage[F]
báscula[F] de baño[M]

Präzisionswaage[F]
balanza[F] de precisión[F]

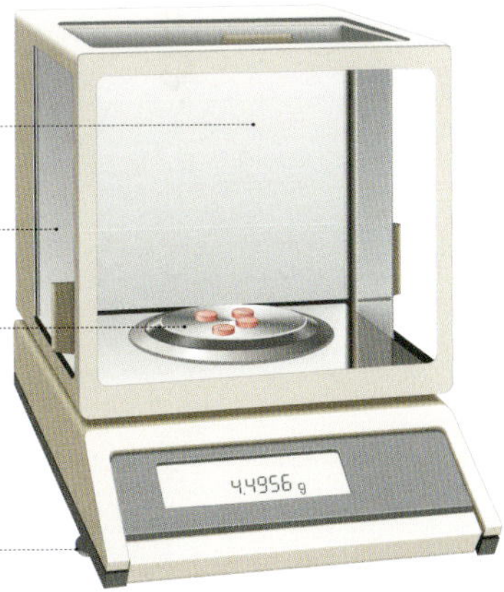

Temperaturmessung[F]

medición[F] de la temperatura[F]

Thermometer[N]
termómetro[M]

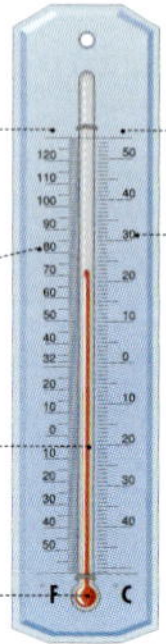

Fieberthermometer[N]
termómetro[M] clínico

Zeitmessung[F]

medición[F] del tiempo[M]

Stoppuhr[F]
cronómetro[M]

Analoguhr[F]
reloj[M] de pulsera[F]

Digitaluhr[F]
reloj[M] digital

Sonnenuhr[F]
reloj[M] de sol[M]

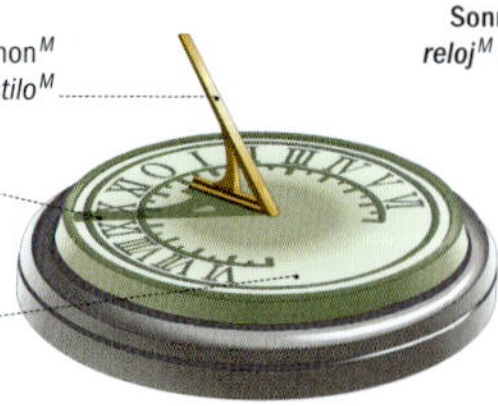

WISSENSCHAFT

Längenmessung[F]
medición[F] de la longitud[F]

Lineal[N]
regla[F] graduada

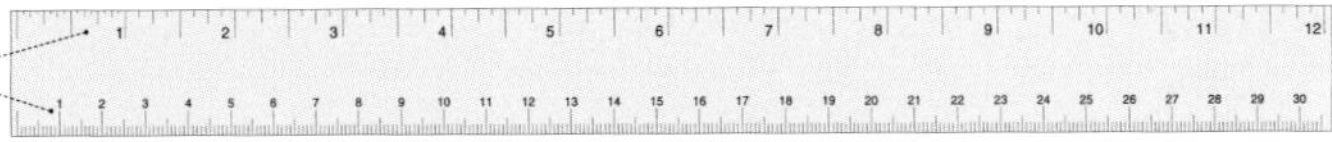

Dickemessung[F]
medición[F] del espesor[M]

Schieblehre[F], Messschieber[M]
escala[F] graduada de vernier[M], pico[M] de rey[M]

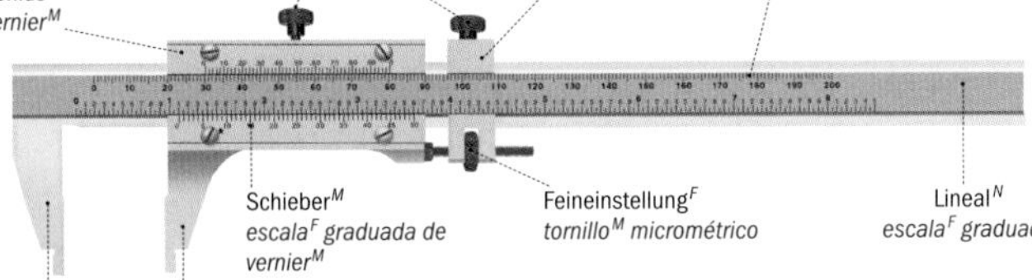

Mikrometerschraube[F]
micrómetro[M]

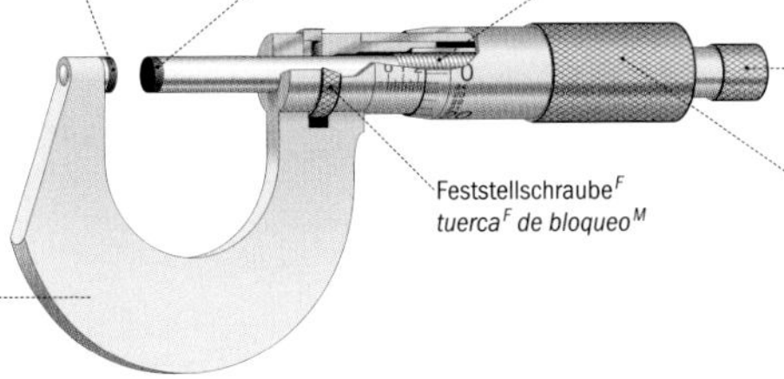

internationales Einheitensystem[N]

sistema[M] internacional de unidades[F] de medida[F]

Maßeinheit[F] der Frequenz[F]
unidad[F] de medida[F] de frecuencia[F]

Hz

Hertz[N]
hercio[M]

Maßeinheit[F] der elektrischen Spannung[F]
unidad[F] de medida[F] de la diferencia[F] de potencial[M] eléctrico

V

Volt[N]
voltio[M], volt[M]

Maßeinheit[F] der elektrischen Ladung[F]
unidad[F] de medida[F] de carga[F] eléctrica

C

Coulomb[N]
culombio[M]

Maßeinheit[F] der Energ
unidad[F] de medida[F] d energía[F]

J

Joule[N]
julio[M]

Maßeinheit[F] der Leistung[F]
unidad[F] de medida[F] de potencia[F] eléctrica

W

Watt[N]
vatio[M]

Maßeinheit[F] der Kraft[F]
unidad[F] de medida[F] de fuerza[F]

N

Newton[N]
newton[M]

Maßeinheit[F] des elektrischen Widerstands[M]
unidad[F] de medida[F] de resistencia[F] eléctrica

Ω

Ohm[N]
ohmnio[M], ohm[M]

Maßeinheit[F] der elektrische Stromstärke[F]
unidad[F] de medida[F] de corriente[F] eléctrica

A

Ampere[N]
amperio[M]

Maßeinheit[F] der Länge[F]
unidad[F] de medida[F] de longitud[F]

m

Meter[M]
metro[M]

Maßeinheit[F] der Masse[F]
unidad[F] de medida[F] de masa[F]

kg

Kilogramm[N]
kilogramo[M]

Maßeinheit[F] der Celsius-Temperatur[F]
unidad[F] de medida[F] de la temperatura[F] Celsius

°C

Grad[M] Celsius
grado[M] Celsius

Maßeinheit[F] der thermodynamischen Temperatur[F]
unidad[F] de medida[F] de temperatura[F] termodinámica

K

Kelvin[N]
kelvin[M]

Maßeinheit[F] der Stoffmenge[F]
unidad[F] de medida[F] de cantidad[F] de materia[F]

mol

Mol[N]
mol[M]

Maßeinheit[F] der Radioaktivität[F]
unidad[F] de medida[F] de radioactividad[F]

Bq

Becquerel[N]
becquerel[M]

Maßeinheit[F] des Drucks[M]
unidad[F] de medida[F] de presión[F]

Pa

Pascal[N]
pascal[M]

Maßeinheit[F] der Lichtstärke[F]
unidad[F] de medida[F] de intensidad[F] luminosa

cd

Candela[F]
candela[F]

Biologie[F]

biología[F]

♂

männlich
masculino[M]

♀

weiblich
femenino[M]

Rh+

Rhesusfaktor[M] positiv
factor[M] RH positivo

Rh-

Rhesusfaktor[M] negativ
factor[M] RH negativo

†

gestorben
muerte[F]

*

geboren
nacimiento[M]

Mathematik^{F}
matemáticas^{F}

$-$	Subtraktion^{F}	*resta^{F}*
$+$	Addition^{F}	*suma^{F}*
$\times$	Multiplikation^{F}	*multiplicación^{F}*
$\div$	Division^{F}	*división^{F}*
$=$	ist gleich	*igual a*
$\neq$	ist ungleich	*no es igual a*
≒	ist annähernd gleich	*casi igual a*
$\sim$	ist äquivalent mit	*equivalente a*
$\equiv$	ist identisch mit	*idéntico a*
$\not\equiv$	ist nicht identisch mit	*no es idéntico a*
$\pm$	plus oder minus	*más^{M} o menos^{M}*
$\leqslant$	ist gleich oder kleiner als	*igual o menor que*
$>$	ist größer als	*mayor que*
$\geqslant$	ist gleich oder größer als	*igual o mayor que*
$<$	ist kleiner als	*menor que*
$\emptyset$	leere Menge^{F}	*conjunto^{M} vacío*
$\cup$	Mengenvereinigung^{F}	*unión^{F}*
$\cap$	Mengenschnitt^{M}	*intersección^{F}*
$\subset$	echte Teilmenge^{F} von	*inclusión^{F}*
%	Prozent^{N}	*porcentaje^{M}*
$\in$	Element^{N} von	*pertenece a*
$\notin$	nicht Element^{N} von	*no pertenece a*
Σ	Summe^{F}	*suma^{F}*
$\sqrt{}$	Quadratwurzel^{F} aus	*raíz^{F} cuadrada de*
$1/2$	Bruch^{M}	*fracción^{F}*
∞	unendlich	*infinito^{M}*
$\int$	Integral^{N}	*integral*
!	Fakultät^{F}	*factorial*

römische Ziffern^{F}
números^{M} romanos

I	Eins^{F}	*uno*
V	Fünf^{F}	*cinco*
X	Zehn^{F}	*diez*
L	Fünfzig^{F}	*cincuenta*
C	Hundert^{F}	*cien*
D	Fünfhundert^{F}	*quinientos*
M	Tausend^{F}	*mil*

Geometrie[F]
geometría[F]

°	′	″	π	⊥
Grad[M] *grado[M]*	Bogenminute[F] *minuto[M]*	Bogensekunde[F] *segundo[M]*	Pi[N] *pi[M]*	ist senkrecht zu *perpendicular[F]*
∥	∦	∟	⌞	∠
ist parallel zu *es paralelo a*	ist nicht parallel zu *no es paralelo a*	rechter Winkel[M] *ángulo[M] recto*	stumpfer Winkel[M] *ángulo[M] obtuso*	spitzer Winkel[M] *ángulo[M] agudo*

geometrische Formen[F]
formas[F] geométricas

Beispiele[N] für Winkel[M]
ejemplos[M] de ángulos[M]

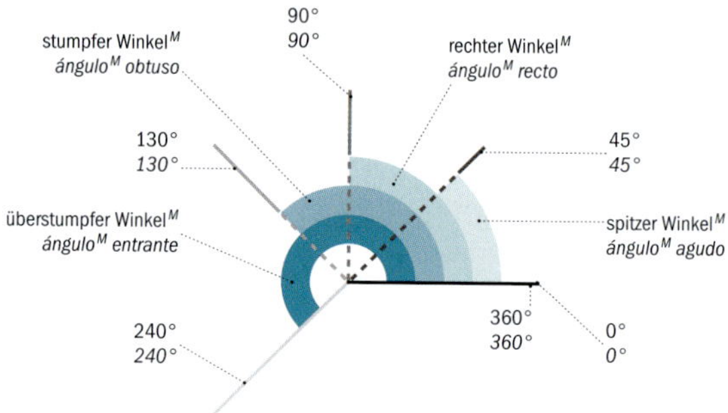

ebene Flächen[F]
superficies[F]

Teile[M] eines Kreises[M]
partes[F] de un círculo[M]

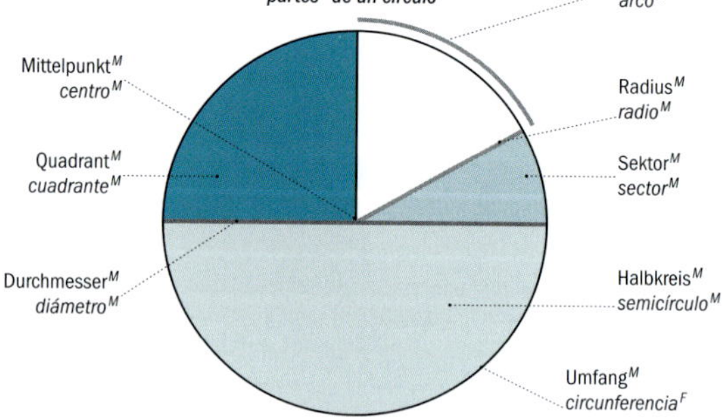

Vielecke[N]
polígonos[M]

Dreieck[N]
triángulo[M]

Quadrat[N]
cuadrado[M]

Rechteck[N]
rectángulo[M]

Rhombus[M]
rombo[M]

unregelmäßiges Trapez[N]
trapecio[M]

Parallelogramm[N]
paralelogramo[M]

Viereck[N]
cuadrilátero[M]

regelmäßiges Fünfeck[N]
pentágono[M] regular

regelmäßiges Sechseck[N]
hexágono[M] regular

regelmäßiges Siebeneck[N]
heptágono[M] regular

regelmäßiges Achteck[N]
octágono[M] regular

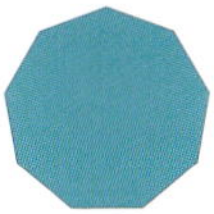
regelmäßiges Neuneck[N]
nonágono[M] regular

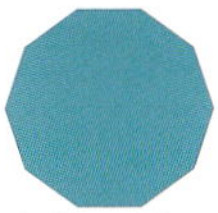
regelmäßiges Zehneck[N]
decágono[M] regular

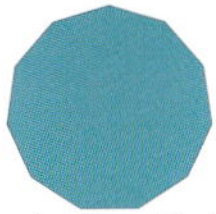
regelmäßiges Elfeck[N]
endecágono[M] regular

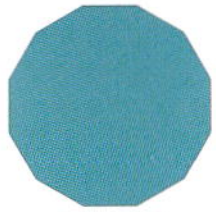
regelmäßiges Zwölfeck[N]
dodecágono[M] regular

Körper[M]
cuerpos[M] sólidos

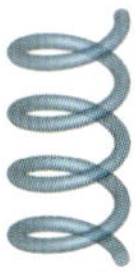
Helix[F]
hélice[F]

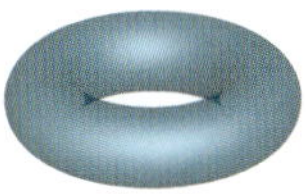
Torus[M]
toro[M]

Halbkugel[F]
hemisferio[M]

Kugel[F]
esfera[F]

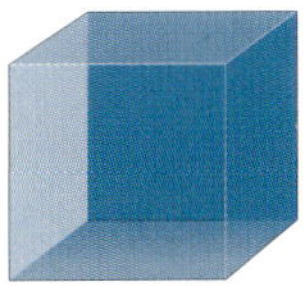
Würfel[M]
cubo[M]

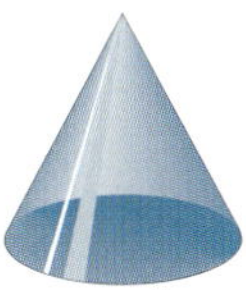
Kegel[M]
cono[M]

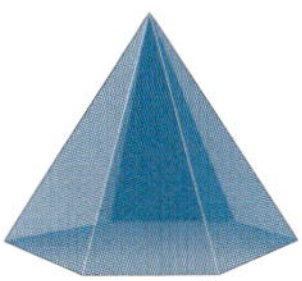
Pyramide[F]
pirámide[F]

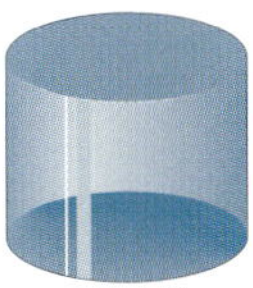
Zylinder[M]
cilindro[M]

Parallelepiped[N]
paralelepípedo[M]

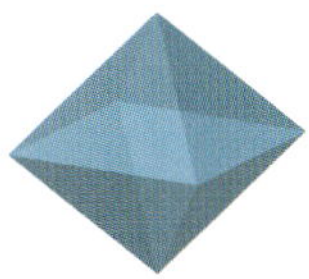
regelmäßiges Oktaeder[N]
octaedro[M] regular

Ballungsgebiet^N

conurbación^F

GESELLSCHAFT

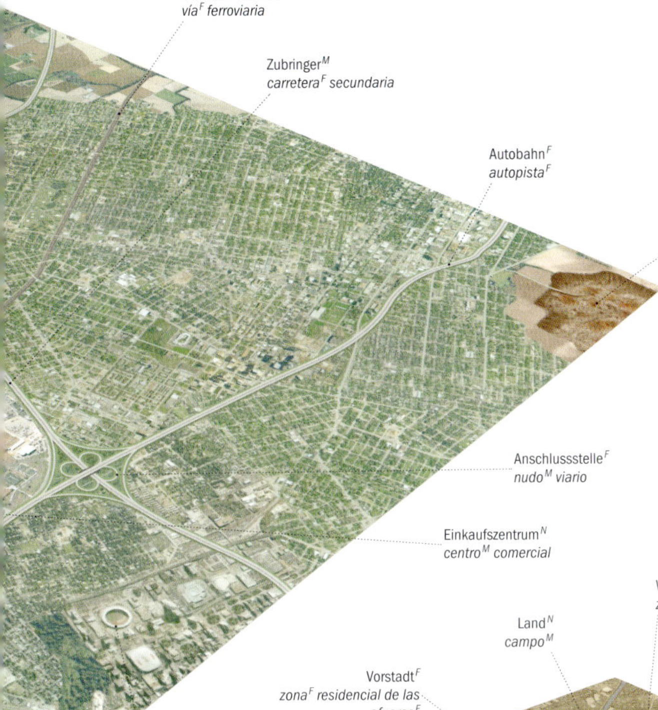
Eisenbahnstrecke^{F} *vía^{F} ferroviaria*
Zubringer^{M} *carretera^{F} secundaria*
Autobahn^{F} *autopista^{F}*
Mülldeponie^{F} *vertedero^{M}*
Anschlussstelle^{F} *nudo^{M} viario*
Einkaufszentrum^{N} *centro^{M} comercial*
Stadion^{N} *estadio^{M}*
Raffinerie^{F} *refinería^{F}*

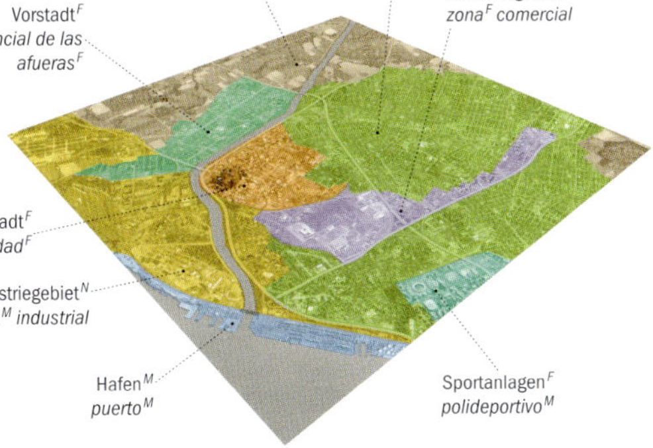
Wohngebiet^{N} *zona^{F} residencial*
Land^{N} *campo^{M}*
Gewerbegebiet^{N} *zona^{F} comercial*
Vorstadt^{F} *zona^{F} residencial de las afueras^{F}*
Innenstadt^{F} *centro^{M} ciudad^{F}*
Industriegebiet^{N} *polígono^{M} industrial*
Hafen^{M} *puerto^{M}*
Sportanlagen^{F} *polideportivo^{M}*

Innenstadt[F]

centro[M] ciudad[F]

GESELLSCHAFT

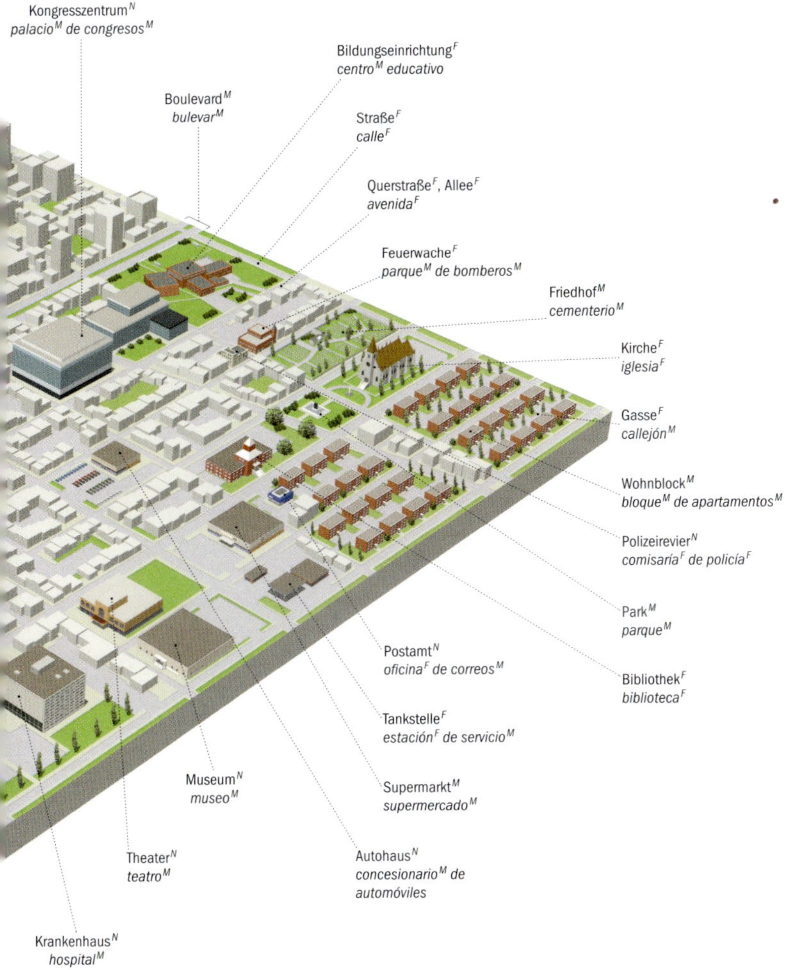
Kongresszentrum^N
palacio^M de congresos^M
Bildungseinrichtung^F
centro^M educativo
Boulevard^M
bulevar^M
Straße^F
calle^F
Querstraße^F, Allee^F
avenida^F
Feuerwache^F
parque^M de bomberos^M
Friedhof^M
cementerio^M
Kirche^F
iglesia^F
Gasse^F
callejón^M
Wohnblock^M
bloque^M de apartamentos^M
Polizeirevier^N
comisaría^F de policía^F
Park^M
parque^M
Bibliothek^F
biblioteca^F
Postamt^N
oficina^F de correos^M
Tankstelle^F
estación^F de servicio^M
Supermarkt^M
supermercado^M
Museum^N
museo^M
Autohaus^N
concesionario^M de automóviles
Theater^N
teatro^M
Krankenhaus^N
hospital^M

Straße^F im Querschnitt^M

vista^F transversal de una calle^F

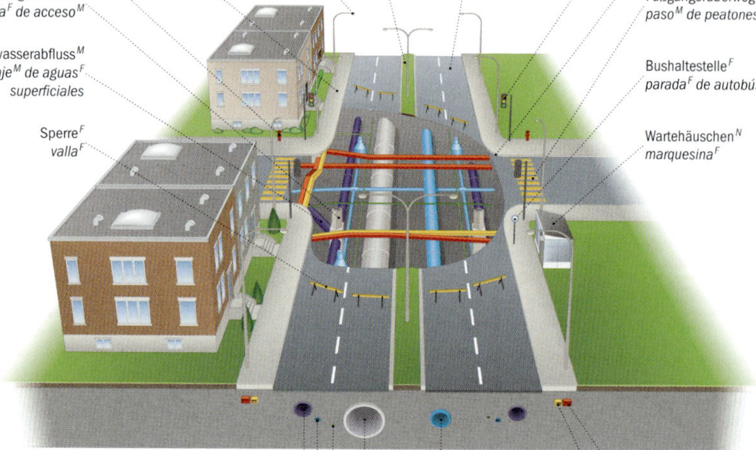

Verkehrsampel^F
semáforo^M

Bürogebäude^{N}

edificio^{M} de oficinas^{F}

Breitfußgeschoss^{N}
podio^{M}

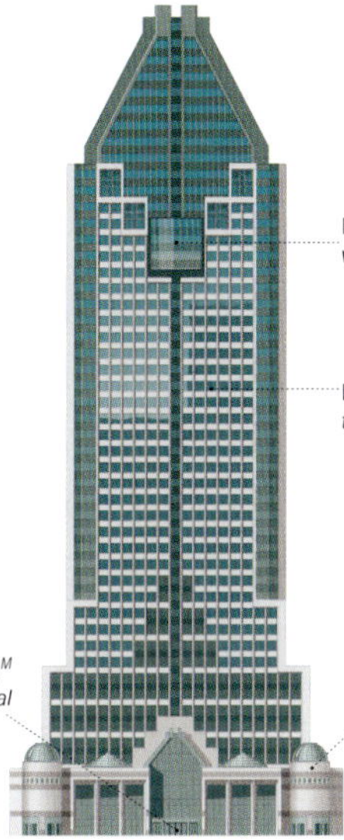

Breitfußgeschoss^{N} und Untergeschoss^{N}
podio^{M} y sótanos^{M}

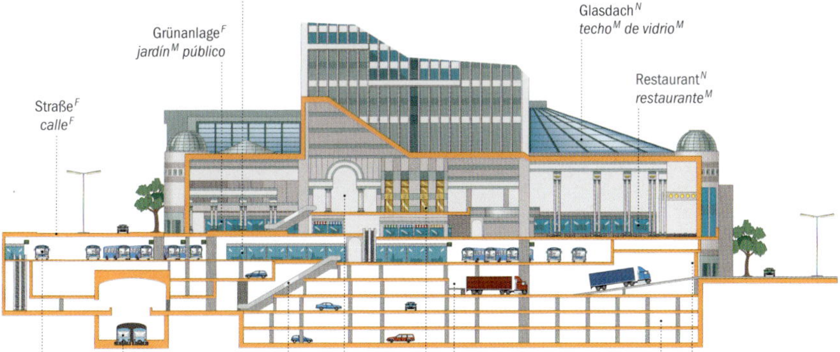

GESELLSCHAFT

Einkaufszentrum[N]

centro[M] comercial

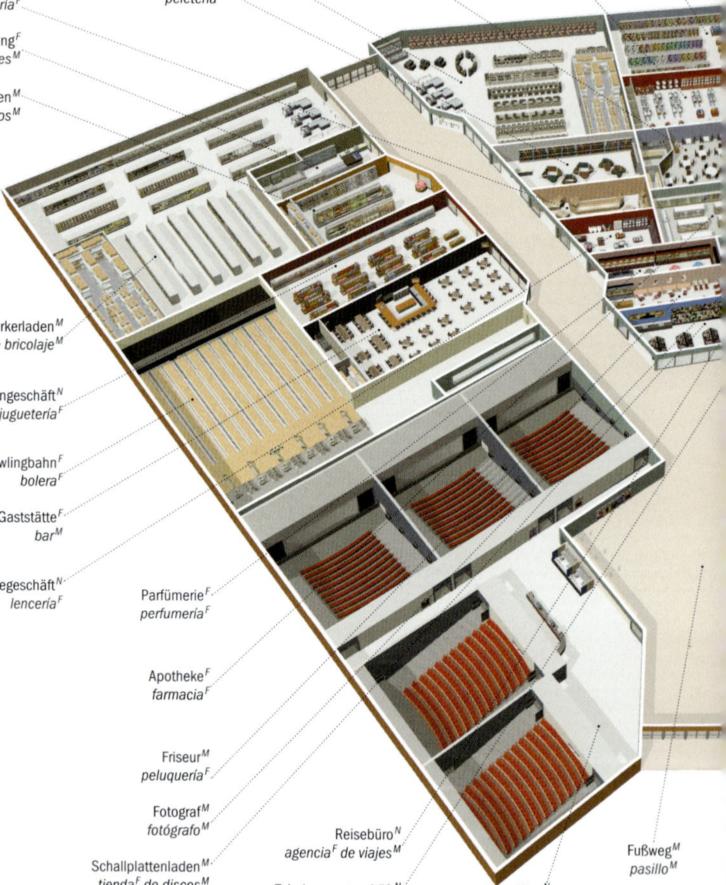

Geldausgabeautomat[M]
cajero[M] automático
Bank[F]
banco[M]
chemische Reinigung[F]
tintorería[F]
Entladerampe[F]
muelle[M] de carga[F]
Optiker[M]
óptica[F]
Kaufhaus[N]
grandes almacenes[M]
Café[N]
cafetería[F]
Kinderbetreuung[F]
guardería[F]
Blumenladen[M]
floristería[F]
Supermarkt[M]
supermercado[M]
Schlüsseldienst[M]
cerrajería[F]
Dekorationsgeschäft[N]
tienda[F] de artículos[M] de decoración[F]
Passbildautomat[M]
fotomatón®[M]
Informationsstand[M]
punto[M] de información[F]
Münzfernsprecher[M]
teléfono[M] público
Zeitschriftenladen[M]
quiosco[M]
Toiletten[F]
aseos[M]
Sportartikelgeschäft[N]
tienda[F] de deportes[M]
Schuhgeschäft[N]
zapatería[F]
Fastfood[N]-Restaurant[N]
restaurantes[M] de comida[F] rápida
Bank[F]
banco[M]
Bäckerei[F]/Konditorei[F]
panadería[F]/pastelería[F]
Postamt[N]
oficina[F] de correos[M]

Restaurant^{M}

restaurante^{M}

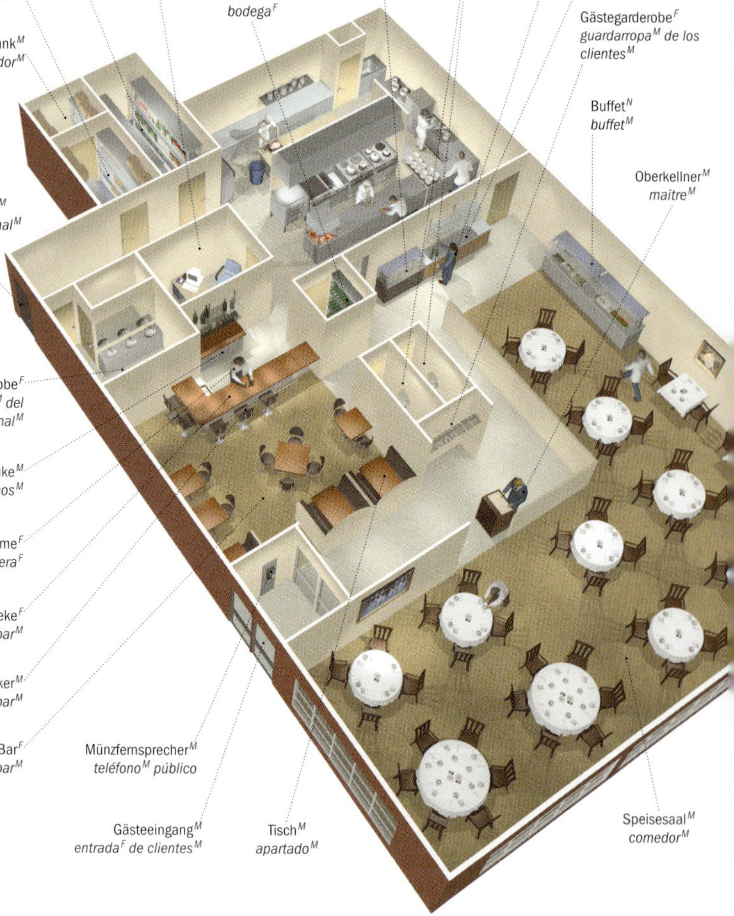

GESELLSCHAFT

Hotel[N]
hotel[M]

Empfangsebene[F]
nivel[M] de la recepción[F]

Hotelzimmer[N]
habitación[F] de hotel[M]

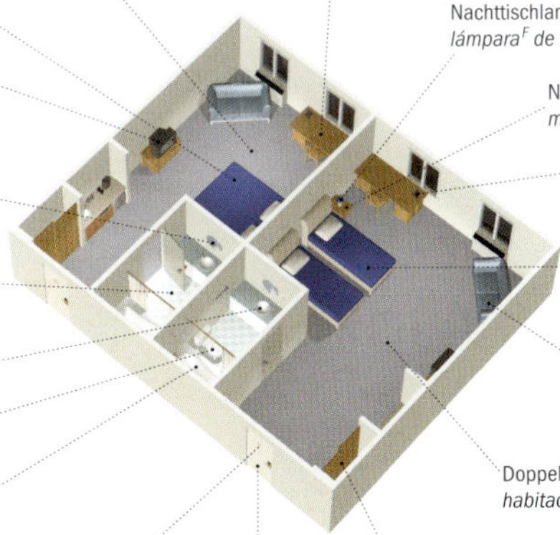

GESELLSCHAFT

Gericht[N]

tribunal[M]

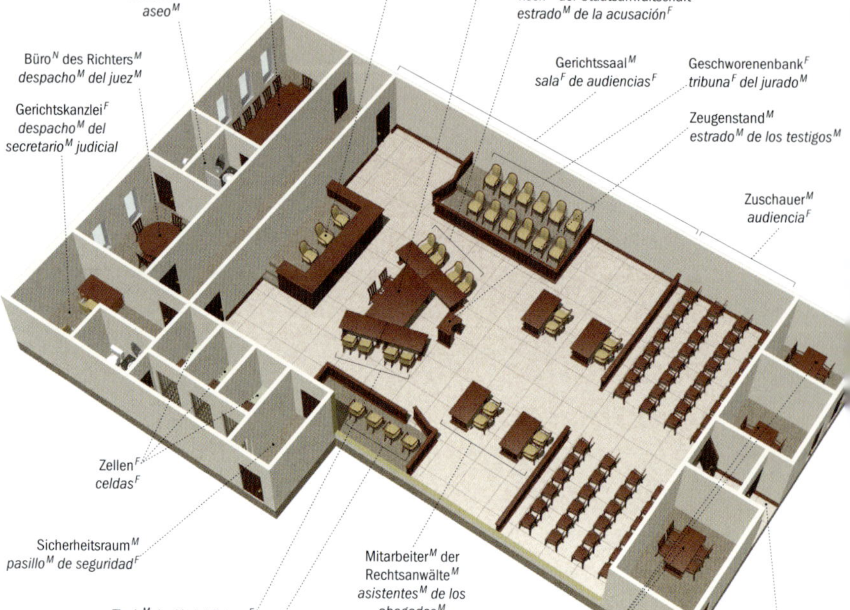

Beispiele[N] für Währungsabkürzungen[F]

ejemplos[M] de abreviaciones[F] de monedas[F]

- $ — Dollar[M] / *dólar[M]*
- ¢ — Cent[M] / *centavo[M]*
- Rs — Rupie[F] / *rupia[F]*
- € — Euro[M] / *euro[M]*
- ₪ — neuer Schekel[M] / *nuevo shekel[M]*
- ₱ — Peso[M] / *peso[M]*
- ¥ — Yen[M] / *yen[M]*
- £ — Pfund[N] / *libra[F]*

Geld^{N} und Zahlungsmodalitäten^{F}

dinero^{M} y modos^{M} de pago^{M}

Münze^{F}: Vorderseite^{F}
moneda^{F} : anverso^{M}

Jahreszahl^{F}
fecha^{F}

Rand^{M}
canto^{M}

Banknote^{F}: Vorderseite^{F}
billete^{M}: recto^{M}

Kürzel^{N} der Ausgabebank^{F}
iniciales^{F} del banco^{M} emisor

Sicherheitsfaden^{M}
hilo^{M} de seguridad^{F}

metallisiertes Hologramm^{N}
banda^{F} holográfica metalizada

amtliche Unterschrift^{F}
firma^{F} oficial

Wasserzeichen^{N}
filigrana^{F}

metallische Tinte^{F}
tinta^{F} de color^{M} cambiante

Porträt^{N}
retrato^{M}

Seriennummer^{F}
número^{M} de serie^{F}

Münze^{F}: Rückseite^{F}
moneda^{F}: reverso^{M}

Außenring^{M}
cordoncillo^{M}

Wertangabe^{F}
valor^{M}

Banknote^{F}: Rückseite^{F}
billete^{M} : verso^{M}

Flagge^{F} der Europäischen Union^{F}
bandera^{F} de la Unión^{F} Europea

Seriennummer^{F}
número^{M} de serie^{F}

Leitspruch^{M}
lema^{M}

Wertangabe^{F}
valor^{M}

Währungsangabe^{F}
nombre^{M} de la moneda^{F}

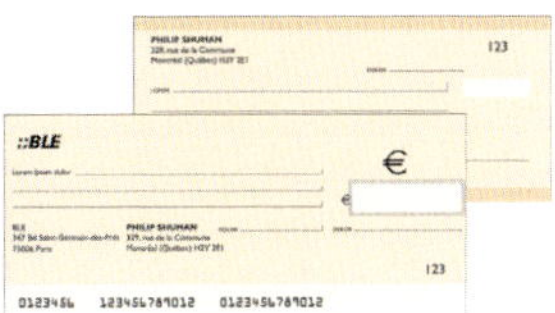

Schecks^{M}
cheques^{M}

Kreditkarte^{F}
tarjeta^{F} de crédito^{M}

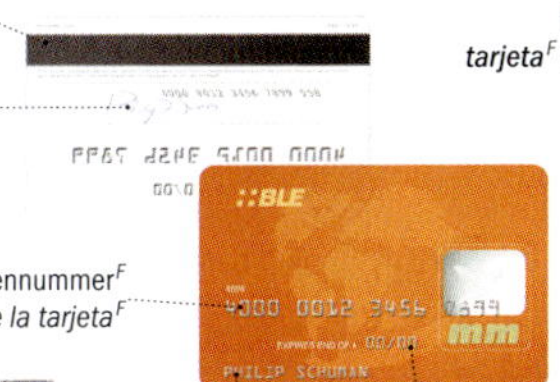

Magnetstreifen^{M}
banda^{F} magnética

Unterschrift^{F} des Inhabers^{M}
firma^{F} del titular^{M}

Kartennummer^{F}
número^{M} de la tarjeta^{F}

Name^{M} des Inhabers^{M}
nombre^{M} del titular^{M}

Verfallsdatum^{N}
fecha^{F} de vencimiento^{M}

Travellerscheck^{M}
cheque^{M} de viaje^{M}

GESELLSCHAFT

Bank[F]

banco[M]

Geldausgabeautomat[M]
cajero[M] automático

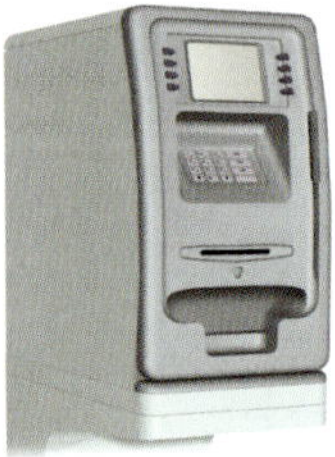

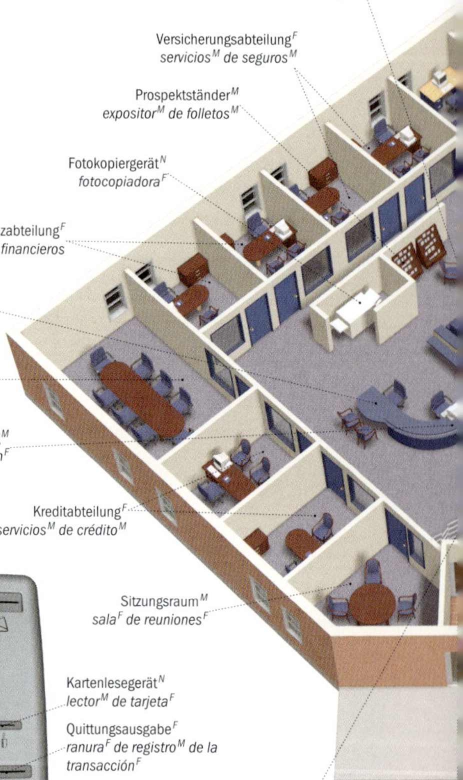

automatischer Bankschalter[M]
cajero[M] automático

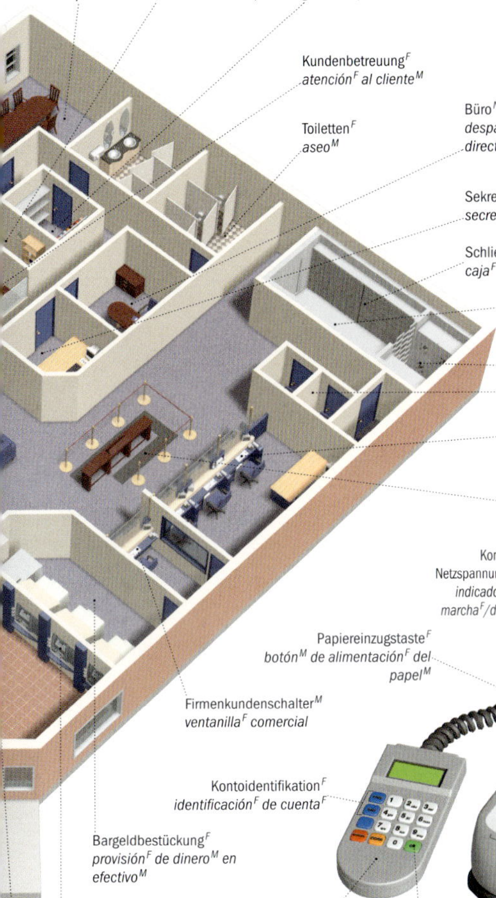

Scheckkarte^{F}
tarjeta^{F} de débito^{M}

elektronisches Zahlungsterminal^{N}
terminal^{M} de pago^{M} electrónico

Schule^F

colegio^M

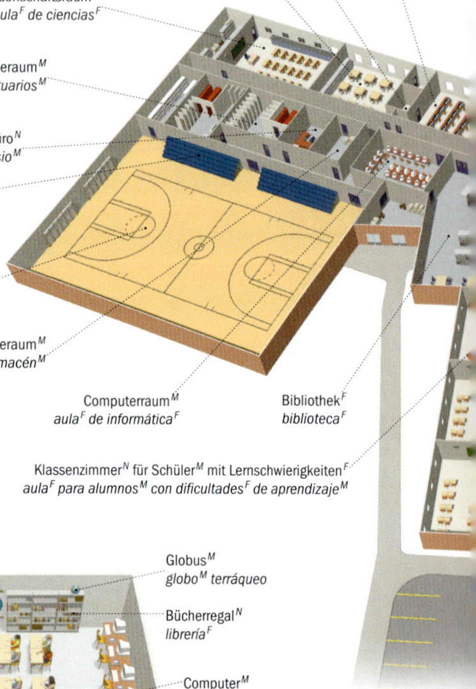

Klassenzimmer^N
clase^F

GESELLSCHAFT

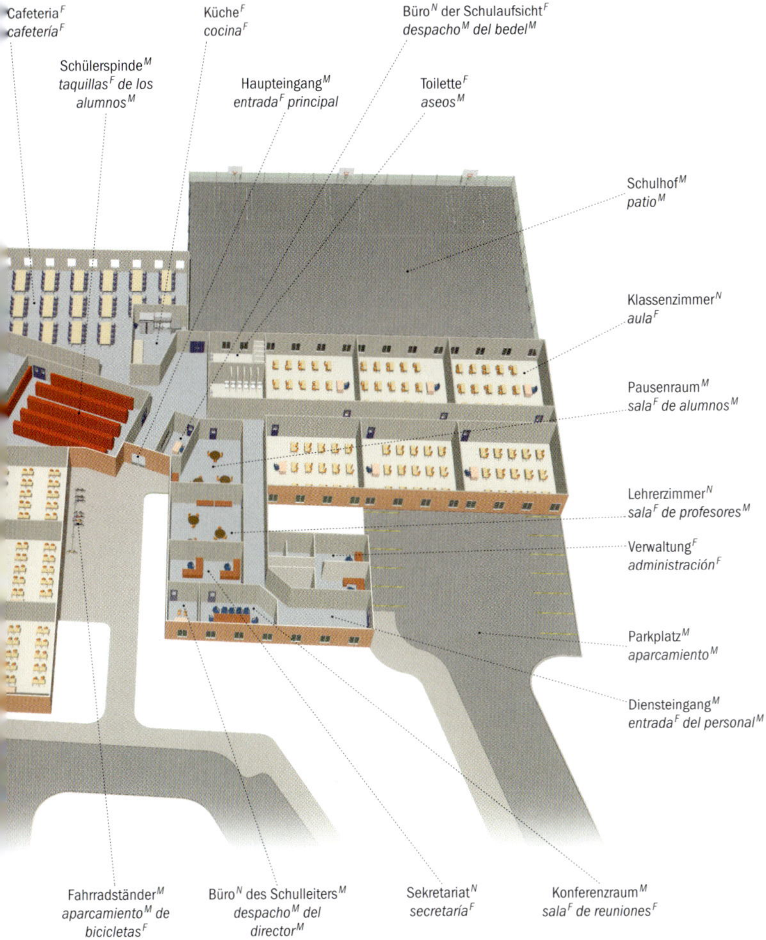
Cafeteria^F
cafetería^F
Küche^F
cocina^F
Büro^N der Schulaufsicht^F
despacho^M del bedel^M
Schülerspinde^M
taquillas^F de los alumnos^M
Haupteingang^M
entrada^F principal
Toilette^F
aseos^M
Schulhof^M
patio^M
Klassenzimmer^N
aula^F
Pausenraum^M
sala^F de alumnos^M
Lehrerzimmer^N
sala^F de profesores^M
Verwaltung^F
administración^F
Parkplatz^M
aparcamiento^M
Diensteingang^M
entrada^F del personal^M
Fahrradständer^M
aparcamiento^M de bicicletas^F
Büro^N des Schulleiters^M
despacho^M del director^M
Sekretariat^N
secretaría^F
Konferenzraum^M
sala^F de reuniones^F

Kirche^F
iglesia^F

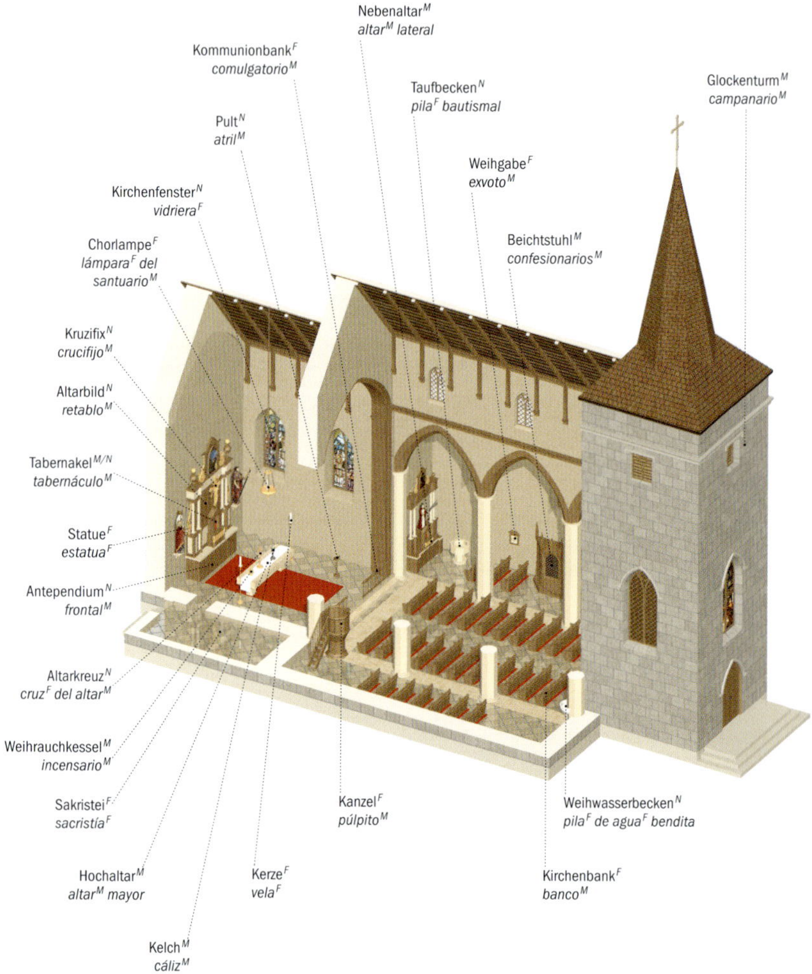

GESELLSCHAFT

Synagoge[F]

sinagoga[F]

Moschee[F]

mezquita[F]

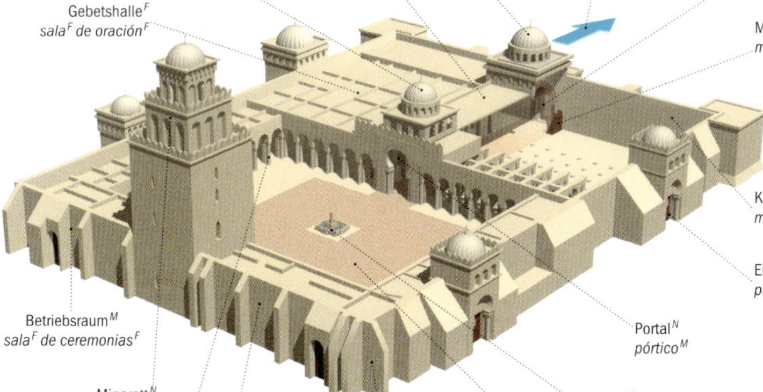

GESELLSCHAFT

Flaggen^{F}
banderas^{F}

Amerika
Américas^{F}

1 
Kanada
Canadá^{M}

2 
Vereinigte Staaten^{M} von Amerika
Estados^{M} Unidos de América^{F}

3 
Mexiko
México^{M}

4 
Honduras
Honduras^{M}

5 
Guatemala
Guatemala^{F}

6 
Belize
Belice^{M}

7 
El Salvador
El Salvador^{M}

8 
Nicaragua
Nicaragua^{F}

9 
Costa Rica
Costa Rica^{F}

10 
Panama
Panamá^{M}

11 
Kolumbien
Colombia^{F}

12 
Venezuela
Venezuela^{F}

13 
Guyana
Guyana^{F}

14 
Surinam
Surinam^{M}

15 
Ecuador
Ecuador^{M}

16 
Peru
Perú^{M}

17 
Brasilien
Brasil^{M}

18 
Bolivien
Bolivia^{F}

19 
Paraguay
Paraguay^{M}

20 
Chile
Chile^{M}

21 
Argentinien
Argentina^{F}

22 
Uruguay
Uruguay^{M}

Karibische Inseln^{F}
islas^{F} del Caribe^{M}

23 
Bahamas^{F}
Bahamas^{F}

24 
Kuba
Cuba^{F}

25 
Jamaika
Jamaica^{F}

26 
Haiti
Haití^{M}

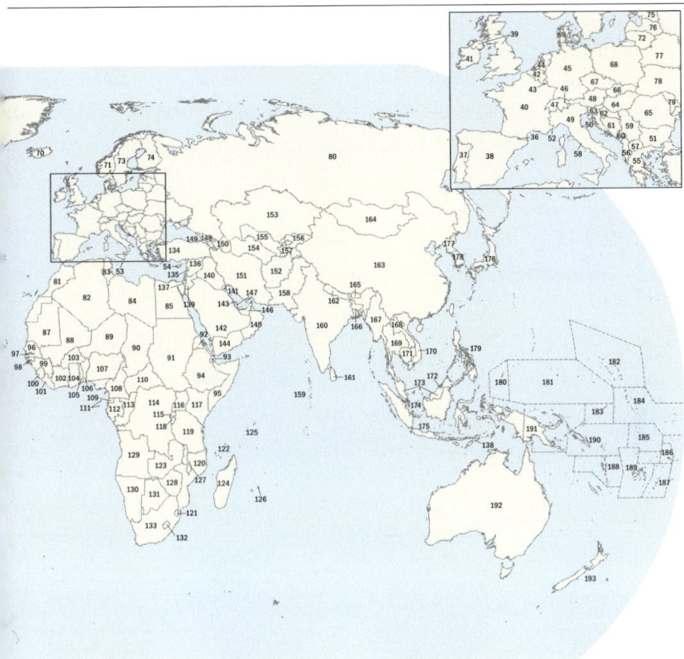

27

Saint Kitts und Nevis
Saint Kitts and Nevis^{M}

28

Antigua und Barbuda
Antigua^{F} y Barbuda^{F}

29

Dominica
Dominica^{F}

30

St. Lucia
Santa Lucía^{F}

31

Saint Vincent und die Grenadinen
San Vicente y las Granadinas^{F}

32

Dominikanische Republik^{F}
República^{F} Dominicana

33

Barbados
Barbados^{F}

34

Grenada
Granada^{F}

35

Trinidad und Tobago
Trinidad^{F} y Tobago^{M}

Europa
Europa^{F}

36

Andorra
Principado^{M} de Andorra^{F}

37

Portugal
Portugal^{M}

38

Spanien
España^{F}

39

Vereinigtes Königreich^{N} von Großbritannien und Nordirland
Reino^{M} Unido de Gran Bretaña^{F} e Irlanda^{F} del Norte^{M}

40

Frankreich
Francia^{F}

41

Irland
Irlanda^{F}

42

Belgien
Bélgica^{F}

43

Luxemburg
Luxemburgo^{M}

44

Niederlande^{F}
Países^{M} Bajos

GESELLSCHAFT

Flaggen^{F}

45 
Deutschland
Alemania^{F}

46 
Liechtenstein
Liechtenstein^{M}

47 
Schweiz^{F}
Suiza^{F}

48 
Österreich
Austria^{F}

49 
Italien
Italia^{F}

50 
San Marino
República^{F} *de San Marino*^{M}

51 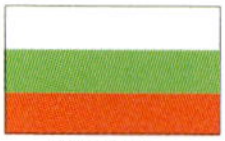
Bulgarien
Bulgaria^{F}

52 
Monaco
Principado^{M} *de Mónaco*^{M}

53 
Malta
Malta^{F}

54 
Zypern
Chipre^{M}

55 
Griechenland
Grecia^{F}

56 
Albanien
Albania^{F}

57 
Ehemalige Jugoslawische Republik Mazedonien
Antigua República^{F} *Yugoslava de Macedonia*^{F}

58 
Vatikanstaat^{M}
Ciudad^{F} *del Vaticano*^{M}

59 
Serbien
Serbia^{F}

60 
Montenegro
Montenegro^{M}

61 
Bosnien und Herzegowina^{F}
Bosnia-Herzegovina^{F}

62 
Kroatien
Croacia^{F}

63 
Slowenien
Eslovenia^{F}

64 
Ungarn
Hungría^{F}

65 
Rumänien
Rumanía^{F}

66 
Slowakische Republik^{F}
Eslovaquia^{F}

67 
Tschechische Republik^{F}
República^{F} *Checa*

68 
Polen
Polonia^{F}

69 
Dänemark
Dinamarca^{F}

70 
Island
Islandia^{F}

71 
Norwegen
Noruega^{F}

72 
Litauen
Lituania^{F}

73 
Schweden
Suecia^{F}

74 
Finnland
Finlandia^{F}

75 
Estland
Estonia^{F}

76 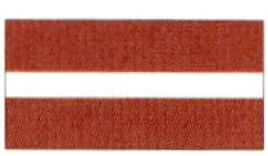
Lettland
Letonia^{F}

77 
Weißrussland
Bielorrusia^{F}

78 
Ukraine^{F}
Ucrania^{F}

79 
Moldawien
Moldavia^{F}

80 
Russland
Federación^{F} *Rusa*

Afrika
África[F]

81 
Marokko
Marruecos[M]

82 
Algerien
Argelia[F]

83 
Tunesien
Túnez[M]

84 
Libyen
Libia[F]

85 
Ägypten
Egipto[M]

86 
Kap Verde
islas[F] *de Cabo*[M] *Verde*

87 
Mauretanien
Mauritania[F]

88 
Mali
República[F] *de Malí*

89 
Niger[M]
Níger[M]

90 
Tschad[M]
Chad[M]

91 
Sudan[M]
Sudán[M]

92 
Eritrea
Eritrea[F]

93 
Dschibuti
Yibouti[M]

94 
Äthiopien
Etiopía[F]

95 
Somalia
Somalia[F]

96 
Senegal[M]
Senegal[M]

97 
Gambia
Gambia[M]

98 
Guinea-Bissau
Guinea-Bissau[F]

99 
Guinea
Guinea[F]

100 
Sierra Leone
Sierra[F] *Leona*

101 
Liberia
Liberia[F]

102 
Elfenbeinküste[F]
Costa de Marfil[F]

103 
Burkina Faso
Burkina Faso[M]

104 
Ghana
Ghana[F]

105 
Togo
Togo[M]

106 
Benin
Benín[M]

107 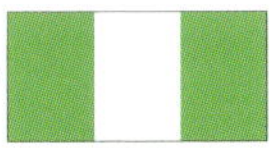
Nigeria
Nigeria[F]

108 
Kamerun
Camerún[M]

109 
Äquatorialguinea
Guinea[F] *Ecuatorial*

110 
entralafrikanische Republik[F]
República[F] *Centroafricana*

111 
São Tomé und Príncipe
Santo Tomé y Príncipe[M]

112 
Gabun
Gabón[M]

113 
Kongo[M]
Congo[M]

114 
Republik[F] Kongo[M]
República[F] *Democrática del Congo*[M]

115 
Ruanda
Ruanda[M]

116 
Uganda
Uganda[F]

117 
Kenia
Kenia[F]

118 
Burundi
Burundi[M]

119 
Tansania
Tanzania[F]

GESELLSCHAFT

Flaggen[F]

120 
Mosambik
Mozambique[M]

121 
Swasiland[N]
Suazilandia[M]

122 
Komoren[F]
Comoras[F]

123 
Sambia
Zambia[F]

124 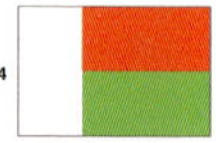
Madagaskar
Madagascar[M]

125 
Seychellen[F]
Seychelles[F]

126 
Mauritius
Mauricio[F]

127 
Malawi
Malaui[M]

128 
Simbabwe
Zimbabue[M]

129 
Angola
Angola[F]

130 
Namibia
Namibia[F]

131 
Botswana
Bostuana[M]

132 
Lesotho
Lesoto[M]

133 
Südafrika
Sudáfrica[F]

Asien
Asia[F]

134 
Türkei[F]
Turquía[F]

135 
Libanon[M]
Líbano[M]

136 
Syrien
Siria[F]

137 
Israel
Israel[M]

138 
Osttimor
Timor[M] *Oriental*

139 
Jordanien
Jordania[F]

140 
Irak[M]
Iraq[M]

141 
Kuwait
Kuwait[M]

142 
Saudi-Arabien
Arabia Saudí[F]

143 
Bahrain
Bahrein[M]

144 
Jemen[M]
Yemen[M]

145 
Oman
Omán[M]

146 
Vereinigte Arabische Emirate[N]
Emiratos[M] *Árabes Unidos*

147 
Katar
Qatar[M]

148 
Georgien
Georgia[F]

149 
Armenien
Armenia[F]

150 
Aserbeidschan
Azerbaiyán[M]

151 
Iran[M]
Irán[M]

152 
Afghanistan
Afganistán[M]

153 
Kasachstan
Kazajistán[M]

154 
Turkmenistan
Turkmenistán[M]

155 
Usbekistan
Uzbekistán[M]

156 
Kirgisistan
Kirguizistán[M]

157 
Tadschikistan
Tajikistán[M]

158 
Pakistan
Pakistán[M]

159 
Malediven^{F}
Maldivas^{F}

160 
Indien
India^{F}

161 
Sri Lanka
Sri Lanka^{M}

162 
Nepal
Nepal^{M}

163 
China
China^{F}

164 
Mongolei^{F}
Mongolia^{F}

165 
Bhutan
Bután^{M}

166 
Bangladesch
Bangladesh^{M}

167 
Myanmar
Myanmar^{M}

168 
Laos
Laos^{M}

169 
Thailand
Tailandia^{F}

170 
Vietnam
Vietnam^{M}

171 
Kambodscha
Camboya^{F}

172 
Brunei
Brunei^{M}

173 
Malaysia
Malasia^{F}

174 
Singapur
Singapur^{M}

175 
Indonesien
Indonesia^{F}

176 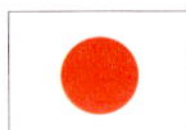
Japan
Japón^{M}

177 
Nord-Korea
Republica^{F} Democrática Popular de Corea^{F}

178 
Süd-Korea
República^{F} de Corea^{F}

Ozeanien und Polynesien
Oceanía^{F} y Polinesia^{F}

179 
Philippinen^{F}
Filipinas^{F}

180 
Palau
Palau^{M}

181 
Mikronesien
Micronesia^{F}

182 
Marshallinseln^{F}
Islas^{F} Marshall

183 
Nauru
Nauru^{M}

184 
Kiribati
Kiribati^{M}

185 
Tuvalu
Tuvalu^{M}

186 
Samoa
Samoa^{F}

187 
Tonga
Tonga^{M}

188 
Vanuatu
Vanuatu^{M}

189 
Fidschi
Fiji^{F}

190 
Salomoninseln^{F}
Islas Salomón^{F}

191 
Papua-Neuguinea
Papúa Nueva Guinea^{F}

192 
Australien
Australia^{F}

193 
Neuseeland
Nueva Zelanda^{F}

Brandbekämpfung[F]

prevención[F] de incendios[M]

Brandbekämpfungsmaterial[N]
material[M] de lucha[F] contra los incendios[M]

Rauchmelder[M]
detector[M] de humo[M]

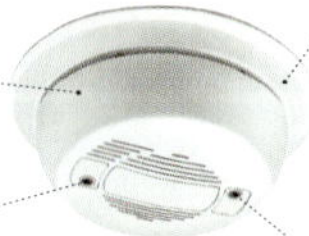

Handfeuerlöscher[M]
extintor[M] portátil

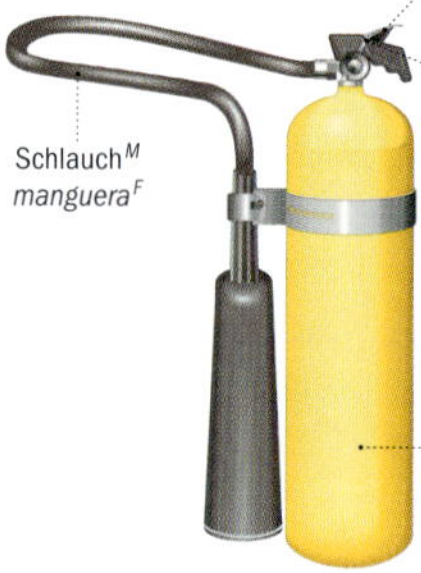

Einreißhaken[M]
pica[F]

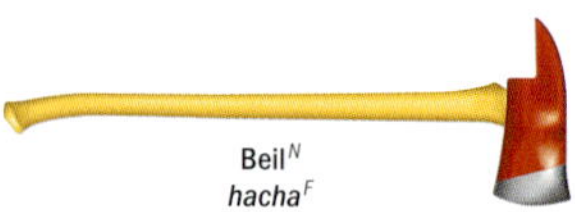

Beil[N]
hacha[F]

Schlauchleitung[F]
manguera[F] de incendios[M]

Überflurhydrant[M]
boca[F] de riego[M]

Feuerwehrmann[M]
bombero[M]

Löschfahrzeuge[N]
camiones[M] de bomberos[M]

Pumplöschfahrzeug[N]
autobomba[M] tanque

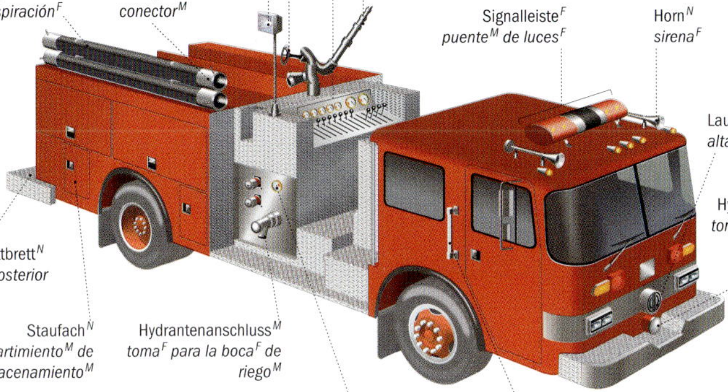

Drehleiterfahrzeug[N]
autoescalera[M]

vorbeugende Verbrechensbekämpfung^{F}

prevención^{F} de la criminalidad^{F}

Polizeibeamter^{M}
agente^{M} de policía^{F}

Dienstgürtel^{M}
cinturón^{M} de servicio^{M}

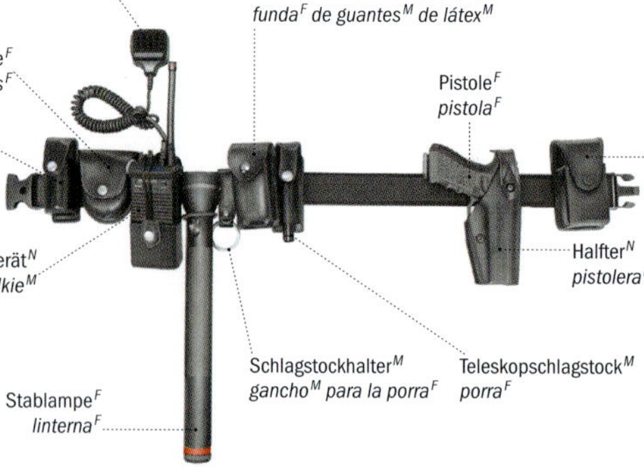

Armaturenbrettausrüstung^{F}
equipamiento^{M} del salpicadero^{M}

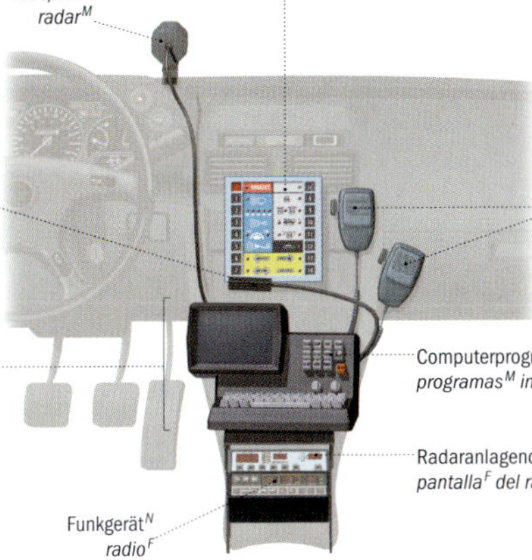

Polizeifahrzeug^{N}
coche^{M} de policía^{F}

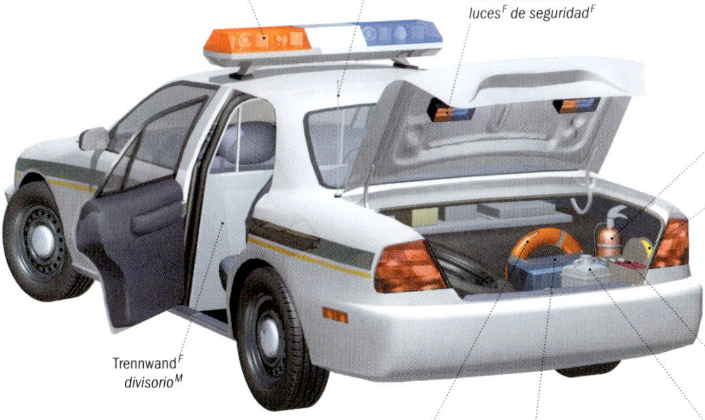

Gehörschutz^{M}
protección^{F} para los oídos^{M}

Ohrenschützer^{M}
cascos^{M} de seguridad^{F}

Ohrstöpsel^{M}
tapones^{M} para los oídos^{M}

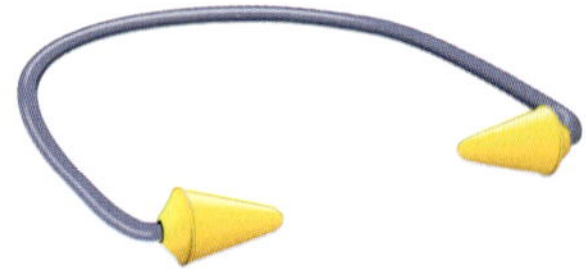

Augenschutz^{M}
protección^{F} para los ojos^{M}

Schutzbrille^{F}
gafas^{F} de seguridad^{F}

Schutzmaske^{F}
gafas^{F} protectoras

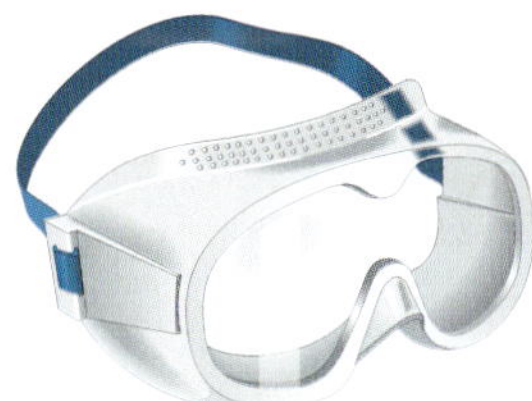

Kopfschutz^{M}
protección^{F} para la cabeza^{F}

Schutzhelm^{M}
casco^{M} de seguridad^{F}

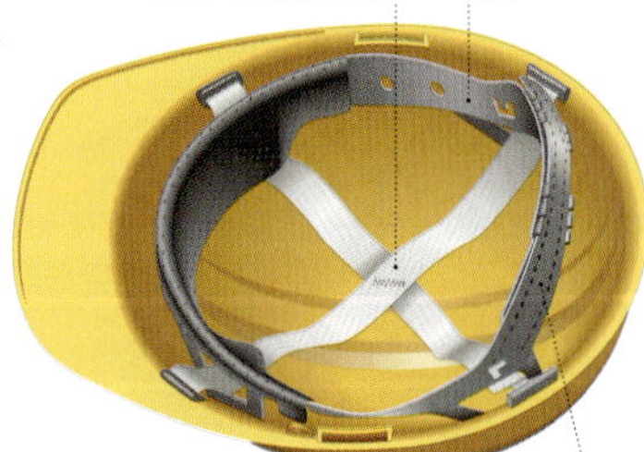

Atemschutz[M]

protección[F] para el sistema[M] respiratorio

Gasmaske[F]
máscara[F] antigás

Operationsmaske[F]
mascarilla[F] de cirujano[M]

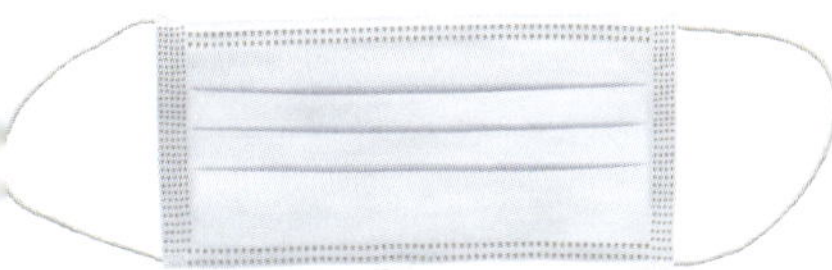

leichte Atemschutzmaske[F]
máscara[F] para el polvo[M]

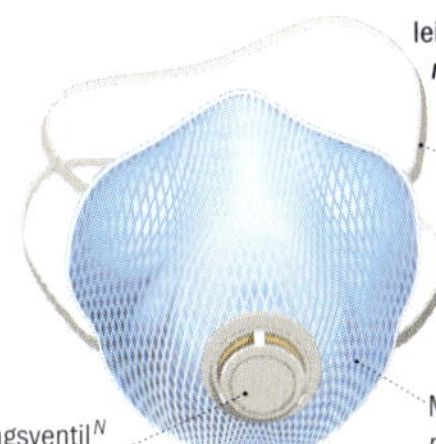

Fußschutz[M]

protección[F] para los pies[M]

Sicherheitsschuh[M]
bota[F] de seguridad[F]

Zehenschützer[M]
puntera[F] protectora

Notfallausrüstung[F]

equipo[M] de primeros auxilios[M]

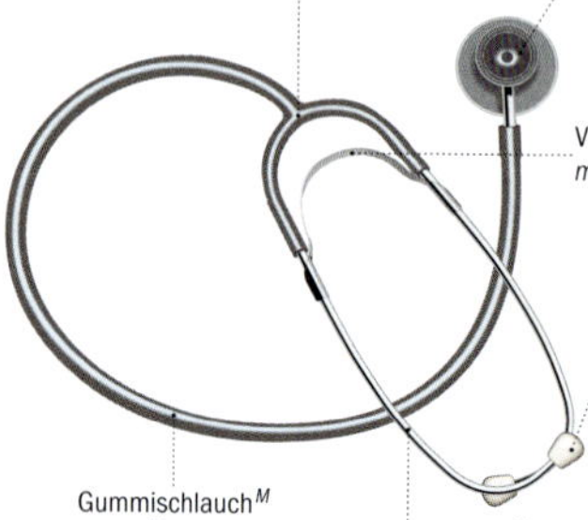

Stethoskop[N]
fonendoscopio[M]

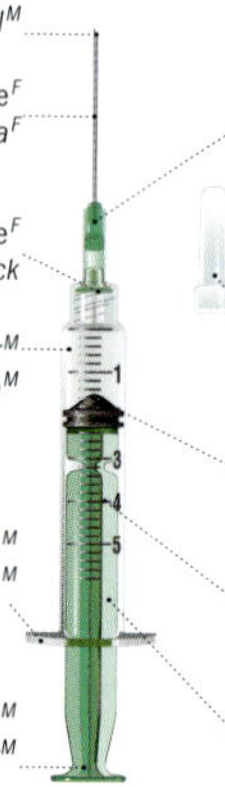

Spritze[F]
jeringuilla[F]

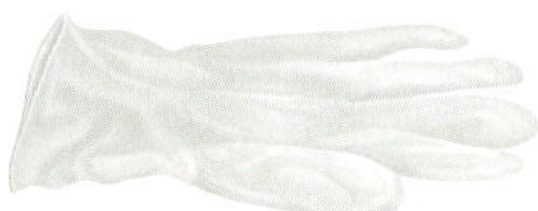

Latexhandschuh[M]
guantes[M] de látex[M]

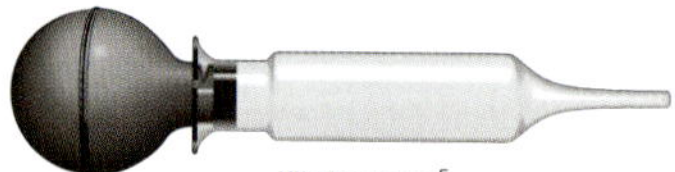

Klistierspritze[F]
jeringuilla[F] de irrigación[F]

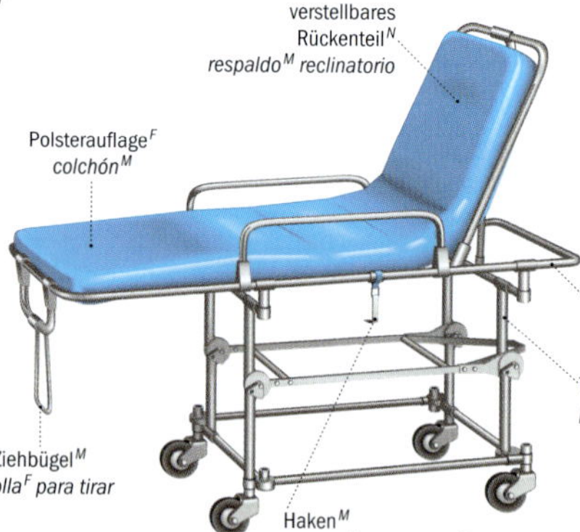

Fahrtrage[F]
camilla[F]

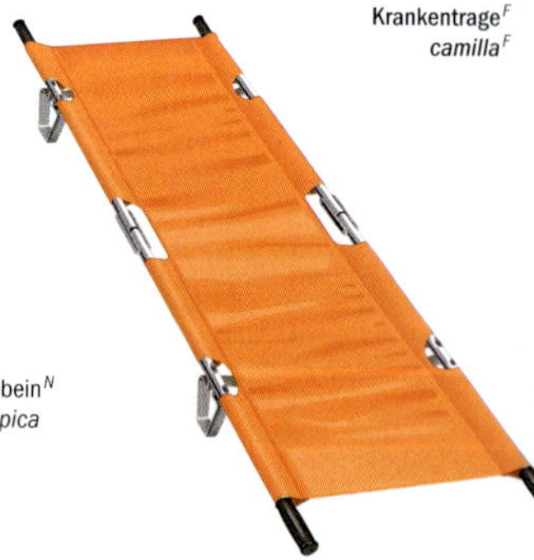

Krankentrage[F]
camilla[F]

Erste-Hilfe-Kasten[M]

botiquín[M] de primeros auxilios[M]

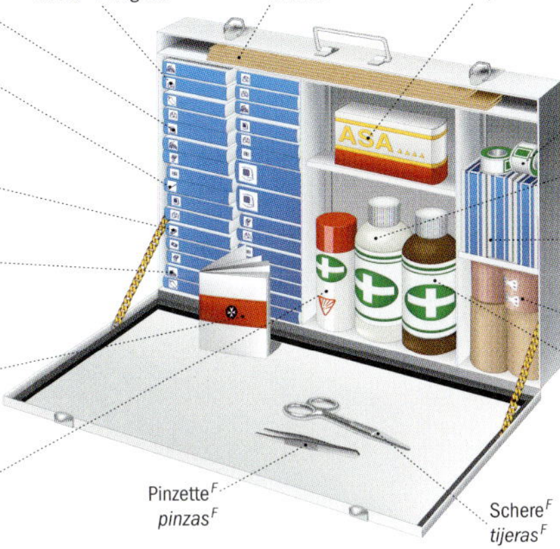

Fieberthermometer[N]

termómetros[M] clínicos

Blutdruckmessgerät[N]

tensiómetro[M]

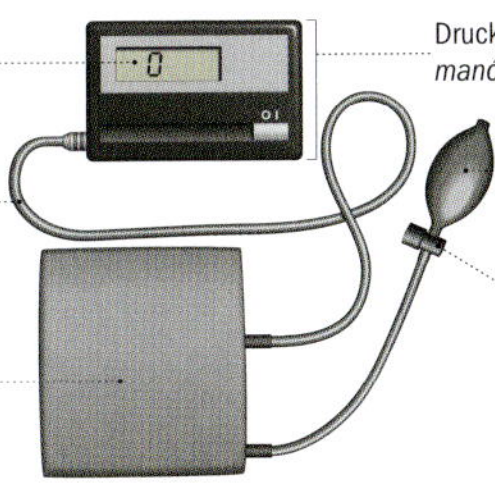

GESELLSCHAFT

Krankenhaus[N]
hospital[M]

Unfallstation[F]
urgencias[F]

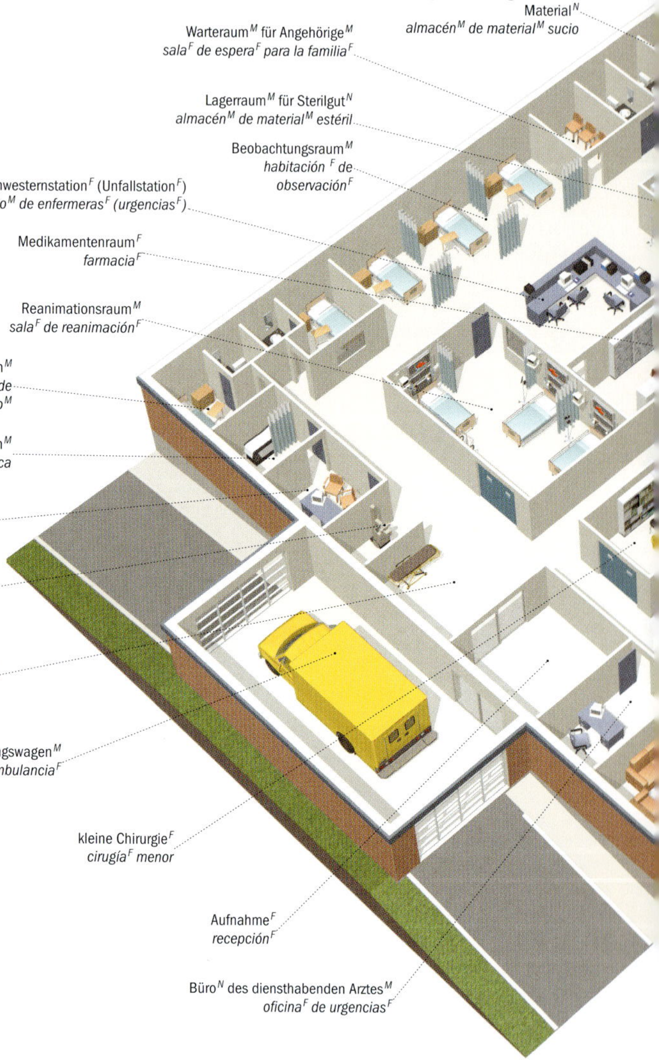

Lagerraum[M] für gebrauchtes Material[N]
almacén[M] de material[M] sucio

Warteraum[M] für Angehörige[M]
sala[F] de espera[F] para la familia[F]

Lagerraum[M] für Sterilgut[N]
almacén[M] de material[M] estéril

Beobachtungsraum[M]
habitación[F] de observación[F]

Schwesternstation[F] (Unfallstation[F])
puesto[M] de enfermeras[F] (urgencias[F])

Medikamentenraum[F]
farmacia[F]

Reanimationsraum[M]
sala[F] de reanimación[F]

Isolierraum[M]
habitación[F] de aislamiento[M]

psychiatrischer Beobachtungsraum[M]
sala[F] de observación[F] psiquiátrica

psychiatrischer Untersuchungsraum[M]
examen[M] psiquiátrico

fahrbares Röntgengerät[N]
unidad[F] móvil de rayos[M] X

Tragen[F]-Abstellraum[M]
zona[F] de camillas[F]

Rettungswagen[M]
ambulancia[F]

kleine Chirurgie[F]
cirugía[F] menor

Aufnahme[F]
recepción[F]

Büro[N] des diensthabenden Arztes[M]
oficina[F] de urgencias[F]

GESELLSCHAFT

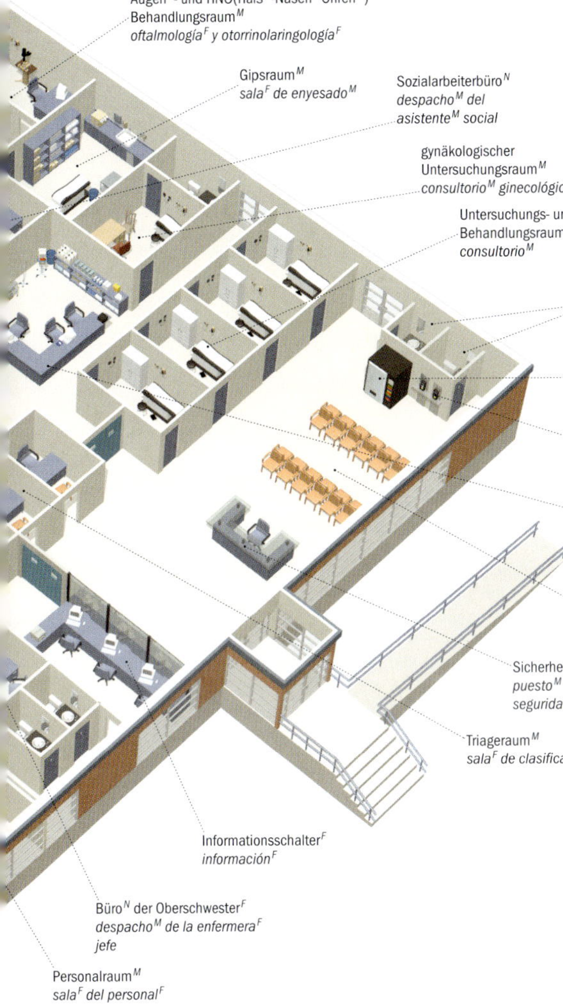
Augen^{N}- und HNO(Hals^{M}-Nasen^{F}-Ohren^{N})-Behandlungsraum^{M}
oftalmología^{F} y otorrinolaringología^{F}
Gipsraum^{M}
sala^{F} de enyesado^{M}
Sozialarbeiterbüro^{N}
despacho^{M} del asistente^{M} social
gynäkologischer Untersuchungsraum^{M}
consultorio^{M} ginecológico
Untersuchungs- und Behandlungsraum^{M}
consultorio^{M}
Toiletten^{F}
aseos^{M}
Getränkeautomat^{M}
distribuidor^{M} de bebidas^{F}
Münzfernsprecher^{M}
teléfono^{M} público
Schwesternstation^{F} (ambulante Unfallstation^{F})
puesto^{M} de enfermeras^{F} (ambulatorio^{M} de urgencias^{F})
Warteraum^{M}
sala^{F} de espera^{F}
Sicherheitsdienst^{M}
puesto^{M} de la guardia^{F} de seguridad^{F}
Triageraum^{M}
sala^{F} de clasificación^{F}
Informationsschalter^{F}
información^{F}
Büro^{N} der Oberschwester^{F}
despacho^{M} de la enfermera^{F} jefe
Personalraum^{M}
sala^{F} del personal^{F}

Krankenzimmer[N]
habitación[F] de un paciente[M]

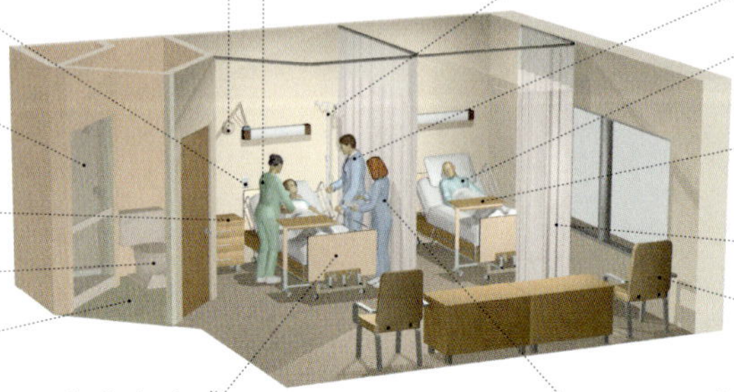

Operationsabteilung[F]
bloque[M] de cirugía[F]

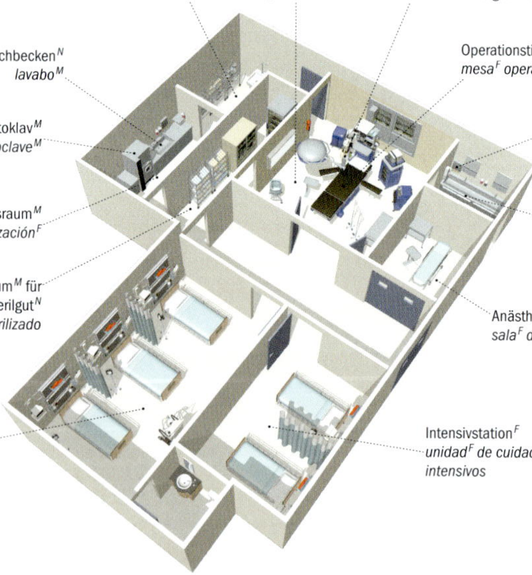

Poliklinik[F]
ambulatorio[M]

Wartebereich[M] für den Entnahmeraum[M]
sala[F] de espera[F] del centro[M] de extracción[F] de sangre[F]

pathologisches Labor[N]
laboratorio[M] patológico

Sterilisationsraum[M]
sala[F] de esterilización[F]

Chirurgen[M]-Waschraum[M]
lavabo[M] de cirujano[M]

Operationssaal[M]
quirófano[M]

Entkleidungsraum[M]
cabina[F] para desvestirse

Beobachtungsraum[M]
consultorio[M]

zweiter Warteraum[M]
sala[F] de espera[F]

Toiletten[F]
aseos[M]

Sozialdiensträume[M]
servicios[M] sociales

Personalumkleideraum[M]
guardarropa[M] del personal[M]

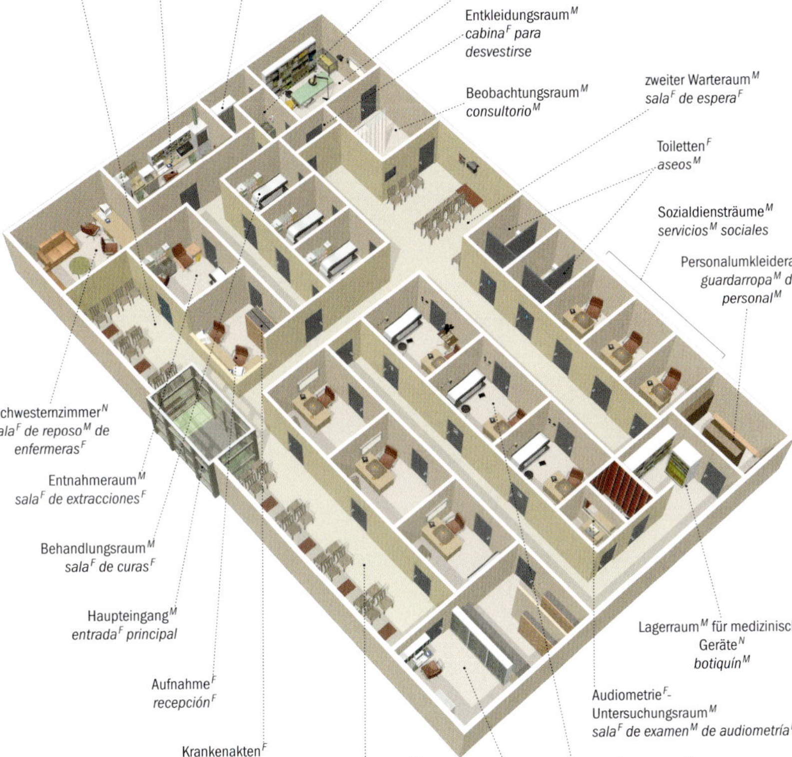

Schwesternzimmer[N]
sala[F] de reposo[M] de enfermeras[F]

Entnahmeraum[M]
sala[F] de extracciones[F]

Behandlungsraum[M]
sala[F] de curas[F]

Haupteingang[M]
entrada[F] principal

Aufnahme[F]
recepción[F]

Krankenakten[F]
archivo[M] médico

Hauptwarteraum[M]
sala[F] de espera[F] principal

Medikamentenraum[M]
farmacia[F]

Untersuchungsraum[M]
sala[F] de reconocimiento[M]

Audiometrie[F]-Untersuchungsraum[M]
sala[F] de examen[M] de audiometría[F]

Lagerraum[M] für medizinische Geräte[N]
botiquín[M]

Gehhilfen[F]

auxiliares[M] ortopédicos para caminar

Gehkrücke[F]
muleta[F] de antebrazo[M]

Achselkrücke[F]
muleta[F] de sobaco[M]

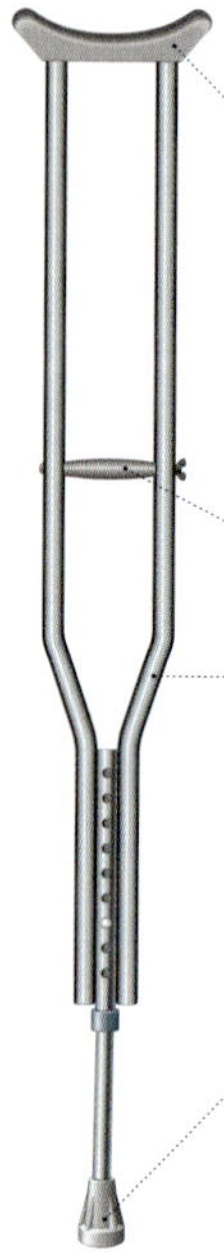

Spazierstock[M]
bastón[M] para caminar

vierfüßiger Stock[M]
bastón[M] cuadrangular

englischer Stock[M]
bastón[M] inglés

orthopädischer Stock[M]
bastón[M] ortopédico

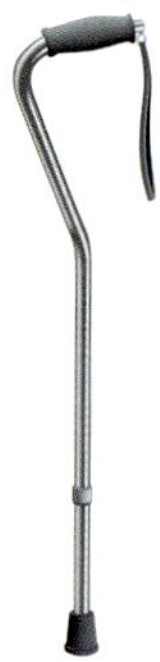

Gehgestell[N]
andador[M]

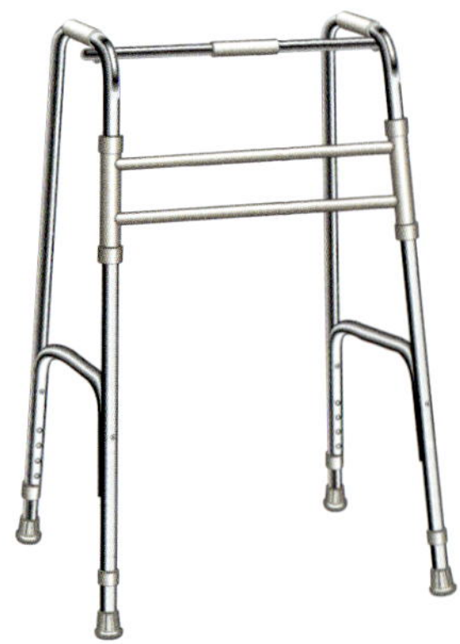

Rollstuhl^{M}

silla^{F} de ruedas^{F}

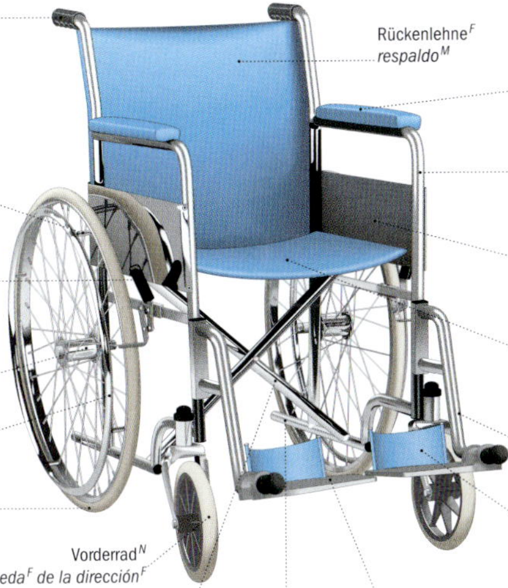

Arzneimittel^{N}-Darreichungsformen^{F}

formas^{F} farmacéuticas de medicamentos^{M}

Hustensirup^{M}
jarabe^{M} para la tos^{F}

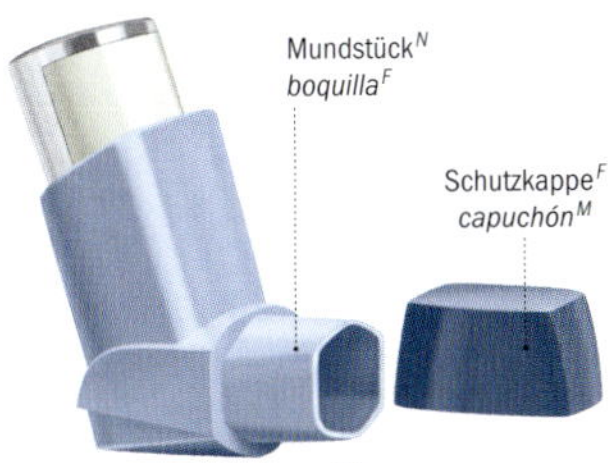

Dosier-Aerosol^{N}
inhalador^{M}-dosificador^{M}

Kapsel^{F}
cápsula^{F}

Gelatinekapsel^{F}
cápsula^{F} de gelatina^{F}

Tablette^{F}
pastilla^{F}

Ampulle^{F}
ampolla^{F}

Würfel^M und Dominosteine^M

dados^M y dominós^M

gewöhnlicher Würfel^M
dado^M común

Pokerwürfel^M
dado^M de póquer^M

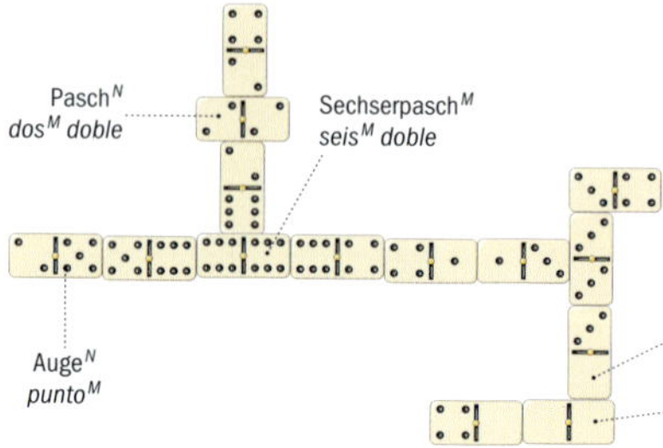

Dominosteine^F
dominó^M

Kartenspiele^N

baraja^F

Farben^F
símbolos^M

Herz^N
corazón^M

Karo^N
diamante^M

Kreuz^N
trébol^M

Pik^N
espada^F

Joker^M
comodín^M

Ass^N
as^M

König^M
rey^M

Dame^F
reina^F

Bube^M
jota^F

normale Pokerblätter^N
manos^F de póquer^M

höchste Karte^F
cartas^F altas

ein Pärchen^N
un par^M

zwei Pärchen^N
dobles pares^M

Drilling^M
trío^M

Straße^F
escalera^F

Flush^M
color^M

Full House^N
full^M

Vierling^M
póquer^M

Straight Flush^M
escalera^F de color^M

Royal Flush^M
escalera^F real

Brettspiel^{N}
juegos^{M} de mesa^{F}

Backgammon^{N}
backgammon^{M}

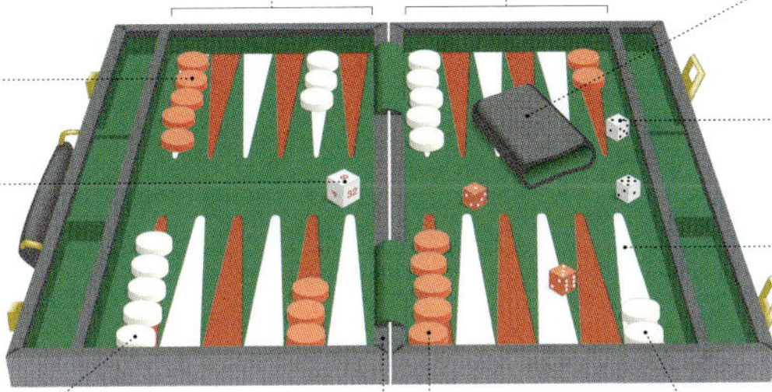

Leiterspiel^{N}
serpientes^{F} y escalas^{F}

Schach[N]
ajedrez[M]

Schachbrett[N]
tablero[M] de ajedrez[M]

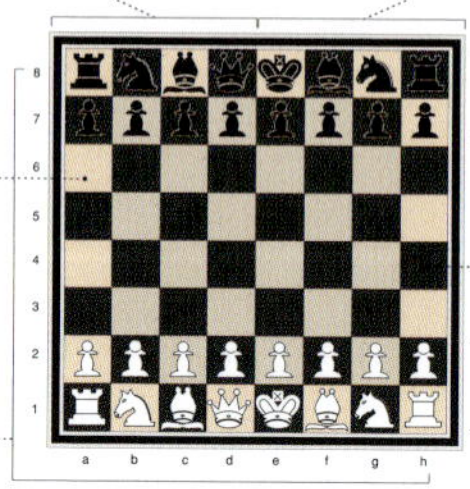

Schachfiguren[F]
piezas[F]

Bauer[M]
peón[M]

Turm[M]
torre[F]

Läufer[M]
alfil[M]

Springer[M]
caballo[M]

König[M]
rey[M]

Dame[F]
reina[F]

Zugarten[F]
tipos[M] de movimientos[M]

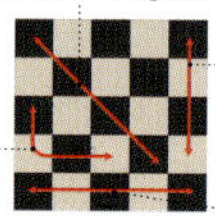

Go[N]
go (sun-tse)[M]

Spielbrett[N]
tablero[M]

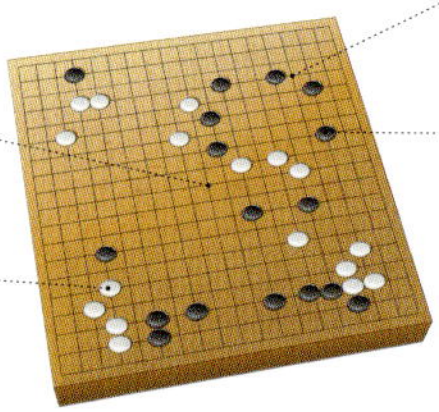

Hauptspielzüge[M]
principales movimientos[M]

Verbindung[F]
conexión[F]

Berührung[F]
contacto[M]

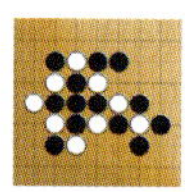
Fangen[N]
captura[F]

Dame[F]
damas[F]

Videospielsystem[N]
videojuego[M]

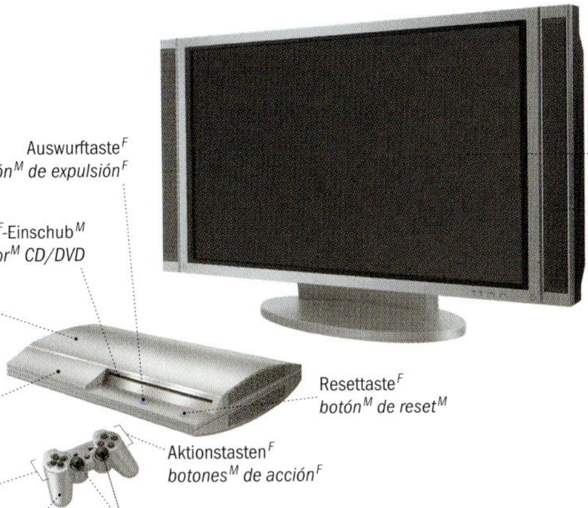

Dartspiel[N]
juego[M] de dardos[M]

Dartscheibe[F]
diana[F]

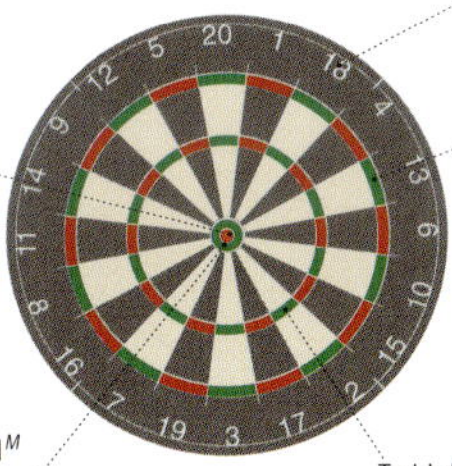

Wurfpfeil[M]
dardo[M]

Spielbereich[M]
área[F] de juego[M]

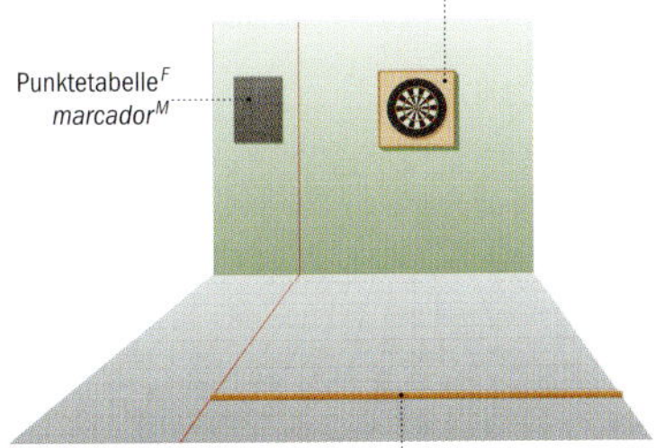

Stadion[N]

estadio[M]

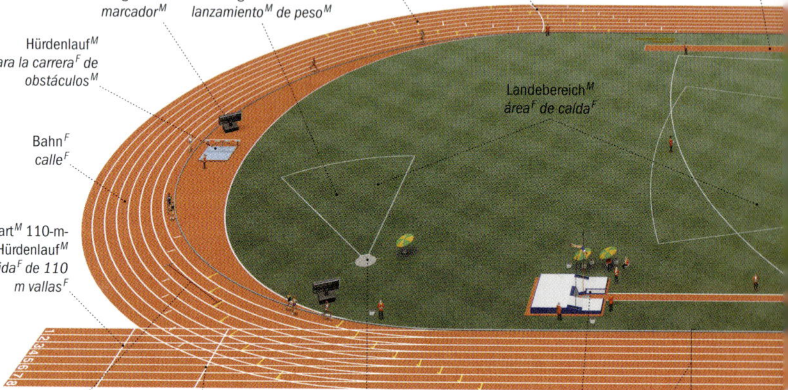

Geräte[N]
equipamiento[M]

Startpistole[F]
pistola[F] de salida[F]

Kugel[F]
peso[M]

Staffelstab[M]
testigo[M]

Diskus[M]
disco[M]

Hammer[M]
martillo[M]

Speer[M]
jabalina[F]

Stadion[N]

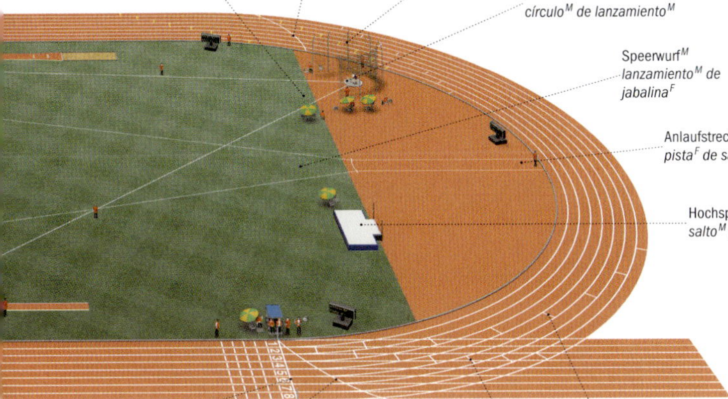

Athletin[F]: Startblock[M]
atleta[F]: taco[M] de salida[F]

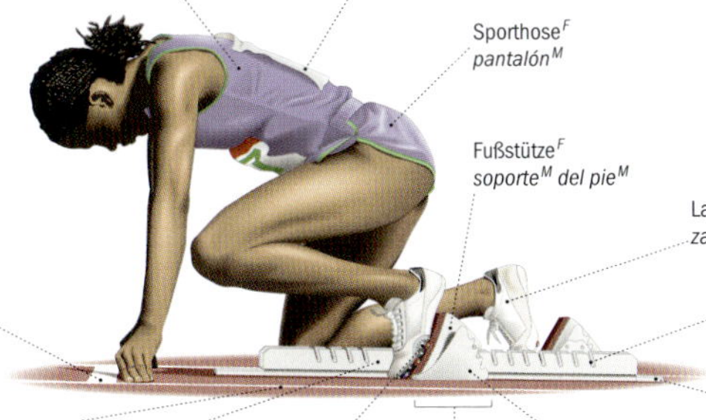

Baseball^M
béisbol^M

Spielerpositionen^F
posición^F de los jugadores^M

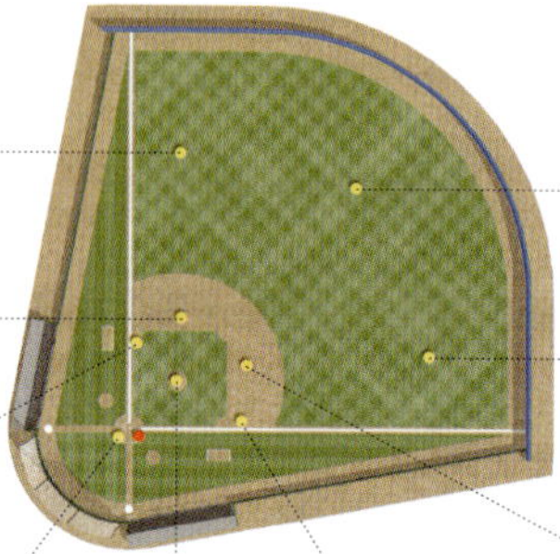

Spielfeld^N
campo^M

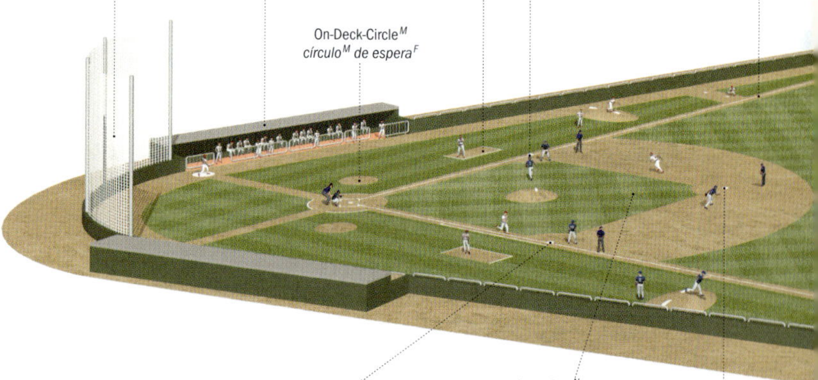

SPORT UND SPIELE

Wurf^{M}
lanzamiento^{M}

Baseball[M]

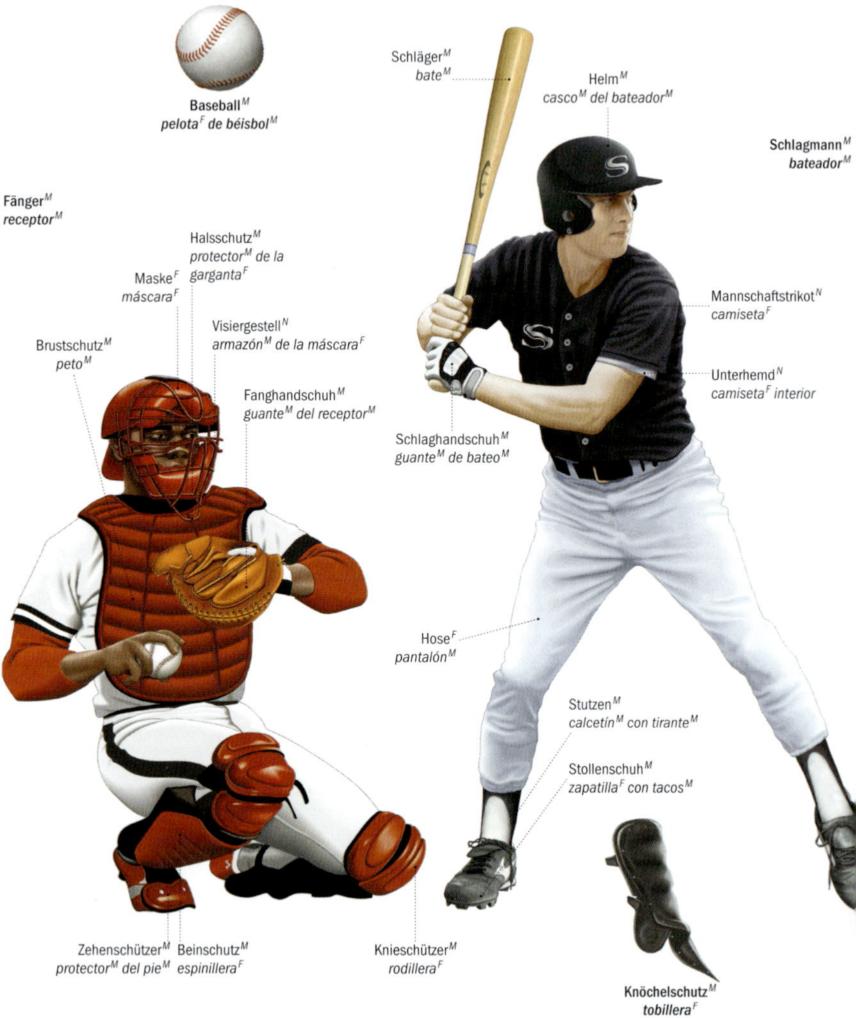

SPORT UND SPIELE

Baseball[M]

Schläger[M]
bate[M]

Baseball[M] im Querschnitt[M]
corte[M] de la pelota[F] de béisbol[M]

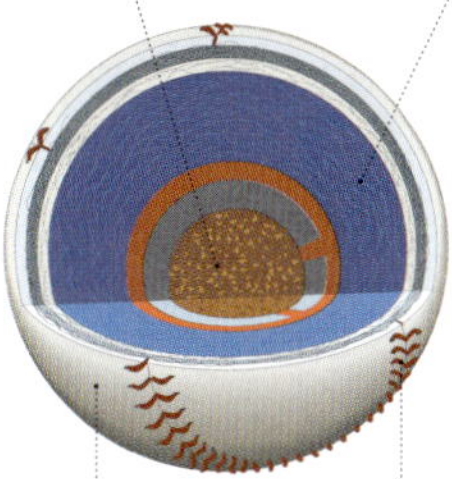

Handschuh[M]
guante[M] de recogida[F]

Softball[M]

softball[M]

Softballhandschuh[M]
guante[M] de softball[M]

Softball[M]
pelota[F] de softball[M]

Softballschläger[M]
bate[M] de softball[M]

SPORT UND SPIELE

Cricket[N]

cricket[M]

Cricketspieler[M]: Schlagmann[M]
jugador[M] de críquet[M] : bateador[M]

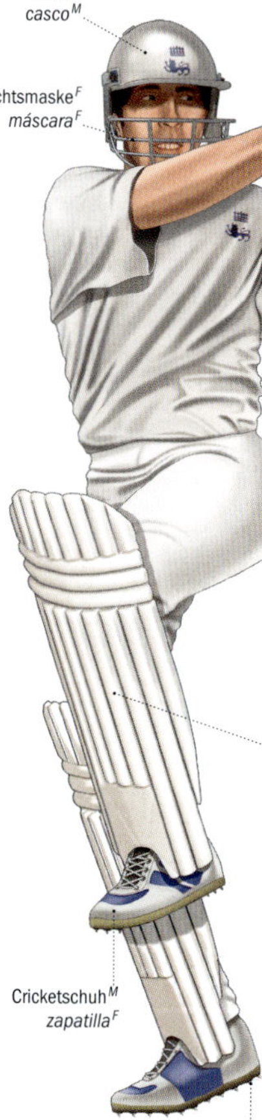

Cricketball[M]
pelota[F] de cricket[M]

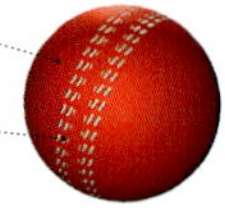

Schlagholz[N]
bate[M]

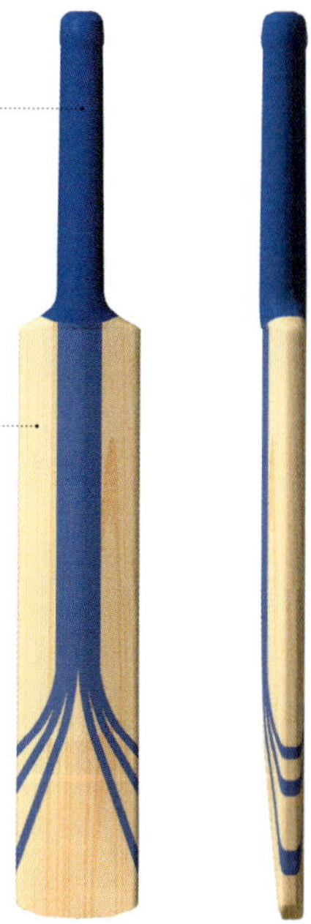

Vorderansicht[F] ***vista[F] frontal***

Seitenansicht[F] ***vista[F] lateral***

Feld^{N}
campo^{M}

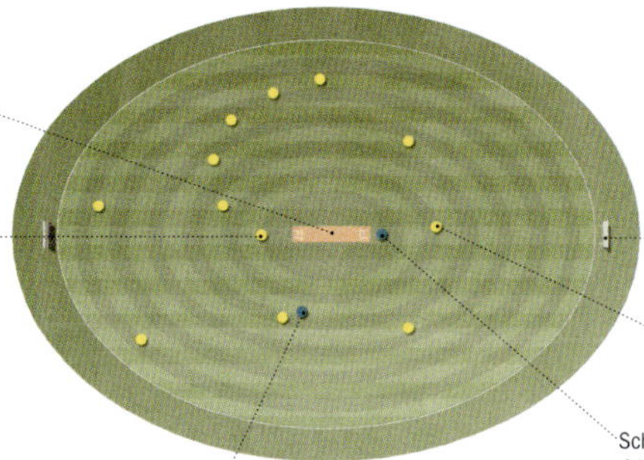

Feldspieler^{M}
equipo^{M} receptor

Mal^{N}
puerta^{F}

Spielfeld^{N}
terreno^{M} de juego^{M}

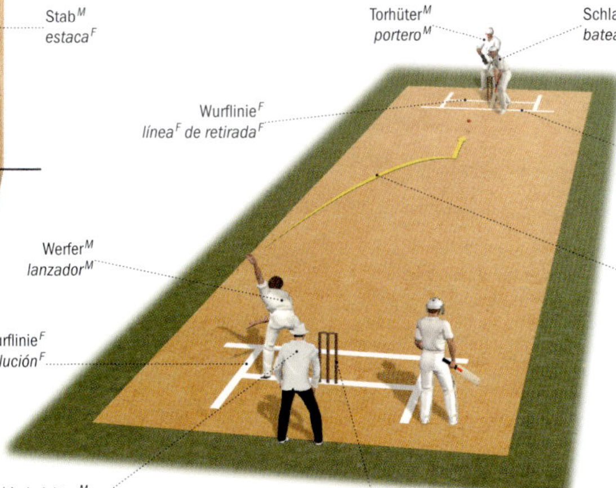

Fußball^{M}
fútbol^{M}

Fußballspieler^{M}
futbolista$^{M/F}$

Torwarthandschuhe^{M}
guantes^{M} del portero^{M}

Fußballschuh^{M}
bota^{F} de fútbol^{M}

Spielfeld^{N}
campo^{M}

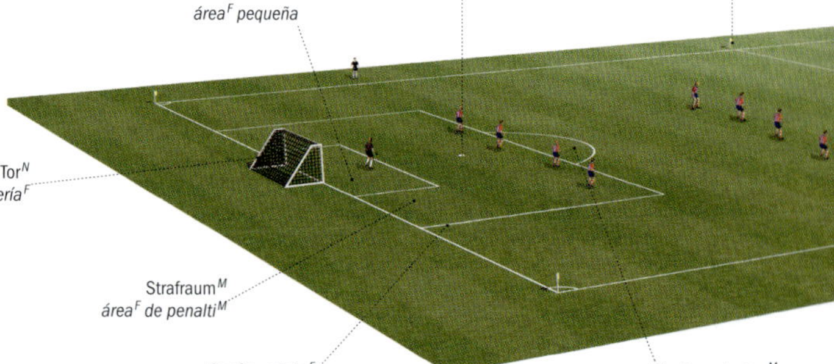

Spielerpositionen^F
posición^F de los jugadores^M

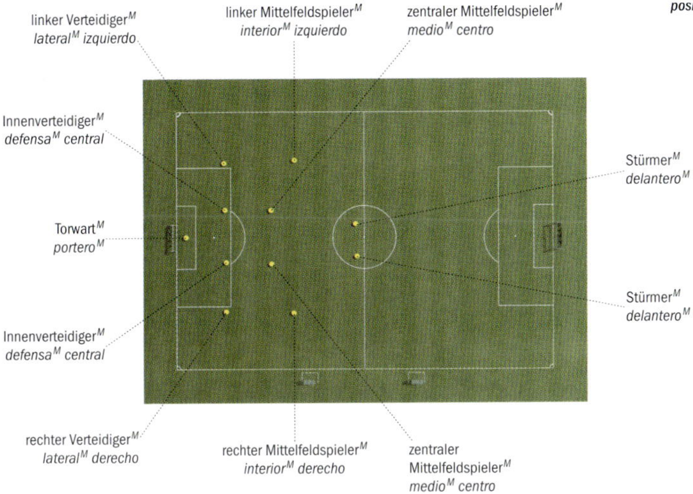

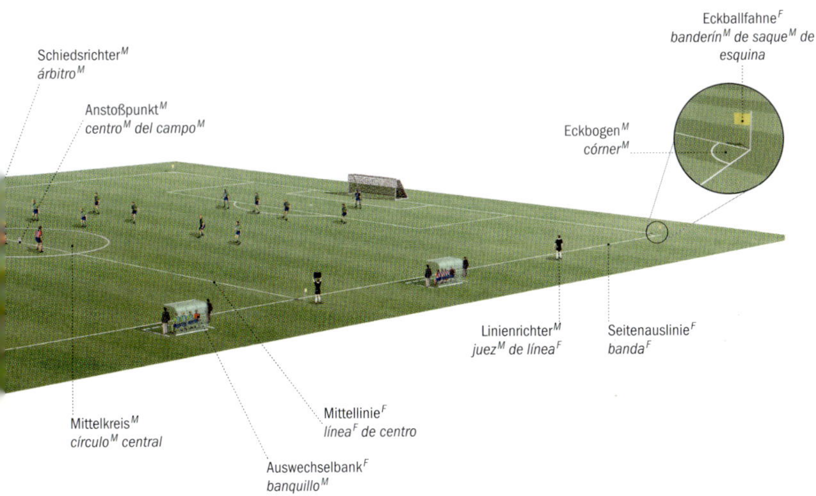

Rugby^{N}

rugby^{M}

Spielerpositionen^{F}
posición^{F} de los jugadores^{M}

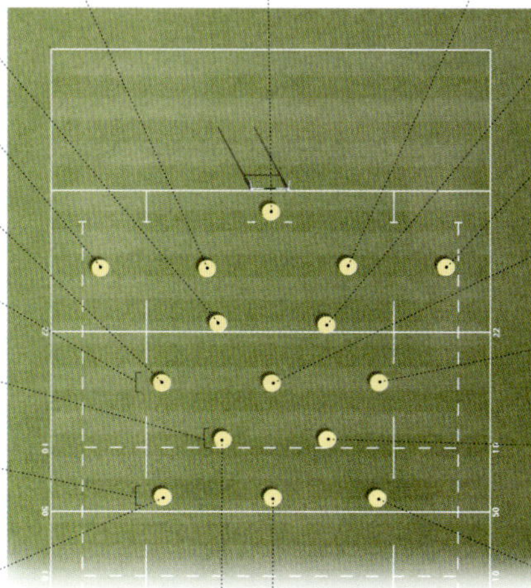

Spielfeld^{N}
campo^{M} de juego^{M}

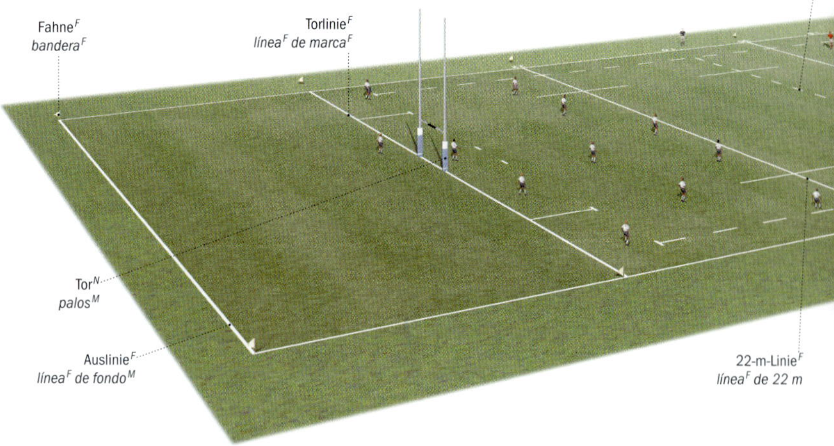

Rugby^{N}

Rugbyball^{M}
balón^{M} de rugby^{M}

Gedränge^{N}
melé^{F} espontánea

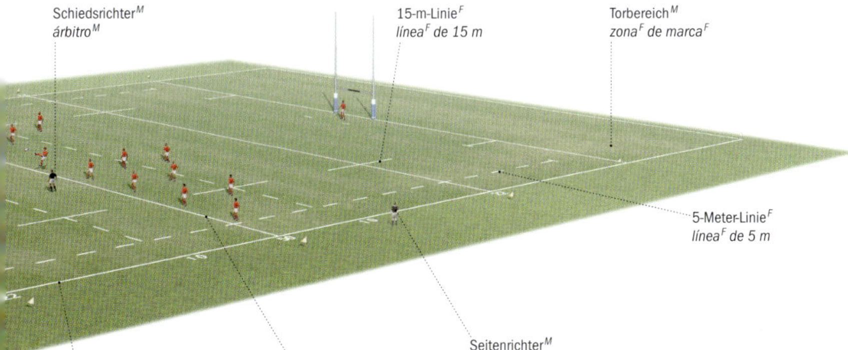

SPORT UND SPIELE

American Football[M]

fútbol[M] americano

Gedränge[N]: Verteidigung[F]
melé[F]: defensa[F]

Spielfeld[N] für American Football[M]
campo[M] de juego[M] de fútbol[M] americano

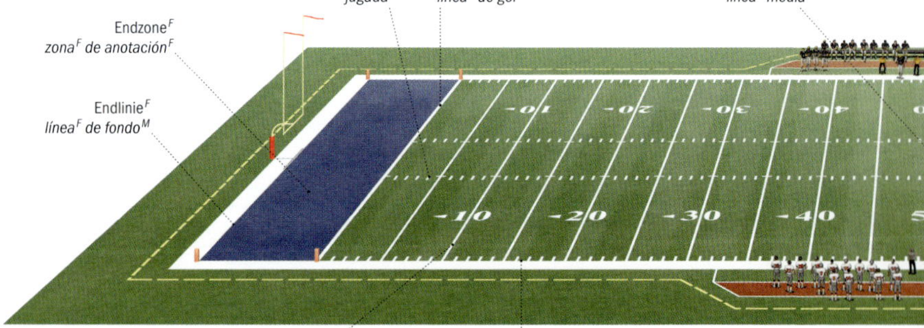

SPORT UND SPIELE

Gedränge[N]: Angriff[M]
melé[F] : ataque[M]

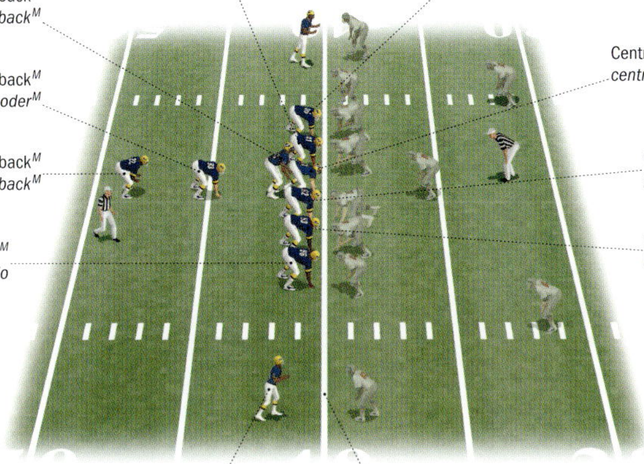

Tor[N]
gol[M]

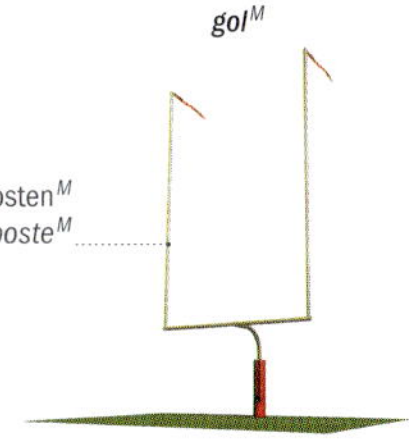

American Football^{M}

Footballspieler^{M}
jugador^{M}

Schutzausrüstung^{F}
equipo^{M} de protección^{F}

Kieferschutz^{M}
protector^{M} dental

Nackenschutz^{M}
protector^{M} de cuello^{M}

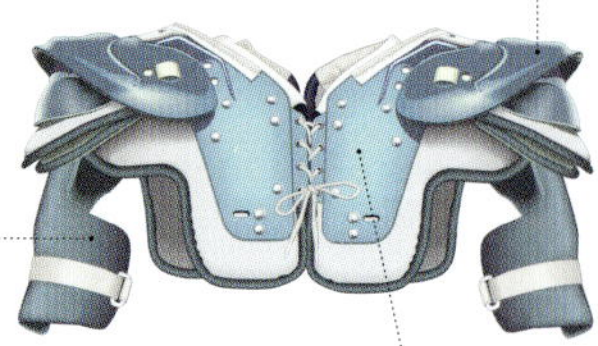

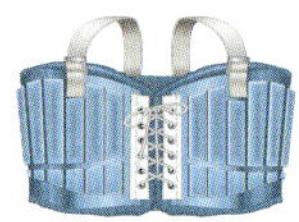

Rippenpolster^{N}
protector^{M} para las costillas^{F}

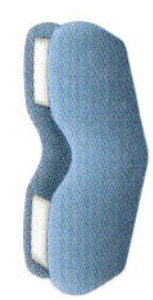

Ellbogenpolster^{N}
codera^{F}

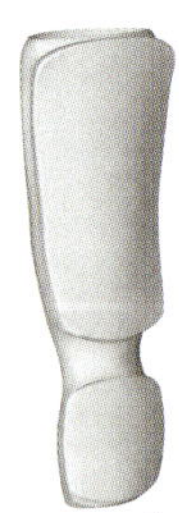

Armschutz^{M}
protector^{M} de antebrazo^{M}

Football^{M}
balón^{M} de fútbol^{M} americano

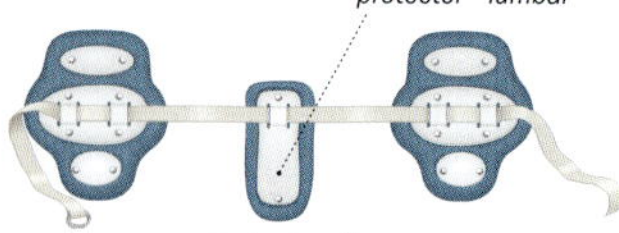

Hüftpolster^{N}
riñonera^{F}

Suspensorium^{N}
coquilla^{F}

Volleyballspiel[N]

voleibol[M]

Spielfeld[N]
cancha[F]

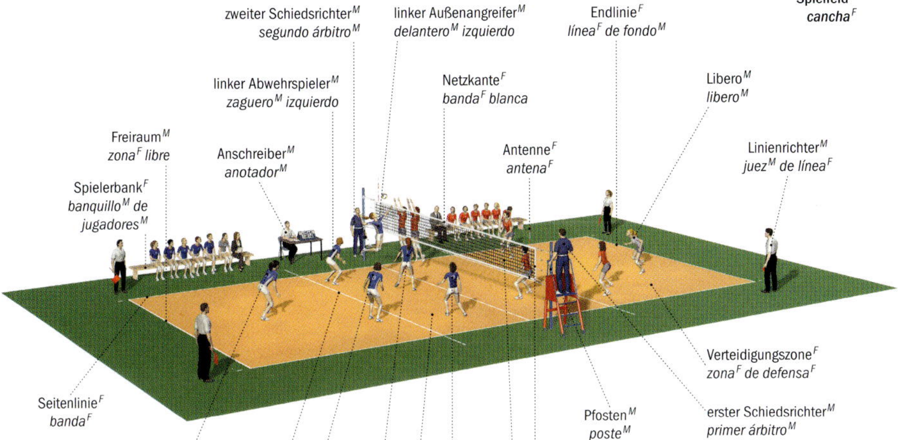

Volleyball[M]
pelota[F] de voleibol[M]

Techniken[F]
técnicas[F]

pritschen
toque[M]

baggern
rebote[M]

Aufschlag[M]
saque[M]

SPORT UND SPIELE

Basketballspiel[N]

baloncesto[M]

Basketballspieler[M]
jugador[M] de baloncesto[M]

Spielfeld[N]
cancha[F]

Spielerpositionen[F]
posiciones[F] de los jugadores[M]

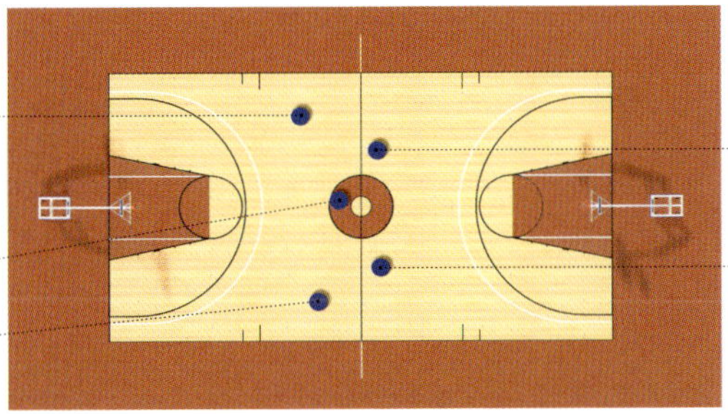

Korbanlage[F]
canasta[F]

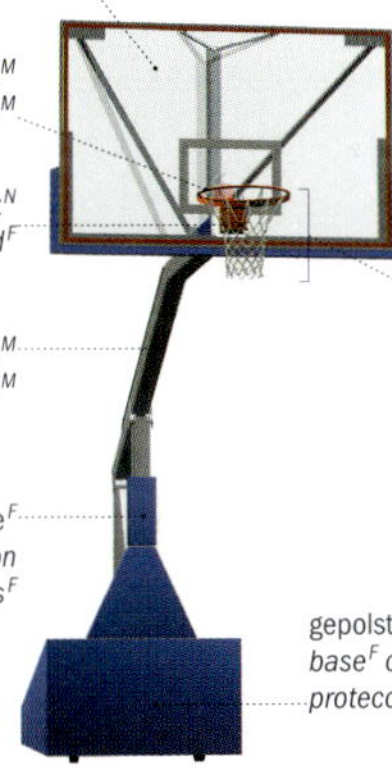

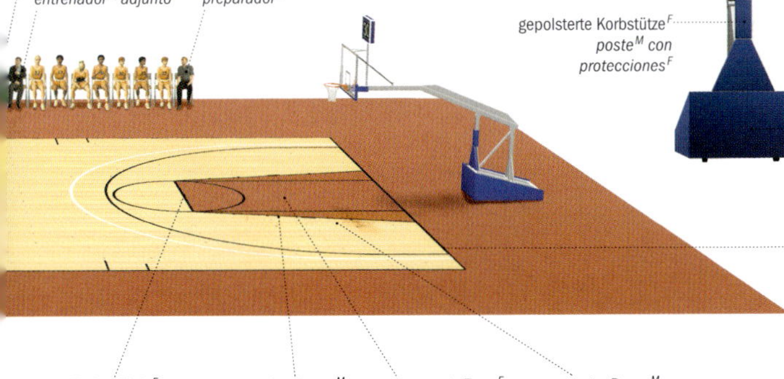

Tennis^{N}

tenis^{M}

Tennisplatz^{M}
cancha^{F}

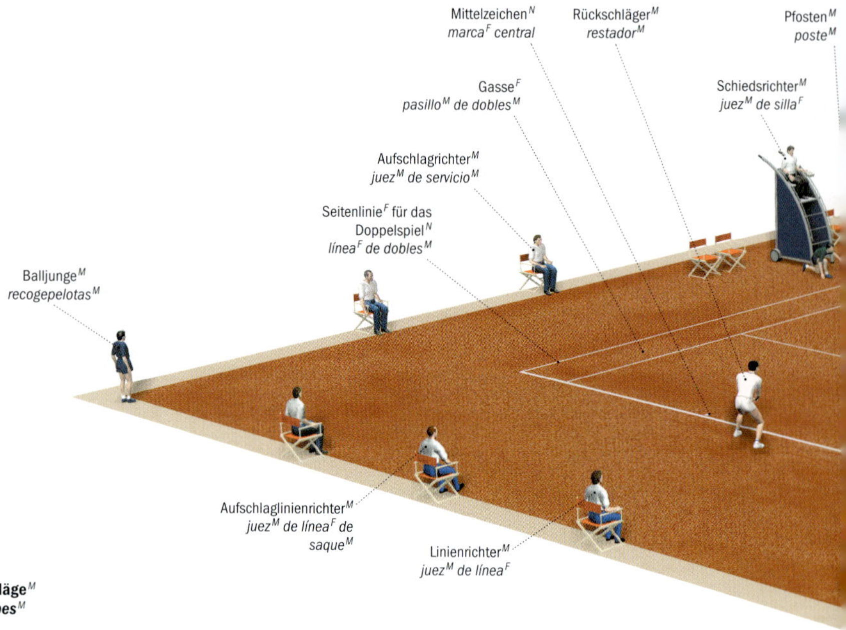

Schläge^{M}
golpes^{M}

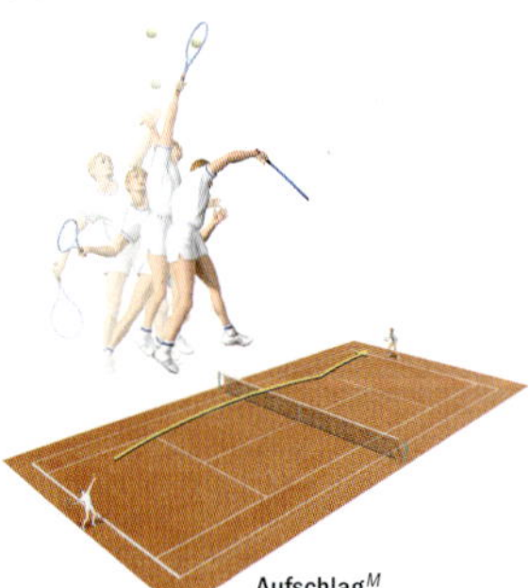

Aufschlag^{M}
de servicio^{M}

Halbvolleyball^{M}
media volea^{F}

Volleyball^{M}
volea^{F}

Tennis^N

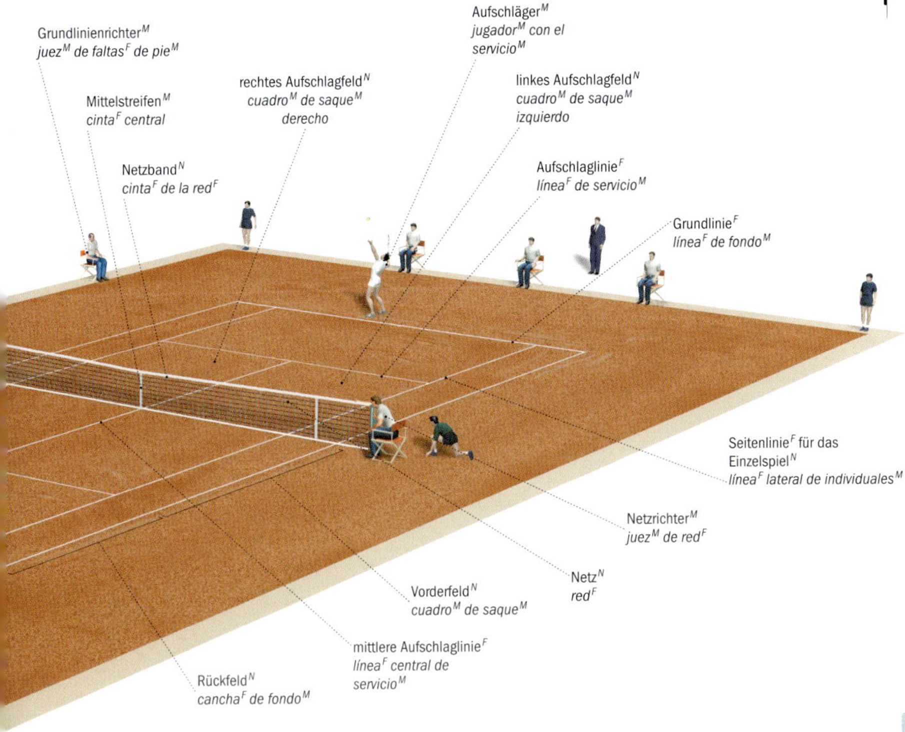

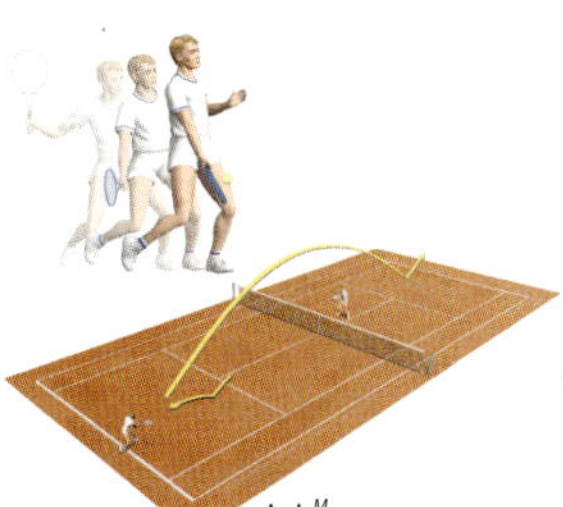

Lob^M
globo^M

Stoppball^M
dejada^F

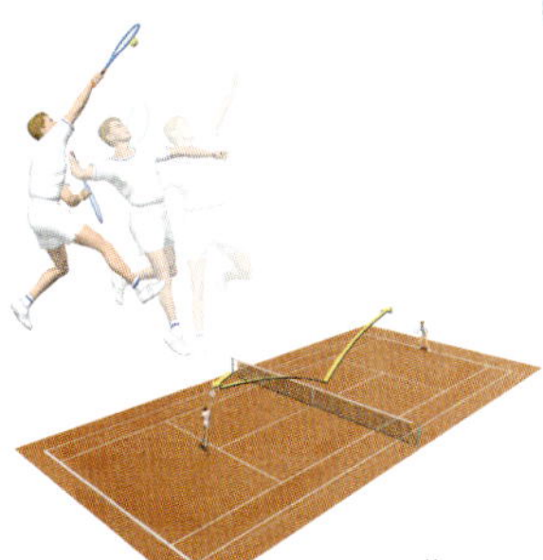

Schmetterball^M
smash^M

Tennis^{N}

Tennisschläger^{M}
raqueta^{F} de tenis^{M}

Tennisball^{M}
pelota^{F} de tenis^{M}

Tennisspielerin^{F}
tenista$^{M/F}$

Anzeigetafel^{F}
marcador^{M}

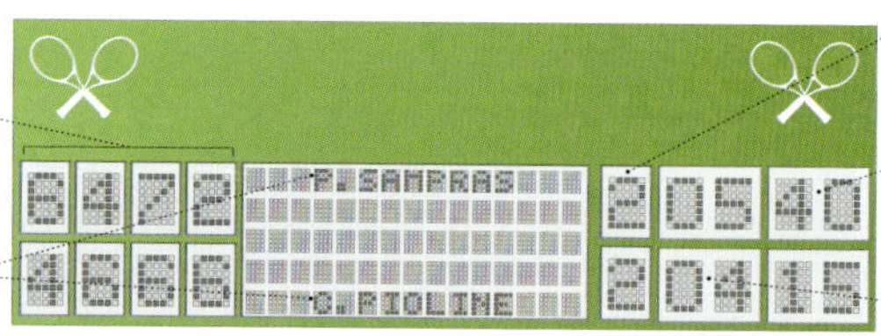

Spielfeldbeläge^{M}
superficies^{F} de juego^{M}

Rasen^{M}
hierba^{F}

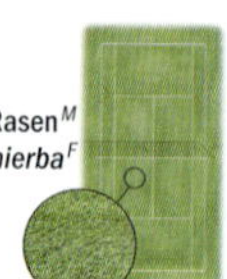

Sand^{M}
tierra^{F} batida

Hartplatz^{M} (Zement^{M})
superficie^{F} dura (cemento^{M})

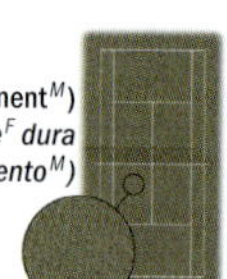

Kunststoffboden^{M}
superficie^{F} sintética

Tischtennis^{N}
tenis^{M} de mesa^{F}

Tischtennisplatte^{F}
mesa^{F}

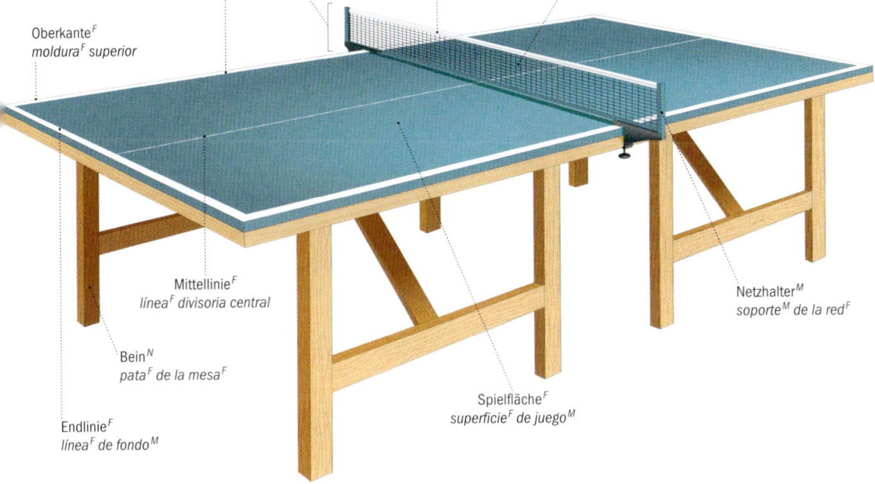

Tischtennisschläger^{M}
pala^{F}

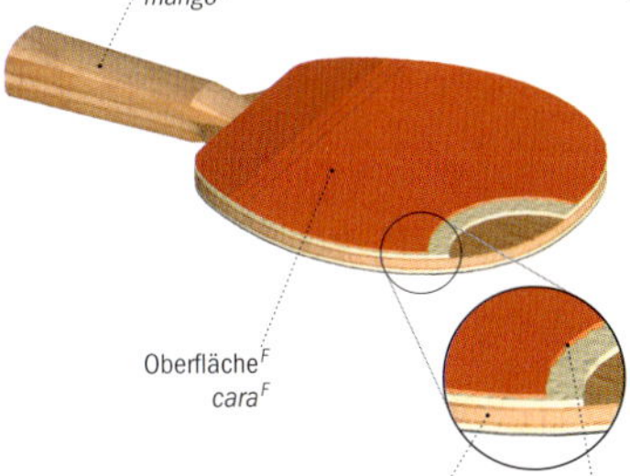

Tischtennisball^{M}
pelota^{F}

Grifftechniken^{F}
formas^{F} de agarrar la paleta^{F}

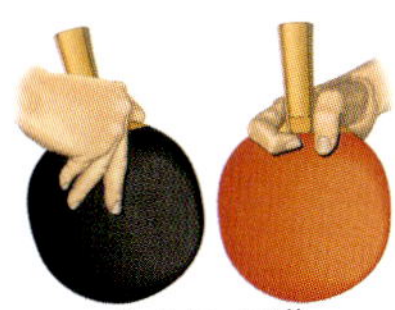

Penholdergriff^{M}
oriental

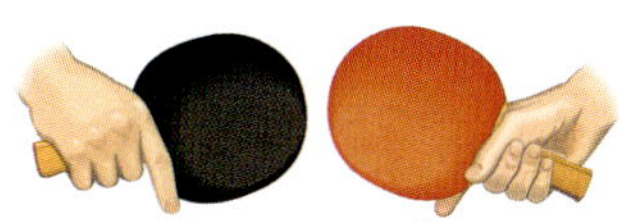

Shake-Hands-Griff^{M}
occidental

SPORT UND SPIELE

Badminton[N]
bádminton[M]

Badmintonplatz[M]
cancha[F]

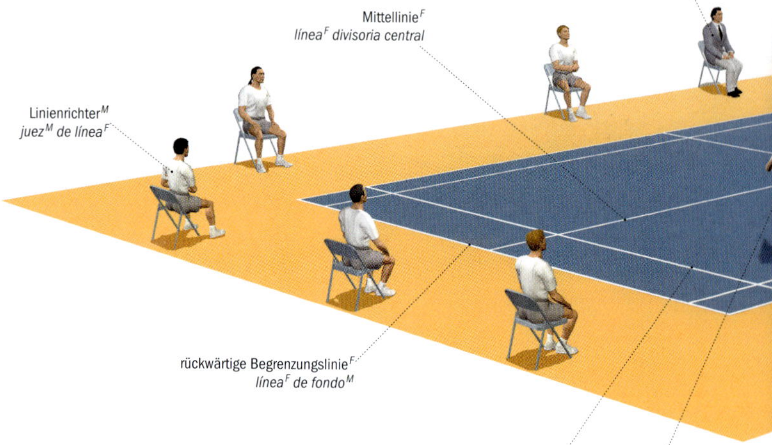

Badmintonschläger[M]
raqueta[F] de bádminton[M]

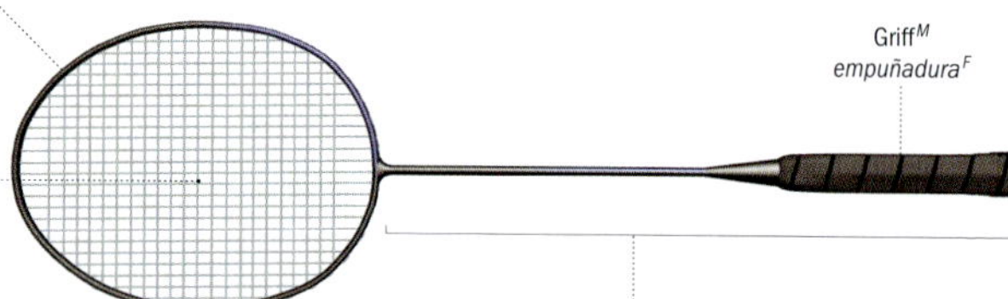

Badminton^{N}

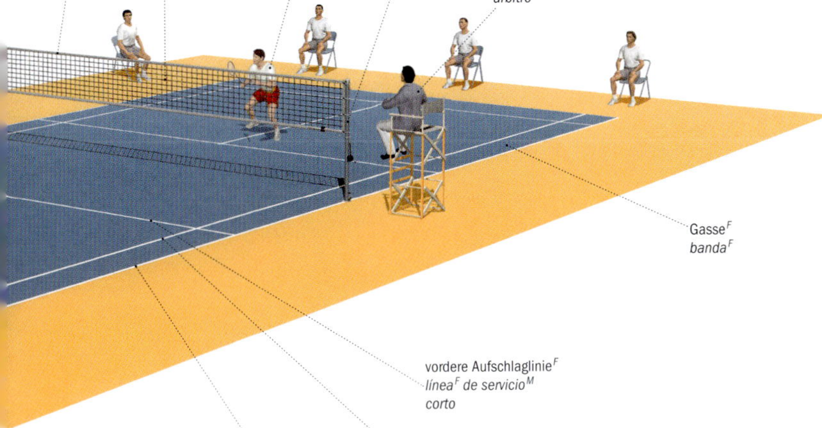

Aufschlagfelder^{N}
zona^{F} de saque^{M}

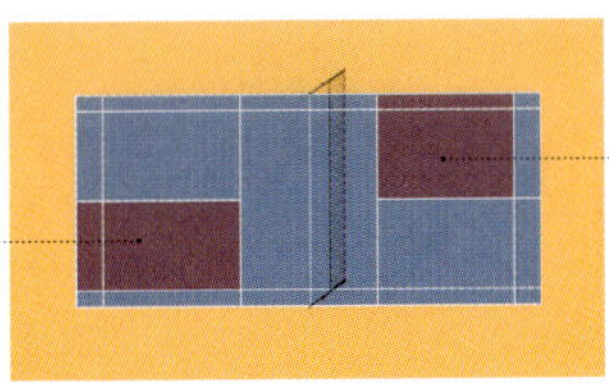

Kunststoff^{M}-Federball^{M}
volante^{M} sintético

Federball^{M}
volante^{M} de plumas^{F}

SPORT UND SPIELE

Geräteturnen^{N}

gimnasia^{F}

Geräteturnanlage^{F}
área^{F} de competición^{F}

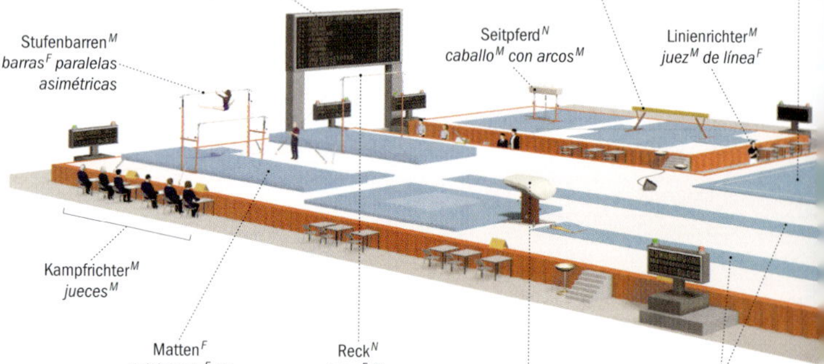

Sprungbrett^{N}
plancha^{F} de muelles^{M}

Sprungpferd^{N}
potro^{M}

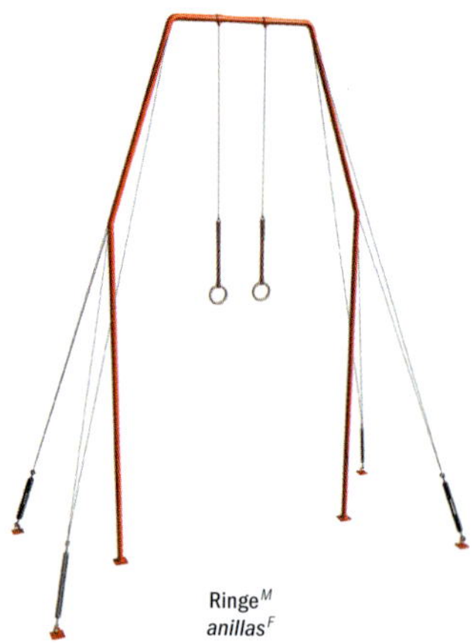

Ringe^{M}
anillas^{F}

Seitpferd^{N}
caballo^{M} con aros^{M}

Barren^{M}
barras^{F} paralelas

Geräteturnen^{N}

Anzeigetafel^{F}
marcador^{M}

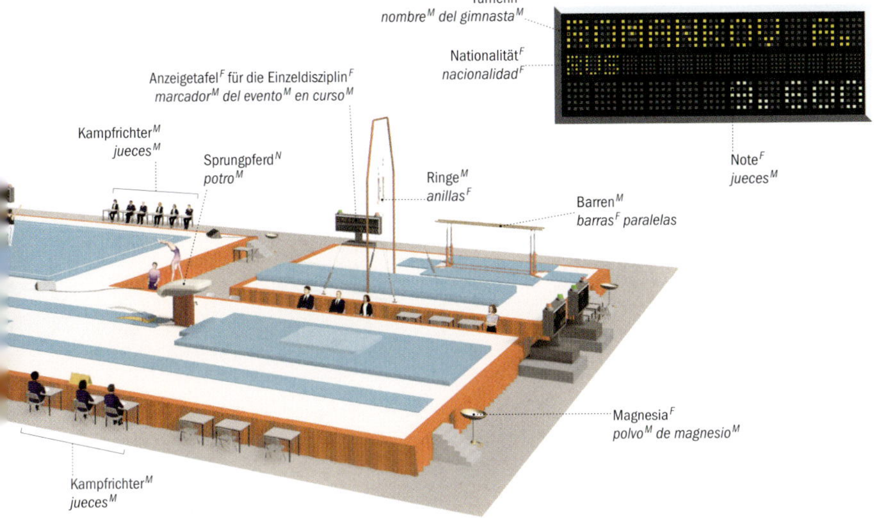

Schwebebalken^{M}
barra^{F} de equilibrio^{M}

Stufenbarren^{M}
barras^{F} paralelas asimétricas

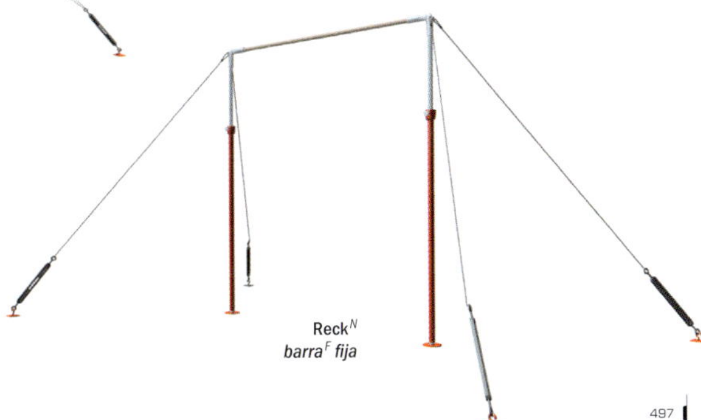

Reck^{N}
barra^{F} fija

SPORT UND SPIELE

Boxen[N]

boxeo[M]

Boxer[M]
boxeador[M]

Punchingball[M]
pera[F] de maíz[M]

Sandsack[M]
saco[M] de arena[F]

Boxhandschuhe[M]
guantes[M] de boxeo[M]

Mundschutz[M]
protector[M] bucal

Ring[M]
cuadrilátero[M]

SPORT UND SPIELE

Judo^{N}

judo^{M}

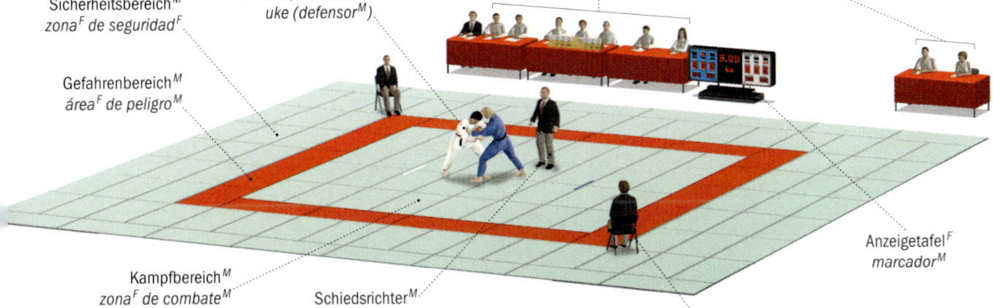

Judogi^{M}
traje^{M} de judo: judoji^{M}

Griff- und Wurfbeispiele^{N}
ejemplos^{M} de llaves^{F}

Gewichtheben[N]
halterofilia[F]

Stoßen[N]
envión[M]

Reißen[N]
arranque[M]

Fitnessgeräte[N]
aparatos[M] de ejercicios[M]

Hantel[F]
pesas[F]

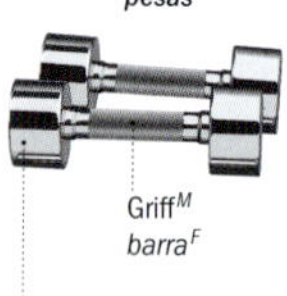

Handmuskeltrainer[M]
empuñaderas[F]

Fuß-/Handgelenksgewicht[N]
pesas[F] para muñecas[F] y tobillos[M]

Springseil[N]
cuerda[F]

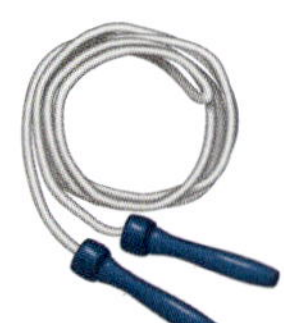

Federstange[F]
barra[F] de torsión[F]

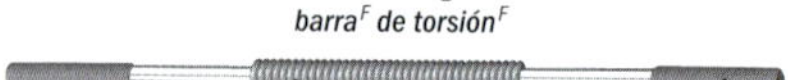

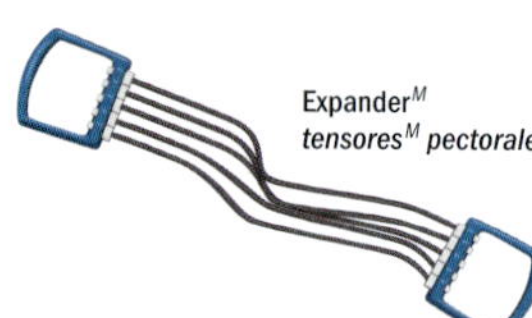

Expander[M]
tensores[M] pectorales

Hantel[F]
haltera[F]

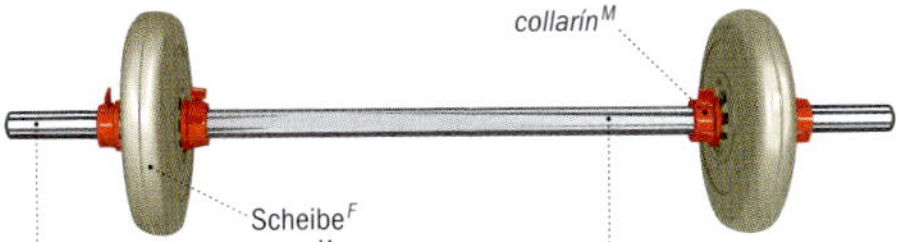

Heimtrainer[M]
bicicleta[F] estática

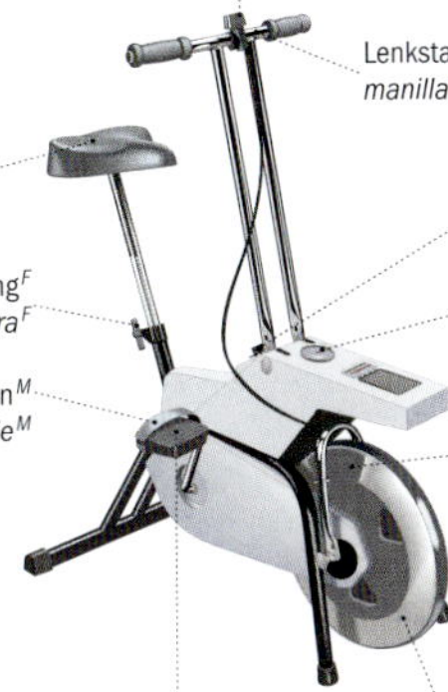

Multitrainer[M]
unidad[F] de pesas[F]

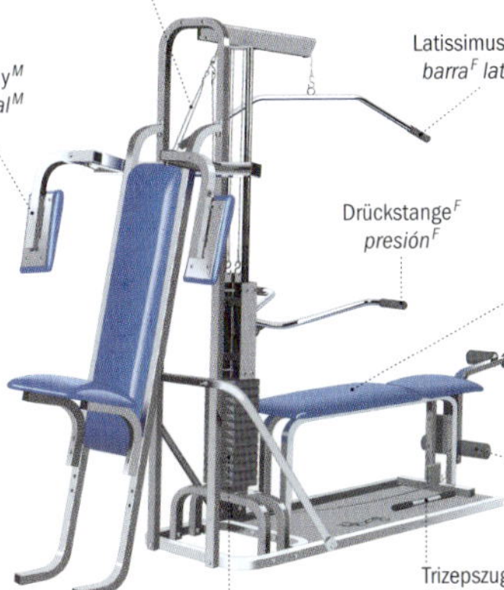

Climber[M]
escalera[F]

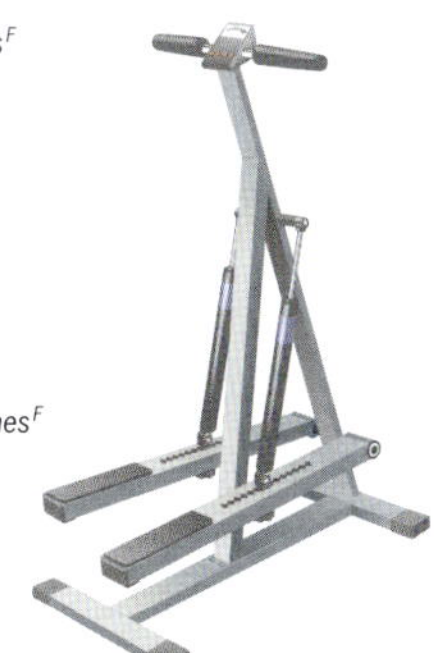

Rudergerät[N]
remo[M]

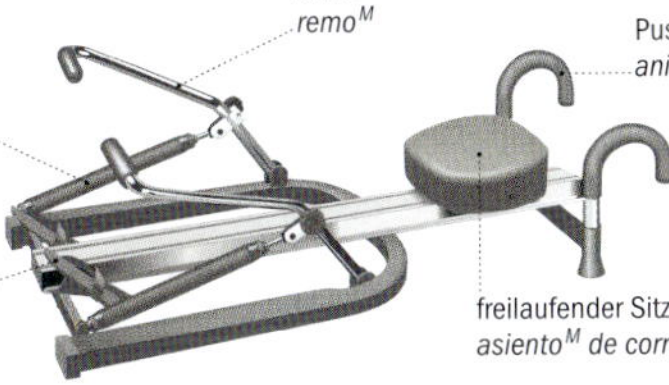

Billard^{N}

billar^{M}

Karambolagebillard^{N}
billar^{M} francés

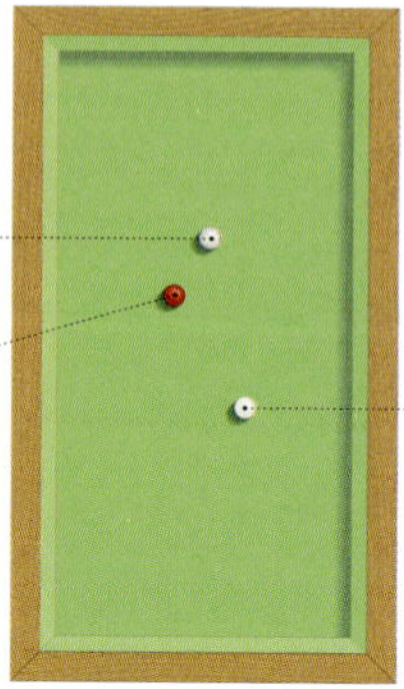

Pool^{N}
pool^{M}

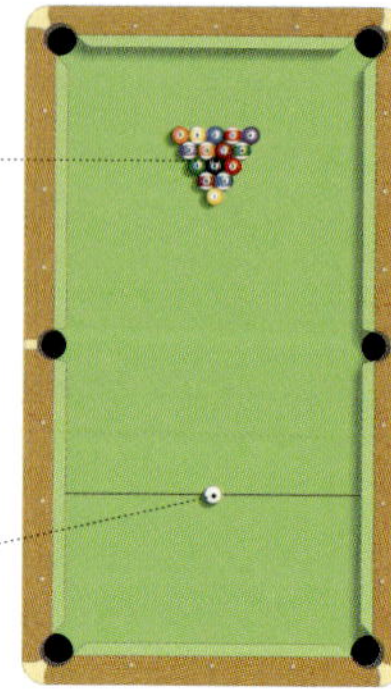

Billardtisch^{M}
mesa^{F}

Snooker^{N}
snooker^{M}

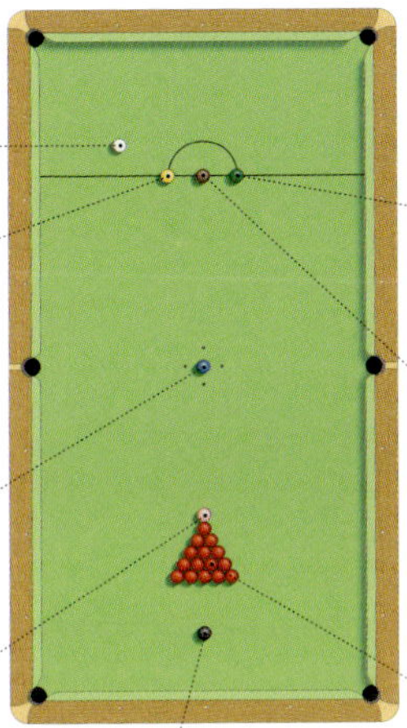

Lochbillard^{N}
billar^{M} inglés

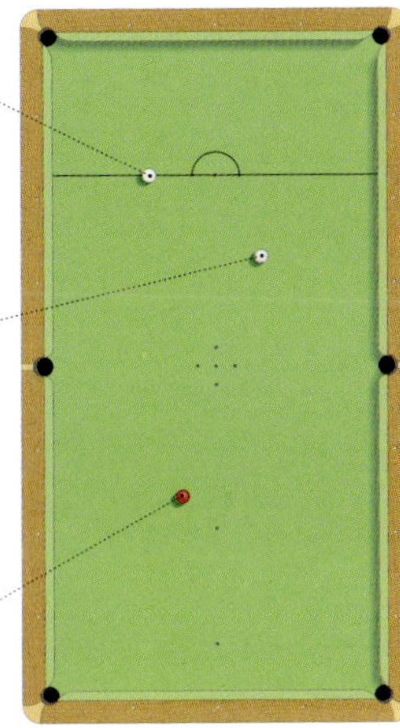

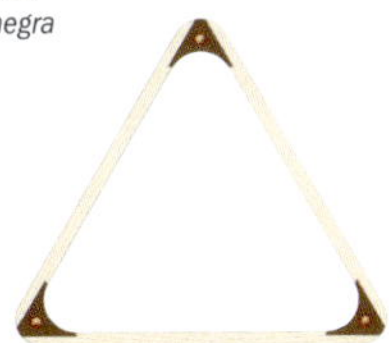

Dreieck^{N}
triángulo^{M}

Kreide^{F}
tiza^{F}

Billardqueue$^{N/M}$
taco^{M} de billar^{M}

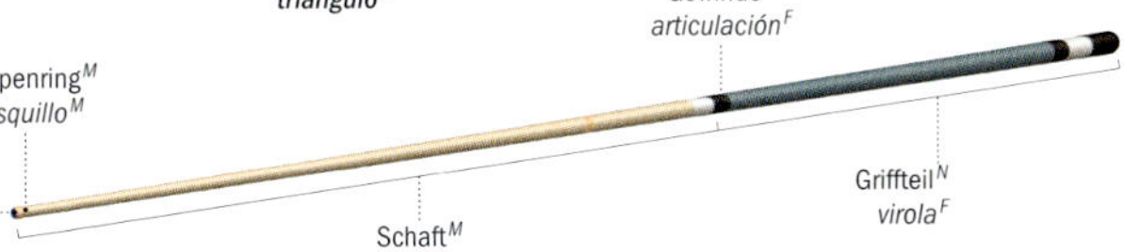

Steg^{M}
burra^{F}

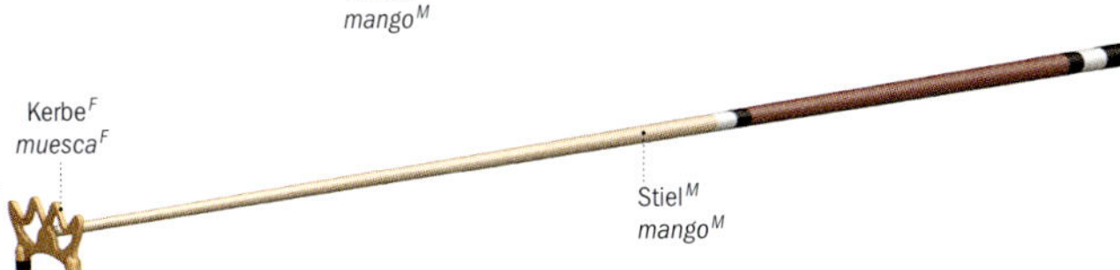

SPORT UND SPIELE

Golfspiel^N

accesorios^M de golf^M

Golfplatz^M
campo^M de golf^M

Par^N-5-Loch^N
hoyo^M de par 5

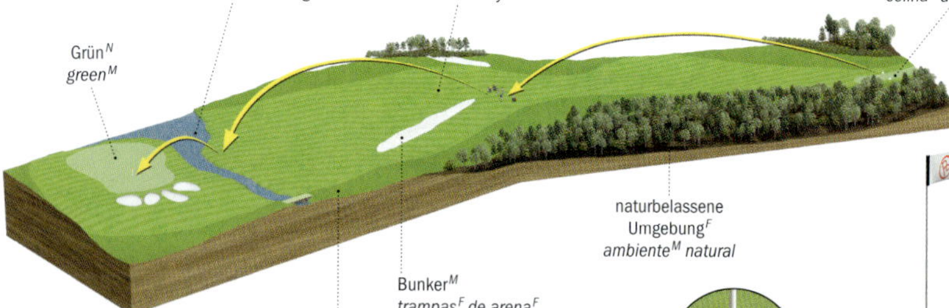

Loch^N
hoyo^M

umsetzbare Flagge^F
banderín^M móvil

Arten^{F} von Golfschläger^{M}
bastones^{M}

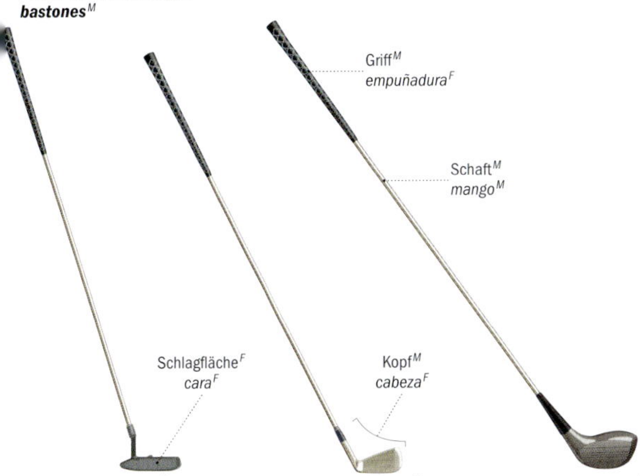

Putter^{M}
putter^{M}

Eisenschläger^{M}
hierro^{M}

Holzschläger^{M}
madera^{F}

Golfball^{M}
pelota^{F} de golf^{M}

Schlägerabdeckung^{F}
capuchón^{M} de bastones^{M}

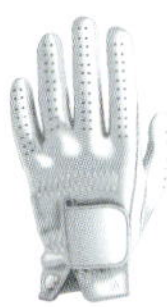

Golfhandschuh^{M}
guante^{M} de golf^{M}

Golfschuhe^{M}
zapatos^{M} de golf^{M}

Golftasche^{F}
bolsa^{F} de golf^{M}

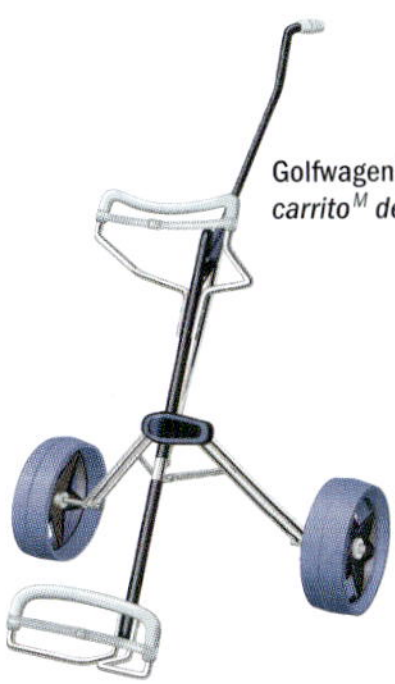

Golfwagen^{M}
carrito^{M} de golf^{M}

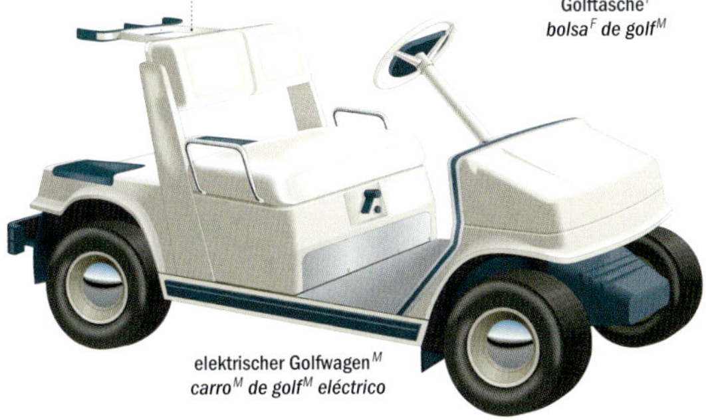

elektrischer Golfwagen^{M}
carro^{M} de golf^{M} eléctrico

Eishockey^{N}

hockey^{M} sobre hielo^{M}

Torwart^{M}
portero^{M}

Suspensorium^{N}
coquilla^{F}

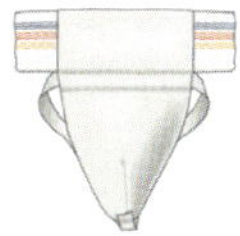

Puck^{M}
disco^{M}

Torwartschlittschuh^{M}
patín^{M} del portero^{M}

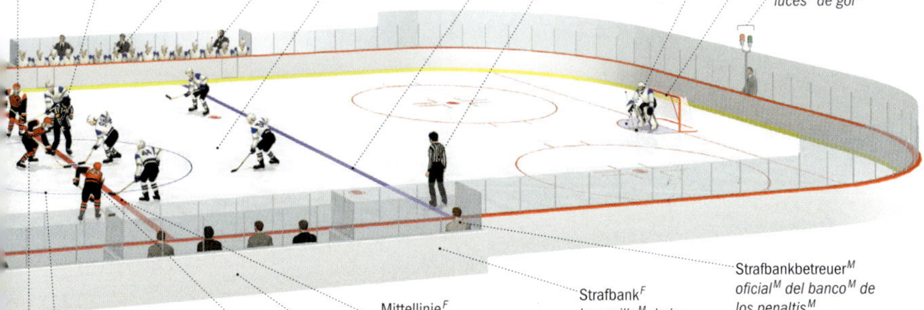

Eisschnelllauf^{M}
patinaje^{M} de velocidad^{F}

Eisschnelllläufer^{M}: Langstrecke^{F}
patinador^{M} : pista^{F} larga

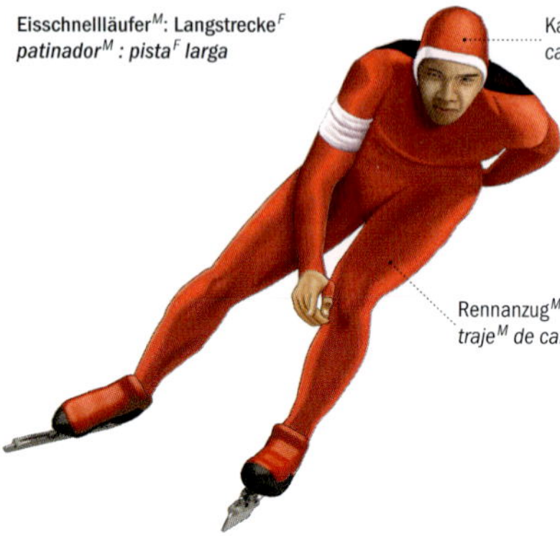

Eisschnelllläufer^{M}: Kurzstrecke^{F}
patinador^{M} : pista^{F} corta

Eisschnelllauf^{M}-Schlittschuhe^{M}
patines^{M} de carreras^{F}

Klappschlittschuh^{M}
patín^{M} de pista^{F} larga

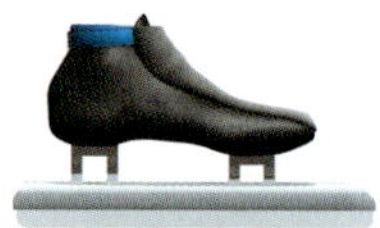

Kurzstreckenschlittschuh^{M}
patín^{M} de pista^{F} corta

Kurzstrecke^{F}
pista^{F} corta

Eisschnelllaufbahn^{F}
pista^{F} larga

Eiskunstlauf^{M}
patinaje^{M} artístico

Eiskunstlaufstiefel^{M}
patín^{M} para figuras^{F}

Futter^{N} *forro^{M}*
Schnürhaken^{M} *corchete^{M}*
Rückenverstärkung^{F} *contrafuerte^{M}*
Stiefel^{M} *bota^{F}*
Absatz^{M} *tacón^{M}*
Träger^{M} *montante^{M}*
Schneide^{F} *canto^{M}*
Kufe^{F} *hoja^{F} de cuchilla^{F}*
Zunge^{F} *lengüeta^{F}*
Schnürsenkel^{M} *cordón^{M}*
Schnüröse^{F} *ojal^{M}*
Sohle^{F} *suela^{F}*
Abstoßsäge^{F} *dientes^{M}*

Eistanzkufe^{F}
cuchilla^{F} de baile^{M}

Eiskunstlaufkufe^{F}
cuchilla^{F} de patinaje^{M} artístico

Beispiele^{N} für Sprünge^{M}
ejemplos^{M} de piruetas^{F}

Salchow^{M}
salchow^{M}

Axel^{M}
axel^{M}

Toeloop^{M}
loop^{M} de puntera^{F}

Flip^{M}
flip^{M}

Lutz^{M}
lutz^{M}

Eisfläche^{F}
pista^{F} de patinaje^{M} sobre hielo^{M}

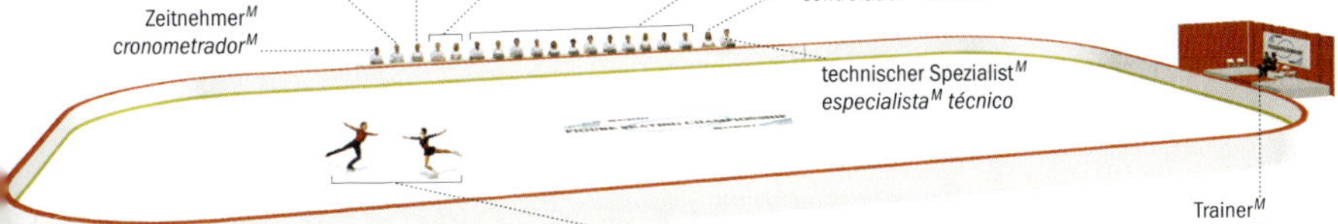

Oberschiedsrichter^{M} *presidente^{M} de jurado^{M}*
Assistenzschiedsrichter^{M} *asistente^{M} de presidente^{M} del jurado^{M}*
technische Delegierte^{M} *delegados^{M} técnicos*
Kampfrichter^{M} *jueces^{M}*
technischer Kontrolleur^{M} *controlador^{M} técnico*
Zeitnehmer^{M} *cronometrador^{M}*
technischer Spezialist^{M} *especialista^{M} técnico*
Paar^{N} *pareja^{F}*
Trainer^{M} *entrenadores^{M}*

alpines Skilaufen[N]

esquí[M] alpino

alpiner Skiläufer[M]
esquiador[M] alpino

Ski[M]
esquí[M]

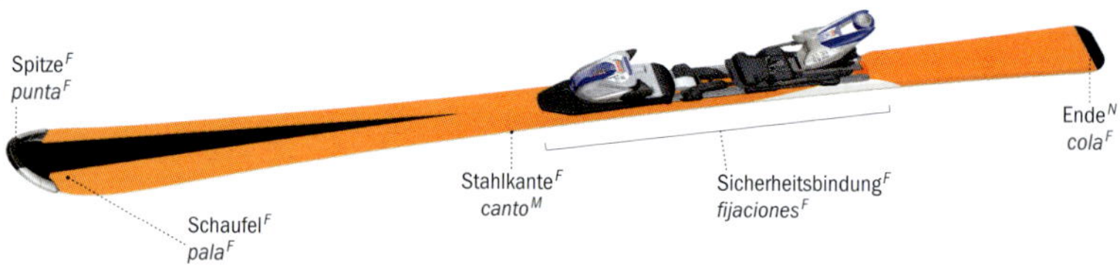

Beispiele[N] für Skier[M]
ejemplos[M] de esquís[M]

Skiboard[N]
skiboard[M]

Slalomski[M]
esquí[M] de eslalon[M]

Riesenslalomski[M]
esquí[M] de eslalon[M] gigante

Abfahrts- und Superriesenslalom[M]-Ski[M]
esquí[M] de descenso[M]/eslalon[M]

SPORT UND SPIELE

Disziplinen[F]
pruebas[F]

Abfahrtslauf[M]
descenso[M]

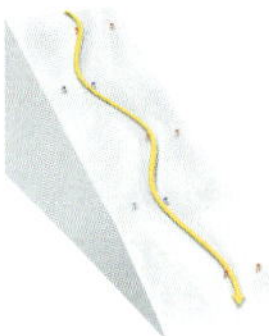

Superriesenslalom[M]
eslalon[M] *supergigante*

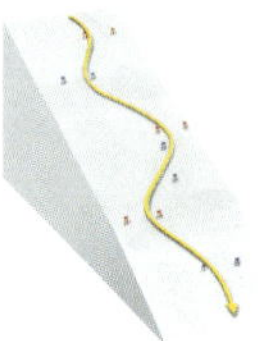

Riesenslalom[M]
eslalon[M] *gigante*

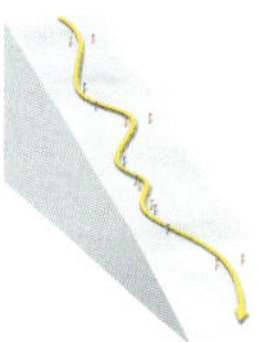

Spezialslalom[M]
eslalon[M] *especial*

Skistiefel[M]
botas[F] *para esquiar*

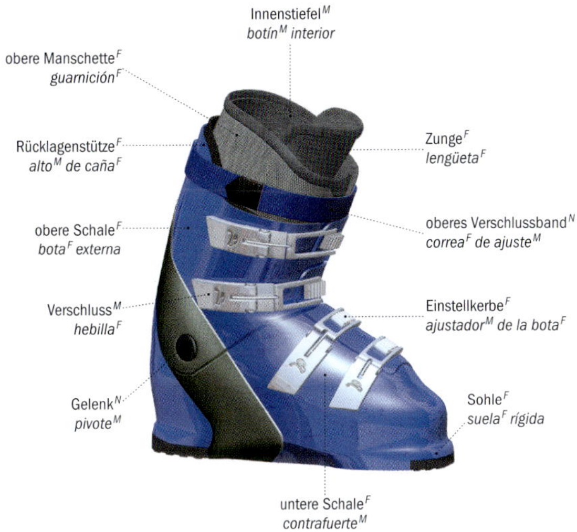

Sicherheitsbindung[F]
fijación[F] *de seguridad*[F] *del esquí*[M]

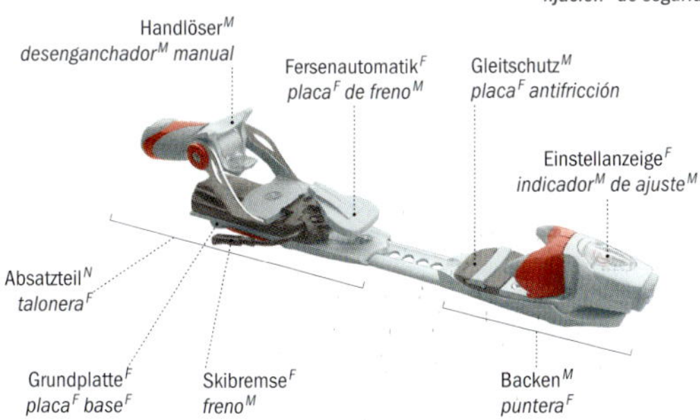

Skigebiet^N
estación^F de esquí^M

SPORT UND SPIELE

Snowboarden^{N}
snowboard^{M}

Snowboarder^{M}
snowboarder^{M}

Hardboots^{M}
bota^{F} rígida

Softboots^{M}
bota^{F} blanda

Freestyleboard^{N}
tabla^{F} de freestyle^{M}

Alpinboard^{N}
tabla^{F} alpina

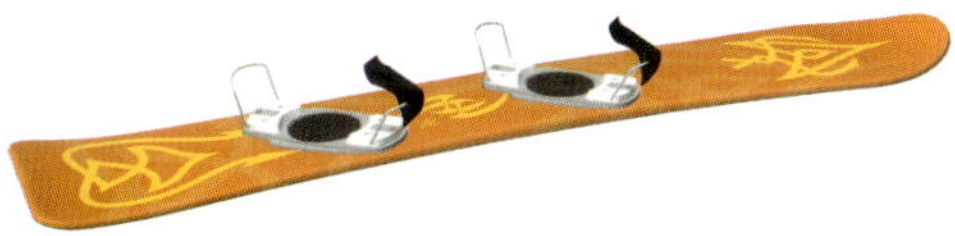

Skispringen^{N}
técnica^{F} de salto^{M}

Skispringer^{M}
saltador^{M}

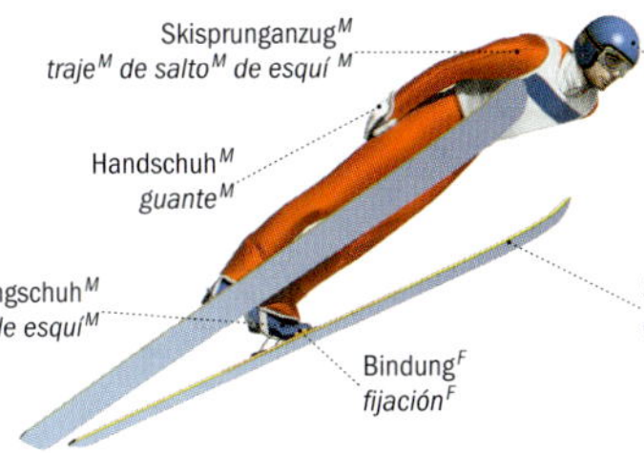

Skilanglauf^{M}

esquí^{M} de fondo^{M}

Langläufer^{M}
fondista^{M}

Wachsausrüstung^{F}
estuche^{M} de encerado^{M}

Langlaufski^{M}
esquí^{M} de fondo^{M}

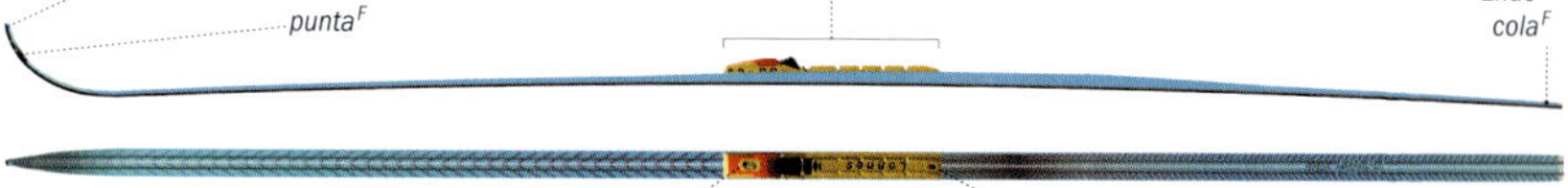

Schlittschuhschritt^{M}
paso^{M} de patinador^{M}

diagonaler Schlittschuhschritt^{M}
paso^{M} alternativo

Curling^{N}
curling^{M}

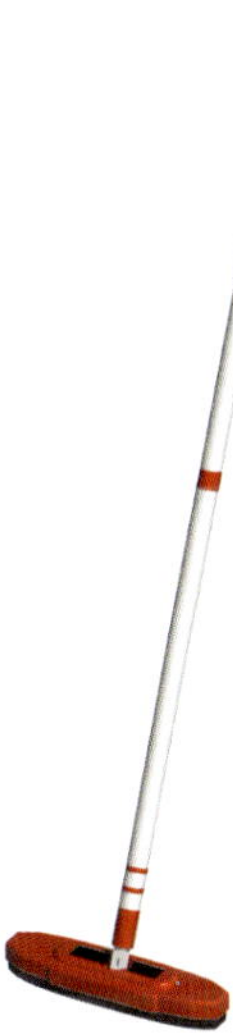

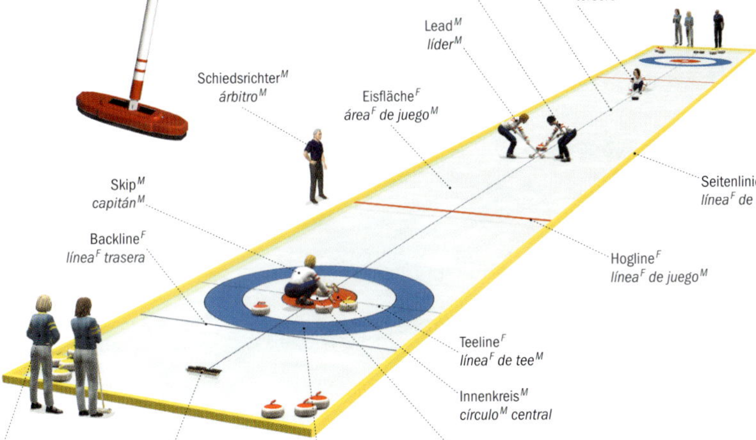

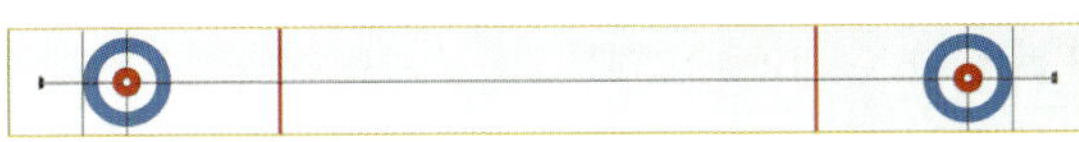

Schwimmen^{N}

natación^{F}

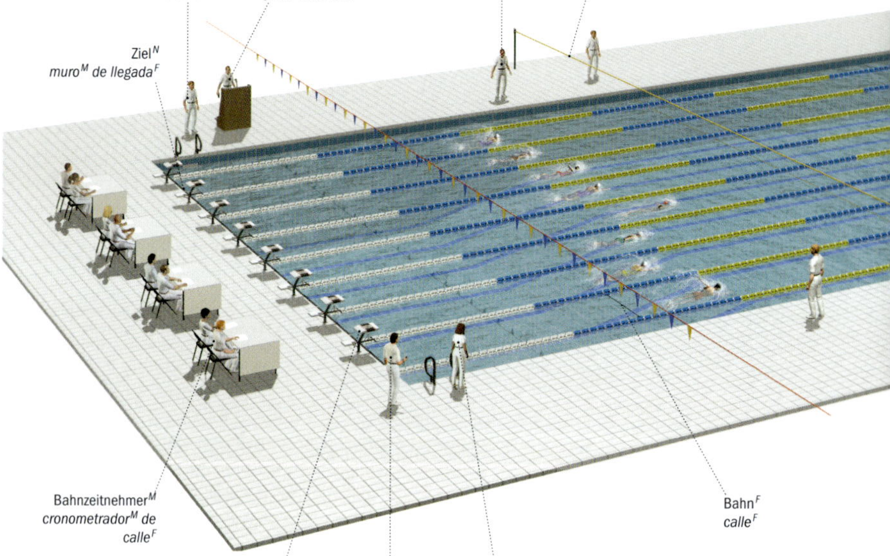

SPORT UND SPIELE

verschiedene Schwimmstile^{M}
estilos^{M} de natación^{F}

Kraulen^{N}
crol^{M}

Schmetterlingsstil^{M}
mariposa^{F}

Brustschwimmen^{N}
braza^{F}

Rückenschwimmen^{N}
espalda^{F}

Wettkampfbecken^{N}
piscina^{F} olímpica

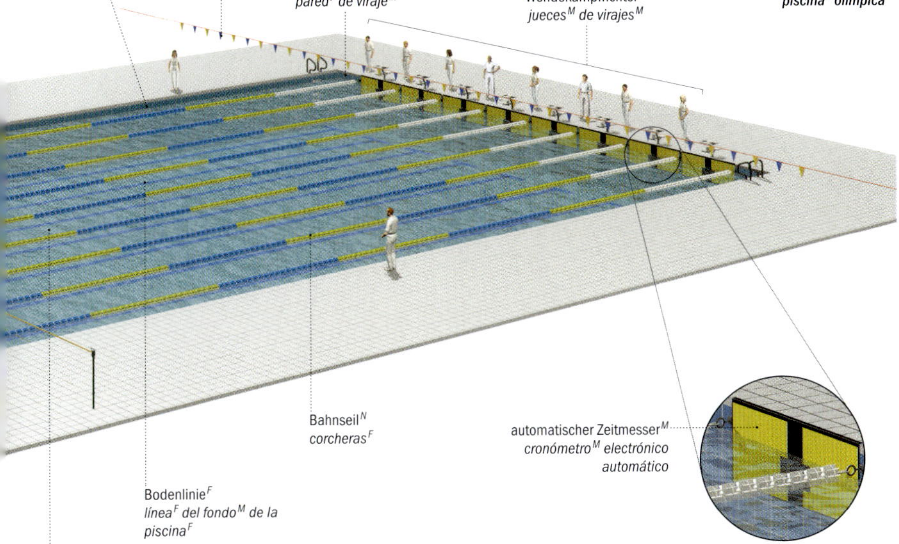

Kunstspringen^N
saltos^M

Startpositionen^F
posiciones^F de salto^M

auswärts
salto^M inverso

einwärts
salto^M interior

rückwärts
salto^M de espalda^F

vorwärts
salto^M frontal

Handstand^M
salto^M en equilibrio^M

Sprungfiguren^F
saltos^M

Saltostellung^F
posición^F C - cuerpo^M encogido

Bohrerstellung^F
posición^F A - en plancha^F

Hechtsprungstellung^F
posición^F B - hacer la carpa^F

Springeinrichtungen^F
torre^F de saltos^M

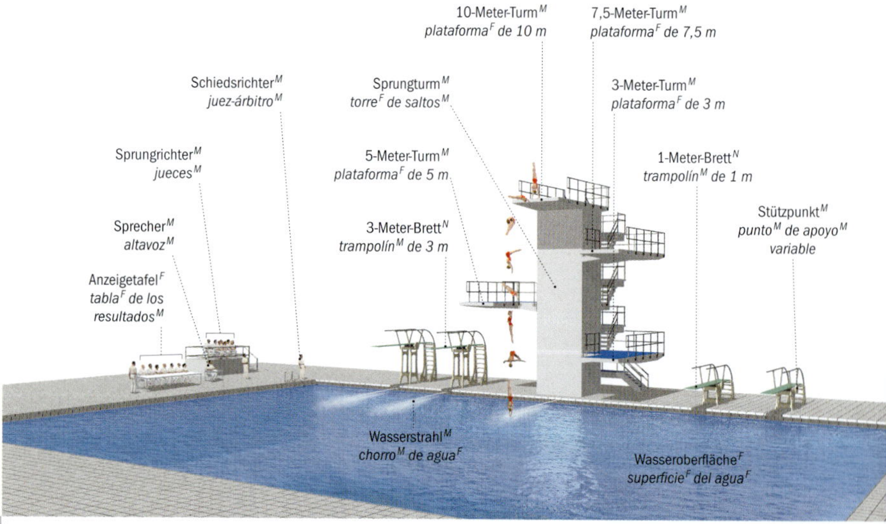

SPORT UND SPIELE

Surfbrett[N]

windsurf[M]

Segel[N]
vela[F]

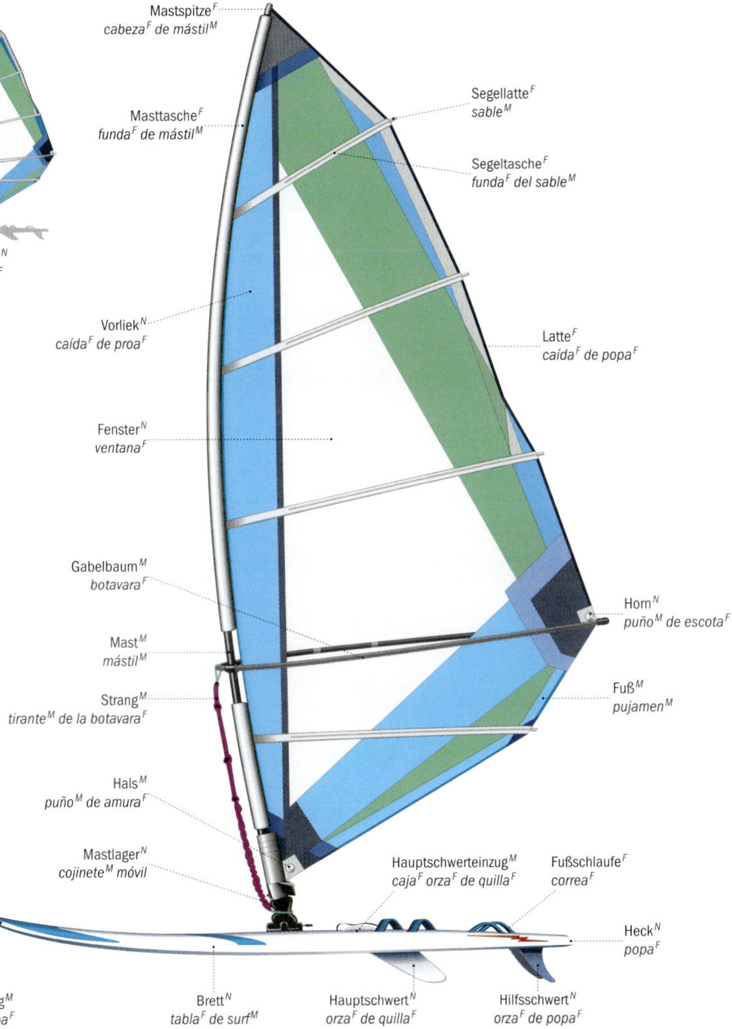

Segelsport^M

vela^F

Segelboot^N
velero^M

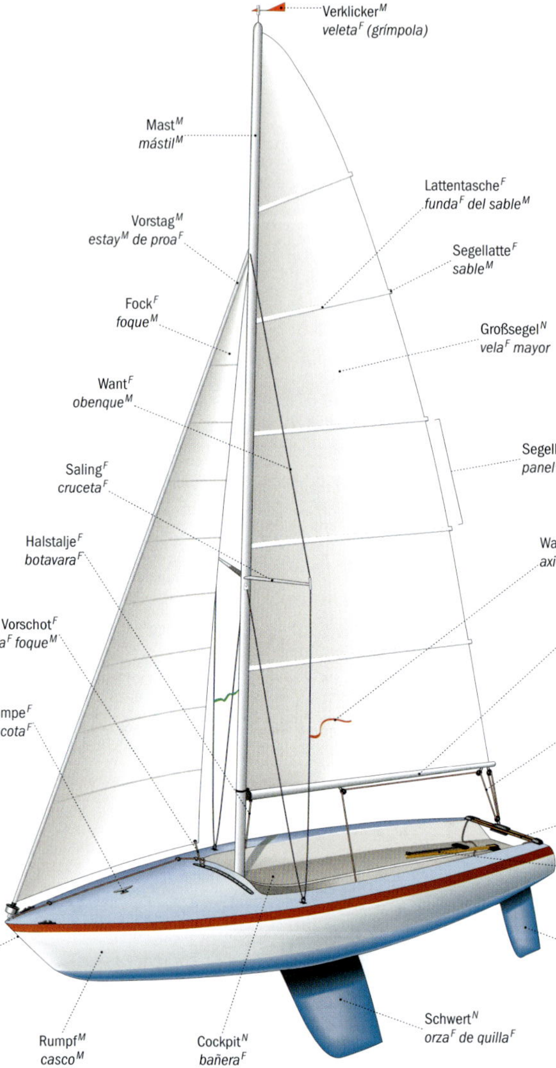

Mehrrumpfboote^{N}
multicasco^{M}

Trimaran^{M}
trimarán^{M}

Katamaran^{M}
catamarán^{M}

Einrumpfboote^{N}
monocascos^{M}

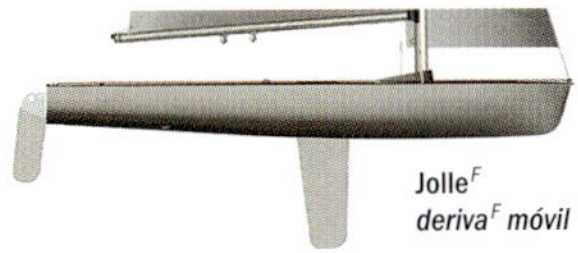

Jolle^{F}
deriva^{F} móvil

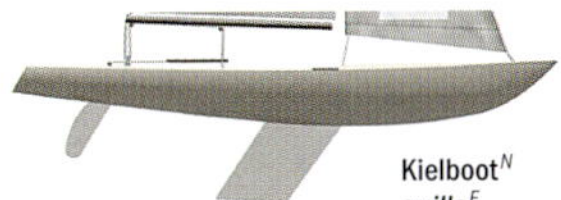

Kielboot^{N}
quilla^{F}

Beschläge^{M}
obra^{F} muerta

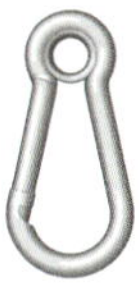

Karabinerhaken^{M}
grillete^{M} de resorte^{M}

Gelenkschäkel^{M}
mosquetón^{M}

Schäkel^{M}
grillete^{M}

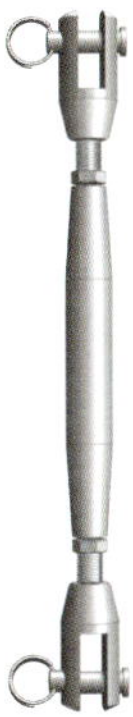

Wantenspanner^{M}
tensor^{M}

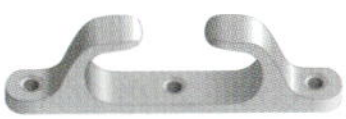

Lippe^{F}
guía^{F}

Klampe^{F}
abrazadera^{F}

Winsch^{F}
winch^{M}

Curryklemme^{F}
escotera^{F}

Leitöse^{F}
guía^{F} de escotas^{F}

Traveller^{M}
barra^{F} de escotas^{F}

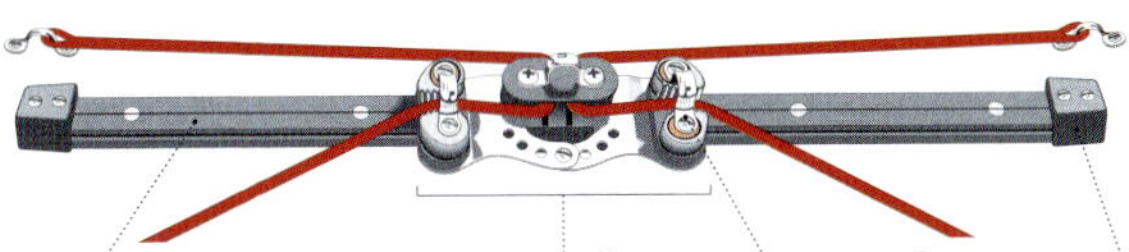

Straßenradsport^{M}

ciclismo^{M} en carretera^{F}

Straßenrennrad^{N} und Fahrer^{M}
bicicleta^{F} de carreras^{F} y ciclista^{M}

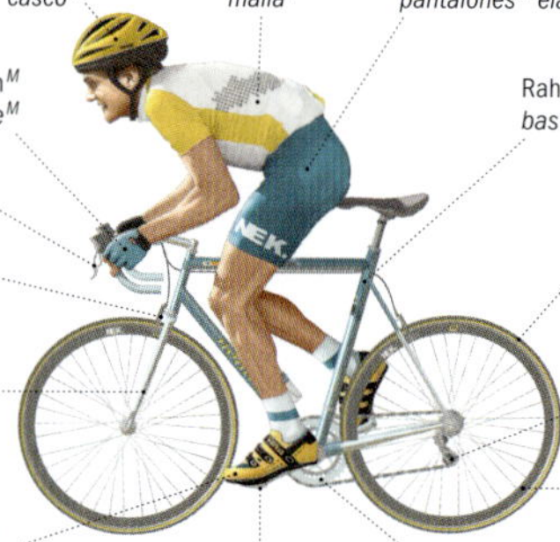

Straßenradrennen^{N}
competición^{F} de ciclismo^{M} en carretera^{F}

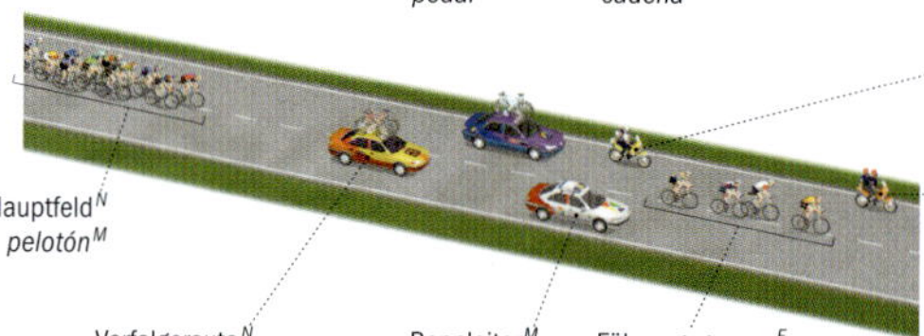

Mountainbike^{N}

ciclismo^{M} de montaña^{F}

Querfeldeinrad^{N} und Fahrer^{M}
bicicleta^{F} de cross^{M} y ciclista^{M}

Downhillrad^{N} und Fahrer^{M}
bicicleta^{F} de descenso^{M} y ciclista^{F}

SPORT UND SPIELE

Jetski[M]
moto[F] acuática

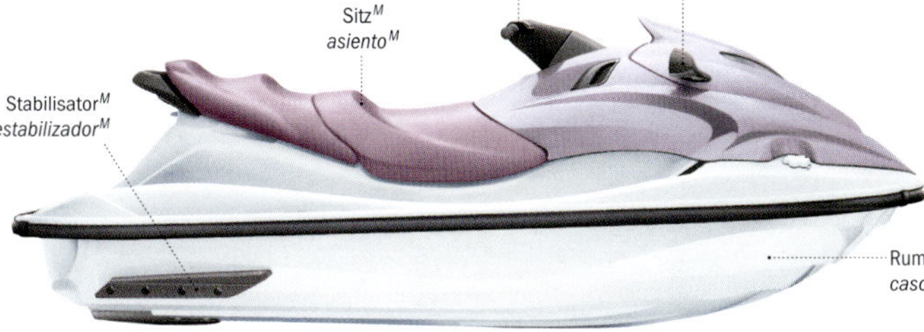

Schneemobil[N]
moto[F] de nieve[F]

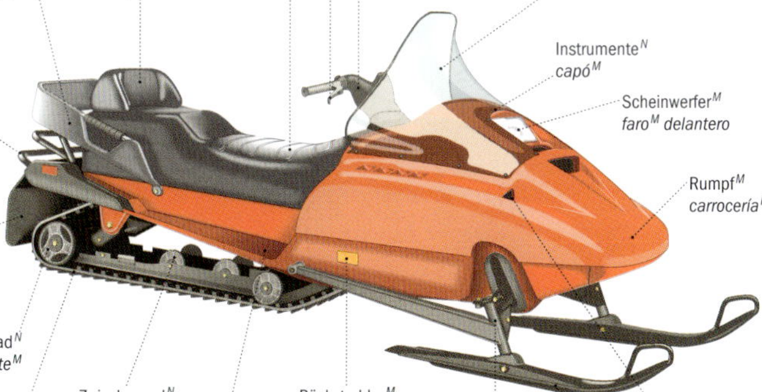

SPORT UND SPIELE

Autorennen^{N}

carreras^{F} de coches^{M}

Rennfahrer^{M}
piloto^{M}

NASCAR-Auto^{N}
coche^{M} de NASCAR

Geländefahrzeug^{N}
coche^{M} de rally

Formel-Indy-Auto^{N}
coche^{M} de Indy

Formel-3000-Auto^{N}
coche^{M} de fórmula 3000

Startaufstellung^{F}
parrilla^{F} de salida

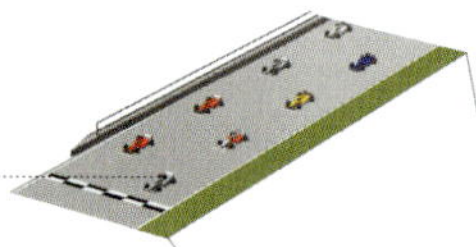

Kurs^{M}
circuito^{M}

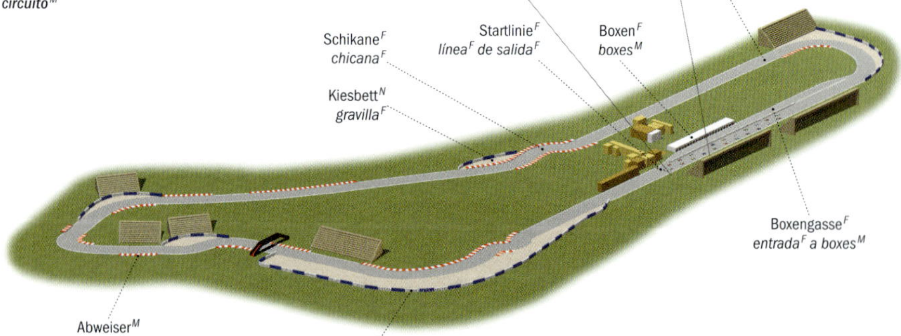

SPORT UND SPIELE

Autorennen[N]

Formel-1-Auto[N]
coche[M] de fórmula[F] 1

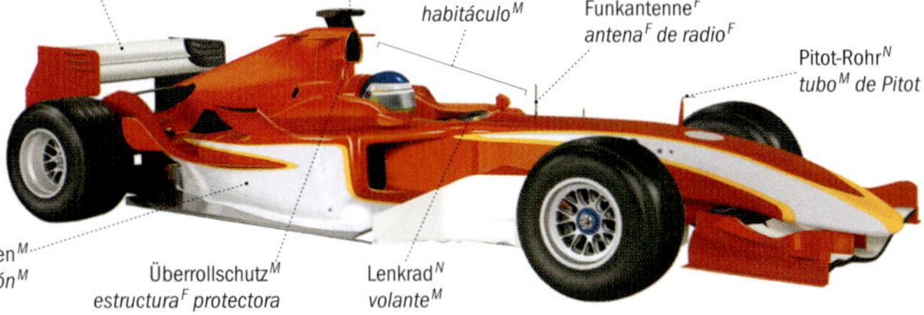

Motorradsport[M]
motocicleta[F]

Motocross[N]- und Supercross[N]-Motorrad[N]
moto[F] de motocross[M] y supercross[M]

Grand-Prix[M]-Rennmaschine[F] und Motorradfahrer[M]
moto[F] de carreras[F] y motociclista[M]

Skateboarding^{N}
skateboard^{M}

Skateboard^{N}
monopatín^{M}

Skateboarder^{M}
monopatín^{M}

Rampe^{F}
medio tubo^{M}

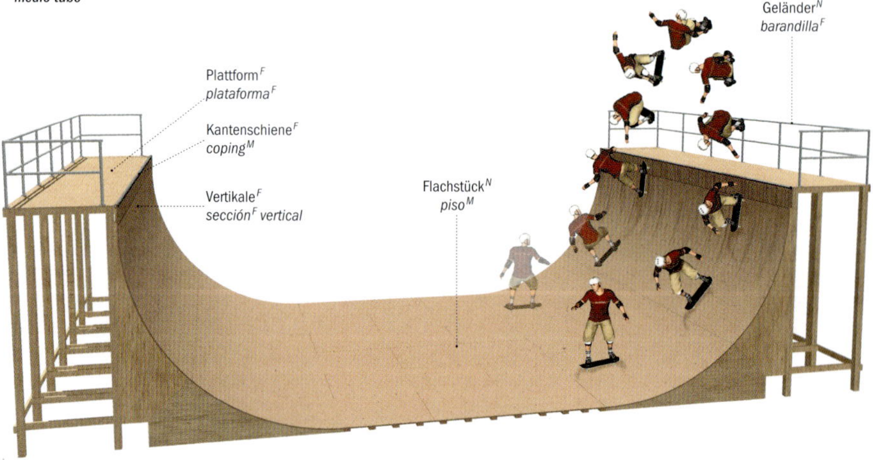

Inlineskating[N]
patinaje[M] en línea[F]

Stuntskate[M]
patinaje[M] acrobático

Skaterin[F]
patinadora[M]

Speedskate[M]
patín[M] en línea[F]

Hockeyskate[M]
patín en línea[F] de hockey[M]

Rollschuh[M]
patín[M] en línea[F]

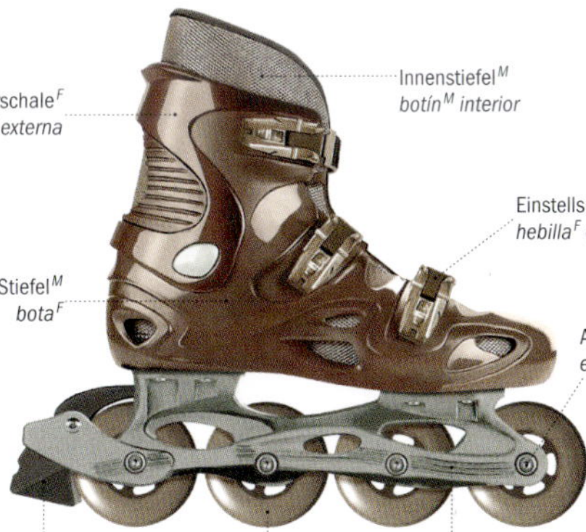

Camping[N]
acampada[F]

Beispiele[N] für Zelte[N]
ejemplos[M] de tiendas[F] de campaña[F]

Zweipersonenzelt[N]
tienda[F] para dos

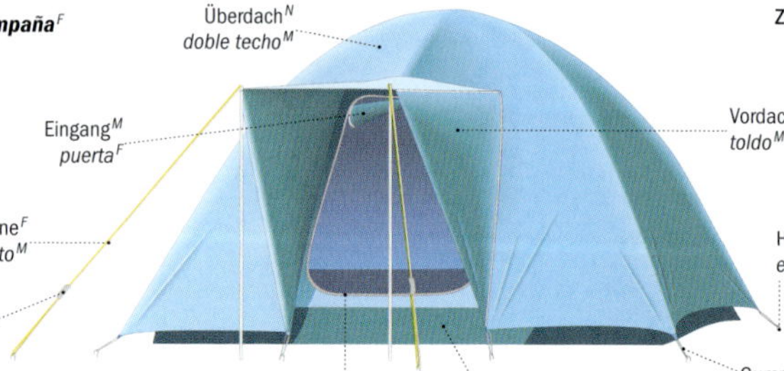

Familienzelt[N]
tienda[F] de campaña[F] tamaño[M] familiar

Mannschaftszelt[N]
tienda[F] tipo[M] vagón[M]

Steilwandzelt[N]
tienda[F] rectangular

Hauszelt[N]
tienda[F] de campaña[F] clásica

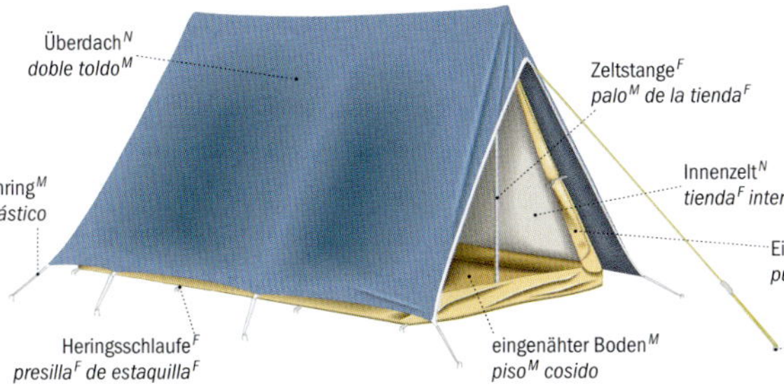

Einpersonenzelt[N]
tienda[F] unipersonal

Kuppelzelt[N]
tienda[F] tipo[M] domo[M]

Igluzelt[N]
tienda[F] tipo[M] iglú[M]

Propan- oder Butangas-Geräte[N]
equipos[M] de gas[M]

Lampe[F]
linterna[F]

Heizstrahler[M]
calentador[M]

zweiflammiger Gasbrenner[M]
cocina[F] de campo[M]

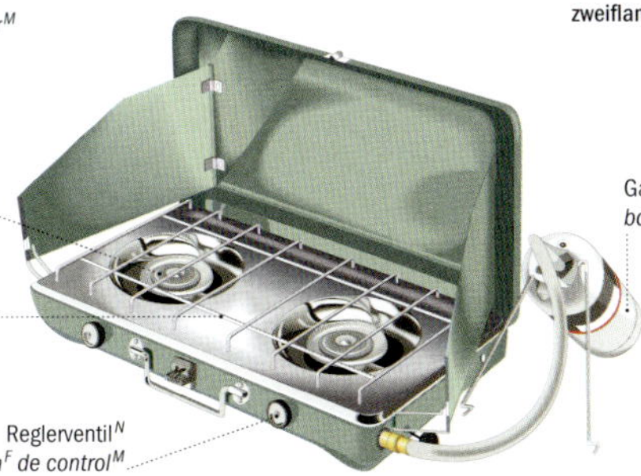

einflammiger Gasbrenner[M]
hornillo[M]

Beispiele^{N} für Schlafsäcke^{M}
ejemplos^{M} de sacos^{M} de dormir

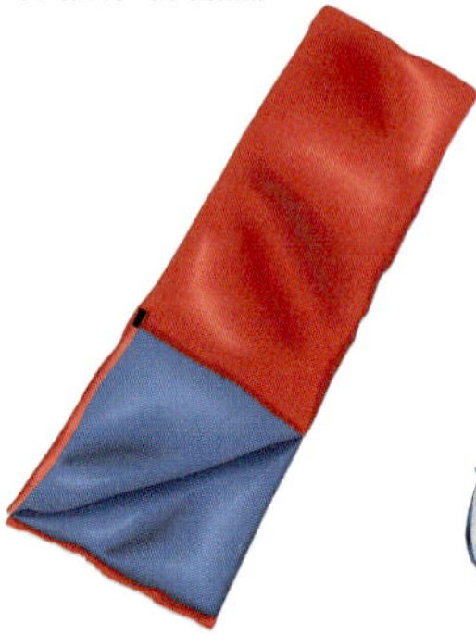

Rechteckschlafsack^{M}
saco^{M} rectangular

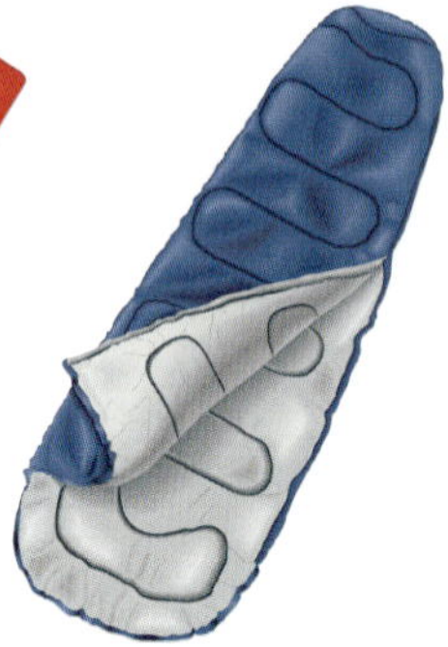

Halbmumienschlafsack^{M}
saco^{M} semirrectangular

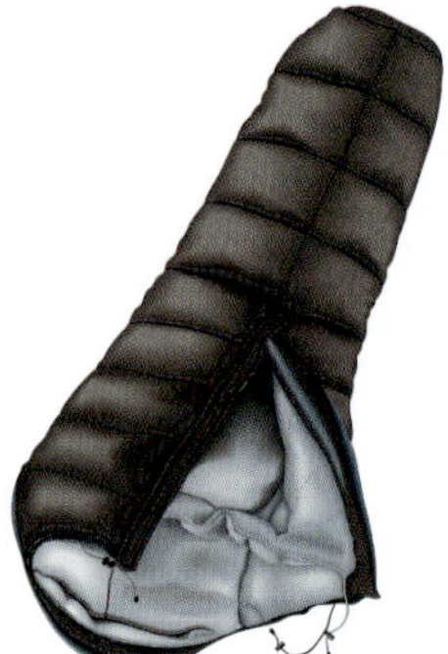

Mumienschlafsack^{M}
de momia^{F}

Bett^{N} mit Matratze^{F}
camas^{F} y colchonetas^{F}

Feldbett^{N}
catre^{M} desmontable

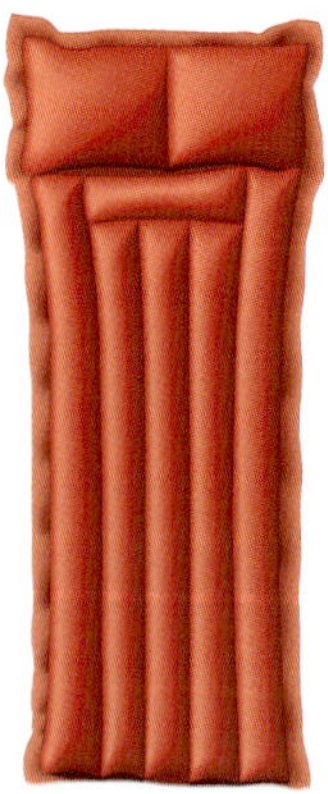

Luftmatratze^{F}
colchoneta^{F} de aire^{M}

selbstaufblasbare Luftmatratze^{F}
colchoneta^{F} aislante

Schaumgummimatratze^{F}
colchoneta^{F} de espuma^{F}

Kombipumpe^{F}
muelle^{M} para inflar y desinflar

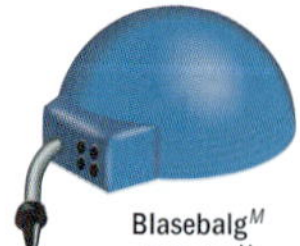

Blasebalg^{M}
inflador^{M}

Essbesteck[N]
cubertería[F]

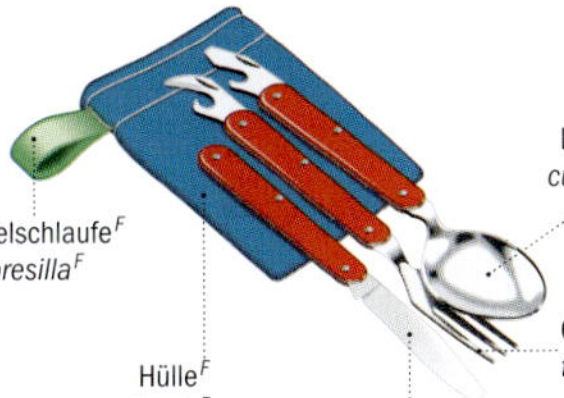

Kochgeschirr[N]
utensilios[M] de cocina[F]

Teller[M]
plato[M]

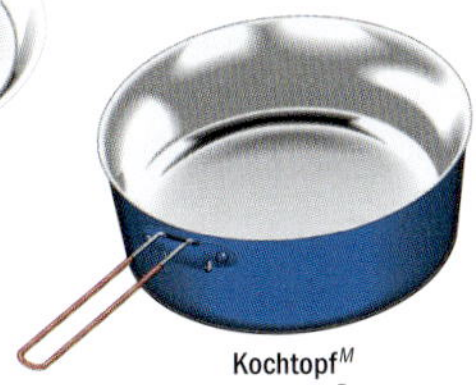

Kochtopf[M]
cazuela[F]

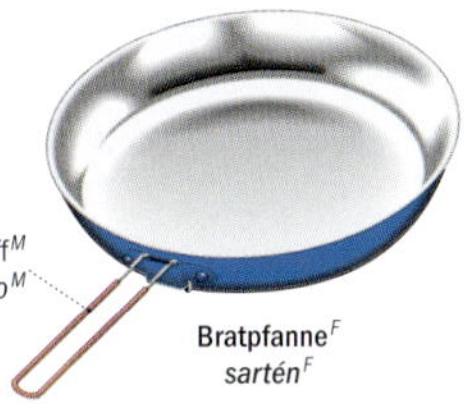

Bratpfanne[F]
sartén[F]

Kaffeekanne[F]
cafetera[F]

Tasse[F]
taza[F]

Campingausrüstung[F]
equipamiento[M] para acampar

schweizer Offiziersmesser[N]
navaja[F] multiusos suiza

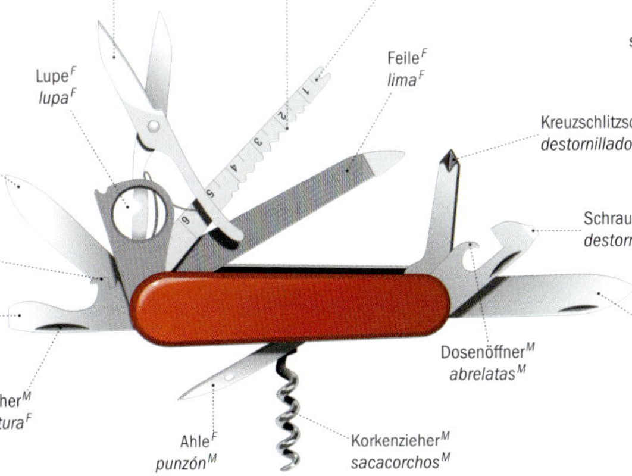

Camping[N]

Rucksack[M]
mochila[F]

Klappspaten[M]
pala[F] plegable

Sturmlampe[F]
lámpara[F] de petróleo[M]

Thermosflasche[F]
termo[M]

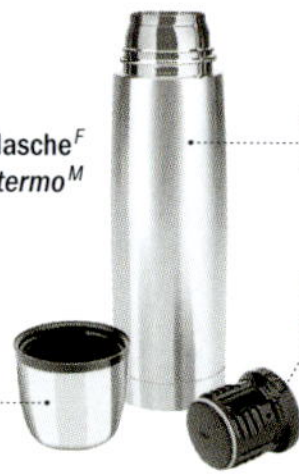

Feldflasche[F]
cantimplora[F]

Kühlbox[F]
nevera[F]

Wasserkanister[M]
termo[M] con llave[F] de servicio[M]

Bogensäge^{F}
sierra^{F} de campo^{M}

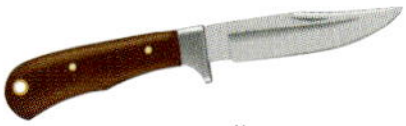

Messer^{N}
cuchillo^{M}

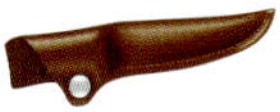

Scheide^{F}
funda^{F}

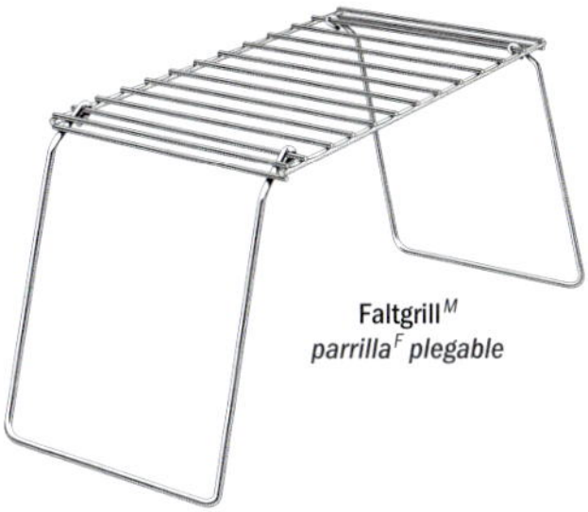

Faltgrill^{M}
parrilla^{F} plegable

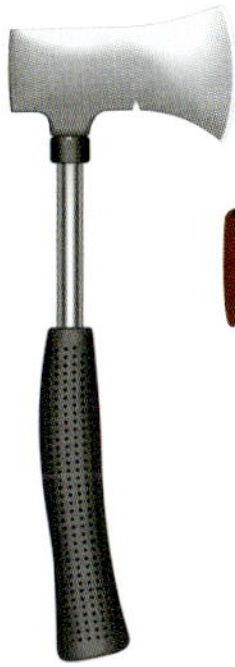

Beil^{N}
hacha^{F}

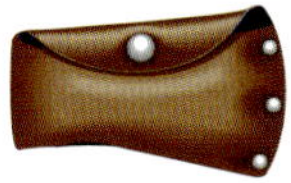

Lederschutz^{M}
funda^{F} de cuero^{M}

Magnetkompass^{M}
brújula^{F} magnética

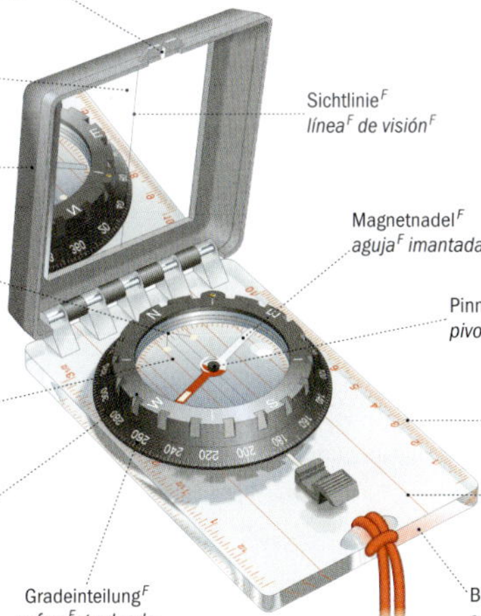

Jagen[N]
caza[F]

Gewehr[N] (gezogener Lauf[M])
rifle[M]

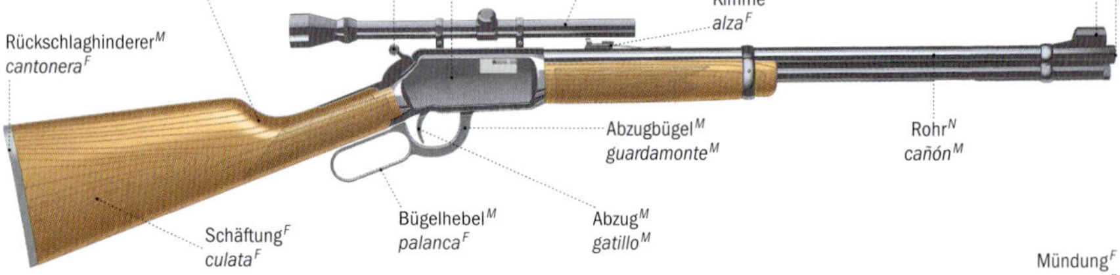

Schrotflinte[F] (glatter Lauf[M])
escopeta[F]

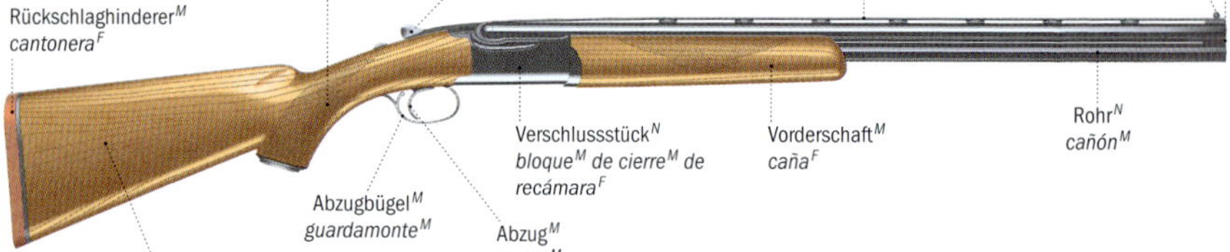

Patrone[F] (Schrotflinte[F])
cartucho[M] de escopeta[F]

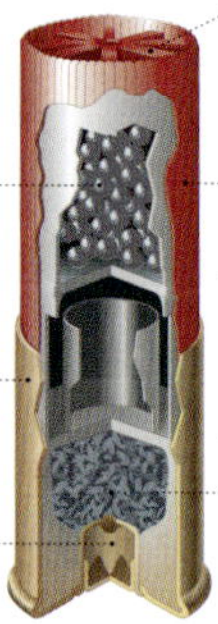

Patrone[F] (Gewehr[N])
cartucho[M] de rifle[M]

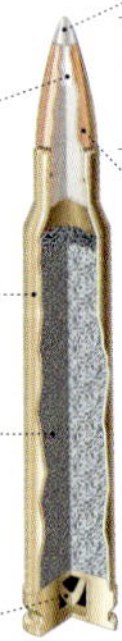

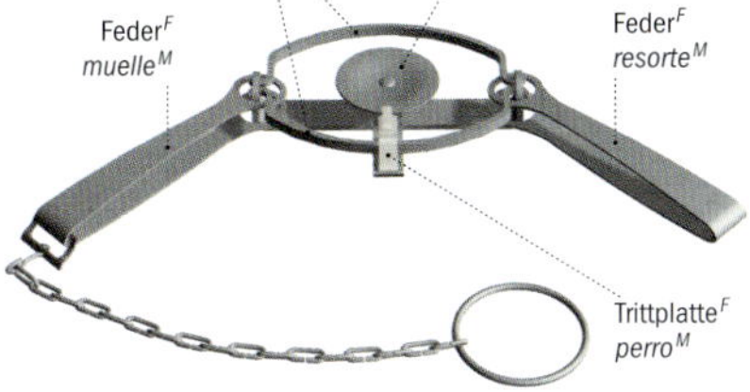

Tellereisen^N
cepo^M

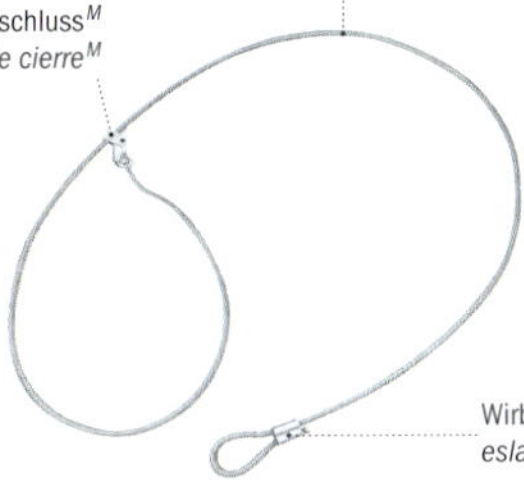

Schlinge^F
lazo^M

Lockente^F
señuelo^M

Kompositbogen^M
arco^M de poleas^F

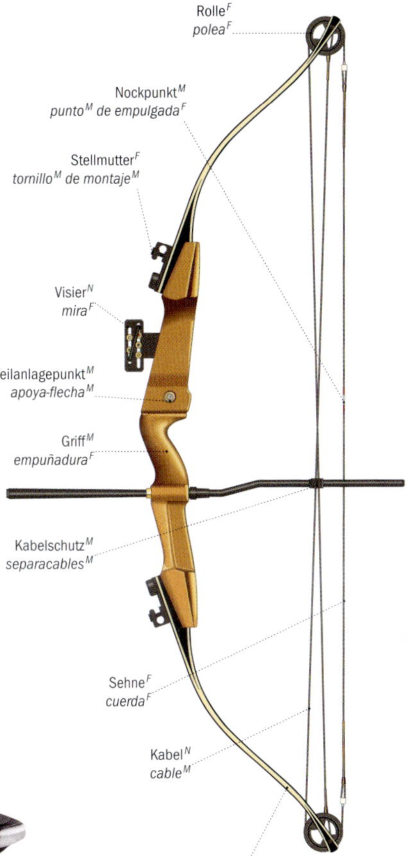

Sportfischerei^{F}
pesca^{F}

Fliegenfischen^{N}
pesca^{F} con mosca^{F}

Fliegenrolle^{F}
carrete^{M} giratorio

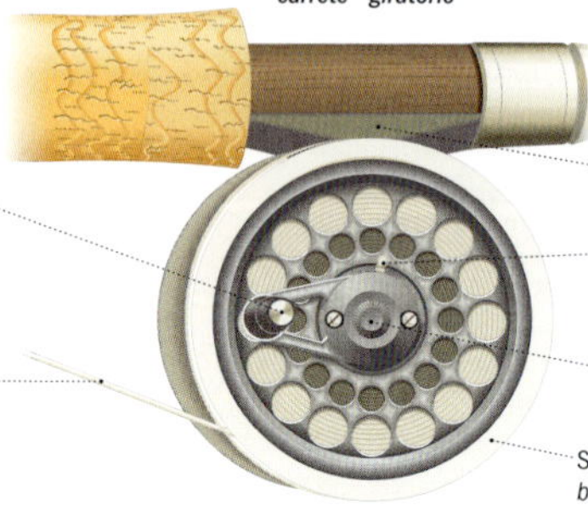

Fliegenrute^{F}
caña^{F} para mosca^{F}

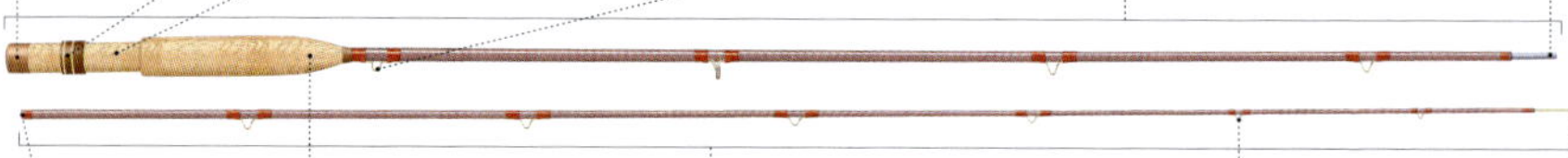

Kunstfliege^{F}
mosca^{F} artificial

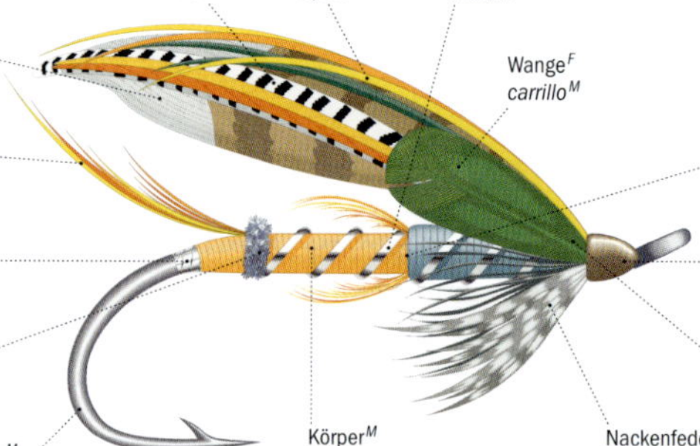

SPORT UND SPIELE

Casting[N]
pesca[F] de lanzado[M]

Spinnrute[F]
caña[F] para lanzado[M]

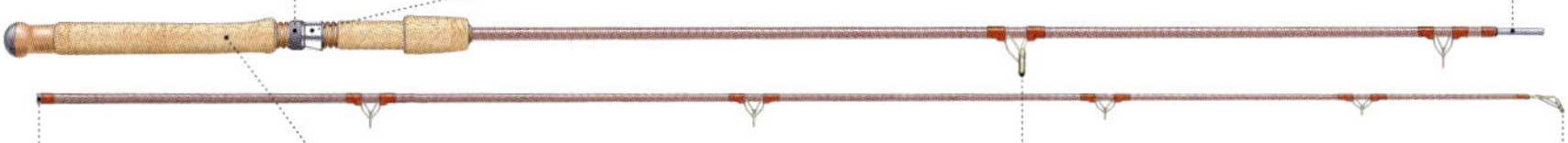

offene Spinnrolle[F]
carrete[M] de bobina[F] fija

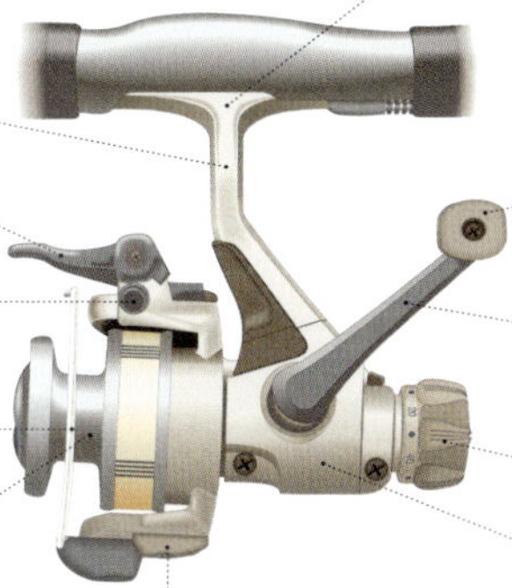

Multirolle[F]
carrete[M] de tambor[M]

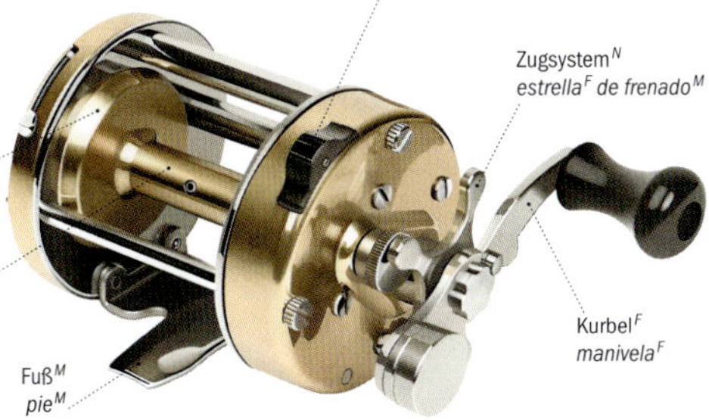

SPORT UND SPIELE

Sportfischerei[F]

Angelhaken[M]
anzuelo[M]

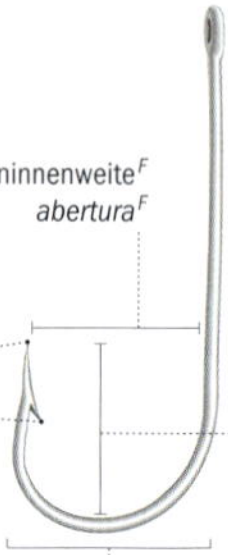

Fangzubehör[N]
aparejo[M]

Blinker[M]
cuchara[F]

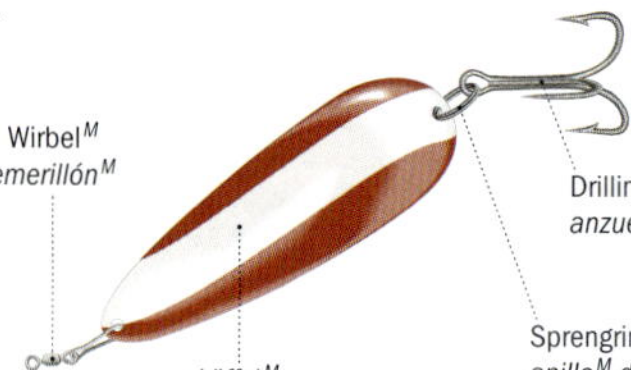

Kleidung[F] und Zubehör[N]
ropa[F] y accesorios[M]

Spinnerschachtel[F]
caja[F] de pesca[F]

Fischkorb[M]
cesta[F] de pescador[M]

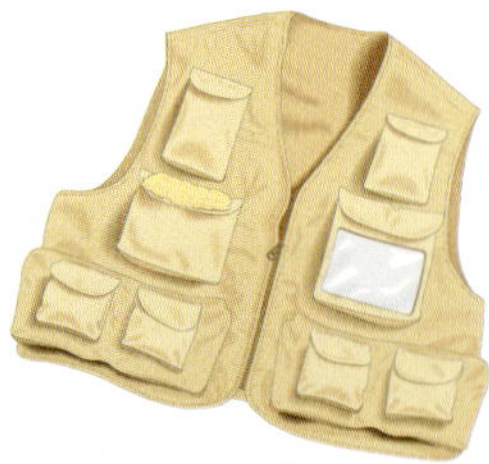

Anglerweste[F]
chaleco[M] de pescador[M]

Watstiefel[M]
botas[F] altas

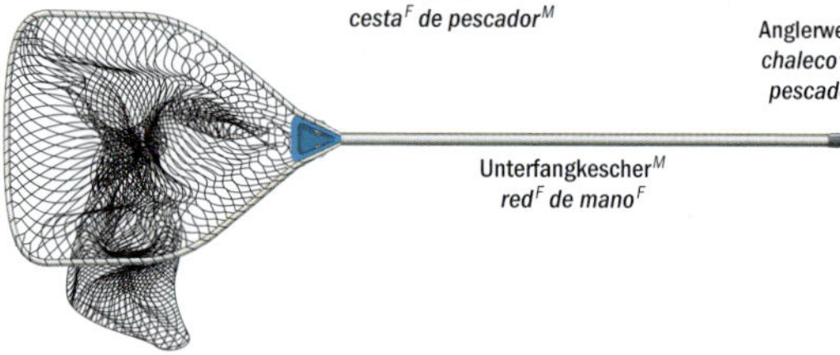

Unterfangkescher[M]
red[F] de mano[F]

Deutsches Register

1-Meter-Brett 518
10-m-Linie 482
10-Meter-Turm 518
100-m- und 100-m-Hürdenlauf, Start 472
10000-m- und 4-x-400-m-Lauf, Start 473
110-m-Hürdenlauf, Start 472
15-m-Linie 483
1500-m-Lauf, Start 473
200-m-Lauf, Start 472
22-m-Linie 482
3-Meter-Brett 518
3-Meter-Turm 518
35mm-Fotoapparat 10
400-m-, 400-m-Hürden-, 4-x-100-m-Lauf, Start 473
4x4-Geländemotorrad 369
5-Meter-Linie 483
5-Meter-Turm 518
5000-m-Lauf, Start 472
7,5-Meter-Turm 518
800-m-Lauf, Start 473

A

A 298
Aal 159
Abblendlicht 352
Abblendschalter 368
Abbruch 330
Abbruchtaste 333, 337
Abdeckscheibe 417
Abdeckung 315, 324, 454
Abdomenarterie 71
Abendhandschuh, langer 243
Abessinierkatze 87
Abfahrt, Seilbahn 512
Abfahrt, Sessellift 512
Abfahrtslauf 511
Abfahrtsski 510
Abfahrtzeiten 374
Abfall, radioaktiver 48
Abfalleimer 215
abfallendes Revers 248
Abflugwartehalle 391
Abfluss 32, 194
Abfluss, oberirdischer 45
Abfluss, unterirdischer 45
Abflusskreislauf 194
Abflussrohr 197
Abflusssieb 197
Abgabe von Sauerstoff 54
Abgasleitung 395
abgesenkte Nase 394
abgesteppte Falte 253
Abhalter 372
Abisolierzange 217
Abklingbecken 409
Ablage 219, 339
Ablassventil 404
Ablauf, Boden 184
Ablaufrohr 196
Ablaufschlauch 212, 214
Abluftleitung 345
abnehmbare Handballenauflage 330
abnehmender Mond 5
Abreißkalender 338
Abrollbahn 391
Absatz 240, 262, 509
Absatzoberflecken 240
Absatzplatte 514
Absatzstopper 527
Absatzteil 511
Abscheider 384
Abschlagplatz 504
Abschlagsbereich 504
Abschleppkran 364
Abschleppwagen 364
Abschluss, oberer 205
Abschlusskappe 536
Abschlusskappe, obere 417
Abschlusskappe, untere 417
Abschlussplatte 409
Abschlussring 536, 537
Abseihkelle 173
Abseihlöffel 173
absinkende kalte Luft 43
Absorber 410
absorbierte Sonneneinstrahlung 46
Absorption der Erdoberfläche 46
Absperrarm 362
Absperrband 457
Absperrventil 194, 196, 197
Abstandstück 467
absteigende Aorta 103
absteigender Dickdarm 106
absteigender Gang 278
Abstellfläche 345
Abstellplatz 389
Abstellrost 211
Abstoßsäge 509
Abstoßung 416
Abteilklammer 268
Abteilung 121
Abtropfen 171
Abwasser 48
Abwasserkanal 434
Abwehrhandschuh 507
Abwehrspieler, mittlerer 487
Abwehrspieler, rechter 487
Abweiser 524
Abzeichen 456
abziehbarer Temperaturregler 179
Abziehklinge 514
Abzug 454, 534
Abzugbügel 534
Abzweig 416
Abzweigleitung 194
Achse 272, 526, 527
Achselarterie 102
Achselhöhle 92, 94
Achselknospe 53
Achselkrücke 466
Achselnerv 108
Achselstütze 466
Achselvene 102
Achswelle 351
Achteck, regelmäßiges 429
Achtelnote 299
Achtelpause 299
Adamsapfel 92
Adapter 198, 271, 336
Adapterschnittstelle 336
Addition 427
Additionstaste 337
additive Farbmischung 418
Aden, Golf 19, 20
Aderhaut 119
Adler 81
Adria 18
aerodynamische Bremse 412
Afghanistan 452
Afrika 14, 20, 34, 451
Afrikanische Platte 27
After 71, 73, 106, 111, 112
Afterflosse 74
Afterfurche 93
Afterschließmuskel 106
Ägäis 18
Agar-Agar 123
Aggregatzustände 414
Ägypten 451
Ahle 531
Ahorn 64
Ahornsirup 149
Ährchen 61
Ähre 57, 61
Ährenbrot 144
Ährenrispe 61
Airbag 354
Airbag-Rückhaltesystem 354
Ajowan 139
Akanthusblatt 200
Akkord 299
Akkordeon 296
Akku 228, 320
Akku-Bohrschrauber 228
Akku-Mini-Staubsauger 208
Akkumulator 357
Akromion 99
Akroterion 279
Aktenbox 340
Aktenkoffer 274
Aktenmappe 340
Aktenordner 339
Aktentasche 274, 275
Aktenvernichter 341
Aktionstasten 471
Akustikdecke 293
akustische Gitarre 302
Alarm, Kontrollleuchte 337
Alaska, Golf 16
Albanien 450
Albatros 80
Aleuten 16
Aleutengraben 34
Alge 51
Alge, Aufbau 51
Algen, Beispiele 51
Algerien 451
alkalische Zink-Mangan-Zelle 417
Alkoholkolben 424
Alkoholsäule 424
Allee 25
Alligator 77
Alluvion 32
Alpen 18
alphabetische Tastatur 338
alphanumerische Tastatur 327, 330, 346, 442, 443
Alpin-Skipiste 512
Alpinboard 513
alpiner Skiläufer 510
alpines Skilaufen 510
Alse 160
Alt-Taste 330
Altaluminium-Sammelbehälter 49
Altarbild 446
Altarkreuz 446
Altarm 32
Alternative 330
Altglas-Container 49
Altglas-Sammelbehälter 49
Altokumulus 42
Altostratus 42
Altpapier-Container 49
Altpapier-Sammelbehälter 49
Altschlüssel 298
Aluminiumfolie 162
Alveolarknochen 101
Amarant 143
Amazonas 17
Amboss 116, 534
ambulante Unfallstation 463
Ameise 69
American Football 484
Amerika 448
Amerika, Vereinigte Staaten 448
amerikanischer Bacon 156
amerikanischer Senf 140
amerikanisches Labor 11
amerikanisches Maisbrot 145
amerikanisches Wohnmodul 11
Amery-Eisschelf 15
Amöbe 66
amorpher Festkörper 414
Ampel 230
Ampere 426
Amphibien 75
Amphibien, Beispiele 75
Amphibien-Löschflugzeug 394
Amphitheater, römisches 281
Amplitude 418
Amplituner: Rückansicht 322

Ampulle 467
amtliche Unterschrift 441
An-/Aus-Kontrolllampe 327
Analfuß 67
Analoguhr 424
Ananas 136
Ananasguave 137
Anästhesieraum 464
Anatomie 96
Anatomie einer zweischaligen Muschel 73
Anatomie eines Hummers 71
Anden 17
andere Zeichen 299
Andorra 449
Anemometer 413
angehobener Lenkerbügel 522
Angehörige, Warteraum 462
Angel 167, 169, 216
Angelhaken 536, 538
Angelhaken mit Vorfach 538
Angelwurzel 169
Anglerweste 538
Angola 452
Angriff 485
Angriffslinie 487
Angriffszone 487
Anhänger 264
Anhängerkupplung 356, 361
Anik 317
Anis 142
Anker 473
Ankerbolzen 357
Ankerklüse 383, 387
Anklagebank 440
Ankleideraum 189, 290
Ankleideraum, privater 290
Anlage 182
Anlage, elektrische 351
Anlagen, unterirdische 281
Anlasser 237
Anlaufbahn 496
Anlaufhülse 229
Anlaufstrecke 473
annähernd gleich 427
Anode 417
Anorak 263
anorganische Substanzen 45
Ansatz 223
Ansatzrohr 209
Ansauggitter 270
Anschlag 226, 425, 521
Anschlagfläche 341
Anschlagrahmen 202
Anschluss 210
Anschluss für Zündkabel 359
Anschlussabdeckung 320
Anschlussbuchse 303
Anschlussbuchsen für Video- und Digitalübertragung 315
Anschlüsse, Beispiele 197
Anschlusskabel 227, 324
Anschlusskasten 411
Anschlussklemme 198
Anschlussleitung 194
Anschlussstelle 431
Anschlussstellen, Beispiele 342
Anschlussstifte 417
Anschreiber 487, 488
Ansicht 182
Anspielkreis 506
Anspielpunkt 506
Anstoßlinie 502
Anstoßpunkt 481, 502
Anstoßraum 502
Anstreichen 219
Antarktis 14, 15
Antarktische Halbinsel 15
Antarktische Platte 27
Antenne 7, 67, 68, 71, 326, 327, 349, 369, 392, 395, 457, 487
Antenne für die Linienzugbeeinflussung 376
Antennenbuchsen 322
Antennula 71
Antependium 446
anthropogener Treibhauseffekt 46
Anti-Reflex-Beschichtung 410
Antiblockiersystem (ABS) 357
Antigua und Barbuda 449
Antiklinale 403
Antilope 84
Antiseptikum 461
antiseptische Flüssigkeit 461
Antriebsmodul 316
Antriebsrad 398, 523
Antriebsräder 401
Antriebsriemen 360
Antriebssystem 351
Antriebswelle 177
Antriebswerk 403
Antrittspfosten 191
Antrittsstufe 191
Anwendungsstarttasten 337
Anzeige 313, 337, 346, 422, 423
Anzeige "Sicherheitsgurte anlegen" 355
Anzeigeskala 423
Anzeigetafel 472, 492, 497, 499, 518
Anzeigetafel für das Gesamtergebnis 496
Anzeigetafel für die Einzeldisziplin 497
Anziehung 416
Anzünder 218
Aorta 104, 105
Aorta, absteigende 103
Aorta, aufsteigende 103
Aortenbogen 102, 103, 104
Aortenklappe 104
Apex 72, 73
Apfel 133
Apfel im Querschnitt 58
Apfelessig 141
Apfelfrucht, fleischige 58
Apfelfrüchte 133
apokrine Schweißdrüse 114
Apotheke 436
Appalachen 16
Appartements 512
Aprikose 132
Äquator 17, 20, 21, 22, 43
Äquatorialguinea 451
äquivalent 427
Ara 80
Arabische Halbinsel 19
Arabisches Meer 19
Arachnoidea 109
Aralsee 19
Arame 123
Arbeiterin 68
Arbeitsbrett 219
Arbeitskittel 255
Arbeitsleuchte 206
Arbeitsplatte 164, 224
Arbeitsstiefel 240
Arbeitszimmer 189
Archipel 24
Architektur 278
Architekturelemente 286
Architrav 279
Archivolte 285
Arena 281
Arenberg-Parkett 190
Argentinien 448
Ariel 3
Arkade 281, 284
Arkaden 447
Arktis 14
Arm 83, 91, 93, 95, 206, 467
Armaturenbrett 354
Armaturenbrettausrüstung 457
Armausschnitt 247
Armband 264
Armbänder 264
Armbeuger 96
Armdecken, große 78
Armdecken, kleine 78
Armdecken, mittlere 78
Ärmel 244
Ärmel, eingesetzter 245
Ärmelkanal 18
Ärmellasche 248
ärmelloses Sporthemd 500
Ärmelschlitz 245
Armenien 452
Armgeflecht 108
Armhebel 499
Armlehne 200, 205
Armlehnstuhl 200
Armreif 264
Armschutz 486
Armschützer 486
Armschwingen 78
Armstrecker, dreiköpfiger 97
Armstrecker, zweiköpfiger 96
Armstuhl 444
Armstühle, Beispiele 200
Armstütze 200, 352, 353, 467
Arpeggio 299
Arretierhebel 224, 229
Arretierknopf 229
Art der hohen Wolken 39
Art der mittelhohen Wolken 39
Art der tiefen Wolken 39
Arten von Blütenständen 57
Arten von Golfschläger 505
Arterien 102
Artikel 313
Artischocke 127
Arzneimittel-Darreichungsformen 467
Arzt 498
Ärzteteam 499
Asche, vulkanische 28
Aschenbahn 472
Ascheschicht 28
Aserbeidschan 452
asiatische Birne 137
asiatische Eiernudeln 147
asiatische Teigwaren 147
Asien 14, 19, 34, 452
Asphalt 405
Asphalt-Destillationsanlage 405
Aspirin 461
Ass 468
Assistenzarzt 464
Assistenzschiedsrichter 509
Assistenztrainer 507
Ast 63, 65
Äste 63
Asteroidengürtel 3
Asthenosphäre 26
Astigmatismus 419
Astronomie 2
astronomische Einheit 2, 3
Astschere 234
Asukibohne 131
Atacama-Wüste 17
Atemluftzufuhrschlauch 454
Atemschutz 459
Atemschutzmaske, leichte 459
Atemschutzsystem, geschlossenes 454
Äthiopien 451
Athletin 473
Atlantik 14
atlantischer Kabeljau 161
atlantischer Lachs 161
Atlantischer Ozean 15, 18, 20
Atlas 99
Atlasgebirge 20
Atlasspinner 69
Atmosphäre 44, 48
Atoll 35
Atom 414
Atome 414
Atomkern 414
Atrium 280
Aubergine 128
Audio-Ausgänge 337
Audio-Eingänge 337
Audiobuchse 329
Audiometrie-Untersuchungsraum 465
Aufbau 361
Aufbau der Biosphäre 44
Aufbau der Sonne 4
Aufbau des Ohres 116
Aufbau des Rückenmarks 109
Aufbau einer Alge 51
Aufbau einer Blume 56
Aufbau einer Flechte 50
Aufbau einer Pflanze 53
Aufbau eines Baumes 63
Aufbau eines Blatts 55
Aufbau eines Farns 52
Aufbau eines Mooses 51
Aufbau eines Pilzes 52
Aufbauspieler, linker 489
Aufbauspieler, rechter 489
Aufbewahrungsmöbel 202
aufblasbare Manschette 461
Aufdruck 260
Aufenthaltsraum 439
Auffahrt 343, 344
Auffangschale 181
Auffangschüssel 210
Aufgeber 494
aufgesetzte Tasche 244, 249, 260
aufgewirbelter Staub 43
Aufhängeband 119
Aufhängeöse 270
Aufhänger 250
Aufhängung 308, 351
Aufhelltaste 320
Aufladen, Kontrollleuchte 337
Auflage 204
Auflagehumus 54
Auflaufförmchen 166
Auflege-/Ausschalttaste 327
Auflösungszeichen 299
Aufnahme 462, 465
Aufnahme von Kohlendioxid 54
Aufnahme von Wasser und Mineralstoffen 54
Aufnahme- und Speichermedien 319
Aufnahme-Starttaste 320
Aufnahme-Stopptaste 320
Aufnahme-Taste 323
Aufnahme-Ziffer 291
Aufnahmebühne 290
Aufnahmemodus 314, 320
Aufnahmetaste 319
Aufprallsensor 354
Aufreißer 398
Aufreißerspitze 398
Aufreißerzylinder 398
Aufsatz 174
Aufsatzstück 296
Aufschäumdüse 181
Aufschlag 246, 487, 490
Aufschläger 491
Aufschlagfeld für das Doppelspiel 495
Aufschlagfeld für das Einzelspiel 495
Aufschlagfelder 495
Aufschlaglinie 491
Aufschlaglinienrichter 490
Aufschlagrichter 490, 494
Aufschnitt 305
Aufsetzzonenmarkierungen 391
Aufsteckbürste 272
Aufsteckdüse 272
aufsteigende Aorta 103
aufsteigende warme Luft 43
aufsteigender Dickdarm 106
aufsteigender Gang 278
Aufstellpunkt 502
Aufwachraum 464
Aufzeichnung, seismologische 403
Aufziehbrett 216
Aufzug 281, 287, 435, 439
Aufzugseil 397
Augapfel 75, 119
Auge 43, 70, 71, 72, 76, 90, 94, 119, 220, 270, 468
Augen-Make-up 266
Augenbehandlungsraum 463
Augenbrauenpinzette 265
Augenbrauenstift 266
Augengläser, Beispiele 273
Augenkammer, hintere 119
Augenkammer, vordere 119
Augenlid 76
Augenlid, oberes 75, 87
Augenlid, unteres 75, 87
Augenmuskel, unterer gerader 119
Augenring 78
Augenringmuskel 96
Augenschutz 458
Augenstreif 78
Augenträger 72
Augenwand 43
Ausatmungsventil 459
Ausbeinmesser 169
Ausbreitung, Fortpflanzung 418
Ausbruchstätigkeit, Vulkan 28
Ausdehnungskammer 424
ausfahrbarer Baum 397
ausfahrbarer Leiterbaum 455
Ausfahrt 343
Ausfahrtspur 343
Ausführungsgang, Schweißdrüse 114
Ausgabebank, Kürzel 441
Ausgabegeräte 333
Ausgangssperre 378
Ausgangstür, zweiflügelige 362
Ausgleichsbecken 406, 407
Ausguss 215
Ausgussreiniger 216
Ausklapparretierung 219
ausklappbare Stützvorrichtung 365
Auslassventil 360, 461

Auslauf 122
Auslaufgarnitur 197
Auslaufrohr 407
Ausleger 397, 399, 400
Auslegerbrücke 344
Auslegerseil 397
Auslegerzylinder 399, 400
Auslenkungsrichtung 418
Auslinie 482
Auslöser 314
Auspressen 177
Auspuffanlage 351
Auspuffendrohr 351
Auspuffkrümmer 350, 360
Auspuffrohr 364, 367, 368, 369, 398, 401
Auspuffrohr, hinteres 351
Auspuffrohr, vorderes 350
Ausrichtschraube 423
Ausschalter 235
Ausschnitt, halsnaher 250, 255, 260
Ausstatter 290
Ausstattung, persönliche 264
Ausstechformen 172
Aussteuerung, manuelle 323
Auster 157
Austerngabel 168
Austernmesser 169
Austernseitling 123
Australien 14, 34, 453
Australische Kordilleren 15
Austrittskante 392
Auswahl 319
Auswahltaste 326
auswärts 518
Auswaschung 48
Auswechselbank 481
Auswurftaste 176, 315, 319, 323, 471
ausziehbare Fluggastbrücke 389
ausziehbarer Griff 274
Ausziehbein 202
Ausziehleiter 219
Ausziehtisch 202
Auszug 202, 210
Außenangreifer, linker 487
Außenangreifer, rechter 487
Außenansicht eines Hauses 182
Außenbordmotor 385
Außenbrett 469
Außendreiviertel links 482
Außendreiviertel rechts 482
Außenfeldspieler, linker 474
Außenfeldspieler, mittlerer 474
Außenfeldspieler, rechter 474
Außengewinde 537
außengezahnte Fächerscheibe 222
Außenkelch 59
Außenkreis 515
Außenlippe 73
Außenring 441
Außenrohr, druckfestes 409
Außenschicht 477
Außenspiegel 362, 363
Außensteckhülse 536
Außenstürmer links 482
Außenstürmer rechts 482
Außentank 12
Außentasche 274, 276
äußere Drosselvene 102
äußere Kappe 240
äußere Kuppelhülle 7
äußere Merkmale einer einschaligen Muschel 73
äußere Merkmale einer Giftschlange: Kopf 76
äußere Merkmale einer Honigbiene: Arbeiterin 68
äußere Merkmale einer Ratte 82
äußere Merkmale einer Schildkröte 76
äußere Merkmale einer Schnecke 72
äußere Merkmale einer Spinne 70
äußere Merkmale einer zweischaligen Muschel 73
äußere Merkmale eines Delphins 90
äußere Merkmale eines Flußbarschs 74
äußere Merkmale eines Froschs 75
äußere Merkmale eines Gorillas 91
äußere Merkmale eines Hais 74
äußere Merkmale eines Hummers 71
äußere Merkmale eines Hundes 86
äußere Merkmale eines Pferdes 83
äußere Merkmale eines Schmetterlings 67
äußere Merkmale eines Tintenfischs 72
äußere Merkmale eines Vogels 78
äußere Nase 117
äußere Oberschenkelkondyle 99
äußere Planeten 2
äußerer Bull 471
äußerer Gehörgang 100
äußerer Hausflur 280
äußerer Kern 26
äußerer Linebacker 484
äußerer Ohrmuschelrand 115
äußerer Schenkelmuskel 96, 97
äußerer Schneidezahn 101
äußerer schräger Bauchmuskel 96, 97
äußeres Ohr 116
Auto 347
Autobahn 25, 343, 431
Autobahnnummer 25
Autocoat 251
Autofocus-Umschalter 314
Autohandschuh 243
Autohaus 433
Autoklav 464
Automat für Umsteigekarten 379
automatische Schiebetür 286
automatische Tür 390
automatischer Bankschalter 442, 443
automatischer Zeitmesser 517
Autoplane 356
Autorennen 524
Autotransportwagen 377
autotrophe Organismen 45
Autowaschanlage 346
Avocado 128
Axel 509
Axialrippe 73
Axon 110
Axt 234
Azimutalprojektion 22
Azimutfeineinstellung 8, 9
Azimutfesteller 8
Azimutfeststeller 9
aztekischer Tempel 283

B

B 299
Baby-Doll 256
Babybekleidung 260
Babyschuh 260
Bach 32
Bachsaibling 161
Back 383, 387
Backblech 172
Backbordseite 387
Backe 86, 273
Backe, bewegliche 223, 224
Backe, feste 223, 224
Backen 217, 221, 224, 228, 511
Backenhörnchen 82
Backenzahn im Längsschnitt 101
Backenzahn, erster 101
Backenzahn, erster vorderer 101
Backenzahn, zweiter 101
Backenzahn, zweiter vorderer 101
Backenzähne 101
Backenzähne, vordere 101
Bäckerei 437
Backfett 149
Backform 179
Backgammon 469
Backgerät 172
Backline 515
Backofen 164, 210
Backofenfolie 162
Backofenthermometer 171
Backofentür 210
Backrost 210
Backsteinhaus 288
Backwaren 121
Bacon, amerikanischer 156
Bacon, kanadischer 156
Bad 189, 439, 464
Badeanzug 263
Badebürste 267
Badehose 263, 516
Badekappe 516
Badeleiter 184
Bademantel 256
Badetuch 267
Badetuch mit Kapuze 260
Badewanne 189, 194, 195, 439
Badezimmer-Oberlicht 189
Badminton 494
Badmintonplatz 494
Badmintonschläger 494
Baffinland 16
baggern 487
Baggerstiel 400
Baggerstielzylinder 400
Baguette 144
Bahamas 448
Bahn 220, 472, 515, 516
Bahnende 517
Bahnenplissee 253
Bahnenrock 253
Bahnhof 25, 374, 375, 430, 432
Bahnhofshalle 374
Bahnmarkierung 473
Bahnseil 517
Bahnsteig 374, 375, 379, 390
Bahnsteigkante 374, 379
Bahnsteigüberdachung 375
Bahnübergang 375
Bahnzeitnehmer 516
Bahrain 452
Baikalsee 19
Bajonettfassung 199
Balalaika 297
Balanceregler 322
Balg 296
Balg, Schnitt 60
Balgenverschluss 296
Balkanhalbinsel 18
Balken 109, 279, 280, 283, 288, 422
Balken, hinterer 422
Balken, vorderer 422
Balkenbrücke 344
Balkenwaage 422
Balkon 189
Balkontür 189
Ballerinaschuh 241
Ballfangzaun 474
Balljunge 490
Ballonsonde 38
Ballsportarten 474
Ballungsgebiet 430
Balsamessig 141
Balustrade 283
Bambussprosse 125
Banane 136
Bande 506
Bandführung 341
Bandring 264
Bandsortenschalter 323
Bandsperre 225
Bandwahltaste 322
Bangladesch 453
Banjo 296
Bank 201, 432, 437, 442, 501
Bankett 342
Banknote: Rückseite 441
Banknote: Vorderseite 441
Bankschalter, automatischer 442, 443
Bar 293, 432, 438, 469
Barbados 449
Barbakane 282
Bardame 438
Barentssee 18
Bargeldbestückung 443
Barhocker 201, 438
Baronstange 302
Barren 496, 497
Barrierriff, Großes 15
Barsch 160
Bart 61
Bartregion 78
Basalschicht 114
Basaltschicht 26
Baseball 474, 476
Baseball im Querschnitt 477
Basilikum 142
Basis 318, 473
Basis der Rückenlehne 200
Baskenmütze 239
Basketball 488
Basketballspiel 488
Basketballspieler 488
Basmatireis 147
Bass-Straße 15
Bass-Tonabnehmer 303
Bassgitarre 303
Bassklarinette 295
Bassregister 296
Bassregler 322, 325
Bassschlüssel 298
Basssteg 304
Basstastatur 296
Basstrommel 295, 308
Bast 63
Batterie 221, 350, 359, 411, 416
Batterie-Schraubendreher 221
Batteriegehäuse 359
Batteriekasten 365
Batterieladekontrollleuchte 355
Bauch 78, 83, 92, 94
Bauchaorta 102, 107
Baucharterie 71
Bauchfell 111, 112
Bauchflosse 74
Bauchfuß 67
Bauchhöhle 111, 112
Bauchmuskel, äußerer Schräger 96
Bauchmuskel, äußerer schräger 97
Bauchmuskel, gerader 96
Bauchpanzer 76
Bauchspeck 156
Bauchspeicheldrüse 106
Bauer 470
Bauernbrot 145
Bauernhof 122
Baum 63, 520
Baum, Aufbau 63
Baum, ausfahrbarer 397
Bäume 504
Baumfarn 52
Baumsäge 234
Baumschere 234
Baumstamm im Querschnitt 63
Baumstütze 231
Baumtomate 136
Baumvogel 79
Bauschmuskel 97
Bautischlerei 220, 221, 222, 225, 226, 228, 229
Beaufortsee 16
Becher 163, 166, 532
Becken 184, 295, 308, 309
Becken, oberes 308
Becken, unteres 308
Beckengurt 353
Becquerel 426
Bedienblende 178
Bedienkonsole 455
Bedienleiste 210, 212, 213, 214
Bedientasten 318
Bedienungsanleitung 346
Bedienungsfeld 179
Bedienungstafel 287
Bedienungstasten 328
Beere 59
Beeren 132
Beet 183
Beete, rote 129
befestigte Umfassungsmauer 447
Befestigungshebel 207
Befestigungsschiene 420
Befeuchter 339
begehbarer Kleiderschrank 189
Begonie 56
begrenzte Zone 489
Begrenzungsleuchte 352
Behaarung 82, 91
Behälter 176, 180

Behälter für gebrauchte Spritzen 457
Behälter mit Gießer 177
Behandlung, chemische 405
Behandlungsraum 463, 465
Beichtstuhl 446
Beifahrer-Fußraste 368
Beifahrerfußraste 367
Beil 454, 533
Beilage, farbige 313
Bein 76, 91, 93, 95, 202, 247, 308, 493
Beinausschnitt, elastischer 247
Beincurler 501
Beininnenseite 260, 261
Beinpolster 507
Beinschutz 476
Beinstreckerzug 501
Beispiele für Algen 51
Beispiele für Amphibien 75
Beispiele für Anschlussstellen 342
Beispiele für Armstühle 200
Beispiele für Augengläser 273
Beispiele für Bits und Bohrer 228
Beispiele für Blumen 56
Beispiele für Blusen und Hemden 255
Beispiele für Boote und Schiffe 382
Beispiele für Fahrräder 373
Beispiele für Falten 253
Beispiele für Farne 52
Beispiele für Fenster 287
Beispiele für Flechten 50
Beispiele für Flugzeuge 394
Beispiele für Gabeln 168
Beispiele für Güterwagen 377
Beispiele für Hasentiere 82
Beispiele für Hosen 254
Beispiele für Huftiere 84
Beispiele für Insekten 69
Beispiele für Instrumentalgruppierungen 300
Beispiele für Karosserien 347
Beispiele für Kleider 252
Beispiele für Küchenmesser 169
Beispiele für Lastkraftwagen 364
Beispiele für Laubhölzer 64
Beispiele für Löffel 168
Beispiele für Meeressäugetiere 90
Beispiele für Messer 168
Beispiele für Moose 51
Beispiele für Motorräder 369
Beispiele für Nadelblätter 65
Beispiele für Nadelhölzer 65
Beispiele für Nägel 220
Beispiele für Nagetiere 82
Beispiele für Primaten 91
Beispiele für Raubtiere 88
Beispiele für Reptilien 77
Beispiele für Röcke 253
Beispiele für Schlafsäcke 530
Beispiele für Skier 510
Beispiele für Spinnentiere 70
Beispiele für Sprünge 509
Beispiele für Stühle 201
Beispiele für Tische 202
Beispiele für Türen 286
Beispiele für Vogelfüße 79
Beispiele für Vogelschnäbel 79
Beispiele für Währungsabkürzungen 440
Beispiele für Winkel 428
Beispiele für Zelte 528
Beitrag, redaktioneller 313
Beiwagen 380
Bekleidungsgeschäft 436
Belegausgabe 346
Beleuchterbrücke 292
beleuchteter Spiegel 269
Beleuchtung 199, 269
Beleuchtungsgitter 291
Beleuchtungsschiene 207
Belgien 449
Belichtungseinstellung 314
Belichtungskorrekturknopf 314
Belichtungsmesser 314
Belize 448
Belüftungsfenster 182
Belüftungsschlitz 214
bemannte Manövriereinheit 10
Bengalen, Golf 19
Benin 451
Benzin 405
Benzinmotor 351
Benzintankverschluss 368
Beobachtung des Weltraums 7
Beobachtungsposten 7
Beobachtungsraum 462, 465
Beobachtungsraum, psychiatrischer 462
Bereitschaftsanzeige 269
Berg 29
Bergamotte 134
Bergère 200
Bergfried 282
Berghang 29
Berghütte 512
Bergkette 5
Bergschrund 30
Bergwacht 512
Beringsee 14
Beringstraße 16
Berme 342
Bermudashorts 254
Bernhardiner 86
Berührung 470
Besatzungsunterkünfte 382
Beschichtung 493
Beschläge 521
Beschleunigungsspur 343
Besen 193, 215
Bespannung 492, 494, 502
Besprechungszimmer 440
Besteckkorb 214
Bestückung 227
Besucherterrasse 391
Betriebsanzeigen 318
Betriebseinstellung 326
Betriebsraum 447
Betriebsschalter 337
Bett 204, 361
Bett mit Matratze 530
Betttuch 204
Bettwäsche 204
Beutel 162
Beutelfach 209
Beutelklammern 341
Beuteltasche 275
Beuteltasche, kleine 276
Beweger 212
bewegliche Backe 223, 224
bewegliche Brücken 344
bewegliche Tribünen 444
beweglicher Oberkiefer 76
Bewegungen eines Flugzeugs 395
Bewegungsmelder 286
Bezeichnungen tropischer Wirbelstürme 43
Bezugsstoff 273
BH 259
Bhutan 453
Biber 82
Bibliothek 433, 444
Bidet 195
Bienenstock 122
Bier 120
Bierkrug 165
bikonkave Linse 419
bikonvexe Linse 419
Bildanzeige 315
Bildfernsprechen 335
Bildröhre 318
Bildschirm 318, 329
Bildschirminhalt drucken 331
Bildschirmverriegelung 336
Bildung 444
Bildungseinrichtung 335, 433
Bildunterschrift 313
Bildvorlauf 315
Billard 502
Billardqueue 503
Billardtisch 502
Billettasche 244
Bimah 447
Binde, elastische 461
Bindebogen 299
Bindegewebe 114
Bindehaut 119
Bindeteil 245
Bindung 513
Bindung, chemische 414
Binokularmikroskop 421
Binsenstängel 312
Bioabfallbehälter 49
Biologie 426
biologisch nicht abbaubare Schadstoffe 47
Biosphäre 44
Biosphäre, Aufbau 44
Birke 64
Birne 133
Birne, asiatische 137
birnenförmiger Korpus 297
Birnenmelone 137
Bison 84
Bit 221
Bits und Bohrer, Beispiele 228
Bittermelone 128
Bitterschokolade 148
Blank 468
Blase 51
Blasebalg 530
Blasebalgtasche 255
Blasinstrumente 306
Blaspfeife 296
Blassynthesizer 311
Blatt 53, 54, 55, 125, 216, 219, 226, 227, 270, 493, 506
Blatt, Aufbau 55
Blatt, Säge 226, 227
Blattachsel 55
Blattader 55
Blattansatz 55
Blättchen 51
Blätter, einfache 55
Blätter, zusammengesetzte 55
Blätterpapille 118
Blätterteig 145
Blattgemüse 126
Blattgrund 53
Blattrand 55
Blattscheide 55
Blattschraube 306
Blattspindel 52
Blattstiel 55
Blattstieleinschnitt 62
Blau 418
blaue Linie 507
blaue Luzerne 130
blauer Ball 503
Blaufisch 160
Blaulicht 455
Blaustrahl 318
Blazer 251, 254
Blechbläser 295
Blechverkleidung 192
Bleikopf 305
Bleistift 312
Bleistiftspitzer 341
Blende 212, 213, 277
Blendenöffnung 7
Blendrahmen 186
Blendrahmen oben 186
Blinddarm 106
blinde Tasche 251
blinder Fleck 119
Blinker 538
Blinkerhebel 354
Blinkerkontrollleuchte 368
Blinkleuchte 352, 366, 367, 368
Blinklichter 362
Blinklichtkontrolle 355
Blitz 41
Blitzableiter 183, 407, 413
Blitzkontakt 314
Blitzröhre 420
Block 473
Block, numerischer 331
Blockdeckel 359
Blog 335
Blouson 249
Blume, Aufbau 56
Blumen, Beispiele 56
Blumenbeet 230
Blumenkohl 127
Blumenkrone 56
Blumenladen 437
Blumenrabatte 230
Bluse, klassische 255
Blusen und Hemden, Beispiele 255
Blut, sauerstoffarmes 104
Blut, sauerstoffreiches 104
Blutbestandteile 104
Blutdruckmessgerät 461
Blüte 53, 56, 62
Blütenblatt 56
Blütenboden 56, 59
Blütengemüse 127
Blütenkelch 56
Blütenknospe 53
Blütenständen, Arten 57
Blütenstandstiel 54
Blütenstiel 56, 62
Blutgefäß 104, 114
Blutkörperchen, rotes 104
Blutkörperchen, weißes 104
Blutkreislauf 102
Blutkreislauf, Schema 103
Blutplasma 104
Blutwurst 156
BMX-Rad, Mountainbike 373
Boa 77
Böckchen 308
Bockkran 406, 407
Bockmühle 412
Bocksfuß 200
Bockshornkleesamen 138
Boden 48, 180, 534
Boden, gewachsener 342
Bodenablauf 184, 194
Bodenbalken 187
Bodenbeläge, textile 190
Bodenbewegung, horizontale 27
Bodenbewegung, vertikale 27
Bodenbewegungen 31
Bodendiele 190
Bodendüngung 47
Bodendüse 209
Bodenkriechen 31
Bodenlinie 517
Bodenplättchen 302
Bodenplatte 308, 533
Bodenprofil 54
Bodenstaubsauger 209
Bodenturnfläche 496
Bodenverschmutzung 47
Body 260
Bodyshirt 255
Bodysuit 258
Bogen 301, 306, 428
Bogenansatz 301
Bogenarm 535
Bogenfeld 285
Bogengang, äußerer knöcherner 116
Bogengang, hinterer knöcherner 116
Bogengang, oberer knöcherner 116
Bogenminute 428
Bogensäge 533
Bogenschutz 306
Bogensekunde 428
Bohne, Flageolet 131
Bohne, grüne 131
Bohne, römische 131
Bohne, schwarzäugige 130
Bohne, schwarze 131
Bohnen 130, 131
Bohnen, dicke 130
Bohnenkraut 142
Bohranlage 403
Bohrerstellung 518
Bohrfutter 221, 228
Bohrfutterschlüssel 228
Bohrgestänge 403
Bohrkopf 403
Bohrkörper 228
Bohrkragen 403
Bohrmaschine, elektrische 228
Bohrschiff 382
Bohrturm 403, 404
Bohrwerkzeuge 228
Bolero 254
Bolivien 448
Bolzen 222, 224, 270, 271
Bombe, vulkanische 28
Bongos 309
Boot 240
Boote und Schiffe, Beispiele 382

Bordcomputer 354, 457
Bordeauxglas 165
Bordküche 392
Bordstein 434
Bordunpfeife 296
borealer Wald 44
Boretsch 142
Borke 63
Borste 271, 272
Borsten 215, 219
Böschung 182
Böschung im Auftrag 342
Bosnien und Herzegowina 450
Botswana 452
Bottich 214
Bottichrand 212
Bottnischer Meerbusen 18
Boulevard 25, 433
Boulevardblatt 313
Bowlingbahn 436
Box 272
Box für die Aufsteckbürsten 272
Boxen 498, 524
Boxengasse 524
Boxer 498
Boxerhose 498
Boxershorts 247
Boxhandschuhe 498
Boxtasche 276
Brachacker 122
Brandbekämpfung 454
Brandbekämpfungsmaterial 454
Brandungspfeiler 35
Brandungstor 35
Brasilien 448
Braten 153
Bratenthermometer, digitales 171
Bratentopf, flacher 175
Bräter 174
Bratpfanne 175, 531
Bratsche 301
Bratschen 295
Bratwurst 156
Brauchdampf 408
Brauenbürstchen 266
Braunalge 51
brauner Ball 503
brauner Zucker 149
Braunreis 147
Brause 236
Brausegarnitur 194
Brausenkopf 195, 197
Brauseschlauch 195, 197
Brecher 33
Breiapfel 137
Breitbild-Fernseher 321
Breitengrade 22
Breitenkreis 22
breiter Rückenmuskel 97
breites Mutterband 113
Breitfußgeschoss 435
Bremsanlage 351
Bremsbacke 357
Bremsbelag 357
Bremse 69, 467, 501, 522, 525, 536
Bremsen 357
Bremsflüssigkeitsbehälter 357
Bremsgriff 371, 522
Bremshebel 523
Bremskraftregler 357
Bremskraftverstärker 350, 357
Bremskreis 357
Bremsleitung 350
Bremsleuchte 352
Bremspedal 350, 354, 357, 368
Bremssattel 357, 366
Bremsscheibe 357
Bremsschlauch 357
Bremsträger 357
Bremstrommel 357
Bremswagen 377
Bremszug 371
Bremszylinder 357
Brenner 174, 210, 529
Brennholzstauraum 192
Brennpunkt 419
Brennraum 192
Brennsockel 529
Brennspiritus 405
Brennstab 409
Brennstabbündel 409
Brennstoff 408
Brennstoff, fossiler 48
Brennstofftablette 409
Brett 519
Brett, schwarzes 444
Brettspiel 469
Brie 151
Brieföffner 339
Brieftasche 275
Briefwaage 339
Brille 273, 513, 522
Brille, Teile 273
Brillenetui 275
Broccoli 127
Brombeere 132
Brot 144
Brotbackautomat 179
Brothalter 178
Brotmesser 169
Browser 334
Bruch 427
Brücke 25, 109, 273, 420
Brücken, bewegliche 344
Brücken, starre 344
Brückenlift 381
Brunei 453
Brunnen für rituelle Waschungen 447
Brunnenkresse 127
Brust 78, 83, 92, 94, 113
Brustbein 98
Brustbeine 71
Brustdrüse 113
Brustflosse 74, 90
Brustkorb 92, 94
Brustleistentasche 244
Brustmuskel, großer 96
Brustschutz 476, 486
Brustschwimmen 517
Brusttasche 245, 248
Brüstungsriegel 187
Brustwarze 92, 94, 113
Brustwirbel 99
Brutzwiebel 54
Bube 468
Buche 64
Buchecker 133
Bücherregal 444
Bücherstütze 341
Buchhandlung 436
Buchsenhalter 198
Büchsenöffner 170
Bucht 5, 24
Bucht, Große Australische 15
Buchweizen 61, 143
Buckelwal 90
Büfett 203
Büffel 84
Buffet 438
Bug 384, 387, 392, 519, 520
Bügel 226, 273, 301, 324, 535
Bügel, verstellbarer 226
Bügelanschlag 273
Bügelende 273
Bügelfalte 246
Bügelhebel 534
Bügelheck 208
Bügelhorn 307
Bügelrundung 273
Bügelsäge 226
Bügelsohle 208
Bügelspannmechanismus 537
Bugfahrwerk 392
Bugladeklappe 386
Bugpropeller 384
Bugstrahler 387
Bugtür 383
Bugwulst 385, 387
Bühne 278, 292, 293
Bühnenhaus 278, 292
Bühnenhintergrund 292
Bulbospongiosus 111
Bulgarien 450
Bull's eye 471
Bullauge 386
Bulldogge 86
Bund 125, 249, 302, 303
Bund mit Druckknöpfen 260
Bund, elastischer 249
Bündchen 247
Bundesstaat 23
Bundmarkierung 303
Bundverlängerung 246
Bunker 504
Bunkeröl 405
Burg 282
Bürgersteig 434
Burggraben 282
Burghof 282
Burkina Faso 451
Büro 374, 438, 439
Büro der Oberschwester 463
Büro der Schulaufsicht 445
Büro des diensthabenden Arztes 462
Büro des Direktors 443
Büro des Richters 440
Büro des Schulleiters 445
Bürogebäude 381, 432, 435
Büroklammerhalter 341
Büroklammern 341
Bürotechnik 312, 329
Büroturm 435
Bürste 209, 215, 272
Bürstenkörper 215
Burundi 451
Bürzel 78
Bus 362, 435
Busbahnhof 432
Bushaltestelle 434
Büstenhalter, trägerloser 259
Büstenschale 259
Butter 150
Butterdose 163, 166
Butterfach 211
Butterfly 501
Buttermesser 168
Buttermilch 150
Butterroller 169
Button-Down-Kragen 245

C

C 298
Cabanjacke 251
Café 432, 437
Cafeteria 445
Cajun-Gewürzmischung 139
Callisto 2
Camembert 151
Camisol 258
Camping 528
Campingausrüstung 531
Candela 426
Cannelloni 146
Cañon, unterseeischer 33
Cape 251
Caprihose 254
Carapax 71
Cardigan 255
Carina 74
Carpentariagolf 15
Casabamelone 135
Cashewkern 133
Cassegrain-Fokus 7
Casting 537
Cayennepfeffer 139
CD 326
CD wechseln 323
CD-/DVD-Auswurftaste 329
CD-/DVD-Laufwerk 310, 329, 336
CD-Einschub 471
CD-Fach 323
CD-Rekorder 325
CD-Spieler 323, 325, 326
CD-Spieler, tragbarer 325
CD-Tasten 326
Celli 295
Cello 301
Celsius-Temperatur, Maßeinheit 426
Celsiusskala 424
Cent 440
Centerlautsprecher 321
Centre 485
Cephalica 102
Cephalothorax 70
Ceres 2
Chac-Mool 283
Chaiselongue 200
Chamäleon 77
Chantilly-Parkett 190
Charlestonmaschine 308
Charlottenform 172
Charon 3
Chatroom 335
Chayote 129
Check-in-Schalter 390
Checkliste 10
Chef-Kameramann 291
Chefmaschinist 290
Chemie 414
chemische Behandlung 405
chemische Bindung 414
chemische Reinigung 437
Chesterfieldsofa 200
Chicorée 127
Chiffonière 203
Chile 448
Chili, Jalapeño 139
Chilipulver 139
Chilis, getrocknete 139
Chilis, zerstoßene 139
China 453
China-Broccoli 127
Chinakohl 126
chinesische Dattel 137
Chirimoya 136
Chirurgen-Waschraum 465
Chirurgie, kleine 462
Chloroplast 50
Chokerkette 264
Chor 284, 285
Chorhaupt 285
Chorizo-Wurst 156
Chorlampe 446
Chorscheitelkapelle 284, 285
Chorumgang 285
Chromatin 66
Chromosphäre 4
Chutney 141
Climber 501
Clip 312
Cliphalterung 199
Clubsessel 200
Coach-Box 474
Cockpit 12, 392, 520, 525
Cocktailbar 203, 439
Cocktailglas 165
Cocos-Platte 27
Collie 86
Compluvium 280
Computer 444
Computerbildschirm 10
Computerprogramme 457
Computerraum 444
Conchiglie 146
Container 383
Containerbrücke 381
Containerflachwagen 377
Containerlaschsystem 383
Containerschiff 381, 382
Containerterminal 381, 430
Controller 471
Cookstraße 15
Costa Rica 448
Costalschild 76
Coudé-Fokus 7
Coulomb 426
Coulommiers 151
Coupé 347
Couscous 144
Couscoustopf 175
Cowper-Drüse 111
Coyolxauhqui-Stein 283
Crêpe-Pfanne 175
Cricket 478
Cricketball 478
Cricketschuh 478
Cricketspieler 478
Crochetwinkel 244
Croissant 144
Crottin de Chavignol 150
CRT-Fernseher (Kathodenstrahlröhren-Fernseher) 318
Cubiculum 280
Curling 515
Curlingbesen 515
Curlingstein 515
Curry 138
Curryklemme 521
Cursor an Zeilenanfang 331
Cursor an Zeilenende 331
Cursor nach links 331
Cursor nach oben 331
Cursor nach rechts 331
Cursor nach unten 331

D

D 298
Dach 183, 193, 283, 349, 361
Dachfenster 183
Dachkranz, vorkragender 283
Dachluke 361
Dachrinne 182
Dachs 88
Dachziegel 283
Dalmatiner 86
Dame 468, 470
Damenflanke 470
Damenhandschuhe 243
Damenkleidung 251
Damenkopfbedeckungen 239
Damenschuhe 241
Damentoilette 294, 439
Damm 406
Dammkrone 406
Dampf 402, 408, 415
Dampfbügeleisen 208
Dampfdruck 408
Dampfdüse 208
Dämpfeinsatz 175
Dämpfer 307
Dampferzeuger 402
Dampfgenerator 408
Dampfkochtopf 175
Dampfregler 181
Dampfstärkeregler 208
Dämpfung, magnetische 422
Dänemark 450
Dänische Dogge 86
dänisches Roggenbrot 145
Danish Blue 151
Darm 71, 73, 103
Darmbein 98
Darreichungsformen, Arzneimittel 467
darstellende Künste 294
Dartscheibe 471
Dartspiel 471
Datei 334
Dateiformat 334
Datenauswertung 38
Datenbank 335
Datendisplay 328
Dattel 132
Dattel, chinesische 137
Datumstempel 338
Dauerbrand 192
Daumen 115, 243, 477
Daumen, opponierbarer 91
Daumenauflage 306
Daumenfittich 78
Daumenring 307
Daumenteil 460
Daunendecke 204
Davidstern 447
Deckblatt 60
Decke 193, 204, 342
Deckel 174, 177, 178, 179, 180, 181, 211, 212, 215, 225, 471, 533
Deckelhalter, magnetischer 180
Deckelknopf 176
Deckeltasche 532
Deckenbalken 187, 190
Deckendurchführung 193
Deckenleuchte 206
Deckfeder 78
Deckleiste 186
Deimos 2
Deklinationsachse 8, 9
Dekorateur 291
Dekorationsgeschäft 437
Delegierte, technische 509
Delle 505
Delphin 90
Delphin, äußere Merkmale 90
Delta 32, 35
Delta-Arm 32
Deltaflügel 394
Deltamuskel 96
Dendrit 110
Denkmal 25
Deodorant 267
Depolarisationsgemisch 417
Derrickkran 382
Dessertgabel 168
Dessertlöffel 168
Dessertmesser 168
Deutscher Schäferhund 86
deutscher Senf 140
deutsches Roggenbrot 145
Deutschland 450
diagonaler Schlittschuhschritt 514
diagonaler Zug 470
Dichtemesser 359
dichtes Windelhöschen 260
Dichtring 404
Dichtung, magnetische 211
Dichtungsring 214
Dichtverschluss 529
Dickdarm 106
Dickdarm, absteigender 106
Dickdarm, aufsteigender 106
Dickdarm, quer verlaufender 106
dicke Bohnen 130
Dickemessung 425
Diele 188, 190
Diensteingang 445
Dienstgradabzeichen 456
Dienstgürtel 456
diensthabender Arzt, Büro 462
dieselelektrische Lokomotive 377
Dieselkraftstoff 405
Dieselmotor 383
Dieselmotorraum 398, 399, 400, 401
Dieseltriebwerk 383
Differenzial 351
Digitalanzeige 423, 461
digitale Spiegelreflexkamera: Rückansicht 315
digitaler Anrufbeantworter 328
digitales Bratenthermometer 171
Digitalthermometer 461
Digitaluhr 424
Digitus 82
Dijon-Senf 140
Dill 142
Dimmerschalter 198
Dinkel 143
Diode 314, 411
Dione 3
Direktor, Büro 443
Direktwahltasten 323, 326
Dirigent(in) 295
Dirigentenpult 295
Dirndl-BH 259
Diskantregister 296
Diskantsteg 304
Diskanttastatur 296
Diskette 333
Diskettenlaufwerk 310
Diskettenlaufwerk, externes 333
Diskus 472
Diskus- und Hammerwerfen 473
Display 314, 319, 321, 322, 323, 325, 326, 327, 328, 336, 338, 442, 443
Displayeinstellung 327
Displaytaste 326
Distanzstück 409
Disziplinen 511
Ditali 146
divergierende Plattengrenzen 27
Division 427
Divisionstaste 337
Djembe 297
Dnjepr 18
Dock 381
Docking-Station 337
Dogge, Dänische 86
Dokumente 328
Dokumentenablage 338
Dokumentenmappe 339
Dolde 57
Doldenrispe 61
Doldentraube 57
Doline 31
Dollar 440
Dolly 290
Dollyschienen 290
Dom 284
Dom, gotischer 284
Dom, Grundriss 285
Domain zweiten Grades 334
Domain, Toplevel 334
Domainname 334
Dominica 449
Dominikanische Republik 449
Dominosteine 468
Donau 18
Doppel-B 299
Doppel-Kassettendeck 325
Doppelbett 439
Doppelblank 468
Doppelblatt 306
Doppeldeckerbus 363
Doppelhaus 289
Doppelklappbrücke 345
Doppelkreuz 299
Doppelmaulschlüssel 223
Doppelriegel 187
Doppelringschlüssel 223
Doppelringschlüssel, offener 223
Doppelschlag 299
Doppelschrägstrich 334
Doppelsitz 380
Doppelspiel 490
Doppelspüle 194
Doppelstockschub 514
doppelt gesägt 55
Doppelzimmer 439
Dopplerwürfel 469
Dorf 430, 512
dorische Halbsäule 281
Dorn 246
Dornablage 341
Dornfortsatz 110
Dose 163
Dose, Konserven 163
Dosenöffner 163, 180, 531
Dosier-Aerosol 467
Dotterhaut 79
Double 471
Douglasscher Raum 112
Down-Quark 414
Downhillrad 522
Draht 417, 501
Drahtbesen 176
Drahtbürste 268
Drahtschneider 217
Drahtschneidezange 217
Drakestraße 15, 17
Drehbohrverfahren 403
Drehbrücke 344
Drehdüse 236
Drehflügel nach außen 287
Drehflügel nach innen 287
Drehflügeltür 286
Drehgehäuse 286
Drehgeschwindigkeitssensor, Räder 357
Drehgestell 376
Drehgestellflachwagen 377
Drehgriff 332
Drehjustierung 420
Drehkartei 338
Drehknopf 536, 537
Drehkranz 344, 400
Drehkuppel 7
Drehleiterfahrzeug 455
Drehmoment-Einstellring 228
Drehmomentwandler 212
Drehscheibe 176, 455
Drehspiegel 269
Drehtisch 403
Drehtür 286
Drehwalze 27
Drehzahlmesser 355, 368
Drehzahlschalter 228
Drehzapfen 217
Dreieck 429, 503
Dreieckfenster 349
dreieckiger Korpus 297
Dreiecksgruppe 115
Dreiecktuch 461
dreiflügeliger Propeller 394
Dreifußständer 308
dreiköpfiger Armstrecker 97
Dreipass 285
dreipolige Steckdose 198
dreipoliger, amerikanischer Stecker 198
Dreirad 373
Dreisprung 472
dreitürige Kombilimousine 347
dreiviertellange Jacke 248
Dreivierteltakt 298
dreizählig 55
Dressiernadel 173
Drilling 468
Drillingshaken 538
Drillschraubenzieher 221
Drittbelegung 330
dritte Reihe 482
dritte Zehe 78
dritter Malspieler 474
dritter Ventilzug 307
drittes Mal 474
Drohne 68
Dromedar 85
Drosselvene, äußere 102
Drosselvene, innere 102
Druck, Maßeinheit 426
Druckbleistift 312
Drücker 307
Drückerbügel 216
druckfestes Außenrohr 409
Druckkammer 345
Druckknopf 243, 249, 305, 312
Druckknopfleiste 249, 261
Druckknopfleiste an der Beininnenseite 260, 261
Druckluft 346
Druckluftflasche 454
Druckmechanik 312
Druckmessgerät 461
Druckmotiv 261
Druckregler 272, 454
Druckrohr 312
Druckschalter 227, 228, 229, 235
Drückstange 501
Drucksteg 304
Drucktendenz 39
Druckverschluss 274
Druckverstärkerpumpanlage 404
Druckwelle 403
Druckzahnrädchen 180
Drumlin 29
Dschibuti 451
Dual-in-line-Gehäuse 417
Dudelsack 296
Dufflecoat 249
Dulse 123
Düne 35
Düne, komplexe 36
Dünenformen 36
Dünenzug 36
Dung 48
Düngemitteln, Einsatz 47
dunkles Roggenbrot 144
Dünndarm 106
Dunst 41
Dunstabzugshaube 164, 210
Dunstrohrabzug 194
Duo 300
Durchflussrohr 410
Durchführung 406, 407
durchgehende Linie 342
Durchgrifftasche 251
Durchlaufträger 344
Durchmesser 428
Durchschnitt, Erdatmosphäre 37
durchsichtiger Reiter 340
Durchziehschnur 249
Durianfrucht 137
Dusche 189, 439, 464
Duschkabine 195
Düse 12, 216, 219, 236
Düsenflugzeugbenzin 405
Düsenreiniger 218
Duty-free-Shop 391
DVD 319
DVD-Brenner 333
DVD-Einschub 471
DVD-Lade 319
DVD-Recorder 319
Dynamo 370

E

E 298
E-Commerce 335
E-Mail-Software 334
E-Mail-Taste 330
Eau de parfum 267
Eau de toilette 267
Ebene 24
ebene Flächen 428
ebener Spiegel 7
Echinodermen 66
echte Teilmenge von 427
echter Reizker 123
Eckballfahne 481
Eckbogen 481
Ecke 498, 506
Eckhocker 498
Eckpfosten 187
Eckpolster 498
Eckschrank 203
Eckstück 277
Eckturm 282
Eckzahn 101
Ecuador 448
Edelgas 199
Edelpilzkäse 151

Effiliermesser 269
Effilierschere, einseitig gezahnte 270
Effilierschere, zweiseitig gezahnte 270
effusiver Vulkan 28
Ehemalige Jugoslawische Republik Mazedonien 450
Ehering 264
Ehrensessel, steinerner 447
Ei 79
Eiche 64
Eichel 111
Eichelhäher 80
Eichelkürbis 129
Eichhörnchen 82
Eidechse 77
Eier 155
Eier, Karton 162
Eierkarton 162
Eiernudeln, asiatische 147
Eierschneider 173
Eierstock 112, 113
Eieruhr 171
eiförmig 55
Eigelb 79
Eigentumswohnungen 289
Eileiter 112, 113
Eileiterampulle 113
Eileiterenge 113
Eileitertrichter 113
Eimer 215
Eimer, Abfall 215
ein Pärchen 468
Ein- und Ausschalter 177, 180, 181
Ein-/Ausschalter 180, 206, 208, 209, 218, 314, 319, 329, 333, 336
Ein-/Ausschalttaste 328
Ein/Aus/Lautstärke 326
einarmiger Schulterwurf 499
Einatmungsventil 459
Einbauwaschtisch 195
Einbuchtung, vordere 115
einfache Blätter 55
einfache Falte 246, 253
einfache Organismen 66
Einfahröffnung 396
Einfahrt 343
einfallendes Neutron 415
Einfassband 238
Einfassung 230, 240
Einfassung, seitliche 192
einflammiger Gasbrenner 529
Einfügen 331
Einfügetaste 331
Einfüllöffnung 208
Einfüllschacht 177, 180
Einfüllstutzen 237, 351, 404
Eingabe 331
Eingabe-Löschtaste 337
Eingabegerät für persönliche Identifikationsnummer (PIN) 443
Eingabegeräte 330
Eingabetaste 331, 443
Eingang 278, 378, 447, 528, 529
Eingangshalle 188, 390, 435
Eingangsschalter 322
Eingangssperre 378
Eingangstüren 294
eingebautes Schwimmbecken 184
eingehängte Spannweite 344
eingenähter Boden 528, 529
eingerollter junger Wedel 52
eingeschlossenes Grundwasser 402
eingesetzter Ärmel 245
Eingeweideganglion 73
eingliedrige Trugdolde 57
Einhand-Mischbatterie 197
Einhand-Rohrzange 216
Einheit, mobile 316
Einheitensystem, internationales 426
Einkaufsstraße 432
Einkaufstasche 276
Einkaufstasche, große 276
Einkaufstüten 121
Einkaufswagen 121
Einkaufszentrum 431, 436
Einlage 225, 301, 302
Einlassventil 360
Einlegegurke 128
Einmachthermometer 171
Einpackhilfe 121
Einpersonenzelt 529
Einreiher 244
Einreißhaken 454
Einrumpfboote 521
Eins 427
Einsatz 277
Einsatz für Imbusschrauben 221
Einsatz für Kreuzschlitzschrauben 221
Einsatz für Schlitzschrauben 221
Einsatz von Düngemitteln 47
Einsätze 179
Einsatzkleidung 454
einschalige Muschel 73
einschalige Muschel, äußere Merkmale 73
Einschalter 213
Einschnitt, oberer seitlicher 62
Einschnitt, unterer seitlicher 62
einseitig gezahnte Effilierschere 270
Einspangenschuh 241
Einspeisung in das Leitungsnetz 413
Einspritzdüse 360
Einstechhebel 180
Einstecktuch 244
Einsteigegriff 380
Einsteigestation, radiale 389
Einsteigetreppe 395
Einstellanzeige 511
einstellbare Bremse 537
Einstellkerbe 511
Einstellrad 353
Einstellspanner 527
Einstellung 324
Einstellung der Deklinationsachse 8, 9
Einstellung der Rektaszensionsachse 8, 9
Einstellung, Pendelhub 227
Einstellungen 328
Einstellungsanzeige 315
Einstellungstasten 329
Einstiegsloch 31
Einstiegsluke 13, 404
Einstiegstür 362, 363, 380
einstöckiges Haus 289
einteilige Klappbrücke 345
Einteilung 274
Eintrittskante 393
Eintrittskartenautomat 294
einwärts 518
Einwärtsdreher, runder 96
Einweg-Brennstoffflasche 218
Einwegkamera 315
Einwegkontaktlinse 272
Einwegrasierer 271
Einzahlungsschlitz 442
Einzelbett 439
Einzeldisziplin, Anzeigetafel 497
Einzeller 66
Einzelsitz 380
Einzelspiel 491
Einzelzimmer 439
Eipochierer 175
Eis 45
Eisautomat 346
Eisbär 89
Eisbehälter 180
Eisbein 153
Eisbergsalat 126
Eisbrecher 384
Eisenbahn 25
Eisenbahnstrecke 431
Eisenschläger 505
Eisenträger 374
eiserner Vorhang 292
Eisfläche 506, 509, 515
Eishockey 506
Eishockeyschläger 506
Eishockeyspieler 506
Eiskappe 40
Eiskratzer 356
Eiskunstlauf 509
Eiskunstlaufkufe 509
Eiskunstlaufstiefel 509
Eislaufplatz 512
Eismaschine 180
Eisportionierer 173
Eisschelf, Amery 15
Eisschnelllauf 508
Eisschnelllauf-Schlittschuhe 508
Eisschnelllaufbahn 508
Eisschnellläufer: Kurzstrecke 508
Eisschnellläufer: Langstrecke 508
Eistanzkufe 509
Eisvogel 80
Eiswürfelspender 164
Eiweiß 79
Eizelle 112
Ejakulationsgang 111
ekkrine Schweißdrüse 114
El Salvador 448
elastische Binde 461
elastische Schürze 383
elastischer Beinausschnitt 247
elastischer Bund 249
elastischer Fingerhut 339
Elch 85
Elefant 85
elektrische Anlage 351
elektrische Bohrmaschine 228
elektrische Gitarre 303
elektrische Heckenschere 235
elektrische Schiebetür 363
elektrische Steuereinheit 357
elektrische Stichsäge 227
elektrische Stromstärke, Maßeinheit 426
elektrische Zahnbürste 272
elektrischer Golfwagen 505
elektrischer Schnellkocher 179
Elektrischer Tischgrill 179
elektrischer Widerstand, Maßeinheit 426
elektrisches Potential, Maßeinheit 426
Elektrizität 198
Elektrizität aus Wasserkraft 406
Elektrizität und Magnetismus 416
Elektrizitätserzeugung 412
Elektrizitätserzeugung aus geothermischer Energie 402
Elektrizitätserzeugung aus Kernenergie 408
Elektrizitätserzeugung aus Wärmeenergie 402
Elektrizitätserzeugung aus Windenergie 413
Elektrizitätserzeugung durch den Generator 408
Elektrizitätsmenge, Maßeinheit 426
Elektroherd 210
Elektroinstallateurwerkzeuge 217
Elektrokabel 354
Elektrolytkondensatoren 417
Elektrolytseparator 417
elektromagnetisches Spektrum 418
Elektromesser 177
Elektromotor 235, 237, 358
Elektron 414
Elektronenflussrichtung 416, 417
Elektronenkanone 318
Elektronenkollektor 417
Elektronenstrahl 318
Elektronik 417
Elektronikgeschäft 436
elektronische Instrumente 310
elektronische Post 335
elektronische Waage 423
elektronischer Sucher 320
elektronisches Piano 311
elektronisches Schlagpolster 311
elektronisches Vorschaltgerät 199
elektronisches Zahlungsterminal 121, 443
Elektropumpe 357
Elektrorasierer 271
Element 427
Element von 427
Elfeck, regelmäßiges 429
Elfenbeinküste 451
Elfmeterpunkt 480
Ellbogen 83, 86, 93, 95
Ellbogenfortsatz 99
Ellbogenpolster 486
Ellbogenschützer 526, 527
Elle 98
Ellennerv 108
Ellenseite, Handbeuger 96, 97
Ellenseite, Handstrecker 97
Elsassglas 165
Embryonalgewinde 73
Emission schädlicher Gase 47
Emission von Salpetersäure 48
Emission von Schwefeldioxid 48
Emission von Schwefelsäure 48
Emission von Stickoxiden 48
Emmentaler 151
Empfang 439, 442
Empfang von Dokumenten 328
Empfangsantenne 316
Empfangsebene 439
Empfangshalle 439, 447
Empfangsteil 326
Empfindlichkeit 314
Endanschlag 226
Endbande 502
Ende 510, 514
Ende, hinteres 73, 226, 229
Ende, vorderes 73
Endfaden 109
Endivie, krause 127
Endknospe 53
Endlagerung 49
Endlappen 62
Endlinie 484, 487, 489, 493
Endlosperlenkette 264
Endmoräne 30
Endokarp 57, 58
endoplasmatisches Retikulum 50, 66
Endplatte, motorische 110
Endschalter 287
Endstück 111, 409, 503, 526
Endteil 245
Endverzweigung 110
Endzone 484
Energie 402
Energie, fossile 402
Energie, geothermische 402
Energie, Maßeinheit 426
Energiefreisetzung 415
Energiesparlampe 199, 411
englischer Senf 140
englischer Stock 466
englisches Weißbrot 145
Englischhorn 306
Englischhörner 295
Enoki 123
Ente 81, 155
Entenei 155
Entklammerer 341
Entkleidungsraum 465
Entladerampe 437, 439
Entladungsröhre 199
Entlastungsraum 278
Entleerungsschlauch 212
Entlüftungskreis 194
Entlüftungskreislauf 194
Entlüftungsventil 385
Entnahmeraum 465
Entnahmeraum, Wartebereich 465
Entriegelungstaste 208
Entsafter 180
Entsteiner 173
Entwaldung 47
Entwässerungsrinne 342
Epiduralraum 110
Epizentrum 27
Erbse 60
Erbsen 130
Erbsen, gespaltene 130
Erbsen, grüne 130
Erdatmosphäre im Querschnitt 37
Erdaufbau 26
Erdaufschüttung 342
Erdbahn 4, 5
Erdbeben 27
Erdbeere 132
Erdbeere im Querschnitt 59
Erdbewegung, Geräte 233
Erde 2, 3, 4, 5, 14
Erdeaufbau 26
Erdefunkstelle 335
Erdgas 403
Erdgeschoß 182, 188
Erdkröte, gemeine 75
Erdkruste 26, 27
Erdkruste im Querschnitt 26
Erdkugel, Koordinatensystem 21
Erdleitung 198
Erdnuss 130
Erdnussöl 149
Erdoberfläche 14
Erdoberfläche, Absorption 46
Erdöl 403, 405
Erdöleruptionskreuz 404
Erdölterminal 404
Erdölvorkommen 403
Erdrutsch 31
Erdsatellit, künstlicher 37
Erdung 404

Erdungsklemme 198
Erdungsstift 198
Eris 3
Eritrea 451
Erstarren 414
erste Holzlage 187
erste Laubblätter 53
erste Reihe 482
erste Rückenflosse 74
erste Spannungserhöhung 413
erste Violinen 295
Erste-Hilfe-Anleitung 461
Erste-Hilfe-Kasten 457, 461
erster Backenzahn 101
erster Führungsring 537
erster Kamera-Assistent 290
erster Malspieler 474
erster Rang 293
erster Raum 489
erster Schiedsrichter 485, 487
erster Stock 182, 189
erster Ventilzug 307
erster vorderer Backenzahn 101
erstes Mal 474
Eruptivgesteine 26
Erwärmung, globale 46
Erweiterungskartei 340
Erythrozyt 104
Escapetaste 330
Esel 84
Eskariol 126
Espadrille 242
Espresso-Maschine 181
Espressomaschine 181
Essbesteck 531
Essecke 164
Essig 141
Esskastanie 133
Esslöffel 168
Esstablett 205
Esszimmer 188
Estland 450
Estragon 142
Ethernet-Schnittstelle 336
Etui 265, 337
Etui für Taschenrechner und Scheckheft 274
Etuirock 253
Eurasiatische Platte 27
Eurasien 14
Euro 440
Europa 2, 14, 18, 34, 449
Europäische Union, Flagge 441
europäisches Experimentiermodul 11
Eutelsat 316
Euthynterie 279
Evakuierungskapsel 11
ewiger Schnee 29
Ewiges Licht 447
Exokarp 57, 58, 59
Exosphäre 37
Expander 310, 500
Experimentiermodul, europäisches 11
Experimentiermodul, japanisches 11
Expertenpiste 512
explosiver Vulkan 28
externes Diskettenlaufwerk 333
externes Festplattenlaufwerk 333
Extrakt, Vanille 140
Exzenterschleifer 229
Eyeliner, flüssiger 266
Eyresee 15

F

F 298
Fabrik 430
Facettenauge 67, 68
Fach 203, 274
Fach für Molkereiprodukte 211
Facharzt 464
Fächerpinsel 266
Fächerscheibe, außengezahnte 222
Fächerscheibe, innengezahnte 222
Fackeln 4
fadenförmige Papille 118
Fadenkreuz 420
Fagott 306
Fagotte 295
Fahne 482
Fahrbahn 342, 344, 345, 434
fahrbares Röntgengerät 462
Fähre 386
Fahrenheitskala 424
Fahrer 522
Fahrersitz 369
Fahrgastanlage 381
Fahrkartenkontrolleur 374
Fahrkartenschalter 378
Fahrkorb 287
Fahrkorb-Fangvorrichtung 287
Fahrkorb-Führungsschiene 287
Fahrkorbboden 287
Fahrkorbdecke 287
Fahrkran 397
Fahrmotor 376
Fahrplan 374
Fahrrad 370
Fahrrad, Teile 370
Fahrräder, Beispiele 373
Fahrradhelm 372
Fahrradständer 445
Fahrradträger 356
Fahrtrage 460
Fahrtreppe 294
Fahrtrichtungsanzeige 379
Fahrzeuge 342
Fairway 504
Fakultät 427
Falke 81
Falkland-Inseln 17
Falle 186
Fallleitung 406, 407
Fallschirm für die Feststoffrakete 12
Fallstrang 194
Falltür 281
Falte, abgesteppte 253
Falte, einfache 253
Falten, Beispiele 253
Faltfenster 287
Faltgrill 533
Falttür 286
Faltverschluss 534
Falz 186
Familie der Blechbläser 295
Familie der Holzblasinstrumente 295
Familienzelt 528
Fanfare 364
Fangen 470
Fänger 474, 475, 476
Fanghandschuh 476, 507
Fangvorrichtung, Fahrkorb 287
Fangzubehör 538
Farbabbrennervorsatz 218
Farben 468
Farbfernsehkamera 10
Farbfilter 318
farbige Beilage 313
Farbmasse 312
Farbmischung 418
Farbmischung, additive 418
Farbmischung, subtraktive 418
Farbroller 219
Farn 52
Farn, Aufbau 52
Farne, Beispiele 52
Farnspitze 125
Fasan 81, 154
Fasanenei 155
Fase 228
Faserwurzel 53, 63
Fassade 285
Fastfood-Restaurant 437
Faulbecken 48
Fausthandschuh 498
Fäustling 243, 260
Faustriemen 320
Feder 27, 206, 212, 222, 273, 312, 535
Federball 495
Federball, Kunststoff 495
Federflügel 221
Federkiel 312
Federkranz 495
Federring 222
Federstange 500
Federung 380
Federwaage 423
Fehlstartleine 516
Feige 137
Feile 531
feine Salami 156
Feineinstellung 421, 422, 425
Feinkost 120
Feinmahlanlage 402
Feinnachführungssystem 7
Feintrieb 421
Feld 469, 479
Feld, geothermisches 402
Feld, magnetisches 318, 416
Feldbett 530
Feldflasche 532
Feldlinie 416
Feldlinse 420
Feldlinseneinstellung 421
Feldmaus 82
Feldsalat 127
Feldspieler 479
Feldstärkeregler 322
Felge 366, 371
Felgenbremse, hintere 370
Felgenbremse, vordere 371
Fell 309
Fellmütze 238
Felsen 5
Felsenbecken 30
Felseninselchen 35
Felssäule 35
Fenchel 125
Fenster 186, 189, 352, 361, 380, 392, 519
Fenster, Beispiele 287
Fensterbrett 186
Fensterheber 352
Fensterladen 186
Fensterüberdachung 528
Fernbedienung 319, 321
ferngesteuertes Servicemodul 11
Fernlicht 352
Fernlichtanzeige 355
Fernlichthebel 354
Fernlichtkontrollleuchte 368
Fernmeldeantenne 386
Fernmeldesatelliten 316
Fernmeldeturm 316
Fernsehen 318
Fernsehgerät 439, 444
Fernsehprogramm 313
Fernsprechwesen 335
Fernsteuerungsanschlussbuchse 315
Ferse 93, 95, 247
Fersenautomatik 511
Fersenbein 99
Fersenhalter 240
Fersenrand 262
Fersenriemen 241
Fersenstütze 467
Fertiggerichte 121
Fessel 83
Festabstandmarkierung 391
feste Backe 223, 224
fester Sockel 224
Festkörper 414, 415
Festkörper, amorpher 414
Festplatte, herausnehmbare 333
Festplattenlaufwerk 333
Festplattenlaufwerk, externes 333
feststehender Messschnabel 425
Feststellknopf 227, 228
Feststellring 221
Feststellschraube 341, 425
Feststellschraube für das Blatt 227
Feststellschraube für Schrägstellung 227
Feststellschrauben 425
Feststellspitze 308
Feststelltaste, Scrollen 331
Feststoff-Booster 12
Feststoffrakete, Fallschirm 12
Fett-Tröpfchen 50
Fettauffangschale 179
Fette 149, 405
Fettgewebe 113, 114
Fettgießer 173
Fettpfanne 174, 179
Fettuccine 146
feucht-kontinental - heißer Sommer 40
feucht-kontinental - warmer Sommer 40
feuchte Subtropen 40
Feuerbecken 283
Feuerbock 193
Feuerbohne 131
feuerfester Rennanzug 524
Feuerland 17
Feuerlöscher 457
Feuerschutzhelm 454
Feuerschutztür 286
Feuerstätte 192
Feuerstein 218
Feuertaste 332
Feuerwache 433
Feuerwehrmann 454
Feuerzange 193
Fiale 282, 284
Fichte 65
Fidschi 453
Fidschiinseln 15
Fieberthermometer 424, 461
Fieder 52
fiederteilig 55
Filchner-Schelfeis 15
Filiermesser 169
Filigrangewinde 425
Filmkamera 290
Filmset 291
Filmtitel 294
Filter 184, 210
Filterabdeckung 459
Filterhalter 181
filum terminale 109
Filzhut 238, 239
Finanzabteilung 442
Finanzwesen 441
Finger 75, 114, 243, 477
Finger, kleiner 115
Fingerbeere 114
Fingerendglied 114
Fingerhut, elastischer 339
fingerloser Spitzenhandschuh 243
Fingermittelglied 114
Fingernagel 115
Fingernerv 108
Fingerrand 460
Fingerstrecker, gemeinsamer 97
Fink 80
Finnland 450
Finsternis, partielle 4, 5
Finsternis, ringförmige 4
Finsternis, totale 4, 5
Finsternisarten 4, 5
FireWire-Schnittstelle 336
Firmenkundenschalter 443
Firn 30
Firstpfette 187
Fisch 121
Fische 74
Fischgabel 168
Fischgrätmuster 190
Fischgrätparkett 190
Fischkochtopf 174
Fischkorb 538
Fischmesser 168
Fischplatte 166
Fischschupper 531
Fitnessgeräte 500
Fjordküste 35
flache Frisierbürste 268
flache Kuchenform 172
Flächen, ebene 428
flacher Bratentopf 175
flacher Teller 166
Flachfeile 229
Flachfräsbohrer 228
Flachkollektor 410
Flachland 32
Flachsilo 122
Flachstück 526
Flachwurzel 63
Flageolet-Bohne 131
Flagge der Europäischen Union 441
Flagge, umsetzbare 504
Flaggen 448
Flamingo 81
Flamme 415
Flanke 78, 83
Flare 4
Flasche 267, 532
Flasche, Glas 163
Flaschenöffner 170, 531
Flechte 50

Flechte, Aufbau 50
Flechten, Beispiele 50
Fleck, blinder 119
Fleck, gelber 119
Fleece-Jacke 262
Fleisch 152
Fleisch- und Wurstfach 211
Fleisch-Selbstbedienungstheke 120
Fleischfresser 45
fleischige Apfelfrucht 58
fleischige Frucht 58, 59
fleischige Steinfrucht 57
Fleischtheke 120
Fleischthermometer 171
Fleischwolf 170
flexibler Schlauch 209
Fliege 69, 245
Fliegenfenster 528
Fliegenfischen 536
Fliegengittertür 361
Fliegenpilz 52
Fliegenrolle 536
Fliegenrute 536
Fliegenschnur 536
Flip 509
Floh 69
Flosse 394
Flossenstrahl 74
Flügel 68, 78, 186, 286, 295, 412, 525, 536
Flügelader 67
Flügelmutter 223
Flügelrahmen 186
Flügelstrebe 394
Flügeltasche 246
Flügelwurzel 392
Fluggastbrücke 389
Fluggastbrücke, ausziehbare 389
Flughafen 25, 388, 430
Fluginformationsanzeige 391
Flugtasche 276
Flugzeug, Bewegungen 395
Flugzeuge, Beispiele 394
Flugzeugwartungshalle 389
Flunder 161
Flusensieb 212
Flush 468
Fluss 24, 25, 32
Flussbarsch 160
flüssige Grundierung 266
flüssiger Eyeliner 266
flüssiges Mascara 266
Flüssigkeit 414, 415
Flüssigkeit, antiseptische 461
Flüssigkeits-/Gasscheider 359
Flüssigkristallanzeige 315, 320
Flusskrebs 158
Flusslandschaft 32
Flussmündung 24, 35
Flußbarsch, äußere Merkmale 74
Fly-Half 482
Fock 520
Fokustaste 320
Folie 163
Folie, Aluminium 162
Fön 270
Fondue-Set 174
Fonduegabel 168
Fonduetopf 174
Föngehäuse 270
Fontanelle, hintere 100
Football 486
Football, American 484
Footballspieler 486
Foramen caecum 118
Förderanlage 402
Förderband 49, 390
Förderplattform 404
Förderwagen 374
Forelle 161
Formel 1 525
Formel 3000 524
Formel Indy 524
Formel-1-Auto 525
Formel-3000-Auto 524
Formel-Indy-Auto 524
Formen, geometrische 428
Formwerkzeuge 229
Fortbildungsbüro 442
Fortepedal 304, 311
Forum 335
fossiler Brennstoff 46, 48
Fotoapparate 315
Fotograf 436
Fotografie 314
Fotokopiergerät 442
Fototaste 320, 327
Foullinie 474
Foullinienpfosten 475
Foyers 293
Frachtempfang 391
Frachtflugzeug 394
Frachtraum 393
Frachtschiff 382
Frachtversand 391
Fraktionierturm 405
Frankfurter Würstchen 156
Frankiermaschine 339
Frankreich 449
französisches Weißbrot 144
Frau 94
Free Guard Zone 515
Freestyleboard 513
frei endende Rippe 98
freie Rippe 99
freier Nagelrand 114
Freilauf 372
freilaufender Sitz 501
Freileitungen, Verteilung 316
Freiluftterrasse 387
Freiraum 487
Freisaiten 296
Freisprechanlage 327
freistehendes Schwimmbecken 184
Freiwange 191
Freiwurflinie 489
Freizeit in der Natur 528
Frequenz, Maßeinheit 426
Frequenzanzeige 325
Frequenzwähler 325
Fresko 280
Friedhof 25, 433
Fries 202, 279
Frischhaltefolie 162
Frischkäse 150
Friséesalat 126
Friseur 290, 436
Frisierbürste, flache 268
Fritteuse 178
Frittierkorb 171, 178
Frontabdeckung 333
Frontblech 369
Frontscheibe 210
Frontscheinwerfer 352
Frontstoßdämpfer 369
Frontstoßfänger 348
Frosch 75, 301
Frosch, äußere Merkmale 75
Fruchtbecher 60
Fruchtbildung 62
Fruchtblatt 60
Früchte 57
Fruchtfach 58
Fruchtfleisch 57, 58, 59
Fruchtgemüse 128
Fruchtholz 62
Fruchtkapsel 60
Fruchtknoten 56
Fruchtknotenfach 58
Fruchtkörper 50
Fruchtwand 58, 60
Frühling 38
Frühlingsäquinoktium 38
Frühlingszwiebel 124
Fuchs 88
Fuchsschwanz 226
Fugendüse 209
Fugenkelle 216
Führerhaus 401
Führerkabine 397, 398, 399, 400, 401
Führerraum 395
Führerstand 376, 377
Führungsgriff 227, 229
Führungsgruppe 522
Führungsmotorrad 522
Führungsrille 510
Führungsring 536
Führungsschiene 353
Führungsschiene, Fahrkorb 287
Führungsständer 396
Führungsturm 345
Full House 468
Fullback 482, 485
Füllfederhalter 312
Füllmengenanzeige 346
Füllrohr 196
Fülltür 192
Füllung 185
Fumarole 28
Fundament 187
Fundamentstreifen 187
Fünf 427
Fünf-Kräuter-Gewürz 139
Fünfeck, regelmäßiges 429
Fünfhundert 427
Fünfzig 427
Fungizid 47
Funkantenne 382, 384, 386, 387, 394, 525
Funkenstrecke 359
Funkgerät 457
Funkmaus 332
Funkmeldeempfänger 454
Funktionsanzeige 310
Funktionsdisplay 310
Funktionsschalter 320
Funktionstasten 214, 319, 328, 330, 423, 442, 443
Funktionstasten, programmierbare 443
Funktionswahltaste 327
Funkübertragungssystem 10
Furche 118
Fusilli 146
Fusselfilter 213
Fuß 72, 73, 91, 92, 93, 94, 95, 202, 204, 206, 229, 236, 247, 260, 302, 305, 332, 421, 519, 537
Fuß, geschwungener 200
Fuß-/Handgelenksgewicht 500
Fußball 480
Fußballschuh 480
Fußballspieler 480
Fußboden 193
Fußbohrung 305
Fußende 204
Fußgängerampel 434
Fußgängerbrücke 375, 379
Fußgängerknopf 434
Fußgängerüberweg 434
Fußgelenk 86
Fußgestell 201
Fußgewölbearterie 102
Fußholz 185
Fußnagelschere 265
Fußplatte 227
Fußraste, vordere 367, 368
Fußraummatte 356
Fußriemen 501
Fußrückenarterie 102
Fußschlaufe 519
Fußschutz 459
Fußstütze 205, 224, 369, 467, 473, 501
Fußtritt 305
Fußweg 436
Futter 240, 244, 245, 262, 274, 509
Futtergetreide 122

G

G 298
Gabel 8, 167, 396, 525, 531
Gabelarm 396
Gabelbaum 519
Gabeln, Beispiele 168
Gabelstapler 396
Gabun 451
Galaxie 6
Galerie 285, 292, 412, 447
Galerie, Große 278
Gallenblase 106
Galopp 83
Gambia 451
Gammastrahlen 418
Ganasche 83
Gang 28, 120, 278
Gang, absteigender 278
Gang, aufsteigender 278
Gangarten 83
Ganglion, symphatisches 109
Gans 81, 155
Gänseei 155
Ganymed 2
ganze Note 299
ganze Pause 299
Ganzjahresreifen 358
ganzrandig 55
Garage 182
Garam Masala 139
Garderobe 188, 293, 443
Garderobier 290
Garnball 477
Garnele 158
Garnierspritze 172
Garten 280
Garten-Sauerampfer 127
Gartenarbeit 216, 230
Gartenhandschuhe 232
Gartenkresse 127
Gartenkreuzspinne 70
Gartenkürbis 128
Gartenschlauch 236
Gartenspritze 236
Gartenteich 230
Gartenweg 182, 230
Gas 405, 414
Gasbehälter 529
Gasflasche, medizinische 464
Gashebel 235, 368
Gasherd 210
Gasleitung 434
Gasmaske 459
Gasöl 405
Gaspedal 354
Gasse 433, 490, 495
Gasstromregulierung 529
Gästeeingang 438
Gästegarderobe 438
Gästetoiletten 438
Gaststätte 436
Gaszug 237
Gaumen, harter 116, 117
Gaumen, weicher 116, 117
Gaumenbogen, vorderer 116
Gaumenmandel 118
Gebälk 185, 279
Gebärmutter 112, 113
Gebärmutterhals 112
Gebäude, öffentliches 25
Gebetshalle 447
Gebirge, Transantarktisches 15
Gebirgsbach 29
Gebirgskette 24, 26
Gebirgsmassiv 24
Gebiss, menschliches 101
Gebläse 213
geboren 426
gebräuchliche Bezeichnungen 57, 58, 59
gebrauchte Spritzen, Behälter 457
gebrauchtes Material, Lagerraum 462, 464
gebuchtet 55
gedeckter Wehrgang 282
Gedenktafel 447
Gedränge 483, 484, 485
Gedrängehalbspieler 482
gedruckte Schaltung 417
Gefahrenbereich 499
Geflügel 155
Geflügelschere 173
Gefrierbeutel 162
gefrierender Regen 41
Gefrierfach 211
Gefrierschrank 120, 164, 438
Gefriertruhe 211
Gegenausleger 397
Gegenauslegerballast 397
Gegengewicht 8, 287, 345, 397, 400, 401
Gegengewichtsführung 287
Gegenleiste 115
Gegenlichtblende 314
Gegensprechanlage 380
gegenwärtige Wetterlage 39
Gehäuse 72, 180, 199, 208, 212, 213, 218, 225, 228, 229, 237, 271, 304, 318, 424
Gehäuse, hinteres 7
Gehäusedach 286
Gehäuselüfter 329
Gehfalte 253
Gehgestell 466
Gehhilfen 466
Gehirn 71

Gehirn-Rückenmark-Flüssigkeit 110
Gehkrücke 466
Gehörgang 115, 116
Gehörgang, äußerer 100
Gehörknöchelchen 116
Gehörschutz 458
Gehrmaß 226
Gehrungssäge 226
Gehrungsschneidlade 226
Gehweg 183
Geier 80
Geigenfamilie 295
gekerbt 55
gekerbtes Scherenblatt 270
gekochter Schinken 156
Gekröse 154
gekrümmte Greifbacke 222
Geländefahrzeug 524
Geländemotorrad 369
Geländemotorrad, 4x4 369
Geländer 188, 189, 191, 344, 526
Geländerstab 191
Geländewagen 347
Gelatinekapsel 467
Gelb 418
gelbe Zucchini 129
gelber Ball 503
gelber Fleck 119
gelber Paprika 128
gelbes Licht 434
Geld 441
Geldausgabeautomat 437, 442
Geldbeutel 275
Geldbeutel für Münzen 275
Geldscheinausgabe 442
Geldscheinfach 274
Gelenk 240, 355, 363, 400, 511
Gelenkbus 363
Gelenkhöcker 99
Gelenkschäkel 521
gemahlener Pfeffer 139
gemäßigter Wald 44
gemeine Erdkröte 75
gemeiner Tüpfelfarn 52
gemeines Widertonmoos 51
gemeinsame Hüftarterie 102, 107
gemeinsame Hüftvene 107
gemeinsamer Fingerstrecker 97
gemeinsamer Wadenbeinnerv 108
Gemüse 120, 124
Gemüsebürste 173
Gemüsegarten 122, 182
Gemüseterrine 166
Gemüsezwiebel 124
Generator 402, 408, 413
Generator, Elektrizitätserzeugung 408
Generatoreinheit 407
Genicklasche 458
Geographie 14
Geologie 26
Geometrie 428
geometrische Formen 428
Georgien 452
geothermische Energie, Elektrizitätserzeugung 402
geothermisches Feld 402
Gepäck 276
Gepäckanhänger 277
Gepäckaufbewahrung 374
Gepäckausgabe 390
Gepäckcontainer 383
Gepäckraum 362, 376, 395
Gepäckroller 277
Gepäckschließfächer 374
Gepäckschnur 277
Gepäckträger 361, 369, 370, 523
Gepard 89
gepolsterte Korbstütze 489
gepolsterter Sockel 489
gerade Greifbacke 222
gerader Bauchmuskel 96
gerader Rock 253
gerader Schenkelmuskel 96
gerades Rippenbündchen 247
Geradseite 385
Geräte 472
Geräte zur Erdbewegung 233
Geräte, verschiedene 231
Geräteanschluss 271
Gerätefach 376
Geräteraum 444
Geräteschuppen 122
Geräteturnanlage 496
Geräteturnen 496
geräumige Tasche 276
Gericht 440
Gerichtsgebäude 432
Gerichtskanzlei 440
Gerichtssaal 440
Gerichtsschreiber, Tisch 440
geröstete Kaffeebohnen 148
Gerste 61, 143
Geruchssinn 116
Geruchsverschluss 194, 196, 197
gesägt 55
Gesamtansicht 186
Gesamtergebnis, Anzeigetafel 496
Gesäß 93, 95, 111, 112
Gesäßmuskel, großer 97
Gesäßnerv 108
Gesäßspalte 95
Gesäßtasche 246
Geschäft 432
Geschäftsbeleg 443
Geschäftsviertel 430, 432
geschaltete Steckdose 322
Geschenkwarenladen 436
Geschirr 166
Geschirrspüler 164
Geschirrspülmaschine 214
Geschirrtuch 215
Geschlechtsorgane, männliche 111
Geschlechtsorgane, weibliche 112
geschlossene Traube 57
geschlossener Gesichtsschutz 454
geschlossenes Atemschutzsystem 454
Geschmacksknospe 118
Geschmacksrezeptoren 118
Geschmackssinn 116
geschnittener Nagel 220
geschütztes Leerzeichen 330
Geschwindigkeitsregelung 176
Geschwindigkeitsregler 237, 287
Geschwindigkeitswähler 176
Geschworenenbank 440
Geschworenenraum 440
geschwungener Fuß 200
Gesellschaft 430
Gesicht 91, 92
Gesichtsmaske 478, 486
Gesichtsschutz 506
Gesichtsschutz, geschlossener 454
Gesichtsschutzmaske 507
Gesichtsstück 459
Gesims 183, 185
gespaltene Erbsen 130
gespaltene Zunge 76
gespreizter Kragen 245
Gestänge 528
gestanztes Loch 240, 246, 263
Gestein, undurchlässiges 403
Gestell 205, 219, 273, 460
gestorben 426
Gesundheit 460
Gesundheitsorganisation 335
Getränke 120
Getränkeautomat 346, 463
Getränkedose 163
Getränkekarton 163
Getränkekarton, kleiner 163
Getreide 61, 143
Getreideprodukte 144
Getreidesilo 381
getrennte Sammlung 49
Getriebe 212, 350
getrocknete Chilis 139
gewachsener Boden 342
Gewände 285
Gewebe-Einstellskala 208
Gewehr (gezogener Lauf) 534
Gewerbegebiet 431
Gewicht 422, 423, 500
Gewichte 501
Gewichtheben 500
Gewichthebergürtel 500
Gewichtheberschuh 500
gewimpert 55
Gewinde 221, 503
Gewindegang 228
Gewindeschaft 223
Gewitterwolken 43
gewöhnlicher Nagel 220
gewöhnlicher Würfel 468
Gewölbe 284
Gewölbekörper 109
gewölbter Zentralbereich 6
Gewürz, Fünf-Kräuter 139
Gewürze 138
Gewürzmischung, Cajun 139
Gewürznelke 138
Geysir 28
gezahnte Greifbacke 222
Ghana 451
Ghee 150
Gibbon 91
Gibraltar, Straße 18
Giebel 163, 182
Giebeldach 189
Giebeldecke 189
Giebeldreieck 279
Giebelständer 187
Gierbewegung 395
Gießbrause 236
Gießgeräte 236
Gießkanne 236
Gießpistole 236
Gift-Leitfurche 76
Giftdrüse 76
Giftkanal 76
Giftklaue 70
Giftpilz 52
Giftschlange, äußere Merkmale 76
Giftzahn 76
Ginkgonuss 133
Gipfel 29, 512
Gipfel, Hütte 512
Gipfelhütte 512
Gipsbinden 461
Gipsraum 463
Giraffe 85
Gitarre, akustische 302
Gitarre, elektrische 303
Gitter 279, 296, 318
Gitterbett 205
Gittereinsatz 174
Glanzschicht 114
Glas 273, 529
Glas, Sortierung 49
Glasabdeckung 410, 411
Glasdach 188, 435
Gläser 165
Glasflasche 163
Glasgehäuse 423
Glaskolben, oberer 181
Glaskolben, unterer 181
Glaskörper 119
Glasmalerei 285
Glasnudeln 147
Glasscheibe 421
Glasüberdachung 374
gleich 427
gleich oder größer als 427
gleich oder kleiner als 427
Gleichgewichtslage 418
Gleichstrom-Netzkabel 336
Gleichtaste 337
Gleis 374, 378, 432
Gleiskette 398
Gleiskettenschlepper 398
Gleiskreuzung 375
Gleisnummer 374
Gleitfuge 222
Gleitphase 514
Gleitschuh 227
Gleitschutz 511
Gletscher 30, 32, 44
Gletschersee 32
Gletscherspalte 30
Gletscherzunge 30
Gliedmaßen, obere 103
Gliedmaßen, untere 103
Glimmlampe 217
globale Erwärmung 46
Globus 444
Glockenband 309
Glockendichtung 196
Glockenstube 284, 285
Glockenturm 285, 446
Glottis 76
Glühbirne 217
Glühfaden 199
Glühlampe 199, 416
Glukose 54
Gnocchi 146
Gnomon 424
Go 470
Goldbrasse 159
Golf 24
Golf von Aden 19, 20
Golf von Alaska 16
Golf von Bengalen 19
Golf von Guinea 20
Golf von Kalifornien 16
Golf von Mexiko 16
Golf von Oman 19
Golf von Panama 17
Golf, Persischer 19
Golfball 505
Golfhandschuh 505
Golfplatz 430, 504
Golfschuhe 505
Golfspiel 504
Golftasche 505
Golfwagen 505
Golgi-Apparat 50, 66
Gonade 73
Gong 295, 309
Gorgonzola 151
Gorilla 91
Gorilla, äußere Merkmale 91
gotischer Dom 284
Gottesanbeterin 69
Graben, Kermadec-Tonga 34
Graben, Peru-Chile 34
Graben, Puerto-Rico 34
Grabgabel 233
Grabkammer der Königin 278
Grabkammer des Königs 278
Grabschaufel 233
Grad 428
Grad Celsius 424, 426
Grad Fahrenheit 424
Gradeinteilung 533
Gradnetz 22
Granatapfel 136
Grand Canyon 16
Grand-Prix-Rennmaschine 525
Granitschicht 26
Granne 61
Granulation 4
Grapefruit 134
Grapefruitmesser 169
Graphitstift 312
Grasfang 237
grasgrüner Täubling 123
Grasland 44
Grat 29
graue Substanz 109, 110
Greif- und Spannwerkzeuge 222
Greifbacke, gekrümmte 222
Greifbacke, gerade 222
Greiffinger 91
Grenada 449
Griechenland 450
griechischer Tempel 279
griechischer Tempel, Grundriss 279
griechisches Brot 144
griechisches Theater 278
Grieß 144
Griff 167, 170, 176, 177, 178, 179, 180, 192, 204, 208, 210, 211, 214, 215, 216, 217, 219, 222, 223, 225, 226, 227, 229, 231, 235, 236, 237, 269, 270, 271, 272, 273, 274, 275, 276, 277, 301, 341, 466, 477, 478, 492, 493, 494, 500, 505, 510, 515, 531, 535, 536
Griff, ausziehbarer 274
Griff, isolierter 217
Griff, wärmeisolierter 179
Griff, zusätzlicher 228
Griff- und Wurfbeispiele 499
Griffband 526
Griffbrett 296, 301, 303
Griffel 56, 57, 58, 60

Griffelfortsatz 100
Griffhebel für S-Bogen 306
Griffkamm 268
Grifftechniken 493
Griffteil 503
Grill, Raclette 179
Grillfläche 179
Grillplatte 179
Grillrost 210
Gripzange 222
grobe Salami 156
Grobeinstellung 421
grobes Salz 141
Grobtrieb 421
Grönland 16
Grönlandsee 14
groß gefleckter Katzenhai 158
große Armdecken 78
Große Australische Bucht 15
Große Außensichel 499
große Einkaufstasche 276
Große Galerie 278
große Handdecken 78
Große Innensichel 499
große Klinge 531
große Nackenrolle 204
große Rosenvene 102
Große Sandwüste 15
große Schamlippe 112, 113
Große Seen 16
Große Victoriawüste 15
größer als 427
großer Brustmuskel 96
großer Gesäßmuskel 97
großer Nasenflügelknorpel 117
großer Oberschenkelanzieher 97
großer Rundmuskel 97
Großes Barrierriff 15
großes Kettenblatt 372
Großformatkamera 315
Großhirn 109
Großrad 467
Großraumflugzeug 394
Großraumwagen 376
Großschot 520
Großschriftfeststellung 330
Großschriftfeststellungstaste 330
Großschriftumschaltung 330
Großsegel 520
Grubenorgan 76
Grün 418, 504
Grünalge 51
Grünanlage 435
Grundgestein 27
Grundierung, flüssige 266
Grundlinie 491
Grundlinienrichter 491
Grundmoräne 30
Grundplatte 511
Grundriss 279, 285
Grundstücksgrenze 182
Grundwasser, eingeschlossenes 402
Grundwasserspiegel 31, 48
grüne Bohne 131
grüne Erbsen 130
grüne Tagliatelle 146
grüner Ball 503
grüner Paprika 128
grüner Pfeffer 138
grüner Tee 148
grünes Licht 434
Grünkohl 126
Grünstrahl 318
Gruppenwahl 330
Gruyèrekäse 151
Guatemala 448
Guave 137
Guinea 451
Guinea, Golf 20
Guinea-Bissau 451
Gummiband 204, 246
Gummihöschen 260
Gummikappe 466
Gummipfropfen 460
Gummiring 197
Gummischlauch 460
Gummispannring 528, 529
Gummistiefel 454
Gummistöpsel 219
Gurke 128
Gurt 205
Gurtbefestigung 303
Gurtbogen 284
Gürtel 246, 248, 499
Gürtelband 246
Gürtelschlaufe 246, 248, 531
Gürtelschnalle 246
Gürtelspitze 246
Gurtschließe 353
Gusserker 282
Gutenberg-Diskontinuität 26
Güterbahnhof 375, 430
Güterwagen 375
Güterwagen, Beispiele 377
Guyana 448
Guyot 33
gynäkologischer Untersuchungsraum 463

H

H 298
Haar 93, 95, 114, 301
Haaraufrichter 114
Haarbalg 114
Haarbürsten 268
Haarclip 268
Haarfärbemittel 267
Haarglätter 269
Haarklemme 268
Haarliftkamm 268
Haarpflege 268
Haarschaft 114
Haarschneidekamm 268
Haarschneider 269
Haarschneideschere 270
Haarspange 268
Haarspülung 267
Haarstecker 268
Haarzwiebel 114
Hachse 152, 153
Hack 515
Hafen 381, 431
Hafenbahn 381
Hafenfähre 381
Hafenzollamt 381
Hafer 61, 143
Hafermehl 144
Haferwurz 129
Haftgurtband 260
Haftnotiz 338
Haftorgan 51
Haftscheibe 75
Hagelschnur 79
Hahn 81, 534
Hai, äußere Merkmale 74
Haiti 448
Haken 217, 225, 364, 397, 423, 460, 502
Hakenbogen 538
Hakenbogentiefe 538
Hakenhalteöse 536
Hakeninnenweite 538
Hakenspitze 538
Hakenverriegelung 186
Hakler 482
Halbbrille 273
halbe Note 299
halbe Pause 299
halbes Heft 169
Halbinsel 24
Halbinsel, Antarktische 15
Halbinsel, Arabische 19
Halbinsel, Iberische 18
Halbinsel, Kamtschatka 19
Halbinsel, Kola 18
Halbinsel, Skandinavische 18
Halbinsel, Yucatan 16
Halbkreis 428, 488
Halbkugel 429
Halbmond (erstes Viertel) 5
Halbmond (letztes Viertel) 5
Halbmumienschlafsack 530
Halbsäule, dorische 281
Halbsäule, ionische 281
Halbsäule, korinthische 281
Halbschale 259
Halbschatten 4, 5
Halbsehnenmuskel 97
Halbspieler 474
Halbstiefel 240
Halbvolleyball 490
Halfter 456
Halm 270
Halo 6
Halogen-Tischleuchte 206
Hals 53, 76, 83, 93, 94, 95, 101, 111, 167, 297, 301, 302, 303, 318, 492, 519
Halsausschnitt 247
Halskette in Matineelänge 264
Halskette in Opernlänge 264
Halskette, mehrreihige 264
Halsketten 264
halsnaher Ausschnitt 260
Halsschlagader 102
Halsschutz 476
Halstalje 520
Halsumklammerung 499
Halswirbel 99, 110
Haltebügel 467
Haltegriff 361, 363, 455
Haltegriffe 499
Haltemutter 536, 537
Halteplatte 514
Halter 199
Halterung 9, 371, 423
Haltestange 364
Hammer 116, 220, 236, 304, 472
Hammer mit runder Bahn 220
Hammerhalter 225
Hammerleiste 304
Hamster 82
Hand 91, 93, 95, 115
Hand-Funksprechgerät 456
Hand-Gehrungssäge 226
Handauflage 332
Handballenauflage, abnehmbare 330
Handbeuger der Ellenseite 96, 97
Handblasebalg 461
Handbrause 195
Handbremse 350
Handbremshebel 354
Handdecken, große 78
Handdecken, mittlere 78
Handelsunternehmen 335
Handfeuerlöscher 454
Handfläche 115, 477
handförmig 55
Handgabel 232
Handgelenk 93, 95, 115
Handgelenkpolster 486
Handgelenksbandage 500
Handgelenkschützer 527
Handgriff 229, 286, 297
Handhabung 396
Handheld-Computer 337
Handkreissäge 227
Handkultivator 233
Handkurbel 225
Handlampe 217
Handlauf 191, 287
Handlöser 511
Handmuskeltrainer 500
Handrücken 115
Handrührgerät 176
Handschellentasche 456
Handschlaufe 510, 514
Handschuh 10, 477, 478, 506, 508, 513, 514, 522, 525
Handschuh-Außenseite 243
Handschuh-Innenseite 243
Handschuhe 243
Handschuhfach 354
Handschuhspender 464
Handschutz 235, 525
Handschwingen 78
Handstand 518
Handstange 380
Handstaubsauger 209
Handstrecker der Ellenseite 97
Handstrecker, kurzer 97
Handstrecker, langer 97
Handtaschen 275
Handtuch 267
Handtuchhalter 195
Handwaage 422
Handwerkzeuge 232
Handwurzel 477
Handy 327
Hängebrücke 344
Hängegletscher 30
Hängeleuchte 206
Hängemappe 340
Hänger 344
Hantel 500, 501
Hantelstange 501
Hardboots 513
Harfe 302
Harfen 295
Harissasoße 141
Harmonikatür 286
Harnapparat 107
Harnblase 107, 111, 112
Harnleiter 107
Harnröhre 107, 111, 112
Harnröhrengang 111
harte Kontaktlinse 272
harte Rückenmarkshaut 109, 110
harter Gaumen 116, 117
Hartkäse 151
Hartplatz (Zement) 492
Hase 82, 154
Haselnuss 133
Haselnuss, Längsschnitt 60
Hasentiere 82
Hasentiere, Beispiele 82
Hat-Switch 332
Haube 209
Hauptanschluss 198
Hauptapsis 285
Hauptbronchus 105
Hauptdeck 385
Haupteingang 188, 435, 445, 465
Hauptentlüftungssteigrohr 194
Hauptfahrwerk 393
Hauptfeld 522
Hauptgleis 375
Hauptlautsprecher 321
Hauptlinienrichter 485
Hauptmaßstab 425
Hauptträume 188
Hauptschalter 198, 315, 320
Hauptschiedsrichter 475
Hauptschlot 28
Hauptschwert 519
Hauptschwerteinzug 519
Hauptspiegel 7, 9
Hauptspielzüge 470
Hauptspuren 343
Hauptstadt 23
Hauptständer 367
Hauptstiel 62
Haupttransformator 376
Haupttriebwerk 13
Hauptunterkunft 512
Hauptvorhang 292, 293
Hauptwarteraum 465
Hauptwurzel 53
Hauptzeitnehmer 516
Hauptzylinder 357
Haus 182, 515
Haus, einstöckiges 289
Haus, Teile 185
Haus, zweistöckiges 289
Hausanschluss 198
Hausantenne 316
Hausboot 385
Hauseinrichtung 200
Häuserformen in der Stadt 289
Hausflur, äußerer 280
Haushaltsartikel 120
Haushaltsgegenstände 215
Haushaltsgeräte 176, 208
Haushaltsgeräte, verschiedene 180
Haushaltsmehl 144
Hauskleid 252
Hausmeisterraum 443
Hausmüll 47, 48
Haustür 185
Hauszelt 529
Haut 57, 59, 110, 114
Hautnerv, seitlicher 108
Hautoberfläche 114
Hebel 178, 197, 222, 265, 368
Hebel für den Klemmbügel 269
Hebel-Korkenzieher 170
Hebeleisen 220
Hebeleiste der unteren Schutzhaube 227
Heber 400
Hebestück 403
Hebewerk 403
Hecht 160
Hechtsprungstellung 518
Heck 176, 386, 393, 519
Hecke 183, 230
Heckenschere 234

Heckleuchten 352
Heckpropeller 384
Heckrotor 395
Hecksporn 395
Heft 221
Heft, halbes 169
Hefter 339, 341
heftige Regenfälle 43
Heftklammern 341
Heftpflaster 461
Heidelbeere 132
Heilbutt 161
Heimkino 321
Heimtierbedarf 121
Heimtrainer 501
Heimwerken 216
Heimwerkerladen 436
Heißluftaustritt 192
Heißluftpistole 219
heißversiegelte Folie 163
Heizelement 213, 214, 218
Heizöl 405
Heizspirale 210
Heizstrahler 529
Heizung 192, 386
Heizungsgitter 380
Helix 429
Helixende 115
Helligkeitsregelung 10
Helm 10, 476, 478, 508, 513, 522, 524, 525, 526, 527
Helmbohne 130
Hemd 245, 473
Hemdblusenkleid 252
Hemdchen 260
Hemdhose 247
Hemisphäre, nördliche 21
Hemisphäre, östliche 21
Hemisphäre, südliche 21
Hemisphäre, westliche 21
Hemisphären 21
Henkel 215
heranwachsende Nahrungsvakuole 66
herausklappbare Schreibplatte 203
herausnehmbare Festplatte 333
Herbizid 47
Herbst 38
Herbstäquinoktium 38
Herd 27
Herdkante 210
Herdtiefe 27
Hering 159, 528, 529
Heringskönig 161
Heringsschlaufe 528, 529
Herrenhalbschuh 240
Herrenhandschuhe 243
Herrenkleidung 244
Herrenkopfbedeckungen 238
Herrenring 264
Herrenschuhe 240
Herrentasche 276
Herrentoilette 294, 439
Hertz 426
Heruntertransformation der Spannung 402, 413
Herz 71, 73, 104, 105, 154, 468, 492
Herzbeutel 105
herzförmig 55
Herzkammer, linke 103, 104
Herzkammer, rechte 103, 104
Herzmuschel 157
Herzmuskel 104
Herzwandschicht 104
heterotrophe Organismen 45
Heuboden 122
HiFi-System 325
Hijiki 123
Hilfe 121
Hilfslinie 298
Hilfsschwert 519
Himalaja 19
Himbeere 132
Himbeere im Querschnitt 59
Himmel, stürmischer 41
Himmelsbedeckung 39
Himmelskörper 2
Hinterbein 67, 68, 75, 201
Hinterbühne 293
hintere Aufschlaglinie für das Doppelspiel 494
hintere Augenkammer 119
hintere Felgenbremse 370
hintere Fontanelle 100
hintere Klappe 13
hintere Nervenwurzel 109, 110
hintere Schaufel 399
hintere Seitenfontanelle 100
hinterer Balken 422
hinterer knöcherner Bogengang 116
hinterer Kotflügel 369
hinterer Schließmuskel 73
hinterer Stoßdämpfer 367
hinterer Streben 370
hinterer Tragflügel 387
hinterer Umwerfer 370, 372
hinteres Auspuffrohr 351
hinteres Ende 73, 226, 229
hinteres Gehäuse 7
hinteres Trittbrett 455
Hinterflügel 67
Hintergrundbeleuchtung 337
Hinterhauptbein 100
Hinterhauptmuskel 97
Hinterhauptsbein 99, 100
Hinterhorn 109
Hinterkappe 262
Hinterleib 67, 68, 70, 71
Hinterleibssegment 67
Hinterpartie 536
Hinterzehe 78, 79
Hippe 234
Hirn 154
Hirnanhangdrüse 109
Hirnnerven 108
Hirse 61, 143
Hitzeschild 12
HNO(Hals-Nasen-Ohren)-Behandlungsraum 463
Hobel 229
Hobeleisen 229
Hobeleisen-Stellschraube 229
Hobelschar 401
Hobelzahn 235
Hochaltar 446
Hochdruckgebiet 39, 43
Hochebene 29
Hochgebirge 40
Hochgeschwindigkeitszug 376
Hochland 5
Hochlandklimate 40
Hochschrank 164
Hochsilo 122
Hochspannungsleitung 402, 413
Hochsprung 473
höchste Karte 468
Hochstuhl 205
Hochtöner 324
Hochtransformation der Spannung 402, 408
Hochwasserentlastungswehr 406
Hochwasserentlastungswehr, Verschluss 406
Hocker 164, 201
Hockey 471
Hockeyskate 527
Hoden 71, 111
Hodensack 92, 111
Hof 122
Hogline 515
hohe Rippe 152
hohe Wolken 42
Höhen-Tonabnehmer 303
Höheneinstellung 420
Höhenfeineinstellung 8, 9
Höhenfeststeller 8, 9
Höhenflosse 393, 395
Höhenlagen, Vegetationsbild 44
Höhenregler 303, 322, 325
Höhenruder 393
Höhenskala 37
Höhenverstellskala 227
Höhenverstellung 209, 501
Höhle 31, 35
Höhlenraum, trocken liegender 31
Hohlhandmuskel, kurzer 96
Hohlhandmuskel, langer 96
Hohlvene, obere 102, 103, 104
Hohlvene, untere 102, 103, 104, 107
Hoisinsoße 140
Hollandrad 373
Holm 219, 392, 466
Hologramm, metallisiertes 441
Holzbeheizung 192
Holzblasinstrumente 295
Holzhammer 220
Holzkiste 162
Holzleibung 186
Holzohr 123
Holzschläger 505
Holzträger 193
Holzunterbau 190
homogenisierte Milch 150
Honduras 448
Honig 149
Honigbiene 68
Honigbiene, äußere Merkmale 68
Honigmelone 135
Höraufsatz 460
Hörer 327
horizontale Bodenbewegung 27
horizontaler Zug 470
horizontales Schiebefenster 287
Horizontalseismograph 27
Hörmuschel 327
Horn 455, 519
Hörnchennudeln 146
Hörnerv 116
Hornhaut 119, 419
Hornisse 69
Hornschicht 114
Hornschnabel 76
Hornschuppe 79
Hors-d'Oeuvre-Schale 166
Hose 83, 246, 263, 476, 480, 486, 499, 500, 506, 525
Hose, kurze 261, 483, 488
Hosen, Beispiele 254
Hosenbluse 255
Hosenbund 246
Hosenrock 253
Hosenschlitz 246
Hosenträger 246
Hotel 432, 439, 512
Hotelreservierungsschalter 390
Hotelzimmer 439
Hubarm 399
Hubarmzylinder 399
Hubble-Weltraumteleskop 7, 37
Hubbrücke 345
Hubgebläse 383
Hubkette 396
Hubschrauber 395
Hubwinde 397
Hubzahlvorwahl 227
Hubzylinder 364, 397, 455
Hudson Bay 16
Huf 83
Hufeisenmontierung 7
Hüft-Becken-Nerv 108
Hüft-Leisten-Nerv 108
Hüftarterie, gemeinsame 102, 107
Hüftarterie, innere 102, 103, 107
Hüfte 93, 95
Hüftgurt 532
Huftiere 83
Huftiere, Beispiele 84
Hüftlochnerv 108
Hüftpolster 486
Hüftvene, gemeinsame 107
Hüftvene, innere 103
Hüftwurf 499
Hügel 29
Huhn 81, 155
Hühnerei 155
Hühnerstall 122
Huitzilopochtli-Tempel 283
Hülle 60, 505, 531
Hüllen, Wan-tan 147
Hülse 61, 534
Hülse, Schnitt 60
Hülsenfrüchte 130
Humeruskopf 99
Hummel 69
Hummer 71, 158
Hummer, Anatomie 71
Hummer, äußere Merkmale 71
Hummus 140
Hund 86
Hund, äußere Merkmale 86
Hunderassen 86
Hundert 427
Hundshai 158
Hupe 354, 368
Hürdenlauf 472
Hurrikan 43
Hustensirup 467
Hut 52
Hutband 238
Hutmutter 223
Hüttenkäse 150
Hyäne 88
Hydrant 434
Hydrantenanschluss 455
Hydraulik 396
Hydraulik-Heber 361
Hydraulik-Hochlöffelbagger 400
hydraulische Scheibenbremse 522
hydraulischer Widerstand 501
Hydrosphäre 44
Hyperlinks 334

I

Iapetus 3
Iberische Halbinsel 18
identisch 427
Identitätsband 264
Idiotenhügel 512
Iglu 288
Igluzelt 529
Ileum 106
Imbusschrauben 221
Impluvium 280
Impressum 313
Impulslaser, Rubin 420
Impulsregner 236
Inbound-Linie 484
Incisura intertragica 115
Indexanzeigeregler 315
Indien 453
Indisch-Antarktischer Rücken 34
Indisch-Australische Platte 27
Indischer Ozean 14, 15, 19, 20
indisches Fladenbrot 145
indisches Naanbrot 145
Indonesien 19, 453
Industrie 335
Industrie, petrochemische 405
Industrieabfälle 47, 48
Industriegebiet 431
industrielle Telekommunikation 317
industrielle Verschmutzung 47
Infiltration 45, 47
Informationsschalter 390, 442, 463, 512
Informationsstand 437
Informationsverbreitung 335
Infrarotschnittstelle 336, 337
Infrarotstrahlung 46, 418
Infusionsständer 464
Ingwer 139
Inhaber, Name 441
Inhaber, Unterschrift 441
Inhalt 313
Injektionsbohrung 402
Inlineskating 527
Innenbeleuchtung 380
Innenbrett 469
Innenfeld 474
Innenfläche 243
Innengewinde 537
innengezahnte Fächerscheibe 222
Innenhof 447
Innenkreis 515
Innenlippe 73
Innenohr 116
Innenohrvorhof 116
Innenstadt 431, 432
Innensteckhülse 536
Innenstiefel 511, 527
Innentasche 277
Innentür 211
Innenverteidiger 481
Innenzelt 528, 529
innere Drosselvene 102
innere Hüftarterie 102, 103, 107
innere Hüftvene 103
innere Kuppelhülle 7
innere Oberschenkelkondyle 99
innere Planeten 3
Innereien 154
innerer Kern 26
innerer Oberarmgelenkhöcker 99

innerer Schenkelmuskel 96
Insekten 67
Insekten, Beispiele 69
Insektenfresser 79
Insel 24, 343
Inselkette 33
Instrumentalgruppierungen, Beispiele 300
Instrumente 7, 523
Instrumente, elektronische 310
Instrumente, wissenschaftliche 13
Instrumententafel 355, 366, 368
Integral 427
Integralhelm 525
integrierte Schaltung 417
integrierte Schaltung mit Gehäuse 417
Intelsat 317
intensive Kultur 46, 47
intensive Landwirtschaft 46, 48
Intensivstation 464
Interlobärspalt, schräger 105
internationale Raumstation 11
internationales Einheitensystem 426
interne Modemschnittstelle 336
Internet 334
Internet-Nutzer 334
Internet-Nutzungen 335
Internet-Provider 335
Internet-Tasten 330
Intervalle 298
Interview 313
Intrusivgesteine 26
Io 2
Ionenschweif, Plasmaschweif 6
ionische Halbsäule 281
Irak 452
Iran 452
Iris 119
Irisch Moos 123
Irische See 18
irisches Brot 145
Irland 449
Isba 288
Ischiasnerv 108
Ischiasnerv, kleiner 108
Island 18, 450
Isobare 39
Isolator 359
Isoliermaterial 214
Isolierraum 462
Isolierstoff 190
isolierte Klinge 217
isolierter Griff 217
Isolierung 410
Isoseiste 27
Israel 452
ist annähernd gleich 427
ist äquivalent mit 427
ist gleich 427
ist gleich oder größer als 427
ist gleich oder kleiner als 427
ist größer als 427
ist identisch mit 427
ist kleiner als 427
ist nicht identisch mit 427
ist nicht parallel zu 428
ist parallel zu 428
ist senkrecht zu 428
ist ungleich 427
Italien 450

J

Jaboticaba 137
Jacke 251, 499
Jacke, dreiviertellange 248
Jacken 248, 251, 254
Jackett 244
Jackfrucht 136
Jagdkappe 238
Jagen 534
Jaguar 89
Jahresring 63
Jahreszahl 441
Jahreszeiten 38
Jakobsmuschel 157
Jalapeño-Chili 139
Jalousie 186
Jalousiefenster 287
Jalousieschweller 305
Jamaika 448
Jamaikapfeffer 138
Japan 19, 453
Japangraben 34
japanischer Rettich 129
japanisches Experimentiermodul 11
Japanisches Meer 19
Jarlsberg 151
Javagraben 34
Jazzband 300
Jazzbesen 309
Jeans 254
Jemen 452
Jetski 523
Jicama 124
Jocharm 297
Jochbein 98, 100
Jochweite 344
Joggingschuh 262
Joghurt 150
Johannisbeere 132
Johannisbeere, schwarze 132
Joker 468
Jolle 521
Jordanien 452
Joule 426
Joystick 332
Joysticks 471
jüdisches Weißbrot 145
Judo 499
Judogi 499
Judokämpfer Wettkampfteilnehmer 499
Jupiter 2
Jurte 288
Justierring 271
Justiz 440
Juweliergeschäft 436

K

Kabel 209, 217, 228, 235, 237, 326, 332, 356, 364, 535
Kabel der Schnittstelle für digitale Musikinstrumente (MIDI) 311
Kabel, Anschluss 227
Kabeljau, atlantischer 161
Kabelleitung 335
Kabelmantel 218, 229
Kabelmodem 335
Kabelmuffe 228
Kabelschutz 535
Kabeltülle 217
Kabelversteifung 208
Kabelverteiler 316
Kabine 386, 443
Kabriolett 347
Kachel 12
Kaffee 148
Kaffee-Filterkanne 181
Kaffeebohnen, geröstete 148
Kaffeekanne 531
Kaffeelöffel 168
Kaffeemaschine 181
Kaffeemaschinen 181
Kaffeemühle 180
Kaffeepresser 181
Käfig 281
Kai 381
Kaianlage 430
Kaiman 77
Kairampe 381
Kaiserling 123
Kakao 148
Kaki 137
Kaktusfeige 137
Kalahari 20
Kalb 84
Kalbfleisch 152
Kalbfleischwürfel 152
Kalbshackfleisch 152
Kaldaune 154
Kalifornien, Golf 16
Kalmar 157
kalte Luft 41
kaltes Kühlmittel 408
kaltgemäßigte Klimate 40
Kaltwasserkreislauf 194
Kaltwassersteigleitung 194
Kaltwasserzulauf 196, 197
Kambium 63
Kambodscha 453
Kamel 85
Kamera 525
Kamera-Assistent, erster 290
Kamera-Assistent, zweiter 290
Kameragehäuse 314
Kameramann 290
Kamerun 451
Kamille 148
Kamin 188, 192, 193
Kaminabdeckung 193
Kaminabdichtung 193
Kaminanschluss 192
Kaminaufsatz 183
Kaminbesteck 193
Kamineinfassung 192, 193
Kamingitter 193
Kaminsims 192
Kamm 29
Kämme 268
Kammer, unterirdische 278
Kammerseptum 104
Kammerwasser 119
Kammmuschel 157
Kampfbereich 499
Kampfrichter 496, 497, 498, 499, 509
Kampfsportarten 498
Kamtschatka-Halbinsel 19
Kanada 448
kanadischer Bacon 156
Kanal, linker 324
Kanal, rechter 324
Kanalauswahl 319
Kanaleinstiegsschacht 434
Kanalisation 194
Kanalschleuse 381
Kanalsuchtasten 319
Kanalwahltasten für Lautsprecher 322
Kanapee 200
kanarische Melone 135
Kandiszucker 149
Kaninchen 82, 154
Kanne 181
Kante 533
Kantenschiene 526
Kantenstecher 233
Kanüle 460
Kanülenansatz 460
Kanzel 446, 447
Kap 24
Kap der Guten Hoffnung 20
Kap Horn 17
Kap Verde 451
Kapaun 155
Kapelle 282
Kapillargefäß 114
Kapillarröhrchen 424
Kapitelsuche/Schnellvorlauf 319
Käppchen 238
Kappe 198, 312, 494
Kappe, äußere 240
Kapsel 51, 467
Kapsel, Schnitt 60
Kapuze 249, 260, 261, 508
Kapuzenmuskel 96, 97
Kapuzenmütze 239
Kar 5, 30
Karabiner 538
Karabinerhaken 521
Karaffe 165
Karaffe, kleine 165
Karambolagebillard 502
Kardamom 138
Kardinal 80
Kardone 125
Karibik 14, 16
Karibische Inseln 448
Karibische Platte 27
Karikatur 313
Karo 468
Karosserie 348, 361
Karosserien, Beispiele 347
Karotte 129
Karpaten 18
Karpfen 160
Karte, politische 23
Karteiregister 340
Kartendarstellungen 22
Kartenkontrolleur 294
Kartenlesegerät 442, 443
Kartenleser 321
Kartenleserschlitz 346
Kartennummer 441, 443
Kartenraum 382
Kartenschacht, PC 336
Kartenspiele 468
Kartoffel 124
Kartoffelstampfer 173
Kartographie 21
Karton 163
Kartusche 216, 459
Kartuschenpistole 216
Kasachstan 452
Käsemesser 168
Käsereibe 170
Käseschachtel 163
Käsetheke 121
Kaspisches Meer 14, 19
Kasse 121, 294, 346
Kassen 121
Kassette 326, 333
Kassettendeck 323, 325
Kassettendecktasten 326
Kassettenfach 323
Kassettenlaufwerk 333
Kassettenrekorder-Wahltaste 322
Kassettenschacht 321
Kassettenteil 326
Kassiererin 121
Kastagnetten 295, 309
Kasten 68
Katalysator 351
katalytische Umwandlungsanlage 405
Katamaran 521
Katar 452
Kategoriewahltasten 326
Kathode 417
Katze 87
Katze, Kopf 87
Katzenhai, groß gefleckter 158
Katzenrassen 87
Kaufhaus 437
Kaumuskel 96
Kegel 177, 429
Kegelprojektion 22
Kehldeckel 105, 118
Kehle 78, 305
Kehlkopf 105
Kehrschaufel 215
Keil 243, 274, 276, 305
Keilbein 100
Keilbeinhöhle 117
Keilhebel 229
Keilriemen 212, 350, 360
Keim 61
Keimblatt, verwelkendes 53
Keimscheibe 79
Keimung 53
Keimwurzel 53
Kelch 59, 60, 446
Kelchblatt 56, 59
Keller 182
Kellerfalte 253
Kellerfenster 183
Kellnerbesteck 170
Kelvin 426
Kenia 451
Kennzeichnung 358
Keramikkondensator 417
Kerbe 422, 503
Kerbel 142
Kermadec-Tonga-Graben 34
Kern 6, 57, 58, 59, 61, 305, 534
Kern, äußerer 26
Kern, innerer 26
Kern, spaltbarer 415
Kernenergie 408
Kernenergie, Elektrizitätserzeugung 408
Kerngehäuse 58
Kerngehäuseausstecher 173
Kernholz 63
Kernkörperchen 50, 112
kernlose Salatgurke 128
Kernmembran 50, 66
Kernreaktor 409
Kernschatten 4, 5
Kernspalte 305
Kernspaltung 415
Kernspaltung des Uranbrennstoffs 408
Kerosin 405
Kerze 446
Kessel 29, 308
Kesselpauke 308
Kesselwagen 377
Ketchup 141

Kette 196, 370, 372, 523
Kettenblatt, großes 372
Kettenblatt, kleines 372
Kettenblattumwerfer 370, 372
Kettenbremse 235
Kettenführung 372
Kettenlaufwerkrahmen 398
Kettenrad 522
Kettenreaktion 415
Kettensäge 235
Kettenstrebe 370
Keule 86
Kibla 447
Kichererbsen 130
Kidneybohne, rote 131
Kiefernnadeln 65
Kieferschutz 486
Kiefertaster 70
Kielbasa-Wurst 156
Kielboot 521
Kiemen 73
Kiemendeckel 74
Kiemenspalten 74
Kiesbett 524
Kilogramm 426
Kilometerzähler 355
Kimme 534
Kimono 256
Kinderbekleidung 261
Kinderbetreuung 437
Kindermöbel 205
Kindersessel 205
Kindersitz 356, 372
Kinn 78, 94
Kinnriemen 486
Kinnschutz 367, 522
Kinnstütze 301
Kino 294, 386, 432, 436
Kinoleinwand 294
Kinosaal 294
Kiosk 346, 379
Kippermulde 401
Kipphebel 467
Kirche 433, 446
Kirchenbank 446
Kirchenfenster 446
Kirgisistan 452
Kiribati 453
Kirsche 132
Kirschtomate 128
Kissen, kleines 204
Kiste 162
Kittelbluse 255
Kiwano 136
Kiwi 136
Klaffmuschel 157
Klampe 520, 521
Klangfarbenregler 303
Klangfell 297
Klangwahlanzeige 322
Klangwahlschalter 322
klappbare Laderampe 386
klappbare Nagelfeile 265
Klappbrücke, einteilige 345
Klappe 73, 202, 229, 244, 291, 306
Klappe, hintere 13
Klappendrücker 306
Klappenschutz 306
Klappenstiel 306
Klappentasche 244, 248
Klapperschlange 77
Klappschlittschuh 508
Klappspaten 532
Klappstufe 361
Klappstuhl 201
Klapptisch 202
Klarinette 306
Klarinetten 295
Klarsichtfenster 274
Klarsichthüllen 274
Klarsichtscheibe 523
Klarspülmittelbehälter 214
Klassenzimmer 444, 445
Klassenzimmer für Schüler mit Lernschwierigkeiten 444
klassische Bluse 255
Klaue 71, 82, 220
Klaviaturboden 304
Klavier 304
Klebeband 190
Klebebandabroller 341
Klebefilmspender 341
Klebestift 341
Klebfaden 70
Klebstoff 190
Kleeblatt 342, 343
Kleid in Trapez-Form 252
Kleid mit angesetztem Schoß 252
Kleid, mit angesetztem Schoß 252
Kleider, Beispiele 252
Kleidersack 277
Kleiderschrank 189, 202, 203, 439
Kleiderschutz 467
Kleidung 238, 538
Kleidung, feuer- und wasserfeste 454
Kleinanzeigen 313
Kleinbus 363
kleine Armdecken 78
kleine Beuteltasche 276
kleine Chirurgie 462
kleine Karaffe 165
kleine Klinge 531
kleine Schamlippe 112, 113
kleine Trommel 295, 308
kleiner als 427
kleiner Finger 115
Kleiner Getränkekarton 163
kleiner Ischiasnerv 108
kleiner Lehnstuhl 200
kleiner Rundmuskel 97
kleiner Teller 166
kleiner Tentakel 72
kleines Kettenblatt 372
kleines Kissen 204
Kleinfingerhaken 307
Kleinhirn 109
Kleinwagen 347
Klemmbacke 265
Klemmbrett 340
Klemmbügel 269
Klemmbügel, Hebel 269
Klemme, rote 356
Klemme, schwarze 356
Klemme, verstellbare 206
Klemmhefter 339
Klemmspot 206
Klemmverschraubung 197
Klemmvorrichtung 425
Klempnerwerkzeuge 216
Klettenwurzel 129
Kletterpflanze 230
Klickpedal 522
Kliff, Klippe 35
Klimaanlage 46, 361, 386
Klimate der Welt 40
Klimate, kaltgemäßigte 40
Klimate, tropische 40
Klimate, warmgemäßigte 40
Klinge 167, 169, 177, 221, 271
Klinge, isolierte 217
Klinge, zweischneidige 271
Klingenarten 221
Klingendose 271
Klingenstopper 270
Klinke 326
Klips 246, 264
Klistierspritze 460
Klitoris 112
Klosettbecken 196
Klosettdeckel 196
Klubhaus 504
Knarre 223, 536
Knauf 201, 202, 477, 492, 506
Knebel 224
Knebelbolzen 221
Knebelverschluss 249
Kneten 176
Knethaken 176
Knickschutztülle 269
Knie 83, 86, 92, 94
Kniebandage 500
Kniebundhose 254
Kniepolster 486
Kniescheibe 83, 98
Knieschützer 476, 525, 526, 527
Kniestrumpf 247, 257
Knoblauch 124
Knoblauchpresse 170
Knöchel 92, 94
knöchelhohe Stiefelette 241
Knöchelschutz 476
Knöchelsocke 247
Knochenfisch 74
Knochenfische 159
Knolle 125
Knollenblätterpilz 52
Knollengemüse 124
Knollensellerie 129
Knollenziest 124
Knopf 199, 227, 245, 250, 296
Knopflasche 246
Knopfleiste 245, 250
Knopfleiste, verdeckte 251
Knopfloch 248
Knorpelfisch 74
Knorpelfische 158
Knorrenmuskel 97
Knospe 54
Knoten 416
Knurrhahn 159
Kobra 77
Kochen 178
Kochfeld 179, 210
Kochgeräte 174
Kochgeschirr 531
Kochmesser 169
Kochmulde 164, 210
Kochplatte 210
Kochtopf 531
Koffer 277
Kofferradio 325
Kofferraum 349
Kognakschwenker 165
Kohl 126
Kohle-Zink-Zelle 417
Kohlekraftwerk 402
Kohlendioxid, Aufnahme 54
Kohlenhalde 402
Kohlenschaufel 193
Kohlestab (Kathode) 417
Kohlrabi 125
Kohlrübe 129
Kokosnuss 133
Kola-Halbinsel 18
Kolanuss 133
Kolben 57, 61, 199, 357, 360
Kolbenhals 534
Kolbenring 360
Kolbenschaft 360
Kolibri 80
Kolk 31
Kollaterale 110
Kollegmappe 274
Kollegmappe mit Griff 274
Koller 248
Kolumbien 448
Koma 6
Kombi 347
Kombi-Pflegelösung 272
Kombihacke 233
Kombilimousine, dreitürige 347
Kombipumpe 530
Kombizange 217, 222
Kombu 123
Komet 6
Kommandobrücke 383
Kommataste 337
Kommode 203
Kommunikation 312
Kommunikationsmodul 316
Kommunikationsprotokoll 334
Kommunionbank 446
Komoren 452
Kompaktkamera 315
Kompaktpuder 266
Kompaktspeisesystem 321
Kompassrose 533
komplexe Düne 36
Kompositbogen 535
Kompostkiste 231
Kompressionsgurt, seitlicher 532
Kompressor für Klimaanlage 360
Kondensation 45
Kondensationskammer 402
Kondensieren 414
Kondensmilch 150
Kondensor 402, 421
Kondensoreinstellung 421
Kondensorhöhenverstellung 421
Konditorei 437
Kondor 80
Konferenzraum 442, 445
Kongo 20, 451
Kongresszentrum 433
König 468, 470
König, Grabkammer 278
Königin 68
Königin, Grabkammer 278
Königin-Maud-Land 15
königliche Vene 102
Königsbaum 412
Königsflanke 470
konkave Linse 419
konkavkonvexe Linse 419
Konserven 121
Konservendose 163
Konsole 283
Konstruktion 186
Konstruktion eines Hauses 188
Konsument 317
Kontaktelemente 198
Kontaktlinse, harte 272
Kontaktlinse, weiche 272
Kontaktlinsen 272
Kontaktlinsenbehälter 272
Kontermutter 197
Kontinent 33
kontinentale Kruste 26
Kontinentalfuß 33
Kontinentalhang 33
Kontinentalrand 33
Kontinentalschelf 33
Kontinente, Lage 14
Kontoidentifikation 443
Kontrabass 301
Kontrabasse 295
Kontrafagotte 295
Kontrolllampe 269
Kontrollleuchte 178, 179, 180, 181, 208, 214, 443, 454
Kontrollleuchte Netzspannung 443
Kontrollleuchte Papiereinzug 333
Kontrollleuchte, Tintenpatrone 333
Kontrollleuchten 331
Kontrollleuchten für Tonsignalquellen 322
Kontrollmonitore, Regie 290
Kontrollraum 388
Kontrolltower 388
Konvektion 415
Konvektionsströmung 415
Konvektionszelle 43
Konvektionszone 4
konvergierende Plattengrenzen 27
konvexe Linse 419
konvexkonkave Linse 419
Koordinatensystem der Erdkugel 21
Kopf 6, 67, 72, 78, 93, 95, 103, 111, 220, 221, 223, 229, 271, 272, 301, 303, 492, 494, 505, 536
Kopf der Katze 87
Kopfarten 221
Kopfband 458, 459
Kopfbedeckungen 238, 239
Kopfbruststück 71
Kopfende 204
Kopfganglion 73
Kopfhörer 324, 325, 326
Kopfhöreranschluss 323
Kopfhöreranschlussbuchse 310, 311
Kopfhörerbuchse 322, 326
Kopfkissen 204
Kopfkissenbezug 204
Kopfkissenschonbezug 204
Kopfnicker 96
Kopfregal 121
Kopfriegel 185
Kopfriemen 459
Kopfsalat 126
Kopfschutz 458, 498
Kopfstütze 353
Kopfteil 191, 205, 238, 239
Kopfwurf 499
Koppel-Kipptaste 305
Koppelungsmodul 11
Koppen 207
Kora 297
Korallenmeer 15
Korallennatter 77
Korb 211, 214, 489
Korbanlage 489
Korbbrett 489
Korbbretthalter 489
Körbchen 57

Korbring 489
Korbstütze, gepolsterte 489
Kordilleren, Australische 15
Korea 19
Koriander 142
korinthische Halbsäule 281
korinthischer Pilaster 281
Kork 514
Korkball 477
Korkenzieher 531
Korkspitze 495
Korn 534
Körner 220
Körnerfresser 79
Körnerschicht 114
Kornett 295, 307
Korona 4
Körper 118, 305, 429, 536
Körper, menschlicher 92
Körperchen, Ruffinisches 114
Körperchen, Vater-Pacinisches 114
Körperpflege 121, 267
Körpertemperaturregelung 10
Korpus 303, 306
Korpus, birnenförmiger 297
Korpus, dreieckiger 297
Korpus, massiver 303
Korpus, runder 296
Korrespondenz 338
Korselett 258
Korsett 259
Kosakenmütze 238
Kostüm 251, 290
Köte 83
Kotelett 152, 153
Kötengelenk 83
Kotflügel 348, 364
Kotflügel, hinterer 369
Krabbe 158
Krabbenspinne 70
Kraft, Maßeinheit 426
Kraftfahrzeuganlagen 351
Kraftfahrzeuge: Hauptbauteile 350
Kraftsport 500
Kraftstoffanlage 351
Kraftstoffanzeige 355
Kraftstoffleitung 351
Kraftstoffreserveanzeige 355
Kraftstofftank 235, 351, 364, 366, 369, 377
Kraftübertragung 372
Kragen 244, 245, 248, 302, 303
Kragen, gespreizter 245
Kragenspitze 245
Kragenstäbchen 245
Kragstein 192, 282
Kragträger 344
Krake 157
Kralle 76, 78, 79, 232
Kranbahn 397
Kräne 397
Kranführerkabine 397
Krankenakten 465
Krankenhaus 433, 462
Krankenhausbett 464
Krankenschwester 464
Krankentisch 464
Krankentrage 460
Krankenzimmer 464
Kranzgesims 279
Kranznaht 100
Kranzprofil 202
Krater 5, 28
Kraterstrahlen 5
Kraterwall 5
Kraulen 517
krause Endivie 127
Kräuselfalte 255
Kräuselrock 253
Kräuter 142
Kräutertees 148
Krawatte 245
Krawattenschal 245
Krebs, Wendekreis 20, 21, 22
Krebse 71
Krebstiere 158
Kreditabteilung 442
Kreditkarte 441
Kreditkartenetui 274
Kreditkartenfach 274
Kreide 503
Kreis, Teile 428
Kreisregner 236
Kreissägeblatt 227
Kreisverkehr 25
Krempe 238, 239
Kreolen 264
Krepis 279
Kreuz 299, 468
Kreuzaussteifung 187
Kreuzbein 98, 99
Kreuzgeflecht 108
Kreuzhacke 233
Kreuzkopf 396
Kreuzkümmel 138
Kreuzmuster-Teppichmuschel 157
Kreuzrippe 284
Kreuzschlitzschrauben 221
Kreuzschlitzschraubenzieher 531
Kreuzschlüssel 356
Kreuztisch 421
Kreuztischeinstellung 421
Kriechstrombarriere 359
Kringel 144
Kristallisation 414
Kristalltropfen 207
Kristallzucker 149
Kroatien 450
Krokodil 77
Krokus 56
Krone 63, 83, 101, 167, 169, 283, 302, 424
Kronenabschnitt der Pulpahöhle 101
Kronleuchter 207
Krummhalskürbis 129
Krümmling 191
Kruppe 83
Kruste, kontinentale 26
Kruste, ozeanische 26
Krustenflechte 50
Kruzifix 446
Kuba 448
Kübel 230
Küche 120, 162, 164, 188, 280, 439, 445
Küchenbeil 169
Kuchenform 172
Kuchenform, flache 172
Kücheninsel 164
Küchenmaschine 177
Küchenmesser 169
Küchenmesser, Beispiele 169
Kuchenpinsel 172
Kuchenrad 172
Küchenreibe 170
Küchenschere 173
Küchenset 173
Küchenuhr 171
Küchenutensilien 169
Küchenwaage 171
Kufe 395, 506, 509, 523
Kugel 312, 332, 429, 472, 534
Kugel-Sternhaufen 6
Kugelhalterung 332
Kugellager 413
Kugelmaus 332
Kugelschreiber 312
Kugelstoßen 472
Kuh 84
Kühlabteilung 120, 121
Kühlaggregat 365
Kühlbox 532
Kühler 350, 358
Kühleranlage 351
Kühleranschluss, unterer 358
Kühlerblock 358
Kühlergrill 348, 364
Kühlerhaube 364
Kühlerverschlussdeckel 358
Kühlfach 211
Kühlhaus 381
Kühlmittel 408
Kühlmittel, erwärmtes 408
Kühlmittel, kaltes 408
Kühlmittelauslass 410
Kühlmitteleinlass 410
Kühlraum 121
Kühlsattelanlieger 365
Kühlschrank 164, 211, 438
Kühlschränke 438
Kühlturm 402
Kühlung 405
Kühlvitrine 438
Kühlwagen 377
Kühlwassertank 408
Kühlzylinder 420
Kuhstall 122
Kuiper-Gürtel 2
Kulissen 292
Kultbild, Standort 279
Kultur, intensive 46, 47
Kulturbeutel 276
Kulturorganisation 335
Kümmel 138
Kumquat 134
Kumulonimbus 42
Kumulus 42
Kundenbetreuung 443
Kunst 278
Künste, darstellende 294
Kunstfliege 536
künstlerischer Leiter 290
künstlicher Erdsatellit 37
künstlicher See 32
Kunstraum 444
Kunstschwamm 266
Kunstspringen 518
Kunststoff, Sortierung 49
Kunststoff-Federball 495
Kunststoffboden 492
Kunststoffkondensator 417
kunststoffummantelter Stoßfänger 348
Kunstturnen 496
Kuppe 503
Kuppel 394
Kuppel des Mihrab 447
Kuppelhülle, äußere 7
Kuppelhülle, innere 7
Kuppelspaltabdeckung 7
Kuppelzelt 529
Kuppenring 503
Kupplung 350
Kupplungsbügel 377
Kupplungsgehäuse 368
Kupplungshebel 366, 368
Kupplungspedal 354
Kurbel 170, 224, 236, 356, 372, 537
Kurbel der Stützvorrichtung 365
Kurbelwelle 360
Kürbis 129
Kurilengraben 34
Kurkuma 138
Kurs 524
Kursbuchtafeln 374
Kurtine 282
kurze Hose 261, 483, 488, 522
Kürzel der Ausgabebank 441
kurzer Hohlhandmuskel 96
kurzer Wadenbeinmuskel 97
kurzer Zehenstrecker 96
Kurzhandschuh 243
Kurzmeldungen 313
Kurzsichtigkeit 419
Kurzsocke 257
Kurzstrecke 508
Kurzstreckenschlittschuh 508
Küste 33
Küstenformen 35
Küstenformen, typische 35
Kuttelwurst 156
Kuwait 452

L

Labor 7
Labor, amerikanisches 11
Labor, pathologisches 465
Lachs, atlantischer 161
Lachs, pazifischer 161
Lackieren 219
Lade-Anschlussbuchse 208
Ladeanzeige 271
Ladebagger 402
Ladebaum 384, 385
Ladegerät 228
Ladekontrolllampe 271
Lademast 385
Laden 280
Ladenpassage 435
Laderampe 435
Laderampe, klappbare 386
Ladevorrichtung 364
Ladogasee 18
Ladung 534
Laffe 167
Lage der Kontinente 14
Lageplan 183
Lagergang 28
Lagerhaus 430
Lagerholz 187
Lagerraster 409
Lagerraum 438
Lagerraum für gebrauchtes Material 462, 464
Lagerraum für medizinische Geräte 465
Lagerraum für Sterilgut 462, 464
Lagertank 405
Lagune 35
Lakkolith 28
Lama 84
Lambdanaht 100
Lamelle 52
Lammfelljacke 249
Lammfleisch 153
Lammfleischwürfel 153
Lammhackfleisch 153
Lampe 320, 421, 529
Lampen 206
Lampenfassung 199
Lampenreihe 207
Land 23, 431
Landebereich 472
Landefenster 395
Landeklappe 392
Landenge 24
Landenge von Panama 16
Landescheinwerfer 395
Landkarte 444
landschaftlich schöne Strecke 25
Landspitze 35
Landwirtschaft, intensive 46, 48
landwirtschaftliche Verschmutzung 47
Landzunge 35
lange Unterhose 247
Länge, Maßeinheit 426
Längengrade 22
Längenmessung 425
Längenverstellung 466
langer Abendhandschuh 243
langer Hohlhandmuskel 96
langer Oberschenkelanzieher 96
langer Wadenbeinmuskel 96
langer Zehenstrecker 96
Langhaarschneider 271
Langhandschuh 243
Langlauf-Rattenfallbindung 514
Langläufer 514
Langlaufloipe 512
Langlaufski 514
langsam drehende Welle 413
Längsdünen 36
Längslenkerachse 351
Längsschnitt durch ein Weizenkorn 61
Längsschnitt durch eine Haselnuss 60
Längsschnitt durch eine Walnuss 60
Längsschnitt, Backenzahn 101
Längsschott 384
Langstrecke 508
Langstrecken-Düsenflugzeug 392
Languste 158
Langustine 158
lanzettförmig 55
Laos 453
Lappen 79
Lappen, oberer seitlicher 62
Lappen, unterer seitlicher 62
Lappenbronchus 105
Laptop 336
Laptop: Rückansicht 336
Laptop: Vorderansicht 336
Lärche 65
Lasagne 146
Lasche 249, 274
Lasche, selbstklebende 339
Laserstrahl 420
Lastenfortbewegung 396
Lastkraftfahrzeuge 364
Lastkraftwagen, Beispiele 364
Laterne 230
Latexhandschuh 460
Latissimuszug 501
Latrinen 280
Latte 519
Lattentasche 520

Lattenzaun 230
Lätzchen 260, 261
Latzhose 254, 261
Latzhose mit gekreuzten Rückenträgern 261
Latzhose mit hohem Rückenteil 260
Laub 63
Laubblatt 54
Laubblätter, erste 53
Laubflechte 50
Laubfrosch 75
Laubheuschrecke 69
Laubhölzer, Beispiele 64
Laubsäge 226
Laubwald 44
Laubwerk 200
Lauch 124
Lauf 78
Laufbein 67, 70
Laufbrett 377
Laufbrücke 385
Läufer 469, 470
Laufgewicht 422
Laufkatze 397
Laufkatzenrolle 397
Laufkran 407
Laufrad, pneubereiftes 380
Laufrolle 205, 332
Laufschiene 534
Laufschuh 473
Laufsohle 240, 263, 510
Laugenbottich 212
Laus 69
Lautsprecher 294, 320, 321, 325, 326, 327, 328, 336, 455
Lautsprecher, Kanalwahltasten 322
Lautsprecherbox 324
Lautsprecherbuchsen 322
Lautstärkeregelung 328
Lautstärkeregler 10, 303, 310, 311, 319, 322, 325
Lautstärkeregler für den Hörer 327
Lautstärkeregler für den Rufton 327
Lavaschicht 28
Lavastrom 28
LCD-Anzeige 424
LCD-Display 326, 327
LCD-Fernseher (Liquid-Crystal-Display-Fernseher) 318
Lead 515
Lebenserhaltungssystem 10
Lebenserhaltungssystem, Steuerung 10
Leber 103, 106, 154
Lebervene 103
LED-Pegelanzeige 323
Lederhaut 114, 119, 478
Lederschutz 533
Lederstrippe 246
Lederwaren 274
Lederwarengeschäft 436
Leerdarm 106
leere Menge 427
Leerlaufanzeige 368
Leertaste 330
Leerzeichen 330
Leerzeichen, geschütztes 330
Left-Wing 482
Lefzen 86
Leggins 263
Leguan 77
Legwarmer 263
Lehmhütte 288
Lehnstuhl, kleiner 200
Lehrer/Lehrerin 444
Lehrerpult 444
Lehrerzimmer 445
Leichtathletik 472
leichte Atemschutzmaske 459
leichtes Sonnenkleid 252
Leichtflugzeug 394
Leinwand 439
Leiste 92, 94
Leistentasche 244
Leistung, Maßeinheit 426
Leiter 184, 288, 361, 401, 404, 469
Leiter, künstlerischer 290
Leiterbaum, ausfahrbarer 455
Leitern 219
Leiterplatte 417
Leiterspiel 469
Leiterstrahlrohr 455
Leitöse 521
Leitrad, pneubereiftes 380
Leitspruch 441
Leitungsnetz, Einspeisung 413
Leitwerk 393, 406
Leitwerksträger 395
Lemure 91
Lende 83, 93, 95
Lendengeflecht 108
Lendenpolster 486
Lendenwirbel 99
Lenkanlage 351
Lenker 523
Lenkerbügel, angehobener 522
Lenkergriff 366, 369
Lenkkopf 371
Lenkrad 350, 354, 385, 525
Lenkrolle 209
Lenksäule 350
Lenkstange 501
Lenkzylinder 400
Leopard 89
Leopardfrosch 75
Leselampe 457, 464
Leseleuchte 206
Leserbriefe 313
Lesotho 452
Lettland 450
Leuchtanzeige 329
Leuchtrakete 457
Leuchtstoffröhre 199
Leuchtturm 381
Leukoplast 50
Leukozyt 104
Libanon 452
Libanonzeder 65
Libelle 69
Liberia 451
Libero 487
Libyen 451
Licht 7, 8, 9
Licht, Ewiges 447
Licht, gelbes 434
Licht, grünes 434
Licht, rotes 434
Licht, sichtbares 418
Lichtleiste 457
Lichtleistensteuerung 457
Lichtmaschine 350, 360
Lichtrezeptoren 119
Lichtschutzschirm 7
Lichtstärke, Maßeinheit 426
Lichtstrahl 419
Lichttechniker 291
Lidschatten 266
Liebstöckel 142
Liechtenstein 450
Lieferanteneinfahrt 435
Liegestuhl 201
Likörglas 165
Lilie 56
Limabohne 131
Limette 134
Limonadenlöffel 168
Limousine, viertürige 347
Linde 148
Lineal 425, 531
linealisch 55
Linie, durchgehende 342
Linie, neutrale 416
Linie, unterbrochene 342, 343
Linienanzeige 362, 363
Linienbus 362
Linienrichter 481, 485, 487, 490, 494, 496, 507
Liniensystem 298
linke Herzkammer 103, 104
linke Lunge 103, 105
linke Lungenvene 104
linke Niere 107
linke Seite 272
linker Abwehrspieler 487
linker Angriffsspieler 489
linker Aufbauspieler 489
linker Außenangreifer 487
linker Außenfeldspieler 474
linker Centre 482
linker Corner Back 484
linker Defensive End 484
linker Defensive Tackle 484
linker Guard 485
linker Kanal 324
linker Mittelfeldspieler 481
linker Safety 484
linker Stürmer 507
linker Tackle 485
linker Verteidiger 481, 506
linker Vorhof 103, 104
linkes Aufschlagfeld 491
linkes Feld 475
links 293
Linse 119, 419
Linse, bikonkave 419
Linse, bikonvexe 419
Linse, konkave 419
Linse, konkavkonvexe 419
Linse, konvexe 419
Linse, konvexkonkave 419
Linse, plankonkave 419
Linse, plankonvexe 419
Linsen 130, 419
Linsenfernrohr 8
Linsenfernrohr im Querschnitt 8
Linsenkopf mit Schlitz 221
Linsensystem 420
Lippe 83, 87, 521
Lippen-Make-up 266
Lippenkonturenstift 266
Lippenpfeife 305
Lippenpinsel 266
Lippenstift 266
Lippentaster 67, 73
Litauen 450
Litchi 137
Literaturbeilage 313
Lithosphäre 26, 44
Litze 273
Lob 491
Loch 504
Loch, gestanztes 240, 246
Loch, Par-5 504
Lochbillard 503
Locher 340
Lockennadel 268
Lockenstab 269
Lockente 535
Lockenwickler 268
Löffel 167, 400, 531, 538
Löffel, Beispiele 168
Löffelstiel 399
Löffelstielzylinder 399
Loge 293
Lokale Station 316
Lokomotive 376
Lokomotive, dieselelektrische 377
Lokschuppen 375
Longanfrucht 136
Longdrinkglas 165
Lorbeer 142
Löschen 331
löschender Rückschritt 331
Löschfahrzeuge 455
Löschflugzeug 394
Löschmittelbehälter 454
Löschtaste 315, 328, 331, 337
loser Puder 266
Löshebel 222
Lötkolben 218
Lötlampe 218
Lötpistole 218
Lötspitze 218
Lötwerkzeuge 218
Lötzinn 218
Lounge 386
Löwe 89
Löwenzahn 127
Luchs 88
Luer-Lock-Spitze 460
Luffaschwamm 267
Luft, absinkende kalte 43
Luft, aufsteigende warme 43
Luft, kalte 41
Luft, warme 41
Luftansaugrohr 383
Luftaustrittsöffnung 270
Luftaustrittsschlitz 209
Luftdruck 39
Luftdruck in Meereshöhe 39
Luftdruckänderung 39
Luftdüse 354
Lufteinlass 361, 362, 367, 383, 523
Lufteinlauf 395
Lüfter 322, 336, 350, 358, 360
Luftfahrt 317
Luftfilter 235, 350, 398
Luftkammer 79
Luftkissenfahrzeug 383
Luftklappe 365
Luftkompressor 376
Luftloch 312
Luftmasse 39
Luftmatratze 530
Luftmatratze, selbstaufblasbare 530
Luftpolster 339
Luftpolsterumschlag 339
Luftpropeller 383
Luftpumpe 370
Luftröhre 105
Luftschacht 278
Luftschadstoffe 47
Luftschleuse 13
Luftstromrichtdüse 270
Luftstromschalter 270
Lufttemperatur 39
Lüftung 380
Luftverkehr 388
Luftverschmutzung 47
Luftwege 105
Luftzufuhr 525
Luftzufuhrregler 192
Lunge, linke 103, 105
Lunge, rechte 103, 105
Lungen 105
Lungenarterie 102, 105
Lungenarterienstamm 104
Lungenfell 105
Lungenmittellappen 105
Lungenoberlappen 105
Lungenunterlappen 105
Lungenvene 102
Lungenvene, linke 104
Lungenvene, rechte 104
Lunula 73
Lupe 421, 531
Lupine 130
Lutz 509
Luxemburg 449
Luzerne, blaue 130
Lyra 297
Lysosom 66

M

Mäander 32
Macadamianuss 133
Macchie 44
Mackenzie 16
Madagaskar 20, 452
Magen 73, 103, 106
Magenmund 71
Magenpförtner 71
Magenstütze 259
Magenta 418
Magma 28, 33
Magmakammer 28, 402
Magnesia 497
Magnet 341, 416
Magnetband 319
magnetische Dämpfung 422
magnetische Dichtung 211
magnetische Trennung 49
magnetischer Deckelhalter 180
magnetisches Feld 318, 416
Magnetismus 416
Magnetkompass 533
Magnetnadel 533
Magnetstreifen 441
Mähne 83
Maiglöckchen 56
Maikäfer 69
Maine Coon 87
Mais 61, 143
Maismehl 144
Maisöl 149
Maissirup 149
Makak 91
Make-up 266
Makrele 159
Makronukleus 66
Makroobjektiv 314
Mal 479
Mal, drittes 474
Mal, zweites 474
Malawi 452
Malawisee 20

Malaysia 453
Malediven 453
Malerpinsel 219
Mali 451
Malspieler, dritter 474
Malspieler, erster 474
Malspieler, zweiter 474
Malta 450
Malzessig 141
Mandarine 134
Mandel 116, 133
Mandoline 297
Manganmischung (Kathode) 417
Mango 137
Mangochutney 141
Mangold 125
Mangostane 136
Maniküre 265
Maniok 124
Mann 92
männlich 426
männliche Blütenstände 65
männliche Geschlechtsorgane 111
Mannschaftsabzeichen 506
Mannschaftstrikot 476, 480, 486
Mannschaftszelt 528
Manövriereinheit, bemannte 10
Mansardenfenster 182
Manschette 245, 501
Manschette, aufblasbare 461
Mantel 72, 73, 248, 251, 417, 534
Mäntel 248, 251
Mantel, oberer 26
Mantel, unterer 26
Mantelblech 404
Mantelkleid 252
Mantelmauer 282
Manual für das Hauptwerk 305
Manual für das Oberwerk 305
Manual für das Rückpositiv 305
Manuale 305
manuelle Aussteuerung 323
Manxkatze 87
Marcato-Zeichen 299
Marder 88
Margarine 149
Marginalschild 76
Marianengraben 34
Marie-Byrd-Land 15
Marienkäfer 69
Marine-Dieselkraftstoff 405
Mariniergewürze 139
maritim 40
Mark 63, 107, 140, 154
Mark, verlängertes 109
Marker 312
Markierschnur 225
Markierungslinie 533
Markscheide 110
Markstrahlen 63
Marokko 451
Mars 2, 3
Marshallinseln 453
Mascara, flüssiges 266
Mascarabürstchen 266
Mascarastein 266
Maschen 493
Maschinenhalle 406, 407
Maschinenraum 384, 386
Maschinist 290
Maske 476
Maskenbildner 290
Maskendichtung 459
Massagebürste 267
Massagehandschuh 267
Massagespitze 272
Masse 27
Masse, Maßeinheit 426
Masseelektrode 359
Massekontakt 322
Massengut-Terminal 381
massiver Korpus 303
Mast 519, 520
Mastdarm 106, 111, 112
Masthalterung 321
Mastlager 519
Mastspitze 519
Maststeuerhebel 396
Masttasche 519
Maß 171
Maßband 225
Maßeinheit der Celsius-Temperatur 426
Maßeinheit der elektrischen Ladung 426
Maßeinheit der elektrischen Spannung 426
Maßeinheit der elektrischen Stromstärke 426
Maßeinheit der Energie 426
Maßeinheit der Frequenz 426
Maßeinheit der Kraft 426
Maßeinheit der Länge 426
Maßeinheit der Leistung 426
Maßeinheit der Lichtstärke 426
Maßeinheit der Masse 426
Maßeinheit der Radioaktivität 426
Maßeinheit der Stoffmenge 426
Maßeinheit der thermodynamischen Temperatur 426
Maßeinheit des Drucks 426
Maßeinheit des elektrischen Widerstands 426
Maßwerk 285
Matchbeutel 276
Materialraum 444
Materie 414
Mathematik 427
Matratze 204, 205
Matratzenauflage 204
Matrosenbluse 255
Matte 498, 499
Matten 496
Mauernagel 220
Mauersegler 80
Mauerturm 282
Mauertürmchen 282
Maul 74, 83, 90
Maul-Ringschlüssel 223
Maultier 84
Maultrommel 297
Maurerhammer 216
Maurerkelle 216
Maurerwerkzeuge 216
Mauretanien 451
Mauritius 452
Maus, mechanische 332
Maus, optische 332
Mauspad 332
Mausschnittstelle 329
mechanische Maus 332
Medaillon 264
mediane Zungenfurche 118
Medikamentenraum 462, 465
mediterrane Subtropen 40
medizinische Gasflasche 464
medizinische Geräte, Lagerraum 465
Meer 24
Meer, Arabisches 19
Meer, Japanisches 19
Meer, Kaspisches 19
Meer, Mare 5
Meer, Ostchinesisches 19
Meer, Rotes 19, 20
Meer, Schwarzes 18, 19
Meer, Südchinesisches 19
Meeräsche 160
Meerbarbe, rote 159
Meerbusen, Bottnischer 18
Meerenge 24
Meeresalgen 123
Meeresboden 33
Meeressäugetiere 90
Meeressäugetiere, Beispiele 90
Meeresspiegel 26, 33, 37
Meerkohl 126
Meerneunauge 159
Meerohr 157
Meerrettich 129
Meersalat 123
Meersalz 141
Meerschweinchen 82
Mehl 144
Mehl, ungebleichtes 144
Mehlsieb 171, 172
Mehrkornbrot 145
mehrreihige Halskette 264
Mehrrumpfboote 521
Mehrzweckzange 217
Meissnersches Tast-Körperchen 114
Melanesien 15
Melasse 149
Melodiepfeife 296
Melodiesaiten 296
Melone 238
Melone, kanarische 135
Melonen 135
Melonenlöffel 173
Membran 324
Mengenschnitt 427
Mengenvereinigung 427
Menora 447
Mensch 92
menschlicher Körper 92
menschliches Gebiss 101
Menü 319
Menügabel 168
Menümesser 168
Menütaste 315, 320, 326, 327, 329
Merguez-Wurst 156
Meridian, östlicher 22
Meridian, westlicher 22
Meridianlinie 533
Merkur 2, 3
Mesenterialarterie, obere 102, 107
Mesenterialarterie, untere 107
Mesenterialvene, obere 102
Mesokarp 57, 58, 59
Mesopause 37
Mesosphäre 37
Mess- und Markierinstrumente 225
Messband 225
Messbecher 171
Messbügel 425
Messen 171
Messer 167, 180, 235, 341, 531, 533
Messer, Beispiele 168
Messermuschel 157
Messerschutz 176
Messezentrum 430
Messingkörper 197
Messinstrumente 424
Messlöffel 171
Messschnabel, feststehender 425
Messschnabel, verschiebbarer 425
Messspindel 425
Messtrommel 425
Metall, Sortierung 49
Metallaufsatz 529
Metallfeder, römische 312
metallische Tinte 441
metallisiertes Hologramm 441
Metallkontaktgitter 410
Metallrahmen 304
Metallspannreifen 308
Metallwinkel 225
metamorphe Gesteine 26
Meteorologie 37
Meter 426
Mexikanische Rotknievogelspinne 70
Mexiko 448
Mexiko, Golf 16
Middle Linebacker 484
MIDI (Schnittstelle für digitale Musikinstrumente), Kabel 311
MIDI-Schnittstelle 329
Mieder 259
Miederhose 259
Miesmuschel 157
Mihrab 447
Mikrofilament 66
Mikrofon 320, 327, 328, 332, 337, 456, 457
Mikrometerschraube 425
Mikronesien 453
Mikronukleus 66
Mikroskop 421
Mikroskope 421
Mikrotubulus 66
Mikrowellen 418
Mikrowellen-Relaisstation 334
Mikrowellengerät 178
Mikrowellenherd 164
Milch 150
Milch, homogenisierte 150
Milchbecher 163
Milchgang 113
Milchkammer 122
Milchkännchen 166
Milchprodukte 120, 150
Milchprodukte, Wareneingang 120
Milchpulver 150
Milchschokolade 148
Milchstraße 6
Milchstraße (Ansicht von oben) 6
Milchstraße (Seitenansicht) 6
militärische Telekommunikation 317
Milz 103
Mimas 3
Minarett 447
Minbar 447
Mine 312
Mini-DV-Camcorder: Rückansicht 320
Mini-DV-Camcorder: Vorderansicht 320
Mini-HiFi-System 325
Minibus 347
Minislip 247
Minusbereich 410
Minusglas 419
Minuskontakt 410, 411
Minusplatte 359
Minuspol 359, 417
Minuspolbrücke 359
Minutenzeiger 424
Minze 142
Miranda 3
Mischwald 44
Mischwasserkanal 434
Mispel 133
Mississippi 16
Mitarbeiter der Rechtsanwälte 440
Mitnehmerrippe 213
Mitnehmerstange 403
Mitochondrium 50, 66
Mitralklappe 104
Mitte 293
Mittelamerika 14, 16
Mittelangreifer 487
Mittelarmnerv 108
Mittelatlantischer Rücken 34
Mittelbein 67, 68
Mitteldarmdrüse 71, 73
Mittelelektrode 359
Mittelfahne 480
Mittelfeld 475
Mittelfeldspieler, linker 481
Mittelfeldspieler, rechter 481
Mittelfeldspieler, zentraler 481
Mittelfinger 115
Mittelformatkamera SLR (6 x 6) 315
Mittelfuß 83
mittelhohe Wolken 42
Mittelkielschwein 385
Mittelkonsole 354
Mittelkreis 481, 488
Mittellage-Tonabnehmer 303
Mittellinie 481, 483, 484, 488, 493, 494, 507, 515
Mittelmeer 14, 18, 20
Mittelmoräne 30
Mittelohr 116
Mittelpaneele 185
Mittelpunkt 428, 470, 502
Mittelrippe 51, 55, 60
Mittelsäule 207, 349, 412
Mittelschiff 285, 447
mittelschwere Piste 512
Mittelspannungsleitung 198
Mittelspur 343
Mittelsteg 259
Mittelstreifen 343, 434, 491
Mittelstück 111
Mitteltasche 502
Mitteltöner 324
Mittelwagen 376, 380
Mittelzeichen 490
mittlere Armdecken 78
mittlere Aufschlaglinie 491
mittlere Handdecken 78
mittlere Nasenmuschel 117
mittlerer Abwehrspieler 487
mittlerer Angriffsspieler 489

mittlerer Anspielpunkt 507
mittlerer Außenfeldspieler 474
mittlerer Linebacker 484
mittlerer Schneidezahn 101
Mixen 176
Mixer 176
mobile Einheit 316
Modem 334
Modemschnittstelle, interne 336
Moderator 408
Moderatorfilz 304
Moderatorpedal 304
Modul, russisches 11
Mofa 369
Mohn 56, 60
Mohnsamen 139
Mohorovicic-Diskontinuität 26
Mohrenhirse 61
Mokassin 242
Mokkatasse 166
Mol 426
Molch 75
Moldawien 450
Molekül 414
Mollusken 157
Monaco 450
Mond 2, 4, 5
Mond, Oberflächenformationen 5
Mondbahn 4, 5
Monde 2
Mondfinsternis 5
Mondphasen 5
Mondsichel (abnehmender Mond) 5
Mondsichel (zunehmender Mond) 5
Mongolei 453
Monitor 471
Montenegro 450
Moos 51
Moos, Aufbau 51
Moose, Beispiele 51
Mop 215
Morchel 123
Mordent 299
Mörser 170
Mortadella 156
Mosaik 280
Mosaikparkett 190
Mosambik 452
Moschee 447
Moskito 69
Motocross-Motorrad 525
Motor 212, 213, 214, 227, 229, 237, 366, 403
Motorblock 176, 177, 180, 208, 272, 360
Motorboot 385
Motorgehäuse 235
Motorhaube 348
motorische Endplatte 110
motorisches Neuron 110
Motorjacht 385
Motorkühlung 525
Motorlufteinlass 362
Motorrad 366
Motorrad, Touring 369
Motorrad: Draufsicht 368
Motorräder, Beispiele 369
Motorradfahrer 525
Motorradkamera 522
Motorradsport 525
Motorrasenmäher 237
Motorraum 362, 396, 400, 401
Motorroller 369
Motorsport 524
Mount Everest 37
Mountain Bike 373
Mountainbike 522
Mozambique, Straße 20
Mozzarella 150
MP3-Spieler 326
Muffe 395
Muffinform 172
Mufflon 84
Mufftasche 249, 251, 276
Mulde 231
Muldenkipper 401
Müllabfuhrwagen 364
Mülldeponie 47, 431
Müllschichten 47
Müllschlucker 197
Mülltrennung 49
Mullverband 461
Multipack 163
Multiplikation 427
Multiplikationstaste 337
Multirolle 537
Multitrainer 501
Mumienschlafsack 530
Mund 71, 72, 75, 94, 116
Munddusche 272
Mundharmonika 296
Mundhöhle 105, 106
Mundöffnung 73
Mundrohr 307
Mundschutz 498
Mundspeicheldrüse 106
Mundstück 306, 307, 311, 467
Mundstückaufnahme 307
Mündung 73, 534
Mundwasser 272
Mundwerkzeuge 68
Mundwinkel 116
Mungo 88
Mungobohne 131
Mungobohne, schwarze 131
Munster 151
Münze: Rückseite 441
Münze: Vorderseite 441
Münzfernsprecher 294, 437, 438, 463
Muschel 200
Muschel, einschalige 73
Muschel, zweischalige 73
Museum 433
Musik 296
Musikinstrumente, traditionelle 296
Musiknotation 298
Musikraum 444
Muskatnuss 138
Muskatnussreibe 170
Muskel, oberer gerader 119
Muskelfaser 110
Muskeln 96
Musselin 171
Mutter 222, 223
Mutterband, breites 113
Muttergestein 54
Muttern 223
Mütze 456
Mützenschirm 238, 239
Myanmar 453
Myzel 52

N

Nabe 70, 341, 371, 413, 467
Nabel 92, 94
Nabelschwein 84
Nabelstrang 59, 60
Nachfüllmine 312
Nachfüllrohr 196
Nachläufer, steifer 363
Nachrichten 313
Nachrichtensatellit 317
Nachsortierung von Hand 49
nächste Nachricht 328
nächste Seite 331
nächster Titel/Vorspultaste 326
Nachthemd 256
Nachtigall 80
Nachtigall-Grashüpfer 69
Nachtschalter 443
Nachttisch 439, 464
Nachttischlampe 439
Nachtwäsche 256
Nacken 78, 93, 95
Nackenfeder 536
Nackenrolle 204
Nackenrolle, große 204
Nackenschutz 486
Nadel 36
Nadelbaum 65
Nadelblätter, Beispiele 65
Nadelhölzer, Beispiele 65
Nadelwald 44
Nagel 220
Nägel, Beispiele 220
Nagel, geschnittener 220
Nagel, gewöhnlicher 220
Nagelbett 114
Nagelbettepitel 114
Nagelfeile 265
Nagelfeile, klappbare 265
Nagelhalbmond 114, 115
Nagelhautentferner 265
Nagelhautschaber 265
Nagelhautschere 265
Nagelhautschieber 265
Nagelknipser 265
Nagelkörper 114
Nagellack 265
Nagelnecessaire 265
Nagelrand, freier 114
Nagelreiniger 265
Nagelschere 265
Nagelweißstift 265
Nagelwerkzeuge 220
Nagelwurzel 114
Nagelzange 265
Nagelzieher 531
Nagetier 82
Nagetiere 82
Nagetiere, Beispiele 82
Nahrungskette 45
Nahrungsmittel 120
Nahrungsmittelquelle, primäre 45
Nahrungsvakuole 66
Nahrungsvakuole, heranwachsende 66
Naht 60, 73, 240, 243, 262
Nähte 477
Nahttasche 251
Nahverkehrszug 375
Name der Station 378
Name des Inhabers 441
Name des Turners/der Turnerin 497
Namensschild 456
Namib 20
Namibia 452
Naos 279
Napfschnecke 157
Narbe 56, 60
Narzisse 56
NASCAR-Auto 524
Nase 74, 82, 83, 94, 526
Nase, abgesenkte 394
Nase, äußere 117
Nasen-Bartschere 265
Nasenbein 100, 117
Nasenflügel 117
Nasenflügelknorpel, großer 117
Nasenhöhle 105, 117
Nasenloch 75, 76, 78, 117
Nasenmuschel, mittlere 117
Nasenmuschel, obere 117
Nasenmuschel, untere 117
Nasenöffnung 74
Nasenrachenraum 117
Nasenrücken 117
Nasenspiegel 87
Nasenspitze 117
Nasenstachel 100
Nasenwurzel 117
Nashorn 85
Nationalität 497
Nationalpark 25
Natur, Freizeit 528
naturbelassene Umgebung 504
natürlicher Treibhauseffekt 46
Naturschwamm 267
Nauru 453
Navigationstaste 319, 327
Nazca-Platte 27
Neapolitanische Tropfkanne 181
Nebel 41
Nebelleuchte 352
Nebelscheinwerfer 364
Nebenaltar 446
Nebengleis 375
Nebenhoden 111
Nebenniere 107
Nebenschluss 416
Nebenstraße 25
negativer Pol 416
Negligé 256
Nehrung 35
Nektarine 132
Nelke 56
Nepal 453
Nephridium 71
Neptun 2, 3
Nerv 114
Nervenendung 114
Nervenfaser 114
Nervengeflecht 101
Nervenimpuls 110
Nervenstrang, ventraler 71
Nervensystem 108
Nervensystem, peripheres 108
Nervensystem, zentrales 109
Nervenwurzel, hintere 109, 110
Nervenwurzel, vordere 109, 110
Nerz 88
Nessel 127
Nestfarn 52
Netz 162, 205, 477, 487, 489, 491, 493, 495
Netzanschluss 326
Netzanschlussbuchse 329
Netzband 491
Netzhalter 493
Netzhaut 119, 419
Netzhautgrube 119
Netzkabel 177, 208, 229, 269, 270, 271, 322
Netzkabel, Gleichstrom 336
Netzkabel, Wechselstrom 336
Netzkante 487
Netzkontrollleuchte 333
Netzplan 378
Netzrichter 491
Netzschalter 311, 318, 321, 322, 323, 329
Netzstecker 337
Netzstrumpf 257
Netzteillüfter 329
Netzwerkschnittstelle 329
neuer Schekel 440
Neufundland 16
Neukaledonien 15
Neumond 5
Neuneck, regelmäßiges 429
Neuron, motorisches 110
Neuron, peripher-sensorisches 110
Neuron, sensibles 110
Neuronenkette 110
Neuseeland 15, 453
neutrale Linie 416
neutrale Zone 484, 507
Neutron 414
Neutron, einfallendes 415
Newton 426
Nicaragua 448
nicht Element von 427
nicht identisch 427
nicht wärmeleitende Spitze 269
nicht wieder verwertbarer Restmüll 49
Nickbewegung 395
Nickhaut 87
Niederlande 449
Niederschlag 45
Niederschläge 41
Niederschlagsgebiet 39
Niederspannungsleitung 198
Niere 73, 103, 154
Niere, linke 107
Niere, rechte 107
Nierenarterie 102, 107
Nierenbecken 107
nierenförmig 55
Nierenhilus 107
Nierenkelch 107
Nierenpapille 107
Nierenvene 102, 107
Niete 169, 222
Niger 20, 451
Nigeria 451
Nil 20
Nilpferd 85
Nimbostratus 42
Nivellierfuß 212, 213, 214
Nockenwelle 360
Nockpunkt 535
Nonius 425
Nord 23
Nord-Korea 453
Nord-Nordost 23
Nord-Nordwest 23
Nordamerika 14, 16, 34
Nordamerikanische Platte 27
nördliche Halbkugel 21
nördliche Hemisphäre 21
nördlicher Polarkreis 21, 22
Nordmeer 18
Nordost 23

Nordpol 21, 416
Nordpolarmeer 14
Nordsee 14, 18
Nordwest 23
Nori 123
normale Pokerblätter 468
Normalsichtigkeit 419
Norwegen 450
Notation 470
Notbremse 380
Note 497
Note, ganze 299
Note, halbe 299
Notenablage 305, 311
Notenlinie 298
Notenschlüssel 298
Notenwerte 299
Notfallausrüstung 460
Notizblock 338
Notrufnische 345
Notschalter 368
Nudelholz 172
Nudelmaschine 170
Nukleolus 66
Nullleiter 198
Nullmeridian 22
numerische Tastatur 338
numerischer Block 331
numerisches Tastenfeld 331, 423
Nummer-8-Forward 482
Nummerierstempel 338
Nummernschildbeleuchtung 352
Nummerntasten 328
Nussknacker 170
Nüster 83
Nut 191
Nutzer, Internet 334
Nutzer, privater 335
Nutzlastraum 12
Nutzlastraum, Tür 13
Nylonschnur 237

O

Oase 32, 36
oben liegender Rahmen 401
Oberarmarterie 102
Oberarmgelenkhöcker, innerer 99
Oberarmknochen 98
Oberarmspeichenmuskel 96, 97
Oberbeleuchter 291
Oberboden 54
Oberdeck 363, 392, 404
obere Abschlusskappe 417
obere Gliedmaßen 103
obere Hohlvene 102, 103, 104
obere Manschette 511
obere Mesenterialarterie 102, 107
obere Mesenterialvene 102
obere Nasenmuschel 117
obere Querleiste 202
obere Schale 511
obere Schutzhaube 227
obere Sohlschicht 402
obere Sprosse 201
obere Tasche 502
obere Tragschicht 342
obere Vertäfelung 396
obere Zahnreihe 116
oberer Abschluss 205
oberer gerader Muskel 119
oberer Glaskolben 181
oberer knöcherner Bogengang 116
oberer Mantel 26
oberer seitlicher Einschnitt 62
oberer seitlicher Lappen 62
oberes Augenlid 75, 87
oberes Becken 308
oberes Verschlussband 511
Oberfläche 493
Oberflächenerkundung 403
Oberflächenformationen des Mondes 5
Oberflächenisolierung 12
oberflächlicher Wadenbeinnerv 108
Oberfräse 229
Oberhaut 114
oberirdischer Abfluss 45
Oberkante 493
Oberkellner 438
Oberkiefer 74, 98, 117
Oberkiefer, beweglicher 76
Oberkiefer, vorderer 74
Oberkieferknochen 100, 101
Oberleiter 455
Oberleitung 376
Oberlicht, Badezimmer 189
Oberlicht, Treppenhaus 189
Oberlid 119
Oberlippe 116, 305
Oberlippenrinne 117
Obermaschinerie 292
Oberon 3
Oberpartie 536
Oberrohr 370
Oberschale 367, 527
Oberschenkel 93, 95, 186
Oberschenkelanzieher, großer 97
Oberschenkelanzieher, langer 96
Oberschenkelarterie 102
Oberschenkelbereich 112
Oberschenkelknochen 98
Oberschenkelkopf 99
Oberschenkelnerv 108
Oberschenkelpolster 486
Oberschenkelregion 111
Oberschenkelvene 102
Oberschiedsrichter 509
Oberschnabel 78
Oberschrank 164
Oberschwanzdecken 78
Oberschwester, Büro 463
Oberwasser 406
Objekt 419
Objektiv 8, 314, 327, 332, 420, 421
Objektivauswurf 314
Objektive 314
Objektivrevolver 421
Objektivschutzdeckel 314
Objektivzubehör 314
Objektklammer 421
Objekttisch 421
Oboe 306
Oboen 295
Obst 120, 132
Obst- und Gemüseschale 211
Obstbaum 122
Obstgarten 122
Ochse 85
Ofen 192
offene Spinnrolle 537
offener Doppelringschlüssel 223
öffentliches Gebäude 25
öffentliches Übertragungsnetz 316
Offiziellenbank 507
Offizierskabine 387
Öffnen 170
Öffner, Dosen 163
Öffnung 243
Ogenmelone 135
Ohm 426
Ohr 92
Ohr, Aufbau 116
Ohr, äußeres 116
Ohrdecken 78
Ohrenschützer 238, 458
Ohrgehänge 264
Ohrläppchen 115
Ohrmuschel 82, 115, 116, 324
Ohrmuschelhöcker 115
Ohrmuschelhöhlung 115
Ohrmuschelrand, äußerer 115
Ohrmuschelwindung 115
Ohrringe 264
Ohrringe mit Schraubverschluss 264
Ohrstecker 264
Ohrstöpsel 458, 460
Ohrtrompete 116, 117
Okapi 84
Okraschote 128
Oktaeder, regelmäßiges 429
Oktave 298
Oktavmechanik 306
Okular 8, 9, 420, 421
Okularhalterung 8
Okulartubus 421
Ölablassschraube 360
Ölausfluss 48
Öldruckkontrollleuchte 368
Öldruckwarnleuchte 355
Öle 149
Olive 128
Olivenöl 149
Öllöschbrücke 381
Ölsumpf 235
Ölverschmutzung 48
Ölwanne 360
Ölwannendichtung 360
Oman 452
Oman, Golf 19
On-Deck-Circle 474
Online-Spiel 335
Oolong-Tee 148
Oortsche Wolke 2
Operationsabteilung 464
Operationsmaske 459
Operationssaal 464, 465
Operationstisch 464
Opernglas 273
Opernhaus 432
Opferstein 283
Opisthodomos 279
opponierbarer Daumen 91
Optik 418
Optiker 437
Optionstaste 329
optische Maus 332
optische Sortierung 49
optischer Sensor 332
Orang-Utan 91
Orange 134
Orange im Querschnitt 58
Orbiter 12
Orchester 278
Orchestergraben 292
Orchidee 56
Ordner, Verzeichnis 334
Organismen, autotrophe 45
Organismen, heterotrophe 45
Organizer 338
Orgel 305
Orgelspieltisch 305
Orientierungseinlage 302, 303
Origano 142
Originaleinzug 328
Originalrückführung 328
Orinoko 17
orthopädischer Stock 466
Öse 262, 275, 535, 538
Öse für Tragriemen 315
Ost 23
Ost-Nordost 23
Ost-Südost 23
Ostchinesisches Meer 19
Österreich 450
östliche Hemisphäre 21
Östlicher Indischer Rücken 34
östlicher Meridian 22
Ostpazifischer Rücken 34
Ostsee 18
Osttimor 452
Ottomotor 360
Outfieldzaun 475
Overall 254, 261
Overknee-Strumpf 257
Ozean 5, 24, 45
Ozean, Atlantischer 15, 18, 20
Ozean, Indischer 15, 19, 20
Ozean, Pazifischer 15, 19
Ozeanien 14, 15, 453
ozeanische Gräben 34
ozeanische Kruste 26
ozeanische Rücken 34
ozeanischer Rücken 33
Ozonschicht 37

P

Paar 509
paarig gefiedert 55
Packlage 342
Packriemen 277
Packung 163
Pagode 283
Pak-Choi 126
Paketannahme 374
Pakistan 452
Palau 453
Palette 173
Palettenhubwagen 396
Palisade 282
Palme 64
Palmenhain 36
Palmette 200
Pampelmuse 134
Panama 448
Panama, Golf 17
Panama, Landenge 16
Panamahut 238
Panflöte 297
Panoramafenster 435
Pantoffel 242
Pantolette 242
Panty-Korselett 258
Papaya 137
Papier/Pappe, Sortierung 49
Papierausgabe 333
Papiereinzug, Kontrollleuchte 333
Papiereinzugstaste 443
Papiereinzugtaste 333
Papierführung 328
Papierkassette 333
Papierkorb 341
Papillarmuskel 104
Papille 114
Papille, fadenförmige 118
Pappel 64
Paprika 139
Paprika, gelber 128
Paprika, grüner 128
Paprika, roter 128
Papua-Neuguinea 15, 453
Par-5-Loch 504
Parabeldüne 36
Parabolantenne 316, 321
Paraffine 405
Paraguay 448
parallel 428
Parallelanschlag 227
Parallelepiped 429
Parallelogramm 429
Parallelschaltung 416
Parallelschnittstelle 329
Paramecium 66
Paraná 17
Paranuss 133
Parboiled Reis 147
Parfümerie 436
Park 25, 433
Parka 249
Parkdeck 435
Parkettboden 190
Parkettmuster 190
Parkplatz 375, 381, 390, 430, 445, 504, 512
Parmesan 151
Parterre 293
partielle Finsternis 4, 5
Partlow-Schreiber 365
Pascal 426
Pasch 468
Paspel 260
Paspeltasche 250
Pass 29
Passagierdampfer 386
Passagierkabine 383, 386, 387
Passagierraum 393, 395
Passagierraum 1. Klasse 392
Passagierterminal 389, 390
Passagiertransferfahrzeug 391
Passbildautomat 437
Passiergerät 170
Passiersieb 171
Passierte Tomaten 140
Passionsfrucht 136
Passkontrolle 391
Paste 141
Pastinake 129
Paßgang 83
Patagonien 17
Patent-Strickbündchen 250
Patera 200
pathologisches Labor 465
Patient 464
Patientenstuhl 464
Patisson 129
Patisson-Kürbis 129
Patrone (Gewehr) 534
Patrone (Schrotflinte) 534
Patronentasche 456
Patte 244
Pattentasche, schräge 248, 251
Pauken 295
Pause 299, 331
Pause, ganze 299
Pause, halbe 299
Pause-Taste 323
Pausenraum 445

Pausenzeichen 299
Pausetaste 319, 323
Pavian 91
Pavillon 432
Pazifik 14
Pazifische Platte 27
pazifischer Lachs 161
Pazifischer Ozean 15, 19
PC 329
PC-Kartenschacht 336
Pecannuss 133
Pechnase 282
Pecorino Romano 151
Pedal 302, 308, 370, 372, 501, 522
Pedalhaken 370, 372
Pedalklaviatur 305
Pedalstange 304
Pedaltaste 305
Peildeck 382, 386, 387
Peilstableuchte 364, 365
Pelerine 251
Pelikan 80
Pendelaufhängung 27
Pendelhub-Einstellung 227
Pendelzug 390
Penholdergriff 493
Penis 92, 111
Penne 146
Pepperoniwurst 156
perforierte Vorderkappe 240
Perforierung 243
Pergola 230
peripher-sensorisches Neuron 110
peripheres Nervensystem 108
Peristom 66
Peristyl 279, 280
Perlhuhn 81, 154
Perlzwiebel 124
Peroxyd 461
Peroxysom 66
Perserkatze 87
Persischer Golf 19
Personalcomputer 329
Personaleingang 438
Personalgarderobe 438
Personalraum 443, 463
Personalumkleideraum 465
Personenbahnhof 375
Personenwaage 423
Personenzüge 376
Persönliche Artikel 271
persönliche Ausstattung 264
persönliche Identifikationsnummer (PIN), Eingabegerät 443
Peru 448
Peru-Chile-Graben 34
Peso 440
Pestizid 47, 48
Petersilie 142
Petrochemikalien 405
petrochemische Industrie 405
Petroleum 405
Pfahlbau 288
Pfahlwurzel 63
Pfännchen 179
Pfanne 175
Pfannenwender 173
Pfau 81
Pfeffer, gemahlener 139
Pfeffer, grüner 138
Pfeffer, rosa 138
Pfeffer, schwarzer 138
Pfeffer, weißer 138
Pfefferschote 128
Pfefferspray 456
Pfefferstreuer 166
Pfeifhase 82
Pfeilanlagepunkt 535
Pfeiler 281, 283, 284, 285, 344, 375
Pfeilerfundament 344
pfeilförmig 55
Pferd 83, 85
Pferd, äußere Merkmale 83
Pfifferling 123
Pfirsich 132
Pfirsich im Querschnitt 57
Pflanze 53
Pflanze, Aufbau 53
Pflanzenfresser 45
Pflanzenreich 50
Pflanzenzelle 50
Pflanzholz 231
Pflanzkelle 232
Pflanzlochstecher 231
Pflanzschnur 231
Pflanzwerkzeuge 231
Pflasterstein 230
Pflaume 132
Pflaumensoße 141
Pflegelösung 272
Pfortader 103
Pfosten 187, 487, 490, 495
Pfropf 534
Pfund 440
Phase 198
Philippinen 19, 453
Philippinen-Platte 27
Philippinengraben 34
Phobos 2
Phosphorschicht 199
Photon 420
Photosphäre 4
Photosynthese 54
Physalis 132
Physik 416, 418
Physiotherapeut 489
physische Karte 24
Pi 428
Pia Mater 109
Piano, elektronisches 311
Pianopedal 304, 311
Pickup 347
Pik 468
Pikkoloflöte 295, 306
Piktogramme 330
Pilaster, korinthischer 281
Pillbox 239
Pilz 52
Pilz, Aufbau 52
Pilz, tödlich giftiger 52
Pilze 123
Pilzfaden 52
Pilzpapille 118
Pinguin 80
Pinie 65
Pinienkern 65, 133
Pinne 520, 533
Pinnwand 341
Pinseläffchen 91
Pintobohne 131
Pinzette 461
Pipeline 404
Pipeline, überirdische 404
Pistazie 133
Piste, Anfänger 512
Piste, Experte 512
Piste, mittelschwere 512
Piste, schwere 512
Pisten-Mittelliniemarkierungen 390
Pistenbezeichnungsmarkierung 390
Pistenrandmarkierungen 390
Pistenraupe 512
Pistole 216, 456
Pistolengriff 218, 228, 534
Pitot-Rohr 525
Pittabrot 145
Plakat 294
Planeten 2
Planeten, äußere 2
Planeten, innere 3
Planierraupe 398
Planierschaufel 398
Planierschild 398
plankonkave Linse 419
plankonvexe Linse 419
Plantainbanane 136
Planum 342
Plasmabrücke 50
Plasmafernseher 318
Plasmamembran 66
Plastikhülse 534
Plateau, Hochebene 24
Platte 178, 269, 309, 333
Platte, Afrikanische 27
Platte, Antarktische 27
Platte, Cocos 27
Platte, Eurasiatische 27
Platte, Indisch-Australische 27
Platte, Karibische 27
Platte, Nazca 27
Platte, Nordamerikanische 27
Platte, Pazifische 27
Platte, Philippinen 27
Platte, Scotia 27
Platte, Südamerikanische 27
Platten, tektonische 27
Plattengitter 359
Plattengrenzen, divergierende 27
Plattengrenzen, konvergierende 27
Plattenstift 304
Plattform 219, 363, 516, 526
Plattformpedal 522
Plattsehnenmuskel 97
Platzierungsrichter 516
Play-Taste 319, 323, 328
Play-Taste/Pausetaste 326
Plektron 297
Pleuelstange 360
Pleurahöhle 105
plus oder minus 427
Plusbereich 410
Plusglas 419
Pluskontakt 410, 411
Plusplatte 359
Pluspol 359, 417
Pluspolbrücke 359
Pluto 3
PN-Übergang 410
pneubereiftes Laufrad 380
pneubereiftes Leitrad 380
Podcasting 335
Podest 7, 191, 195, 219
Podium 283, 444
Pokerwürfel 468
Pol, negativer 416
Pol, positiver 416
Polachse 7
Polarisationsfilter 314
Polarklimate 40
Polarkreis, nördlicher 22
Polarkreis, südlicher 15, 22
Polarlicht 37
Polartundra 40
Polen 450
Poleposition 524
Poliklinik 465
Politik 448
politische Karte 23
Polizeibeamter 456
Polizeifahrzeug 457
Polizeirevier 433
Pollenkörbchen 68
Poller 385
Polohemd 255, 492
Polokleid 252
Poloshirt 250
Polster 478
Polsterauflage 460
Polsterdüse 209
Polynesien 453
Poncho 251
Pont-l'Évêque 151
Pool 502
Pore 50, 60, 114
Porro-Prisma 420
Portal 285, 447
Portalkuppel 447
Portierszimmer 439
Porträt 441
Portugal 449
Portulak 127
Portweinglas 165
Posaune 307
Posaunen 295
Positionsleuchte 376
Positionslicht 383, 393, 395
positiver Pol 416
Post, elektronische 335
Postamt 433, 437
Poterne 282
Pottwal 90
Präger 340
Prärie 24
Präzisionssport 502
Präzisionswaage 423
Preis pro Einheit 423
Preis pro Liter/Gallone 346
Preiselbeere 132
Prellbock 375
Pressfilterkanne 181
Presshebel 170, 216
primäre Nahrungsmittelquelle 45
Primärfokus 7
Primärfokuskabine 7
Primärkonsumenten 45
Primärspiegel 7
Primärwurzel 53
Primaten 91
Primaten, Beispiele 91
Prime 298
Prinzesskleid 252
Prinzessnaht 258
Prismenfernglas 420
pritschen 487
private Telekommunikation 317
privater Ankleideraum 290
privater Nutzer 335
privates Rundfunknetz 316
Privatflugzeug 394
Probierlöffel 173
Produktionsbohrung 402
Produzent 291
Profil 358
programmierbare Funktionstasten 443
programmierbare Tasten 332
Programmwähler 212, 213
Programmwahlschalter 310
Programmwählscheibe 314
Programmwahltasten 319
Projektor 294
Promenadendeck 386
Pronaos 279
Propan- oder Butangas-Geräte 529
Propanflasche 361
Propeller, dreiflügeliger 394
Propeller, zweiflügeliger 394
Propellerummantelung 383
Prospektständer 442
Prospektzug 292
Prostata 111
Proton 414
Protuberanz 4
Provider, Internet 335
Provinz 23
Provinzgrenze 23
Prozent 427
Prozenttaste 337
Prüflampe 217
Pseudopodium 66
psychiatrischer Beobachtungsraum 462
psychiatrischer Untersuchungsraum 462
Publikumseingang 278
Puck 507
Pudel 86
Pudelmütze 239
Puder, loser 266
Puderdose 266
Puderkissen 266
Puderpinsel 266
Puderrouge 266
Puderzucker 149
Puerto-Rico-Graben 34
Puff 201
Puffer 287
Puffertank 404
Pullman Limousine 347
Pullover 250, 255
Pullunder 250
Pulmonalklappe 104
Pulpa 101
Pulpahöhle, Kronenabschnitt 101
pulsierende Vakuole 66
Pult 446
Pulver 140
Puma 88
Pumpe 184, 212, 214, 529
Pumpenraum 384
Pumplöschfahrzeug 455
Pumps 241
Pumpstation 404
Pumpstation, zentrale 404
Punchingball 498
Punktauge 67
Punktbrenner 218
Punkte 492
Punktetabelle 471
Pupille 87, 119
Pupille, senkrechte 76
Puppe 67
Pushup-Griff 501
Puter 155
Putter 505
Putzkelle 216
Putzschwamm 215
Pygalschild 76
Pylon 344
Pylon zur Aufhängung des Triebwerks 393
Pyramide 278, 429
Pyrenäen 18
Python 77

Q

Quadrant 428
Quadrat 429
Quadratwurzel 427
Quadratwurzel aus 427
Quadratwurzeltaste 337
Quark 414
Quarte 298
Quarterback 485
Quarterdeck 386
Quartett 300
Quartier 240, 262
Quecksilberkolben 424
Quecksilbersäule 424
Quecksilberthermometer 461
Quelle 32
Quellenangabe 313
Quellwolken 42
quer verlaufender Dickdarm 106
Querdünen 36
Querfeldeinrad 522
Querflöte 306
Querflöten 295
Querfortsatz 110
Querholz 201, 479
Querjoch 297
Querleiste 202
Querleiste, obere 202
Querleiste, untere 202
Querriegel 185
Querrippe 152
Querruder 13, 392
Querschiff 285
Querschnitt durch eine Sternwarte 7
Querschnitt, Apfel 58
Querschnitt, Baseball 477
Querschnitt, Baumstamm 63
Querschnitt, Erdbeere 59
Querschnitt, Erdkruste 26
Querschnitt, Himbeere 59
Querschnitt, Linsenfernrohr 8
Querschnitt, Orange 58
Querschnitt, Pfirsich 57
Querschnitt, Rotorgondel 413
Querschnitt, Spiegelteleskop 9
Querschnitt, Straße 342, 434
Querschnitt, Wasserkraftwerk 407
Querschnitt, Weintraube 59
Querschnitt, Zwiebel 54
Querschott 384
Querstraße, Allee 433
Querstrebe 467
Querstück 202, 466
Quetschfuß 199
Quetschverschraubung 197
Quicheform 172
Quinte 298
Quintett 300
Quitte 133
Quittungsausgabe 442

R

Rabatte 182
Rabe 80
Rachen 105, 106
Rachenenge 116
Raclette 151
Raclette-Grill 179
Rad 231, 364, 522, 525
Rad-Schneeschläger 172
Radar 382, 383, 386, 387
Radaranlage 457
Radaranlagendisplay 457
Radarmast 384
Radbefestigungsbolzen 357
Rädelung 223
Räder-Drehgeschwindigkeitssensor 357
Radgabel 522
Radhose 263
radiale Einsteigestation 389
Radialkapelle 284, 285
Radiator 11
Radiatoren 13
Radicchio 126
Radiergummi 341
Radieschen 129
Radio-/Kassettengerät 354
Radio-Wellen 316
radioaktive Kerne 415
radioaktiver Abfall 48
Radioaktivität, Maßeinheit 426
Radiorecorder mit CD-Spieler 326
Radiowellen 418
Radius 428
Radkappe 349
Radlader 399
Radsport 522
Radtraktor 399
Raffinerie 404, 431
Raffinerieerzeugnisse 405
Raglanärmel 248, 251, 261
Raglanmantel 251
Rahmen 187, 192, 202, 204, 224, 240, 274, 277, 297, 309, 367, 396, 400, 401, 410, 411, 412, 492, 494, 502, 522
Rahmen, oben liegender 401
Rahmenleiste 202
Rahmenspant 385
Rambutan 137
Rampe 279, 281, 343, 526
Rampenlicht 293
Rand 273, 441
Rändelbolzen 219
Rang, erster 293
Ränge 278, 281
Ranviersche Schnürringe 110
Ras-El-Hanout 139
Rasen 183, 230, 492
Rasenbesen 237
Rasenpflege 237
Rasentrimmer 237
Rasierer, zweischneidiger 271
Rasiermesser 271
Rasierpinsel 271
Rasierschaum 271
Rasierwasser 271
Raste 473
Rasterleiste 211
Rasthebel 235
Rastplatz 25
Raststätte 25
Raststütze 369
Rasur 271
Rathaus 432
Ratsche 221
Ratschenringschlüssel 223
Ratte 82
Ratte, äußere Merkmale 82
Rau 504
Raubtiere 86
Raubtiere, Beispiele 88
Raubvogel 79
Räucherschinken 153
Rauchklappe 192
Rauchmantel 192
Rauchmelder 454
Rauke 127
Raum, Douglasscher 112
Raum, Douglasscher, vorderer 112
Raumanzug 10
Raumfähre 12, 13, 37
Raumfähre beim Start 12
Raumfahrt 10
Raumlaboratorium 13
Raumsonde 37
Raumstation, internationale 11
Raumteiler 528
Raupe 67
Raupenschere mit Teleskopstiel 234
Raureif 41
Raute 342
Rautenspitze 202
Ravioli 146
Reaktor 408
Reaktorgebäude 409
Reaktorkessel 409
Reanimationsraum 462
Rebe 62
Rebhuhn 80
Rebstock 62
Receiver 321, 325
Receiver: Vorderansicht 322
Rechen 233, 407
rechte Herzkammer 103, 104
rechte Lunge 103, 105
rechte Lungenvene 104
rechte Niere 107
rechte Seite 272
rechte Spur 343
Rechteck 429
Rechteckschlafsack 530
rechter Abwehrspieler 487
rechter Angriffsspieler 489
rechter Aufbauspieler 489
rechter Außenangreifer 487
rechter Außenfeldspieler 474
rechter Centre 482
rechter Corner Back 484
rechter Defensive End 484
rechter Defensive Tackle 484
rechter Guard 485
rechter Kanal 324
rechter Mittelfeldspieler 481
rechter Safety 484
rechter Stürmer 507
rechter Tackle 485
rechter Verteidiger 481, 506
rechter Vorhof 103, 104
rechter Winkel 428
rechtes Aufschlagfeld 491
rechtes Feld 475
rechts 293
Rechtsanwälte, Mitarbeiter 440
Reck 496, 497
Recycling 49
redaktioneller Beitrag 313
Redaktionsteil 313
Redingote 251
reflektierte Sonneneinstrahlung 46
Reflektor 217, 321
Regal 121
regelbarer Thermostat 179
regelmäßiges Achteck 429
regelmäßiges Elfeck 429
regelmäßiges Fünfeck 429
regelmäßiges Neuneck 429
regelmäßiges Oktaeder 429
regelmäßiges Sechseck 429
regelmäßiges Siebeneck 429
regelmäßiges Zehneck 429
regelmäßiges Zwölfeck 429
Regelschalter 210
Regen 41
Regen, gefrierender 41
Regen, saurer 47, 48
Regenbogen 41
Regenfälle, heftige 43
Regenhut 239
Regenleiste 349
Regenmantel 248
Regenrohr 182
Regenwald, tropischer 40, 44
Regenwasserabfluss 434
Regie-Kontrollmonitore 290
Regieassistent 291
Regieraum 293
Regierungsorganisation 335
Regiestuhl 200, 291
Regisseur 291
Registerzug 305
Registratoren 499
Registriereinlagen 339
Registrierkasse 121
Registriertrommel 27
Reglerspanngewicht 287
Reglerventil 529
Regnerschlauch 236
Reh 84
Reibe 170
Reibefläche 218
Reif 41
Reife, Stufen 62
Reifen 349, 358, 364, 371, 522, 525
Reifenarten 358
Reifenflanke 358
Reifenstapel 524
Reifeprozess 62
Reihe 272, 293
Reihe, dritte 482
Reihe, erste 482
Reihe, zweite 482
Reihenhaus 289
Reiher 80
Reinigung, chemische 437
Reinigungsbürste 271
Reinigungsmittelbehälter 214
Reinigungsöffnung 194, 197
Reinigungswelle 216
Reis 61, 143, 147
Reis, weißer 147
Reisebett mit Wickelauflage 205
Reisebüro 436
Reisebus 362
Reisessig 141
Reisetasche 276
Reisezug 374
Reisfadennudeln 147
Reisfeld 47
Reismelde 143
Reisnudeln 147
Reispapier 147
Reißen 500
Reißnägel 341
Reißschenkelschutz 398
Reißverschluss 249, 261, 265, 277, 528
Reiter 340
Reiter, durchsichtiger 340
Rektaszensionsachse 8, 9
Relaisstation 316
Relaisstation, Mikrowellen 334
Relaisstelle 317
Religion 446
Reling 384, 385
Rennanzug 508, 525
Rennanzug, feuerfester 524
Rennbügel 371
Rennfahrer 524
Rennleiter 522
Rennrad 373
Rentier 84
Reparaturwerkstatt 346
Reportage 313
Reptilien 76
Reptilien, Beispiele 77
Republik Kongo 451
Requisiteur 291
Requisiteurassistent 291
Reserverad 361
Resettaste 329, 471
Resonanzboden 304
Resonanzdecke 296, 297, 301, 302
Resonanzfell 308
Resonanzkasten 302
Resonanzkörper 297, 302
Resonanzröhren 309
Ressourcenzugriff, vereinheitlichter 334
Restaurant 386, 432, 435, 436, 438
Restaurantkritik 313
Restmüll, nicht wieder verwertbarer 49
Retikulum, endoplasmatisches 50, 66
Rettich 129
Rettich, japanischer 129
Rettungsboot 382, 386
Rettungsfloß 383
Rettungsring 387, 457
Rettungsschacht 345
Rettungsstation 345
Rettungswagen 345, 460, 462
Revers 244
Revers, abfallendes 248
Revers, steigendes 244
Revisionsöffnung 193
Rezeptakel 51
Rezeptor, sensorischer 110
Rhabarber 125
Rhea 3
Rhesusfaktor negativ 426
Rhesusfaktor positiv 426
Rhizoid 51
Rhizom 52
Rhombus 429
Rhythmuswahlschalter 311
Riasküste 35
Ribosom 50, 66
Richter, Büro 440
Richtertisch 440
Richtung Mekka 447
Richtungstasten 331, 471
Ricotta 150
Riechbahn 117
Riechkolben 117
Riechnerv 117
Riechschleimhaut 117
Riegel 30, 178, 186, 248, 277
Riemen 225, 477, 500
Riemenantrieb 383
Riemenmuskel 97
Riemenscheibe 360
Riemenschlaufe 532
Riesenkohl 126
Riesenslalom 511
Riesenslalomski 510
Riffküste 35
Rigatoni 146
Right-Wing 482
Rillettes 156
Rinde 107
Rinderfilet 152

Rinderhackfleisch 152
Rindfleisch 152
Rindfleischwürfel 152
Ring 52, 271, 307, 424, 498
Ringablage 340
Ringbuch 339
Ringbuchkalender 338
Ringe 264, 496, 497
Ringelnatter 77
Ringfinger 115
ringförmige Finsternis 4
Ringpfosten 498
Ringstufe 498
Ringumgebung 498
Ringumrandung 498
Ringverschluss 10
Rippe 125
Rippe, frei endende 98
Rippe, freie 99
Rippe, hohe 152
Rippen 98
Rippenbündchen 261
Rippenbündchen, gerades 247
Rippenfell 105
Rippenpolster 486
Rispe 61
Roberval-Waage 422
Roboterarm 11, 12
Robotersystem 11
Rochen 158
Rock 251, 492
Rock, gerader 253
Röcke, Beispiele 253
Rocky Mountains 16
Rodehacke 233
Roggen 61, 143
Roggenknäckebrot 145
roher Schinken 156
Rohkaffee 148
Rohöl 405
Rohölpipeline 404
Rohr 224, 534
Rohrabschnitt 193
Rohrblatt 306
Röhre 181, 424
Röhrenfassung 199
Röhrenglocken 295, 309
Röhrenkessel 405
Rohrfeder 312
Rohrschraubstock 224
Rohrstück 460
Rohrzangen 216
Rollbahn 388
Rollbahnmarkierung 389
Rollbewegung 395
Rollbraten 152
Rolle 277, 308, 526, 527, 535
Rollenfuß 536, 537
Rollenhaltepartie 537
Rollenhalterung 536, 537
Rollgabelschlüssel 223
Rollkragen 514
Rollkragenpullover 250
Rollring 196
Rollschuh 527
Rollschweller 305
Rollsport 526
Rollstuhl 467
Rollstuhllift 363
Rolltreppe 378, 435
Romagna-Salat 126
Römerpantolette 242
Römertopf 175
römische Bohne 131
römische Metallfeder 312
römische Ziffern 427
römisches Amphitheater 281
römisches Wohnhaus 280
Röntgengerät, fahrbares 462
Röntgenstrahlen 418
Roquefort 151
rosa Ball 503
rosa Pfeffer 138
Rose 56
Rosenkohl 126
Rosennerv 108
Rosenvene, große 102
Rosette 186, 285
Rosmarin 142
Ross-Schelfeis 15
Rösselsprung 470
Rost 210
Rot 418, 469
Rotalge 51
Rotbarsch 161
rote Bälle 503
rote Beete 129
rote Heidelbeere 132
rote Kidneybohne 131
rote Klemme 356
rote Meerbarbe 159
rote Zwiebel 124
roter Ball 503
roter Paprika 128
roter Stoßball 502
rotes Licht 434
Rotes Meer 14, 19, 20
Rotini 146
Rotkehlchen 80
Rotknievogelspinne, Mexikanische 70
Rotkohl 126
Rotor 412, 537
Rotorblatt 395, 412, 413
Rotorgondel im Querschnitt 413
Rotorkopf 395
Rotornabe 395
Rotstrahl 318
Rotunde 435
Rotweinglas 165
Rougepinsel 266
Router 334
Royal Flush 468
Ruanda 451
Rübe 129
Rübenhacke 233
Rübenspross 127
Rubin-Impulslaser 420
Rubinzylinder 420
Rückansicht 97, 99, 113
Rückbank 353
Rücken 78, 83, 86, 93, 95, 167, 169, 226, 228, 244
Rücken, Indisch-Antarktischer 34
Rücken, Mittelatlantischer 34
Rücken, Östlicher Indischer 34
Rücken, Ostpazifischer 34
Rücken, ozeanischer 33
Rücken, Westlicher Indischer 34
Rücken, Zentralindischer 34
Rückenansicht 93, 95
Rückenflosse 90
Rückenflosse, erste 74
Rückenflosse, zweite 74
Rückenlehne 200, 201, 205, 353, 369, 467, 523
Rückenlehne, Basis 200
Rückenmark 109, 110
Rückenmark, Aufbau 109
Rückenmarkshaut 109
Rückenmarkshaut, harte 109, 110
Rückenmarksnerv 109, 110
Rückenmittelschlitz 244
Rückenmuskel, breiter 97
Rückenpanzer 76
Rückenschlitz, seitlicher 244
Rückenschutz 525
Rückenschwimmen 517
Rückenschwimmen, Startgriffe 516
Rückenspange 244
Rückenteil 260
Rückenteil, verstellbares 460
Rückenträger, gekreuzt 261
Rückenverstärkung 509
Rückfahrscheinwerfer 352
Rückfeld 491
Rückfeldschiedsrichter 485
Rückgrat 536
Rückhaltesystem, Airbag 354
Rückholfeder 357
Rücklagenstütze 511
Rücklauf-Taste 323
Rücklicht 370
Rucksack 277, 532
Rückschläger 490, 495
Rückschlaghinderer 534
Rückschritt, löschender 331
Rückspiegel 354, 366, 523
Rücksprungpalette 396
Rückstellknopf 424
Rückstelltaste 323, 328
Rückstoßtriebwerk, vorderes 12
Rückstrahler 365, 370, 523
rückwärtige Begrenzungslinie 494
rückwärts 518
Rückwurflinie 479
Ruder 13, 383, 384, 386, 501, 520
Ruderblatt 384
Rudergerät 501
Ruderhaus 384
Ruffinisches Körperchen 114
Rufnummernregister 327
Rufnummernregister für automatische Wahl 327
Ruftaste 287, 327
Rugby 482
Rugbyball 483
Rugbyschuhe 483
Rugbyspieler 483
Rührbesen 176
Rührschüssel 176
Rührschüsseln 172
Rumänien 450
Rumpf 75, 93, 95, 393, 471, 520, 523
rund 55
Rundbürste 268
runde Bahn 220
runder Einwärtsdreher 96
runder Korpus 296
Rundfunknetz, privates 316
Rundkopf mit Schlitz 221
Rundmuskel, großer 97
Rundmuskel, kleiner 97
Rupie 440
Rüschen 260
Rüschenhöschen 260
Rüschenstrumpfhose 260
Rüssel 67
russischer Pumpernickel 145
russisches Modul 11
Russland 450
Rutengriff 537
Rutenschwellkörper 111
rutschfester Fuß 219
Ryukyugraben 34

S

S-Bahn-Strecke 375
S-Bogen 306
S-Bogen, Griffhebel 306
S-Video-Ausgang 336
Saal 386
Sackkarren 396
Safarijacke 255
Safran 138
Saftrinne 169
Sägeblatt 226, 227
Sägekette 235
Sägewerkzeuge 226
Sagittalschnitt 111, 112
Sahara 20
Sahne 150
Sahne, saure 150
Sahnebecher 163
Saint Kitts und Nevis 449
Saint Vincent und die Grenadinen 449
Saite 301, 302
Saiten 297
Saitenaufhängung 303
Saitenbezug 304
Saitenhalter 301
Saitenhalterung 297
Saiteninstrumente 301
Säkelle 231
Sakristei 446
Salamander 75
Salami, feine 156
Salami, grobe 156
Salatgabel 168
Salatgurke, kernlose 128
Salatschale 166
Salatschleuder 171
Salatschüssel 166
Salatteller 166
Salbei 142
Salchow 509
Saling 520
Salomoninseln 453
Salpetersäure, Emission 48
Saltostellung 518
Salz, grobes 141
Salzsee 36
Salzstreuer 166
Sambal Oelek 141
Sambia 452
Samen 53, 57, 58, 59, 60
Samenanlage 56
Samenbläschen 111
Samenleiter 111
Samenmantel 57
Samenschale 61
Sammelbehälter 365
Sammellinsen 419
Sammelschiene 407
Sammlung, getrennte 49
Samoa 453
Sampler 310
Samtkropfband 264
San Marino 450
Sand 492
Sandale 242
Sandale mit Zehenriemchen 242
Sandalette 241
Sandbank 33
Sandblattfeilen 265
Sandinsel 35
Sandkasten 377
Sandsack 498
Sandwüste 36
Sandwüste, Große 15
Sanitärinstallation 194, 195, 197
Sanitärinstallationssystem 194
Sankt-Lorenz-Strom 16
São Tomé und Príncipe 451
Sardelle 159
Sardine 159
Sarong 253
Satellit 316
Satelliten-Direktempfang 316
Satellitenradioempfänger 326
Satellitenübertragungstechnik 316
Sattel 245, 249, 255, 301, 302, 303, 370
Sattelkupplung 364
Sattelrock 253
Sattelschlepper 364
Sattelstütze 370
Satteltasche 372
Saturn 2, 3
Satz 492
Sätze, vorherige 492
Satztische 202
Sauciere 166
Saudi-Arabien 452
Sauerstoff, Abgabe 54
Sauerstoffanschluss 464
sauerstoffarmes Blut 104
Sauerstoffdruck-Stelleinrichtung 10
sauerstoffreiches Blut 104
Saugarm 400
Saugbürste 209
Saugnapf 72
Saugrohr 209, 360, 400, 407, 455
Saugzubehör 209
Säule 31, 279
Saum 478
Saumlatte 412
saure Sahne 150
saurer Regen 47, 48
saurer Schnee 48
Savanne 40, 44
Säwerkzeuge 231
Saxhorn 307
Saxophon 306
Scanner 121
Schaber 219
Schach 470
Schachbrett 470
Schachfiguren 470
Schachtel, Käse 163
Schädel 92, 100
Schädel eines Kleinkindes 100
Schädel, Seitenansicht 100
schädliche Gase, Emission 47
Schadstoffe, biologisch nicht abbaubare 47
Schaf 84
Schäferhund, Deutscher 86
Schafstall 122
Schaft 220, 221, 228, 471, 492, 494, 503, 505, 506
Schaftstiefel 241
Schäftung 534
Schäkel 521
Schale 58, 60, 73, 79, 162, 277
Schalenhaut 79
Schalenschuh 527
Schalensitz: Seitenansicht 353
Schalensitz: Vorderansicht 353
Schäler 169
Schallbecher 305
Schallbecherstütze 306

Schallbrett 285
Schalldämpfer 351
Schalloch 301
Schallplattenladen 436
Schallrose 302
Schälmesser 169
Schalotte 124
Schalter 176, 198, 210, 211, 219, 227, 229, 269, 270, 271, 272, 416, 443
Schalter für Belüftung 354
Schalter für Heizung 354
Schalterabdeckplatte 198
Schalthebel 350, 354, 369, 371, 372, 522
Schaltpedal 367, 368
Schaltuhr 210
Schaltung, gedruckte 417
Schaltung, integrierte 417
Schaltzug 372
Scham 94, 113
Schambein 92, 94
Schamhügel 112
Schamlippe, große 112, 113
Schamlippe, kleine 112, 113
Schamotteplatte 192
Schamottestein 192
Schardrehkranz 401
Schardrehzylinder 401
Scharfeinstellung 8, 9
Schärfentiefenknopf 314
Scharfstellrad, zentrales 420
Scharfstellring 420
Scharhubzylinder 401
Scharnier 178, 185, 186, 202, 214, 274, 352, 367, 420
Scharverstellvorrichtung 401
Scharwachturm 282
Schatten 424
Schaufel 399, 510, 514
Schaufel, hintere 399
Schaufelarm 399
Schaufelbolzengelenk 399
Schaufellader 399
Schaufelzahn 400
Schaufelzylinder 399, 400
Schaukelstuhl 200, 201
Schaum 33
Schaumanzeiger 385
Schaumbad 267
Schaumgummimatratze 530
Schaumgummipolsterung 458
Schauspieler 290
Schauspielereingang 278
Schauspielerin 291
Schauspielerstühle 290
Scheckheft 274
Scheckhülle 275
Scheckkarte 443
Schecks 441
Scheibe 6, 186, 501
Scheiben 177
Scheibenbremse 350, 357, 366, 525
Scheibenbremse, hydraulische 522
Scheibenhantel 500
Scheibenwaschdüse 348
Scheibenwischer 348, 355
Scheibenwischerhebel 354
Scheide 52, 112, 113, 533
Scheide, Schwannsche 110
Scheider 359
Scheidewand 58, 60, 117
Scheidewandknorpel 117
Scheinwerfer 290, 293, 348, 364, 366, 368, 371, 376, 377, 455, 523
Scheitel 78
Scheitelbein 99, 100
Scheitelrippe 284
Schekel, neuer 440
Schelfeis, Filchner 15
Schelfeis, Ross 15
Schelle 309
Schellen 309
Schellfisch 161
Schema des Blutkreislaufs 103
Schenkel 78, 83, 538
Schenkelbein 99
Schenkelbindenspanner 96
Schenkelhals 99
Schenkelmuskel, äußerer 96, 97
Schenkelmuskel, gerader 96
Schenkelmuskel, innerer 96
Schenkelmuskel, zweiköpfiger 97
Schere 71, 461, 531
Scherenblatt, gekerbtes 270
Scherenleuchte 207
Scherenstromabnehmer 376
Scherkopf 271
Scherkopfhalter 271
Scheuerleiste 358
Scheune 122
Schiebedach 349
Schiebefenster, horizontales 287
Schiebefenster, vertikales 287
Schiebegriff 467
Schiebeleiter 455
Schiebeöffnung 423
Schieber 273, 425
Schieberad 467
Schiebetür 195, 286
Schiebetür, automatische 286
Schiebetür, elektrische 363
Schieblehre, Messschieber 425
Schiedsrichter 479, 481, 483, 488, 490, 495, 498, 499, 507, 515, 516, 518
Schienbein 98
Schienbeinarterie, vordere 102
Schienbeinmuskel, vorderer 96
Schienbeinnerv 108
Schienbeinschützer 480, 513
Schiene 207, 214, 473, 527
Schienen 461
Schienenräumer 376, 377
Schienenverkehr 374
Schifffahrt 381
Schiffsbodenverband 190
Schiffsschraube 384
Schiitakepilz 123
Schikane 524
Schild 169, 458
Schildbogen 284
Schildchen 73
schildförmig 55
Schildhubzylinder 398
Schildkröte 76
Schildkröte, äußere Merkmale 76
Schildwanze 69
Schimpanse 91
Schinken, gekochter 156
Schinken, roher 156
Schinkenmesser 169
Schirm 206, 273, 479
Schirmfeder 78
Schirmmütze 238
Schirmständer 273
Schlafanzug 256, 261
Schlafanzug in Schlupfform 261
Schlafanzug, zweiteilig 260
Schlafcouch 204
Schläfe 92
Schläfenbein 98, 100
Schlafkabine 364
Schlafraum 528
Schlafsäcke, Beispiele 530
Schlafwagen 376
Schlafzimmer 189
Schlafzimmer, großes 189
Schlagbereich 477
Schläge 490
Schläger 476, 477
Schlägerabdeckung 505
Schlagfläche 505
Schlaghandschuh 476
Schlagholz 478
Schlaghose 254
Schlaginstrumente 295, 308
Schlagmal 475
Schlagmallinie 479
Schlagmann 475, 476, 478, 479
Schlagpolster, elektronisches 311
Schlagsahne 150
Schlagschutz 303
Schlagstockhalter 456
Schlagzeile 313
Schlammfluss 31
Schlammgrube 403
Schlammpumpe 403
Schlammpumpenschlauch 403
Schlange 76, 469
Schlangenbohrer mit doppeltem Gewindegang 228
Schlankmuskel 97
Schlauch 209, 454, 461
Schlauch, flexibler 209
Schlauchdüse 236
Schlauchkleid 252
Schlauchkupplung 236
Schlauchleitung 454
Schlauchwagen 236
Schlaufe 245, 262, 265, 343
Schlegel 308, 309
Schleier 536
Schleifblatt 229
Schleife 238
Schleifpapier 229
Schleifteller 229
Schlepper 384
Schlepplift 512
Schleppvorrichtung 364
Schleuder 365
Schließe 532
Schließfach 443
Schließfrucht 60
Schließmuskel, hinterer 73
Schließmuskel, vorderer 73
Schlinge 535
Schlitten 521
Schlittschuh 506
Schlittschuhe, Eisschnelllauf 508
Schlittschuhschritt 514
Schlittschuhschritt, diagonaler 514
Schlitz 167, 178, 221, 247, 260
Schlitzschrauben 221
Schloss 186, 202, 211, 275, 277, 372
Schlossbrett 185
Schloßband 73
Schlucht 31, 32
Schluckloch 31
Schlupfform 261
Schlüssel 223
Schlüsselbein 98
Schlüsselbeinarterie 102
Schlüsselbeinvene 102
Schlüsseldienst 437
Schlüsseletui 275
Schlüsselschild 186
Schlüsselschloss 274
Schlussleuchte 352, 367, 368
Schlussstein 284
Schmelz 101
Schmelzen 414
Schmelzwasser 30
Schmetterball 491
Schmetterling 67
Schmetterling, äußere Merkmale 67
Schmetterlingsstil 517
Schmiermittelraffinerie 405
Schmieröle 405
Schmorpfanne 175
Schmuck 264
Schmuck und Schönheitspflege 264
Schmutzfänger 349, 364, 365
Schnabel 78
Schnalle 248, 276
Schnappmechanismus 537
Schnappschloss 274
Schnappverschluss 275
Schnarrsaite 308
Schnarrsaitenspanner 308
Schnauze 75, 86, 87
Schnauzer 86
Schnecke 72, 116, 157, 301, 365
Schnecke, äußere Merkmale 72
Schneckenbohrer 228
Schneckenpfännchen 173
Schneckenzange 173
Schnee 41
Schnee, ewiger 29
Schnee, saurer 48
Schneeanzug 261
Schneebesen 172
Schneefeger 356
Schneefräse 365
Schneemobil 523
Schneeregen 41
Schneesack 260
Schneidbrett 169
Schneide 167, 169, 221, 270, 509
Schneiden 177
Schneiderkragen 251
Schneidermuskel 96
Schneidezahn, äußerer 101
Schneidezahn, mittlerer 101
Schneidezähne 101
Schneidkante 398, 399, 400
Schneidklinge 180
Schneidkopf 341
Schneidlade, Gehrung 226
Schneidmesser 176, 177
Schneidwerkzeuge 234
schnell drehende Welle 413
Schnellabrollbahn 388
Schnellhefter 339
Schnellkocher, elektrischer 179
Schnellkochtopf 174
Schnellspannbohrfutter 228
Schnellstraße 343
Schnellvorlauf-Taste 323
Schnittfläche 235
Schnittlauch 124
Schnittstelle, Ethernet 336
Schnittstelle, FireWire 336
Schnittstelle, serielle 329
Schnittstelle, USB 329, 336
Schnitzel 152
Schnur 225, 327
Schnürband 477
Schnurfangbügel 537
Schnürhaken 509
Schnurlaufröllchen 537
Schnürloch 240
Schnürlochteil 240
Schnüröse 509
Schnurrhaare 87
Schnürringe, Ranviersche 110
Schnürschuh 240
Schnürsenkel 240, 262, 498, 509
Schnürsenkelende 240, 262
Schokolade 148
Schokolade, weiße 148
Scholle 161
Schollenmuskel 96
Schöpflöffel 173
Schöpfteil 167
Schornstein 183, 382, 386, 402
Schössling 53, 63
Schoß 245, 255
Schote 60
Schote, Schnitt 60
Schottenrock 253
Schotterfläche 30
Schräge 460
schräge Pattentasche 248, 251
schräger Interlobärspalt 105
Schräggeison 279
Schrägmaß 225
Schrägstellungsvorrichtung 227
Schrankteil 203
Schrapper 400
Schratten 31
Schraube 221, 301, 384, 386, 387
Schrauben 223
Schraubenbolzen 223
Schraubenbolzen mit Ansatz 223
Schraubendreher 221
Schraubenfeder 351
Schraubenwelle 383, 387
Schraubenzieher 221, 531
Schrauberbit 228
Schraubfassung 199
Schraubstock 224
Schraubstollen 480
Schraubverschluss 163
Schraubwerkzeuge 221
Schreib-/Lesekopf 333
Schreiber 27
Schreibgeräte 312
Schreibmappe 275
Schreibpinsel 312
Schreibplatte, herausklappbare 203
Schreibschutz 333
Schreibspitze 27
Schreibtisch 439
Schreibtischleuchte 206
Schreibwaren 337
Schritt 83, 247, 255
Schrot 534
Schrotflinte (glatter Lauf) 534
Schubdüse 10
Schubkarre 231
Schubkasten 205
Schubkontrolle 332

Schublade 164, 202, 203
Schubphase 514
Schubrahmen 398
Schuh 240, 488, 522, 524
Schuh mit Stoßplatten 486
Schuhe 240
Schuhgeschäft 437
Schukosteckdose 198
Schukostecker 198
Schulaufsicht, Büro 445
Schulbank 444
Schulbus 362
Schule 444
Schüler mit Lernschwierigkeiten, Klassenzimmer 444
Schüler/Schülerin 444
Schülerspinde 445
Schulhof 445
Schulleiter, Büro 445
Schulter 83, 86, 92, 94, 302, 536
Schulterblatt 93, 95, 98, 99
Schulterblattgräte 99
Schulterfeder 78
Schultergurt 353, 505, 532
Schulterklappe 248, 456
Schulterpolster 486
Schulterriemen 276
Schultertasche 276
Schuppe 74, 76
Schuppen 182, 230
Schuppenblatt 54
Schuppennaht 100
Schürfkübel 400
Schürhaken 193
Schürze, elastische 383
Schürzenfinger 383
Schüssel 177
Schüttelsieb 403
Schutz 227
Schutzanzug 525
Schutzausrüstung 486
Schutzbezug 204
Schutzblech 370, 523
Schutzblech, vorderes 366
Schutzbrille 218, 458, 522, 525
Schutzdach 396
Schutzdeckel 329
Schützer, Schienbein 513
Schutzgehäuse 237
Schutzgeländer 377
Schutzgitter 205, 217, 442
Schutzglas 318
Schutzhaube, obere 227
Schutzhaube, untere 227
Schutzhelm 367, 458, 486, 506
Schutzkäfig 473
Schutzkante 277
Schutzkappe 420, 460, 467
Schutzkontaktbügel 198
Schutzmaske 458
Schutzplatte 525
Schutzraum 345
Schutzring 210
Schutzschicht 10
Schutzumrandung 471
Schutzwand 506
schwacher Punkt 470
Schwadenblech 237
Schwalbe 80
Schwamm 215
Schwammstäbchen 266
Schwanenhals 400
Schwannsche Scheide 110
Schwanz 71, 76, 82, 83, 86, 90, 111, 536
Schwanzfächer 71
Schwanzfeder 78
Schwanzflosse 74, 90
Schwarz 418, 470
schwarzäugige Bohne 130
Schwarzbär 89
schwarze Bohne 131
schwarze Johannisbeere 132
schwarze Klemme 356
schwarze Mungobohne 131
schwarze Senfkörner 138
schwarzer Ball 503
schwarzer Pfeffer 138
schwarzer Stein 470
schwarzer Tee 148
schwarzes Brett 444
schwarzes Feld 470
Schwarzes Meer 14, 18, 19
Schwarzrettich 129
Schwarzwurzel 129
Schwebebalken 496, 497
Schweden 450
Schwefeldioxid, Emission 48
Schwefelsäure, Emission 48
Schwein 84
Schweinefleisch 153
Schweinehackfleisch 153
Schweinespeck 149
Schweinestall 122
Schweißband 492
Schweißdrüse, apokrine 114
Schweißdrüse, Ausführungsgang 114
Schweißdrüse, ekkrine 114
Schweißwerkzeuge 218
Schweiz 450
schweizer Offiziersmesser 531
Schwelle 185
Schwellenmarkierungen 391
Schwenkarm 176
Schwenkbrückenstand 400
Schwenkkopf 224
Schwenksockel 224
Schwenkverschluss 224
schwere Piste 512
Schwerfahrzeugen, Transport 377
Schwerkraftmodul 11
Schwermaschinen 398
Schweröl 405
Schwert 235, 520
Schwertfisch 159
Schwertwal 90
Schwesternstation 462, 463
Schwesternzimmer 465
Schwimmbecken 184, 517
Schwimmbecken, eingebautes 184
Schwimmbrille 516
Schwimmdach 404
Schwimmdachtank 404
Schwimmen 516
Schwimmer 196, 538
Schwimmerventil 196
Schwimmfuß 75
Schwimmhaut 75, 79
Schwimmhautzeh 79
Schwimmkörper 394
Schwimmkran 381
Schwimmlappenzeh 79
Schwingflügel 287
Schwinggaragentor 286
Schwinghebel 360
schwingungsdämpfender Bügelgriff 235
Schwingungsdämpfer 212
Schwungrad 360, 501
Scotia-Platte 27
Scrimmage-Linie 485
Scriptgirl 291
Scrollen 331
Scrollen-Feststelltaste 331
Scrollrad 332
Sechseck, regelmäßiges 429
Sechserpasch 468
Sechskantmutter 223, 359
Sechzehntelnote 299
Sechzehntelpause 299
Second 515
Sedimentgesteine 26
See 5, 24, 29, 32
See, Irische 18
See, künstlicher 32
See, tektonischer 32
See, vulkanischer 32
Seebarsch 160
Seehund 90
Seelachs 161
Seelöwe 90
Seen 32
Seen, Große 16
Seenversauerung 48
Seeotter 88
Seeteufel 160
Segel 519
Segelboot 520
Segelkleid 520
Segellatte 519, 520
Segelsport 520
Segelstange 412
Segeltasche 519
Segeltuchbespannung 412
Segmentpunktzahl 471
Sehen 419
Sehenswürdigkeit 25
Sehfehler 419
Sehne 535
Sehnerv 119
Sehnervenkreuzung 109
Seifenbecher 271
Seifenschale 195
Seiher 171
Seil 219, 498
Seilbahn 512
Seilbahnabfahrt 512
Seilverspannung 498
Seilzug 219
seismische Welle 27
Seismogramm 27
Seismographen 27
seismologische Aufzeichnung 403
Seite 167, 293
Seite, linke 272
Seite, nächste 331
Seite, rechte 272
Seite, vorherige 331
Seitenansicht 478
Seitenansicht eines Schädels 100
Seitenauslinie 481
Seitenband, vertikales 487
Seitenfach 352
Seitenfenster 349
Seitenflosse 393, 395
Seitenfontanelle, hintere 100
Seitenfontanelle, vordere 100
Seitengriff 352
Seitenkapelle 284
Seitenkästen 525
Seitenkoffer 369
Seitenlinie 74, 483, 484, 487, 488, 493, 515
Seitenlinie für das Doppelspiel 490, 495
Seitenlinie für das Einzelspiel 491, 495
Seitenluke 12
Seitenmoräne 30
Seitenöffnung 344
Seitenrad 412
Seitenrichter 483
Seitenruder 393
Seitenschiff 285
Seitenschlot 28
Seitenspiegel 269, 348, 364, 368
Seitenspiegelverstellhebel 352
Seitenspur 343
Seitenständer 367
Seitensteg 273
Seitenstück 201
Seitentasche 505
Seitenteil 248
Seitenverkleidung 349
Seitenverstellhebel 229
Seitenwand 365, 517
Seitenwurzel 53
seitliche Einfassung 192
seitlicher Hautnerv des Oberschenkels 108
seitlicher knöcherner Bogengang 116
seitlicher Kompressionsgurt 532
seitlicher Rückenschlitz 244
Seitpferd 496
Sekretär 203
Sekretariat 443, 445
Sektionalgaragentor 286
Sektkelch 165
Sektor 428
Sektschale 165
Sekundant 498
Sekundärkonsumenten 45
Sekundärspiegel 7, 9
Sekunde 298
Sekundenzeiger 424
selbstaufblasbare Luftmatratze 530
Selbstauslöser 314
Selbstauslöser-Lichtsignal 314
Selbstbedienungstheke 120
Selbstklebeetiketten 340
selbstklebende Lasche 339
Sendeantenne 316
Sendereinstellung 326
Sendersuchlauftasten 322
Sendervorwahltaste 326
Senderwahl 326
Sendung mit Radio-Wellen 316
Senegal 20, 451
Senf 60, 140
Senf, amerikanischer 140
Senf, deutscher 140
Senf, englischer 140
Senfkörner 140
Senfkörner, schwarze 138
Senfkörner, weiße 138
Senfpulver 140
Senkkopf mit Imbus 221
Senkkopf mit Kreuzschlitz 221
Senkkopf mit Schlitz 221
senkrechte Pupille 76
sensibles Neuron 110
Sensor für Fernbedienung 318
Sensor, optischer 332
sensorischer Rezeptor 110
Sensorkreis 357
Sepalum 58
Separator 417
Septime 298
Septum pellucidum 109
Sequencer 310
Sequenzerregler 310
Serac 30
Serbien 450
serielle Schnittstelle 329
Seriennummer 441
Server 334, 335
Service-Bereich 346
Servicemodul, ferngesteuertes 11
Servierplatte 166
Serviertisch 438
Servierwagen 202
Sesamöl 149
Sessellift 512
Sesselliftabfahrt 512
Setzholz 202
Setzstufe 191
Sexte 298
Sextett 300
Seychellen 452
Shake-Hands-Griff 493
Shampoo 267
Shorts 254, 263
Siamkatze 87
Sichel 234
Sicheldüne 36
Sicherheit 454
Sicherheitsbereich 499
Sicherheitsbindung 510, 511
Sicherheitsdienst 463
Sicherheitsfaden 441
Sicherheitsgriff 237
Sicherheitsgurt 353
Sicherheitshinweisschild 228
Sicherheitsholm 219
Sicherheitshülle 408, 409
Sicherheitskette 361
Sicherheitskontrolle 391
Sicherheitsleiste 211
Sicherheitsleuchte 457
Sicherheitsraum 440
Sicherheitsriemen 10
Sicherheitsschuh 459
Sicherheitssensor 354
Sicherheitsspiegel 362
Sicherheitsstreifen 379
Sicherheitsthermostat 213
Sicherheitsventil 174, 408
Sicherung 198, 411
Sicherungsautomat 407
Sicherungsknopf 352
Sicherungskopf 221
Sicherungsstift 454
sichtbares Licht 418
Sichtfenster 13, 178, 179, 210
Sichtlinie 533
Sieb 177, 180
Siebbeinplatte 117
Sieben 171
Siebeneck, regelmäßiges 429
Sierra Leone 451
Sigmoid 106
Signal 375
Signalbrücke 375
Signalhorn 377
Signalleiste 455
Silberbesteck 167
Silos 381
Simbabwe 452
Sinfonieorchester 295
Singapur 453
Sinkblei 538
Sinnesorgane 114, 115, 119
Sinushaar 82
Siphonalkanal 73
Sistrum 309
Sitz 195, 196, 200, 201, 205, 353, 369, 467, 501, 523

Sitzbank 201, 353, 367, 379, 523
Sitzbein 99
Sitzmöbel 201
Sitzplatz 294
Sitzplätze 293
Sitzrohr 370
Sitzsack 201
Sitzungsraum 442
Sitzungssaal 439
Sitzverstellung 353
Skala 225, 422, 424, 425, 460, 533
Skandinavische Halbinsel 18
skandinavisches Knäckebrot 145
Skateboard 526
Skateboarder 526
Skateboarding 526
Skaterin 527
Skelett 98
Skelettbürste 268
Ski 510
Skianzug 510, 513, 514
Skiboard 510
Skibremse 511
Skibrille 510, 513
Skier, Beispiele 510
Skigebiet 512
Skihandschuhe 510
Skihütte 512
Skilanglauf 514
Skiliftankunft 512
Skimmer 184
Skimütze 514
Skip 515
Skipiste 512
Skipisten 512
Skischule 512
Skispitze 514
Skispringen 513
Skispringer 513
Skisprunganzug 513
Skisprungschuh 513
Skistiefel 510, 511, 514
Skistock 510, 514
Skiträger 356
Skorpion 70
Slalomski 510
Slingpumps 241
Slip 247, 259
Slipper 242
Slowakische Republik 450
Slowenien 450
SLR-Kamera 314
Smog 47
Snackbar 294
Snooker 503
Snowboard 513
Snowboarden 513
Snowboarder 513
Sobanudeln 147
Söckchen 257
Socke 257, 486, 492
Sockel 192, 199, 206, 269, 283, 302, 412, 422
Sockel, fester 224
Sockel, gepolsterter 489
Sockelgeschoß 412
Sockelleiste 191
Sockelprofil 202
Socken 247
Sofa 200
Sofa, zweisitziges 439
Soffitte 293
Soffitten 292
Sofortbildkamera 315
Softball 477
Softballhandschuh 477
Softballschläger 477
Softboots 513
Softkey-Taste 327
Software, E-Mail 334
Sohle 229, 247, 509, 511
Sohlenspanner 97
Sohlschicht, obere 402
Sohlschicht, untere 402
Sojabohnen 131
Sojasoße 140
Sojasprossen 131
Solarreflektoren 316
Solarzelle 337, 410, 411
Solarzellengenerator 11
Solarzellensystem 411
Solitärring 264
Solvent-Extraktionsanlage 405
Somalia 451
Somennudeln 147
Sommer 38
Sommersonnenwende 38
Sonne 2, 4, 5, 38
Sonne, Aufbau 4
Sonnenblende 8, 354, 361
Sonnenblume 56
Sonnenblumenöl 149
Sonnenbrille 273
Sonnendeck 385, 387
Sonneneinstrahlung 46
Sonneneinstrahlung, absorbierte 46
Sonneneinstrahlung, reflektierte 46
Sonnenenergie 54, 410
Sonnenfinsternis 4
Sonnenfleck 4
Sonnenkleid, leichtes 252
Sonnenrollo 356
Sonnenschutz, Windschutzscheiben 356
Sonnenschutzschicht 10
Sonnensegel 7
Sonnenstrahlen 45
Sonnenstrahlung 410, 411
Sonnensystem 2
Sonnenuhr 424
Sonnenzellenausleger 316
Sonnenzellenkollektor 411
Sortieranlage 49
Sortierung von Glas 49
Sortierung von Kunststoff 49
Sortierung von Metall 49
Sortierung von Papier/Pappe 49
Sortierung, optische 49
Sorus 52
Souffléform 172
Sozialarbeiterbüro 463
Sozialdiensträume 465
Soziussitz 369
Spaghetti 146
Spaghettikürbis 129
Spaghettini 146
Spaghettizange 173
Spalier 230
Spalierbogen 230
Spalt 58
spaltbarer Kern 415
Spalte 313
Spaltprodukte (radioaktive Kerne) 415
Späneschutz 227
Spangang 228
Spange 248
Spanien 449
Spann 92
Spannbetttuch 204
Spanner 528
Spanner, Werkstück 226
Spannfeder 500
Spanngriff 224
Spannkabel 412
Spannpratze 224
Spannrad 398
Spannschnur 297
Spannschraube 224, 229, 308
Spannungserhöhung, erste 413
Spannungserhöhung, zweite 413
Spannungsprüfer 217
Spannungsstift 198
Spannweite 224
Spannweite, eingehängte 344
Sparbuchnachtrag 442
Spareribs/Schälrippchen 153
Spargel 125
Spargelbohne 130
Spargelsalat 126
Sparren 187
sparriges Torfmoos 51
spatelförmig 55
Spaten 233
Spazierstock 273, 466
Specht 80
Speedskate 527
Speer 472
Speerwurf 473
Speiche 70, 98, 371
Speicheldrüse 118
Speichennerv 108
Speichenseite, Handstrecker 97
Speicheradditionstaste 337
Speicheranzeigetaste 337
Speichergeräte 333
Speicherkarte 315
Speicherkartenlesegerät 329, 333
Speicherkraftwerk 406
Speicherlöschtaste 337
Speichersubtraktionstaste 337
Speichertaste 322, 326, 327
Speisekammer 188
Speiseröhre 105, 106
Speisesaal 386, 438, 439
Speisewagen 376
Spektrum, elektromagnetisches 418
Spenzer 254
Sperling 80
Spermium 111
Sperrdrehknopf 425
Sperre 434
Sperrengeschoss 378
Spezialflachwagen 377
Spezialitäten 156
Spezialslalom 511
Spicknadel 173
Spiegel 10, 195, 354, 369, 421, 439, 533
Spiegel, beleuchteter 269
Spiegel, ebener 7
Spiegel, teilreflektierender 420
Spiegel, vollreflektierender 420
Spiegelreflexkamera, digitale 315
Spiegelreflexkamera, einäugige 314
Spiegelteleskop 9
Spiegelteleskop im Querschnitt 9
Spiegelzylinder 420
Spiel 492
Spielanzug 261
Spielball 502, 503
Spielbereich 471
Spielbrett 469, 470
Spiele 468
Spiele mit Schlägern 493
Spielekonsole 471
Spieler 492
Spielerbank 474, 485, 487, 506
Spielerinnen 492
Spielernummer 486, 488, 506
Spielerpositionen 474, 481, 482, 489
Spieleschnittstelle 329
Spielfeld 469, 474, 479, 480, 482, 487, 488
Spielfeld für American Football 484
Spielfeldbeläge 492
Spielfigur 469
Spielfläche 493
Spielstein 470
Spielwarengeschäft 436
Spike 473
Spikereifen 358
Spikulen 4
Spinalganglion 109, 110
Spinat 127
Spindel 73
Spindelfalte 73
Spinne 70
Spinne, äußere Merkmale 70
Spinnennetz 70
Spinnentiere 67
Spinnentiere, Beispiele 70
Spinnerschachtel 538
Spinnrute 537
Spinnwarze 70
Spiralarm 6
Spiralbindung 536
Spiralbohrer 228
Spirale 228
spiralförmiges Wolkenband 43
Spiralheftung 340
Spiralkneter 176
Spiralnagel 220
Spiralringbuch 340
Spiralskulptur 73
Spiralspindel 221
Spirulina 123
Spitze 29, 55, 101, 125, 167, 169, 208, 216, 220, 221, 226, 247, 273, 301, 312, 471, 510, 534, 536
Spitze, nicht wärmeleitend 269
Spitzenhandschuh, fingerloser 243
spitzer Winkel 428
Spitzsieb 171
Spitzzange 217
Splintholz 63
Spoiler 366
Sporen 52
Sport 468
Sportanlagen 431
Sportartikelgeschäft 437
Sportfischerei 536
Sporthalle 386
Sporthose 473
Sportkleidung 262, 263
Sportplatz 386
Sportreifen 358
Sportset 261
Sportwagen 347
Spot 207
Sprachaufnahmetaste 337
Sprecher 518
Sprechmuschel 327
Sprechtrommel 297
Spreite 51, 52, 55
Spreizdübel 221
Sprengring 538
Springeinrichtungen 518
Springer 470
Springform 172
Springseil 500
Sprinkler 408
Spritzbeutel 172
Spritze 460
Spritzenkolben 460
Spritzenkörper 460
Spritzloch 90
Spross 54
Sprosse 185, 186, 205, 219
Sprosse, obere 201
Sprossenarretierung 219
Sprossengemüse 125
sproßbürtige Wurzeln 52
Sprüharm 214
Sprühflasche 236
Sprühknopf 208
Sprungbein 99
Sprungbrett 184, 496
Sprünge, Beispiele 509
Sprungfederrahmen 204
Sprungfiguren 518
Sprunggelenk 83, 86
Sprungpferd 496, 497
Sprungrichter 518
Sprungski 513
Sprungturm 518
Spülarm 196
Spule 319, 536, 537
Spüle 164, 197
Spulenachse 537
Spülhebel 196
Spülkasten 195
Spülkastendeckel 196
Spülkopf 403
Spur, rechte 343
Sri Lanka 453
St. Lucia 449
Staatsanwaltschaft, Tisch 440
Staatsgrenze 23
Stab 199, 230, 259, 479
Stäbchen 119
Stabhochsprung 472
Stabilisator 523
Stabilisierungsflosse 386
Stabkranz 112
Stablampe 456
Stabmixer 176
Stabparkett 190
Stachel 68
Stachelbeere 132
Stachelschwein 82
Stachelzellenschicht 114
Stadion 431, 472
Stadt 23, 430
Stadtplan 25
Stadtrad 373
Stadtteil 25
Staffelstab 472
Staffelübergabebereich 472
Stahldraht 535
Stahlkante 510
Stahlkappe 459
Stahlmantel 417
Stahlschreibfeder 312
Stahlstab 309
Stalagmit 31
Stalaktit 31
Stamm 52, 62, 63
Stämmchen 51
Ständer 174, 176, 269, 277, 308
Standfotograf 291
Standhahn-Mutternschlüssel 216

Standleitung 334
Standleuchte 206
Standort des Kultbildes 279
Standortanzeiger 287
Standsockel 27
Standtom 308
Stange 125, 273, 301, 501
Stangensellerie 125
Stapelstühle 201
Star 80
Stärke 61
Stärkekörnchen 50
starre Brücken 344
Start 469
Start 100-m- und 100-m-Hürdenlauf 472
Start 10000-m- und 4-x-400-m-Lauf 473
Start 110-m-Hürdenlauf 472
Start 1500-m-Lauf 473
Start 200-m-Lauf 472
Start 400-m-, 400-m-Hürden-, 4-x-100-m-Lauf 473
Start 5000-m-Lauf 472
Start 800-m-Lauf 473
Start- und Landebahn 390
Startaufstellung 524
Startblock 473, 516
Starter 516
Startergriff 235
Startgriffe (Rückenschwimmen) 516
Starthilfekabel 356
Startknopf 424
Startlinie 473, 524
Startmenütaste 330
Startnummer 473, 525
Startpistole 472
Startpositionen 518
Starttaste 328
Stationskreis 39
Stationsmodell 39
Stativ 8, 421
Stativablage 8
Statue 446
Staub, aufgewirbelter 43
Staubbehälter 208, 229
Staubbeutel 56
Staubblatt 56, 58
Staubfaden 56
Staubschweif 6
Staufach 455
Staumoräne 30
Stauraum 361, 364
Stausee 406, 407
Steak 152
Steakmesser 168
Steckbuchse 198
Steckdose 361
Steckdose, dreipolige 198
Steckdose, geschaltete 322
Steckdosenprüfer 217
Stecker 228, 324
Stecker, dreipoliger, amerikanischer 198
Steckplatz für Speicherkarte 320
Steckschlüsselsatz 223
Steg 201, 254, 273, 282, 297, 301, 302, 303, 503
Steghose 254
Stegplättchen 273
Stegspangenschuh 241
Stegstütze 273
Stehleiter 219
Stehleitern 219
steifer Nachläufer 363
steifes Vorderteil 363
Steigbügel 116
steigendes Revers 244
Steigleitung 194
Steigung 191
Steigungseinstellung 395
Steilhang 29
Steilküste 35
Steilwandzelt 528
Stein 57
Steinbock, Wendekreis 20, 21, 22
Steinbohrer 228
Steinbutt 161
Steine 469
steinerner Ehrensessel 447
Steinfrucht, fleischige 57
Steinfrüchtchen 59
Steinfrüchte 132
Steingarten 230
Steinmarder 88
Steinpilz 123
Steinschlag 31
Steinwüste 36
Steißbein 98
Stellmutter 535
Stellring 236
Stellschraube 224, 308
Stellwerk 375
Stemmeisen 229
Stempel 56, 338
Stempelkissen 338
Stengel 53
Stengelgemüse 125
Stengelglied 53
Steppe 40
Stereotaste 326
sterile Wundauflage 461
Sterilgut, Lagerraum 462, 464
Sterilisationsraum 464, 465
Sternalarterie 71
Sternanis 60
Sternfrucht 137
Sternschnuppe 37
Sternwarte 7
Sternwarte, Querschnitt 7
Stert 412
Stethoskop 460
Steuerbordseite 387
Steuereinheit, elektrische 357
Steuerfeder 471
Steuerhaus 385
Steuerknüppel 395
Steuertaste 332
Steuertriebwerk 13
Steuerung 330
Steuerung des Lebenserhaltungssystems 10
Steuerungstaste 330
Steuerzentrale 406
Stichsäge 226
Stichsäge, elektrische 227
Stickoxiden, Emission 48
Stiefel 241, 305, 509, 525, 527
Stiefelette, knöchelhohe 241
Stiel 51, 52, 54, 57, 58, 59, 125, 167, 215, 220, 503
Stielgrund 125
Stielkamm 268
Stielkasserolle 175
Stift 198, 199, 337
Stifthalter 274
Stiftsockel 199
Stigma 67
Stillwasserspiegel 33
Stilton 151
Stilus 312
Stimmanzeiger 308
Stimmband 105
Stimmeinrichtung 308
Stimmenwahlschalter 310, 311
Stimmkrücke 305
Stimmnagel 304
Stimmring 297
Stimmstock 304
Stimmwirbel 302, 303
Stimmzug 307
Stinktier 88
Stint 159
Stirn 78, 92, 96, 229
Stirnbalken 187
Stirnbande 502
Stirnbein 98, 100
Stirnfontanelle 100
Stirnhöhle 117
Stirnschopf 83
Stirnwand 365, 401
Stirnziegel 279
Stock 219, 273
Stock, orthopädischer 466
Stock, vierfüßiger 466
Stöcke 309
Stockgriff 514
Stockschaft 514
Stockteller 510
Stoffmenge, Maßeinheit 426
Stollen 262, 478
Stollenreifen 369, 525
Stollenschuh 476
Stop 86
Stopfen 267
Stopfer 180
Stopfleber 156
Stoppball 491
Stoppknopf 424
Stopptaste 319, 323, 328
Stoppuhr 424
Stör 158
Storch 80
Störklappe 392
Stoßdämpfer 351, 523
Stoßdämpfer hinten 522
Stoßdämpfer, hinterer 367
Stößel 170
Stoßen 500
Stoßfänger 364, 369
Stoßfänger, kunststoffummantelter 348
Stoßleiste 209
Stoßstange 523
Strafbank 507
Strafbankbetreuer 507
Straffergurt, vorderer 532
Strafraum 480
Strafraumbogen 480
Strafraumlinie 480
Strahlenkörper 119
Strahler 184
Strahlstörer 236
Strahlung 415
Strahlung, ultraviolette 418
Strahlungszone 4
Strähnenkamm 268
Straight Flush 468
Strampelhöschen 260
Strand 35
Strandschnecke 157
Strang 519
Straße 25, 430, 433, 435, 468
Straße im Querschnitt 342, 434
Straße von Gibraltar 18
Straße von Mozambique 20
Straße, Bass 15
Straßenbau 342
Straßengüterverkehr 381
Straßenhobel 401
Straßenkarte 25
Straßenkehrmaschine 365
Straßenlaterne 207, 434
Straßennummer 25
Straßenradrennen 522
Straßenradsport 522
Straßenrennrad 522
Straßenschuh 241
Straßentunnel 345
Straßenverkehr 317, 342
Stratokumulus 42
Stratopause 37
Stratosphäre 37
Stratus 42
Strauch 230
Strauchflechte 50
Strauß 81
Straußenei 155
Strebe 187, 308
Strebebogen 284, 285
Streben, hinterer 370
Strebepfeiler 284
Strecke 524
Strecke, landschaftlich schöne 25
Streichkäse 150
Streifen 286
Streifenvorhang 286
Streuer 172
Streuscheibe 290
Strickjacke 250
Strickjacke mit V-Ausschnitt 250
Strohhalm 163
Strohhut 238
Strohhütte 288
Stromanschluss 365
Stromanschlusskabel 361
Stromanschlusspunkt 198
Stromfortleitung 408
Stromleitung an die Verbraucher 413
Stromleitung zu den Verbrauchern 402
Stromquelle 416
Stromversorgungskabel 434
Stromzähler 198
Strumpf 257, 259
Strümpfe 257
Strumpfhalter 259
Strumpfhaltergürtel 259
Strumpfhose 257
Stufe 191, 219
Stufen 184, 283
Stufen der Reife 62
Stufenbarren 496, 497
Stufenrock 253
Stuhl 201, 444
Stühle, Beispiele 201
Stulp 186
Stulpe 243
Stulpen 480, 483
Stulpenhandschuh 243
Stummaufnahme-Taste 323
Stummel 536
Stummtaste 319
Stumpf 63
stumpfer Winkel 428
Stundenwinkelantrieb 7
Stuntskate 527
Stürmer 481
stürmischer Himmel 41
Sturmlampe 532
Sturmspitze 507
Sturz 185, 187, 192
Sturzhelm 510, 513
Stützarm 397
Stützausleger 455
Stütze 184, 231, 361, 387
Stutzen 476, 506
Stützfuß 361, 365
Stützpunkt 518
Stützvorrichtung, ausklappbare 365
Stützvorrichtung, Kurbel 365
Stylobat 279
Stylus 59
subarktisch 40
Subduktionszone 27
Sublimation 414
Substanz, graue 109, 110
Substanz, weiße 109, 110
Substanzen, anorganische 45
Subtraktion 427
Subtraktionstaste 337
subtraktive Farbmischung 418
Subtropen, feuchte 40
Subtropen, mediterrane 40
Subwoofer 321
Sucharm 333
Suche 335
Sucher 320
Sucher, elektronischer 320
Sucherokular 315
Suchfernrohr 8, 9
Süd 23
Süd-Korea 453
Süd-Südost 23
Süd-Südwest 23
Südafrika 452
Südamerika 14, 17, 34
Südamerikanische Platte 27
Sudan 451
Südchinesisches Meer 14, 19
Südfrüchte 136
südliche Halbkugel 21
südliche Hemisphäre 21
südlicher Polarkreis 15, 21, 22
Südost 23
Südpol 15, 21, 416
Südwest 23
Südwester 239
Sulcus terminalis 118
Sumach 139
Summe 423, 427
Super-G 511
Supercross-Motorrad 525
Supermarkt 120, 433, 437
Superriesenslalom 511
Superriesenslalom-Ski 510
Suppenlöffel 168
Suppenschale 166
Suppenteller 166
Suppenterrine 166
Suppentopf 175
Surfbrett 519
Surinam 448
Surround-Lautsprecher 321
Suspensorium 486, 507
Süßkartoffel 124
Swasiland 452
Sweatshirt 262
Sweatshirt mit Kapuze 262
Swimmingpool 386
Symbole, wissenschaftliche 426
symphatisches Ganglion 109
Symphyse 111, 112
Synagoge 447
Synapse 110
Synchronisationskabel 337
Synthesizer 310
Syrien 452
Systemschalter 310

T

T-Shirt 263
T-Shirt Kleid 261
Tabakwarengeschäft 436
Tabasco®-Soße 140
Tabernakel 446
Tablette 467
Tablinum 280
Tabulator nach links 330
Tabulator nach rechts 330
Tabulatortaste 330
Tachometer 355, 368, 501
Tadschikistan 452
Tafel 444
Tafelberg 36
Tafelsalz 141
Tageskilometerzähler 355
Tagliatelle, grüne 146
Tahinisoße 140
Taifun 43
Tailback 485
Taille 93, 95
Taillenabnäher 248
Tajine 174
Taktarten 298
Taktstrich 298
Tal 29, 32
Talgdrüse 114
Tamarin 91
Tamarindenmark 140
Tamburin 309
Tandem 373
Tanganjikasee 20
Tank 13, 364, 385
Tankanlage 404
Tankdeckel 349, 364
Tanker 381, 384
Tanklukendeckel 385
Tankstelle 346, 433
Tankwagen 364
Tanne 65
Tannennadeln 65
Tansania 451
Tanzsaal 387
Taro 124
Tasche 225, 274, 502
Tasche für Latexhandschuhe 456
Tasche, aufgesetzte 244, 249, 260
Tasche, blinde 251
Tasche, geräumige 276
Taschenrechner 274, 337
Taschenrechner, wissenschaftlicher 337
Taschenträger 505
Tasmanien 15
Tasmansee 15
Tasse 166, 531
Tast-Körperchen, Meissnersches 114
Tastatur 304, 310, 330, 336
Tastatur, alphabetische 338
Tastatur, alphanumerische 327, 330, 346, 442, 443
Tastatur, numerische 338
Tastaturschnittstelle 329
Taste 296, 304
Taste Cursor an Zeilenanfang 331
Taste Druck 331
Taste Ende 331
Taste für Breitbildfunktion /Datumsoption 320
Taste für Nachtaufnahme-Modus 320
Taste löschender Rückschritt 331
Taste nächste Seite 331
Taste numerischer Block 331
Taste Pause 331
Taste Systemabfrage 331
Taste Unterbrechung 331
Taste vorherige Seite 331
Tasten 311, 327
Tasten, programmierbare 332
Tastenfeld, numerisches 331, 423
Tasteninstrumente 304
Tau 41
Taube 81, 154
Täubling, grasgrüner 123
Taufbecken 446
Taupunkttemperatur 39
Tausend 427
Tauwasserablauf 211
Techniken 487
technische Delegierte 509
technischer Kontrolleur 509
technischer Spezialist 509
Teddy 258
Tee 148, 505, 515
Tee, grüner 148
Tee, Oolong 148
Tee, schwarzer 148
Tee-Ei 173
Teebeutel 148
Teekanne 166
Teeline 515
Teelöffel 168
Teflonband 216
Teich 504
Teigmischer 172
Teigwaren 146
Teigwaren, asiatische 147
Teile 200, 201, 204
Teile der Brille 273
Teile des Schuhs 240
Teile eines Fahrrads 370
Teile eines Hauses 185
Teile eines Kreises 428
teilgetauchter Tragflügel 387
Teilmenge, echte 427
teilreflektierender Spiegel 420
Teilungsnaht 244
tektonische Platten 27
tektonischer See 32
Telefaxgerät 328
Telefon 439
Telefonapparat 327
Telefonieren 327
Telefonkabel 434
Telefonleitung 334
Telefonnetz 317
Telefonnummernverzeichnis 338
Telekommunikation 317
Telekommunikation für die Schifffahrt 317
Telekommunikation, industrielle 317
Telekommunikation, militärische 317
Telekommunikation, private 317
Telekommunikation, Schifffahrt 317
Telekommunikationsantenne 387
Telekommunikationssatellit 335
Teleobjektiv 314
Teleport 317
Teleskop 7
Teleskopantenne 325
Teleskopgabel 366, 369
Teleskopgriff 277
Teleskopschlagstock 456
Teleskoptragebein 460
Teller 207, 531, 535
Teller, flacher 166
Teller, kleiner 166
Tellerbürste 365
Tellereisen 535
Telson 71
Tempel, aztekischer 283
Tempel, griechischer 279
Tempel, Huitzilopochtli 283
Tempel, Tlaloc 283
Temperaturanzeige 355
Temperaturfühler 358
Temperaturmessung 424
Temperaturregler 178, 208, 211
Temperaturregler, abziehbarer 179
Temperaturschalter 270
Temperaturskala 37
Temperaturwähler 178, 212, 213
Tempomat 354
Temporegler 311
Tennis 490
Tennisball 492
Tennisplatz 490
Tennisschläger 492
Tennisschuh 242, 492
Tennisspielerin 492
Tentakel 72
Tentakel, kleiner 72
Teppich 190
Teppichboden 190
Teppichmuschel, Kreuzmuster 157
Terminalbronchiole 105
Terminkalender 338
Terminplanung 338
Termite 69
Terrasse 182, 230
Terrassentür 188
Terrine 174
Tertiärkonsumenten 45
Terz 298
Testknopf 454
Teufelsdreck 139
textile Bodenbeläge 190
Thailand 453
Thallus 50, 51
Theater 292, 432, 433
Theater, griechisches 278
Theke 438
thermodynamische Temperatur, Maßeinheit 426
Thermometer 404, 424
Thermopause 37
Thermoschutzhaube 524
Thermosflasche 532
Thermosphäre 37
Thermostat 178
Thermostat, regelbarer 179
Thetys 3
Third 515
Thorarollen 447
Thoraschrein 447
Thorax 67, 68
Thrombozyt 104
Thunfisch 160
Thymian 142
Ticketschalter 390
Tiefdruckgebiet 39, 43
tiefe Wolken 42
Tiefeneinstellung 229
Tiefenregler 303
tiefer Wadenbeinnerv 108
Tiefkühlprodukte 121
Tieflöffel 399
Tieflöffelsteuerung 399
Tiefsee-Ebene 33
Tiefseeberg 33
Tiefseeboden 26
Tiefseegraben 33
Tiefseehügel 33
Tiefseekabel 334
Tiefseekabel, Verteilung 317
Tieftöner 324
Tierceron 284
Tierhandlung 436
tierische Zelle 66
Tierreich 66
Tiger 89
Tight End 485
Timer 501
Tinte, metallische 441
Tintenfisch 72, 157
Tintenfisch, äußere Merkmale 72
Tintenpatronen-Kontrollleuchte 333
Tintenraum 312
Tintenstrahldrucker 333
Tipi 288
Tisch 202, 438
Tisch der Staatsanwaltschaft 440
Tisch der Verteidigung 440
Tisch des Gerichtsschreibers 440
Tischcomputer 334
Tische, Beispiele 202
Tischklammer 421
Tischleuchte 206
Tischleuchte, Halogen 206
Tischplatte 202
Tischrechner mit Druckerteil 337
Tischrührgerät 176
Tischtennis 493
Tischtennisball 493
Tischtennisplatte 493
Tischtennisschläger 493
Titan 3
Titania 3
Titelfoto 313
Titelseite 313
Titelsuche/Schnellvorlauf 319, 323
Titelzeile 313
Titicacasee 17
TL-Triebwerk 393
Tlaloc-Tempel 283
Toaster 178
Todesanzeigen 313
tödlich giftiger Pilz 52
Toeloop 509
Togo 451
Toilette 194, 195, 196, 445
Toiletten 437, 440, 443, 463, 465
Toilettenpapierhalter 195
Toilettenseife 267
Tomate 128
Tomatenmark 140
Tomatillo 128
Tomtom 308
Tonabnehmer 303
Tonabnehmer-Wahlschalter 303
Tonabnehmerregler 303
Tonartvorzeichen 299
Tonassistent 291
Tonaufnahmegeräte 291
Tonga 453
Tonhöhenregler 310
Tonleiter 298
Tonmeister 291
Tonnengewölbe 281
Tonsignalquellen, Kontrollleuchten 322
Tonsignalquellen-Wahltaster 322
Tonwiedergabesystem 322
Tonwiedergabesysteme, tragbare 325
Topcase 369
Topfhut 239
Topinambur 124
Toplader 212
Toplevel-Domain 334
Topplicht 383
Toprückstand 405
Toque 239
Tor 381, 480, 482, 485, 507
Torbereich 483
Torfmoos, sparriges 51
Torhüter 479
Torlampen 507
Torlinie 482, 484, 506
Tornado 43
Torpfosten 485
Torraum 480, 507
Torresstraße 15
Torrichter 506
Torselett 259
Tortellini 146
Tortilla 145
Torus 429
Torwart 481, 506, 507
Torwarthandschuhe 480
Torwartschläger 507
Torwartschlittschuh 507
totale Finsternis 4, 5
Touchpad 336
Touchpad-Taste 336
Touchscreen 337
Toulouser Wurst 156
Toupierkamm 268
Tourenrad 373
Touring-Motorrad 369
Touringreifen 358
Towergehäuse: Rückansicht 329
Towergehäuse: Vorderansicht 329
Trab 83
traditionelle Musikinstrumente 296
traditionelle Wohnhäuser 288
tragbare Tonwiedergabesysteme 325
tragbarer CD-Spieler 325
Trageband 458
Tragebügel 325, 326
Tragegriff 209
Tragen-Abstellraum 462
Träger 187, 259, 396, 509
Träger mit Knopf 261
Träger, verstellbarer 260
Trägerhemd 247, 263
Trägerhemdchen 261
trägerloser Büstenhalter 259
Trägerrock 252
Trägerstruktur 11
Tragfaden 70
Tragflügel 13, 393, 394
Tragflügel, hinterer 387
Tragflügel, teilgetauchter 387
Tragflügel, vorderer 387
Tragflügelschiff 387
Tragkabel 344
Tragriemen, Öse 315
Tragschicht, obere 342
Tragschicht, untere 342
Tragseil 287

Tragus 115
Trainer 489, 498, 507, 509
Trainerassistent 489
Trainingsanzug 262
Trainingshose 262
Tranchiergabel 169
Tranchiermesser 169
Tränendrüse 119
Tränengang 119
Tränenkarunkel 119
Transantarktisches Gebirge 15
Transformator 207, 407
Transformstörungen 27
Transitlagerschuppen 381
Transpiration 45
Transport 342
Transporter 365
Transportmischer 365
Traube, geschlossene 57
Traubenhenkel 62
Trauerweide 64
Traveller 520, 521
Travellerscheck 441
Traverse 202
Trawler 384
Treble 471
Treibhaus 122
Treibhauseffekt 46
Treibhauseffekt, anthropogener 46
Treibhauseffekt, natürlicher 46
Treibhausgas 46
Treibhausgaskonzentration 46
Treibladung 534
Treibscheibe 287
Treibstoffart 346
Treibstofftank 395
Trenchcoat 248
Trennklappe 277
Trennlinie 313
Trennvorhang 464
Trennwand 457
Treppe 188, 189, 191, 283, 293, 294, 345, 378, 412, 439
Treppenabsatz 189
Treppenaufgang 404
Treppenhaus 189
Treppenhaus-Oberlicht 189
Treppenlauf 191
Treppenstufe 191
Treppenvorbau 183
Tresor 443
Tresorraum 443
Tretlager 372
Triageraum 463
Triangel 295, 309
Tribünen, bewegliche 444
Trichter 72, 171, 306, 307, 318
Trieb 62
Triebdrehgestell 376
Triebwagen 380
Triebwerk 393
Trift 406
Triklinium 280
Trikot 263, 483, 488, 522
Trikuspidalklappe 104
Triller 299
Trimaran 521
Trinidad und Tobago 449
Trinkflasche 371
Trinkpackung 163
Trinkwasserleitung 434
Trio 300
Triticale 143
Triton 3
Tritt 219
Trittbrett 523
Trittbrett, hinteres 455
Tritthocker 201, 219
Trittleiter 219
Trittplatte 535
Trittstufe 191, 364
Trizepszug 501
trocken liegender Höhlenraum 31
Trockendock 381
Trockenelemente 417
Trockenfrüchte 60, 133
Trockenklimate 40
Trog 39
Trolley 277
Trommel 170, 212, 213, 236
Trommel, kleine 295, 308
Trommelbremse 357
Trommelfell 75, 116, 297, 308
Trommeln 308
Trommelschlegel 297
Trompete 307, 342
Trompeten 295
Tropenwald 44
Tropfen für trockene Augen 272
tropisch feucht und trocken 40
tropische Klimate 40
tropische Wirbelstürme, Bezeichnungen 43
tropischer Regenwald 40, 44
tropischer Wirbelsturm 43
Tropopause 37, 46
Troposphäre 37
Trüffel 123
Trugdolde, eingliedrige 57
Trugdolde, zweigliedrige 57
Truhe 203
Truhenkörper 211
Truncus coeliacus 103, 107
Truthahn 81
Tschad 451
Tschadsee 20
Tschechische Republik 450
Tsetsefliege 69
Tuba 295, 307
Tube 163
Tubus 8, 9, 420, 421
Tubusträger 421
Tuch, Geschirr 215
Tukan 80
Tülle 180, 181
Tüllen 172
Tulpe 56
Tundra 44
Tunesien 451
Tunika 255
Tunikakleid 252
Tunnel 378
Tüpfelfarn, gemeiner 52
Tür 178, 202, 212, 213, 287, 349, 361, 392, 439
Tür zum Nutzlastraum 13
Tür, automatische 390
Turban 239
Turbine 402, 408
Turbinengenerator 402
Turbinenwelle 408
Türen, Beispiele 286
Türfüllung 202
Türgriff 186, 349
Türinnenverschalung 352
Türkei 452
Turkmenistan 452
Türknopf 185
Turm 284, 412, 413, 470
Turmkran 397
Turmmast 397
Turmrollen 403
Turmspitze 285
Turmwindmühle 412
Turners/Turnerin, Name 497
Turnhalle 444
Turnhallenbüro 444
Türöffnungshebel 352
Türpfosten 185
Türschloss 185, 213, 349, 352
Türstopper 211
Türsturz 285
Türverkleidung 352
Türzapfen 185
Tuvalu 453
Twinset 255
Tympanon 279
Typenschild 228
typische Küstenformen 35

U

U-Bahn 378, 435
U-Bahn-Netzplan 379, 380
U-Bahn-Schild 378
U-Bahn-Station 378, 432
U-Bahn-Zug 378, 380
Überbau 345
Überdach 528, 529
Überdruckventil 174
Überfallrinne 406
Überfallschloss 277
Überflurhydrant 454
Überführung 343, 344
Überholrollbahn 388
Überholspur 343
überirdische Pipeline 404
Überlauf 184, 194, 195, 196
Überlaufkrone 406
Überlaufschutz 214
Überrollschutz 525
Überschallflugzeug 37, 394
Überschlag 275
Überschwemmungsebene 32
Überseekoffer 277
Übersetzungsgehäuse 537
Übersetzungsgetriebe 413
Überstand 191
überstumpfer Winkel 428
Übertragungsnetz, öffentliches 316
Überwachungsraum 345
Überwurfmutter 197
Überziehschuh 240
Übungsgrün 504
Udonnudeln 147
Uganda 451
Uhr 444
Uhrband 424
Uhrenmeister 488
Uhrenradio 325
Uhu 81
Ukraine 450
UKW-Wahltaste 322
Ultrakompaktkamera 315
ultraviolette Strahlung 418
Umbriel 3
Umfang 428
Umgebung, naturbelassene 504
Umgehungsstraße 25, 431
Umhängetasche mit Dehnfalte 276
Umhängetasche mit Reißverschluss 276
Umkehrlinsen 420
Umkleideraum 444
Umladeabschnitt 385
Umlaufkammer 407
Umleitungskanal 406
Umlenkstern 235
Umschalter 221, 228
Umschalttasten 330
umsetzbare Flagge 504
Umwandlungsanlage, katalytische 405
Umwelt 44
Umwerfer 522
Umwerfer, hinterer 370, 372
undurchlässiges Gestein 403
unendlich 427
Unfallstation 462
Ungarn 450
ungebleichtes Mehl 144
ungesäuertes Brot 145
ungleich 427
Uniform 456
Unisex-Kopfbedeckungen 239
Unisex-Schuhe 242
Universität 432
Unkrautstecher 232
unpaarig gefiedert 55
unregelmäßiges Trapez 429
Unterarm 86, 93, 95
Unterarmmappe 275
Unterarmstütze 466
Unterbau 403
Unterblock des Flaschenzuges 403
Unterboden 54, 187, 190
Unterbrechung 331
unterbrochene Linie 342, 343
Unterbruststäbchen 259
Unterbühne 292
Unterdeck 404
untere Abschlusskappe 417
untere Gliedmaßen 103
untere Hohlvene 102, 103, 104, 107
untere Mesenterialarterie 107
untere Nasenmuschel 117
untere Querleiste 202
untere Schale 511
untere Schutzhaube 227
untere Sohlschicht 402
untere Tasche 502
untere Tragschicht 342
untere Vertäfelung 396
untere Zahnreihe 116
unterer gerader Augenmuskel 119
unterer Glaskolben 181
unterer Kühleranschluss 358
unterer Mantel 26
unterer seitlicher Einschnitt 62
unterer seitlicher Lappen 62
unteres Augenlid 75, 87
unteres Becken 308
Unterfach 274
Unterfangkescher 538
Unterführung 344, 375
Untergeschoss 435
Untergrätenmuskel 97
Untergrund 342
Unterhautbindegewebe 114
Unterhemd 476
Unterhose, lange 247
unterirdische Anlagen 281
unterirdische Kammer 278
unterirdischer Abfluss 45
unterirdisches Gerinne 31
unterirdisches Kabelnetz, Verteilung 317
Unterkante 506
Unterkiefer 67, 74, 98
Unterkieferknochen 100
Unterkleid 258
Unterkühlen 414
Unterkunft 512
Unterkünfte 512
Unterlage 190
Unterlegscheibe 222
Unterlegscheiben 222
Unterlid 119
Unterlippe 116, 305
Unternehmen 335
Unterrock 258
Unterrohr 371
Untersattel 301
unterschiedliche Vogeltypen 80
Unterschnabel 78
Unterschrank 164
Unterschrift des Inhabers 441
Unterschrift, amtliche 441
Unterschwanzdecken 78
unterseeischer Cañon 33
Unterstock 273
Untersuchungsraum 463, 465
Untersuchungsraum, Audiometrie 465
Untersuchungsraum, gynäkologischer 463
Untersuchungsraum, psychiatrischer 462
Unterteil 179, 356, 454
Untertitel 313
Unterwäsche 247, 258, 524
Unterwäschegeschäft 436
Unterwasser-Strahler 184
Unterwasserbohrung 404
Unterwasserpipeline 404
Up-Quark 414
Ural 18
Uranbrennstoff, Kernspaltung 408
Uranus 2, 3
URL-Adresse 334
Ursprungskegel 110
Uruguay 448
USB-Anschluss 310
USB-Schnittstelle 329, 336
USB-Stecker 333
USB-Stick 333
Usbekistan 452
Utensilien, verschiedene 173

V

V-Ausschnitt 244, 250
Vakuole 50, 66
Vakuole, pulsierende 66
Vakuum-Kaffeemaschine 181
Vakuumdestillation 405
Vanille-Extrakt 140
Vanuatu 453
Vater-Pacinisches Körperchen 114
Vatikanstaat 450
Vegetation 44
Vegetationsbild nach Höhenlagen 44
Vegetationspunkt 53
Vegetationszonen 44
Veilchen 56
Velarium 281
Velours 190
Vene, königliche 102
Venen 102
Venezuela 448
Ventil 196, 307, 371
Ventilbüchse 307
Ventilfeder 360
Ventilsitz 196
Ventilzug, dritter 307
Ventilzug, erster 307
Ventilzug, zweiter 307

ventraler Nervenstrang 71
Venus 2, 3
Venusmuschel 157
Verandatür 164
Verankerung 344
Verankerungspunkt 70
Verbene 148
Verbindung 312, 470
Verbindungsast 110
Verbindungsclip 460
Verbindungsgang 345
Verbindungskabel 332
Verbindungspunkt 198
Verbindungsstutzen 455
Verbindungstunnel 13
Verbraucher, Stromleitung 402, 413
Verbrechensbekämpfung, vorbeugende 456
Verbrennen 49
Verbrennungsraum 360
Verdampfen 414
Verdauungsapparat 106
verdeckte Knopfleiste 251
Verdichter 364
Verdichtung 49
Verdunstung 45
Vereinigte Arabische Emirate 452
Vereinigte Staaten von Amerika 448
Vereinigtes Königreich von Großbritannien und Nordirland 449
Verengung 424
Verfallsdatum 441
Verfolgerauto 522
Vergaser 366
Verhol-Winde 385
Verkehrsampel 434
Verkehrsflugzeug 37
Verkleidung 187, 366
Verklicker 520
verlängertes Mark 109
Verlobungsring 264
Verpackung 49
Verpackungen 162
Verpackungsmaterial 120
Verpackungsraum 120
Versailles-Parkett 190
verschiebbarer Messschnabel 425
verschiedene Geräte 231
verschiedene Haushaltsgeräte 180
verschiedene Schwimmstile 517
verschiedene Utensilien 173
Verschiedenes 341
verschiedenes Zubehör 225
Verschlagwagen 377
Verschluss 163, 209, 226, 333, 511, 532, 535
Verschluss des Hochwasserentlastungswehrs 406
Verschlussdeckel 417
Verschlussmaterial 417
Verschlussstopfen 417
Verschlussstück 534
Verschmutzung 47
Verschmutzung durch Autoabgase 47
Verschmutzung durch Haushalte 47
Verschmutzung, industrielle 47
Verschmutzung, landwirtschaftliche 47
Versenknagel 220
Versenkpodium 292
Versetzungszeichen 299
Versicherungsabteilung 442
Versorgungsbereich 389
Versorgungsmodul 316
Versorgungsstraße 388
Verstärkungsrippe 401
Verstärkungsschwelle 458
Versteifungsrippe 392
verstellbare Klemme 206
verstellbarer Bügel 226
verstellbarer Träger 260
verstellbares Rückenteil 460
Verstelldüse 394
Versteller 246
Verstellnut 222
Verstellung 222
Verstrebung 412
Vertäfelung, obere 396
Vertäfelung, untere 396
Vertebralschild 76
Verteidiger, rechter 481
Verteidigung 484
Verteidigungszone 487
Verteiler 342
Verteilerkasten 198
Verteilerschleife 198
Verteilung über Freileitungen 316
Verteilung über Tiefseekabel 317
Verteilung über unterirdisches Kabelnetz 317
Vertikale 526
vertikale Bodenbewegung 27
vertikaler Zug 470
vertikales Schiebefenster 287
vertikales Seitenband 487
Vertikalseismograph 27
Vertikutierer 237
Verwaltung 445
verwelkendes Keimblatt 53
Verwerfung 27
Verziehnaht 245
Verzierungen 299
Vestibularnerv 116
Vibratohebel 303
Victoriasee 20
Victoriawüste, Große 15
Video- und Digitalübertragung, Anschlussbuchsen 315
Video-Ausgänge 322
Video-Eingänge 322
Videobandsteuerungen 320
Videokassette 319
Videokassettenadapter 320
Videokassettenschacht 320
Videorecorder 321
Videoschnittstelle 329, 336
Videospielsystem 471
Vielecke 429
Viereck 429
Viereckregner 236
vierfüßiger Stock 466
Vierling 468
vierte Zehe 78
Viertelnote 299
Viertelpause 299
viertürige Limousine 347
Vierundsechzigstelnote 299
Vierundsechzigstelpause 299
Vierung 284, 285
Vierungsturm 284
Vierviertеltakt 298
Vierwegeregler 315
Vietnam 453
Vinyl-Laufsohle 261
Violine 301
Violinen, erste 295
Violinen, zweite 295
Violinfamilie 301
Violinschlüssel 298
Viper 77
Visier 367, 459, 525, 533, 535
Visiergestell 476
Vitrine 203
Vitrinenschrank 203
Vizeskip 515
Vogel 78
Vögel 78
Vogel, äußere Merkmale 78
Vogelaugenchili 139
Vogelfüße, Beispiele 79
Vogelschnäbel, Beispiele 79
Vogeltypen, unterschiedliche 80
Volant 204
Vollachsel-Unterkleid 258
Volleyball 487, 490
Volleyballspiel 487
Vollkornbrot 145
Vollkornmehl 144
Vollmond 5
vollreflektierender Spiegel 420
Vollreife 62
Volt 426
Volute 200
Vorbau 183, 371
vorbeugende Verbrechensbekämpfung 456
Vorbühne 292
Vordach 361, 528
Vordachrille 361
Vorderachse 401
Vorderansicht 92, 94, 96, 98, 478
Vorderbein 67, 68, 75, 201
Vorderblatt 240, 263
Vorderbremse 368
vordere Aufschlaglinie 495
vordere Augenkammer 119
vordere Backenzähne 101
vordere Druckknopfleiste 261
vordere Einbuchtung 115
vordere Felgenbremse 371
vordere Fußraste 367, 368
vordere Nervenwurzel 109, 110
vordere Schienbeinarterie 102
vordere Seitenfontanelle 100
vorderer Balken 422
vorderer Douglasscher Raum 112
vorderer Gaumenbogen 116
vorderer Oberkiefer 74
vorderer Schienbeinmuskel 96
vorderer Schließmuskel 73
vorderer Straffergurt 532
vorderer Tragflügel 387
vorderes Auspuffrohr 350
vorderes Ende 73
vorderes Rückstoßtriebwerk 12
vorderes Schutzblech 366
Vorderfeld 491
Vorderflügel 67
Vordergabel 371
Vorderhorn 109
Vorderkappe, perforierte 240
Vordermast 385
Vorderrad 401, 467
Vorderschaft 534
Vorderseite 244, 245
Vorderteil 240, 245, 262
Vorderteil, steifes 363
Vorfach 538
Vorfeld 388
Vorflügel 393
Vorführraum 294
Vorführzeiten 294
Vorfußbindung 514
Vorhalle 439, 440, 442
Vorhang, eiserner 292
Vorhaut 111
vorherige Nachricht 328
vorherige Sätze 492
vorherige Seite 331
vorheriger Titel/Rückspultaste 326
vorherrschender Wind 43
Vorhof 346
Vorhof, linker 103, 104
Vorhof, rechter 103, 104
Vorkommen 403
vorkragender Dachkranz 283
Vorliek 519
Vororte 25
Vorratsdosen 162
Vorratsschrank 439
Vorschaltgerät, elektronisches 199
Vorschlag 299
Vorschneider 228
Vorschot 520
Vorsprung 29
Vorstadt 431
Vorstag 520
Vortasche 275
Vortitel 313
Vorwahlsender-Wahltaste 322
vorwärts 518
Vorzeichentaste 337
Vulkan 26, 28
Vulkan mit Ausbruchstätigkeit 28
Vulkan, effusiver 28
Vulkan, explosiver 28
vulkanische Asche 28
vulkanische Bombe 28
vulkanische Insel 33
vulkanischer See 32
Vulkantypen 28

W

Waage, elektronische 423
Waagschale 422, 423
Waagschalenhaken 422
Wache 282
Wacholderbeere 138
Wachs 514
Wachsausrüstung 514
Wachsbohne 131
Wachskürbis 128
Wachspapier 162
Wachtel 81, 154
Wachtelei 155
Wade 93, 95
Wadenbein 98
Wadenbeinmuskel, kurzer 97
Wadenbeinmuskel, langer 96
Wadenbeinnerv, gemeinsamer 108
Wadenbeinnerv, oberflächlicher 108
Wadenbeinnerv, tiefer 108
Wadennerv 108
Wadenstrumpf 247
Wadi 36
Waffeleisen 178
Wagen 121, 521, 527
Wagenanzug 261
Wagendeck 386
Wagenheber 356
Wagenradhut 239
Wagentür 352
Wagentypen 376
Wahlrad 337
Währungsangabe 441
Wakame 123
Wal 90
Wald 25, 29
Wald, borealer 44
Wald, gemäßigter 44
Waldbrand 47
Waldfrosch 75
Waldhorn 307
Waldhörner 295
Waldmurmeltier 82
Walkman® mit Radioteil 325
Wallpapille 118
Wallpapillen 118
Walnuss 64, 133
Walnuss, Längsschnitt 60
Walze 219
Walzenbefestigung 219
Walzenbürste 365
Wan-tan-Teigblätter 147
Wand 184
Wand-Untergurt 365
Wanderschuh 242
Wandlaterne 207
Wandleuchte 207
Wandwange 191
Wange 94, 220, 536
Wanne 219
Wannengarnitur 194
Want 520
Wantenspanner 521
Wantenverklicker 520
Wapitihirsch 84
Wappen 477
Waran 77
Warencode 423
Wareneingang 120
Wareneingang für Milchprodukte 120
Warengeschäfte 335
warme Luft 41
Wärmeabgabe an Wasser 408
Wärmedeflektorscheibe 199
Wärmeenergie 46, 402
Wärmeenergie, Elektrizitätserzeugung 402
Wärmeerzeugung 408
wärmeisolierter Griff 179
Wärmeleitung 415
Wärmeübertragung 415
Wärmeverlust 46
warmgemäßigte Klimate 40
Warmhalteplatte 181
Warmluftklappe 192
Warmluftzufuhr 213
Warmwasserbereiter 194
Warmwasserkreislauf 194
Warmwassersteigleitung 194
Warmwasserzulauf 197
Warnblinklicht 392
Warnleuchte "Tür offen" 355
Warnleuchten 355
Wartebereich 442
Wartebereich für den Entnahmeraum 465
Wartebereichmarkierung 390
Wartehäuschen 434
Warteraum 463
Warteraum für Angehörige 462
Warteraum, zweiter 465
Warteschlange 443
Wartungskasten 198
Warzenfortsatz 100
Warzenhof 113
Wasabipaste 141

Waschbär 88
Waschbecken 194, 195, 464
Wäschekammer 439
Wascherarm 214
Wäscherei 439
Wäschetrockner 213
Waschhandschuh 267
Waschküche 188
Waschlappen 267
Waschmaschine 194
Waschmaschine (Frontlader) 212
Waschraum 464
Waschtisch 439
Wasser 402, 408
Wasser verdampft 408
Wasser, Wärmeabgabe 408
Wasser-Dampf-Gemisch 402
Wasserautomat 211
Wasserbadtopf 175
Wasserbehälter 181, 272
Wasserdruckanzeiger 455
Wassereinlass 407
Wasserfall 31, 32
Wasserflugzeug 394
Wasserfrosch 75
Wasserglas 165
Wasserhahn 195, 455
Wasserhindernis 504
Wasserhose 43
Wasserkanister 532
Wasserkanone 455
Wasserkessel 180
Wasserklappe 307
Wasserkraftwerk 406
Wasserkraftwerk im Querschnitt 407
Wasserkreislauf 45
Wasserkrug 166
Wasserlauf 48
Wasserläufer 69
Wassermelone 135
Wassernuss 124
Wasseroberfläche 518
Wasserpumpen-Zange 222
Wasserschlauch 214
Wasserspinne 70
Wassersport 516
Wassersprühdüse 365
Wasserstand 181
Wasserstandsanzeige 208
Wasserstandsanzeiger 179
Wasserstandsregler 212
Wasserstrahl 518
Wassertank 181, 394
Wasserverschmutzung 48
Wasservogel 79
Wasserwaage 225
Wasserzähler 194
Wasserzeichen 441
Wassily-Stuhl 200
Watstiefel 538
Watt 426
Wattestäbchen 461
Wattetupfer 461
Watvogel 79
WC 188, 189, 439, 464
Webcam 332
Wechselanzeige für die Rückenlage 517
Wechselstrom-Netzkabel 336
Weddellmeer 15
Wedel 52
Wedel, eingerollter junger 52
Weg 504
Wehrgang 282
Wehrgang, gedeckter 282
Wehrmauer 282
weiblich 426
weibliche Blütenstände 65
weibliche Geschlechtsorgane 112
Weiche 375
weiche Kontaktlinse 272
weicher Gaumen 116, 117
Weichkäse 151
Weichsel 18
Weichstrahl 74
Weichtiere 72
Weideland 122
Weidenholz 478
Weihgabe 446
Weihrauchkessel 446
Weihwasserbecken 446
Wein 120
Weinblatt 62, 126
Weinessig 141
Weinkeller 438
Weinkellner, Sommelier 438
Weinranke 62
Weintraube 62, 132
Weintraube im Querschnitt 59
Weisheitszahn 101
Weiß 418, 469, 470
Weißbrot 145
weiße Schokolade 148
weiße Senfkörner 138
weiße Substanz 109, 110
weiße Zwiebel 124
weißer Pfeffer 138
weißer Punktball 502, 503
weißer Reis 147
weißer Spielball 503
weißer Stein 470
weißes Band 493, 495
weißes Feld 470
Weißfisch 161
Weißkohl 126
Weißrussland 450
Weißweinglas 165
Weitsichtigkeit 419
Weitsprung 472
Weitwinkelobjektiv 314
Weitwinkelspiegel 362, 363
Weizen 61, 143
Weizenkorn, Längsschnitt 61
Welle 33, 412, 418
Welle, langsam drehende 413
Welle, schnell drehende 413
Wellenbasis 33
Wellenberg 418
Wellenhöhe 33
Wellenkamm 33
Wellenlänge 33, 418
Wellental 33, 418
Wellhornschnecke 157
Weltraum, Beobachtung 7
Weltraumteleskop, Hubble 37
Wendeflügel 287
Wendekampfrichter 517
Wendekragen 248
Wendekreis des Krebses 20, 21, 22
Wendekreis des Steinbocks 20, 21, 22
Wendewand 517
Werbetafel 378, 380
Werfer 474, 475, 479
Werftkran 381
Werkbank 224
Werkstückspanner 226
Werkzeugfutter 229
Werkzeuggürtel 225
Werkzeughalter 10
Werkzeugkasten 225
Werkzeugsatz 372
Wertangabe 441
Wertstoff-Sammelbehälter 49
Wespe 69
West 23
West-Nordwest 23
West-Südwest 23
Weste 244, 255
Westen 254
Westindien 16
westliche Hemisphäre 21
Westlicher Indischer Rücken 34
westlicher Meridian 22
Wetterboje 38
Wetterflugzeug 38
Wetterkarte 38, 39
Wetterlage, gegenwärtige 39
Wetterradar 38, 392
Wettersatellit 38
Wetterschenkel 185, 186
Wetterschiff 38
Wetterstation 38
Wettervorhersage 38
Wettkampfbecken 517
Wetzstahl 169
Wetzstein 169
Whirlpool 184
Whiskyglas 165
Wickelauflage 205
Wickelbluse 255
Wickelkleid 252
Wickelkommode 205
Wickelrock 253
Wickler 268
Wicklung 536
Wide Receiver 485
Widerhaken 538
Widerlager 284, 344
Widerrist 83, 86
Widerstände 417
Widerstandseinstellung 501
Widertonmoos, gemeines 51
Wiederaustritt 31
Wiedergabetaste 319
Wiederholungstaste 323
Wiederholungszeichen 298
Wiege 8, 9
Wiegeetikett 423
Wiegefläche 423
Wiegen 422
Wiese 122
Wiesel 88
Wigwam 288
Wild 154
Wildleder 265
Wildreis 143
Wildschwein 84
Wilkesland 15
Wimper 66, 119
Wimperg 285
Wimpern 87
Wimpernkämmchen 266
Wimpernzange 266
Wind 47, 48
Wind, vorherrschender 43
Wind, Wirkung 45
Windabweiser 364
Winde 364
Windel 260
Windelhöschen, dichtes 260
Windenergie 412
Windenergie, Elektrizitätserzeugung 413
Windensteuerung 364
Windfahne 413
Windgeschwindigkeit 39
Windjacke 249
Windkraftwerk mit horizontaler Achse 413
Windkraftwerk mit vertikaler Achse 412
Windkraftwerke 412
Windlaufquerteil 348
Windmühle 412
Windmühlenhaube 412
Windrichtung 39
Windrose 23
Windrute 412
Windsack 296
Windschutzscheibe 348, 364, 366, 369, 385, 392
Windschutzscheiben-Sonnenschutz 356
Windung 72, 73
Winglet 393
Winkel, Beispiele 428
Winkel, rechter 428
Winkel, spitzer 428
Winkel, stumpfer 428
Winkel, überstumpfer 428
Winsch 521
Winter 38
Winterniederschläge 41
Winterreifen 358
Wintersonnenwende 38
Wintersport 515
Wipfel 63
Wirbel 73, 301, 302, 538
Wirbelkasten 301
Wirbelkörper 110
Wirbelsäule 98, 109
Wirbelschäkel 535
Wirbelschraube 303
Wirbelsturm 43
Wirbelsturm, tropischer 43
Wirkung des Windes 45
Wirsing 126
Wirtschaft 441
Wischblatt 355
Wischerachse 355
Wischerarm 355
Wischgummi 355
Wissenschaft 414
wissenschaftliche Bezeichnungen 57, 58, 59
wissenschaftliche Instrumente 13
wissenschaftliche Symbole 426
wissenschaftlicher Taschenrechner 337
Wissenschaftsraum 444
Wochenendkoffer 277
Wohnblock 289, 433
Wohngebiet 431
Wohnhaus 122
Wohnhaus, römisches 280
Wohnhäuser, traditionelle 288
Wohnküche 188
Wohnmobil 361
Wohnmodul, amerikanisches 11
Wohnraum 528
Wohnwagen 361
Wohnzimmer 188
Wok 174
Wok-Set 174
Wolf 88
Wolfram-Halogenlampe 199
Wolga 18
Wolke 37, 41
Wolke, Oortsche 2
Wolken 42
Wolken, hohe 39, 42
Wolken, mittelhohe 39, 42
Wolken, tiefe 39, 42
Wolkenabsorption 46
Wolkenband, spiralförmiges 43
Wolkentrichter 43
Wolkenwasser 48
Worcestershire-Soße 140
Wulst 358
Wundauflage, sterile 461
Wurf 475, 479
Würfel 429, 468, 469
Würfelbecher 469
Würfelmusterparkett 190
Wurfhügel 475
Wurfkreis 472, 473
Wurflinie 479
Wurfmal 475
Wurfpfeil 471
Wurmfortsatz 106
Wurst, Chorizo 156
Wurst, Kielbasa 156
Wurst, Merguez 156
Wurst, Toulouser 156
Würstchen, Frankfurter 156
Wurzel 54, 101, 167
Wurzelgemüse 129
Wurzelhaare 53
Wurzelhaarzone 63
Wurzelhaube 53
Wurzelhaut 101
Wurzelkanal 101
Wurzeln, sproßbürtige 52
Wurzelspitzenöffnung 101
Wurzelsystem 53, 62
Würzen 140
Wüste 36, 40, 44
Wüste Gobi 19
Wüste, Atacama 17
Wüstenfuchs 88
Wüstenspringmaus 82

X

Xylophon 295, 309

Y

Y-Schlauch 460
Yak 85
Yardlinie 484
Yen 440
Ysop 142
Yucatan-Halbinsel 16

Z

Zahlenschloss 274
Zahlungsbetragsanzeige 346
Zahlungsmodalitäten 441
Zahlungsterminal, elektronisches 121, 443
Zählwerk 323
Zahn 74, 76, 226, 227, 270, 398
Zahnbein 101
Zahnbürste 272
Zahnbürste, elektrische 272
Zähne 101
Zahnfach 101
Zahnfleisch 101, 116
Zahnpasta 272
Zahnpflege 272
Zahnreihe, obere 116
Zahnreihe, untere 116
Zahnseide 272
Zahnseidenhalter 272
Zander 160
Zange 173
Zangen 222
Zäpfchen 116, 117
Zapfen 65, 119, 202
Zapfhahn 346

Zapfsäule 346
Zapfsäulennummer 346
Zapfschlauch 346
Zarge 200, 201, 202, 301, 302
Zaun 122, 182
Zebra 84
Zecke 70
Zeh 86, 92, 94
Zehe 79
Zehe, dritte 78
Zehe, vierte 78
Zehe, zweite 78
Zehenriemchen 242
Zehenschützer 459, 476
Zehenstrecker, kurzer 96
Zehenstrecker, langer 96
Zehn 427
Zehn Gebote 447
Zehneck, regelmäßiges 429
Zehntelsekundenzeiger 424
Zeichen 299
Zeigefinger 115
Zeiger 422, 423
Zeitmesser, automatischer 517
Zeitmessung 424
Zeitnehmer 488, 498, 499, 509
Zeitschalter 178
Zeitschaltuhr 179
Zeitschrift 313
Zeitschriftenladen 437
Zeituhr 178
Zeitung 313
Zeitungskopf 313
Zeitungsname 313
Zellafter 66
Zelle 67, 281, 286, 413
Zelle, tierische 66
Zellen 416, 440
Zellkern 50, 66, 110, 112
Zellkörper 110
Zellwand 50
Zelte, Beispiele 528
Zeltspannleine 528
Zeltstange 529
Zeltwagen 361
Zeltwand 528
Zement 101
Zement, Hartplatz 492
Zementestrich 190
Zenitprisma 8
Zentralafrikanische Republik 451
Zentralbereich 4
Zentralbereich, gewölbter 6
zentrale Pumpstation 404
zentraler Mittelfeldspieler 481
zentrales Scharfstellrad 420
Zentralindischer Rücken 34
Zentralnervensystem 109
Zentrierspitze 228
Zentriol 66
Zerkleinerer 49
Zerkleinern 170
Zerkleinerung 49
Zerkleinerungswerk 402
zerlappte Projektion 22
Zerreiben 170
zersetzende Organismen 45
Zerstäuberstift 236
zerstoßene Chilis 139
Zerstreuungslinsen 419
Zeugenberg 36
Zeugenstand 440
Ziege 84
Ziegel 279, 280
Ziegenfrischkäse 150
Ziegenkäse 150
Ziegenmilch 150
Ziehbügel 460
Ziehhacke 233
Ziehharmonikafach 274
Ziel 516
Zielbahnhof 374
Zielbälle 502
Zielfernrohr 420, 534
Ziellinie 473
Zier-Steppnaht 246, 260
Zierbaum 122, 182, 230
Zierborte 260
Ziergarten 230
Zierkohl 126
Ziernaht 243
Zifferblatt 424
Ziffern, römische 427
Zifferntaste 337
Zikade 69
Zimmermannshammer 220
Zimmernummer 439
Zimtstangen 138
Zink-Elektrolytmischung (Anode) 417
Zink-Mangan-Zelle, alkalische 417
Zinke 167
Zinkzylinder (Anode) 417
Zinnenkranz 282
Zirbeldrüse 109
Zirrokumulus 42
Zirrostratus 42
Zirrus 42
Zither 296
Zitronatzitrone 134
Zitrone 134
Zitronenmelisse 142
Zitronenpresse 170
Zitronenschaber 169
Zitrusfrucht 58
Zitrusfrüchte 134
Zitruspresse 177
Zollkontrolle 391
Zona pellucida 112
Zoomobjektiv 314, 320
Zoomregler 315
Zoomtaste 320
Zubehör 209, 356, 372, 538
Zubehörfach 209
Zubehörschuh 314
Zubringer 431
Zucchini 128
Zucchini, gelbe 129
Zuchtchampignon 123
Zucker 149
Zucker, brauner 149
Zuckerdose 166
Zuckererbsen 130
Zuckermelone 135
Zufahrtsstraße 388
Zufahrtsweg 183
Zufallswiedergabe 323
Zufluss 32
Zugang 407
Zugang zum Gleis 374
Zugangsserver 335
Zugarten 470
Zugbrücke 282
Zügel 78
Zugentlastungsklemme 198
Zugfeder 355
Zugrichter 516
Zugriemen 277
Zugriffsöffnung 333
Zugsattelzapfen 365
Zugschnur 275
Zugsystem 537
Zulauf 197
Zuleitungsdraht 199
Zuluftleitung 345
Zündhütchen 534
Zündkabel 360
Zündkabel, Anschluss 359
Zündkerze 359, 360
Zündkerzendichtring 359
Zündkerzengehäuse 359
Zündkerzenkabel 350
Zündschalter 368
Zündschloss 354
Zündversteller 360
Zündverteiler 350, 360
zunehmender Mond 5
Zunge 106, 116, 117, 154, 240, 262, 297, 305, 509, 511
Zunge, gespaltene 76
Zungenmandel 118
Zungenpfeife 305
Zungenrücken 118
Zungenscheide 76
Zungenspitze 118
Zungenwurzel 118
Zusammenfassung 313
Zusammenfluss 32
zusammengesetzte Blätter 55
zusätzlicher Griff 228
Zusatzsteckdose 217
Zusatztank 365
Zuschauer 440
Zuschauergrenze 475
Zuschauerraum 293
Zuwachsstreifen 72, 73
Zwecke 220
zwei Pärchen 468
zweiflammiger Gasbrenner 529
zweiflügelige Ausgangstür 362
zweiflügeliger Propeller 394
Zweig 53, 63
zweigliedrige Trugdolde 57
Zweihalbetakt 298
zweiköpfiger Armstrecker 96
zweiköpfiger Schenkelmuskel 97
Zweipersonenzelt 528
Zweireiher 244
zweireihig 248
zweischalige Muschel 73
zweischalige Muschel, Anatomie 73
zweischalige Muschel, äußere Merkmale 73
zweischneidige Klinge 271
zweischneidiger Rasierer 271
zweiseitig gezahnte Effilierschere 270
Zweisitzer 200
zweisitziges Sofa 439
zweistöckiges Haus 289
Zweitbelegung 330
zweite Reihe 482
zweite Rückenflosse 74
zweite Spannungserhöhung 413
zweite Violinen 295
zweite Zehe 78
Zweite-Reihe-Stürmer links 482
Zweite-Reihe-Stürmer rechts 482
zweiteiliger Schlafanzug 260
zweiter Backenzahn 101
zweiter Halswirbel 99
zweiter Kamera-Assistent 290
zweiter Malspieler 474
zweiter Raum 489
zweiter Schiedsrichter 485, 487
zweiter Ventilzug 307
zweiter vorderer Backenzahn 101
zweiter Warteraum 465
zweites Mal 474
Zweiunddreißigstelnote 299
Zweiunddreißigstelpause 299
Zwerchfell 105
Zwiebel im Querschnitt 54
Zwiebel, rote 124
Zwiebel, weiße 124
Zwiebelgemüse 124
Zwillingswadenmuskel 96, 97
Zwinge 224
Zwinger 282
Zwischengeschoß 182, 189
Zwischenknochenmuskel 96
Zwischenrad 523
Zwischenraum 298
Zwischenrippennerv 108
Zwischensohle 262
Zwischentitel 313
Zwölfeck, regelmäßiges 429
Zwölffingerdarm 106
Zyan 418
Zylinder 238, 269, 270, 429
Zylinderglas 419
Zylinderkopfabdeckung 350
Zylinderkopfdeckel 360
Zylinderprojektion 22
Zypern 450
Zypressennadeln 65
Zytopharynx 66
Zytoplasma 50, 66, 112
Zytoplasmamembran 50, 66
Zytostom 66

Índice español

A

abdomen 67, 68, 70, 71, 78, 92, 94
abedul 64
abeja 68
abeja trabajadora, morfología 68
abejorro 69
abertura 538
abertura con tirilla 245
abertura para el brazo 251
abertura trasera central 244
abertura trasera lateral 244
aberturas branquiales 74
aberturas para los nudillos 243
abeto 65
abisinio 87
abocinamiento 285
abono compuesto, cajón 231
abrazadera 8, 9, 198, 277, 521
abrebotellas 170, 531
abrecartas 339
abrelatas 170, 180, 531
abreviaciones de monedas, ejemplos 440
abrigo 248, 251
abrigo con esclavina 251
abrigo de tres cuartos 248
abrigo raglán 251
abrigo redingote 251
abrigos 248, 251
ábside 285
absorción de agua y sales minerales 54
absorción de dióxido de carbono 54
absorción por el suelo 46
absorción por las nubes 46
acampada 528
acantilado 35
acceso a los andenes 374
accesorios 209, 356, 372, 538
accesorios de golf 504
accesorios para el objetivo 314
accesorios personales 264
accesorios, cajetín 209
accesorios, objetivos 314
accidentales 299
acción del viento 45
accionador de presión del oxígeno 10
acedera 127
aceite de cacahuete 149
aceite de girasol 149
aceite de maíz 149
aceite de oliva 149
aceite de sésamo 149
aceites 149
aceites lubricantes 405
aceituna 128
acelerador 235, 368
acelga 125
acento 299
acera 183, 434
achicoria de Treviso 126
acicular 55
acidificación de los lagos 48
acondicionador 267
acoplamiento de pedal 305
acorazonada 55
acorde 299
acordeón 296
acromion 99
acrotera 279
actor 290
actores, entrada 278
actriz 291
acuífero confinado 402
acumulador 357, 411
adaptador 271
adaptador de acoplamiento 11
adaptador de cinta de vídeo compacto 320
adaptador de corriente 336
adaptador de enchufes 198
adarve 282
adarve cubierto 282
Adén, golfo 19, 20
adición en la memoria 337
administración 445
adobes, casa 288
adormidera, semillas 139
adornos 299
Adriático, mar 18
aduana 381, 391
aductor del muslo 96
aductor mayor 97
aerocisto 51
aerodeslizador (hovercraft) 383
aeropuerto 25, 388, 430
aerosol de pimienta 456
afeitado 271
afeitado, loción 271
Afganistán 452
afilador 169
afinación 308
afinador 305
afluente 32
África 14, 20, 34, 451
agar-agar 123
agarrador 467
agencia de viajes 436
agenda 275, 338
agenda electrónica 338
agenda telefónica 327, 338
agente de policía 456
agitador de aspas 212
agricultura intensiva 46, 48
agua 402
agua bendita, pila 446
agua de colonia 267
agua de deshielo 30
agua de nubes 48
agua de perfume 267
agua, castaña 124
agua, corriente 32
agua, depósito 181
agua, sales minerales, absorción 54
aguacate 128
aguanieve 41
aguas residuales 48
aguaturma 124
aguijón 68
águila 81
aguja 36, 285, 460
aguja de cambio 375
aguja de coser 173
aguja de décimas de segundo 424
aguja del transepto 284
aguja imantada 533
aguja picadora 173
agujas del abeto 65
agujas del pino 65
agujero apical 101
agujero ciego 118
airbag 354
airbag, sistema de restricción 354
aire acondicionado 361
aire cálido ascendente 43
aire caliente 41
aire frío 41
aire frío subsidente 43
aire libre, ocio 528
aislador 359
aislante 214, 410
aislante de cera 196
ajedrea 142
ajedrez 470
ajo 124
ajowán 139
ajustador de la bota 511
ajuste de altura 501
ajuste de elevación 420
ajuste de la altura del condensador 421
ajuste de la lente de campo 421
ajuste de profundidad 229
ajuste de resistencia 501
ajuste de tonos agudos 303
ajuste de tonos bajos 303
ajuste del display 327
ajuste fino de la altura 8, 9
ajuste fino del acimut 8, 9
ajuste lateral 420
ajustes 328
ala 13, 68, 78, 238, 239, 275, 393, 536
ala alta 394
ala cerrado 485
ala de la nariz 87
ala de popa 387
ala defensivo derecho 484
ala defensivo izquierdo 484
ala del cuarto 240, 262
ala delantera 67
ala delta 394
ala derecho 482
ala izquierdo 482
ala trasera 67
alamar 249
álamo 64
alas, tarima 396
Alaska, golfo 16
albahaca 142
Albania 450
albañilería 216
albaricoque 132
albatros 80
albornoz 256
albúmina 79
albura 63
alcachofa 127
alcachofa de la ducha 195
alcantarilla 434
alcantarilla principal 434
alcaravea 138
alce 85
alcohol puro 461
aldabilla 277
Alemania 450
alerce 65
alero 279, 283
alero derecho 489
alero izquierdo 489
alerón 13, 392, 525
aleta 213, 393, 394, 395
aleta abdominal 74
aleta anal 74
aleta caudal 74, 90
aleta de fuselaje 13
aleta de la nariz 117
aleta de penetración superficial 387
aleta de proa 387
aleta del borde de fuga 392
aleta dorsal 90
aleta estabilizadora 386
aleta hipersustentadora 393
aleta pectoral 74, 90
aleta pélvica 74
Aleutianas, fosa 34
Aleutianas, islas 16
alfalfa 130
alféizar 186, 187
alfil 470
alfiler 268
alfombra 190
alfombrilla 356
alfombrilla de ratón 332
alga 51
alga parda 51
alga roja 51
alga verde 51
alga, estructura 51
algas 123

algas, ejemplos 51
algodón hidrófilo 461
alheña 142
alianza 264
alicates 222
alicates de electricista 217
alicates de presión 222
alicates de punta 217
alicates para cutículas 265
alicates pico de loro 222
aligátor 77
alimentación, cordón 177, 269
alimentación, fuente 416
alimentador 321
alimentos para animales 121
alimentos selectos 120
alitán 158
aliviadero 406
alma 305
almacén 444
almacén de congelados 121
almacén de material estéril 462
almacén de material sucio 462
almacén del material sucio 464
almacenamiento de información, unidades 333
almeja 157
almena 282
almendra 57, 133
almidón 61
almirez 170
almohada 204
alojamiento de la casete 323
alojamiento de la cinta 320
alojamiento para el disco 323
alojamiento para la cinta 321
alojamientos 512
alpargata 242
Alpes 18
alquequenje 132
alta montaña, climas 40
alta presión, área 43
alta velocidad, tren 376
altar lateral 446
altar mayor 446
altar, cruz 446
altavoces extremos de graves 321
altavoz 294, 320, 324, 325, 326, 328, 336, 455, 518
altavoz central 321
altavoz de comunicación 380
altavoz de frecuencias altas 324
altavoz de frecuencias de medias 324
altavoz de frecuencias graves 324
altavoz principal 321
altavoz surround 321
alternado: selección de nivel 3 330
alternador 350, 360, 413
alternativa 330
altitud 44
alto de caña 511
altocúmulos 42
altostratos 42
altramuz 130
altura de la ola 33
altura del peldaño 191
alubias 131
álula 78
alumno 444
alumno, pupitre 444
alveolo 198
alvéolo dental 101
alza 301, 534
alzado 182, 212
amanita virosa 52
amapola 56, 60
amaranto 143
amarillo 418
amarra 385
amarre 521
amarre anterior retráctil 361
amasadora 179
Amazonas, río 17
ambiente 44
ambiente natural 504
ambulancia 460, 462
ambulatorio 465
ameba 66
América Central 14, 16
América del Norte 14, 16, 34
América del Sur 14, 17, 34
americana 254
americano, clavija de tipo 198
Américas 448
Amery, Plataforma de Hielo 15
amígdala 116
amígdala lingual 118
amígdala palatina 118
amortiguador 287, 351, 367, 523
amortiguador de fieltro 304
amortiguador delantero 369
amperio 426
ampliación del voltaje 408
amplificador 310
amplificador-sintonizador 325
amplificador/sintonizador : vista frontal 322
amplificador/sintonizador : vista posterior 322
amplitud 418
ampolla 199, 467
ampolla de la trompa uterina 113
ampolla de vidrio 199
anacardo 133
anaquel 203
anatomía 96
anatomía de un árbol 63
anatomía de un bogavante 71
anatomía de un hongo 52
anatomía de una concha bivalva 73
anatomía de una planta 53
anclaje 344
ancóneo 97
andador 466
andaduras 83
andén 375, 379, 390
andén de pasajeros 374
Andes, cordillera 17
andouillete 156
anemómetro 413
anfibios 75
anfibios, ejemplos 75
anfiteatro romano 281
Angola 452
anguila 159
ángulo agudo 428
ángulo entrante 428
ángulo horario 7
ángulo obtuso 428
ángulo recto 428
ángulos, ejemplos 428
Anik 317
anilla 423, 424
anilla de sujeción 536
anilla guía 536
anilla para colgar 270
anilla para lanzado largo 537
anillas 496, 497
anillas para flexiones 501
anillo 52, 271, 273, 307
anillo de ajuste 221, 306
anillo de articulación 538
anillo de compromiso 264
anillo de crecimiento 63
anillo de enfoque 420
anillo de reglaje del par de apriete 228
anillo de unión del casco 10
anillo graduado de ascensión recta 8, 9
anillo graduado de declinación 9
anillo ocular 78
anillo sellador 404
anillos 264
anillos de sonido 297
anís 142
anís estrellado 60
anjova 160
ano 71, 73, 106, 111, 112
ánodo 417
anorak 263
anotador 487, 488
anotadores 499
Antártica 14, 15
Antártica, península 15
antebrazo 86, 93, 95
antefija 279
antehélix 115
antena 7, 67, 68, 71, 326, 327, 349, 369, 392, 395, 457, 487
antena de alta frecuencia, cable 394
antena de emisión 316
antena de emisión/recepción 316
antena de radio 382, 384, 386, 387, 525
antena de telecomunicaciones 386, 387
antena doméstica 316
antena parabólica 321
antena parabólica de recepción 316
antena parabólica de transmisión 316
antena telescópica 325
anténula 71
anteojo buscador 8, 9
antera 56
anticiclón 39
anticlinal 403
Antigua República Yugoslava de Macedonia 450
Antigua y Barbuda 449
Antillas 16
antílope 84
antiséptico 461
antitrago 115
anulación de la memoria 337
anuncio 313
anuncios por palabras 313
anuncios, tablero 341
anzuelo 536, 538
aorta 104, 105
aorta abdominal 102, 107
aorta ascendente 103
aorta descendente 103
aovada 55
Apalaches, montes 16
aparador 203
aparador con vitrina 203
aparato compacto 315
aparato de Golgi 50, 66
aparato de respiración autónomo 454
aparato digestivo 106
aparato respiratorio 105
aparato ultracompacto 315
aparato urinario 107
aparatos de ejercicios 500
aparatos de medición 424
aparatos electrodomésticos 176, 208
aparcamiento 390, 435, 445, 504, 512
aparcamiento de bicicletas 445
aparejo 538
apartado 438
apartamentos 512
apéndice vermiforme 106
apéndices bucales 68
apéndices torácicos 71
apertura terminal 73
ápice 72, 73, 101, 118
apio 125
apio nabo 129
aplicador de esponja 266
aplicadores de algodón 461
aplique 207
apófisis espinosa 110
apófisis estiloides 100
apófisis mastoides 100
apófisis trasversa 110
apotecio 50
apoya-flecha 535
apoyador 484
apoyador exterior 484
apoyador interior 484
apoyatura 299
apoyo del macillo 304
apoyo del pulgar 460
apoyo para el mentón 301
apoyo, punto 70
aquenio 59, 60
Arabia Saudí 452
Arabia, península 19
Arábigo, mar 19
arácnidos 67
arácnidos, ejemplos 70
aracnoides 109
Aral, mar 19
arame 123
arándano 132
arándano agrio 132
arándano negro 132
arándano rojo 132
arandela 207, 210, 417, 510
arandela de presión 222
arandela de presión de dientes externos 222
arandela de presión de dientes internos 222
arandela plana 222
arandelas 222
araña 70, 207
araña cangrejo 70
araña de agua 70
araña, morfología 70
araña, tela 70
árbitro 479, 481, 483, 485, 488, 495, 498, 507, 515, 516
árbitro de base meta 475
árbitro de la defensa 485
árbol 63
árbol de la hélice 387
árbol de levas 360
árbol de Navidad 404
árbol de transmisión 395
árbol de transmisión longitudinal 351
árbol frutal 122
árbol ornamental 122, 182, 230
árbol, anatomía 63
árboles 504
árboles latifoliados, ejemplos 64
arborización terminal 110
arbotante 284, 285
arbusto 230
arca 447
arcada 281, 284
arce 64
arce, jarabe 149
archipiélago 24
archivador colgante 340
archivador de fuelle 340
archivar 339
archivo 334
archivo médico 465
archivo, formato 334
arco 301, 428
arco compuesto 535
arco dentario inferior 116
arco dentario superior 116
arco formero 284
arco insular 33
arco iris 41
arco natural 35
arco tensor 308
arcón congelador 211
ardilla 82
ardilla listada 82
área de alta presión 43
área de baja presión 43
área de caída 472
área de competición 496
área de descanso 25
área de estacionamiento 430
área de juego 471, 515
área de peligro 499
área de penalti 480
área de servicio 25
área pequeña 480
arena 281
arenera 377
arenque 159
aréola 113
Argelia 451
Argentina 448
argolla para tirar 460
Ariel 3
armadura 299, 528
armario 164, 202, 439
armario alto 164
armario bajo 164
armario del lavabo 195
armazón 187, 192, 202, 204, 207, 208, 212, 213, 219, 229, 277, 309, 412
armazón de empuje 398
armazón de la máscara 476
armazón de madera 279
armazón de metal 304
armazón del quemador 529
Armenia 452
armónica 296
aro 273, 489
arpa 302
arpas 295

arpegio 299
arquitectura 278
arquitrabe 279
arquivoltas 285
arranque 500
Arrecifes, Gran Barrera 15
arrendajo 80
arriate 182, 230
arroyo 32
arroz 61, 143, 147
arroz basmati 147
arroz blanco 147
arroz integral 147
arroz silvestre 143
arroz vaporizado 147
arroz, fideos 147
arroz, galletas 147
arroz, vermicelli 147
arroz: panícula 61
arrozal 47
arte 278
arteria arcuata 102
arteria axilar 102
arteria braquial 102
arteria carótida primitiva 102
arteria dorsal del pie 102
arteria dorsoabdominal 71
arteria esternal 71
arteria femoral 102
arteria ilíaca común 102, 107
arteria ilíaca interna 102, 103, 107
arteria mesentérica inferior 107
arteria mesentérica superior 102, 107
arteria pulmonar 102, 104, 105
arteria renal 102, 107
arteria subclavia 102
arteria tibial anterior 102
arteria ventral 71
artes escénicas 294
Ártico 14
Ártico, océano Glacial 14
articulación 355, 503, 536
artículo 313
artículos de escritorio 337
artículos de limpieza 120, 215
artículos de marroquinería 274
artículos para animales 121
artículos personales 264, 271
artículos varios 341
as 468
asa 176, 177, 178, 179, 180, 204, 209, 210, 215, 225, 226, 227, 229, 236, 274, 275, 276, 277, 326, 537
asa aislante 179
asa extensible 274
asado 152
asado de cerdo 153
asadores 174
asafétida 139
ascensor 287, 435, 439
ascensor, cabina 287
aseo 188, 440, 443
aseo de caballeros 439
aseo de señoras 439
aseos 437, 445, 463, 465
aseos de caballeros 294
aseos de señoras 294
aseos para los clientes 438
asfalto 405
Asia 14, 19, 34, 452
asidero 352, 361, 364, 455
asidero : (espalda) 516
asidero lateral 380
asidero vertical 380
asidero, espalda 516
asiento 195, 196, 200, 201, 205, 342, 353, 369, 467, 501, 523
asiento : vista frontal 353
asiento : vista lateral 353
asiento de corredera 501
asiento del rabino 447
asiento del tapón 196
asiento del teclado 304
asiento doble 380
asiento individual 380
asiento trasero 353
asientos 201
asistente de presidente del jurado 509
asistentes de los abogados 440
asno 84
aspa 412, 413
aspirador 209
aspirador manual 208
aspirina 461
asta 471
astada 55
astenosfera 26
astigmatismo 419
astil 422
astil, balanza 422
astrágalo 99
astronáutica 10
astronomía 2
Atacama, desierto 17
atención al cliente 443
aterrizaje, pista 390
atizador 193
Atlántico medio, dorsal 34
Atlántico, océano 14, 15, 18, 20
atlas 99
Atlas, cordillera 20
atleta: taco de salida 473
atletismo 472
atmósfera 44, 48
atmósfera terrestre, corte 37
atolón 35
átomo 414
átomos 414
atracción 416
atrecista 291
atril 305, 311, 446
atrio 280
atún 160
audiencia 440
audio player portátil digital 326
aula 445
aula de artes plásticas 444
aula de ciencias 444
aula de informática 444
aula de música 444
aula para alumnos con dificultades de aprendizaje 444
aumento de la tensión 402
aumento del efecto invernadero 46
aurícula derecha 103, 104
aurícula izquierda 103, 104
auricular 324, 327, 460
auricular, micrófono 327
auriculares 78, 324, 325, 326
aurora polar 37
Australia 14, 34, 453
Austria 450
autobomba tanque 455
autobús 362, 435
autobús articulado 363
autobús escolar 362
autobús urbano 362
autobuses, estación 432
autocar 362
autocar de dos pisos 363
autocaravana 361
autoclave 464
autoescalera 455
automatización de la oficina 329
automóvil 347
automóvil urbano 347
automóviles : componentes principales 350
automóviles, contaminación 47
autopista 25, 343, 431
autótrofos 45
auxiliares ortopédicos para caminar 466
ave 78
ave acuática 79
ave de rapiña 79
ave granívora 79
ave insectívora 79
ave zancuda 79
avellana 133
avellana, corte 60
avena 61, 143
avena : panícula 61
avena, harina 144
avenida 25, 433
aves 78
aves acuáticas 79
aves de corral 155
aves de rapiña 79
aves paseriformes 79
avestruz 81
avión de carga 394
avión de gran capacidad 394
avión de línea 37
avión ligero 394
avión particular 394
avión supersónico 394
avión turborreactor de pasajeros 392
avión, movimientos 395
aviones, ejemplos 394
avisador de alarma 454
avispa 69
avispón 69
axel 509
axila 92, 94
axila de la hoja 55
axiómetro 520
axis 99
axón 110
ayudante 121, 498
ayudante del atrecista 291
ayudante del director 291
ayutamiento 432
azada 233
azada de doble filo 233
azadón 233
azafrán 138
Azerbaiyán 452
azúcar 149
azúcar candi 149
azúcar glas 149
azúcar granulado 149
azúcar moreno 149
azúcar, termómetro 171
azucarero 166
azucena 56
azuela 233
azul 418
azul danés 151

B

babero 260
babilla 83
babor 387
babuino 91
bacalao del Atlántico 161
backgammon 469
bacón americano 156
bacón canadiense 156
bádminton 494
Baffin, bahía 16
baguette 144
Bahamas 448
bahía 5, 24
bahía de Baffin 16
bahía de Bengala 19
bahía de Hudson 16
Bahrein 452
Baikal, lago 19
bailarina 241
baile, cuchilla 509
bajada de aguas 182
bajante 196
bajo 303
bala 534
balalaika 297
balancín 360
balanza de astil 422
balanza de precisión 423
balanza de Roberval 422
balanza para cartas 339
balaustrada 283
balaustre 191
Balcanes, península 18
balcón 189, 293, 447
baldosa 230
ballena 90, 245
balón de baloncesto 488
balón de fútbol 480
balón de fútbol americano 486
balón de rugby 483
baloncesto 488
balsa salvavidas 383
Báltico, mar 18
bambalina 292
bambú, brote 125
banana 136
banco 201, 379, 432, 437, 442, 446, 501
banco de arena 33
banco de trabajo 224
banco emisor, iniciales 441
banda 481, 484, 487, 488, 495
banda acolchada 324
banda antiadherente 526
banda blanca 487
banda de ajuste 324
banda de goma 502
banda de jazz 300
banda de la cabecera 502
banda de suspensión 458
banda de ventilación 534
banda elástica 246
banda frontal 348
banda holográfica metalizada 441
banda lateral de la red 487
banda lateral protectora 365
banda magnética 441
banda nubosa en espiral 43
banda protectora 358
bandeja 179, 205, 225, 277
bandeja de alimentación 333
bandeja de carga 319
bandeja de correspondencia 338
bandeja de pastelería 172
bandeja de pintura 219
bandeja de salida 333
bandeja para herramientas 219
bandeja para los entremeses 166
bandera 482
bandera de la Unión Europea 441
banderas 448
banderín de línea de centro 480
banderín de saque de esquina 481
banderín móvil 504
bandolera 276
Bangladesh 453
banjo 296
banqueta 201
banquillo 481, 498
banquillo de jugadores 474, 485, 487
banquillo de los acusados 440
banquillo de los jugadores 506
banquillo de los penaltis 507
banquillo del entrenador 474
banquisa de Ross 15
bañera 189, 194, 195, 439, 520
baño 439, 464
baqueta 297
baquetas 309
bar 293, 294, 432, 436, 438
bar, barra 438
bar, taburete 438
baraja 468
baranda 502
barandilla 188, 189, 191, 219, 377, 384, 526
barbacana 282
Barbados 449
barbecho 122
barbilla 538
barco perforador 382
bardana 129
Barents, mar 18
barján 36
barqueta 162
barra 35, 237, 273, 309, 370, 469, 500, 501
barra antivibración 235
barra colectora 407
barra con pesas 500
barra de arrastre 400
barra de combustible 409
barra de compás 298
barra de dirección 350
barra de equilibrio 496, 497
barra de escotas 521
barra de extensión de piernas 501
barra de flexión de piernas 501
barra de pan 144
barra de remolque 361
barra de repetición 298
barra de torsión 500
barra de tríceps 501
barra del bar 438
barra distanciadora 362
barra espaciadora 330
barra fija 496, 497
barra lateral 501
barra sujetadora 308
barras paralelas 496, 497

barras paralelas asimétricas 496, 497
barredora 365
barrena 403
barrena de muro 228
barrera 205
barrera de contención 524
barrote 205
basamento 283
báscula de baño 423
báscula de cocina 171
báscula electrónica 423
báscula romana 422
base 125, 179, 180, 206, 227, 229, 269, 318, 332, 412, 421, 422, 454, 489
base con protecciones 489
base de cemento 190
base de cemento, parqué sobre 190
base de datos 335
base de la ola 33
base de lanzamiento 475
base del bulbo 54
base del hogar 192
base del respaldo 200
base del telescopio 7
base del tronco 63
base del tubo 199
base exterior 469
base fija 224
base giratoria 224
base impermeable 190
base interior 469
base líquida 266
base meta 475
Bass, estrecho 15
bastidor 224, 226, 274, 277, 367, 410, 411, 492, 494, 522, 527
bastidor de los rodillos 398
bastidores 292
bastón 273
bastón cuadrangular 466
bastón de esquí 510, 514
bastón del portero 507
bastón inglés 466
bastón ortopédico 466
bastón para caminar 466
bastoncillo 119
bastones 273, 505
basura, cubo 215
bata 256
batata 124
bate 476, 477, 478
bate de softball 477
bateador 475, 476, 478, 479
batería 221, 228, 308, 350, 359, 416
batería electrónica 311
batidor 172
batidor mecánico 172
batidora de mano 176
batidora de mesa 176
batidora de pie 176
batidora de vaso 176
batiente 186
batir 176
baúl 203, 277
bayas 132
bayas de enebro 138
bayeta de cocina 215
bayeta, cocina 215
bazo 103
Beaufort, estrecho 16
bebé, ropa 260
bebidas 120
becquerel 426
becuadro 299
begonia 56
béisbol 474
belfo 83
belfos 86
Bélgica 449
Belice 448
bemol 299
Bengala, bahía 19
Benín 451
berberecho 157
berenjena 128
bergamota 134
Bering, estrecho 16
Bering, mar 14
berlina 347
bermudas 254
berro 127
berros de jardín 127
berza 126
besuguera 174
biblioteca 433, 444
bíceps braquial 96
bíceps femoral 97
bicicleta 370
bicicleta BMX 373
bicicleta de carreras 522
bicicleta de carretera 373
bicicleta de ciudad 373
bicicleta de cross y ciclista 522
bicicleta de descenso 522
bicicleta de turismo 373
bicicleta estática 501
bicicleta holandesa 373
bicicleta todo terreno 373
bicicleta, partes 370
bicicletas, ejemplos 373
bidé 195
biela 360
Bielorrusia 450
bígaro 157
bigotes 87
billar 502
billar francés 502
billar inglés 503
billete : verso 441
billete, recto 441
billete, verso 441
billete: recto 441
billetera 274, 275
billetero 275
billetes, emisión 442
bimah 447
biología 426
biosfera 44
biosfera, estructura 44
birimbao 297
bisagra 178, 185, 186, 202, 214, 274, 352, 420
bisel 460
bisonte 84
bistec 152
bita 385
bizna 60
blanca 299, 468, 469
blanca doble 468
blancas 470
blanco 418, 471
blastodisco 79
blog 335
bloque 305
bloque de apartamentos 289, 433, 512
bloque de cierre de la recámara 534
bloque de cierre de recámara 534
bloque de cirugía 464
bloque de contención 409
bloque del motor 360
bloqueo 425
bloqueo corrimiento 331
bloqueo de mayúsculas 330
bloqueo eje 526
bloqueo numérico 331
bloqueo, tornillos 425
blusas, ejemplos 255
blusón 255
blusón con tirilla 255
boa 77
bobina 319, 536, 537
boca 71, 72, 73, 75, 90, 94, 116, 220, 224, 305, 534
boca de acceso 404
boca de aspiración de aire 383
boca de llenado 351
boca de riego 434, 454
boca del depósito 237
boca para la manguera 236
bocina neumática 364
bodega 438
bodega de carga 12
bodega de contenedores 383
bodega de equipaje 393, 395
body 255, 258, 260, 263
bogavante 71, 158
bogavante, anatomía 71
bogavante, morfología 71
bogie 527
bogie del motor 376
boina 239
bol 177
bol mezclador 176
bol para ensalada 166
bola 220
bola amarilla 503
bola azul 503
bola blanca 502, 503
bola de corcho 477
bola de hilo 477
bola de rodamiento 312
bola marrón 503
bola negra 503
bola pinta 502, 503
bola roja 502, 503
bola rosa 503
bola verde 503
bolas numeradas 502
bolas rojas 503
bolera 436
bolero 254
bolero con botones 254
boles para batir 172
boleto comestible 123
bolígrafo 312
Bolivia 448
bolsa 162
bolsa de cuero 337
bolsa de golf 505
bolsa de lona 276
bolsa de malla 162
bolsa para congelados 162
bolsa, cajetín 209
bolsas 121
bolsillo 225, 250, 274, 502, 505
bolsillo con cartera 244, 248
bolsillo de fuelle 255
bolsillo de ojal 244, 249, 251
bolsillo de parche 244, 249, 260
bolsillo de ribete 244
bolsillo de ribete ancho 248, 251
bolsillo del cambio 244
bolsillo delantero 246, 274
bolsillo disimulado 251
bolsillo exterior 275, 276
bolsillo lateral 352
bolsillo secreto 274
bolsillo simulado 251
bolsillo superior 245, 248
bolsillo trasero 246
bolsita de té 148
bolso clásico 275
bolso de bandolera 276
bolso de fuelle 276
bolso de hombre 276
bolso de la compra 276
bolso de vestir 276
bolso de viaje 276
bolso interior 277
bolso manguito 276
bolso saco 276
bolso tipo cubo 275
bolsos 275
bomba 184, 212, 214, 529
bomba de aire 370
bomba para lodos 403
bomba volcánica 28
bombachos 254
bombardino 307
bombero 454
bombilla 217, 416
bombilla de bajo consumo 199
bombilla de bayoneta 199
bombilla de rosca 199
bombilla incandescente 199
bombo 295, 308
bombona de aire comprimido 454
bombona de gas 529
bombona de gas desechable 218
bombona de gas médico 464
bongos 309
boniato 124
boquerón 159
boquilla 196, 216, 219, 236, 306, 307, 311, 406, 407, 467
boquilla de llenado 208
boquilla de vertido 184
boquilla para concentrar la llama 218
boquilla para expandir la llama 218
boquilla para suelos y alfombras 209
boquilla para tapicería 209
boquilla pulverizadora 236
boquilla rinconera 209
borde 55, 205, 210, 526
borde de ataque 393
borde de fuga 392
borde de la cuba 212
borde de la punta 228
borde del andén 374, 379
borde del lomo 228
borde, hoja 55
bordes, podadora 237
bordillo 230, 434
borla 266
borne 359
borne negativo 359, 416
borne positivo 359, 417
borraja 142
borrar 328, 331
Bosnia-Herzegovina 450
bosque 29
bosque boreal 44
bosque de coníferas 44
bosque de hoja caduca 44
bosque mixto 44
bosque templado 44
bosque tropical 44
bosque tropical húmedo 44
bosques 25
Bostuana 452
bota 241, 506, 509, 510, 514, 525, 527
bota blanda 513
bota de fútbol 480
bota de medio muslo 241
bota de montaña 242
bota de salto de esquí 513
bota de seguridad 459
bota de trabajo 240
bota externa 511, 527
bota rígida 513
botador 220
botalón 520
botas altas 538
botas de caucho 454
botas de tacos de rugby 483
botas para esquiar 511
botavara 519, 520
bote salvavidas 382, 386
botella 267, 371
botella de vidrio 163
botella del termo 532
botella, vidrio 163
botes herméticos 162
botín 240, 241, 260
botín interior 511, 527
botiquín 465
botiquín de primeros auxilios 461
botiquín de urgencias 457
Botnia, golfo 18
botón 199, 245, 250, 296, 301
botón de acoplamiento 305
botón de ajuste a cero del contador 323
botón de ajuste fino 421
botón de ajuste grueso 421
botón de alimentación del papel 333, 443
botón de apagado 235
botón de avance rápido 323
botón de avance/parada 333
botón de bloqueo 225, 227
botón de bloqueo de la pantalla 336
botón de cancelación 315
botón de cierre 208
botón de compensación de la exposición 314
botón de control 176, 332
botón de control del alojamiento del disco 323
botón de control remoto 315
botón de desbloqueo del objetivo 314
botón de encendido 318, 322

botón de encendido del touch pad 336
botón de enclavamiento 229
botón de enfoque 8, 9, 320
botón de ensayo 454
botón de expulsión 315, 323, 471
botón de expulsión de CD/DVD-ROM 329
botón de grabación nocturna 320
botón de grabación silenciosa 323
botón de grabador vocal 337
botón de índice/ampliación 315
botón de inicio 337
botón de inicio de grabación 323
botón de inicio de marcha 424
botón de inicio del contador 424
botón de la bandolera 303
botón de la llave 306
botón de llamada para peatones 434
botón de madera 249
botón de mando 210
botón de memoria 327
botón de menú 329
botón de nivel de grabación 323
botón de parada 424
botón de pausa 323
botón de presión 243, 249, 260, 312
botón de previsionado de profundidad de campo 314
botón de rebobinado 323
botón de registro 305
botón de reiniciación 329
botón de repetición 323
botón de reproducción 323
botón de reset 471
botón de retroiluminación 337
botón de salida 337
botón de salto de imágenes 315
botón de selección 329
botón de selección del menú 315
botón de seta 332
botón de stop 319, 323
botón de visualización de ajustes 315
botón de visualización de imágenes 315
botón del seguro 352
botón del vaporizador 208
botón selector de temperatura 270
botón selector de velocidad 270
botonadura cruzada 248
botonera de cabina 287
botones de acción 471
botones de búsqueda de canales 319
botones de dirección 471
botones de lanzamiento de las aplicaciones 337
botones de presión de la pierna 261
botones de presión delanteros 261
botones de selección 214
botones para editar la voz 310
botones programables 332
boutones de ajuste 329
bóveda 284
bóveda de cañón 281
bóveda del salpicadero 348
bóveda palatina 116, 117
boxeador 498
boxeo 498
boxes 524
bráctea 60
braga 259
braga de volantes 260
bragueta 246, 247, 260
branquias 73
braquial anterior 96
brasero 283
Brasil 448
braza 517
brazalete de identificación 264
brazalete neumático 461
brazalete tubular 264
brazaletes 264
brazo 83, 91, 93, 95, 200, 206, 231, 236, 243, 270, 297, 355, 400, 421, 467
brazo actuador 333
brazo de arrastre 400
brazo de elevación 364
brazo de la horquilla 396
brazo de la plaqueta 273
brazo de la sierra 235
brazo de presión 224
brazo de suspensión 212, 351
brazo del cucharón 399
brazo delantero 422
brazo elevador 399
brazo espiral 6
brazo metálico 236
brazo muerto 32
brazo por control remoto 11
brazo telescópico 397
brazo trasero 422
brazos 205
brazos del delta 32
brécol 127
brécol chino 127
brick 163
brick pequeño 163
bricolaje 216
brie 151
broca 221
broca de atornillado 228
broca de pala 228
broca helicoidal 228
broca helicoidal central 228
broca salomónica de canal angosto 228
brocas, barrenas, ejemplos 228
brocha 61, 219, 266
brocha aplicadora de colorete 266
brocha de afeitar 271
brocha en forma de abanico 266
broche 274, 275
broche automático 274
bronquio lobular 105
bronquio principal 105
bronquiolo terminal 105
brote 53
brote de bambú 125
brotes de soja 131
brújula magnética 533
Brunei 453
buccino 157
Buena Esperanza, cabo 20
buey 85
búfalo 84
bufete 203
buffet 438
búho real 81
buitre 80
buje 395
bujía 359, 360
bujías, cable 350
bulbillo 54
bulbo 6, 125, 385, 387
bulbo olfatorio 117
bulbo piloso 114
bulbo raquídeo 109
bulbo, base 54
bulbo, corte 54
bulbos 124
buldog 86
bulevar 25, 433
Bulgaria 450
bulldozer 398
buque de carga 382
buque portacontenedores 381
buque trasatlántico 386
burbujas de aire 339
Burkina Faso 451
burra 503
Burundi 451
búsqueda 335
butaca 200, 294
butacas 293
butacas, ejemplos 200
Bután 453
buzo 254
buzón de depósito nocturno 443

C

caballa 159
caballete 187
caballete central 367
caballete lateral 367
caballete portapoleas 403
caballo 83, 85, 470
caballo con arcos 496
caballo con aros 496
caballo, morfología 83
cabeceo 395
cabecera 204, 205, 285, 313
cabellera 6
cabello, tinte 267
cabestrante 364
cabeza 6, 67, 72, 78, 87, 93, 95, 103, 111, 169, 220, 221, 223, 229, 271, 301, 302, 303, 492, 494, 503, 505, 536
cabeza cortadora 341
cabeza de empalme 377
cabeza de inyección 403
cabeza de lectura/escritura 333
cabeza de mástil 519
cabeza del fémur 99
cabeza del gato elevador 396
cabeza del húmero 99
cabeza hexagonal 272
cabeza móvil 176
cabeza; tipos 221
cabezal 167, 187, 204
cabezal flotante 271
cabezuela 57
cabina 395, 398, 399, 400, 401, 443
cabina armario 189
cabina de clase turista 393
cabina de control 293, 397
cabina de la ducha 195
cabina de la torre de control 388
cabina de mando 12, 383, 392, 395, 397
cabina de pasajeros 386, 387
cabina de pilotaje 385
cabina de primera clase 392
cabina de proyección 294
cabina del ascensor 287
cabina del maquinista 376, 377
cabina en el foco primario 7
cabina giratoria 400
cabina para desvestirse 465
cabina para dormir 364
cabina, botonera 287
cabina, guía 287
cabina, suelo 287
cabina, techo 287
cabio alto 185
cabio bajo 185
cable 217, 228, 235, 237, 326, 332, 356, 364, 501, 535
cable de acero 535
cable de alimentación 227, 269, 270, 271, 322
cable de alumbrado 361
cable de bujía 360
cable de conexión 324, 332
cable de elevación 397
cable de interfaz digital para instrumentos musicales (MIDI) 311
cable de la antena de alta frecuencia 394
cable de las bujías 350
cable de sincronización 337
cable de tracción 287
cable del acelerador 237
cable del auricular 327
cable del cambio 372
cable del freno 371
cable distribuidor 316
cable eléctrico 354, 434
cable portante 344
cables de baja tensión 198
cables de conexión 198
cables de emergencia 356
cables de suministro 198
cables de tensión mediana 198
cabo 24, 296, 536
cabo de Buena Esperanza 20
cabo de Hornos 17
cabo de soporte 70
Cabo Verde, islas de 451
cabra 84
cabra, quesos 150
cabrio 187
cacahuete 130
cacahuete, aceite 149
cacao 148
cacerola 175
cacerola para baño de María 175
cacerola para fondue 174
cacerola refractaria 175
cachalote 90
cadena 235, 372, 522
cadena alimentaria 45
cadena de dunas 36
cadena de elevación 396
cadena de neuronas 110
cadena de seguridad 361
cadena de transmisión 370
cadena, reacción 415
cadena, sierra 235
cadena, transmisión 372
cadenita del tapón 196
cadera 93, 95
café 148
café expres, máquina 181
café, granos torrefactos 148
café, granos verdes 148
cafetera 181, 531
cafetera de émbolo 181
cafetera de filtro automática 181
cafetera de infusión 181
cafetera italiana 181
cafetera napolitana 181
cafeteras 181
cafetería 432, 437, 445
caída de popa 519
caída de proa 519
caída de tensión 402
caimán 77
caja 121, 162, 218, 225, 231, 237, 271, 303, 304, 314, 318, 537
caja abierta 162
caja archivo 340
caja basculante 401
caja circular 296
caja clara 295, 308
caja colectora de polvo 229
caja de cambios 350
caja de caracol 407
caja de cinc (ánodo) 417
caja de conexiones 198
caja de doble fila de conexiones 417
caja de herramientas 225
caja de ingletes 226
caja de jeringuillas usadas 457
caja de la batería 359
caja de pesca 538
caja de resonancia 296, 297, 302
caja de seguridad 443
caja de servicio 198
caja de terminales 411
caja del acumulador 365
caja del motor 235
caja del ventilador 270
caja fuerte 443
caja media pera 297
caja orza de quilla 519
caja para la ceniza 192
caja para queso 163
caja registradora 121
caja triangular 297
caja, queso 163
cajas 121
cajas de cartón para huevos 162
cajas de cartón, huevos 162
cajera 121
cajero automático 437, 442, 443
cajetín de accesorios 209
cajetín portabolsa 209
cajón 164, 202, 203, 205
cajón calientaplatos 210
cajón de abono compuesto 231
cajón de basura 365
cajón para carnes 211
calabacín 128
calabaza bonetera 129
calabaza bonetera amarilla 129
calabaza común 129
calabaza de China 128
calabaza de cuello largo 129
calabaza de cuello retorcido 129
calabaza romana 129
calamar 157

cálamo egipcio 312
calandra 348, 364
calandria 409
calapié 372
calcáneo 99
calcetín 257, 480, 492
calcetín a media pantorrilla 247
calcetín con tirante 476
calcetín corto 247
calcetín largo 257
calcetín largo ejecutivo 247
calcetines 247, 506
calcetines altos 483
calculadora 274
calculadora científica 337
calculadora con impresora 337
calculadora de bolsillo 337
calderón 299
calefacción 192
calefacción de leña 192
calendario de sobremesa 338
calentador 529
calentador de agua 194
calentador de pierna 263
calibrador 357
calibre de ajuste de profundidad de corte 229
calículo 59
California, golfo 16
caliptra 53
Calisto 2
cáliz 56, 59, 60, 107, 446
calle 25, 433, 435, 472, 516
calle comercial 432
callejón 433
calor, transmisión 415
calzada 342, 434
calzado 240
calzado unisex 242
calzapié 370
calzoncillos 247
calzoncillos largos 247
cama 204
cama de hospital 464
cama doble 439
cama individual 439
cama, coche 376
camaleón 77
cámara 290, 525
cámara acorazada 443
cámara anterior 119
cámara de aire 79
cámara de combustión 360
cámara de descarga 278
cámara de expansión 424
cámara de fuelle 315
cámara de la reina 278
cámara de magma 28
cámara de televisión en color 10
cámara del rey 278
cámara del timón 384
cámara desechable 315
cámara frigorífica 120, 121, 381
cámara magmática 402
cámara Polaroid Land 315
cámara posterior 119
cámara pulpar 101
cámara reflex de formato medio SLR (6x6) 315
cámara réflex digital: vista posterior 315
cámara réflex monocular: vista frontal 314
cámara rígida de 35 mm 10
cámara subterránea 278
cámara web 332
cámaras fijas 315
camarera 438
camarote 386
camarote del capitán 387
camarotes de la tripulación 382
camas y colchonetas 530
cambiador 205
cambio de disco 323
cambio de marchas delantero 370, 372
cambio de marchas trasero 370, 372
cambio de pista/lectura rápida 319, 323
cambio de presión 39
cambio de velocidades 522
cambium 63
Camboya 453
cambrillón 262
camello 85
camembert 151
camerino 290, 293
camerino privado 290
Camerún 451
camilla 460
camino de evacuación 345
camión cisterna 364
camión tractor 364
camiones 364
camiones de bomberos 455
camiones, ejemplos 364
camioneta 347, 365
camisa 245, 255, 282
camisa de pistón 360
camisa marinera 255
camisera clásica 255
camiseta 247, 260, 261, 263, 473, 476, 483, 488
camiseta de cuerpo entero 261
camiseta del equipo 480, 486
camiseta interior 476
camiseta sin mangas 500
camisola 258
camisón 256
campana 192, 210
campana de cocina 164
campanario 285, 446
campanas tubulares 295, 309
campanillas 309
campo 431, 474, 479, 480
campo de golf 430, 504
campo de juego 482
campo de juego de fútbol americano 484
campo geotérmico 402
campo magnético 318, 416
campo, línea 416
Canadá 448
canal 228
canal de ajuste 222
canal de descarga 407
canal de la Mancha 18
canal de Mozambique 20
canal del aliviadero 406
canal del sifón 73
canal del veneno 76
canal derecho 324
canal izquierdo 324
canal lacrimal 119
canalón 182
canasta 477, 489
canastilla 178
Cáncer, trópico 20, 21, 22
cancha 487, 488, 490, 494
cancha de fondo 491
candado para bicicleta 372
candela 426
candelabro de siete braz 447
canela 138
canelones 146
canesú 245, 255, 258
cangrejo de mar 158
cangrejo de río 158
caniche 86
canotier 238
cantidad de materia, unidad de medida 426
cantimplora 532
canto 226, 441, 509, 510
cantonera 534
caña 83, 305, 312, 534, 538
caña del timón 520
caña para lanzado 537
caña para mosca 536
caña simple 306
cañería 194
cañería del desagüe 194
cañerías 194
caño 305
cañón 471, 534
cañón de electrones 318
cañón expulsor de espuma 385
cañón lanza agua 455
cañón submarino 33
capa 251
capa basáltica 26
capa de ozono 37
capa de rodadura 342
capa granítica 26
capa protectora 10
capa superficial del suelo 54
capa superior impermeable 402
caparazón 71
capas de residuos 47
capazo 276
caperuza 193
caperuza de la chimenea 183
capilla 282
capilla axial 284, 285
capilla lateral 284
capilla radial 284, 285
capital 23
capitán 515
capó 348, 364, 523
capón 155
Capricornio, trópico 20, 21, 22
cápsula 51, 60, 467
cápsula de gelatina 467
captura 470
capucha 249, 261
capuchón 260, 314, 460, 467, 508
capuchón de bastones 505
capuchón de plástico 217
capuchón de protección 420
capullo 53
caqui 137
cara 91, 92, 167, 493, 505
caracol 72
caracol terrestre 157
caracol, morfología 72
carambola 137
caramillo 296
caravana 361
caravana plegable 361
carbonero 161
carburador 366
cardamomo 138
cardenal 80
cárdigan 250
cardo 125
carena 74
carenado 366
careta 459
carga 312
carga de perdigones 534
carga del reactor nuclear 409
carga eléctrica, unidad de medida 426
carga y descarga 439
carga, muelle 437
cargador 208, 228
cargador delantero 399
cargadora, retroexcavadora 399
cargadora-retroexcavadora 399
carguero portacontenedores 382
Caribe, islas del 448
Caribe, mar 14, 16
Caribe, placa 27
caricatura 313
carlota, molde 172
carne 152
carne de cordero troceada 153
carne de ternera troceada 152
carne de vacuno troceada 152
carne picada 152
carne picada de cerdo 153
carne picada de cordero 153
carne picada de vacuno 152
carnívoros 45
Carón 3
carpa 160
Cárpatos, montes 18
Carpentaria, golfo 15
carpeta con guardas 339
carpeta con mecanismo de presión 339
carpeta de archivo 340
carpeta de argollas 339
carpeta de broches 339
carpeta de costilla de resorte 339
carpeta de espiral 340
carpeta de tornillos 339
carpintería 220, 221, 222, 225, 226, 228, 229
carpinteria 225
carreras de coches 524
carrete 236
carrete de bobina fija 537
carrete de tambor 537
carrete giratorio 536
carretera 25, 343, 345, 430
carretera de acceso 388
carretera de circunvalación 25
carretera secundaria 25, 431
carretera, sección transversal 342
carretera, túnel 345
carreteras, mapa 25
carreteras, sistema 342
carretilla 231, 396
carretilla elevadora de horquilla 396
carretilla para manguera 236
carril de aceleración 343
carril de adelantamiento 343
carril de desaceleración 343
carril de enlace 375
carril de tránsito 343
carril de tránsito lento 343
carriles 343
carrillo 536
carrito de golf 505
carrito del supermercado 121
carrito portamaletas 277
carro 521
carro de golf eléctrico 505
carro portaequipaje 374
carrocería 348, 361, 523
carrocerías, ejemplos 347
cartas al editor 313
cartas altas 468
cartel 294
cartel comercial 380
cartelera 294
cárter 228, 360
cárter del embrague 368
cartera 274, 372
cartera de fondo plegable 274
cartera portadocumentos 275
cartílago alar mayor 117
cartílago nasal del tabique 117
cartilla, puesta al día 442
cartografía 21
cartón 163
cartón pequeño 163
cartuchera 456
cartucho 216, 459
cartucho de escopeta 534
cartucho de rifle 534
carúncula lacrimal 119
casa 182, 515
casa club 504
casa de adobes 288
casa de dos plantas 289
casa de una planta 289
casa flotante 385
casa romana 280
casa, elementos 185
casa, estructura 188
casa, exterior 182
casaca 255
casas adosadas 289
casas pareadas 289
cascabel 309
cascabeles 309
cascada 31, 32
cascanueces 170
cáscara 60, 61
cascarón 79
casco 10, 83, 367, 404, 454, 478, 486, 498, 506, 508, 510, 513, 520, 522, 523, 524, 525, 526, 527
casco de seguridad 458
casco del bateador 476
casco integral 367, 525
casco protector 372
cascos de seguridad 458
casete 326, 333
casi igual a 427
casilla 469
casillero 203
Caspio, mar 14, 19
casquete 412
casquete del distribuidor 360
casquillo 199, 503, 534
castaña 133
castaña de agua 124
castañuelas 295, 309
castas 68
castillo 282
castillo de proa 383, 387
castor 82
catamarán 521
catedral 284
catedral gótica 284
catedral, plano 285
cátodo 417
catre desmontable 530
cauda helicis 115
cávea 278, 281
cavidad abdominal 111, 112
cavidad bucal 105, 106
cavidad nasal 76, 105
cavidad pleural 105
cayado de la aorta 102, 103, 104
caza 154, 534
cazadora 249
cazo 173

cazuela 531
cazuela vaporera 175
cebada 61, 143
cebada : espiga 61
cebolla amarilla 124
cebolla blanca 124
cebolla roja 124
cebolla tierna 124
cebolleta 124
cebollino 124
cebra 84
cedro del Líbano 65
cefalotórax 70, 71
ceja 304
cejilla 301, 302, 303
celda 67, 281
celdas 440
celdilla 58
celosía veneciana 186
célula animal 66
célula convectiva 43
célula de Schwann 110
célula solar 337, 410, 411
célula vegetal 50
cementerio 25, 433
cemento 101
centavo 440
centeno 61, 143
centeno : espiga 61
central 485
central eléctrica 406
central hidroeléctrica, sección transversal 407
central térmica de carbón 402
centriolo 66
centro 293, 428, 470, 507
centro ciudad 431, 432
centro comercial 431, 436
centro de negocios 430, 432
centro del campo 481
centro derecho 482
centro educativo 433
centro izquierdo 482
cepa de vid 62
cepillo 209, 215, 229, 272
cepillo aplicador de rímel 266
cepillo con base de goma 268
cepillo de baño 267
cepillo de curling 515
cepillo de dientes 272
cepillo de dientes eléctrico 272
cepillo de espalda 267
cepillo de esqueleto 268
cepillo de púas 268
cepillo para cejas y pestañas 266
cepillo para suelos 209
cepillo para verduras 173
cepillo redondo 268
cepillo-plumero 209
cepillos 268
cepo 535
cera 514
cerámica, condensador 417
cerca 122
cercado 122
cerda 272
cerdas 215, 219, 271
cerdo 84
cerdo, asado 153
cerdo, carne picada 153
cerdo, cortes 153
cereales 61, 143, 144
cerebelo 109
cerebro 71, 109
Ceres 2
cereza 132
cerradura 185, 186, 202, 274, 277, 349, 352
cerradura de combinación 274
cerrajería 186, 437
cerveza 120
cerviz 78
césped 183, 230
cesta de freír 171
cesta de pescador 538
cestillo 68
cesto 211, 214
cesto de cocción al vapor 175
cesto para cubiertos 214
cesto para verdura 211
Chac-Mool 283
Chad 451
Chad, lago 20
chalaza 79
chaleco 244, 255
chaleco de pescador 538
chaleco de punto 250
chalecos 244
chalecos, jerseys y chaquetas 254
chalecos, jerseys, chaquetas 254
chalote 124
champiñón 123
champú 267
chancleta 242
chancleta playera 242
chanclo de goma 240
chapa 186
chapka 238
chaqueta 251
chaqueta cruzada 244, 255
chaqueta de punto 250, 255
chaqueta polar 262
chaqueta recta 244
chaquetas 244
chaquetón 251
chaquetón de tres cuartos 251
chaquetón marinero 251
chaquetones 251
charcutería 156
charnela lateral 367
chasis 396, 400, 401, 460
chasis delantero 401
chateo 335
chayote 129
cheque de viaje 441
chequera con calculadora 274
cheques 441
chesterfield 200
chicana 524
chifonier 203
Chile 448
chile 128
chile jalapeño 139
chimenea 183, 188, 192, 193, 382, 386, 402
chimenea de expulsión 365
chimenea lateral 28
chimenea principal 28
chimenea, conexión 192
chimenea, utensilios 193
chimpancé 91
China 453
China Meridional, mar 14, 19
China Oriental, mar 19
chinche de campo 69
chinchetas 341
chino 171, 524
Chipre 450
chirimoya 136
chirivía 129
chistera 238
chocolate 148
chocolate amargo 148
chocolate blanco 148
chocolate con leche 148
chorizo 156
chorro de agua 518
choza 288
choza indígena 288
chuleta 152, 153
chuletón 152
chutney de mango 141
chutney, mango 141
cian 418
ciclismo 522
ciclismo de montaña 522
ciclismo en carretera 522
ciclismo en carretera, competición 522
ciclista 522
ciclo hidrológico 45
ciclomotor 369
ciclón 43
ciclón tropical 43
ciclones tropicales, denominación 43
cidra cayote 129
ciego 106
cielo turbulento 41
cien 427
ciencia 414
ciere, tapa 417
cierre 211, 273, 275, 528
cierre en relieve 163
ciervo 84
ciervo de Virginia 84
cigala 158
cigarra 69
cigüeña 80
cigüeñal 360
cilantro 142
ciliada 55
cilindro 429, 460
cilindro de dirección 400
cilindro de elevación de la hoja 401
cilindro de elevación del zanco 398
cilindro de freno 357
cilindro de orientación de la pala 401
cilindro del brazo 400
cilindro del brazo elevador 399
cilindro del cucharón 399, 400
cilindro del elevador 399, 400
cilindro del elevador de la pala 398
cilindro elevador 364, 397, 455
cilindro maestro 357
cilio 66
cima 29, 63, 512
cima bípara 57
cima unípara 57
cimiento del pilón 344
cinco 427
cinco especias chinas 139
cincuenta 427
cine 294, 432, 436
cinta 225, 238, 458, 459, 493, 495
cinta adhesiva 190
cinta cargadora 402
cinta central 491
cinta de acordonamiento 457
cinta de la red 491
cinta de teflón 216
cinta magnética 319
cinta métrica 225
cinta transportadora 49, 390, 402
cintura 93, 95
cinturón 225, 246, 248, 499, 500, 532
cinturón de asteroides 3
cinturón de herramientas 225
cinturón de hombros 353
cinturón de Kuiper 2
cinturón de seguridad 205, 353
cinturón de servicio 456
cinturón subabdominal 353
circo 5
circo glaciar 30
circuito 524
circuito de agua caliente 194
circuito de agua fría 194
circuito de desagüe 194
circuito de frenado 350, 357
circuito de ventilación 194
circuito eléctrico de los captadores 357
circuito eléctrico en paralelo 416
circuito impreso 417
circuito impreso, placa 417
circuito integrado 417
circulación sanguínea 102
circular 176
círculo 25 471
Círculo Antártico 15, 21, 22
círculo central 481, 488, 515
círculo de espera 474
círculo de la estación 39
círculo de lanzamiento 472, 473
círculo de reanudación del juego 506
círculo de saque inicial 507
círculo doble 471
círculo exterior 515
círculo graduado de declinación 8
Círculo polar Ártico 21, 22
círculo triple 471
círculo, partes 428
circunferencia 428
circunvalación 25
cirrocúmulos 42
cirros 42
cirrostratos 42
ciruela 132
cirugía menor 462
cisterna 364
cisterna del inodoro 195
cisura oblicua 105
cítara 296
citofaringe 66
citoplasma 50, 66, 112
citoprocto 66
citostoma 66
cítricos 134
ciudad 23, 430
Ciudad del Vaticano 450
cizallas para setos 234
claqueta 291
clarín 307
clarinete 306
clarinete bajo 295
clarinetes 295
clase 444
clasificación de plásticos 49
clasificación general, marcador 496
clasificador de fuelle 274
clave 284
clave de do 298
clave de fa 298
clave de sol 298
clavel 56
claves 298
clavícula 98
clavija 301, 302, 304, 324, 454
clavija de acorde 303
clavija de afinación 303
clavija de alimentación 337
clavija de conexión 417
clavija de tensión 308
clavija de tipo americano 198
clavija europea 198
clavijero 301, 304
clavo 138, 220
clavo común 220
clavo cortado 220
clavo de albañil 220
clavo helicoidal 220
clavo sin cabeza 220
clavos, ejemplos 220
claxon 354, 368
clientes, entrada 438
clientes, guardarropa 438
climas áridos 40
climas de alta montaña 40
climas de montaña 40
climas del mundo 40
climas polares 40
climas templados cálidos 40
climas templados fríos 40
climas tropicales 40
climatizador automático 354
clip 341
clip de ajuste 199
clips, distribuidor 341
clítoris 112
cloroplasto 50
cobaya 82
cobertera inferior de la cola 78
cobertera superior de la cola 78
coberteras 78
coberteras mayores 78
coberteras medias 78
coberteras menores 78
coberteras primarias 78
coberteras primarias medias 78
cobertizo 122, 182, 230
cobertizo para ovejas 122
cobra 77
cocción al vapor, cesto 175
cocción, placa 179
cocción, platos 179
cóccix 98
coche cama 376
coche de fórmula 1 525
coche de fórmula 3000 524
coche de Indy 524
coche de NASCAR 524
coche de policía 457
coche de rally 524
coche de tracción 380
coche del equipo 522
coche familiar 347
cocina 162, 164, 188, 280, 439, 445
cocina de a bordo 392
cocina de campo 529
cocina de gas 210
cocina eléctrica 210
cocina, tijeras 173
cocina, utensilios 169, 174
cocinar 178
cóclea 116
coco 133
cocodrilo 77
Cocos, placa 27
codera 486, 526, 527
código del producto 423
codillo 83, 86, 153
codo 86, 93, 95, 273

codorniz 81, 154
cofre 369
cojín 204
cojín para sellos 338
cojinete de bolas 413
cojinete móvil 519
col 126
col china 126
col lombarda 126
col marina 126
col ornamental 126
col rizada 126
col rizada de otoño 126
col verde 126
cola 71, 76, 82, 83, 86, 90, 111, 190, 393, 510, 514, 526, 536
cola de ion 6
cola de polvo 6
colada de lava 28
colador 177, 180, 197
colador fino 171
coladores 171
colchón 205, 460
colchón de muelles 204
colchoneta aislante 530
colchoneta de aire 530
colchoneta de espuma 530
colchoneta de recepción 496
colector de admisión 360
colector de electrones 417
colector de escape 350, 360
colector de grasa 179
colector principal 434
colector solar plano 410
colegio 444
coles de Bruselas 126
colgador de intravenosos 464
colgante 207
colibrí 80
coliflor 127
colina 29
colina abisal 33
colina de salida 504
colinabo 125
collar 219
collar cortafuego 193
collar de 5 vueltas, peto 264
collar de perforación 403
collar de una vuelta, matinée 264
collar de una vuelta, ópera 264
collares 264
collarín 193, 223, 229, 501
colleja 127
collie 86
colmena 122
colmillo 76, 101
Colombia 448
colon ascendente 106
colon descendente 106
colon sigmoideo 106
colon transverso 106
colonia, agua de 267
color 468
colores aditivos síntesis 418
colores sustractivos, síntesis 418
colores, síntesis 418
colorete en polvo 266
columela 73
columna 31, 207, 279, 302, 313
columna central 412
columna corintia adosada 281
columna de alcohol 424
columna de mercurio 424
columna dórica adosada 281
columna fraccionadora 405
columna jónica adosada 281
columna vertebral 98, 109
colutorio 272
comadreja 88
combinación 258
combinación con sujetador 258
combustible 408
combustible fósil 46, 48
combustible para aviones 405
combustible para calderas 405
combustible para calefacción 405
comedor 188, 386, 438, 439
comedor, vagón 376
comercio electrónico 335
cometa 6
comino 138
comisaría de policía 433
comisura labial 116
cómoda 203
comodín 468
Comoras 452
compactadora 364
compartimento para almacenamiento 361
compartimento para equipaje 376
compartimento para los equipos 376
compartimiento 286
compartimiento de almacenamiento 455
compartimiento de pasajeros 383
compartimiento del depósito del agua 394
compartimiento motor 362
compartimiento para lácteos 211
compartimiento para mantequilla 211
compás 298
competición de ciclismo en carretera 522
complejo hidroeléctrico 406
complexo mayor 97
compluvio 280
composición de la sangre 104
compresa de gasa 461
compresión 49
compresor de aire 376
compresor del aire acondicionado 360
compuerta 381, 407
compuerta del aliviadero 406
comulgatorio 446
comunicación por teléfono 327
comunicación vía satélite 316
comunicaciones 312
comunicaciones aéreas 317
comunicaciones industriales 317
comunicaciones marítimas 317
comunicaciones militares 317
comunicaciones particulares 317
comunicaciones terrestres 317
concentración de gas de efecto invernadero 46
concentrado de tomate 140
concentrado, tomate 140
concentrador de aire 270
concesionario de automóviles 433
concha 72, 73, 115, 200, 308
concha bivalva 73
concha bivalva, anotomía 73
concha bivalva, morfología 73
concha univalva 73
concha univalva, morfología 73
conchitas 146
condensación 45, 414
condensador 402, 421
condensador de cerámica 417
condensador de película plástica 417
condensadores electrolíticos 417
cóndilo externo 99
cóndilo interno 99
condimento de especias cajún 139
condimentos 140
cóndor 80
conducción 415
conducción forzada 407
conducto de aire caliente 213
conducto de aire fresco 345
conducto de aire viciado 345
conducto de ventilación 278
conducto deferente 111
conducto del veneno 76
conducto eyaculador 111
conducto galactóforo 113
conducto principal del gas 434
conducto radicular 101
conducto semicircular lateral 116
conducto semicircular posterior 116
conducto semicircular superior 116
conducto sudorífero 114
conductor de fase 198
conductor neutral 198
conector 326, 455
conector de alimentación del adaptador 336
conector de altavoces 322
conector de puesta de tierra 322
conector de salida 303
conector de tierra macho 198
conector de tierra, macho 198
conector del desagüe 194
conector USB 333
conectores de antenas 322
conejo 82, 154
conexión 198, 470
conexión a la red 198
conexión de la chimenea 192
conexión de tierra 198
conexión eléctrica a tierra 404
conexión, clavija 417
conexión, galería 345
conexiones 365
conexiones, ejemplos 197
confesionarios 446
configuración de los continentes 14
configuración del litoral 35
confirmación, tecla 443
confluente 32
congelador 164, 438
congelador incorporado 211
congelados 121
Congo 451
Congo, río 20
congresos, palacio 433
conífera 65
coníferas, ejemplos 65
conjuntiva 119
conjunto deportivo 261
conjunto vacío 427
conjuntos instrumentales, ejemplos 300
conmutador de alimentación 315
conmutador de corriente 322
conmutador de intensidad 198
cono 119, 318, 429
cono de penumbra 4, 5
cono de sombra 4, 5
cono femenino 65
cono masculino 65
conservas 121
consigna 374
consola 302, 305
consola central 354
consola de juego 471
consultorio 463, 465
consultorio ginecológico 463
consumidor 317
consumidores primarios 45
consumidores secundarios 45
consumidores terciarios 45
contacto 198, 199, 470
contacto central 314
contacto de conexión a tierra 198
contacto negativo 410, 411
contacto positivo 410, 411
contacto, dispositivos 198
contador 323
contador de agua 194
contador eléctrico 198
contaminación agrícola 47
contaminación de automóviles 47
contaminación de petróleo 48
contaminación del agua 48
contaminación del aire 47
contaminación del suelo 47
contaminación doméstica 47
contaminación industrial 47
contaminantes del aire 47
contaminantes no biodegradables 47
contenedor 383, 400
contenedor de reciclado de aluminio 49
contenedor de reciclado de papel 49
contenedor de reciclado de vidrio 49
contenedor de recogida de papel 49
contenedor de recogida de vidrio 49
contenedores de reciclaje 49
contenedores, terminal 430
contera 277, 536
contera de caucho 466
contestador numérico 328
continente 5, 33
continente húmedo 40
continentes, configuración 14
contorno del cuello 245
contrabajo 301
contrabajos 295
contrafagots 295
contrafuerte 262, 284, 344, 509, 511
contrafuerte del talón 240
contrahoja 229
contrahuella 191
contrapeso 8, 287, 345, 397, 400, 401
contrapeso, guía 287
contrapiso 187, 190
contrapluma 397
contraquilla 385
contratuerca 197
contraventana 186
control 330
control : selección de grupo 330
control de agudos 322
control de balance 322
control de graves 322
control de la bandejade carga 319
control de la entrada de aire 192
control de la plataforma corrediza 421
control de pasaportes 391
control de presión 272
control de secuencias 310
control de seguridad 391
control de sintonización 326
control de temperatura 208
control de tonos de bajos 325
control de tonos de graves 325
control de velocidad 237, 332
control de volumen 303, 310, 311, 319
control de volumen del auricular 327
control de volumen del timbre 327
control del campo audio 322
control del espejo retrovisor exterior 352
control del sonido 303
control del tiempo 311
control del vaporizador 208
control del volumen 303, 322
control estéreo 326
control remoto, unidad móvil de servicio 11
controlador de entradas 294
controlador de viento del sintetizador 311
controlador técnico 509
controles de la pletina 326
controles de sintonización 318
controles de volumen de comunicaciones 10
controles del lector de discos compactos 326
controles del sistema de soporte vital 10
conurbación 430
convección 415
convención, corriente 415
conversión del agua en vapor 408
convertidor catalítico 351
convertidor de tensión 212
Cook, estrecho 15
coordenadas terrestres, sistema 21
copa 63, 163, 238, 239, 259
copa de agua 165
copa de champaña 165
copa de cóctel 165
copa de flauta 165
copa para brandy 165
copa para licores 165
copa para oporto 165
copa para vino blanco 165
copa para vino de Alsacia 165
copa para vino de Borgoña 165
copa para vino de Burdeos 165
copete 83, 536
coquilla 486, 507
coquina 157
Coral, mar 15
corazón 58, 71, 73, 104, 105, 154, 468

corbata 245
corbata inglesa 245
corchea 299
corcheras 517
corchete 509
corcho 495, 514
cordaje 492, 494
cordal 297, 301
cordero, carne picada 153
cordero, carne troceada 153
cordero, cortes 153
cordero, pierna 153
cordillera 5, 24, 26
cordillera de los Andes 17
cordillera del Atlas 20
cordón 208, 209, 225, 240, 249, 262, 275, 477, 509
cordón de alimentación 177, 229, 269
cordón de alimentación de corriente alterna 336
cordón de alimentación de corriente continua 336
cordón de alimentación, corriente continua 336
cordón de trazar 225
cordón litoral 35
cordón nervioso ventral 71
cordoncillo 441
cordones 498
Corea, península 19
corimbo 57
córnea 119, 419
córner 481
cornete inferior 117
cornete medio 117
cornete superior 117
cornetín 295, 307
cornisa 183, 185, 202, 279
corno francés 295, 307
corno inglés 306
cornos ingleses 295
coro 284, 285
coroides 119
corola 56
corona 4, 83, 101, 302, 308, 424
corona externa de la cadena 372
corona interna de la cadena 372
corona radiata 112
corona rotatoria 401
corpúsculo de Meissner 114
corpúsculo de Pacini 114
corpúsculo de Ruffini 114
corral 122
corral, aves 155
correa 265, 277, 424, 500, 505, 519
correa de ajuste 511
correa de barbilla 486
correa de cierre 532
correa de compresión 532
correa de distribución 360
correa de la manga 248
correa de retención 277
correa de seguridad 10
correa de transmisión 383
correa del tambor 212
correa del ventilador 350, 360
correa elástica 277
correa para el cuello 458
correa para el hombre 320
correa para herramientas 10
correa para la mano 510, 514
correas 459
corredera de afinamiento 307
corredera de ajuste 246
corredor 412
corredor de poder 485
correo electrónico 335
correo electrónico, programa 334
correos 433
correos, oficina 437
correspondencia 338
corriente de agua 32, 48
corriente de convección 415
corriente eléctrica, unidad de medida 426
corriente subterránea 31
corrimiento 31
corsé de cintura de avispa 259
cortacésped con motor 237
cortacutículas 265
cortador de alambre 217
cortador de huevos duros 173
cortapastas 172
cortapatillas 271
cortar 177
cortasetos eléctrico 235
cortaúñas 265
corte de la atmósfera terrestre 37
corte de la corteza terrestre 26
corte de la pelota de béisbol 477
corte de un bulbo 54
corte de un grano de trigo 61
corte de un melocotón 57
corte de una avellana 60
corte de una frambuesa 59
corte de una fresa 59
corte de una manzana 58
corte de una naranja 58
corte de una nuez 60
corte de una uva 59
corte princesa 252
corte transversal de un molar 101
corte transversal de un tronco 63
cortes de cerdo 153
cortes de cordero 153
cortes de ternera 152
cortes de vacuno 152
corteza 58, 63
corteza continental 26
corteza cortical 107
corteza oceánica 26
corteza terrestre 26, 27
corteza terrestre, corte 26
cortina 200
cortina de enrollamiento automático 356
cortina separadora 464
corvejón 83, 86
costa 33
Costa de Marfil 451
Costa Rica 448
costado 358
costas, ejemplos 35
costilla 536
costilla axial 73
costilla de encastre 392
costilla espiral 73
costilla falsa (3) 99
costilla flotante (2) 98
costillar 152, 153
costillas 98
costura 240, 243, 244, 477, 478
costura de corte princesa 258
costura invisible 245
cotiledón 53
cotillo 220
coulommiers 151
cráneo 92
cráneo de un niño 100
cráter 5, 28
creación y distribución de archivos de sonidodigital 335
cremallera 249, 261, 265, 277, 473
cremallera de fijación 420
crepidoma 279
cresta 29, 33, 418
cresta de la presa 406
cresta del aliviadero 406
cricket 478
criminalidad, prevención 456
crin 83, 301
crisálida 67
cristal 410, 411
cristal de protección 506
cristalería 165
cristalino 119
cristalización 414
Croacia 450
croco 56
crol 517
cromatina 66
cromosfera 4
cronometrador 488, 498, 509
cronometrador de calle 516
cronometradores 499
cronómetro 424
cronómetro electrónico automático 517
crosne 124
Crottin de Chavignol 150
cruasán 144
crucero 284, 285
cruces de carreteras, ejemplos 342
cruceta 520
crucifijo 446
crudo, oleoducto 404
crus hélix 115
crustáceos 71, 158
cruz 83, 86
cruz del altar 446
cuaderna 385, 401
cuadrado 429
cuadrante 424, 428
cuadrilátero 429, 498
cuadro 183, 502
cuadro de bateo 477
cuadro de saque 491
cuadro de saque derecho 491
cuadro de saque izquierdo 491
cuadro de servicio de dobles 495
cuadro de servicio de individuales 495
cuadro de temperaturas 208
cuarta 298
cuarteto 300
cuartilla 83
cuarto 240, 262
cuarto creciente 5
cuarto de baño 189, 195
cuarto de estar 528
cuarto de la limpieza 443
cuarto menguante 5
Cuba 448
cuba 211, 212
cuba de lavado 214
cubertería 167, 531
cubeta colectora de gotas 181
cubeta congeladora 180
cubeta de alcohol 424
cubeta de mercurio 424
cubículo 280
cubierta 180, 386
cubierta de popa 386
cubierta de seguridad 237
cubierta de sol 385
cubierta de tejas 279
cubierta exterior de la cúpula 7
cubierta inferior 404
cubierta interior de la cúpula 7
cubierta para automóviles 386
cubierta principal 385
cubierta protectora 401
cubierta superior 387, 392, 404
cubierta térmica 12
cubilete 469
cubital anterior 96, 97
cubital posterior 97
cúbito 98
cubo 215, 341, 413, 429, 467
cubo de basura 215
cubo de basura reciclable 49
cubo del rotor 395
cuchara 167, 531, 538
cuchara de degustación 173
cuchara de helado 168
cuchara de mesa 168
cuchara de postre 168
cuchara de sopa 168
cuchara de té 168
cuchara para servir helado 173
cucharas dosificadoras 171
cucharas, ejemplos 168
cucharita de café 168
cucharón 399
cucharón hacia atrás 400
cucharón trasero 399
cuchilla 176, 177, 180, 226, 235, 270, 341, 506
cuchilla de baile 509
cuchilla de corte 398, 400
cuchilla de patinaje artístico 509
cuchilla del cucharón 399
cuchilla para delimitar el césped 233
cuchilla, mecanismo de desplazamiento 401
cuchillas para batir 176
cuchillo 167, 531, 533
cuchillo de carne 168
cuchillo de carnicero 169
cuchillo de cocina 169
cuchillo de mantequilla 168
cuchillo de mesa 168
cuchillo de pan 169
cuchillo de pelar 169
cuchillo de pescado 168
cuchillo de postre 168
cuchillo de queso 168
cuchillo de trinchar 169
cuchillo eléctrico 177
cuchillo filetero 169
cuchillo para deshuesar 169
cuchillo para jamón 169
cuchillo para ostras 169
cuchillo para pomelos 169
cuchillos de cocina, ejemplos 169
cuchillos, ejemplos 168
cuello 53, 76, 83, 93, 94, 95, 101, 111, 167, 244, 245, 247, 248, 318
cuello con botones 245
cuello de cisne 191
cuello de doble vista 248
cuello de ganso 400
cuello de pico 250
cuello del fémur 99
cuello del útero 112
cuello en V 244
cuello hechura sastre 251
cuello italiano 245
cuello redondo 260
cuello redondo, jersey 255
cuenca oceánica 33
cuenco 167
cuenco de queso blando 166
cuentakilómetros 355
cuentalitros 346
cuerda 231, 301, 302, 498, 500, 535
cuerda de elevación 219
cuerda de salida falsa 516
cuerda de tensión 297
cuerda vocal 105
cuerda, instrumentos 301
cuerdas 297, 304, 308
cuerdas de acompañamiento 296
cuerdas melódicas 296
cuerno anterior 109
cuerno posterior 109
cuero 246
cuerpo 180, 228, 306, 425, 536
cuerpo calloso 109
cuerpo cavernoso 111
cuerpo celular 110
cuerpo ciliar 119
cuerpo de guardia 282
cuerpo de la uña 114
cuerpo del fórnix 109
cuerpo humano 92
cuerpo metálico de la bujía 359
cuerpo sólido 303
cuerpo vertebral 110
cuerpo vítreo 119
cuerpos celestes 2
cuerpos de Nissl 110
cuerpos sólidos 429
cuervo 80
cueva 35
cuidado del césped 237
cuidado personal 267
culata 306, 534
culata de los cilindros 360
culombio 426
culote 534
cultivador 233
cultivador de mano 232
cúmulo globular 6
cumulonimbos 42
cúmulos 42
cuna 205
cuna plegable 205
cuneta 342
cuña 305
cupé 347
cúpula 60
cúpula del Mihrab 447
cúpula del pórtico 447
cúpula giratoria 7
cúrcuma 138
curling 515
curry 138
cursor abajo 331
cursor arriba 331
cursor hacia la derecha 331
cursor hacia la izquierda 331
curva 343, 538
cuscús 144

D

dado 469
dado común 468
dado de póquer 468
dado doble 469
dados 468
dálmata 86
dama 469, 470
damas 470
damas, tablero 470
Danubio, río 18
dardo 471
dátil 132
datos, tratamiento 38
David, estrella 447
de aspas 176
de cuatro cuartos 298
de dos mitades 298
de gancho 176
de momia 530
de servicio 490
de tres cuartos 298
deambulatorio 285
decágono regular 429
decantador 165
decorador 291
decorador jefe de producción 290
dedalitos 146
dedil 339
dedo 75, 79, 82, 114, 243, 477
dedo anular 115
dedo de pata lobulada 79
dedo de pata palmípeda 79
dedo del corazón 115
dedo del pie 92, 94
dedo externo 78
dedo índice 115
dedo interno 78
dedo medio 78
dedo meñique 115
dedo palmeado 75
dedo posterior 78, 79
dedos prensiles 91
defectos de la visión 419
defensa central 481
defensa derecho 506
defensa izquierdo 506
deflector 236, 237
deflector de viento 364
deforestación 47
degustación, cuchara 173
Deimos 2
dejada 491
delantero 244, 245, 481
delantero derecho 482, 487
delantero izquierdo 482, 487
delantero medio 487
delantero número 8 482
delco 350
delegados técnicos 509
delfín 90
delfín, morfología 90
delineador 266
delineador de labios 266
delta 32, 35
deltoides 96
demarcación 471
dendrita 110
denominación de los ciclones tropicales 43
dentada 55
dentadura humana 101
dentífrico 272
dentina 101
deportes 468
deportes acuáticos 516
deportes de balón 474
deportes de combate 498
deportes de fuerza 500
deportes de invierno 515
deportes de motor 524
deportes de pelota 474
deportes de precisión 502
deportes de puntería 502
deportes de raqueta 493
deportes náuticos 516
deportes sobre ruedas 526
deportivo 347
depósito de aceite 235
depósito de agua 181
depósito de carbón 402
depósito de combustible 377
depósito de contenedores 381
depósito de gasolina 351, 366, 369
depósito de gasolina, tapón 349
depósito de lodos 403
depósito de los utensilios 444
depósito de mercancía en tránsito 381
depósito de mercancías 430
depósito de polvo 208
depósito del agua 272
depósito del combustible 395
depósito del líquido de frenos 357
depósito esterilizado 464
depósito externo de combustible 12
depósito nocturno, buzón 443
depósitos aluviales 32
depresión 39
depresión barométrica 39
derecha del actor 293
derecha del espectador 293
deriva móvil 521
derivación 416
derivación de la toma de aire 194
dermis 114
derrubios 31
derrumbamiento 31
desagüe 194, 195
desagüe de fondo 184
desagüe principal 194
desatascador 216
descamador 531
descapotable 347
descarga, cámara 278
descenso 511
descomponedores 45
descorazonador 173
desenganchador 216
desenganchador manual 511
desértico 40
deshuesador 173
desierto 36, 44
desierto arenoso 36
desierto de Atacama 17
desierto de Gobi 19
desierto de Kalahari 20
desierto de Namibia 20
desierto del Sahara 20
desierto rocoso 36
desmenuzamiento 49
desnivel 182
desodorante 267
despacho 189, 439
despacho de la enfermera jefe 463
despacho del asistente social 463
despacho del bedel 445
despacho del director 443, 445
despacho del gimnasio 444
despacho del juez 440
despacho del secretario judicial 440
despegue, pista 390
despensa 188, 438, 439
desplantador 232
desplazamiento 331, 418
despojos 154
desprendimiento 31
desprendimientos de tierras 31
destellos, tubo 420
destilador para asfalto 405
destinos 374
destornillador 221, 531
destornillador de trinquete 221
destornillador en cruz 531
destornillador inalámbrico 221
desyerbador 232
detector de humo 454
detector de tensión 217
detritos 43
devanador 537
diadema 458
diafragma 105, 324
diafragma de vacío 360
diagrama de la circulación 103
diamante 468, 474
diámetro 428
diana 471
diapasón 301, 303
dibujo 260, 261
dibujo de la superficie de rodadura 358
diente 74, 76, 167, 226, 227, 235, 270, 398, 400, 523
diente de la desterronadora 398
diente de león 127
dientes 101, 509
dientes, cepillo 272
diésel 405
diésel para barcos 405
diez 427
diez mandamientos 447
diferencia de potencial eléctrico, unidad de medida 426
diferencial 351
difusión de información 335
difusor 290
Dinamarca 450
dínamo 370
dinamómetro 423
dinero 441
dinero en efectivo, provisión 443
dintel 185, 192, 285
diodo 411
Dione 3
dióxido de carbono, absorción 54
dique 28, 381
dique seco 381
dirección de flujo de electrones 417
dirección de la Meca 447
dirección del flujo de los electrones 416
dirección del viento 39
dirección URL 334
director 291
director artístico 290
director de carrera 522
director de fotografía 291
director, monitor de control 290
directorio 334
disco 6, 177, 227, 333, 357, 472, 501, 507
disco abrasivo 229
disco compacto 326
disco compacto regrabable, grabador 333
disco compacto, lector 323
disco compacto, reproductor 325
disco de articulación 364
disco desviador de calor 199
disco duro extraíble 333
disco giratorio 176
disco versátil digital (DVD) 319
discontinuidad de Gutenberg 26
discontinuidad de Mohorovicic 26
disminución de la tensión 413
disparador 236, 314, 454
disparador del tambor 537
display 322, 325, 327, 346, 443, 461
display de frecuencia 325
display de funciones 310
display de las funciones 310
disposición 182
dispositivo de amarre 365
dispositivo de bloqueo 219
dispositivo de cierre 535
dispositivo de protección 306
dispositivo de remolque 364
dispositivo USB 333
dispositivos de contacto 198
disquete 333
disquete externo, unidad 333
distribución de la vegetación 44
distribución, tablero 198
distribuidor de agua 211
distribuidor de bebidas 463
distribuidor de clips 341
distribuidor de hielos 164
distribuidor de hojas de afeitar 271
distrito 25
divanes, ejemplos 200
división 427
divisores 339
divisorio 457
Dniéper, río 18
do(C) 298
doble barra oblicua 334
doble bemol 299
doble caña 306
doble dentada 55
doble filo, tijeras para entresacar 270
doble fuelle 296
doble pletina de casete 325
doble sostenido 299
doble techo 528
doble toldo 529
dobles pares 468
doblez hacia el interior 534
dodecágono regular 429
dólar 440
dolichos 130
Dominica 449
dominio 334
dominio de primer nivel 334
dominio de segundo nivel 334
dominio, nombre 334
dominó 468
dominós 468
dorada 159
dormitorio 189, 528
dormitorio principal 189
dorsal ancho 97
dorsal del Atlántico medio 34
dorsal del Índico medio 34
dorsal del Índico sureste 34
dorsal del Índico suroeste 34
dorsal del Pacífico oriental 34
dorsal del Pacífico-Antártico 34
dorsal oceánica 33
dorso 115, 118
dorso de la nariz 117
dorso de un guante 243
dos doble 468
Drake, paso 15, 17
drenaje de aguas superficiales 434
dromedario 85
drumlin 29
drupa 57
drupas 132
drupéola 59
ducha 189, 439, 464
ducha de teléfono 195
ducha y bañera 194
ducha, bañera 194
dulse 123
duna 35
duna compleja 36
duna parabólica 36
dunas longitudinales 36
dunas transversales 36
dunas, ejemplos 36
dúo 300
duodeno 106
duramadre 109, 110
duramen 63
durión 137

E

eclipse anular 4
eclipse de Luna 5
eclipse parcial 4, 5
eclipse solar 4
eclipse total 4, 5
economía 441
Ecuador 22, 448
ecuador 17, 20, 21, 43
edificio de hormigón 408
edificio de oficinas 432, 435
edificio del reactor 409
edificio público 25
editorial 313
edredón 204
educación 444
efecto invernadero 46
efecto invernadero natural 46
efecto invernadero, aumento 46
efecto invernadero, concentración de gas 46
efecto invernadero, gas 46
efluente 32
Egeo, mar 18
Egipto 451
eglefino 161
eje 177, 271, 527
eje de alta velocidad 413
eje de baja velocidad 413
eje de la rueda 371
eje de las aspas 412
eje del cepillo 272
eje del pedal 372
eje del tambor 537
eje delantero 401
eje horizontal, turbina de viento 413
eje polar 7
eje propulsor 383
eje vertical, turbina de viento 412
ejemplos de abreviaciones de monedas 440
ejemplos de algas 51
ejemplos de anfibios 75

ejemplos de ángulos 428
ejemplos de arácnidos 70
ejemplos de aviones 394
ejemplos de barcos 382
ejemplos de bicicletas 373
ejemplos de blusas 255
ejemplos de brocas y barrenas 228
ejemplos de camiones 364
ejemplos de carrocerías 347
ejemplos de clavos 220
ejemplos de conexiones 197
ejemplos de coníferas 65
ejemplos de conjuntos instrumentales 300
ejemplos de costas 35
ejemplos de cucharas 168
ejemplos de cuchillos 168
ejemplos de cuchillos de cocina 169
ejemplos de dunas 36
ejemplos de embarcaciones 382
ejemplos de enlaces de carreteras 342
ejemplos de esquís 510
ejemplos de faldas 253
ejemplos de flores 56
ejemplos de gafas 273
ejemplos de helechos 52
ejemplos de hojas 65
ejemplos de insectos 69
ejemplos de lagomorfos 82
ejemplos de latifolios 64
ejemplos de líquenes 50
ejemplos de llaves 499
ejemplos de mamíferos carnívoros 88
ejemplos de mamíferos marinos 90
ejemplos de mamíferos ungulados 84
ejemplos de mesas 202
ejemplos de motocicletas 369
ejemplos de musgos 51
ejemplos de neumáticos 358
ejemplos de pájaros 80
ejemplos de pantalones 254
ejemplos de patas 79
ejemplos de picos 79
ejemplos de piruetas 509
ejemplos de primates 91
ejemplos de puertas 286
ejemplos de reptiles 77
ejemplos de roedores 82
ejemplos de sacos de dormir 530
ejemplos de sillas 201
ejemplos de tablas 253
ejemplos de tenedores 168
ejemplos de tiendas de campaña 528
ejemplos de vagones 377
ejemplos de ventanas 287
ejemplos de vestidos 252
ejemplos de volcanes 28
el agua enfría el vapor utilizado 408
el agua regresa al generador de vapor 408
el eje de la turbina hace girar el generador 408
El Salvador 448
el vapor se condensa en agua 408
elástico 204
electricidad 198, 217
electrodo central 359
electrodo de masa 359
electrodomésticos, aparatos 176, 208
electrodos 199
electrón 414
electrones, cañón 318
electrones, colectores 417
electrones, dirección de flujo 417
electrónica 417
elefante 85
elemento de cocción 210
elemento de combustible 409
elementos arquitectónicos 286
elementos de la casa 185
elevación continental 33
elevación de la cuchilla, cilindro 401
elevador 281, 399, 400
elevador telescópico 455
embalaje 49
embalse 32, 406, 407
embalse a monte 406
embalse de compensación 406, 407
embarque del telesilla 512
embarque teleférico 512
emblema 477
emblema del equipo 506
embocadura 306
embocadura del cable 208
émbolo 460
embrague 350
embudo 171
emergencia, estación 345
emergencia, vehículo 345
emerillón 538
Emiratos Árabes Unidos 452
emisión de ácido nítrico 48
emisión de ácido sulfúrico 48
emisión de billetes 442
emisión de dióxido de sulfuro 48
emisión de gases contaminantes 47
emisión de óxido de nitrógeno 48
emmenthal 151
empalizada 230, 282
empaquetadora 364
empate de la boquilla 307
empeine 92, 247
empella 240, 263
empleo del tiempo 338
empresa 335
empresas distribución/venta 335
empujador 170, 180
empuñaderas 500
empuñadura 178, 227, 229, 273, 341, 466, 477, 492, 494, 500, 505, 510, 534, 535, 536
en espiral 176
encañado 230
encendedor 218
encendido/apagado/volumen 326
enchufe 198, 210, 217, 228, 326
enchufe de recarga 271
enchufe de tipo europeo 198
enchufe y selector desmontables 179
encía 101, 116
encimera 164, 210
encofrado metálico 417
encuadernación de anillas 340
endecágono regular 429
endivia 127
endocardio 104
endocarpio 57, 58
enebro, bayas 138
eneldo 142
energía 402
energía calorífica 46
energía eólica 412
energía eólica, producción de electricidad 413
energía fósil 402
energía geotérmica 402
energía nuclear 408
energía nuclear, producción de electricidad 408
energía solar 54, 410
energía térmica 402
energía, liberación 415
energía, unidad de medida 426
enfermera 464
enfoque 419
enfranque 240
enganche 353, 535
enganche de bola 356
enganche del remolque 361
engranaje de avance 180
engrasador 173
enlace de arcén 342
enlace de diamante 342
enlace de glorieta 342
enlace de trébol 342, 343
enlace químico 414
enlosado del jardín 182
enramada 230
enredadera 230
ensaladera 166
ensamble hembra 536
ensamble macho 536
entablado 187
entablamento 185, 279
entarimado 190, 498
entarimado sobre estructura de madera 190
entera 55
enterramiento 49
entrada 189, 343, 396, 439, 440, 442
entrada a boxes 524
entrada de actores 278
entrada de agua 407
entrada de aire 395, 523
entrada de clientes 438
entrada de corriente 199
entrada de la estación 378
entrada de la pirámide 278
entrada de público 278
entrada del garaje 183
entrada del personal 438, 445
entrada del refrigerante 410
entrada del suministro 198
entrada para mercancías 435
entrada principal 188, 435, 445, 465
entradas, taquilla 294
entradilla 313
entrecejo 86
entrediente 167
entrega de equipaje 390
entrenador 489, 498, 507
entrenador adjunto 489, 507
entrenadores 509
entrenudo 53
entrepaño 202, 219
entrepaño horizontal 185
entrepaño vertical 185
entrepierna 247, 255
entrepiso 378
entresuelo 182, 189
entrevista 313
envase 163
envases 162
envero 62
envión 500
epeira 70
eperlano 159
epicarpio 57, 58, 59
epicentro 27
epicóndilo 99
epidermis 114
epidídimo 111
epífisis 109
epiglotis 105, 118
epitróclea 99
equilibrador 303
equilibrio, posición 418
equinoccio de otoño 38
equinoccio de primavera 38
equinodermos 66
equipaje 276
equipamiento 472
equipamiento del salpicadero 457
equipamiento para acampar 531
equipamiento vario 231
equipo de alimentación, ventilador 329
equipo de alta fidelidad 322
equipo de auricular/micrófono 327
equipo de climatización 386
equipo de grabación 291
equipo de primeros auxilios 460
equipo de protección 486
equipo de sonido 291
equipo electrobomba 357
equipo médico 499
equipo receptor 479
equipo turboalternador 402
equipos de gas 529
equivalente a 427
Eris 3
Eritrea 451
erupción 4
erupción, volcán 28
es paralelo a 428
escabel 201
escala 225, 298, 460, 469, 533
escala Celsius 424
escala de altitud 37
escala de altura 227
escala de inclinación 227
escala de ingletes 226
escala de la regla 425
escala de temperaturas 37, 424
escala Fahrenheit 424
escala graduada 422, 423, 425
escala graduada de vernier 425
escalera 184, 191, 288, 404, 412, 468, 498, 501
escalera con boquilla telescópica 455
escalera de color 468
escalera de plataforma 219
escalera de tijera 219
escalera del entresuelo 189
escalera extensible 219
escalera mecánica 294, 378, 435
escalera real 468
escalera telescópica 455
escalera, hueco 189
escaleras 188, 293, 294, 345, 378, 439
escaleras de mano 219
escalerilla 361, 401, 404
escalerilla lateral 377
escalfador de huevos 175
escalinata 183, 283
escalón 364
escalón retráctil 361
escalones 184, 283
escama 74, 76, 79
escanda común 143
Escandinava, península 18
escáner óptico 121
escape 330
escápula/omóplato 98, 99
escapulares 78
escaque blanco 470
escaque negro 470
escarabajo 69
escarcha 41
escarola 126
escarola rizada 127
escena, número 291
escenario 278, 292, 293
escisión del núcleo 415
esclavina 251
esclerótica 119
esclusa científica de aire 13
esclusa de canal 381
escoba 215
escoba central 365
escoba de nieve con rascador 356
escoba eléctrica 209
escoba lateral 365
escobén 383, 387
escobilla 193
escobilla limpiadora 271
escobilla metálica 309
Escocia, placa 27
escollo 35
escolta 489
escopeta 534
escoplo 229
escorpión 70
escorrentía subterránea 45
escorrentía superficial 45
escorzonera 129
escota 520
escota foque 520
escota mayor 520
escotadura 301
escotadura intertrágica 115
escotera 521
escotero 520
escotilla 12, 13
escotilla del depósito 385
escritorio 203, 439
escritorio, artículos 337

escroto 92, 111
escuadra 225
escudilla 166
escudo 507
escudo solar 7
escuela de esquí 512
escurridera 173
escurridor 171
escurridores 171
escúter 369
esfagno 51
esfera 332, 422, 429
esfera de té 173
esfera graduada 533
esfínter anal 106
eslabón de corte 235
eslabón giratorio 535
eslalon especial 511
eslalon gigante 511
eslalon supergigante 511
Eslovaquia 450
Eslovenia 450
esmalte 101
esmalte de uñas 265
esófago 105, 106
espacio 298, 330
espacio epidural 110
espacio interior 211
espacio para almacenamiento 364
espacio para la chispa 359
espacio sin pausa 330
espada 468
espádice 57
espagueti 146
espalda 83, 93, 95, 244, 517
espaldar 76
espaldera 532
España 449
esparadrapo 461
esparavel 216
esparcimiento de fertilizante 47
espárrago 125
espátula 173
espatulada 55
especialista técnico 509
especias 138
especias para salmuera 139
especificaciones técnicas 358
espectro electromagnético 418
espejo 195, 421, 439, 523, 533
espejo cóncavo primario 9
espejo de cercanías 362
espejo de cortesía 354
espejo de lectura 10
espejo de reflexión parcial 420
espejo de reflexión total 420
espejo doble giratorio 269
espejo lateral 269, 348, 364
espejo luminoso 269
espejo plano 7
espejo primario 7
espejo retrovisor 354, 363, 366, 369
espejo retrovisor exterior 362
espejo secundario 7, 9
espermatozoide 111
espesor, medición 425
espículas 4
espiga 57, 167, 169, 202, 216, 273, 357
espina escapular 99
espina nasal anterior 100
espinaca 127
espinacas, tallarines 146
espinillera 476, 480
espira 72
espiráculo 90
espiral 70, 73, 221
espiral central 70
espiral embrionaria 73
espirulina 123
esplenio 97
espoiler 366
espolón 83, 228, 308
espolvoreador 172
esponja natural 267
esponja sintética 266
esponja vegetal 267
esporas 52
espuma 33
espuma de afeitar 271
espumadera 173
esqueleto 98
esquí 510, 523
esquí alpino 510
esquí alpino, pista 512
esquí de descenso 510
esquí de eslalon 510
esquí de eslalon gigante 510
esquí de fondo 514
esquí de salto 513
esquí supergigante 510
esquí, pista 512
esquiador alpino 510
esquina 506
esquinero derecho 484
esquinero izquierdo 484
esquís, ejemplos 510
estabilizador 397, 523
estabilizador horizontal 395
establo 122
estaca 479
estación central de bombeo 404
estación de autobuses 432
estación de carga 375
estación de emergencia 345
estación de esquí 512
estación de ferrocarril 374, 375
estación de ferrocarriles 430, 432
estación de metro 378, 432
estación de servicio 346, 433
estación del ferrocarril 25
estación espacial internacional 11
estación local 316
estación meteorológica aeronaval 38
estación meteorológica de boya 38
estación meteorológica oceánica 38
estación repetidora 316
estación repetidora de microondas 334
estación terrestre 38
estación terrestre de telecomunicaciones 335
estación, metro 378
estación, modelo 39
estacionamiento 375, 381
estaciones del año 38
estadio 431, 472
estado 23
estado actual del tiempo 39
estados de la materia 414
Estados Unidos de América 448
estalactita 31
estalagmita 31
estambre 56, 58
estanco 436
estanque 230, 504
estaño de soldar 218
estaquilla 528, 529
estatua 446
estay de proa 520
Este 23
Este Noreste 23
Este Sudeste 23
estela luminosa del cráter 5
estepario 40
esternocleidomastoideo 96
esternón 98
estigma 56, 60, 67
estilo 56, 57, 58, 59, 60, 312, 424
estilóbato 279
estilos de natación 517
estimulador de encías 272
estípula 55
estómago 73, 103, 106
estómago cardiaco 71
estómago pilórico 71
Estonia 450
estornino 80
estrado 444
estrado de la acusación 440
estrado de los jueces 440
estrado de los secretarios judiciales 440
estrado de los testigos 440
estrado del abogado defensor 440
estrado del director 295
estragón 142
estrangulación 499
estrato basal 114
estrato córneo 114
estrato de cenizas 28
estrato de lava 28
estrato de Malpighi 114
estrato granuloso 114
estrato lúcido 114
estratocúmulos 42
estratopausa 37
estratos 42
estratosfera 37
estrechamiento 424
estrecho 24
estrecho de Bass 15
estrecho de Bering 16
estrecho de Cook 15
estrecho de Gibraltar 18
estrecho de Torres 15
estrella de David 447
estrella de frenado 537
estrella fugaz 37
estribación 29
estribera 367, 368
estribera del pasajero 367, 368
estribo 116, 284, 395, 523
estribor 387
estropajo con esponja 215
estropajo, esponja 215
estructura 186, 297
estructura de la biosfera 44
estructura de la médula espinal 109
estructura de la Tierra 26
estructura de madera, entarimado sobre 190
estructura de metal 374
estructura de un alga 51
estructura de un helecho 52
estructura de un liquen 50
estructura de un musgo 51
estructura de una casa 188
estructura de una flor 56
estructura de una hoja 55
estructura del ala 392
estructura del oído 116
estructura del Sol 4
estructura inferior 403
estructura interior 286
estructura protectora 525
estuario 24, 35
estuche 225, 265, 424
estuche de encerado 514
estuche de hilo dental 272
estuche de las esposas 456
estuche de manicura 265
estuche portalentes 272
estufa de leña a fuego lento 192
esturión 158
etapas de la maduración 62
Etiopía 451
etiqueta de identificación 277
etiquetas adhesivas 340
Eurasia 14
euro 440
Europa 2, 14, 18, 34, 449
europeo, clavija de tipo 198
Eutelsat 316
euthynteria 279
evaporación 45, 414
Everest, monte 37
examen psiquiátrico 462
excavación vesicouterina 112
excavadora 399
excrementos de animales 48
exosfera 37
expedición de carga 391
expedidor de recibo 346
explosivo 534
expositor de final de pasillo 121
expositor de folletos 442
exprimidor 170, 177
exprimidor de cítricos 177
exprimir 177
extensión 202
extensión plegable 202
extensor 273
extensor común de los dedos 97
extensor largo de los dedos del pie 96
exterior 475
exterior de una casa 182
exterior derecho 475
exterior izquierdo 475
extintor 457
extintor portátil 454
extracto de vainilla 140
extracto, vainilla 140
extremo 273
extremo anterior 73
extremo del brazo 235
extremo derecho 507
extremo izquierdo 507
extremo libre 114
extremo posterior 73
exvoto 446
eyector de las varillas 176
Eyre, lago 15

F

fa(F) 298
fábrica 430
fachada 285
factor RH negativo 426
factor RH positivo 426
factorial 427
facturación de equipaje 390
fáculas 4
fagot 306
fagotes 295
fairway 504
faisán 81, 154
faja 259
faja braga 259
faja con liguero 259
faja con sostén 258
faja corsé 258
falangeta 114
falangina 114
falda 251, 492
falda acampanada 253
falda combinación 258
falda cruzada 253
falda de piezas 253
falda de tubo 253
falda de volantes 253
falda escocesa 253
falda fruncida 253
falda pantalón 253
falda recta 253
falda sarong 253
faldas, ejemplos 253
faldón 204, 255
faldón de la camisa 245
faldón delantero 245
faldón flexible 383
faldón trasero 245
falla 27
fallas transformantes 27
falsa doblez 260
falsa escuadra 225
falsa oronja 52
falso almohadón 204
familia de instrumentos de madera 295
familia de los metales 295
familia de los violines 295, 301
farallón 35
faringe 105, 106
farmacia 436, 462, 465
faro 381
faro de carretera 457
faro de destello 455
faro delantero 348, 364, 366, 368, 376, 377, 523
faro reflector 455
farol 207, 230, 434
farola 207
faros delanteros 352
faros intermitentes 362
fase de deslizamiento 514
fase de impulsión 514
fase de impulso 514
fases de la Luna 5
fax 328
fecha 441
fecha de vencimiento 441
fechador 338
Federación Rusa 450
feijoa 137
femenino 426
fémur 98
fenec 88

fenogreco 138
ferrocarril del muelle 381
ferrocarril, estación 374, 375
fertilización del suelo 47
fertilizante, esparcimiento 47
festoneada 55
fetuchinas 146
fiador 528
fiador elástico 528, 529
fibra muscular 110
fibra nerviosa 114
ficha 469
fichero giratorio 338
fideos 146
fideos asiáticos 147
fideos de arroz 147
fideos de huevo 147
fideos de judías mungo 147
fideos de soba 147
fideos de somen 147
fideos de udon 147
fiel 422, 423
fijación 513
fijación de seguridad del esquí 511
fijación para el pie 514
fijaciones 510
fijador 514
fijador de carrete 537
Fiji 453
Fiji, islas 15
fila 293, 443
filamento 56, 199
Filchner,plataforma de hielo 15
filete 301, 302, 313
filigrana 441
Filipinas 19, 453
Filipinas, fosa 34
Filipinas, placa 27
filmación, plató 290
filo 167, 169, 270
filo simple, tijeras para entresacar 270
filón-capa 28
filtro 181, 184, 210
filtro de aire 235, 398
filtro de pelusa 212, 213
filtro de polarización 314
filtro del aire 350
filtro selector del color 318
filum terminal 109
filum terminal interno 109
fin 331
final de carrera 226, 287
finanzas 441
Finlandia 450
fiordo 35
firma del titular 441
firma oficial 441
física : electricidad y magnetismo 416
física : óptica 418
fisión nuclear 415
flamenco 81
flanco 78
flauta travesera 306
flautas traveseras 295
flexo 206
flip 509
flor 53, 56
flor, estructura 56
floración 62
flores, ejemplos 56
floristería 437
florón 283
flotador 196, 394, 457, 538
flujo de los electrones, dirección 416
Fobos 2
foca 90
foco 207, 419
foco Cassegrain 7
foco coudé 7
foco primario 7
foco subacuático 184
focos 293
fogón 192
foie gras 156
foliador 338
folículo 60
folículo piloso 114
follaje 63, 200
fondista 514
fondo 292
fondo del escenario 293
fondo oceánico 33
fonendoscopio 460
fontanela anterior 100
fontanela esfenoidal 100
fontanela mastoidea 100
fontanela posterior 100
fontanería 194, 216
foque 520
formación profesional, oficina 442
formas de agarrar la paleta 493
formas farmacéuticas de medicamentos 467
formas geométricas 428
formato del archivo 334
fórmula 1, coche 525
foro 335
forro 240, 244, 245, 262, 274, 477, 509
forro de cuero 478
forro de la lengua 76
fosa abisal 33
fosa de agua 504
fosa de almacenamiento de combustible agotado 409
fosa de Japón 34
fosa de Java 34
fosa de Kermadec-Tonga 34
fosa de Kuril 34
fosa de las Aleutianas 34
fosa de las Filipinas 34
fosa de las Marianas 34
fosa de Puerto Rico 34
fosa Perú-Chile 34
fosa Ryukyu 34
fosa séptica 48
fosa triangular 115
fosas nasales 117
fosas y dorsales oceánicas 34
foso 282
foso de arena 504
foso de escenario 292
foso de orquesta 292
foto 313
fotocopiadora 442
fotografía 314
fotógrafo 436
fotógrafo de plató 291
fotomatón® 437
fotón 420
fotorreceptores 119
fotosfera 4
fotosíntesis 54
fóvea 119
foyer 293
fracción 427
frambuesa 132
frambuesa, corte 59
Francia 449
franja del faldón 383
frecuencia, unidad de medida 426
fregadero 164, 197
fregadero con triturador de basura 197
fregadero doble 194
fregona 215
freidora 178
freno 467, 501, 511, 522, 536, 537
freno aerodinámico 412
freno de disco 350, 357, 366, 525
freno de disco hidráulico 522
freno de emergencia 380
freno de la cadena 235
freno de mano 350, 354
freno de tambor 357
freno delantero 371
freno trasero 370, 527
frenos 357, 392
frente 78, 92
fresa 132
fresa, corte 59
fresadora 229
fresco 280
frigorífico 164, 211, 438
frigoríficos 438
frijol 131
friso 202, 279
fronda 52
frontal 96, 446
frontera interna 23
frontera internacional 23
frontón 279
frotador 218
fructificación 62
fruncido 255
fruta 120
fruta de jack 136
fruta de la pasión 136
frutas 132
frutas pomo 133
frutas secas 133
frutas tropicales 136
fruto carnoso: baya 59
fruto carnoso: cítrico 58
frutos 57
frutos secos 60
fuelle 274, 276
fuente 32
fuente básica de alimento 45
fuente de alimentación 416
fuente de servicio 313
fuente de servir 166
fuente de verdura 166
fuente para abluciones 447
fuente para pescado 166
fuertes lluvias 43
fuerza, unidad de medida 426
full 468
fulminante 534
fumarola 28
funcionamiento 319
funciones programables, teclas 443
funda 417, 531, 533
funda de almohada 204
funda de automóvil 356
funda de colchón 204
funda de cuero 533
funda de gafas 275
funda de guantes de látex 456
funda de la almohada 204
funda de mástil 519
funda del sable 519, 520
funguicida 47
funículo 59, 60
furgón de cola 377
fusa 299
fuselaje 393
fusible 198, 411
fusilli 146
fusión 414
fuste del bastón 514
fútbol 480
fútbol americano 484
futbolista 480
futón 204

G

gablete 285
Gabón 451
gafa 273
gafas 273, 522
gafas : partes 273
gafas de baño 516
gafas de esquí 510, 513
gafas de seguridad 458
gafas de sol 273
gafas protectoras 218, 458, 522
gafas, ejemplos 273
gaita 296
gajo 58
galaxia 6
galería 285
galería de acceso 407
galería de conexión 345
galería seca 31
galleta de centeno 145
galleta escandinava 145
galletas de arroz 147
gallina 81
gallinero 122
gallineta 161
gallo 81
galope 83
gamba 158
Gambia 451
ganadería intensiva 46, 47
gancho 217, 225, 364, 397, 423
gancho de arrastre 356
gancho de tracción 403, 460
gancho del meñique 307
gancho del pulgar 306, 307
gancho para el platillo 422
gancho para la porra 456
ganglio cerebropleural 73
ganglio espinal 109, 110
ganglio simpático 109
ganglio visceral 73
Ganimedes 2
garaje 182, 345
garaje, entrada 183
garaje, puerta basculante 286
garam masala 139
garbanzos 130
garduña 88
garganta 31, 32, 78, 492, 538
gargantilla 264
gargantilla de terciopelo 264
garita 282
garra 79, 82, 86
garrafa 165
garrapata 70
garrucha montacarga 397
garza 80
gas 403, 405, 414
gas de efecto invernadero 46
gas inerte 199
gasóleo 405
gasolina 405
gasolina pesada 405
gasolina, motor 360
gatillo 216, 235, 332, 534
gatillo de seguridad 235
gato 356, 455
gato doméstico 87
gato estabilizador 361
gato hidráulico 361
gatos, razas 87
géiser 28
gel de baño 267
gemelos 96, 97
gemelos de teatro 273
generador 402
generador de vapor 402
geografía 14
geología 26
geometría 428
Georgia 452
germen 61
germinación 53
Ghana 451
gibón 91
Gibraltar, estrecho 18
gimnasia 496
gimnasio 386, 444
girasol 56
girasol, aceite 149
glaciar 30, 32, 44
glaciar suspendido 30
glande 111
glándula de Cowper 111
glándula de veneno 76
glándula digestiva 71, 73
glándula lacrimal 119
glándula mamaria 113
glándula salival 118
glándula sebácea 114
glándula sudorípara apocrina 114
glándula sudorípara ecrina 114
glándula suprarrenal 107
glándulas salivales 106
globo 491, 529
globo ocular 75, 119
globo sonda 38
globo terráqueo 444
glóbulo blanco 104
glóbulo rojo 104
glotis 76
glucosa 54
glúteo mayor 97
go (sun-tse) 470
Gobi, desierto 19
gofrera 178
gol 485
golfo 24
golfo de Adén 19, 20
golfo de Alaska 16
golfo de Botnia 18
golfo de California 16
golfo de Carpentaria 15

golfo de Guinea 20
golfo de México 16
golfo de Omán 19
golfo de Panamá 17
golfo Pérsico 19
Golgi, aparato 50, 66
golondrina 80
golpe de patín 514
golpes 490
goma 341
gombo 128
gónada 73
góndola 121, 413
góndola, sección transversal 413
gong 295, 309
gorgonzola 151
gorila 91
gorila, morfología 91
gorra 238, 456
gorra de cuartel 238
gorra noruega 238
gorrión 80
gorro 514
gorro de baño 516
gorro de marinero 239
gorro de punto con borla 239
gota 207
gotas oftalmológicas lubricantes 272
grabación nocturna, conmutador 320
grabadora de DVD 333
grabadora DVD 319
gradas móviles 444
grado 428
grado Celsius 426
grados C 424
grados F 424
Gran Bahía australiana 15
Gran Barrera de Arrecifes 15
Gran Cañón 16
Gran Cordillera divisoria 15
Gran Danés 86
Gran Desierto de Arena 15
Gran Desierto Victoria 15
Gran Galería 278
gran roncón 296
gran siega interior 499
Granada 449
granada 136
grandes almacenes 437
Grandes Lagos 16
grandes titulares 313
granero 122
granja 122
grano 61
grano de almidón 50
grano de trigo, corte 61
granos torrefactos de café 148
granos verdes de café 148
granulación 4
gránulo de lípido 50
grapadora 341
grapas 341
grasa para cocinar 149
grasa, glóbulo 50
grasas 149, 405
grasera 174, 179
gravilla 524
Grecia 450
green 504
green de entrenamiento 504
grieta 30
grifo 195
grifo de cocina de tres vías 197
grillete 521
grillete de resorte 521
grillo campestre 69
Groenlandia 16
Groenlandia, mar 14
grosella 132
grosella espinosa 132
grosella negra 132
grúa 385
grúa de caballete 406, 407
grúa de muelle 381
grúa de puente 407
grúa flotante 381
grúa móvil 397
grúa remolque 364
grúa torre 397
grúas 397
grupa 83
grupeto 299
grupo motor 376
grupo turboalternador 407
gruta 31
gruyère 151
guacamayo 80
guante 10, 478, 498, 506, 508, 513, 514, 522, 525
guante a la muñeca 243
guante corto 243
guante de bateo 476
guante de crin 267
guante de esquí 510
guante de golf 505
guante de recogida 477
guante de softball 477
guante del receptor 476
guante largo 243
guante para conducir 243
guante rígido 507
guante, dorso 243
guante, palmo 243
guantera 354
guantes 243
guantes de boxeo 498
guantes de hombre 243
guantes de jardinería 232
guantes de látex 460
guantes de mujer 243
guantes del portero 480
guantes protectores 525
guarda 169
guarda fija del disco 227
guarda móvil del disco 227
guardabarros 348, 349, 364, 365, 370
guardabarros delantero 366
guardamonte 534
guardanieve 523
guardarropa 188, 189, 203, 443
guardarropa de los clientes 438
guardarropa del personal 438, 465
guardería 437
guardia derecho 485
guardia izquierdo 485
guarnición 201, 202, 277, 511
Guatemala 448
guayaba 137
guepardo 89
guía 226, 521
guía de cabina 287
guía de cinta 341
guía de corte 227
guía de enganche 376
guía de escotas 521
guía de la cadena 372
guía de la punta 536, 537
guía del contrapeso 287
guía del papel 328
guías de archivo 340
guindilla 139
guindilla molida 139
guindilla seca 139
guindilla triturada 139
Guinea 451
Guinea Ecuatorial 451
Guinea, golfo 20
Guinea-Bissau 451
guiñada 395
guisante 60
guisantes 130
guisantes mollares 130
guisantes partidos 130
guitarra clásica 302
guitarra eléctrica 303
Gutenberg, discontinuidad 26
Guyana 448
guyot 33

H

habas 130
habitación de observación 462
habitación de aislamiento 462
habitación de hotel 439
habitación de un paciente 464
habitación doble 439
habitación individual 439
habitaciones principales 188
habitáculo 525
hacha 234, 454, 533
hacha de cocinero 169
Haití 448
halcón 81
halibut 161
hall de entrada 188
halo 6
haltera 501
halterofilia 500
hamada 36
hámster 82
hangar de mantenimiento 389
hapterio 51
harina 144
harina común 144
harina de avena 144
harina de maíz 144
harina integral 144
harina sin blanquear 144
harissa 141
hastial 182
haya 64
hayuco 133
haz azul 318
haz de electrones 318
haz rojo 318
haz verde 318
hebilla 246, 248, 276, 511
hebilla de ajuste 527
hebilla de regulación 532
heladera 180
helecho 52
helecho arbóreo 52
helecho canela 125
helecho nido de pájaro 52
helecho, estructura 52
helechos, ejemplos 52
hélice 384, 386, 387, 429
hélice de dos aspas 394
hélice de proa 384
hélice de tres aspas 394
hélice posterior 384
hélice propulsora 383
helicóptero 395
hélix 115
hemisferio 429
hemisferio Norte 21
hemisferio occidental 21
hemisferio oriental 21
hemisferio Sur 21
hemisferios 21
henil 122
heptágono regular 429
herbicida 47
herbívoros 45
hercio 426
herraje 277
herramientas 216, 217, 372
herramientas de perfilado 229
herramientas de soldadura 218
herramientas para apretar 222
herramientas para clavar 220
herramientas para cortar 234
herramientas para plantar 231
herramientas para regar 236
herramientas para remover la tierra 233
herramientas para segar 226
herramientas para sembrar 231
herramientas percutoras 228
herramientas, caja 225
herramientas, cinturón 225
herramientaspara atornillar 221
herrete 240, 262
hervidero 29
hervidor 180
heterótrofos 45
hexagonal 359
hexágono regular 429
hidroavión cisterna 394
hidroavión de flotadores 394
hidrocarburos, vertido 48
hidroelectricidad 406
hidróptero 387
hidrosfera 44
hielo 41, 45
hielos perpetuos 40
hielos, distribuidor 164
hiena 88
hierba 492
hierbabuena 142
hierbas aromáticas 142
hierro 505
hifa 52
hígado 103, 106, 154
higiene dental 272
higiene personal 121
higo 137
higo chumbo 137
hijiki 123
hijuela 538
hilera 272
hileras 70
hilio renal 107
hilo 417
hilo de nailon 237
hilo de seguridad 441
hilo dental 272
Himalaya 19
hinojo 125
hipermetropía 419
hipervínculos 334
hipocentro 27
hipófisis 109
hipopótamo 85
hisopo 142
hocico 74, 86, 87
hockey sobre hielo 506
hogar 192
hogar, muebles 200
hoja 51, 53, 54, 55, 61, 125, 167, 169, 216, 219, 221, 226, 227, 229, 270, 271, 286
hoja corta 531
hoja de acanto 200
hoja de afeitar 271
hoja de cuchilla 509
hoja de la vid 62
hoja de parra 126
hoja dentada 270
hoja flexible 54
hoja larga 531
hoja, estructura 55
hojaldre, pasta 145
hojas compuestas 55
hojas escamadas del ciprés 65
hojas simples 55
hojas, ejemplos 65
hojita enrollada 52
hombre 92
hombre, guantes 243
hombre, ropa de 244
hombre, sombreros 238
hombre, zapatos 240
hombrera 248, 302, 456, 486
hombrillo 249
hombro 92, 94, 492, 536
home theatre 321
Honduras 448
hongo 52
hongo mortal 52
hongo venenoso 52
hongo, anatomía 52
hongos 123
horario de la programación televisiva 313
horarios 374
horarios de las películas 294
horca 233
hormiga 69
hormigonera 365
hornillo 529
horno 164, 210
horno microondas 164, 178
horno tubular 405
horno, termómetro 171
Hornos, cabo 17
horquilla 8, 243, 268, 371, 396, 522, 525
horquilla de mano 232
horquilla de moño 268
horquilla frontal 522
horquilla telescópica 366, 369
horquilla trasera 370
horquilla, carretilla elevadora 396
hortalizas 125
hortalizas de fruto 128
hortalizas de tallos 125
hospedería para esquiadores 512
hospital 433, 462
hotel 432, 439, 512
hotel, habitación 439
hoyo 31, 504
hoyo de par 5 504
hoyuelo 505
hoz 234
Hubble, telescopio espacial 37

Hudson, bahía 16
hueco de la escalera 189
hueco del motor 396
huella 191
huerta 122
huerto 122, 182
huesillos auditivos 116
hueso 57
hueso alveolar 101
hueso cigomático 100
hueso esfenoides 100
hueso frontal 98, 100
hueso ilíaco 98
hueso maxilar 101
hueso nasal 100, 117
hueso occipital 100
hueso parietal 100
hueso temporal 98, 100
huevo 79
huevo de avestruz 155
huevo de codorniz 155
huevo de faisán 155
huevo de gallina 155
huevo de oca 155
huevo de pato 155
huevo, fideos 147
huevos 155
Huitzilopochtli, templo 283
húmero 98
hummus 140
humor acuoso 119
humus 54
Hungría 450
huracán 43
husillo 425

I

Ibérica, península 18
idéntico a 427
identificación de cuenta 443
iglesia 433, 446
iglú 288
igual a 427
igual o mayor que 427
igual o menor que 427
iguana 77
ijar 83
íleon 106
iluminación 199, 269
iluminación de la placa de matrícula 352
imán 211, 341, 416
imparipinnada 55
impermeable 248
impermeables 248
impluvio 280
impresión de pantalla 331
impresora de líneas 333
impresora, calculadora 337
impulso nervioso 110
impulso, irrigador 236
incendio forestal 47
incensario 446
incineración 49
incisivo central 101
incisivo lateral 101
incisivos 101
incisura angular 115
inclusión 427
India 453
indicador 321, 323, 328, 340
indicador de ajuste 511
indicador de alimentación 333
indicador de carga del papel 333
indicador de dedetección de papel 443
indicador de encendido 329
indicador de hora de salida 374
indicador de línea 362, 363
indicador de luz larga 368
indicador de nivel de gasolina 355
indicador de número de andén 374
indicador de posición 287
indicador de puesta en marcha de papel 443
indicador de punto muerto 368
indicador de recarga 271
indicador de temperatura 269, 355
indicador de tiempo 314
indicador del cartucho 333
indicador del importe total 346
indicador del intermitente 368
indicador del nivel del agua 179
indicador del precio por litro/galón 346
indicador digital 423
indicador luminoso 179, 423
indicador para viraje en nado de espalda 517
indicador transparente 340
indicadores 318
indicadores de entrada 322
indicadores del modo audio 322
Índico medio, dorsal 34
Índico sureste, dorsal 34
Índico suroeste, dorsal 34
Índico, océano 14, 15, 19, 20
Indonesia 19, 453
industria 335
industria petroquímica 405
infiltración 45, 47
infinito 427
inflador 530
inflorescencias 127
inflorescencias, variedades 57
información 437, 442, 463
infraestructura 342
infraspinoso 97
infusiones 148
ingeniero de sonido 291
ingle 92, 94
inhalador-dosificador 467
iniciales del banco emisor 441
inicio 331
inmovilización 499
inmovilización de brazo 499
inodoro 189, 194, 195, 196, 439, 464
insectos 67
insectos, ejemplos 69
insert 331
insertar 331
insignia 456
insignia de grado 456
institución educativa 335
instrucciones operativas 346
instrumentos científicos 7, 13
instrumentos de cuerda 301
instrumentos de madera, familia 295
instrumentos de percusión 295, 308
instrumentos de teclado 304
instrumentos de trazado y medición 225
instrumentos de viento 306
instrumentos del salpicadero 355
instrumentos electrónicos 310
instrumentos musicales tradicionales 296
instrumentos para escribir 312
integración de energía a la red de transporte 413
integral 427
Intelsat 317
intensidad luminosa, unidad de medida 426
interior derecho 481
interior izquierdo 481
intermitente 352, 355
intermitente delantero 366, 368
intermitente trasero 367, 368
internauta 334
Internet 334
Internet, usos 335
interóseos del pie 96
interruptor 177, 180, 181, 198, 206, 207, 208, 209, 211, 213, 218, 219, 229, 269, 270, 271, 272, 311, 319, 321, 323, 329, 416
interruptor alimentación 320
interruptor automático 407
interruptor de alimentación 319
interruptor de comunicación 336
interruptor de emergencia 368
interruptor de encendido 329, 354, 368
interruptor de encendido/apagado 314
interruptor de gatillo 227, 228, 229
interruptor de la puerta 213
interruptor de ráfagas 368
interruptor del limpiaparabrisas 354
interruptor funciones 320
interruptor on/off 209
interruptor principal 198
interruptor selector de velocidad 227
intersección 427
intertítulo 313
interuptor de encendido 328
intervalos 298
intestino 71, 73, 103
intestino delgado 106
intestino grueso 106
invernadero 122
inversor 221, 228
invierno 38
inyector 360
Ío 2
Irán 452
Iraq 452
iris 119
Irish moss 123
Irlanda 449
Irlanda, mar 18
irrigador bucal 272
irrigador de impulso 236
irrigador giratorio 236
irrigador oscilante 236
isba 288
isla 24, 164, 343
isla de arena 35
isla de Terranova 16
isla volcánica 33
Islandia 18, 450
islas Aleutianas 16
islas de Cabo Verde 451
islas del Caribe 448
islas Fiji 15
islas Malvinas 17
Islas Marshall 453
Islas Salomón 453
islote rocoso 35
isobara 39
isosista 27
isquion 99
Israel 452
istmo 24
istmo de la trompa de Falopio 113
istmo de las fauces 116
istmo de Panamá 16
Italia 450

J

jabalí 84
jabalina 472
jabón de tocador 267
jabonera 195, 271
jaboticaba 137
jaguar 89
Jamaica 448
jamba 185, 192
jamón ahumado 153
jamón de York 156
jamón serrano 156
Jápeto 3
Japón 19, 453
Japón, fosa 34
Japón, mar 19
jarabe de arce 149
jarabe de maíz 149
jarabe para la tos 467
jardín 230, 280
jardín de rocalla 230
jardín público 435
jardín, enlosado 182
jardinería 216, 230
jardinería, guantes 232
jarlsberg 151
jarra de agua 166
jarra de cerveza 165
jarra medidora 171
jarra para café 166
jarrita de leche 166
jaula 281
jaula de protección 473
Java, fosa 34
jefe de cronometradores 516
jefe de luminotecnia 291
jefe de vestuario 290
jengibre 139
jerbo 82
jeringa de decoración 172
jeringilla de Luer-Lock 460
jeringuilla 460
jeringuilla de irrigación 460
jersey de cuello de cisne 514
jersey de cuello de tortuga 250
jersey de cuello redondo 250, 255
jerseys 250
jerseys combinados 255
jet supersónico 37
jícama 124
jirafa 85
jojoba 137
Jordania 452
jota 468
joyería 264, 436
joystick 332
joysticks 471
judía adzuki 131
judía amarilla 131
judía china larga 130
judía de Egipto 130
judía de Lima 131
judía mungo 131
judía mungo negra 131
judía negra 131
judía pinta 131
judía roja 131
judía roja 131
judía romana 131
judías de ojo 130
judías verdes 131
judo 499
judoji 499
judoka neutral 499
jueces 496, 497, 509, 518
jueces de virajes 517
juego 492
juego de casquillos 223
juego de dardos 471
juego de mesas 202
juego de pequeñas herramientas 232
juego de utensilios 173
juego en línea 335
juegos 468
juegos de mesa 469
juez 485, 498, 499
juez de brazado 516
juez de faltas de pie 491
juez de gol 506
juez de línea 481, 483, 485, 487, 490, 494, 496, 507
juez de línea de saque 490
juez de llegada 516
juez de red 491
juez de salida 516
juez de servicio 490, 494
juez de silla 490
juez externo 485
juez-árbitro 518
jugador 469, 486, 506
jugador con el servicio 491
jugador de baloncesto 488
jugador de críquet 478
jugador de primera base 474
jugador de rugby 483
jugador de saque 494
jugador de segunda base 474
jugador de tercera base 474
jugador exterior central 474
jugador exterior derecho 474
jugador exterior izquierdo 474
jugador medio 474
jugadores 492
jugadores, posición 481, 482
juguetería 436
julio 426
junta 214, 359
junta cónica 196
junta de goma 197
junta del cárter 360
junta positivo/negativo 410
Júpiter 2
justicia 440
Justicia, Palacio 432

K

Kalahari, desierto 20
Kamchatka, península 19
Kazajistán 452
kelvin 426
Kenia 451
Kermadec-Tonga, fosa 34
ketchup 141
kilogramo 426
kimono 256, 499
kiosco 346, 379
Kirguizistán 452
Kiribati 453
kiwano 136
kiwi 136
Kola, península 18
kombu 123
kora 297
Kuril, fosa 34
Kuwait 452

L

la hoja según su borde 55
la presión del vapor impulsa las turbinas 408
la(A) 298
labio 83, 87
labio córneo 76
labio externo 73
labio inferior 116, 305
labio interno 73
labio mayor 112, 113
labio menor 112, 113
labio superior 116, 305
laboratorio 7
laboratorio americano 11
laboratorio espacial 13
laboratorio patológico 465
lacolito 28
ladera 29
ladillo 313
lado 293
lado de la reina 470
lado del rey 470
lado derecho 272
lado izquierdo 272
Ladoga, lago 18
ladrillo refractario 192
ladrillos refractarios 192
ladronera 282
lagarto 77
lago 5, 24, 29, 32
lago Baikal 19
lago Chad 20
lago de brazo muerto 32
lago Eyre Norte 15
lago glaciar 32
lago Ladoga 18
lago Malaui 20
lago Tanganyika 20
lago tectónico 32
lago Titicaca 17
lago Victoria 20
lago volcánico 32
lagomorfos 82
lagomorfos, ejemplos 82
lagos 32
lagos, acidificación 48
laguna 35
laguna salada 36
lama 412
lámina 51
lámina adhesiva 338
lámina cribosa del etmoides 117
lámina de contacto de positiva 359
lámina de contacto negativa 359
laminillas 52
lámpara 320, 380, 421
lámpara de ahorro de energía 411
lámpara de cabecera 206, 439, 464
lámpara de despacho halógena 206
lámpara de escritorio 206
lámpara de lectura 457
lámpara de mesa 206
lámpara de neón 217
lámpara de petróleo 532
lámpara de pie 206
lámpara de pinza 206
lámpara de prueba de neón 217
lámpara de techo 206
lámpara del santuario 446
lámpara halógena 199
lámpara orientable de pared 207
lámparas 206
lámparas en serie 207
lamprea 159
lanceolada 55
lancha pequeña 385
langosta marina 158
lanzador 474, 475, 479
lanzamiento 475, 479
lanzamiento de jabalina 473
lanzamiento de martillo y disco 473
lanzamiento de peso 472
Laos 453
lapa 157
lapiaz 31
lápida conmemorativa 447
lápiz 312
lápiz adhesivo 341
lápiz blanco para uñas 265
lápiz de cejas 266
lápiz de grafito 312
larguerillo 396
larguero 186, 201, 219, 392, 412
larguero de la bisagra 202
larguero del marco 202
laringe 105
lasañas 146
láser de rubí pulsado 420
lata 163
lata de conserva 163
latas 162
lateral derecho 481
lateral izquierdo 481
laurel 142
lavabo 194, 195, 439, 464
lavabo de cirujano 465
lavado de automóviles 346
lavadora 194
lavadora de carga frontal 212
lavadora de carga vertical 212
lavandería 188, 439
lavavajillas 164, 214
laya 233
lazo 238, 264, 535
leche 150
leche de cabra 150
leche en polvo 150
leche evaporada 150
leche homogeneizada 150
leche, suero 150
lecho oceánico 26
lecho ungular 114
lechuga de cogollo 126
lechuga de tallo 126
lechuga iceberg 126
lechuga marina 123
lechuga rizada 126
lechuga romana 126
lector CD/DVD 471
lector de CD 310
lector de disco compacto 323, 325
lector de discos compactos 326
lector de tarjeta 321, 442, 443
lector de tarjeta de memoria 329, 333
lectura 323, 328
lectura aleatoria 323
lectura de tarjeta, ranura 346
legumbre 60
legumbres 130
lema 441
lémur 91
lencería 256, 436, 439
lengua 106, 116, 117, 118, 154
lengua bífida 76
lengua glaciar 30
lenguado 161
lengüeta 240, 248, 262, 274, 305, 306, 509, 511
lengüeta de cuero 246
lengüeta de la caña 297
lengüeta protectora 333
lengüeta, tubo 305
lente 273, 419
lente cóncava 419
lente convexa 419
lente convexo-plana 419
lente de campo 420
lente tórica 419
lentejas 130
lentes 419
lentes bicóncavas 419
lentes biconvexas 419
lentes cóncavas 419
lentes cóncavo-planas 419
lentes convergentes 419
lentes convexas 419
lentes de contacto 272
lentes de contacto blandas 272
lentes de contacto desechables 272
lentes de contacto duras 272
lentes de imágen recta 420
lentes divergentes 419
leñera 192
león 89
leopardo 89
Lesoto 452
Letonia 450
letrinas 280
leucoplasto 50
Líbano 452
libélula 69
líber 63
liberación de energía 415
liberador del seguro 222
Liberia 451
libero 487
Libia 451
libra 440
librería 436, 444
libreta 338
lichi 137
licuadora 180
líder 515
liebre 82, 154
Liechtenstein 450
liga 259
ligadura 299
ligamento 73
ligamento alveolo-dentario 101
ligamento ancho del útero 113
ligamento suspensorio 119
liguero 259
lija 229
lijadora excéntrica 229
lima 134, 229, 531
lima de uñas 265
limbo 52
limitador de velocidad 287
limitador de velocidad, polea tensora 287
limón 134
limpiador 355
limpiador de boquillas 218
limpiador de uñas 265
limpiaparabrisas 348, 355
limpieza 215
limusina 347
lince 88
lindero 182
línea 298
línea azul 507
línea cableada 335
línea central 515
línea central de servicio 491
línea de «touche» 483
línea de 10 m 482
línea de 15 m 483
línea de 22 m 482
línea de 5 m 483
línea de área de penalti 480
línea de ataque 487
línea de banda 493, 515
línea de campo 416
línea de centro 481
línea de crecimiento 72, 73
línea de cuadro 502
línea de devolución 479
línea de dobles 490
línea de fondo 482, 484, 487, 489, 491, 493, 494
línea de foul 474
línea de gol 484, 506
línea de juego 515
línea de la calle 473
línea de lanzamiento 479
línea de marca 482
línea de medio campo 483
línea de melé 485
línea de pista 389
línea de referencia 533
línea de retirada 479
línea de salida 473, 524
línea de salida 800 m 473
línea de salida de 1.500 m 473
línea de salida de 10.000 m 473
línea de salida de 100 m 472
línea de salida de 100 m vallas 472
línea de salida de 110 m vallas 472
línea de salida de 200 m 472
línea de salida de 400 m 473
línea de salida de 400 m vallas, línea de relevos de 4x100 m 473
línea de salida de 5.000 m 472
línea de salida de relevos de 4 x 400 m 473
línea de seguridad 379
línea de servicio 491
línea de servicio corto 495
línea de servicio largo 494
línea de tee 515
línea de tiro libre 489
línea de visión 533
línea del fondo de la piscina 517
línea divisoria central 493, 494
línea lateral 74, 343
línea lateral de dobles 495
línea lateral de individuales 491, 495
línea límite de inicio de jugada 484
línea media 484, 488, 507
línea meridiana 533
línea neutra 416
línea reservada 334
línea submarina 334
línea suplementaria 298
línea telefónica 334
línea trasera 515
línea yardas 484
líneas de latitud 22
líneas de longitud 22
linterna 456, 529
linterna movible 217
liquen 50
liquen custráceo 50
liquen foliáceo 50
liquen fruticuloso 50
liquen, estructura 50
líquenes, ejemplos 50
líquido 414, 415
líquido cerebroespinal 110
lira 297
lisosoma 66
lista de procedimientos 10
lista superciliar 78
listón 211
litera 361
litoral, configuración 35
litosfera 26, 44
Lituania 450
lixiviación 48
liza 282
llama 84, 415
llama perpetua 447
llana 216
llanta 366, 371
llanta neumática de tracción 380
llanta neumática guía 380
llanura 24, 32
llanura abisal 33
llanura de inundación 32
llave 306, 307
llave combinada 223
llave de apriete 224
llave de carraca 223
llave de embocadura 306
llave de estrella abierta 223
llave de estrella común 223
llave de estrella hexagonal 223
llave de fontanero 216
llave de paso 194, 196, 197
llave de tuercas española 223

llave del mandril 228
llave en cruz 356
llave inglesa 216, 223
llave para agua 307
llavero 275
llaves 216, 223
llegada 473
llegada del telesquí 512
lluvia 41
lluvia ácida 47, 48
lluvia helada 41
lobo 88
lobulada 55
lóbulo 79, 115, 117
lóbulo inferior 105
lóbulo lateral inferior 62
lóbulo lateral superior 62
lóbulo medio 105
lóbulo superior 105
lóbulo terminal 62
local técnico 345
loción para después del afeitado 271
locomotora 376
locomotora diésel eléctrica 377
lóculo 58
lomo 78, 83, 86, 152, 167, 169, 215
lomo con canal 228
lona 412, 498
lona de separación 528
longan 136
longitud de la ola 33
longitud de onda 418
longitud, medición 425
longitud, unidad de medida 426
loop de puntera 509
loseta 12
lubina 160
lucernario 183
lucernario del baño 189
lucernario del hueco de la escalera 189
lucernas del campanario 285
luces de advertencia 355
luces de estado 331
luces de gol 507
luces de seguridad 457
luces traseras 352
lucio 160
lucioperca 160
luminotécnico 291
Luna 2, 4, 5
Luna creciente 5
Luna llena 5
Luna menguante 5
Luna nueva 5
luneta 293
lúnula 73, 114, 115
lupa 421, 531
lutz 509
Luxemburgo 449
luz 7, 8, 9
luz ámbar 434
luz anticolisión 392
luz antiniebla 352, 364
luz de advertencia de la gasolina 355
luz de advertencia de puerta abierta 355
luz de advertencia del aceite 355
luz de advertencia del alternador 355
luz de advertencia del cinturón de seguridad 355
luz de aterrizaje 395
luz de cruce 352
luz de encendido 271
luz de encendido/apagado 327
luz de freno 352
luz de marcha atrás 352
luz de navegación 383, 393, 395
luz de posición 352, 376
luz de tope 383
luz delantera 371
luz indicadora de cargado 337
luz indicadora de la presión del aceite 368
luz indicadora de luz larga 355
luz larga 352
luz lateral 364, 365
luz piloto 269
luz roja 434
luz trasera 352, 367, 368, 370
luz verde 434
luz visible 418

M

macaco 91
macarrones 146
maceta 230
maceta colgante 230
macillo 304
macizo 24
macizo de flores 230
Mackenzie, río 16
macronúcleo 66
mácula lútea 119
Madagascar 20, 452
madera 505
madera, pisos de 190
maduración, etapas 62
madurez 62
magacín 313
magenta 418
magma 28, 33
magnetismo 416
Maine Coon 87
maître 438
maíz 61, 143
maíz : mazorca 61
maíz forrajero 122
maíz, aceite 149
maíz, harina 144
maíz, jarabe 149
maíz, pelo 61
malanga 129
Malasia 453
Malaui 452
Malaui, lago 20
Maldivas 453
maleta 369
maleta clásica 277
maleta de fin de semana 277
maleta vertical 277
maletero 349, 362
maletín 274, 276
maleza 504
malla 493, 522
mallas 263
mallas con volantes 260
Malta 450
Malvinas, islas 17
mamíferos acuáticos 90
mamíferos carnívoros 86
mamíferos carnívoros, ejemplos 88
mamíferos marinos, ejemplos 90
mamíferos primates 91
mamíferos ungulados 83
mamíferos ungulados, ejemplos 84
mancha solar 4
Mancha, canal 18
mandarina 134
mandíbula 67, 74, 98, 100
mandíbula deslizante 425
mandíbula fija 425
mandíbula inferior 78
mandíbula superior 78
mandioca 124
mando 471
mando a distancia 319, 321
mandolina 170, 297
mandos de la videocinta 320
mandos de los quemadores 210
mandos del cabestrante 364
mandril 221, 228
manecilla de vapor 181
manejo de materiales 396
maneta del embrague 366, 368
maneta del freno delantero 368
manga 244, 492
manga empotrada 245
manga raglán 248, 251, 261
manga y boquillas 172
mangas anteriores 492
mango 137, 167, 169, 170, 208, 216, 217, 218, 219, 220, 221, 222, 223, 224, 226, 228, 235, 269, 270, 271, 272, 301, 325, 478, 492, 493, 494, 503, 505, 506, 531, 537
mango aislado 217
mango aislante 217
mango auxiliar 228
mango posterior 537
mango retractable 277
mango térmico 515
mangosta 88
mangostán 136
manguera 195, 197, 236, 454
manguera de alimentación 214
manguera de aspiración 455
manguera de desagüe 212, 214
manguera de incendios 454
manguera de inyección de lodo 403
manguera de líquido para frenos 357
manguera de riego 236
manguera de servicio 346
manguera de vaciado 212
manguera del rebosadero 196
manguera, carretilla 236
manguito inferior del radiador 358
manicura 265
manicura, estuche 265
manilla 185, 186, 192, 211, 214
manilla de la puerta 349
manillar 366, 369, 371, 501, 522, 523
maniobra de la excavadora 399
manipulación 396
manivela 170, 224, 356, 365, 372, 536, 537
manivela de enrollado 225
manivela de la ventanilla 352
manivela del carrete 236
mano 91, 93, 95, 115, 170
manojo 125
manómetro 455, 461
manopla 243
manopla de baño 267
manoplas 260
manos de póquer 468
manta 204
manteca de cerdo 149
mantenimiento 346
mantenimiento de pinturas 219
mantequera 166
mantequilla 150
mantequilla clarificada 150
mantis 69
manto 72, 73, 192
manto externo 26
manto freático 48
manto interno 26
manual de primeros auxilios 461
Manx 87
manzana 133
manzana, corte 58
manzanilla 148
mapa de carreteras 25
mapa de la ruta 378
mapa de ruta 380
mapa de rutas 379
mapa físico 24
mapa geográfico 444
mapa meteorológico 38, 39
mapa político 23
mapa urbano 25
mapache 88
maquillador 290
maquillaje 266
maquillaje facial 266
maquillaje labial 266
maquillaje para ojos 266
máquina 287
máquina de afeitar eléctrica 271
máquina de café exprés 181
máquina expendedora de bebidas 346
máquina expendedora de billetes 379
máquina franqueadora 339
máquina para hacer pasta italiana 170
máquina pisanieve 512
maquinaria pesada 398
maquinilla de afeitar 271
maquinilla desechable 271
maquinilla para cortar el cabello 269
maquinista 290
maquinista jefe 290
maquis 44
mar 5, 24, 32
mar Adriático 18
mar Arábigo 19
mar Báltico 18
mar Caribe 14
mar Caspio 14, 19
mar de Aral 19
mar de Barents 18
mar de Beaufort 16
mar de Bering 14
mar de Caribe 16
mar de Coral 15
mar de Groenlandia 14
mar de Irlanda 18
mar de Japón 19
mar de la China Meridional 14, 19
mar de la China Oriental 19
mar de Noruega 18
mar de Tasmania 15
mar de Weddell 15
mar del Norte 14, 18
mar Egeo 18
mar Mediterráneo 14, 18, 20
mar Negro 14, 18, 19
mar Rojo 14, 19, 20
marca central 490
marcador 312, 471, 472, 492, 497, 499
marcador automático 327
marcador de clasificación general 496
marcador de posición 302, 303
marcador del evento en curso 497
marco 186
marco ajustable 226
margarina 149
Marianas, fosa 34
Marie Byrd, Tierra 15
mariposa 67, 517
mariposa de resorte 221
mariposa, morfología 67
mariquita 69
marítimo 40
marmota 82
marquesina 434
marquesina del andén 375
marroquinería, artículos 274
Marruecos 451
marta 88
Marte 2, 3
martillo 116, 472
martillo de albañil 216
martillo de bola 220
martillo de carpintero 220
martillo de uña 220
martín pescador 80
más o menos 427
masa 27
masa de aire 39
masa inerte 27
masa, unidad de medida 426
máscara 454, 476, 478, 486
máscara antigás 459
máscara para el polvo 459
mascarilla 459
mascarilla de cirujano 459
masculino 426
masetero 96
mástil 281, 297, 301, 302, 303, 321, 396, 519, 520
matacán 282
matemáticas 427
materia 414
materia inorgánica 45
materia, estados 414
material aislante 190
material de cierre 417
material de lucha contra los incendios 454
material impermeable 260
materiales varios 225
materiales, manejo 396
matraca 536
matriz ungular 114
Mauricio 452
Mauritania 451
maxilar 74, 100, 117
maxilar separable 76
maxilar superior 98
mayor que 427
mayúscula 330
maza 309
mazo 220
mazorca 61
meandro 32
meato auditivo 115, 116

meato auditivo externo 100
meato urinario 111
mecanismo de desplazamiento de la hoja 401
mecanismo de empuje 312
mecanismo para las octavas 306
mecedora 200, 201
medallón 264
media 257, 486
media antideslizante 257
media bota 240
media de malla 257
media luna 273
media volea 490
mediana 343, 434
medias 257, 259
medición de la longitud 425
medición de la temperatura 424
medición del espesor 425
medición del peso 422
medición del tiempo 424
médico 464, 498
médico interno 464
medida instantánea, termómetro 171
medidor de agua 359
medidor de altos niveles de frecuencia 323
medio centro 481
medio de apertura 482
medio de melé 482
medio tubo 526
medir, utensilios 171
Mediterráneo, mar 14, 18, 20
médula 63, 107, 154
médula espinal 109, 110
mejilla 94
mejillón 157
Melanesia 15
melazas 149
melé 484, 485
melé espontánea 483
melisa 142
melocotón 132
melocotón, corte 57
melón amarillo 135
melón cantalupo 135
melón de miel 135
melón de Ogen 135
melón escrito 135
melón invernal 135
melones 135
membrana 58, 75
membrana celular 50, 66
membrana de plasma 66
membrana del cascarón 79
membrana del tímpano 116
membrana interdigital 79
membrana nuclear 50, 66
membrana plásmica 66
membrana vitelina 79
membrillo 133
meninges 109
menisco convergente 419
menisco divergente 419
menor que 427
mensaje anterior 328
mensaje siguiente 328
ménsula 192, 283
mentón 78, 94
mentonera 522
menú 319
menudillo 83
Mercurio 2, 3
meridiana 200
meridiano occidental 22
meridiano oriental 22
meridiano principal 22
merlán 161
mesa 36, 164, 202, 493, 502
mesa arbitral 507
mesa de cama 464
mesa de hojas abatibles 202
mesa de servicio 438
mesa operatoria 464
mesa plegable 202
mesa rotatoria 403
mesas, ejemplos 202
meseta 24, 29
mesilla de cabecera 464
mesilla de noche 439
mesita de servicio 202
mesocarpio 57, 58, 59
mesopausa 37
mesosfera 37
metal, selección 49
metales, familia 295
meteorología 37
metro 378, 426, 435
México 448
México, golfo 16
mezcla de agua y vapor 402
mezcla de cinc y electrolito (ánodo) 417
mezcla de manganeso (cátodo) 417
mezclador de pastelería 172
mezclar 176
mezquita 447
mi(E) 298
micelio 52
microfilamento 66
micrófono 320, 327, 328, 332, 337, 456
micrófonos 457
micrómetro 425
Micronesia 453
micronúcleo 66
microondas 418
microscopio 421
microscopio binocular 421
microscopios 421
microtúbulo 66
miel 149
miembro inferior 103
miembro superior 103
migala 70
mihrab 447
mijo 61, 143
mijo : espiga 61
mil 427
Mimas 3
mimbar 447
minarete 447
mini-cadena estéreo 325
minibús 363
miniporción de leche/nata 163
miniporción, leche/nata 163
minutero 171, 179, 424
minuto 428
miocardio 104
miopía 419
mira 535
mira telescópica 534
mirador 391
Miranda 3
Mississippi, río 16
mitocondria 50
mitocondrio 66
mitón largo 243
mízcalo 123
mobiliario para el hogar 200
mocasín 242
mochila 277, 532
modalidad de exposición 314
modalidad de exposición múltiple 314
modelo de estación 39
módem 334
módem cableado 335
moderador 376, 408
modillón 282
modo dispositivo 314
modo grabación 320
modos de pago 441
modulación del volumen y del timbre del sonido 310
modulador de presión de frenado 357
módulo centrífugo 11
módulo de células solares 411
módulo de comunicación 316
módulo de habitación americano 11
módulo de propulsión 316
módulo de servicio 316
módulo para experimentos europeo 11
módulo para experimentos japonés 11
módulo ruso 11
mofeta 88
Mohorovic, discontinuidad 26
Mohorovicic, discontinuidad 26
mol 426
molares 101
Moldavia 450
molde acanalado 172
molde de carlota 172
molde de pan 179
molde de soufflé 172
molde para bizcocho 172
molde para magdalenas 172
molde para tartas 172
molde redondo con muelles 172
moldeador de cutículas 265
moldes de pastas 172
moldura 358
moldura lateral 349
moldura superior 493
molécula 414
moler 170
molinete 412
molinillo de café 180
molino de plataforma giratoria 412
molino de torre 412
molino de viento 412
mollejas 154
moluscos 72, 157
moneda : anverso 441
moneda, anverso 441
moneda, reverso 441
moneda: reverso 441
monedero 275
Mongolia 453
monitor de control del director 290
monitor de vídeo 329
mono 261
monocascos 521
monopatín 526
monovolumen 347
montacargas 397
montante 184, 187, 262, 394, 466, 509
montante central 185, 186, 202, 349
montante de la bisagra 185
montante de la cerradura 185
montante embarbillado 186
montante esquinero 187
montante quicial 186
montaña 29, 512
montañas Rocosas 16
monte de Venus 112
monte Everest 37
Montenegro 450
montes Apalaches 16
montes Cárpatos 18
montes marinos 33
montes Transantárticos 15
montes Urales 18
montura en herradura 7
monumento 25
moqueta 190
moras 132
morcilla 156
morcillo 152
mordaza 217, 221, 222, 224, 226, 228, 229, 265
mordaza curva 222
mordaza fija 223, 224
mordaza móvil 223, 224
mordaza recta 222
mordazas 224, 535
mordente 299
morfología de un bogavante 71
morfología de un caballo 83
morfología de un caracol 72
morfología de un delfín 90
morfología de un gorila 91
morfología de un pájaro 78
morfología de un perro 86
morfología de un pulpo 72
morfología de un tiburón 74
morfología de una abeja trabajadora 68
morfología de una araña 70
morfología de una concha bivalva 73
morfología de una concha univalva 73
morfología de una mariposa 67
morfología de una perca 74
morfología de una rana 75
morfología de una rata 82
morfología de una serpiente venenosa: cabeza 76
morfología de una tortuga 76
morilla 123
morillos 193
morral 276
morrena central 30
morrena de fondo 30
morrena frontal 30
morrena lateral 30
morrena terminal 30
morro 392
morro abatible 394
mortadela 156
mosaico 280
mosca 69, 502
mosca artificial 536
mosca central 502
mosca de la línea de cuadro 502
mosca superior 502
mosca tsetsé 69
mosquetón 521, 538
mosquito 69
mostaza 60
mostaza alemana 140
mostaza americana 140
mostaza blanca 138
mostaza de Dijon 140
mostaza en grano 140
mostaza en polvo 140
mostaza inglesa 140
mostaza negra 138
mostrador 390
mostrador de carne de autoservicio 120
mostrador de carne fresca 120
mostrador de quesos 121
mostrador frigorífico 438
mostrador, carne 120
mostrador, quesos 121
moto acuática 523
moto con cámara 522
moto de cabeza 522
moto de carreras y motociclista 525
moto de motocross 525
moto de nieve 523
moto, motocilista 525
motocicleta 366, 525
motocicleta : vista desde lo alto 368
motocicleta de turismo 369
motocicleta todo terreno 369
motocicletas, ejemplos 369
motor 176, 177, 180, 208, 212, 213, 214, 227, 229, 237, 272, 366, 401, 403
motor de arranque 237
motor de elevación diésel 383
motor de gasolina 351, 360
motor de propulsión diésel 383
motor del tractor 400
motor diésel 398, 399, 400, 401
motor eléctrico 235, 237, 358
motor fueraborda 385
motor principal 13
motor, bogie 376
movimiento diagonal 470
movimiento en ángulo 470
movimiento horizontal 470
movimiento horizontal del suelo 27
movimiento vertical 470
movimiento vertical del suelo 27
movimientos de un avión 395
Mozambique 452
Mozambique, canal 20
mozzarella 150
mucosa olfatoria 117
mueble bar 203
muebles contenedores 202
muebles infantiles 205
muela del juicio 101
muelle 381, 430, 460, 535
muelle de carga 435, 437
muelle helicoidal 351
muelle para inflar y desinflar 530
muerte 426
muesca 244, 422, 503
muesca de apertura 531
muestreador 310
muflón 84
muguete 56
mujer 94
mujer, guantes 243
mujer, ropa 251
mujer, sombreros 239
mujer, zapatos 241
mújol 160
mula 84
muleta de antebrazo 466
muleta de sobaco 466
multicasco 521
multipack 163
multiplicación 427
multiplicador 413
munster 151
muñeca 93, 95, 115
muñequera 486, 492, 500, 527

muralla 282
muro 5, 184, 528
muro de cimentación 187
muro de encauzamiento 406
muro de la Qibla 447
muro de llegada 516
muro de nubes 43
muro del ojo 43
muro fortificado 447
músculo aductor anterior 73
músculo aductor posterior 73
músculo bulbocavernoso 111
músculo erector del pelo 114
músculo papilar 104
músculo recto inferior 119
músculo recto superior 119
músculos 96
muselina 171
museo 433
musgo 51
musgo, estructura 51
musgos, ejemplos 51
música 296
muslera 486
muslo 78, 83, 86, 93, 95, 111, 112
musola 158
Myanmar 453

N

nabiza 127
nabo 129
nabo sueco 129
nacimiento 426
nacionalidad 497
nalga 93, 95, 111, 112
Namibia 452
Namibia, desierto 20
naos 279
naranja 134
naranja china 134
naranja, corte 58
narciso 56
narina 74, 75, 76, 78
nariz 82, 94, 117, 534
nasofaringe 117
nata 150
nata agria 150
nata de montar 150
natación 516
Nauru 453
navaja 157
navaja de barbero 271
navaja jardinera 234
navaja multiusos suiza 531
navaja para entresacar 269
nave 285
nave central 447
nave espacial 37
nave lateral 285
navegador 334
Nazca, placa 27
neblina 41
neceser 276
necrológica 313
nectarina 132
nefridio 71
negra 299
negras 470
negro 418
Negro, mar 14, 18, 19
Nepal 453
Neptuno 2, 3
nervadura central 60
nervadura principal 55
nervadura secundaria 55
nervio 67, 114
nervio abdominogenital mayor 108
nervio abdominogenital menor 108
nervio auditivo 116
nervio central 51
nervio ciático mayor 108
nervio ciático menor 108
nervio ciático poplíteo externo 108
nervio ciático poplíteo interno 108
nervio circunflejo 108
nervio crural 108
nervio cubital 108
nervio diagonal 284
nervio digital 108
nervio espinal 109
nervio femorocutáneo 108
nervio glúteo 108
nervio intercostal 108
nervio mediano 108
nervio musculocutáneo de la pierna 108
nervio obturador 108
nervio olfatorio 117
nervio óptico 119
nervio radial 108
nervio raquídeo 110
nervio safeno externo 108
nervio safeno interno 108
nervio secundario 284
nervio tibial anterior 108
nervio transversal 284
nervio vestibular 116
nervios craneales 108
neumático 349, 358, 364, 371, 522, 525
neumático de invierno 358
neumático de rendimiento 358
neumático de tacos 358, 369, 525
neumático de todas las estaciones 358
neumático de turismo 358
neumáticos, ejemplos 358
neurona motora 110
neurona sensorial 110
neutrón 414
neutrón incidente 415
nevera 346, 532
neviza 30
newton 426
Nicaragua 448
nicho de seguridad 345
niebla 41
nieve 41
nieve ácida 48
nieves perpetuas 29
Níger 451
Níger, río 20
Nigeria 451
Nilo 20
nimbostratos 42
niños, ropa 261
níspero 133
nivel de agua 181
nivel de aire 225
nivel de equilibrio del agua 33
nivel de la recepción 439
nivel del agua 208
nivel del mar 26, 33, 37
nivel del mar, presión barométrica 39
nivel el agua, indicador 179
nivel freático 31
nivelador 229
niveladora 401
no es idéntico a 427
no es igual a 427
no es paralelo a 428
no pertenece a 427
nódulo de Ranvier 110
nogal 64
nombre de la estación 378
nombre de la moneda 441
nombre del dominio 334
nombre del gimnasta 497
nombre del periódico 313
nombre del titular 441
nonágono regular 429
nonio 422
Nor Noroeste 23
Noreste 23
nori 123
Noroeste 23
Norte 23
Norte Noreste 23
Norte, mar 14, 18
Noruega 450
Noruega, mar 18
notación del ajedrez 470
notación musical 298
notas musicales, valores 299
noticias breves 313
nube 37, 41
nube alta, tipo 39
nube baja, tipo 39
nube de cenizas 28
nube de Oort 2
nube en forma de embudo 43
nube media, tipo 39
nubes 42
nubes altas 42
nubes bajas 42
nubes de desarrollo vertical 42
nubes medias 42
nubes, absorción 46
nuca 93, 95
núcleo 4, 6, 50, 66, 110, 112, 414, 534
núcleo externo 26
núcleo fisionable 415
núcleo interno 26
núcleo, escisión 415
nucléolo 50, 66, 112
núcleos radioactivos 415
nudo 53, 416
nudo viario 431
Nueva Caledonia 15
Nueva Zelanda 15, 453
nuevo shekel 440
nuez 92, 133
nuez de cola 133
nuez de ginkgo 133
nuez de macadamia 133
nuez del Brasil 133
nuez moscada 138
nuez moscada, rallador 170
nuez verde 60
nuez, corte 60
número de habitación 439
número de identificación personal (PIN), teclado 443
número de la autopista 25
número de la carretera 25
número de la escena 291
número de la tarjeta 441
número de serie 441
número de tarjeta 443
número del jugador 488, 506
número del surtidor 346
número dorsal 473
números romanos 427
nutria de río 88

Ñ

ñoquis 146

O

oasis 32, 36
obenque 520
Oberón 3
obispillo 78
objetivo 8, 314, 327, 332, 420, 421
objetivo gran angular 314
objetivo macro 314
objetivo zoom 314, 320
objetivos 314
objeto 419
oblicuo mayor del abdomen 96, 97
oboe 306
oboes 295
obra muerta 521
obrera 68
observación astronómica 7
observatorio 7
observatorio astronómico 7
observatorio astronómico, sección transversal 7
obstáculo 470
obturador 333
obturador de la cúpula 7
oca 81, 155
occidental 493
occipital 97, 99
Oceanía 14, 15, 453
océano 5, 24, 45
océano Atlántico 14, 15, 18, 20
océano Glacial Ártico 14
océano Índico 14, 15, 19, 20
océano Pacífico 14, 15, 19
ocelo 67
ocio al aire libre 528
octaedro regular 429
octágono regular 429
octava 298
ocular 8, 9, 320, 420, 421
ocular acodado 8
odómetro 355
Oeste 23
Oeste Noroeste 23
Oeste Suroeste 23
office 188
oficial del banco de los penaltis 507
oficina 346, 374, 438
oficina de correos 433, 437
oficina de formación profesional 442
oficina de reservas de hotel 390
oficina de urgencias 462
oficina del puerto 381
ofimática 312
oftalmología y otorrinolaringología 463
ohm 426
ohmnio 426
oído 115, 301
oído interno 116
oído medio 116
ojal 248, 275, 509
ojete 240, 246, 262, 538
ojete para la correa 315
ojo 43, 70, 71, 72, 76, 90, 94, 119, 220, 270
ojo compuesto 67, 68
ojo de buey 386
ojos, maquillaje 266
okapi 84
ola 33
olécranon 99
oleoducto 404
oleoducto de superficie 404
oleoducto para crudo 404
oleoducto submarino 404
olfato y gusto 116
oliva, aceite 149
olla 175
olla a presión 174
olla para cuscús 175
Omán 452
Omán, golfo 19
ombligo 30, 92, 94
omoplato/escápula 93, 95
onda 418
onda de choque 403
onda sísmica 27
onda, longitud 418
ondas hertzianas, transmisión 316
ondas radio 418
opera 432
operación, teclas 442, 443
operador de cámara 290
operador de jirafa 291
operador del reloj de 30 segundos 488
opérculo 74
opilión 69
opistodomo 279
óptica 437
orangután 91
orbicular 55
orbicular de los párpados 96
órbita lunar 4, 5
órbita terrestre 4, 5
orbitador 12, 13
orca 90
ordenador 444
ordenador de a bordo 354, 457
ordenador de bolsillo 337
ordenador personal 329
ordenador portátil 336
ordenador portátil: vista frontal 336
ordenador portátil: vista posterior 336
ordenador: vista frontal 329
ordenador: vista posterior 329
orégano 142
oreja 92, 116, 240
oreja de Judas 123
oreja de mar 157
oreja, pabellón 82
orejera 238
orellana 123
organismo cultural 335
organismo de salud 335
organismos simples 66
organización gubernamental 335
órgano 305
órganos genitales femeninos 112
órganos genitales masculinos 111
órganos sensoriales 114
orientación de la cuchilla, cilindro 401
oriental 493
orificio 312
orificio del pie 305

orificio nasal 83
Orinoco, río 17
orla decorativa 260
oronja 123
orquesta 278
orquesta sinfónica 295
orquídea 56
ortiga 127
oruga 67, 398
oruga de polilla 69
orza de popa 519
orza de quilla 519, 520
oscilación 395
oso negro 89
oso polar 89
osoto-gari (gran siega) exterior 499
ostra 157
otaria 90
otoño 38
ovario 56, 112, 113
oveja 84
óvulo 56, 112
oxígeno, producción 54

P

pabellón 306, 307, 432
pabellón auricular 115, 116
pabellón de la oreja 82
pabellón de la trompa de Falopio 113
pacana 133
paciente 464
Pacífico Oriental, dorsal 34
Pacífico, océano 14, 15, 19
Pacífico, Placa 27
Pacífico-Antártico, dorsal 34
página adelante 331
página atrás 331
pago electrónico, terminal 443
pagoda 283
país 23
Países Bajos 449
pajarita 245
pájaro carpintero 80
pájaro, morfología 78
pájaros, ejemplos 80
pajita 163
pak-choi 126
Pakistán 452
pala 193, 233, 398, 401, 478, 493, 510, 535
pala de timón 384
pala del rotor 395
pala del stick 506
pala del timón 520
pala del ventilador de sustentación 383
pala hidráulica 400
pala plegable 532
palacio de congresos 433
Palacio de Justicia 432
palafito 288
palanca 178, 197, 220, 265, 269, 306, 534
palanca de arranque 235
palanca de bloqueo 229
palanca de bloqueo de la altura 8, 9
palanca de bloqueo del acimut 8, 9
palanca de cambio 350
palanca de cambio de velocidades 354, 367, 368, 369
palanca de enclavamiento 224
palanca de la cisterna 196
palanca de la cuña 229
palanca de luces e intermitentes 354
palanca de mando 395
palanca de maniobra 396
palanca de perforación 180
palanca de regulación de altura 209
palanca de seguridad 237
palanca de vibración 303
palanca del cambio de velocidades 371, 372
palanca del cucharón 399
palanca del deslizador 353
palanca del freno 371, 522, 523
palanca del tapón 196
palanca estabilizadora 467
palanca retráctil de la guarda móvil 227
palanca rotativa 332
Palau 453
palco 293
palé con alas 396
paleta 152, 173, 493, 535
paleta de albañil 216
paleta de relleno 216
paletilla 86, 153
palillo 308
palma 115, 243, 477
palma de un guante 243
palmar 36
palmar mayor 96
palmar menor 96
palmeada 55
palmera 64
palmeta 200
palo 215
palo de la tienda 529
palo de proa 385
palo del jugador 506
palo del radar 384
paloma 81
palos 482
palpo 73
palpo labial 67
pamela 239
pan 144
pan ácimo 145
pan alemán de centeno 145
pan americano de maíz 145
pan blanco 145
pan campesino 145
pan danés de centeno 145
pan de centeno negro 144
pan de flor 145
pan de pita 145
pan espiga 144
pan griego 144
pan indio chapatí 145
pan indio naan 145
pan integral 145
pan irlandés 145
pan judío hallah 145
pan multicereales 145
pan negro ruso 145
pan, molde 179
panadería 121, 437
Panamá 448
panamá 238
Panamá, golfo 17
Panamá, istmo 16
panceta 156
páncreas 106
pandereta 309
panel de cierre 329
panel de control 212, 213, 214
panel de controles 314
panel de la puerta 352
panel de la vela 520
panel de mandos 178, 179, 210, 213
panel de publicidad 378
panel de separación 277
panel frontal 365
panel lateral 365
panel protector 467
panel radiador 13
panel solar 7, 316
paneles fotovoltaicos 11
pantalla 193, 199, 206, 318, 319, 326, 336, 337, 338, 439, 442, 471, 479
pantalla de cristal líquido 315, 327
pantalla de cristales líquidos 326
pantalla de protección 474
pantalla de proyección 294
pantalla del ordenador 10
pantalla del radar 457
pantalla tácti 320
pantalla táctil 337
pantalla, tubo 318
pantalón 473, 476, 486, 499, 500, 506
pantalón ciclista 263
pantalón corto 254, 261
pantalón de boxeo 263
pantalón de peto 260
pantalón peto 254, 261
pantalones 246, 263, 480, 525
pantalones acampanados 254
pantalones cortos 483, 488
pantalones de boxeo 498
pantalones de chándal 262
pantalones de peto 261
pantalones de tubo 254
pantalones elásticos 522
pantalones, ejemplos 254
pantis 257
pantógrafo 376
pantorrilla 93, 95
pantufla 242
pañal 260
pañal desechable 260
paño lateral 248
pañuelo de bolsillo 244
papaya 137
papel de aluminio 162
papel de celofán 162
papel encerado 162
papel para el horno 162
papelera 341
papila 114
papila circunvalada 118
papila filiforme 118
papila foliada 118
papila fungiforme 118
papila gustativa 118
papila óptica 119
papila renal 107
Papúa Nueva Guinea 15, 453
paquete 163
parábola 321
parabrisas 348, 364, 366, 369, 385, 392, 394, 523
paracaídas 287
paracaídas auxiliar 12
parachoques 364, 369, 523
parachoques posterior 369
parada 323, 328
parada de autobús 434
parafinas 405
paraguas 273
Paraguay 448
paragüero 273
paralelepípedo 429
paralelo 22
paralelogramo 429
paramecio 66
Paraná, río 17
parapeto 344
pararrayos 183, 407, 413
parasol 8, 354, 356, 361
parche 309
parche inferior 308
parche superior 308
pared celular 50
pared de viraje 517
pared lateral 385, 517
pared transversal de contención 384
pareja 509
parietal 99
paripinnada 55
parka 249
parmesano 151
párpado 76
párpado inferior 75, 87, 119
párpado interno 87
párpado superior 75, 87, 119
parqué 190
parque 25, 433
parqué alternado a la inglesa 190
parqué Arenberg 190
parqué Chantilly 190
parque de bomberos 433
parqué de cestería 190
parque de estacionamiento 389
parqué de mosaico 190
parqué en punta de Hungría 190
parqué espinapez 190
parque nacional 25
parqué sobre base de cemento 190
parqué sobrepuesto 190
parqué Versalles 190
parqué, tipos 190
parrilla 178, 210
parrilla de salida 524
parrilla eléctrica 179
parrilla estabilizadora 529
parrilla plegable 533
parte superior 219
parteluz 186, 285
partes 200, 201, 204
partes de un círculo 428
partes de un zapato 240
partes de una bicicleta 370
pasadizo ascendente 278
pasadizo descendente 278
pasador 186, 246, 268, 532
pasaje subterráneo 375
pasajeros, avión turborreactor 392
pasajeros, terminal 390
pasajeros, vagones 376
pasamano 363, 385
pasamanos 191, 287
pasamontañas 239, 524
pasapuré 173
pasapurés 170
pasarela 282, 292, 375
pasarela superior 379
pasarela telescópica 389
pascal 426
paseo 230
pasillo 120, 436
pasillo de dobles 490
pasillo de seguridad 440
paso 29, 83
paso a nivel 375
paso alternativo 514
paso de Drake 15, 17
paso de patinador 514
paso de peatones 434
paso de popa a proa 385
paso elevado 344
paso inferior 344
pasta 146
pasta de hojaldre 145
pasta won ton 147
pastelería 437
pastelería, bandeja 172
pastelería, mezclador 172
pastilla 467
pastilla de combustible 409
pastilla de fricción 357
pastor alemán 86
pata 76, 91, 199, 201, 202, 204, 205, 231, 308, 537
pata anal 67
pata curvada 200
pata de la mesa 493
pata de locomoción 70
pata delantera 67, 68, 75, 201
pata lobulada, dedo 79
pata media 67, 68
pata móvil 202
pata palmípeda, dedo 79
pata telescópica 460
pata torácica 67
pata trasera 67, 68, 75, 201
pata ventosa 67
Patagonia 17
patas, ejemplos 79
patata 124
pátera 200
patilla 273
patín de aterrizaje 395
patín de cola 395
patín de los accesorios 314
patín de pista corta 508
patín de pista larga 508
patín del portero 507
patín en línea 527
patín en línea de hockey 527
patín para figuras 509
patinador 508
patinadora 527
patinaje acrobático 527
patinaje artístico 509
patinaje artístico, cuchilla 509
patinaje de velocidad 508
patinaje en línea 527
patinaje sobre hielo, pista 509
patinaje, pista 512
patines de carreras 508
patio 230, 445, 447
patio de armas 282
patio de butacas 293
patio de tanques 404
pato 81, 155
patrulla de primeros auxilios y puesto de socorro 512
pausa 323, 331
pausa/imagen fija 319
pavimento 342
pavo 81, 155
pavo real 81
PC 334
peatones, semáforo 434
pécari 84
peces 74
peces cartilaginosos 158

peces óseos 159
pecho 83, 92
pechuga 78
pecíolo 52, 55
pecorino romano 151
pectoral 486, 501
pectoral mayor 96
pedal 302, 308, 370, 372, 501, 522
pedal automático 522
pedal crescendo 305
pedal de expresión 305
pedal de la sordina 304
pedal de los bajos 311
pedal de los frenos 354
pedal del acelerador 354
pedal del embrague 354
pedal del freno 350, 357
pedal del freno trasero 368
pedal fuerte 304, 311
pedal plano 522
pedal suave 304
pedalero 305
pedernal 218
pedestal 206, 302, 473
pedio 96
pedipalpo 70
pedúnculo 51, 56, 57, 58, 59, 62
peinado 268
peinazo 202
peinazo de la cerradura 185
peinazo inferior 201, 202
peinazo superior 201, 202
peine afro 268
peine combinado 268
peine de cardar 268
peine de iluminación 291
peine de mango 268
peine de peluquero 268
peine para desenredar 268
peine y cuchilla 271
peines 268
pelaje 82, 91
pelapatatas 169
peldaño 191, 219
peldaño de arranque 191
peldaño posterior 455
pelele 261
pelele de dos piezas 260
peletería 436
pelícano 80
película plástica, condensador 417
película termosaldada 163
pelillo 536
pelo 93, 95, 114, 190
pelo de maíz 61
pelos absorbentes 53
pelos radicales 53
pelota 493
pelota de béisbol 476
pelota de béisbol, corte 477
pelota de cricket 478
pelota de golf 505
pelota de softball 477
pelota de tenis 492
pelota de voleibol 487
pelotón 522
pelotón de cabeza 522
peltada 55
peluquería 436
peluquero 290
peluquero, tijeras 270
pelvis renal 107
penacho 78
penacho de plumas 495
pendiente 264
pendientes 264
pendientes de aro 264
pendientes de clip 264
pendientes de espiga 264
pendientes de tornillo 264
pene 92, 111
península 24
península Antártica 15
península de Arabia 19
península de Corea 19
península de Kamchatka 19
península de Kola 18
península de los Balcanes 18
península del Yucatán 16
península Escandinava 18
península Ibérica 18
pentágono regular 429
pentagrama 298
peón 470
pepinillo 128
pepino 128
pepino amargo 128
pepino dulce 137
pepino sin pepitas 128
pepita 58, 59
pepperoni 156
pera 133
pera asiática 137
pera de goma 460, 461
pera de maíz 498
perca 160
perca, morfología 74
percha 515
percoladora 181
percusión, instrumentos 295, 308
percutor 534
pérdida de calor 46
perdiz 80
perejil 142
perfil del suelo 54
perfil, suelo 54
perforación 263
perforación, torre 403
perforaciones 240, 243
perforadora 340
perfumería 121, 436
pérgola 230
pericardio 105
pericarpio 60
perifollo 142
perilla 227
periódico 313
periódico, nombre 313
peristilo 279, 280
peristoma 66
peritoneo 111, 112
perno 222, 223, 224
perno con collarín 223
perno de articulación del cucharón 399
perno de expansión 221
perno de fijación 357
perno de la bisagra 400
perno difusor 236
perno maestro 365
perno para falso plafón 221
pernos 223
peroné/fíbula 98
peroneo corto 97
peroneo largo 96
peróxido 461
peroxisoma 66
perpendicular 428
perro 86, 535
perro, morfología 86
perros, razas 86
persa 87
Pérsico, golfo 19
personal, entrada 438
personal, guardarropa 438
pertenece a 427
Perú 448
Perú-Chile, fosa 34
pesa 422
pesa corrediza 422
pesas 500, 501
pesas para muñecas y tobillos 500
pesca 536
pesca con mosca 536
pesca de lanzado 537
pescado 121
pescante 384, 397
peso 423, 440, 472
peso, medición 422
pespunte 243, 246, 260
pespunteada 253
pespunteado 262
pestaña 119, 251
pestaña de arrojo 460
pestañas 87
pesticida 47, 48
pestillo 186
pestillo de ingletes 226
pétalo 56
petición del sistema 331
petirrojo 80
peto 260, 261, 476, 486
petróleo 403, 405
petróleo crudo 405
petrolero 381, 384
pez cartilaginoso 74
pez de San Pedro 161
pez espada 159
pez óseo 74
pezón 92, 94, 113
pi 428
piamadre 109
piano 295
piano electrónico 311
piano vertical 304
pica 82, 454
picadora de carne 170
picardía 256
píccolo 295, 306
pícea 65
pichi 252
pichón 154
pickguard 303
pico 29, 78, 233
pico de rey 425
picos, ejemplos 79
pictogramas 330
pie 52, 72, 73, 91, 92, 93, 94, 95, 176, 199, 260, 302, 305, 421, 536, 537
pie ajustable 212, 213, 214
pie de foto 313
pie de la cama 204
pie de voluta 200
pie derecho 187, 285
piedra blanca 470
Piedra Coyolxauhqui 283
piedra de afilar 169
piedra de curling 515
piedra de sacrificio 283
piedra negra 470
piel 57, 58, 59, 110, 114, 297
piel armónica 297
piel de gamuza 265
pierna 83, 93, 95, 247
pierna de cordero 153
pierna elástica 247
pieza de talón 514
piezas 470
pijama 256, 261
pijama de una pieza 247
pila 416
pila alcalina de manganeso-cinc 417
pila bautismal 446
pila de agua bendita 446
pila de carbón-cinc 417
pila recargable 320
pilar 27, 283, 284, 344
pilar anterior del velo del paladar 116
pilar derecho 482
pilar izquierdo 482
pilas secas 417
pilastra corintia 281
pilón 344
pilón del turborreactor 393
pilón guía 345
piloto 178, 180, 181, 208, 214, 524
pimentero 166
pimentón 139
pimienta blanca 138
pimienta de cayena 139
pimienta de Jamaica 138
pimienta molida 139
pimienta negra 138
pimienta rosa 138
pimienta verde 138
pimiento dulce amarillo 128
pimiento dulce rojo 128
pimiento dulce verde 128
pináculo 282, 284, 285
pinatífida 55
pincel 312
pincel de repostería 172
pincel para labios 266
pinchador 341
pingüino 80
pinna 52
pino piñonero 65
pintada 81, 154
pintalabios 266
pinza 71, 246, 248, 269, 312
pinza del freno 366
pinza negra 356
pinza para el cabello 268
pinza para rizar 268
pinza roja 356
pinza sujetamuestras 421
pinzas 173, 461
pinzas multiuso 217
pinzas para caracoles 173
pinzas para depilar cejas 265
pinzas para espagueti 173
pinzas pelacables 217
pinzas universales 222
pinzón 80
piña 65, 136
piñón 65, 133
piñón libre 372
piojo 69
pirámide 278, 429
pirámide, entrad 278
pirata 254
Pirineos 18
piruetas, ejemplos 509
piscina 184, 386, 517
piscina elevada 184
piscina enterrada 184
piscina olímpica 517
piso 193, 412, 526
piso cosido 528, 529
piso superior 363
pisos de madera 190
pista 472, 504, 506, 524
pista corta 508
pista de enlace 388
pista de esquí alpino 512
pista de estacionamiento 388
pista de fondo 512
pista de patinaje 512
pista de patinaje sobre hielo 509
pista de rodaje 388
pista de salto 473
pista larga 508
pista para avanzados 512
pista para expertos 512
pista para intermedios 512
pista para principiantes 512
pistacho 133
pistas de carreras 496
pistas de esquí 512
pistilo 56
pistola 216, 456
pistola de calor 219
pistola de salida 472
pistola del surtidor 346
pistola para calafateo 216
pistola para soldar 218
pistola pulverizadora 236
pistolera 456
pistón 307, 357, 360
pitón 77
pitorro 181, 215
pívot 489
pivote 217, 270, 511, 533
pivote móvil 222
pizarra 444
placa 164, 197
placa africana 27
placa antártica 27
placa antifricción 511
placa base 511
placa calcárea 73
placa costal 76
placa de absorción 410
placa de advertencias 228
placa de circuito impreso 417
placa de cocción 179
placa de Cocos 27
placa de Escocia 27
placa de especificaciones 228
placa de Filipinas 27
placa de freno 511
placa de identificación 456
placa de instalación 199
placa de Nazca 27
placa de número 525
placa del Caribe 27
placa del interruptor 198
placa del Pacífico 27
placa eléctrica 210
placa euroasiática 27
placa indoaustraliana 27
placa marginal 76
placa motora 110
placa negativa 359
placa norteamericana 27
placa positiva 359
placa protectora 525
placa sudamericana 27
placa supracaudal 76
placa térmica 181
placa terminal 409
placa vertebral 76
placas convergentes 27
placas divergentes 27
placas tectónicas 27

plafón 206
plancha 179, 208, 269
plancha de muelles 496
plancha de pelo 269
plancha de vapor 208
plancha eléctrica 179
plancha superior 178
planetas 2
planetas externos 2
planetas internos 3
planicie 24
planicie fluvio-glaciar 30
planisferio 14
plano de deriva 393
plano de la catedral 285
plano del templo griego 279
plano del terreno 183
plano horizontal 393
plano vertical 393
planta 53, 247
planta alta 182, 189
planta baja 182, 188
planta de bombeo 404
planta de lubricantes 405
planta de reforma catalítica 405
planta de separación selectiva 49
planta intermedia de refuerzo 404
planta, anatomía 53
plantador 231
plantador de bulbos 231
plantar delgado 97
plaqueta 104, 273
plasma 104
plasmodesmo 50
plástico transparente 274
plásticos transparentes 274
plásticos, clasificación 49
plastrón 76
plataforma 27, 219, 342, 363, 377, 396, 423, 526
plataforma continental 33
plataforma de 10 m 518
plataforma de 3 m 518
plataforma de 5 m 518
plataforma de 7,5 m 518
plataforma de hielo de Amery 15
plataforma de hielo de Filchner 15
plataforma de lanzamiento 475
plataforma de producción 404
plataforma de salida 516
plataforma elevadora para silla de ruedas 363
plataforma giratoria 455
plataforma giratoria, molino 412
plataforma inferior 396
plátano 136
platea 278
platija 161
platillo 422, 423
platillo high hat 308
platillo inferior 308
platillo superior 308
platillo suspendido 308
platillos 295, 309
platina 421
platina mecánica 421
platito para el pan 166
plato 531
plato de postre 166
plato de retroceso 357
plató de rodaje 290
plato giratorio 224, 400
plato lijador 229
plato llano 166
plato para caracoles 173
plato sopero 166
platos de cocción 179
playa 35
pletina 326
pletina de casete 323
pleura parietal 105
pleura visceral 105
plexo braquial 108
plexo lumbar 108
plexo nervioso 101
plexo sacro 108
pliegue anal 93, 95
pliegue de la columela 73
pliegues, ejemplos 253
plisada 253
plomo 538
pluma 27, 400
pluma de ave 312
pluma de caña 312
pluma estilográfica 312
pluma metálica 312
pluma metálica romana 312
plumas timoneras 78
Plutón 3
pocilga 122
podadera 234
podadera de árboles 234
podadora de bordes 237
podio 283, 435
podio de salida 516
podio y sótanos 435
pole position 524
polea 219, 360, 535
polea del montacargas 397
polea tensora del limitador de velocidad 287
poleas de tensión 372
polideportivo 431
polígono industrial 431
polígonos 429
Polinesia 453
polipasto 403
polipodio común 52
política 448
politrico 51
pollo 155
polo 250, 255, 492
polo negativo 417
polo Norte 21
polo norte 416
polo positivo 416
polo Sur 15, 21
polo sur 416
Polonia 450
polvera 266
polvo compacto 266
polvo de magnesio 497
polvos sueltos 266
pomelo 134
pomo 201, 202, 229, 506
pomo carnoso 58
pómulo 98
poncho 251
Pont-l'Évêque 151
pool 502
popa 386, 519
póquer 468
porcentaje 427
porche 183
poro 50, 60, 114
porra 456
porta martillo 225
porta pasaportes 275
porta-celo 341
porta-cinta adhesiva 341
porta-esquí 356
porta-filtro 181
portaagujas 460
portabicicletas 356
portabolsa 505
portabotellas 371
portabrocas de sujeción 228
portacarrete 536, 537
portaequipajes 361, 369, 370, 383, 523
portaequipajes posterior 369
portahorquilla 396
portal 285
portalámparas 199
portaleños 193
portaminas 312
portamonedas 275
portante 83
portaobjetivo rotatorio 421
portaobjeto 421
portaobjetos 421
portaocular 8
portaplumas 274
portarrollos de papel higiénico 195
portatrajes 277
portatubo 421
portaviento 296
portería 439, 480, 507
portero 479, 481, 506, 507
portero del equipo receptor 479
pórtico 285, 447
Portugal 449
posición A - en plancha 518
posición B - hacer la carpa 518
posición C - cuerpo encogido 518
posición de equilibrio 418
posición de los jugadores 474, 481, 482
posición del documento a enviar 328
posiciones de los jugadores 489
posiciones de salto 518
poste 191, 375, 485, 487, 490, 495, 498
poste con protecciones 489
poste de foul 475
poste de la grúa 385
poste del asiento 370
potencia eléctrica, unidad de medida 426
poterna 282
potro 496, 497
pozo 278
pozo de inyección 402
pozo de producción 402
pozo marino 404
practicable para ejercicios de suelo 496
pradera 122
praderas 44
prado 122
precio total 423
precio unitario 423
precipitación 45
precipitaciones 41
precipitaciones invernales 41
precisión, balanza 423
precocinados 121
premaxilar 74
premolares 101
prensa en C 224
prensa-café 181
preparador 489
prepucio 111
presa 406
presidente de jurado 509
presilla 245, 246, 531
presilla de estaquilla 528, 529
presilla de la manga 248
presilla del cinturón 248
presión 501
presión barométrica 39
presión barométrica a nivel del mar 39
presión, unidad de medida 426
pretina 246, 249
pretina con botones de presión 260
pretina elástica 247, 249
prevención de incendios 454
prevención de la criminalidad 456
previsión meteorológica 38
primates, ejemplos 91
primavera 38
primer árbitro 487
primer aumento de la tensión 413
primer ayudante de cámara 290
primer espacio 489
primer jugador 515
primer molar 101
primer pistón móvil 307
primer premolar 101
primera aleta dorsal 74
primera base 474
primera línea 482
primera plana 313
primera plana, foto 313
primeras hojas 53
primeros auxilios, puesto de socorro 512
primeros violines 295
Principado de Andorra 449
Principado de Mónaco 450
principales movimientos 470
principales venas y arterias 102
prisma de Porro 420
prismáticos binoculares 420
proa 384, 387, 519, 520
probador de contactos con tierra 217
probóscide 67
producción de calor 408
producción de electricidad por energía eólica 413
producción de electricidad por energía geotérmica 402
producción de electricidad por energía nuclear 408
producción de electricidad por energía térmica 402
producción de electricidad por generador 408
producción de oxígeno 54
producción eléctrica 412
productor 291
productos alimenticios 120
productos de cocina 120
productos de fisión 415
productos del refinado 405
productos en oferta 121
productos lácteos 120, 150
productos para envasar 120
productos petroquímicos 405
productos, oferta 121
profesor 444
profesor, pupitre 444
profundidad del hipocentro 27
programa de correo electrónico 334
programación televisiva, horario 313
programador 212, 213
programas informáticos 457
promontorio 35
pronador redondo 96
pronaos 279
propagación 418
proporción de nubes 39
propulsor 10, 12
propulsor de maniobras 13
propulsor de proa 387
propulsor sólido 12
propulsores de control de actitud 12
proscenio 292
prospección terrestre 403
próstata 111
protección para el sistema respiratorio 459
protección para la cabeza 458
protección para los oídos 458
protección para los ojos 458
protección para los pies 459
protector 210, 235, 248, 471, 478, 498
protector bucal 498
protector contra virutas 227
protector de antebrazo 486
protector de cuello 486
protector de espuma 458
protector de la barbilla 367
protector de la culata 306
protector de la garganta 476
protector de mano 525
protector de piernas 507
protector del brazo 486
protector del cable 218, 228, 229
protector del pie 476
protector del zanco 398
protector dental 486
protector facial 507
protector lumbar 486
protector para las costillas 486
protector solar 10
protocolo de comunicación 334
protón 414
protoneurona 110
protuberancia 4
proveedor de servicios Internet 335
provincia 23
provisión de dinero en efectivo 443
provisión de guantes 464
proyección cilíndrica 22
proyección cónica 22
proyección en círculo 499
proyección interrumpida 22
proyección plana 22
proyección por encima del hombro con una mano 499
proyección primera de cadera 499
proyección, cabina 294
proyección, pantalla 294
proyección, sala 294
proyecciones cartográficas 22
proyector 290, 294, 376
proyectores 293
pruebas 511
pseudópodo 66
púa 297
pubis 92, 94
público, entrada 278

pueblo 430, 512
puente 25, 78, 273, 297, 301, 302, 303, 343, 381, 420
puente cantilever 344
puente colgante 344
puente de carga para contenedores 381
puente de ensamblaje 303
puente de la nariz 117
puente de los altos 304
puente de los bajos 304
puente de luces 455, 457
puente de luces, sistema de control 457
puente de mando 382, 386, 387
puente de señales 375
puente de Varolio 109
puente de viga 344
puente elevador 345
puente giratorio 344
puente levadizo 282
puente levadizo doble 345
puente levadizo sencillo 345
puentes fijos 344
puentes móviles 344
puerco espín 82
puerro 124
puerta 7, 178, 202, 210, 212, 213, 287, 349, 352, 361, 392, 423, 439, 447, 479, 528, 529
puerta automática 390
puerta basculante de garaje 286
puerta convencional 286
puerta corredera 286
puerta corredera automática 286
puerta cortafuego 286
puerta de dos hojas 362
puerta de entrada 185, 362, 363
puerta de garaje seccional 286
puerta de la bodega de carga 13
puerta de la plataforma elevadora 363
puerta de librillo 286
puerta de proa 383, 386
puerta de tiras 286
puerta del fogón 192
puerta del refrigerador 211
puerta giratoria manual 286
puerta lateral 380
puerta mosquitera 361
puerta plegable 195, 286
puerta trasera 188
puerta ventana 164, 189
puertas de entrada 294
puertas, ejemplos 286
puerto 381, 431
puerto de Ethernet 336
puerto de infrarrojos 336
puerto de módem interno 336
puerto de red 329
puerto de salida de S-video 336
puerto de salida de TV 336
puerto de vídeo 329
puerto FireWire 336
puerto infrarrojos 337
puerto juego 329
puerto MIDI 329
puerto paralelo 329
puerto ratón 329
Puerto Rico, fosa 34
puerto serial 329
puerto teclado 329
puerto USB 310, 329, 336
puesta en marcha 469
puesto de bombeo 346
puesto de enfermeras (ambulatorio de urgencias) 463
puesto de enfermeras (urgencias) 462
puesto de información 390
puesto de la guardia de seguridad 463
puesto de observación 7
puf 201
pujamen 519
pulga 69
pulgar 115, 243, 477
pulgar oponible 91
pulmón derecho 103, 105
pulmón izquierdo 103, 105
pulmones 105
pulpa 57, 58, 59, 101
púlpito 446, 447
pulpo 72, 157
pulpo, morfología 72
pulsador de llamada 287
pulsera de dijes 264
pulverizador 214, 236, 402
pulverizador de agua 348
puma 88
punta 55, 125, 167, 169, 216, 218, 220, 221, 226, 227, 246, 247, 273, 301, 312, 469, 471, 510, 514, 526, 538
punta cruciforme 221
punta de caja cuadrada 221
punta de diamante 202
punta de hoja plana 221
punta de la plancha 208
punta de plástico 269
punta de sujeción 304
punta del cuello 245
punta del diente de la desterronadora 398
punta del esquí 514
puntal 308
puntal trasero 412
puntales de refuerzo 187
puntas; tipos 221
puntera 229, 511, 514
puntera perforada 240
puntera protectora 459
puntero 533
punto 468
punto de apoyo 70
punto de apoyo variable 518
punto de empulgada 535
punto de información 437, 512
punto de interés 25
punto de mira 533, 534
punto de penalti 480
punto de salida 504
punto de saque 506
puntos 492
punzón 531
puño 245, 477, 492, 514
puño de amura 519
puño de escota 519
pupila 87, 119
pupila vertical 76
pupitre del alumno 444
pupitre del profesor 444
putter 505

Q

Qatar 452
quad 369
quark d 414
quark u 414
quarterback 485
quelícero 70
quemador 174, 210, 529
queroseno 405
queso chèvre 150
queso cottage 150
queso cremoso 150
queso, rallador cilíndrico 170
quesos azules 151
quesos blandos 151
quesos de cabra 150
quesos frescos 150
quesos prensados 151
quiasma óptico 109
quijada 83, 86
quilla 521
química 414
quingombó 128
quinientos 427
quinta 298
quinteto 300
quinto octante 5
quinua 143
quiosco 437
quirófano 464, 465
quitagrapas 341
quitanieves 365
quitapiedras 376, 377

R

rábano 129
rábano blanco 129
rábano daikon 129
rábano negro 129
rabillo 57, 58, 59
rabiza 536
racimo 57, 61
racimo de uvas 62
raclette 151
raclette-grill 179
radar 382, 383, 386, 387
radar de navegación 392
radar meteorológico 38
radiación 415
radiación infrarroja 46, 418
radiación solar 45, 46, 410, 411
radiación solar absorbida 46
radiación solar refleja 46
radiación ultravioleta 418
radiador 350, 358
radiador, manguito 358
radiadores 11
radial externo primero 97
radial externo segundo 97
radícula 53, 63
radio 70, 98, 371, 428, 457
radio blando 74
radio despertador 325
radio espinoso 74
radio medular 63
radio portátil 325
radioactividad, unidad de medida 426
radiocasete con lector de disco compacto 326
radiocasete portátil personal (Walkman®) 325
raíces 53, 62, 129
raíces adventicias 52
raíces superficiales 63
raíles del travelín 290
raíz 54, 101, 118, 167
raíz anterior 110
raíz cuadrada de 427
raíz de la uña 114
raíz motora 109, 110
raíz posterior 110
raíz primaria 53, 63
raíz principal 53
raíz secundaria 53
raíz sensitiva 109, 110
rallador 169, 170
rallador cilíndrico de queso 170
rallador de nuez moscada 170
rallar 170
rally, coche 524
rama 53, 63, 65, 460
rama comunicante 110
rama con fruto 62
rama madre 63
ramaje 63
ramal de enlace 343
rambután 137
ramificación 62
ramificación colateral 110
ramilla 63
rampa 281, 343
rampa de acceso 279, 344
rampa del muelle 381
rampa plegable 386
rana 75
rana arborícola 75
rana bermeja 75
rana de bosque 75
rana leopardo 75
rana, morfología 75
ranita 261
ranura 169, 221, 274, 359, 473
ranura de depósito 442
ranura de la tarjeta de memoria 320
ranura de la tarjeta PC 336
ranura de lectura de tarjeta 346
ranura de puesta al día de la cartilla 442
ranura de registro de la transacción 442
ranura de ventilación 336
ranura guía 510
ranura para el pan 178
ranura para toldo 361
rape 160
raqueta de bádminton 494
raqueta de tenis 492
ras el hanout 139
raspador 400
rasqueta 219, 514
rastrillo 233, 237
rastrillso 292
rata 82
rata, morfología 82
ratón de campo 82
ratón de rueda 332
ratón inalámbrico 332
ratón mecánico 332
ratón óptico 332
raviolis 146
raya 158, 246
raya continua 342
raya discontinua 342, 343
rayo 41
rayo de luz 419
rayo láser 420
rayos gamma 418
rayos X 418
razas de gatos 87
razas de perros 86
re(D) 298
Rea 3
reacción en cadena 415
reactor 408
reactor nuclear, carga 409
rebajo de escalón 191
reborde 293, 301, 302
rebosadero 194, 196, 406
rebote 487
rebozuelo 123
recalentamiento global 46
recepción 439, 442, 462, 465
recepción de carga 391
recepción de documentos 328
recepción directa en la casa 316
recepción, nivel 439
receptáculo 51, 56, 59
receptáculo del cepillo 272
receptor 303, 321, 327, 474, 475, 476
receptor alejado 485
receptor de los bajos 303
receptor de los intermedios 303
receptor de radio vía satélite 326
receptor del sonido 460
receptor sensorial 110
receptor triple 303
receptores gustativos 118
recibo 423
recibo de transacción 443
reciclado 49
reciclado de aluminio, contenedor 49
reciclado de papel, contenedor 49
reciclado de vidrio, contenedor 49
reciclaje, contenedores 49
recinto ferial 430
recipiente 180
recipiente con vertedor 177
recipiente del abrillantador 214
recipiente del detergente 214
recipiente inferior 181
recipiente superior 181
recogedor 215, 237
recogepelotas 490
recogida de papel, contenedor 49
recogida de vidrio, contenedor 49
recogida diferenciada 49
rectángulo 429
recto 106, 111, 112
recto anterior 96
recto del abdomen 96
recto entallado 252
recto interno del muslo 97
recubrimiento aislante 12
recubrimiento antirreflectante 410
recuperación del documento enviado 328
red 205, 487, 489, 491, 493, 495
red de cables telefónicos 434
red de distribución por cable aéreo 316

red de mano 538
red de transmisión por cable subterráneo 317
red de transmisión privada 316
red nacional de transmisión 316
red telefónica 317
redonda 299
redondo mayor 97
redondo menor 97
refinado, productos 405
refinería 404, 431
reflector 217, 365, 370, 523
reflectores solares 316
reflexión parcial, espejo 420
reflexión total, espejo 420
refrigeración, torre 402
refrigeración, varilla 420
refrigerante 405, 408
refrigerante caliente 408
refrigerante frío 408
refuerzo 259, 458, 525
refuerzo del talón 240
refugio 345
refugio de montaña 512
refugio en la cima 512
refugio presurizado 345
refugio principal 512
regadera 236
región lumbar 93, 95
región malar 78
región negativa 410
región positiva 410
registro de altos 296
registro de cristal líquido 424
registro sísmico 403
registro, cilindro 27
registros de bajos 296
regla 531
regla graduada 425
regla, escala 425
regulador de entrada de agua 214
regulador de presión 174, 454, 529
regulador de temperatura 365
regulador de velocidad 354
reina 68, 468, 470
Reina Maud, Tierra 15
reina, cámara 278
reino animal 66
Reino Unido de Gran Bretaña e Irlanda del Norte 449
reino vegetal 50
reja 217
reja de entrada al pronaos 279
reja de entrada, pronaos 279
reja de seguridad 442
reja metálica de contacto 410
rejilla 174, 178, 210, 211, 296, 318, 358, 359, 407
rejilla de calefacción 380
rejilla de entrada de aire 270
rejilla de salida de aire 270
rejilla de ventilación 214
rejilla del ventilador 209
rejilla desmontable 174
rejilla protectora 324
religión 446
rellano 191
rellano de la escalera 189
reloj 178, 210, 444, 501
reloj de arena 171
reloj de pulsera 424
reloj de sol 424
reloj digital 424
reloj programador 178
remache 169, 222
remate 191
remate en T 193
remeras primarias 78
remeras secundarias 78
remeras terciarias 78
remo 501
remolacha 129
remolcador 384
remolque 361
remolque rígido trasero 363
reniforme 55
reno 84
repetidor 317
repisa 192
repisa para accesorios 8
repollo 126
repollo verde 126
reposa-mano 332
reposabrazo 353
reposabrazos 467
reposacabezas 353
reposamanos 330
reposapies 205, 369
reposapiés 224, 467
repostería, utensilios para 172
reproductor de CD portátil 325
reproductor de disco compacto 325
reproductor/grabador de video VCR 321
reptación 31
reptiles 76
reptiles, ejemplos 77
República Centroafricana 451
República Checa 450
República de Corea 453
República de Malí 451
República de San Marino 450
República Democrática del Congo 451
Republica Democrática Popular de Corea 453
República Dominicana 449
repuesto 312
repulsión 416
reseña gastronómica 313
resguardo del parachoques 348
residuos domésticos 47, 48
residuos industriales 47, 48
residuos no reciclables 49
residuos nucleares 48
residuos primarios 405
residuos, separación selectiva 49
resistencia 210, 213, 214, 218
resistencia eléctrica, unidad de medida 426
resistencias 417
resonador 305, 309, 324
resorte 27, 206, 212, 222, 273, 312, 535
resorte de la válvula 360
resorte de retorno 357
resorte de tensión 500
resorte hidráulico 501
resorte tensor 355
respaldo 200, 201, 205, 353, 369, 467, 523
respaldo reclinatorio 460
respiradero 182, 367
respiradero lateral 361
resta 427
restador 490, 495
restaurante 386, 432, 435, 436, 438
restaurantes de comida rápida 437
resurgencia 31
retablo 446
retén de la esfera 332
retén imantado 180
retícula 420
retícula, sistema 22
retículo endoplasmático 50, 66
retina 119, 419
retiracutículas 265
retoño 63
retorno 331
retorno a la memoria 337
retrato 441
retroceso 331
retrovisor 368
retrovisor de gran angular 362
retrovisor gran angular 363
revestimiento 357, 493, 505, 534
revestimiento de fósforo 199
revestimiento de la popa 7
revestimiento interior 352
revestimientos textiles del suelo 190
revisor 374
revista sensacionalista 313
revólver portaobjetivos 421
rey 468, 470
rey, cámara 278
ría para la carrera de obstáculos 472
ría, carrera de obstáculos 472
rías 35
ribete 238, 240, 244, 262
ribosoma 50, 66
ricotta 150
riel corredizo 214, 521
riel de iluminación 207
riel de rodamiento 397
riel deslizador 353
riel para las rejillas 211
rifle 534
rigatoni 146
rillettes 156
rimaya 30
rímel en pasta 266
rímel líquido 266
rincón 498
rinconera 203
ringside 498
rinoceronte 85
riñón 73, 103
riñón derecho 107
riñón izquierdo 107
riñonera 486
riñones 83, 154
río 24, 25, 32
río Amazonas 17
río Congo 20
río Danubio 18
río Dniéper 18
río Mackenzie 16
río Mississippi 16
río Níger 20
río Orinoco 17
río Paraná 17
río San Lorenzo 16
río Senegal 20
río Vístula 18
río Volga 18
risco 5, 29
rizador de mantequilla 169
rizador de pestañas 266
rizoide 51
rizoma 52
róbalo 160
Roberval, balanza 422
roble 64
robot de cocina 177
roca firme 27
roca impermeable 403
roca madre 54
rocas ígneas 26
rocas intrusivas 26
rocas metamórficas 26
rocas sedimentarias 26
rociador 197
rociadores 408
rocío 41
Rocosas, montañas 16
rodaballo 161
rodamiento 332
rodapié 202
rodilla 83, 86, 92, 94
rodillera 476, 486, 500, 526, 527
rodillo 172, 219
rodillo de pintor 219
rodrigón 230, 231
roedor 82
roedores 82
roedores, ejemplos 82
roja 469
rojo 418
Rojo, mar 14, 19, 20
rollos de la Torá 447
rombo 429
romero 142
rompehielos 384
rompiente 33
ropa 538
ropa de bebé 260
ropa de cama 204
ropa de hombre 244
ropa de mujer 251
ropa de niños 261
ropa deportiva 262
ropa interior 247, 258, 524
ropa para ejercicio 263
ropero 203
roquefort 151
rorcual 90
rosa 56
rosa de los vientos 23, 533
rosca 221, 223, 425
roseta 186, 236, 302
rosetón 285
rosquilla 144
Ross, banquisa 15
rotonda 25, 435
rotor 395, 412, 537
rotor de cola 395
rótula 98
rotulador 340
rough 504
router 334
Ruanda 451
rubí pulsado, láser 420
rubí, varilla 420
rubio 159
rueda 231, 364, 467, 501, 522, 525, 526, 527
rueda central de enfoque 420
rueda de cadena 523
rueda de desplazamiento 332
rueda de empuje 467
rueda de la dirección 467
rueda de mando 337
rueda de repuesto 361
rueda de transmisión 523
rueda delantera 401
rueda giratoria 205
rueda guía 398
rueda humedecedora 339
rueda libre 360
rueda motriz 398
rueda para graduar el respaldo 353
ruedas de tracción 401
ruedecilla 209, 277, 308
rugby 482
rugby, botas de tacos 483
ruibarbo 125
ruiseñor 80
rulo 268
rulo para el cabello 268
Rumania 450
rupia 440
ruqueta 127
rusula verde 123
ruta de servicio 388
ruta pintoresca 25
Ryukyu, fosa 34

S

sábalo 160
sabana 44
sábana 204
sábana ajustable 204
sable 519, 520
sacacorchos 146, 170, 531
sacacorchos con brazos 170
sacapuntas 341
saco de arena 498
saco de Douglas 112
saco de marinero 276
saco de piel 296
saco portabebé 260
saco rectangular 530
saco semirrectangular 530
sacos de dormir, ejemplos 530
sacrificio, piedra 283
sacristía 446
sacro 98, 99
safety débil 484
safety fuerte 484
Sahara, desierto 20
sahariana 255
Saint Kitts and Nevis 449
sal de mesa 141
sal gorda 141
sal marina 141
sala 188, 293
sala de alumnos 445
sala de anestesia 464
sala de audiencias 440, 447
sala de bombeo 384
sala de ceremonias 447
sala de cine 386
sala de clasificación 463
sala de conferencias 442
sala de control 406
sala de curas 465
sala de enyesado 463
sala de equipajes 374
sala de espera 463, 465
sala de espera de embarque 391
sala de espera del centro de extracción de sangre 465

sala de espera para la familia 462
sala de espera principal 465
sala de estar 188
sala de esterilización 464, 465
sala de examen de audiometría 465
sala de extracciones 465
sala de máquinas 384, 386, 406, 407
sala de navegación 382
sala de observación psiquiátrica 462
sala de oración 447
sala de preparación quirúrgica 464
sala de profesores 445
sala de proyección 294
sala de reanimación 462
sala de reconocimiento 465
sala de recuperación posoperatoria 464
sala de reposo de enfermeras 465
sala de reuniones 439, 442, 445
sala del jurado 440
sala del personal 443, 463
salamandra 75
salami alemán 156
salami de Génova 156
salas de entrevistas 440
salchicha chipolata 156
salchicha de Frankfurt 156
salchicha de Toulouse 156
salchicha kielbasa 156
salchicha merguez 156
salchow 509
salero 166
salida 343
salida de agua fría 197
salida de aire caliente 192
salida de humo 192
salida de la pista 391
salida de la pista de alta velocidad 388
salida del refrigerante 410
salmón del Atlántico 161
salmón del Pacífico 161
salmonete 159
salmuera, especias 139
salón 188, 439
salón bar 439
salón de baile 387
salón de pasajeros 386
salpicadero 354, 369
salpicadero, equipamiento 457
salsa de ciruelas 141
salsa de soja 140
salsa de tamarindo 140
salsa de tomate 140
salsa hoisin 140
salsa Tabasco® 140
salsa Worcertershire 140
salsa, ciruelas 141
salsa, soja 140
salsa, Tabasco® 140
salsa, tamarindo 140
salsa, tomate 140
salsa, Worcertershire 140
salsera 166
salsifí 129
saltador 513
saltamontes verde 69
salto de altura 473
salto de espalda 518
salto de longitud 472
salto de pértiga 472
salto en equilibrio 518
salto frontal 518
salto interior 518
salto inverso 518
salto, esquí 513
saltos 518
salud 460
salvavidas 387
salvelino 161
salvia 142
sambal oelek 141
Samoa 453
San Bernardo 86
San Lorenzo, río 16
San Vicente y las Granadinas 449
sandalia 241, 242
sandía 135
sangre desoxigenada 104
sangre oxigenada 104
Santa Lucía 449
Santo Tomé y Príncipe 451
santuario, lámpara 446
sapo común 75
saque 487
sardina 159
sargento 224
sarmiento 62
sarraceno, trigo 61
sartén 175, 531
sartén doble 175
sartén honda 175
sartén para crepes 175
sartén pequeña 175
sartorio 96
satélite 316
satélite artificial 37
satélite de telecomunicaciones 335
satélite meteorológico 38
satélite, comunicación 316
satélite, telecomunicaciones 317
satélites 2
satélites de telecomunicaciones 316
Saturno 2, 3
sauce llorón 64
saxofón 306
schnauzer 86
secador de mano 270
secadora de ensalada 171
secadora de ropa 213
sección 313
sección articulada 363
sección del cañón 193
sección frontal 459
sección rígida de tracción delantera 363
sección sagital 111, 112
sección transversal de la góndola 413
sección transversal de un observatorio astronómico 7
sección transversal de un telescopio reflector 9
sección transversal de un telescopio refractor 8
sección transversal de una carretera 342
sección transversal de una central hidroeléctrica 407
sección vertical 526
secretaría 443, 445
secretario/a de producción 291
sector 428
secuenciador 310
sedal 536
segmento 360
segmento abdominal 67
segmento de marcas 471
segmento intermedio 111
segmento terminal 111
segunda 298
segunda aleta dorsal 74
segunda base 474
segunda línea 482
segundero 424
segundo 428
segundo árbitro 487
segundo aumento de tensión 413
segundo ayudante de cámara 290
segundo espacio 489
segundo jugador 515
segundo molar 101
segundo pistón móvil 307
segundo premolar 101
segundos violines 295
seguridad 454
seguro 178, 209, 222
seguro de inclinación del disco 227
seguro de la base 224
seguro del fuelle 296
seguro del interruptor 228
seis doble 468
selección 319
selección de canales 319
selección de cartón 49
selección de metal 49
selección de nivel 2 330
selección de papel 49
selección de vidrio 49
selección manual 49
selección óptica 49
selector cuadro-direccional 315
selector de canales 319
selector de corte 271
selector de entrada 322
selector de focalización 314
selector de frecuencias 326
selector de la recepción 303
selector de la voz 311
selector de movimiento orbital 227
selector de nivel de agua 212
selector de programa 310, 314
selector de sintonización 325
selector de temperatura 178, 212, 213
selector de tipo de cinta 323
selector de tostado 178
selector de velocidad 176, 228
selector de velocidades 176
selector de volumen 325
selector del modo audio 322
selector del ritmo 311
selectores de funciones 327
selectores de modalidad 326
sellado, tapa 417
sello de goma 338
semáforo 375, 434
semáforo de peatones 434
sembradora de mano 231
semicírculo 428
semicírculo de la zona de tiro libre 488
semicírculo del área 480
semicorchea 299
semieje 351
semifusa 299
semilla 53, 57, 58, 59, 60
semilla, tegumento 57
semillas de adormidera 139
semillas de soja 131
semimembranoso 97
semiremolque frigorífico 365
semirremolque, caja, tipo 365
semisótano 182
semitendinoso 97
sémola 144
Senegal 451
Senegal, río 20
seno 33, 94, 113, 418
seno del pecíolo 62
seno esfenoidal 117
seno frontal 117
seno lateral inferior 62
seno lateral superior 62
sensibilidad 314
sensor de colisión primario 354
sensor de movimiento 286
sensor de seguridad 354
sensor de temperatura 358
sensor de velocidad de las ruedas 357
sensor del mando a distancia 318
sensor óptico 332
señal de dirección 379
señal de distancia fija 391
señal de eje de pista 390
señal de identificación de pista 390
señal de zona de contacto de pista 391
señal de zona de espera 390
señal exterior 378
señales de límite de la pista 391
señales laterales de pista 390
señuelo 535
sépalo 56, 58, 59
separacables 535
separación cartón 49
separación magnética 49
separación papel 49
separación selectiva de residuos 49
separador 274, 384, 402, 409, 417, 467
separador de gas y líquido 359
separador de placas 359
separador electrolítico 417
sepia 157
séptima 298
septum 60
septum pellucidum 109
ser humano 92
serac 30
Serbia 450
serie, número 441
serpiente 76, 469
serpiente coral 77
serpiente de cascabel 77
serpiente de jarretera 77
serpiente venenosa, morfología, cabeza 76
serpientes y escalas 469
serpollo 62
serrucho 226
serrucho de punta 226
servicio de enlace ferroviario 390
servicio de mesa 166
servicio para fondue 174
servicio, estación 346
servicios de crédito 442
servicios de seguros 442
servicios financieros 442
servicios sociales 465
servidor 334, 335
servidor de acceso 335
servofreno 350, 357
sésamo, aceite 149
sesos 154
set 291
seta enoki 123
seto 183, 230
setos, cizallas 234
sexta 298
sexteto 300
Seychelles 452
shiitake 123
si(B) 298
siamés 87
sien 92
sierra circular de mano 227
sierra de cadena 235
sierra de calar 227
sierra de campo 533
sierra de ingletes 226
sierra de marquetería 226
sierra de podar 234
Sierra Leona 451
sierra para metales 226
sifón 72, 194, 196, 197
silbato 377
silenciador 351, 367, 369
silencio de blanca 299
silencio de corchea 299
silencio de fusa 299
silencio de negra 299
silencio de redonda 299
silencio de semicorchea 299
silencio de semifusa 299
silencios, valores 299
silicua 60
silla alzadora 205
silla cabriolé 200
silla cojín 201
silla de brazos 200
silla de ruedas 467
silla de seguridad para niños 356
silla del director 291
silla escalera 201
silla plegable 201
silla plegable de lona 200
silla poltrona 200
silla porta-niño 372
silla sin brazos 201, 444
silla Wassily 200
sillas apilables 201
sillas de los actores 290
sillas, ejemplos 201
sillín 369, 370
sillín del conductor 369
sillín del pasajero 369
sillín doble 367
sillón 444
sillón de reposo 464
silo 122
silos 381
símbolos 468
símbolos científicos 426

sinagoga 447
sinapsis 110
sínfisis púbica 111, 112
Singapur 453
síntesis de los colores 418
síntesis de los colores aditivos 418
síntesis de los colores sustractivos 418
sintetizador 310
sintonizador 326
sirena 455
Siria 452
sisa 247
sismógrafo 27
sismógrafo horizontal 27
sismógrafo vertical 27
sismógrafos 27
sismograma 27
sistema antibloqueo de frenos 357
sistema de aire acondicionado 46
sistema de alimentación de gasolina 351
sistema de audio 354
sistema de botones 310
sistema de carreteras 342
sistema de células solares 411
sistema de control del puente de luces 457
sistema de coordenadas terrestres 21
sistema de dirección 351
sistema de escape 351
sistema de frenado 351
sistema de lentes 420
sistema de refrigeración 351
sistema de restricción del airbag 354
sistema de retícula 22
sistema de soporte vital 10
sistema de suspensión 351
sistema de transmisión 351
sistema eléctrico 351
sistema fino de guía 7
sistema hidraúlico 396
sistema internacional de unidades de medida 426
sistema magnético de amortiguación 422
sistema manipulador remoto 11, 12
sistema nervioso 108
sistema nervioso central 109
sistema nervioso periférico 108
sistema rotativo 403
sistema solar 2
sistemas de sonido portátiles 325
sistemas del automóvil 351
sistro 309
skateboard 526
skiboard 510
skimmer 184
slip 247
smash 491
smog/niebla tóxica 47
snooker 503
snowboard 513
snowboarder 513
soba, fideos 147
sobre almohadillado 339
sobrefusión 414
sociedad 430
sofá 200
sofá cama 204
sofá de dos plazas 200, 439
sofá tipo imperio 200
softball 477
Sol 2, 4, 5, 38
sol(G) 298
solapa 244, 532
solapa autoadhesiva 339
solapa con ojal 248
solapa puntiaguda 244
soldador 218
soldadura, herramientas 218
sóleo 96
solera doble 187
solera inferior 187
solideo 238
solidificación 414
sólido 414, 415
sólido amorfo 414
solitario 264
solsticio de invierno 38
solsticio de verano 38
solución multipropósito 272
Somalia 451
sombra 424
sombra de ojos 266
sombrero 52
sombrero de campana 239
sombrero de fieltro 238, 239
sombrero de hongo 238
sombrero sin alas 239
sombreros 238
sombreros de hombre 238
sombreros de mujer 239
sombreros unisex 239
somen, fideos 147
somier 204
sonda destapacaños 216
sonda espacial 37
sonido, sistemas portátiles 325
sopera 166
soplete 218
soporte 9, 174, 199, 227, 236, 269, 277, 308, 355, 369, 387, 409, 533
soporte colgante 467
soporte de acoplamiento 337
soporte de la cadena 370
soporte de la mano 297
soporte de la plaqueta 273
soporte de la plataforma 412
soporte de la red 493
soporte del brazo 200
soporte del pie 473, 501
soporte del plano fijo 400
soporte del tablero 489
soporte para el antebrazo 466
soporte para el brazo 352
soporte para el cuello 525
soporte para el sobaco 466
soportes para grabar 319
sordina 307, 319
sorgo 61
sorgo : panícula 61
soro 52
sortija de sello 264
sostenido 299
soufflé, molde 172
spa 184
Sri Lanka 453
stilton 151
stylus 337
Suazilandia 452
subártico 40
subducción 27
sublimación 414
substracción de la memoria 337
subsuelo 54
subterráneo 281
subtítulo 313
subtropical húmedo 40
subtropical mediterráneo 40
sucesos 313
sudadera 262
sudadera con capucha 262
Sudáfrica 452
Sudán 451
Sudeste 23
Suecia 450
suela 229, 240, 263, 503, 509
suela antiderrapante 261
suela rígida 511
suelo 48
suelo de cabina 287
suelo, absorción 46
suelo, capa superficial 54
suelo, fertilización 47
suelo, movimiento horizontal 27
suelo, movimiento vertical 27
suelo, revestimientos 190
suero de la leche 150
sueste 239
Suiza 450
sujetador 259, 308, 421
sujetador de aros 259
sujetador de escote bajo 259
sujetador del pabellón 306
sujetador sin tirantes 259
sujetalibros 341
suma 427
sumario 313
sumiller 438
supercross 525
superficie de cocción 179
superficie de deslizamiento 510
superficie de fijación 341
superficie de juego 493
superficie de la piel 114
superficie del agua 518
superficie dura (cemento) 492
superficie lunar 5
superficie sintética 492
superficies 428
superficies de juego 492
supermercado 120, 433, 437
supinador largo 96, 97
suplemento a color 313
suplemento literario 313
suprimir 331
Sur 23
Sur Sudeste 23
Sur Suroeste 23
surco 118
surco medio 118
surco nasolabial 117
surco terminal 118
Surinam 448
Suroeste 23
surtidor 197
surtidor de agua 272
surtidor de gasolina 346
suspensión 376, 380
suspensión trasera 522
suspensión, brazo 351
sustancia blanca 109, 110
sustancia despolarizante 417
sustancia gris 109, 110
sustrato impermeable 402
sutura 60, 73
sutura coronal 100
sutura escamosa 100
sutura lambdoidea 100

T

tábano 69
tabernáculo 446
tabique de contención longitudinal 384
tabique interventricular 104
tabique nasal 117
tabla abierta 253
tabla alpina 513
tabla armónica 301, 302
tabla con argollas 340
tabla con pinza 340
tabla de cortar 169
tabla de freestyle 513
tabla de los resultados 518
tabla de surf 519
tabla delantera 253
tabla harmónica 304
tablas 253
tablero 202, 224, 344, 470, 489
tablero de ajedrez 470
tablero de anuncios 341
tablero de damas 470
tablero de distribución 198
tablero de información 374
tablero de instrumentos 366, 368
tablero de juego 469
tablero de llegadas y salidas 391
tablero de operaciones 455
tableta de resonancia 305
tablillas 461
tablinum 280
tablón de anuncios 444
tabulación a la derecha 330
tabulación a la izquierda 330
taburete 164, 201
taburete de bar 438
taburete escalera 219
tachuela 220
tachuelas para papel 341
tacita de café 166
tackle defensivo derecho 484
tackle defensivo izquierdo 484
tacle derecho 485
tacle izquierdo 485
taco 473, 478, 534
taco de billar 503
taco de salida, atleta 473
tacómetro 355, 368
tacón 509
tacos 473
tacos de rosca 480
tacto 114
Tailandia 453
tailback 485
Tajikistán 452
tajín 140
tajina 174
taladro eléctrico 228
taladro percutor inalámbrico 228
tallarines de espinacas 146
talle corto 259
taller de máquinas diésel 375
taller mecánico 346
tallo 51, 53, 54, 114, 125
tallo del bulbo 54
tallo principal 62
talo 50, 51
talón 93, 95, 226, 228, 229, 240, 247, 262, 301, 302, 467, 477, 494, 506, 536, 537
talón de apoyo 176, 208
talón de la hoja 169
talonario de cheques 274, 275
taloneador 482
talonera 511
talud 342
talud continental 33
tam-tam 308
tamarillo 136
tamarino 91
tambor 170, 212, 213, 286, 357, 425, 537
tambor giratorio 27
tambor hablante 297
tamboril 308
tamiz 171, 172
tamiz vibratorio para lodos 403
tándem 373
Tanganyika, lago 20
tanque 13, 385, 454, 529
tanque auxiliar 365
tanque de agua de rociado 408
tanque de almacenamiento 405
tanque de gas propano 361
tanque de regulación de presión 404
tanque de techo pontón 404
tanque del combustible 235, 364
Tanzania 451
tapa 174, 176, 177, 178, 179, 180, 181, 186, 198, 209, 211, 212, 215, 225, 240, 277, 305, 312, 315, 358, 417, 454, 533
tapa de cierre 417
tapa de conexión 320
tapa de la batería 359
tapa de la cisterna 196
tapa de la culata 350
tapa de sellado 417
tapa del filtro 459
tapa del inodoro 196
tapa del objetivo 314
tapa del tanque 364
tapa flotante 404
tapa frontal 333
tapa inferior 417
tapa superior 417
tapa terminal 409
tapacubos 349
tape 471
tapete 502
tapón 196, 267, 532
tapón de registro 194
tapón de rosca 163
tapón de vaciado 360
tapón del depósito de gasolina 349
tapón del depósito de la gasolina 368
tapón del sifón 197
tapón hermético 529
tapones para los oídos 458
taquilla 294
taquilla automática 294
taquilla de venta de billetes 378
taquillas de consigna automática 374
taquillas de los alumnos 445
tarjeta de circuito impreso 417
tarjeta de crédito 441
tarjeta de débito 443
tarjeta de memoria 315
tarjeta, número 441
tarjetero 274

taro 124
tarso 78
Tasmania 15
Tasmania, mar 15
tatami 499
taza 166, 196, 531, 532
tazas medidoras 171
té 148
té negro 148
té oolong 148
té verde 148
té, bolsita 148
teatro 292, 432, 433
teatro griego 278
techo 193, 349, 361
techo a dos aguas 189
techo acústico 293
techo corredizo 349
techo de cabina 287
techo de protección 396
techo de vidiro 374
techo de vidrio 188, 435
techo ponton, tanque 404
tecla 296, 304
tecla alternativa 330
tecla anterior/volver rápido 326
tecla bloqueo numérico 331
tecla cámara de fotos 327
tecla de adición 337
tecla de anular 333
tecla de bloqueo de mayúsculas 330
tecla de cambio de signo 337
tecla de confirmación 443
tecla de contraluz 320
tecla de división 337
tecla de enter 331
tecla de final de llamada/interruptor 327
tecla de igualdad 337
tecla de impresión de pantalla 331
tecla de iniciación 328
tecla de inicio/stop de grabación 320
tecla de lectura 319
tecla de lectura/pausa 326
tecla de llamada 327
tecla de mayúsculas 330
tecla de memoria 326
tecla de menú 320, 326, 327
tecla de multiplicación 337
tecla de navegación 319, 327
tecla de número 337
tecla de parada 319
tecla de pedal 305
tecla de porcentaje 337
tecla de preselección 326
tecla de raíz cuadrada 337
tecla de reiniciación 328
tecla de retroceso 331
tecla de selección 326
tecla de selección de banda 322
tecla de selección de entrada 322
tecla de selección de modalidad FM 322
tecla de selección del grabador 322
tecla de selección sintonía 322
tecla de servicio 330
tecla de sustracción 337
tecla de visualización 326
tecla de zoom 320
tecla decimal 337
tecla email 330
tecla escape 330
tecla foto 320
tecla inicio 330
tecla memoria 322
tecla menú 326
tecla pantalla ancha/código de datos 320
tecla para grabar 319
tecla para limpiar la pantalla 337
tecla para limpiar la pantalla y de acceso 337
tecla pausa 331
tecla programable 327
tecla siguiente/avance rápido 326
tecla tabulación 330
teclado 304, 310, 327, 330, 336
teclado alfabético 338
teclado alfanumérico 327, 330, 346, 442, 443
teclado de bajos 296
teclado de funciones 423
teclado del número de identificación personal(PIN) 443
teclado del órgano de expresión 305
teclado del órgano mayor 305
teclado del órgano positivo 305
teclado numérico 328, 331, 338, 423
teclado triple 296
teclado, instrumentos 304
teclados manuales 305
teclas 311
teclas de categorías 326
teclas de control 328
teclas de cursor 331
teclas de función 328
teclas de funciones 319, 330
teclas de funciones programables 443
teclas de Internet 330
teclas de operación 442, 443
teclas de selección de la sintonía 322
teclas de selección de los altavoces 322
teclas numéricas 323, 326
técnica de salto 513
técnicas 487
tee 505, 515
tegumento de la semilla 57
teja 280, 283
tejado 183, 193, 283
tejido adiposo 113, 114
tejido conjuntivo 114
tejido subcutáneo 114
tejón 88
tela de araña 70
tela impermeable 273
telares 292
telecomunicaciones vía satélite 317
telecomunicaciones, satélites 316
teleférico 512
telefonía 335
teléfono 327, 439
teléfono celular 327
teléfono público 294, 437, 438, 463
teléfono, comunicación 327
teleobjetivo 314
teleporte 317
telescopio 7
telescopio espacial Hubble 7, 37
telescopio reflector 9
telescopio refractor 8
telesilla 512
telesquí 512
televisión 318, 439
televisor 444
televisor con pantalla catódica 318
televisor de cristal líquido 318
televisor de pantalla ancha 321
televisor plasma 318
telón cortafuegos 292
telón de boca 292, 293
telón de fondo 292
telson 71
temperatura ambiente 39
temperatura Celsius, unidad de medida 426
temperatura del punto de rocío 39
temperatura termodinámica, unidad de medida 426
temperatura, medición 424
temperatura, sensor 358
templo azteca 283
Templo de Huitzilopochtli 283
Templo de Tlaloc 283
templo griego 279
templo griego, plano 279
tenacillas 269
tenazas 193
tendencia barométrica 39
tenedor 167, 531
tenedor de ensalada 168
tenedor de fondue 168
tenedor de mesa 168
tenedor de ostras 168
tenedor de pescado 168
tenedor de postre 168
tenedor de trinchar 169
tenedores, ejemplos 168
tenis 490
tenis de mesa 493
tenista 492
tensiómetro 461
tensión, disminución 413
tensor 412, 498, 521, 537
tensor de la fascia lata 96
tensor de las cuerdas 308
tensores pectorales 500
tentáculo 72
tentáculo ocular 72
tentáculo táctil 72
tercelete 284
tercer octante 5
tercer pistón móvil 307
tercera 298
tercera base 474
tercera línea 482
tercera línea derecho 482
tercera línea izquierdo 482
tercero 515
terminación nerviosa 114
terminal 198, 404
terminal de carga 381
terminal de contenedores 430
terminal de granos 381
terminal de mercancías 430
terminal de pago electrónico 121, 443
terminal de pasajeros 381, 389, 390
terminal de petróleo 381
terminal de tierra 198
terminal del control remoto 314
terminal satélite de pasajeros 389
términos familiares 57, 58, 59
términos técnicos 57, 58, 59
termita 69
termo 532
termo con llave de servicio 532
termómetro 404, 424
termómetro clínico 424
termómetro de azúcar 171
termómetro de horno 171
termómetro de medida instantánea 171
termómetro de mercurio 461
termómetro digital 461
termómetro para carne 171
termómetros clínicos 461
termopausa 37
termosfera 37
termostato 178, 211
termostato de seguridad 213
termostato regulable 179
ternera, carne troceada 152
ternera, cortes 152
ternero 84
Terranova, isla 16
terraplén 342
terraza 182, 387
terremoto 27
terreno de juego 479
terrina 174
terrina para mantequilla 163
terrina, mantequilla 163
testículo 111
testículos 71
testigo 472
testigo luminoso 454
testuz 83
tetera 166
Tetis 3
tibia 98
tibial anterior 96
tiburón, morfología 74
tiburones 146
tiempo, medición 424
tienda 280, 432
tienda de animales 436
tienda de artículos de decoración 437
tienda de bricolaje 436
tienda de campaña clásica 529
tienda de campaña tamaño familiar 528
tienda de deportes 437
tienda de discos 436
tienda de electrónica 436
tienda de regalos 436
tienda de ropa 436
tienda interior 528, 529
tienda libre de impuestos 391
tienda para dos 528
tienda rectangular 528
tienda tipo domo 529
tienda tipo iglú 529
tienda tipo vagón 528
tienda unipersonal 529
tiendas de campaña, ejemplos 528
Tierra 2, 3, 4, 5, 14
tierra apisonada 342
tierra batida 492
Tierra de la Reina Maud 15
Tierra de Marie Byrd 15
Tierra de Wilkes 15
Tierra del Fuego 17
Tierra, estructura 26
tifón 43
tigre 89
tijeras 461, 531
tijeras con doble filo para entresacar 270
tijeras con filo simple para entresacar 270
tijeras de cocina 173
tijeras de pedicura 265
tijeras de peluquero 270
tijeras de podar 234
tijeras de punta roma 265
tijeras de uñas 265
tijeras para aves 173
tijeras para cutículas 265
tila 148
timbal 308
timbales 295
timón 13, 383, 384, 386, 393
timón de profundidad 393
Timor Oriental 452
tímpano 75, 279, 285
tinta 312
tinta de color cambiante 441
tinte para el cabello 267
tintorería 437
tipi 288
tipo de combustible 346
tipo de nube alta 39
tipo de nube baja 39
tipo de nube media 39
tipos de cabeza 221
tipos de eclipses 4, 5
tipos de movimientos 470
tipos de parqué 190
tipos de puntas 221
tipos de varillas 176
tira 286
tirador 163, 210, 286
tirador de la puerta 352
tirante 187, 219, 259, 344
tirante ajustable 260
tirante con botones 261
tirante de la botavara 519
tirante del pescante 397
tirantes 246
tirilla 245, 250
tirilla elástica 247, 250, 261
tirita 461
tirita Velcro® 260
tiro de aire caliente 192
tisanas 148
Titán 3
Titania 3
tití 91
Titicaca, lago 17
titular 313
titular, firma 441
tiza 503
toalla con capuchón 260
toalla de baño 267
toalla de lavabo 267
toalla para la cara 267
toallero 195
tobera de sección variable 394
tobillera 257, 476, 513
tobillo 92, 94
toca 239
tocón 63
Togo 451
toldo 361

toldo de ventana 528
toldo delantero 528
tolva de carga 364
toma 236
toma audio 329
toma de aire 346, 362
toma de aire del motor 362
toma de aire del tejado 194
toma de aire para el ventilador de sustentación 383
toma de aire para refrigeración del motor 525
toma de aire principal 194
toma de alimentación 329
toma de corriente 361
toma de entrada audio 337
toma de oxígeno 464
toma de salida audio 337
toma para auriculares 310, 311, 326
toma para la boca de riego 455
toma para los auriculares 322, 323
tomas entrada/salida video 322
tomas vídeo 315
tomate 128
tomate en rama 128
tomatillo 128
tómbolo 35
tomillo 142
Tonga 453
tope 224, 270, 375, 459
tope amortiguador 209
tope de la escalera 455
tope de la puerta 211
tope fijo 425
tope móvil 425
toque 487
Torá, rollos 447
tórax 67, 68, 92, 94
torca 31
tornado 43
tornapunta 187
tornillo 219, 221, 223, 301
tornillo cruciforme (Phillips) 221
tornillo de ajuste 206, 222, 224, 461
tornillo de ajuste de ranilla 229
tornillo de ajuste de tensión 341
tornillo de ajuste del condensador 421
tornillo de anclaje 473
tornillo de apriete 224
tornillo de cabeza achaflanada 221
tornillo de cabeza avellanada 221
tornillo de cabeza redonda 221
tornillo de caja cuadrada 221
tornillo de montaje 535
tornillo de sujeción 227
tornillo de un solo sentido 221
tornillo guía 228
tornillo macrométrico 421
tornillo micrométrico 421, 425
tornillo nivelador 423
tornillo sin fin 365
tornillos de bloqueo 425
torniquete de entrada 378
torniquete de salida 378
torno de banco 224
torno de perforación 403
toro 429
toronja 134
torre 284, 397, 412, 413, 470
torre de control 388
torre de oficinas 435
torre de perforación 382, 403, 404
torre de recepción 316
torre de refrigeración 402
torre de saltos 518
torre de señales 375
torre de transmisión 316
torre del homenaje 282
torre esquinera 282
torre flanqueante 282
torre, grúa 397
torrecilla de lavado 214
torrente de montaña 29
Torres, estrecho 15
torreta 282
torsión 228
tortellini 146
tortilla 145
tortuga 76
tortuga, morfología 76
tostador 178
touch pad 336
trabilla 246, 254, 262, 477
trabilla de la pretina 246
trabilla de suspensión 250
trabilla para el pie 501
tracción, coche 380
tracería 285
tracto olfatorio 117
tractor de orugas 398
tractor de ruedas 399
tractor, motor 400
tragadero 31
tragaluz 182
trago 115
trainera 384
traje 454
traje cruzado 252
traje de baño 263, 516
traje de carrera 508
traje de carreras 525
traje de chaqueta 251
traje de entrenamiento 262
traje de esqui 510
traje de esquí 513, 514
traje de judo 499
traje de protección 525
traje de salto de esquí 513
traje espacial 10
traje ignífugo 524
traje para nieve 261
tramo 191
tramo central 344
tramo de elevación 345
tramo giratorio 344
tramo lateral 344
tramo suspendido 344
trampa de agua 504
trampa petrolífera 403
trampas de arena 504
trampilla 281, 292
trampilla de acceso 434
trampolín 184
trampolín de 1 m 518
trampolín de 3 m 518
transacción, recibo 443
transacciones financieras 335
Transantárticos, montes 15
transbordador 381, 386, 391
transbordador espacial 12
transbordador espacial en posición de lanzamiento 12
transepto 285
transferencia de calor al agua 408
transformador 207, 407
transformador principal 376
transmisión 212
transmisión de cadena 372
transmisión de calor 415
transmisión de electricidad 408
transmisión de ondas hertzianas 316
transmisión longitudinal, árbol 351
transmisión por cable submarino 317
transmisor 327
transmisor-receptor radar 457
transpaleta 396
transpiración 45
transporte 342
transporte aéreo 388
transporte de electricidad de alta tensión 402, 413
transporte ferroviario 374
transporte hacia los usuarios 402, 413
transporte marítimo 381
transporte terrestre 342, 381
trapecio 96, 97, 429
tráquea 105
traste 296, 302, 303
tratamiento de datos 38
tratamiento químico 405
travelín 290
travelín, raíles 290
travesaño 187, 201, 202, 219, 297, 412, 466, 467, 479
travesaño de apoyo 412
travesaño superior 186
travesaño superior de la vidriera 186
trébol 468
tren de alta velocidad 376
tren de aterrizaje delantero 392
tren de aterrizaje principal 393
tren de pasajeros 374
tren subterráneo 378, 380
tren suburbano 375
trenca 249
triángulo 295, 309, 429, 503
tribuna del jurado 440
tribunal 440
tríceps braquial 97
triciclo 373
triclinio 280
trifoliada 55
trifolio 285
trigo 61, 143
trigo : espiga 61
trigo sarraceno 61, 143
trimarán 521
trincha 244
trinchera 248
Trinidad y Tobago 449
trino 299
trinquete 221
trío 300, 468
tripa 154
triple salto 472
trípode 8, 308
triticale 143
Tritón 3
tritón 75
triturador de ajos 170
triturador de basura 197
trituradora 49, 402
trituradora de documentos 341
trocánter mayor 99
troje 122
tromba marina 43
trombón 307
trombones 295
trompa 75, 295, 307
trompa de Eustaquio 116, 117
trompa de Falopio 112, 113
trompeta 307, 342
trompetas 295
trona 205
tronco 52, 62, 63, 75, 93, 95
tronco celiaco 103, 107
tronco, corte transversal 63
tronera 502
tronera central 502
tropical húmedo y seco (sabana) 40
tropical lluvioso 40
trópico de Cáncer 20, 21, 22
trópico de Capricornio 20, 21, 22
tropopausa 37, 46
troposfera 37
trote 83
trucha 161
trufa 123
tuba 295, 307
tubérculos 124
tubería de agua caliente 194, 197
tubería de agua fría 194, 196
tubería de carga 406
tubo 163, 199, 224, 307, 420, 461
tubo ajustable 466
tubo alimentador 180
tubo articulado 355
tubo binocular 421
tubo capilar 424
tubo de aire 270, 454
tubo de aspiración 407
tubo de circulación 410
tubo de cristal 424
tubo de desagüe 197
tubo de destellos 420
tubo de embocadura 305
tubo de empuje 312
tubo de entrada 177
tubo de escape 199, 350, 351, 364, 368, 395, 398, 401
tubo de extensión 209
tubo de gasolina 351
tubo de irrigación 365
tubo de la hélice 383
tubo de lengüeta 305
tubo de pantalla 318
tubo de perforación 403
tubo de Pitot 525
tubo de presión 409
tubo de subida del agua 181
tubo de suministro de agua 194, 197
tubo de toma de agua 194
tubo de vapor 181
tubo del asiento 370
tubo del manillar 371
tubo del pistón 307
tubo en Y 460
tubo flexible 209, 460
tubo fluorescente 199
tubo inferior del cuadro 371
tubo portaocular 421
tubo principal 8, 9
tubo principal de observación 420
tubo rígido 209
tucán 80
tuerca 222, 223
tuerca cerrada 223
tuerca de ajuste 197
tuerca de bloqueo 425
tuerca de mariposa 223
tuerca de sujeción 536
tuerca hexagonal 223
tuercas 223
tulipán 56
tumbona 201
tundra 40, 44
túnel 378
túnel de carretera 345
túnel de comunicación 13
túnel de desvío 406
túnel de embarque 389
Túnez 451
túnica 252
turbante 239
turbina 402
turbina de viento de eje horizontal 413
turbina de viento de eje vertical 412
turbinas de viento 412
turbo-alternador 402
turborreactor 393
turión 125
turismo de tres puertas 347
turismo, neumático 358
Turkmenistán 452
Turquía 452
Tuvalu 453

U

uapití 84
ubicación de la estatua 279
Ucrania 450
udon, fideos 147
ued 36
Uganda 451
uke (defensor) 499
umbela 57
umbo 73
umbral 30, 185
Umbriel 3
un par 468
unicelulares 66
unidad CD/DVD-ROM 310, 336
unidad de casetes 333
unidad de CD/DVD-ROM 329
unidad de control de la temperatura del cuerpo 10
unidad de control electrónico 357
unidad de cuidados intensivos 464
unidad de destilación al vacío 405
unidad de disco duro extraíble 333
unidad de disquete externo 333
unidad de extracción de solventes 405
unidad de medida de cantidad de materia 426
unidad de medida de carga eléctrica 426
unidad de medida de corriente eléctrica 426
unidad de medida de energía 426
unidad de medida de frecuencia 426

unidad de medida de fuerza 426
unidad de medida de intensidad luminosa 426
unidad de medida de la diferencia de potencial eléctrico 426
unidad de medida de la temperatura Celsius 426
unidad de medida de longitud 426
unidad de medida de masa 426
unidad de medida de potencia eléctrica 426
unidad de medida de presión 426
unidad de medida de radioactividad 426
unidad de medida de resistencia eléctrica 426
unidad de medida de temperatura termodinámica 426
unidad de pesas 501
unidad de refrigeración 365
unidad del disco duro 333
unidad móvil 316
unidad móvil de rayos X 462
unidad móvil de servicio por control remoto 11
unidad para maniobras en el espacio 10
unidades de almacenamiento de información 333
unidades de entrada de información 330
unidades de medida, sistema internacional 426
unidades de salida de información 333
uniforme 456
unión 312, 427
unísono 298
universidad 432
uno 427
uña 76, 78, 115, 220
uñas, esmalte 265
uñas, lima 265
Urales, montes 18
uranio en fisión 408
Urano 2, 3
uréter 107
uretra 107, 111, 112
urgencias 462
URL localizador universal de recursos 334
urna 423
urópodo 71
Uruguay 448
usos de Internet 335
usuario particular 335
utensilios de cocina 169, 174, 531
utensilios diversos 173
utensilios para abrir y descorchar 170
utensilios para la chimenea 193
utensilios para medir 171
utensilios para repostería 172
útero 112, 113
uva 62, 132
uva, corte 59
uvas, racimo 62
úvula 116, 117
Uzbekistán 452

V

vaca 84
vaciador 173
vacuno, carne picada 152
vacuno, carne troceada 152
vacuno, cortes 152
vacuola 50, 66
vacuola contráctil 66
vacuola digestiva 66
vacuola digestiva en formación 66
vagina 112, 113
vagón cisterna 377
vagón comedor 376
vagón de carga 375
vagón de pasajeros 376, 380
vagón frigorífico 377
vagón intermodal 377
vagón máquina 380
vagón para automóviles 377
vagón para contenedores 377
vagón para ganado 377
vagones de pasajeros 376
vagones, ejemplos 377
vaina 55, 60
vaina de mielina 110
vajilla 166
valla 434
valla de madera 506
vallado 182
vallado del campo 475
valle 29, 32
valor 441
valores de las notas musicales 299
valores de los silencios 299
valva 73
válvula 371
válvula aórtica 104
válvula de admisión 360
válvula de control 529
válvula de drenaje 211
válvula de entrada 196
válvula de escape 360
válvula de exhalación 459
válvula de inhalación 459
válvula de liberación de aire 385
válvula de llenado 404
válvula de seguridad 174, 408
válvula de vaciado 404
válvula mitral 104
válvula pulmonar 104
válvula tricúspide 104
Vanuatu 453
vapor 402, 415
vapor, tubo 181
vaporera eléctrica 179
vaporizador 208
vaquería 122
vaqueros 254
vara 301
varano 77
variedades de inflorescencias 57
varilla 199, 259, 273
varilla de acero 309
varilla de batir 176
varilla de carbón (cátodo) 417
varilla de refrigeración 420
varilla de rubí 420
varilla de tensión 308
varilla del pedal 304
varilla reflectante 420
varilla rizadora 269
varillas, tipos de 176
varios aparatos electrodomésticos 180
vaso 184
vaso capilar 114
vaso corto 165
vaso largo 165
vaso medidor 171
vaso mezclador 176
vaso sanguíneo 104, 114
vástago 220, 221, 371, 502
vástago aislado 217
vástago de arrastre 403
vasto externo 96
vasto interno 96, 97
vatio 426
vegetación 44
vegetación, distribución 44
vehículo de emergencia 345
vehículo de emergencia para los tripulantes 11
vehículo todo terreno 347
vehículos 342
vejiga 107, 111, 112
vela 446, 519, 520
vela mayor 520
velarium 281
velero 520
veleta 413
veleta (grímpola) 520
velo 536
velo del paladar 116, 117
velocidad del viento 39
velocidad, selector 176
velocímetro 355, 368, 501
vena axilar 102
vena basílica 102
vena cava inferior 102, 103, 104, 107
vena cava superior 102, 103, 104
vena cefálica 102
vena femoral 102
vena hepática 103
vena ilíaca 103
vena ilíaca común 107
vena mesentérica superior 102
vena porta 103
vena pulmonar 102
vena pulmonar derecha 104
vena pulmonar izquierda 104
vena renal 102, 107
vena safena interna 102
vena subclavia 102
vena yugular externa 102
vena yugular interna 102
vencejo 80
venda de gasa 461
venda elástica 461
venda triangular 461
veneno, conducto 76
veneno, glándula 76
venera 157
Venezuela 448
venta de billetes, taquilla 378
ventalla 60
ventana 178, 179, 186, 189, 361, 519
ventana a la francesa 287
ventana a la inglesa 287
ventana abajo 331
ventana arriba 331
ventana basculante 287
ventana corredera 287
ventana de acceso 333
ventana de celosía 287
ventana de guillotina 287
ventana de la nariz 117
ventana de librillo 287
ventana del semisótano 183
ventana panorámica 435
ventana pivotante 287
ventana protectora 318
ventana-mosquitero 528
ventanas, ejemplos 287
ventanilla 349, 352, 380, 392, 443
ventanilla comercial 443
ventanilla de aterrizaje 395
ventanilla de observación 13
ventanilla de ventilación del techo 361
ventanilla trasera 349
ventilación 354
ventilador 213, 322, 350, 358, 360, 365, 380
ventilador de césped 237
ventilador de la carcasa 329
ventilador del equipo de alimentación 329
ventosa 72, 75
ventrículo derecho 103, 104
ventrículo izquierdo 103, 104
Venus 2, 3
verano 38
verano fresco 40
verano tórrido 40
verbena 148
verde 418
verdolaga 127
verdura 120, 124
verduras de hojas 126
vereda 504
vermicelli de arroz 147
vernier 425
vértebra cervical 110
vértebras cervicales (7) 99
vértebras dorsales (12) 99
vértebras lumbares (5) 99
vertedero 431
vertedero autorizado 47
vertedor 180
vertido de hidrocarburos 48
vesícula biliar 106
vesícula seminal 111
vestíbulo 116, 188, 280, 374, 386, 390, 435, 439
vestido 238
vestido acampanado 252
vestido camisero 252
vestido camisero sin mangas 252
vestido cruzado 252
vestido de camiseta 252
vestido de talle bajo 252
vestido de tirantes 252
vestidos, ejemplos 252
vestuario 290
vestuarios 444
vía 374, 378
vía de tren suburbano 375
vía férrea 25
vía ferroviaria 431, 432
Vía Láctea 6
Vía Láctea (vista desde arriba) 6
Vía Láctea (vista lateral) 6
vía principal 375
vía subsidiaria 375
víbora 77
vibrisas 82
Victoria, lago 20
vid 62
videocámara mini DV : vista de frente 320
videocámara mini DV : vista por detrás 320
videocinta 319
videojuego 471
videotelefonía 335
vidriera 446
vidrio 186
vidrio, selección 49
vieira 157
viento 47, 48, 528
viento dominante 43
viento, dirección 39
viento, instrumentos 306
viento, molino 412
viento, velocidad 39
vientre 83
vierteaguas 349
vierteguas 185, 186, 193
Vietnam 453
viga 280, 283, 288
viga cantilever 344
viga continua 344
viga de cola 395
viga maestra 11, 187
viga, puente 344
vigueta 190
vigueta del piso 187
vigueta del techo 187
vigueta esquinera 187
vinagre balsámico 141
vinagre de arroz 141
vinagre de malta 141
vinagre de manzana 141
vinagre de vino 141
vinagre, arroz 141
vinagre, malta 141
vinagre, manzana 141
vinagre, vino 141
vino 120
viola 301
violas 295
violeta 56
violín 301
violines, familia 295, 301
violoncelo 301
violoncelos 295
vira 240
virola 503
virola hembra 537
virola macho 537
visera 238, 239, 367, 458, 506, 525
visión 419
visión normal 419
visión, defectos 419
visón 88
visor 210, 315
visor electrónico 320
visor telescópico 420
vista 119
vista anterior 92, 94, 96, 98
vista frontal 478
vista general 186
vista lateral 478
vista lateral del cráneo 100
vista posterior 93, 95, 97, 99, 113
vista transversal de una calle 434
Vístula, río 18
visualización de datos 328
vitrales 285
vitrina 203
vitrinas refrigeradas 120

vivienda 122
viviendas plurifamiliares 289
viviendas tradicionales 288
viviendas urbanas 289
volador 471
volante 350, 354, 385, 525
volante de control 455
volante de plumas 495
volante sintético 495
volantes 260
volcadora 401
volcán 26, 28
volcán efusivo 28
volcán en erupción 28
volcán explosivo 28
volcanes, ejemplo 28
volea 490
voleibol 487
Volga, río 18
volt 426
voltio 426
volumen 328
voluta 200, 301
volva 52
vuelo del peldaño 191
vuelta 246
vulva 94, 113

W

wakame 123
walkie-talkie 456
wasabi 141
Weddel, mar 15
wigwam 288
Wilkes, Tierra 15
winch 521
windsurf 519
wok 174

X

xilófono 295, 309

Y

yak 85
yate de motor 385
yema 54, 79, 114
yema axilar 53
yema terminal 53
yembé 297
Yemen 452
yen 440
yeyuno 106
Yibouti 451
yogur 150
Yucatán, península 16
yunque 116
yurta 288

Z

zaguero 482
zaguero derecho 487
zaguero izquierdo 487
zaguero medio 487
zamarra 249
Zambia 452
zampoña 297
zanahoria 129
zanca 191
zanca de contén 191
zanco 398
zángano 68
zapata 224, 357, 365
zapata antideslizante 219
zapata de goma 219
zapatería 437
zapatilla 473, 478, 488, 500
zapatilla con tacos 476
zapatilla de tenis 242, 492
zapatilla deportiva 262
zapato 522, 524
zapato con cordones 241
zapato con tacos 486
zapato de cordones 240
zapato de correa 241
zapato de salón 241
zapato de tacón con correa 241
zapato de talón abierto 241
zapato oxford 240
zapatos de golf 505
zapatos de hombre 240
zapatos de mujer 241
zapote 137
zarcillo 62
zarpa 187
Zimbabue 452
zócalo 191
zócalo de la bañera 195
zona comercial 431, 435
zona de anotación 484
zona de ataque 487
zona de atención 475
zona de camillas 462
zona de combate 499
zona de convección 4
zona de defensa 487
zona de defensa protegida 515
zona de entrega 472
zona de espera 442
zona de la portería 507
zona de marca 483
zona de pelos absorbentes 63
zona de precipitación 39
zona de preparación de productos 120
zona de radiación 4
zona de recepción de mercancías 120
zona de recepción de productos lácteos 120
zona de recreo 386
zona de saque 495
zona de seguridad 499
zona de servicio 389
zona de traspaso de carga 385
zona de tres segundos 489
zona del hoyo 504
zona libre 487
zona neutral 484, 507
zona pelúcida 112
zona residencial 431
zona residencial (de las afueras) 25
zona residencial de las afueras 431
zorro 88
zumaque 139